Französische Dichtung

4

Literatur · Philosophie · Wissenschaft

Französische Dichtung

Vierter Band
Von Apollinaire bis zur Gegenwart

Herausgegeben von
Bernhard Böschenstein und Hartmut Köhler

Deutscher Taschenbuch Verlag

Gefördert von der Robert Bosch Stiftung

November 1991
Deutscher Taschenbuch Verlag GmbH & Co. KG,
München

Umschlaggestaltung: Celestino Piatti
Gesamtherstellung: C. H. Beck'sche Buchdruckerei,
Nördlingen
Printed in Germany · ISBN 3-423-02279-5

Das Gesamtwerk

Erster Band

Von Villon bis Théophile de Viau

Herausgegeben von
Friedhelm Kemp und Werner von Koppenfels

Zweiter Band

Von Corneille bis Gérard de Nerval

Herausgegeben von
Hanno Helbling und Federico Hindermann

Dritter Band

Von Baudelaire bis Valéry

Herausgegeben von
Friedhelm Kemp und Hans T. Siepe

Vierter Band

Von Apollinaire bis zur Gegenwart

Herausgegeben von
Bernhard Böschenstein und Hartmut Köhler

Koordinator: Lothar Jordan

Inhalt

Guillaume Apollinaire

Blaise Cendrars

Léon-Paul Fargue

Max Jacob

PIERRE REVERDY

SAINT-JOHN PERSE

RAINER MARIA RILKE

Jules Supervielle

André Breton

Robert Desnos

ANTONIN ARTAUD

PAUL ÉLUARD

LOUIS ARAGON

Benjamin Péret

Tristan Tzara

Henri Michaux

Pierre Jean Jouve

Gustave Roud

René Char

Francis Ponge

EUGÈNE GUILLEVIC

RAYMOND QUENEAU

JEAN TARDIEU

JEAN FOLLAIN

ANDRÉ FRÉNAUD

GEORGES SCHEHADÉ

ANNE HÉBERT

JEAN TORTEL

LÉOPOLD SÉDAR SENGHOR

YVES BONNEFOY

Philippe Jaccottet

Jean-Claude Renard

Roger Kowalski

André du Bouchet

Jacques Dupin

Michel Deguy

Jacques Réda

Jacques Roubaud

Anhang

Von Apollinaire
bis zur Gegenwart

Guillaume Apollinaire

Zone

A la fin tu es las de ce monde ancien

Bergère ô tour Eiffel le troupeau des ponts bêle ce matin

Tu en as assez de vivre dans l'antiquité grecque et romaine

Ici même les automobiles ont l'air d'être anciennes
La religion seule est restée toute neuve la religion
Est restée simple comme les hangars de Port-Aviation

Seul en Europe tu n'es pas antique ô Christianisme
L'Européen le plus moderne c'est vous Pape Pie X
Et toi que les fenêtres observent la honte te retient
D'entrer dans une église et de t'y confesser ce matin
Tu lis les prospectus les catalogues les affiches qui chantent tout haut
Voilà la poésie ce matin et pour la prose il y a les journaux
Il y a les livraisons à 25 centimes pleines d'aventures policières
Portraits des grands hommes et mille titres divers

J'ai vu ce matin une jolie rue dont j'ai oublié le nom
Neuve et propre du soleil elle était le clairon
Les directeurs les ouvriers et les belles sténo-dactylographes
Du lundi matin au samedi soir quatre fois par jour y passent
Le matin par trois fois la sirène y gémit
Une cloche rageuse y aboie vers midi
Les inscriptions des enseignes et des murailles
Les plaques les avis à la façon des perroquets criaillent
J'aime la grâce de cette rue industrielle
Située à Paris entre la rue Aumont-Thiéville et l'avenue des Ternes

Voilà la jeune rue et tu n'es encore qu'un petit enfant
Ta mère ne t'habille que de bleu et de blanc

Zone

Zuletzt bist du müde dieser veralteten Welt

O Eiffelturm Hirte die Herde der Brücken blökt heute morgen

Du hast es satt zu leben im griechischen und römischen Altertum

Sogar die Automobile sehn hier veraltet aus
Die Religion nur ist neu geblieben die Religion
Ist einfach geblieben wie die Flughafen-Hangars

Nur du in Europa bist nicht altertümlich o Christentum
Der modernste Europäer bist du Papst Pius X.
Und dich den die Fenster belauern dich hält die Scham nur zurück
Heut morgen in eine Kirche zu gehn und zu beichten
Du liest die Prospekte Kataloge Plakate die lauthals singen
Das ist die Poesie heut morgen und für die Prosa sind die Zeitungen da
Es gibt Hefte zu 25 Centimes mit Kriminalgeschichten
Bildern von großen Männern und tausend verschiednen Artikeln

Ich sah eine hübsche Straße heut morgen ihren Namen vergaß ich
Neu und sauber war sie der Sonne Hornsignal
Die Direktoren die Arbeiter und die schönen Stenotypistinnen
Kommen von Montagmorgen bis Samstagabend dort viermal [täglich vorbei
Morgens heult dort dreimal täglich die Sirene
Eine tollwütige Glocke bellt gegen Mittag
Die Inschriften der Firmenschilder und Mauern
Die Straßenschilder die Anschläge kreischen nach Papageienart
Die Anmut dieser Fabrikstraße ist mir lieb
Sie liegt in Paris zwischen der Rue Aumont-Thiéville und der Avenue des Ternes

Hier die junge Straße und du noch ein kleines Kind
Deine Mutter kleidet dich nur in Blau und in Weiß

Tu es très pieux et avec le plus ancien de tes camarades René Dalize
Vous n'aimez rien tant que les pompes de l'Église
Il est neuf heures le gaz est baissé tout bleu vous sortez du dortoir en
cachette
Vous priez toute la nuit dans la chapelle du collège
Tandis qu'éternelle et adorable profondeur améthyste
Tourne à jamais la flamboyante gloire du Christ
C'est le beau lys que tous nous cultivons
C'est la torche aux cheveux roux que n'éteint pas le vent
C'est le fils pâle et vermeil de la douloureuse mère
C'est l'arbre toujours touffu de toutes les prières
C'est la double potence de l'honneur et de l'éternité
C'est l'étoile à six branches
C'est Dieu qui meurt le vendredi et ressuscite le dimanche
C'est le Christ qui monte au ciel mieux que les aviateurs
Il détient le record du monde pour la hauteur

Pupille Christ de l'œil
Vingtième pupille des siècles il sait y faire
Et changé en oiseau ce siècle comme Jésus monte dans l'air
Les diables dans les abîmes lèvent la tête pour le regarder
Ils disent qu'il imite Simon Mage en Judée
Ils crient s'il sait voler qu'on l'appelle voleur
Les anges voltigent autour du joli voltigeur
Icare Enoch Elie Apollonius de Thyane
Flottent autour du premier aéroplane
Ils s'écartent parfois pour laisser passer ceux que transporte la Sainte-
Eucharistie
Ces prêtres qui montent éternellement élevant l'hostie
L'avion se pose enfin sans refermer les ailes
Le ciel s'emplit alors de millions d'hirondelles
A tire-d'aile viennent les corbeaux les faucons les hiboux
D'Afrique arrivent les ibis les flamants les marabouts
L'oiseau Roc célébré par les conteurs et les poètes
Plane tenant dans les serres le crâne d'Adam la première tête
L'aigle fond de l'horizon en poussant un grand cri
Et d'Amérique vient le petit colibri
De Chine sont venus les pihis longs et souples

Du bist sehr fromm und mit dem ältesten deiner Kameraden René
Liebst du nichts so sehr wie das Gepränge der Kirche [Dalize
Es ist neun Uhr das Gas brennt nur noch ganz blau heimlich
schleicht ihr aus dem Schlafsaal
Ihr betet die ganze Nacht in der Kapelle der Schule
Während ewig und göttlich amethystene Tiefe
Für immer die flammende Glorie Christi umkreist
Das ist die schöne Lilie die wir alle hegen
Ist die Fackel mit rotem Haar die der Wind nicht löscht
Ist der bleiche glühende Sohn der schmerzenreichen Mutter
Ist der dichtbelaubte Baum der Gebete
Ist der Doppelträger von Ehre und Ewigkeit
Ist der sechsstrahlige Stern
Ist Gott der am Freitag stirbt und am Sonntag aufersteht
Ist Christus der besser gen Himmel fährt als die Flieger
Er hält den Höhenweltrekord

Pupille Christus des Auges
Zwanzigste Pupille der Jahrhunderte es weiß Bescheid
Und Vogel geworden steigt dies Jahrhundert in die Lüfte wie Jesus
Die Teufel in der Hölle heben den Kopf es zu sehn
Sie sagen es ahmt Simon Magus nach in Judäa
Sie sagen wenn's fliegen kann muß es Luftikus heißen
Die Engel gaukeln um den hübschen Gaukler
Ikarus Henoch Elias Apollonius von Thyana
Umschweben den ersten Aeroplan
Manchmal machen sie Platz und lassen jene vorbei die die heilige
Eucharistie trägt
Jene Priester die ewig auffahren wenn sie die Hostie erheben
Das Flugzeug landet schließlich ohne die Flügel zu schließen
Dann füllt sich der Himmel mit Millionen Schwalben
Pfeilschnell kommen die Raben die Falken die Eulen
Aus Afrika treffen die Ibisse ein die Flamingos die Marabus
Der Vogel Rock von Erzählern und Dichtern gefeiert
Schwebt heran in den Krallen den Schädel Adams den ersten Kopf
Der Adler löst sich vom Horizont mit einem lauten Schrei
Und aus Amerika kommt der kleine Kolibri
Aus China kommen die langen schmiegsamen Pihis

Qui n'ont qu'une seule aile et qui volent par couples
Puis voici la colombe esprit immaculé
Qu'escortent l'oiseau-lyre et le paon ocellé
Le phénix ce bûcher qui soi-même s'engendre
Un instant voile tout de son ardente cendre
Les sirènes laissant les périlleux détroits
Arrivent en chantant bellement toutes trois
Et tous aigle phénix et pihis de la Chine
Fraternisent avec la volante machine

Maintenant tu marches dans Paris tout seul parmi la foule
Des troupeaux d'autobus mugissants près de toi roulent
L'angoisse de l'amour te serre le gosier
Comme si tu ne devais jamais plus être aimé
Si tu vivais dans l'ancien temps tu entrerais dans un monastère
Vous avez honte quand vous vous surprenez à dire une prière
Tu te moques de toi et comme le feu de l'Enfer ton rire pétille
Les étincelles de ton rire dorent le fond de ta vie
C'est un tableau pendu dans un sombre musée
Et quelquefois tu vas le regarder de près

Aujourd'hui tu marches dans Paris les femmes sont ensanglantées
C'était et je voudrais ne pas m'en souvenir c'était au déclin de la beauté

Entourée de flammes ferventes Notre-Dame m'a regardé à Chartres
Le sang de votre Sacré-Cœur m'a inondé à Montmartre
Je suis malade d'ouïr les paroles bienheureuses
L'amour dont je souffre est une maladie honteuse
Et l'image qui te possède te fait survivre dans l'insomnie et dans l'angoisse
C'est toujours près de toi cette image qui passe

Maintenant tu es au bord de la Méditerranée
Sous les citronniers qui sont en fleur toute l'année
Avec tes amis tu te promènes en barque
L'un est Nissard il y a un Mentonasque et deux Turbiasques

Die nur einen Flügel haben und paarweise fliegen
Dann die Taube unbefleckter Geist
Den der Leiervogel begleitet und der vieläugige Pfau
Der Phönix Scheiterhaufen der sich selbst erzeugt
Hüllt alles einen Augenblick lang in seine glühende Asche
Die Sirenen verlassen die gefährlichen Engen
Und kommen an mit schönem Gesang alle drei
Und alle Adler Phönix und Pihis aus China
Verbrüdern sich mit der Maschine die fliegt

Nun durchstreifst du Paris ganz allein in der Menge
Herden muhender Autobusse rollen an dir vorbei
Die Angst um Liebe schnürt dir die Kehle zu
Als ob du nie mehr geliebt werden solltest
Wenn du in früheren Zeiten lebtest gingst du ins Kloster
Ihr schämt euch wenn ihr euch dabei ertappt ein Gebet zu sprechen
Du findest dich lächerlich und dein Gelächter prasselt wie
 Höllenfeuer
Die Funken deines Gelächters vergolden den Grund deines Lebens
Es ist ein Bild das in einem düstern Museum hängt
Und manchmal gehst du hin es von nahem zu sehn

Heute durchstreifst du Paris die Frauen sind in Blut getaucht
Es war und ich mag nicht dran denken es war als die Schönheit sank

In Flammen der Inbrunst gehüllt sah die Gottesmutter mich an in Chartres
Das Blut eures Heiligen Herzens überschwemmte mich in Montmartre
Es macht mich krank die hochseligen Worte zu hören
Die Liebe an der ich leide ist eine Krankheit der man sich schämt
Und das Bild von dem du besessen läßt dich weiterleben in
 Schlaflosigkeit und Bangen
Immer ist es dir nahe dies Bild das vergeht

Nun bist du am Ufer des Mittelmeers
Unter Zitronenbäumen die das ganze Jahr über blühen
Mit deinen Freunden fährst du im Boot umher
Der eine ist aus Nizza einer aus Menton und zwei aus La Turbie

Nous regardons avec effroi les poulpes des profondeurs
Et parmi les algues nagent les poissons images du Sauveur

Tu es dans le jardin d'une auberge aux environs de Prague
Tu te sens tout heureux une rose est sur la table
Et tu observes au lieu d'écrire ton conte en prose
La cétoine qui dort dans le cœur de la rose

Épouvanté tu te vois dessiné dans les agates de Saint-Vit
Tu étais triste à mourir le jour où tu t'y vis
Tu ressembles au Lazare affolé par le jour
Les aiguilles de l'horloge du quartier juif vont à rebours
Et tu recules aussi dans ta vie lentement
En montant au Hradchin et le soir en écoutant
Dans les tavernes chanter des chansons tchèques

Te voici à Marseille au milieu des pastèques

Te voici à Coblence à l'hôtel du Géant

Te voici à Rome assis sous un néflier du Japon

Te voici à Amsterdam avec une jeune fille que tu trouves belle et qui
est laide
Elle doit se marier avec un étudiant de Leyde
On y loue des chambres en latin Cubicula locanda
Je m'en souviens j'y ai passé trois jours et autant à Gouda

Tu es à Paris chez le juge d'instruction
Comme un criminel on te met en état d'arrestation

Tu as fait de douloureux et de joyeux voyages
Avant de t'apercevoir du mensonge et de l'âge
Tu as souffert de l'amour à vingt et à trente ans
J'ai vécu comme un fou et j'ai perdu mon temps
Tu n'oses plus regarder tes mains et à tous moments je voudrais
sangloter
Sur toi sur celle que j'aime sur tout ce qui t'a épouvanté

Wir betrachten mit Grauen die Polypen der Meerestiefen
Und zwischen den Algen schwimmen die Fische Bilder des Heilands

Du bist in einem Gasthausgarten in der Umgebung von Prag
Du fühlst dich voll Glück eine Rose steht auf dem Tisch
Und statt an deinem Märchen in Prosa zu schreiben
Siehst du dir den Goldkäfer an der im Herzen der Rose schläft

Voll Schrecken erkennst du die Linien deines Gesichts in den Achaten
Todtraurig warst den Tag als du dich dort gesehn [von Sankt Veit
Du siehst aus wie Lazarus dem der Tag die Sinne verwirrt
Die Zeiger der Turmuhr im Judenviertel gehn rückwärts
Und langsam gehst auch du in deinem Leben zurück
Indes du hinaufsteigst zum Hradschin und abends in den Tavernen
Tschechische Lieder singen hörst

Da bist du in Marseille inmitten von Wassermelonen

Da bist du in Koblenz im Gasthaus zum Riesen

Da sitzt du in Rom unter einer japanischen Mispel

Da bist du in Amsterdam mit einem Mädchen das dir schön
erscheint und doch häßlich ist
Sie ist verlobt mit einem Studenten aus Leyden
Zimmer vermietet man dort auf lateinisch Cubicula locanda
Ich weiß es noch dort war ich drei Tage und ebensolange in Gouda

Du stehst in Paris vor dem Untersuchungsrichter
Wie einen Verbrecher setzt man dich in Haft

Du hast schmerzliche und fröhliche Reisen gemacht
Ahnungslos noch was Lüge und Alter sind
Du hast an der Liebe gelitten mit zwanzig und dreißig Jahren
Ich habe gelebt wie ein Narr und hab meine Zeit verloren
Deine Hände anzusehn wagst du nicht mehr und immerfort möchte
ich schluchzen
Über dich über sie die ich liebe über alles was dich erschreckte

Tu regardes les yeux pleins de larmes ces pauvres émigrants
Ils croient en Dieu ils prient les femmes allaitent des enfants
Ils emplissent de leur odeur le hall de la gare Saint-Lazare
Ils ont foi dans leur étoile comme les rois-mages
Ils espèrent gagner de l'argent dans l'Argentine
Et revenir dans leur pays après avoir fait fortune
Une famille transporte un édredon rouge comme vous transportez
[votre cœur
Cet édredon et nos rêves sont aussi irréels
Quelques-uns de ces émigrants restent ici et se logent
Rue des Rosiers ou rue des Écouffes dans des bouges
Je les ai vus souvent le soir ils prennent l'air dans la rue
Et se déplacent rarement comme les pièces aux échecs
Il y a surtout des Juifs leurs femmes portent perruque
Elles restent assises exsangues au fond des boutiques

Tu es debout devant le zinc d'un bar crapuleux
Tu prends un café à deux sous parmi les malheureux

Tu es la nuit dans un grand restaurant

Ces femmes ne sont pas méchantes elles ont des soucis cependant
Toutes même la plus laide a fait souffrir son amant

Elle est la fille d'un sergent de ville de Jersey

Ses mains que je n'avais pas vues sont dures et gercées

J'ai une pitié immense pour les coutures de son ventre

J'humilie maintenant à une pauvre fille au rire horrible ma bouche

Tu es seul le matin va venir
Les laitiers font tinter leurs bidons dans les rues

La nuit s'éloigne ainsi qu'une belle Métive
C'est Ferdine la fausse ou Léa l'attentive

Et tu bois cet alcool brûlant comme ta vie
Ta vie que tu bois comme une eau-de-vie

Die Augen voll Tränen siehst du diese ärmlichen Auswandrer an
Sie glauben an Gott sie beten die Frauen stillen Kinder
Sie füllen mit ihrem Geruch die Halle der Gare Saint-Lazare
Sie vertraun ihrem Stern wie die Heilgen Drei Könige
Sie hoffen in Argentinien Geld zu verdienen
Und zur Heimat zurückzukehren wenn sie ihr Glück gemacht
Eine Familie schleppt ein rotes Deckbett mit wie ihr euer Herz
Dies Deckbett ist so unwirklich wie unsre Träume
Ein paar dieser Auswandrer bleiben hier und quartieren sich ein
Rue des Rosiers oder Rue des Écouffes in Spelunken
Ich habe sie oft gesehn abends schnappen sie Luft auf der Straße
Und wechseln selten den Platz wie Schachfiguren
Meist sind es Juden ihre Frauen tragen Perücken
Blutarm bleiben sie sitzen im Hintergrunde der Läden

Du stehst am Schanktisch einer wüsten Bar
Du trinkst einen Kaffee für zwei Sous inmitten von Unglücklichen

Nachts bist du in einem großen Restaurant

Diese Frauen sind nicht bösartig aber sie haben Sorgen
Jede die Häßlichste selbst ließ ihren Liebhaber leiden

Sie ist die Tochter eines Stadtgendarmen auf Jersey

Ihre Hände die ich nicht gesehn sind hart und aufgesprungen

Ich fühle unendliches Mitleid für die Narben an ihrem Bauch

Nun beuge ich meinen Mund zu einer ärmlichen Hure mit gräßlicher [Lache

Du bist allein bald wird es Morgen
Die Milchmänner auf den Straßen klirrn mit den Kannen

Die Nacht geht dahin wie eine schöne Mestizin
Die falsche Ferdine ist es oder die achtsame Lea

Und du trinkst diesen Alkohol der brennt wie dein Leben
Dein Leben das du trinkst wie einen Aquavit

Tu marches vers Auteuil tu veux aller chez toi à pied
Dormir parmi tes fétiches d'Océanie et de Guinée
Ils sont des Christ d'une autre forme et d'une autre croyance
Ce sont les Christ inférieurs des obscures espérances

Adieu Adieu

Soleil cou coupé

Le Pont Mirabeau

Sous le pont Mirabeau coule la Seine
Et nos amours
Faut-il qu'il m'en souvienne
La joie venait toujours après la peine

Vienne la nuit sonne l'heure
Les jours s'en vont je demeure

Les mains dans les mains restons face à face
Tandis que sous
Le pont de nos bras passe
Des éternels regards l'onde si lasse

Vienne la nuit sonne l'heure
Les jours s'en vont je demeure

L'amour s'en va comme cette eau courante
L'amour s'en va
Comme la vie est lente
Et comme l'Espérance est violente

Vienne la nuit sonne l'heure
Les jours s'en vont je demeure

Du machst dich auf den Weg nach Auteuil du willst zu Fuß nach Hause
Willst schlafen zwischen deinen Fetischen von der Südsee und aus
  Guinea
Christusse sind es von andrer Gestalt und eines anderen Glaubens
Es sind niedere Christusse dunkeler Hoffnungen

Ade Ade

Sonne Hals durchhackt

Der Pont Mirabeau

Unterm Pont Mirabeau fließt die Seine dahin
      Unsre Liebe auch
  Ist Erinnern Gewinn
Aus traurigem Sinn wird fröhlicher Sinn

      Komm Dunkel Stunde eile
      Die Tage gehn ich verweile

Aug in Aug laß uns bleiben und Hand in Hand
      Ach unter der Brücke
  Der Hände schwand
Die Welle von ewigen Blicken verbrannt

      Komm Dunkel Stunde eile
      Die Tage gehn ich verweile

Die Liebe vergeht wie der Strom der wogt
      Die Liebe vergeht –
  Wie das Leben stockt
Wie heftig die Hoffnung uns hinreißt und lockt

      Komm Dunkel Stunde eile
      Die Tage gehn ich verweile

Passent les jours et passent les semaines
Ni temps passé
Ni les amours reviennent
Sous le pont Mirabeau coule la Seine

Vienne la nuit sonne l'heure
Les jours s'en vont je demeure

La Chanson du mal-aimé

A Paul Léautaud.

Et je chantais cette romance
En 1903 sans savoir
Que mon amour à la semblance
Du beau Phénix s'il meurt un soir
Le matin voit sa renaissance.

Un soir de demi-brume à Londres
Un voyou qui ressemblait à
Mon amour vint à ma rencontre
Et le regard qu'il me jeta
Me fit baisser les yeux de honte

Je suivis ce mauvais garçon
Qui sifflotait mains dans les poches
Nous semblions entre les maisons
Onde ouverte de la mer Rouge
Lui les Hébreux moi Pharaon

Que tombent ces vagues de briques
Si tu ne fus pas bien aimée
Je suis le souverain d'Égypte
Sa sœur-épouse son armée
Si tu n'es pas l'amour unique

Die Tage gehn hin und die Wochen gehn hin
Vorbei ist die Liebe
Nun Zeit verrinn
Unterm Pont Mirabeau fließt die Seine dahin

Komm Dunkel Stunde eile
Die Tage gehn ich verweile

Das Lied des Ungeliebten

Für Paul Léautaud

Ich sang es 1903
Dies Lied als ich noch gar nicht wußte
Welch Phönix meine Liebe sei
Die wenn sie abends sterben mußte
Am Morgen auffliegt jung und neu

IN LONDON kam bei Abendgrauen
Ein Gassenstrolch mir in die Quer
Ganz wie mein Liebling anzuschauen
Der warf mir einen Blick daher
Ich senkte tief vor Scham die Brauen

Ich schlich ihm nach er grinste roh
Und pfiff in Taschen beide Hände
Die Häuser warn es schien mir so
Des Roten Meeres Wasserwände
Die Juden er ich Pharao

Stürzen soll diese Flut der Steine
Bist du mein Lieb nicht von jeher
Ich bin Ägyptens Herrscher seine
Geschwister-Gattin und sein Heer
Bist du die Liebste nicht die Eine

Au tournant d'une rue brûlant
De tous les feux de ses façades
Plaies du brouillard sanguinolent
Où se lamentaient les façades
Une femme lui ressemblant

C'était son regard d'inhumaine
La cicatrice à son cou nu
Sortit saoule d'une taverne
Au moment où je reconnus
La fausseté de l'amour même

Lorsqu'il fut de retour enfin
Dans sa patrie le sage Ulysse
Son vieux chien de lui se souvint
Près d'un tapis de haute lisse
Sa femme attendait qu'il revînt

L'époux royal de Sacontale
Las de vaincre se réjouit
Quand il la retrouva plus pâle
D'attente et d'amour yeux pâlis
Caressant sa gazelle mâle

J'ai pensé à ces rois beureux
Lorsque le faux amour et celle
Dont je suis encore amoureux
Heurtant leurs ombres infidèles
Me rendirent si malheureux

Regrets sur quoi l'enfer se fonde
Qu'un ciel d'oubli s'ouvre à mes vœux
Pour son baiser les rois du monde
Seraient morts les pauvres fameux
Pour elle eussent vendu leur ombre

J'ai hiverné dans mon passé
Revienne le soleil de Pâques

Am Straßeneck im Flammenglühn
Aus allen Feuern der Fassaden
Die kläglich wimmerten und schrien
In blutig-wunden Nebelschwaden
Ein Weib das ihr sehr ähnlich schien

Ich sah die Grausamkeit des Blickes
Die Narbe auf der nackten Haut
Wie aus der Schenke trunknen Schrittes
Sie wankte hab ich jäh durchschaut
Die Falschheit selbst des Liebesglückes

Als einst Ulyß ins Heimatland
Zurückgekehrt der listenreiche
Hat ihn sein alter Hund erkannt
Die Gattin harrte sein vorm weichen
Gewebten Teppich unverwandt

Sakuntalas Gemahl frohlockte
Als siegesmüd er kam zurück
Da stand sie bleich mit wirrer Locke
Von Liebessehnen matt ihr Blick
Liebkosend beim Gazellenbocke

An solcher Fürsten Glück gedacht
Hab ich als jene falsche Liebe
Und die nach der ich heut noch schmacht
Mit ihren Schatten mir so trübe
Und trauervoll das Herz gemacht

Die Hölle lebt von Reu und Büßen
Spring Himmel des Vergessens auf
Den Tod noch nähm um sie zu küssen
Manch ruhmgekrönter Fürst in Kauf
Würf seinen Schatten ihr zu Füßen

Ich winterte im Ehemals
Komm Ostersonnenschein und raste

Pour chauffer un cœur plus glacé
Que les quarante de Sébaste
Moins que ma vie martyrisés

Mon beau navire ô ma mémoire
Avons-nous assez navigué
Dans une onde mauvaise à boire
Avons-nous assez divagué
De la belle aube au triste soir

Adieu faux amour confondu
Avec la femme qui s'éloigne
Avec celle que j'ai perdue
L'année dernière en Allemagne
Et que je ne reverrai plus

Voie lactée ô sœur lumineuse
Des blancs ruisseaux de Chanaan
Et des corps blancs des amoureuses
Nageurs morts suivrons-nous d'ahan
Ton cours vers d'autres nébuleuses

Je me souviens d'une autre année
C'était l'aube d'un jour d'avril
J'ai chanté ma joie bien-aimée
Chanté l'amour à voix virile
Au moment d'amour de l'année

Aubade
chantée à Lætare un an passé

C'est le printemps viens-t'en Pâquette
Te promener au bois joli
Les poules dans la cour caquètent
L'aube au ciel fait de roses plis
L'amour chemine à ta conquête

Erwärm das Herz das kalt und fahl
Wie jene vierzig von Sebaste
Und lindre meines Lebens Qual

Mein Schiff o ihr Erinnerungen
Wir haben nun schon lang genug
Der Woge Bitterkeit getrunken
Das Meer durchpflügt mit unserm Bug
Von früh bis dumpf der Tag gesunken

Der falschen Liebe ein Ade
Der Liebe die sich von mir wandte
Und der die ich verloren jäh
Vergangnes Jahr im deutschen Lande
Und die ich nie mehr wiederseh

Milchstraße lichte Schwester drüben
Der weißen Bäche Kanaans
Der weißen Körper die sich lieben
Uns tote Schwimmer läßt dein Glanz
Zu immer neuen Nebeln stieben

Ich denke ein paar Jahr zurück
Es war April bei Morgenhelle
Des Jahres Liebesaugenblick
Da sang aus voller Manneskehle
Ich meine Liebe und mein Glück

Ständchen
gesungen an Lätare ein Jahr später

Nun ist es Frühling komm Pâquette
Wir gehn spaziern im hübschen Wald
Die Hühner gackern um die Wette
Das Frühlicht lugt aus rosigem Spalt
Die Liebe legt dich an die Kette

Mars et Vénus sont revenus
Ils s'embrassent à bouches folles
Devant des sites ingénus
Où sous les roses qui feuillolent
De beaux dieux roses dansent nus

Viens ma tendresse est la régente
De la floraison qui paraît
La nature est belle et touchante
Pan sifflote dans la forêt
Les grenouilles humides chantent

Beaucoup de ces dieux ont péri
C'est sur eux que pleurent les saules
Le grand Pan l'amour Jésus-Christ
Sont bien morts et les chats miaulent
Dans la cour je pleure à Paris

Moi qui sais des lais pour les reines
Les complaintes de mes années
Des hymnes d'esclave aux murènes
La romance du mal aimé
Et des chansons pour les sirènes

L'amour est mort j'en suis tremblant
J'adore de belles idoles
Les souvenirs lui ressemblant
Comme la femme de Mausole
Je reste fidèle et dolent

Je suis fidèle comme un dogue
Au maître le lierre au tronc
Et les Cosaques Zaporogues
Ivrognes pieux et larrons
Aux steppes et au décalogue

Venus und Mars sind heimgekehrt
Sie küssen sich mit trunknem Munde
Die Fluren liegen unversehrt
Rosige Götter ziehn die Runde
Nackt unter Rosen unbeschwert

Komm meine Zärtlichkeiten zwingen
Die schönen Blüten auf den Plan
Natur will uns zu Herzen dringen
Im Walde bläst die Flöte Pan
Die glitzerfeuchten Frösche singen

So manchen Gott der nicht mehr ist
Müssen die Weiden nun beweinen
Der große Pan die Liebe Christ
Sind alle tot die Katzen greinen
Im Hof ich weine in Paris

Ich der ich Königinnen Tränen
Entriß mit meinem Trauerklang
Der Sklavensongs und den Muränen
Das Lied des Ungeliebten sang
Und Hymnen weiß für die Sirenen

Die Liebe starb ich bange sehr
Und bete zu Erinnerungen
Zur schönen Täuschung wie sie der
Gemahlin Mausolos' gelungen
Ich bleibe treu und trauerschwer

So treu wie edle Hunderassen
Wie Efeu der den Stamm umspinnt
Wie saporogische Kosaken
Die Säufer fromm und Diebe sind
Doch Gott und Steppe nicht verlassen

Portez comme un joug le Croissant
Qu'interrogent les astrologues
Je suis le Sultan tout-puissant
O mes Cosaques Zaporogues
Votre Seigneur éblouissant

Devenez mes sujets fidèles
Leur avait écrit le Sultan
Ils rirent à cette nouvelle
Et répondirent à l'instant
A la lueur d'une chandelle

Réponse des Cosaques Zaporogues
au Sultan de Constantinople

Plus criminel que Barrabas
Cornu comme les mauvais anges
Quel Belzébuth es-tu là-bas
Nourri d'immondice et de fange
Nous n'irons pas à tes sabbats

Poisson pourri de Salonique
Long collier des sommeils affreux
D'yeux arrachés à coup de pique
Ta mère fit un pet foireux
Et tu naquis de sa colique

Bourreau de Podolie Amant
Des plaies des ulcères des croûtes
Groin de cochon cul de jument
Tes richesses garde-les toutes
Pour payer tes médicaments

VOIE LACTÉE ô sœur lumineuse
Des blancs ruisseaux de Chanaan
Et des corps blancs des amoureuses

Als Joch ihr meinen Halbmond tragt
Nach dem die Astrologen fragen
Ich bin der Sultan groß an Macht
Ihr saporogischen Kosaken
Bin euer Herr in höchster Pracht

Seid treue Untertanenherzen
So lautete des Sultans Wort
Sie lachten laut zu diesen Scherzen
Und schrieben ihm Bescheid sofort
Beim Scheine ihrer Unschlittkerzen

Antwort der Saporoger Kosaken
an den Sultan von Konstantinopel

Verkommener als Barrabas
Gehörnt gleich Satans Engelsheeren
Schluck Belzebube deinen Fraß
Von Exkrementen Schlamm und Schwären
Dein Sabbat macht uns keinen Spaß

Verfaulter Fisch von Saloniki
Juwel verruchter Schläfrigkeit
Mit Augen ausgebohrt von Piken
Ein Furz hob deiner Mutter Kleid
Und sie gebar dich in Koliken

Podoliens Henker ungemein
Verliebt in Aussatz Schorf und Eiter
Du Stutenarsch und Rüsselschwein
Behalte deine Schätze weiter
Bezahle deine Arzenein

Milchstrasse lichte Schwester drüben
Der weißen Bäche Kanaans
Der weißen Körper die sich lieben

Nageurs morts suivrons-nous d'ahan
Ton cours vers d'autres nébuleuses

Regret des yeux de la putain
Et belle comme une panthère
Amour vos baisers florentins
Avaient une saveur amère
Qui a rebuté nos destins

Ses regards laissaient une traîne
D'étoiles dans les soirs tremblants
Dans ses yeux nageaient les sirènes
Et nos baisers mordus sanglants
Faisaient pleurer nos fées marraines

Mais en vérité je l'attends
Avec mon cœur avec mon âme
Et sur le pont des Reviens-t'en
Si jamais revient cette femme
Je lui dirai Je suis content

Mon cœur et ma tête se vident
Tout le ciel s'écoule par eux
O mes tonneaux des Danaïdes
Comment faire pour être heureux
Comme un petit enfant candide

Je ne veux jamais l'oublier
Ma colombe ma blanche rade
O marguerite exfoliée
Mon île au loin ma Désirade
Ma rose mon giroflier

Les satyres et les pyraustes
Les égypans les feux follets
Et les destins damnés ou faustes
La corde au cou comme à Calais
Sur ma douleur quel holocauste

Uns tote Schwimmer läßt dein Glanz
Zu immer neuen Nebeln stieben

Die Traurigkeit im Dirnenblick
O schöne Pantherin du junge
Dein Kuß mein Florentiner Glück
Lag mir so bitter auf der Zunge
Er trennte dein und mein Geschick

Es ließen ihre Blicke Mähnen
Von Sternen in den Abend schwirrn
Im Auge schwammen ihr Sirenen
Und unsrer Küsse blutige Wirrn
Entsetzten unsre Feen zu Tränen

In Wahrheit sehne ich sie her
Mit meinem Herzen meiner Seele
Und auf der Brücke «Wiederkehr»
Wenn ich sie treff und nicht verfehle
Sag ich zu ihr Das freut mich sehr

Mein Herz mein Kopf sind leere Hüllen
Der Himmel strömt durch sie zur Erd
O Danaidenfässer füllen
Was tun damit ich glücklich werd
Unschuldig wie ein Kind beim Stillen

Wie sollt ich sie vergessen bloß
O Taube gleißendes Gestade
O Margerite blätterlos
Fern-Insel meine Desirade
Mein Nelkenbaum und meine Ros'

Die Irrlichter und Satyrknaben
Böses und glückliches Geschick
Pyrausten Ägypane waren
Wie in Calais am Hals der Strick
Auf meinem Schmerz die Opfergaben

Douleur qui doubles les destins
La licorne et le capricorne
Mon âme et mon corps incertain
Te fuient ô bûcher divin qu'ornent
Des astres des fleurs du matin

Malheur dieu pâle aux yeux d'ivoire
Tes prêtres fous t'ont-ils paré
Tes victimes en robe noire
Ont-elles vainement pleuré
Malheur dieu qu'il ne faut pas croire

Et toi qui me suis en rampant
Dieu de mes dieux morts en automne
Tu mesures combien d'empans
J'ai droit que la terre me donne
O mon ombre ô mon vieux serpent

Au soleil parce que tu l'aimes
Je t'ai menée souviens-t'en bien
Ténébreuse épouse que j'aime
Tu es à moi en n'étant rien
O mon ombre en deuil de moi-même

L'hiver est mort tout enneigé
On a brûlé les ruches blanches
Dans les jardins et les vergers
Les oiseaux chantent sur les branches
Le printemps clair l'avril léger

Mort d'immortels argyraspides
La neige aux boucliers d'argent
Fuit les dendrophores livides
Du printemps cher aux pauvres gens
Qui resourient les yeux humides

Et moi j'ai le cœur aussi gros
Qu'un cul de dame damascène

Du doppelst Schmerz das Schicksal noch
Das Einhorn und der Steinbock fliehen
Mein vager Leib die Seele auch
Dich Brandaltar umschwelgt von Blühen
Der Sternchen rings im Morgenhauch

Gott Unglück schmückten deine tollen
Priester dein Aug mit Elfenbein
Die Tränen deiner Opfer sollen
Sie ganz umsonst gewesen sein
Unglück warum dir Glauben zollen

Und der mir nachkriecht ohne Ruh
Gott meiner Götter herbst-verstorben
Teilst mir die Klafter Erde zu
Auf die ich mir ein Recht erworben
Mein Schatten meine Schlange du

Zur Sonne die wir gerne hatten
Erinnre dich lud ich dich ein
Die ich so liebe düstre Gattin
Grad weil du nicht bist bist du mein
Und trauerst um mich o mein Schatten

Der Winter starb der so verschneit
Verbrannt sind alle weißen Rüschen
In Park und Garten weit und breit
Besingen Vögel in den Büschen
Die helle heitre Frühlingszeit

Nun stirbt auch der Argyraspide
Der Schnee mit seinem Silberschild
Flieht vor dem Dendrophoren-Siege
Des Frühlings dem die Armen mild
Zulächeln mit noch feuchtem Lide

Und mir wird's Herz so schwer wie der
Popo der Damaszenerinnen

O mon amour je t'aimais trop
Et maintenant j'ai trop de peine
Les sept épées hors du fourreau

Sept épées de mélancolie
Sans morfil ô claires douleurs
Sont dans mon cœur et la folie
Veut raisonner pour mon malheur
Comment voulez-vous que j'oublie

Les sept épées

La première est toute d'argent
Et son nom tremblant c'est Pâline
Sa lame un ciel d'hiver neigeant
Son destin sanglant gibeline
Vulcain mourut en la forgeant

La seconde nommée Noubosse
Est un bel arc-en-ciel joyeux
Les dieux s'en servent à leurs noces
Elle a tué trente Bé-Rieux
Et fut douée par Carabosse

La troisième bleu féminin
N'en est pas moins un chibriape
Appelé Lul de Faltenin
Et que porte sur une nappe
L'Hermès Ernest devenu nain

La quatrième Malourène
Est un fleuve vert et doré
C'est le soir quand les riveraines
Y baignent leurs corps adorés
Et des chants de rameurs s'y traînent

Mein Lieb ich liebte dich zu sehr
Jetzt muß ich leiden wie von Sinnen
Es schwirrten sieben Schwerter her

Die sieben Schwerter voller Trauer
Scharf drangen sie ins Herz mir ein
O heller Schmerz ein Wahnsinnsschauer
Will euch verkünden meine Pein
Und nichts verkürzt mir ihre Dauer

Die sieben Schwerter

Das erste ist aus Silber ganz
Sein Flimmername heißt Pâline
Die Klinge Winterhimmelsglanz
Dem Blutgeschick nach Ghibelline
Kunstwerk des sterbenden Vulkans

Das zweite Schwert genannt Noubosse
Ein Regenbogen schön und hell
Den Göttern dient's im Hochzeitstrosse
Dreißig Bé-Rieux erschlug es schnell
Und war geweiht von Carabosse

Das dritte zärtlich blaugebrannt
Und doch ein echter Chibriape
Wird Lul de Faltenin genannt
Auf einem Tuche bringt's im Trabe
Der Hermes Ernst aus Zwergenland

Das vierte namens Malourène
Ist golden-grün ein kühler Fluß
Wo manche Frau nachts ihren schönen
Umschwärmten Körper baden muß
Und Rudrer ihre Lieder dröhnen

La cinquième Sainte-Fabeau
C'est la plus belle des quenouilles
C'est un cyprès sur un tombeau
Où les quatre vents s'agenouillent
Et chaque nuit c'est un flambeau

La sixième métal de gloire
C'est l'ami aux si douces mains
Dont chaque matin nous sépare
Adieu voilà votre chemin
Les coqs s'épuisaient en fanfares

Et la septième s'exténue
Une femme une rose morte
Merci que le dernier venu
Sur mon amour ferme la porte
Je ne vous ai jamais connue

VOIE LACTÉE ô sœur lumineuse
Des blancs ruisseaux de Chanaan
Et des corps blancs des amoureuses
Nageurs morts suivrons-nous d'ahan
Ton cours vers d'autres nébuleuses

Les démons du hasard selon
Le chant du firmament nous mènent
A sons perdus leurs violons
Font danser notre race humaine
Sur la descente à reculons

Destins destins impénétrables
Rois secoués par la folie
Et ces grelottantes étoiles
De fausses femmes dans vos lits
Aux déserts que l'histoire accable

Das fünfte Sainte-Fabeau hält Wacht
Das ist der schönste aller Rocken
Zypresse überm Grabesschacht
Wo die vier Winde niederhocken
Und eine Fackel in der Nacht

Das sechste sich dem Ruhme weihte
Der Freund ist's mit der zarten Hand
Dem jeder Tag uns neu entzweite
Ade der Weg ist euch bekannt
Die Hähne krähten uns zur Seite

Das siebte schmachtete sich blind
Bald Frau bald Rose todestrübe
Der Letztgekommene Dank verdient
Er schließt die Tür ob meiner Liebe
Ich hab dich nie gekannt mein Kind

Milchstrasse lichte Schwester drüben
Der weißen Bäche Kanaans
Der weißen Körper die sich lieben
Uns tote Schwimmer läßt dein Glanz
Zu immer neuen Nebeln stieben

Frei nach des Himmels Urgesang
Wolln uns des Zufalls Geister leiten
Doch tonlos läßt ihr Geigenklang
Die ganze Menschenrasse gleiten
Rückwärts hinab den Weltenhang

Schicksale nimmer zu durchschauen
In Wüsten von Geschichte schwer
Könige in des Wahnsinns Klauen
Ein frostdurchbebtes Sternenheer
In euren Betten falsche Frauen

Luitpold le vieux prince régent
Tuteur de deux royautés folles
Sanglote-t-il en y songeant
Quand vacillent les lucioles
Mouches dorées de la Saint-Jean

Près d'un château sans châtelaine
La barque aux barcarols chantants
Sur un lac blanc et sous l'haleine
Des vents qui tremblent au printemps
Voguait cygne mourant sirène

Un jour le roi dans l'eau d'argent
Se noya puis la bouche ouverte
Il s'en revint en surnageant
Sur la rive dormir inerte
Face tournée au ciel changeant

Juin ton soleil ardente lyre
Brûle mes doigts endoloris
Triste et mélodieux délire
J'erre à travers mon beau Paris
Sans avoir le cœur d'y mourir

Les dimanches s'y éternisent
Et les orgues de Barbarie
Y sanglotent dans les cours grises
Les fleurs aux balcons de Paris
Penchent comme la tour de Pise

Soirs de Paris ivres du gin
Flambant de l'électricité
Les tramways feux verts sur l'échine
Musiquent au long des portées
De rails leur folie de machines

Les cafés gonflés de fumée
Crient tout l'amour de leurs tziganes

Luitpold der alte Prinzregent
Von zwei verrückten Königssöhnen
Wie schluchzt er wenn er an sie denkt
Da an Johanni man den schönen
Glühwurm und goldne Mücken fängt

Schloß ohne Herrin eine Szene
Mit Barke und mit Barkenlied
Ein See auf dessen weißer Mähne
Im Frühlingswinde schwankend zieht
Der Sterbe-Schwan und die Sirene

Im Silbersee der König fand
Den Tod stieg dann mit offnem Munde
Zum Licht empor und trieb an Land
Regloser Schlaf auf sandigem Grunde
Gesicht zu Himmelshöhn gewandt

O Juni Sonnenleiern kerben
Die Finger die ich spielen hieß
Ich bad in Klängen traurig-herben
Irr durch mein herrliches Paris
Und hab das Herz nicht dort zu sterben

Sonntage endlos und massiv
Der Leierkasten wie zum Hohne
Schluchzt in den grauen Höfen tief
Die Blumen rings auf den Balkonen
Stehn wie der Turm von Pisa schief

Pariser Nächte gin-betrunken
Elektrisch flammend grell und heiß
Tramways mit grünen Feuerfunken
Sie musizieren schrill im Gleis
Stolz im Maschinenwahn versunken

Im rauchgeschwängerten Café
Schreit wirbelnde Zigeunerliebe

De tous leurs siphons enrhumés
De leurs garçons vêtus d'un pagne
Vers toi toi que j'ai tant aimée

Moi qui sais des lais pour les reines
Les complaintes de mes années
Des hymnes d'esclave aux murènes
La romance du mal aimé
Et des chansons pour les sirènes

Les Colchiques

Le pré est vénéneux mais joli en automne
Les vaches y paissant
Lentement s'empoisonnent
Le colchique couleur de cerne et de lilas
Y fleurit tes yeux sont comme cette fleur-là
Violâtres comme leur cerne et comme cet automne
Et ma vie pour tes yeux lentement s'empoisonne

Les enfants de l'école viennent avec fracas
Vêtus de hoquetons et jouant de l'harmonica
Ils cueillent les colchiques qui sont comme des mères
Filles de leurs filles et sont couleur de tes paupières
Qui battent comme les fleurs battent au vent dément

Le gardien du troupeau chante tout doucement
Tandis que lentes et meuglant les vaches abandonnent
Pour toujours ce grand pré mal fleuri par l'automne

Schrein Syphons prustend vom Buffet
Und Kellner hastend im Getriebe
Dir zu daß ich dich lieb seit je

Ich der ich Königinnen Tränen
Entriß mit meinem Trauerklang
Der Sklavensongs und den Muränen
Das Lied des Ungeliebten sang
Und Hymnen weiß für die Sirenen

Die Herbstzeitlosen

Der Herbst läßt seine Wiese so schön, so giftig blühen.
Ein Gift, das schleicht,
Streut er den Kühen.
Die Herbstzeitlose blaut hier, wie Augenring und Flieder,
Ich seh die blasse Bläue, ich seh dein Auge wieder,
Es gleicht der blau umflorten, es gleicht dem Herbst, dem Jahr.
Das Gift steigt in mein Leben, so wills dein Augenpaar.

Jetzt kommt hier aus der Schule das Kindervolk vorbei,
Es kommen bunte Röcke, Harmonika, Geschrei.
Die Tochter ist und Mutter, die Herbstzeitlose, die
So schimmert wie dein Auglid – die Kinder pflücken sie,
Sie pflücken Augenlider im Wind, im irren Wind.

Der Kuhhirt summt ein Liedchen, die Herde, sie beginnt
Davonzutrotten, muhend, verlassen ist der Ort,
Die Wiese, wo der Herbst stand und Blumen da und dort.

L'Adieu

J'ai cueilli ce brin de bruyère
L'automne est morte souviens-t'en
Nous ne nous verrons plus sur terre
Odeur du temps brin de bruyère
Et souviens-toi que je t'attends

Nuit Rhénane

Mon verre est plein d'un vin trembleur comme une flamme
Écoutez la chanson lente d'un batelier
Qui raconte avoir vu sous la lune sept femmes
Tordre leurs cheveux verts et longs jusqu'à leurs pieds

Debout chantez plus haut en dansant une ronde
Que je n'entende plus le chant du batelier
Et mettez près de moi toutes les filles blondes
Au regard immobile aux nattes repliées

Le Rhin le Rhin est ivre où les vignes se mirent
Tout l'or des nuits tombe en tremblant s'y refléter
La voix chante toujours à en râle-mourir
Ces fées aux cheveux verts qui incantent l'été

Mon verre s'est brisé comme un éclat de rire

La Dame

Toc toc Il a fermé sa porte
Les lys du jardin sont flétris
Quel est donc ce mort qu'on emporte

Tu viens de toquer à sa porte
    Et trotte trotte
    Trotte la petite souris

Der Abschied

Ich pflückt den Halm vom Kraut der Heide.
Der Herbst ist tot – sei eingedenk.
Auf Erden scheiden wir nun beide.
O Duft der Zeit, o Halm der Heide.
Und daß ich warten werde, denk.

Rheinische Nacht

In meinem vollen Glas bebt flammengleich der Wein
Hört wie ein Schiffer sacht erzählt in seinem Sang
Wie er wohl sieben Fraun gesehn im Mondenschein
Flechten ihr grünes Haar bis an die Füße lang

Steht auf und lauter singt und hebt den Rundtanz an
Damit ich nur das Lied des Schiffers nicht mehr hör
Die blonden Mädchen holt an meine Seite dann
Die mit dem festen Blick das Haupt von Zöpfen schwer

Denn trunken ist der Rhein dort spiegeln sich die Reben
Und aller Nächte Gold versinkt im Wellenbeben
Noch immer aber tönt die Stimme todesbang
Von grünbehaarten Feen die Zaubernacht entlang

Und als mein Glas zerbrach es wie Gelächter klang

Die Dame

Klopf klopf Er verschloß seine Pforte
Mit den Lilien im Garten ist's aus
Und wen trägt man tot aus dem Haus

Nun pochst du an seine Pforte
    Und es trippelt und trappelt
    Die kleine Maus

A la Santé

Avant d'entrer dans ma cellule
Il a fallu me mettre nu
Et quelle voix sinistre ulule
Guillaume qu'es-tu devenu

Le Lazare entrant dans la tombe
Au lieu d'en sortir comme il fit
Adieu adieu chantante ronde
O mes années ô jeunes filles

O ma jeunesse abandonnée
Comme une guirlande fanée
Voici que s'en vient la saison
Et des dédains et du soupçon

Le paysage est fait de toiles
Il coule un faux fleuve de sang
Et sous l'arbre fleuri d'étoiles
Un clown est l'unique passant

Un froid rayon poudroie et joue
Sur les décors et sur ta joue
Un coup de revolver un cri
Dans l'ombre un portrait a souri

La vitre du cadre est brisée
Un air qu'on ne peut définir
Hésite entre son et pensée
Entre avenir et souvenir

O ma jeunesse abandonnée
Comme une guirlande fanée
Voici que s'en vient la saison
Des regrets et de la raison

In der Santé

Erst hab ich nackt mich ausziehn müssen
Dann kam ich in die Zelle hier
Ach düster heulte das Gewissen
Guillaume was wurde nun aus dir

Ein Lazarus der niedersteigen
Ins Grab muß statt daraus zu fliehn
Dahin sind meine Liederreigen
Jahre und Mädchen o dahin

O meine Jugend ward zuschanden
Wie ausgeblichene Girlanden
Schon fühl ich nahen eine Zeit
Voll Argwohn und Erbärmlichkeit

Die Landschaft scheint gemalt zu sein
Ein falscher Strom von blutigem Schaume
Und unterm blühenden Sternenbaume
Ein Clown dort wandert er allein

Und kalte Strahlen sprühn und küssen
Auf deine Stirn und die Kulissen
Ein Schuß ein Schrei bricht durchs Gefild
Im Schatten lächelte ein Bild

Durchs Glas des Bildes läuft ein Sprung
Ein seltsam Lied ist hier im Schwange
Am Scheideweg von Sinn und Klange
Von Zukunft und Erinnerung

O meine Jugend ward zuschanden
Wie ausgeblichene Girlanden
Schon fühl ich nahen eine Zeit
Voller Vernunft und Traurigkeit

Blaise Cendrars

Tour

1910
Castellamare
Je dînais d'une orange à l'ombre d'un oranger
Quand, tout à coup . . .
Ce n'était pas l'éruption du Vésuve
Ce n'était pas le nuage de sauterelles, une des dix plaies d'Égypte
Ni Pompéi
Ce n'était pas les cris ressuscités des mastodontes géants
Ce n'était pas la Trompette annoncée
Ni la grenouille de Pierre Brisset
Quand, tout à coup,
Feux
Chocs
Rebondissements
Étincelle des horizons simultanés
Mon sexe

O Tour Eiffel!
Je ne t'ai pas chaussée d'or
Je ne t'ai pas fait danser sur les dalles de cristal
Je ne t'ai pas vouée au Python comme une vierge de Carthage
Je ne t'ai pas revêtue du péplum de la Grèce
Je ne t'ai jamais fait divaguer dans l'enceinte des menhirs
Je ne t'ai pas nommée Tige de David ni Bois de la Croix
Lignum Crucis

O Tour Eiffel
Feu d'artifice géant de l'Exposition Universelle!
Sur le Gange
A Bénarès
Parmi les toupies onanistes des temples hindous
Et les cris colorés des multitudes de l'Orient
Tu te penches, gracieux Palmier!

Turm

1910
Castellamare
Ich speiste von einer Orange im Schatten eines Orangenbaums
Als plötzlich . . .
Es war nicht der Ausbruch des Vesuvs
Es war nicht die Heuschreckenwolke, eine der zehn Plagen Ägyptens
Noch Pompeji
Es war nicht das Geschrei wiederauferstandener Riesenmammuts
Es war nicht die verheißene Trompete
Noch der Frosch des Pierre Brisset
Als plötzlich
Blitze
Stöße
Aufruhr
Zündung durch alle Etagen
Mein Geschlecht

O Eiffelturm!
Ich ließ dich nicht mit Gold beschlagen
Ich ließ dich nicht auf Kristalldielen tanzen
Ich ließ dich nicht dem Python zum Fraß wie eine karthagische
Ich kleidete dich nicht ins Peplon der Griechen [Jungfrau
Ich ließ dich nie durch den Kreis der Menhire irren
Ich habe dich nicht Stamm Davids genannt noch Holz vom Kreuze
Lignum Crucis

O Eiffelturm
Gigantisches Feuerwerk der Weltausstellung!
Auf dem Ganges
In Benares
Unter den Onanistenmönchen der Hindutempel
Und zu dem bunten Gezeter der Massen des Orients
Du neigst dich, liebreiche Palme!

C'est toi qui à l'époque légendaire du peuple hébreu
Confondis la langue des hommes
O Babel!
Et quelque mille ans plus tard, c'est toi qui retombais en langues de feu sur les Apôtres rassemblés dans ton église
En pleine mer tu es un mât
Et au Pôle Nord
Tu resplendis avec toute la magnificence de l'aurore boréale de ta télégraphie sans fil
Les lianes s'enchevêtrent aux eucalyptus
Et tu flottes, vieux tronc, sur le Mississipi
Quand
Ta gueule s'ouvre
Et un caïman saisit la cuisse d'un nègre
En Europe tu es comme un gibet
(Je voudrais être la tour, pendre à la Tour Eiffel!)
Et quand le soleil se couche derrière toi
La tête de Bonnot roule sous la guillotine
Au cœur de l'Afrique c'est toi qui cours
Girafe
Autruche
Boa
Équateur
Moussons
En Australie tu as toujours été tabou
Tu es la gaffe que le capitaine Cook employait pour diriger son bateau d'aventuriers
O sonde céleste!
Pour le Simultané Delaunay, à qui je dédie ce poème,
Tu es le pinceau qu'il trempe dans la lumière

Gong tam-tam zanzibar bête de la jungle rayons-X express bistouri symphonie
Tu es tout
Tour
Dieu antique
Bête moderne
Spectre solaire

Du warst es in der legendären Vorzeit der Hebräer
Du hast die Zungen der Menschen verwirrt
O Babel!
Und ein paar tausend Jahre später fällst du als züngelndes Feuer auf die Apostel zurück die in deiner Kirche versammelt sind
Auf hoher See bist du der Mast
Und am Nordpol
Strahlst du in der ganzen Pracht des Nordlichts deiner drahtlosen Telegraphie
Im Eukalyptus verwirren sich die Lianen
Und du treibst, alter Stamm, auf dem Mississippi
Da
Sperrst du den Rachen auf
Und ein Kaiman schnappt einen Negerschenkel
In Europa bist du ein Galgen
(Ich möchte der Turm sein, hängen am Eiffelturm!)
Und wenn in deinem Rücken die Sonne versinkt
Fällt unter der Guillotine der Kopf von Bonnot
Im Herzen Afrikas bist du auf den Beinen
Giraffe
Strauß
Boa
Äquator
Monsun
In Australien warst du immer tabu
Du bist der Bootshaken den Kapitän Cook benutzte sein Abenteurerschiff zu lenken
Himmlisches Lot!
Für den Simultanisten Delaunay, dem ich dieses Gedicht widme,
Bist du der Pinsel den er eintaucht ins Licht

Gong Tamtam Sansibar Dschungelwild X-Strahlen Schnellzug Skalpell Sinfonie
Du bist alles
Turm
Gott der Antike
Vieh der Moderne
Sonnenspektrum

Sujet de mon poème
Tour
Tour du monde
Tour en mouvement

Crépitements

Les arcencielesques dissonances de la Tour dans sa télégraphie sans fil
Midi
Minuit
On se dit merde de tous les coins de l'univers

Étincelles
Jaune de chrome
On est en contact
De tous les côtés les transatlantiques s'approchent
S'éloignent
Toutes les montres sont mises à l'heure
Et les cloches sonnent
Paris-Midi annonce qu'un professeur allemand a été
 mangé par les cannibales au Congo
C'est bien fait
L'Intransigeant ce soir publie des vers pour cartes postales
C'est idiot quand tous les astrologues cambriolent les étoiles
On n'y voit plus
J'interroge le ciel
L'Institut Météorologique annonce du mauvais temps
Il n'y a pas de futurisme
Il n'y a pas de simultanéité
Bodin a brûlé toutes les sorcières
Il n'y a rien
Il n'y a plus d'horoscopes et il faut travailler
Je suis inquiet
L'Esprit
Je vais partir en voyage
Et j'envoie ce poème dépouillé à mon ami R . . .

Gegenstand meines Gedichts
Turm
Turm der Welt
Turm in Bewegung

Geknister

Die regenbogigen Dissonanzen des Eiffelturms in seiner drahtlosen
Mittag [Telegraphie
Mitternacht
Man ruft einander von allen Enden der Welt Scheiße zu

Funken
Chromgelb
Man ist in Kontakt
Von allen Seiten nahen sich entfernen sich die Überseedampfer
Alle Uhren werden gerichtet
Und die Glocken läuten
Paris-Midi berichtet ein deutscher Professor sei von den Kannibalen
im Kongo gefressen worden
Geschieht ihm recht
L'Intransigeant veröffentlicht heute abend Postkartenverse
Es ist idiotisch wenn alle Astrologen bei den Sternen einbrechen
Man sieht nicht mehr durch
Ich befrage den Himmel
Die Meteorologische Anstalt sagt schlechtes Wetter an
Es gibt keinen Futurismus
Es gibt keine Simultaneität
Bodin hat alle Hexen verbrannt
Es gibt nichts
Es gibt keine Horoskope mehr und man muß arbeiten
Ich bin beunruhigt
Der Geist
Ich werde verreisen
Und schicke dieses schmucklose Gedicht an meinen Freund R . . .

Léon-Paul Fargue

AETERNAE MEMORIAE PATRIS

Un seul être vous manque
Et tout est dépeuplé . . . .

. . . Depuis, il y a toujours, suspendu dans mon front et qui me fait mal,
Délavé, raidi de salpêtre et sûri, comme une toile d'araignée qui pend dans une cave,
Un voile de larmes toujours prêt à tomber sur mes yeux.
Je n'ose plus remuer la joue; le plus petit mouvement réflexe, le moindre tic
S'achève en larmes.

Si j'oublie un instant ma douleur,
Tout à coup, au milieu d'une avenue, dans le souffle des arbres,
Dans la masse des rues, dans l'angoisse des gares,
Au bras d'un vieil ami qui parle avec douceur,
Ou dans une plainte lointaine,
A l'appel d'un sifflet qui répand du froid sous des hangars,
Ou dans une odeur de cuisine, un soir
Qui rappelle un silence d'autrefois à table . . .
Amenée par la moindre chose
Ou touchée comme d'un coup sec du doigt de Dieu sur ma cendre,

Elle ressuscite! Et dégaine! Et me transperce du coup mortel sorti de l'invisible bataille,
Aussi fort que la catastrophe crève le tunnel,
Aussi lourd que la lame de fond se pétrit d'une mer étale,
Aussi haut que le volcan lance son cœur dans les étoiles
Je t'aurai donc laissé partir sans rien te rendre
De tout ce que tu m'avais mis de toi, dans le cœur!
Et je t'avais lassé de moi, et tu m'as quitté,
Et il a bien fallu cette nuit d'été pour que je comprenne . . .

AETERNAE MEMORIAE PATRIS

Ein einzig Wesen fehlt
Und alles ist verwaist . . .

. . . Seither ist da stets, mir an die Stirn geheftet und schmerzend,
Verwaschen, salpetersteif und sauer, wie Spinnweben an der Kellerdecke,
Ein Tränenvorhang, der sich ständig über die Augen ziehen will.
Kaum wage ich noch das Gesicht zu verziehen; der leiseste Reflex, der kleinste Tick
Löst Tränen aus.

Vergesse ich eine Zeitlang meinen Schmerz,
Dann plötzlich, mitten auf der Avenue, im Luftzug um die Bäume,
Im Dickicht der Straßen, in der Bahnhofsangst,
Am Arm eines alten Freundes mit sanfter Stimme
Oder in einem fernher kommenden Klagelaut,
Beim durchdringend kalten Pfiff in den Hallen
Oder in einem Geruch aus der Küche, an einem Abend,
Der ein Schweigen zurückruft, von früher, bei Tisch . . .
Von einer Kleinigkeit angestoßen
Oder wie wenn der Finger Gottes auf meine Asche klopft,

Wacht er wieder auf! Und zieht blank! Und sticht durch und durch, mit tödlichem Schlag aus unsichtbarer Schlacht,
So heftig wie die Katastrophe den Tunnel bersten läßt,
So schwer wie die Grundwelle sich aus flacher See bildet,
So hoch wie der Vulkan sein Innerstes zu den Sternen schleudert
Ich habe dich also gehen lassen, ohne dir etwas zu vergelten
Von alldem, was von dir du mir ins Gemüt gelegt hast!
Und ich war dir zur Last gefallen, und du bist von mir gegangen,
Und es bedurfte dieser Sommernacht, damit ich verstand . . .

Pitié! Moi qui voulais... Je n'ai pas su... Pardon, à genoux, pardon!
Que je m'écroule enfin, pauvre ossuaire qui s'éboule, oh pauvre sac d'outils dont la vie se débarrasse, d'un coup d'épaule, dans un coin...

Ah je vous vois, mes aimés. Mon père, je te vois. Je te verrai toujours étendu sur ton lit,
Juste et pur devant le Maître, comme au temps de ta jeunesse,
Sage comme la barque amarrée dans le port, voiles carguées, fanaux éteints,
Avec ton sourire mystérieux, contraint, à jamais fixé, fier de ton secret, relevé de tout ton labeur,
En proie à toutes les mains des lumières droites et durcies dans le plein jour,
Grisé par l'odeur de martyr des cierges,
Avec les fleurs qu'on avait coupées pour toi sur la terrasse;
Tandis qu'une chanson de pauvre pleurait par-dessus le toit des ateliers dans une cour,
Que le bruit des pas pressés se heurtait et se trompait de toutes parts,
Et que les tambours de la Mort ouvraient et fermaient les portes!

★

Je t'ai cherché, je t'ai porté
Partout. – Dans un square désert au kiosque vide, où j'étais seul
Devant la grille du couchant qui sombre et s'éteint, comme un vaisseau qui brûle, derrière les arbres...
Un jour... dans quelque ville de province aux yeux mi-clos, qui tourne et s'éteint
Devant la caresse hâtive des express...
Dans une boutique où bougent d'un air boudeur des figures de cendre;
Sur la place vide où souffle l'oubli;
Aux rides des rues, aux cris des voyages...

Erbarmen! Ich wollte doch nur ... Ich wußte ja nicht ... Verzeihung, auf den Knien, Verzeihung!
Daß ich nur endlich hinstürzte, elend gebrechliches Knochengerüst, ich, o ich armseliger Knappsack, den das Leben sich von der Schulter schüttelt, in einer Ecke ...

Ach, ich sehe euch, meine Lieben. Mein Vater, ich sehe dich. Ich werde dich immer sehen, wie du auf deinem Bett liegst,
Gerecht und rein vor dem Meister, wie zu deiner Jugendzeit,
Still wie die Barke im Hafen, die Segel gerefft, die Lampen gelöscht,
Mit deinem geheimnisvollen Lächeln, reglos, für immer erstarrt, stolz auf dein Geheimnis, von all deinen Mühen erlöst,
Ausgeliefert all den steifen, verhärteten Lichtern, die mitten am Tag nach dir griffen,
Benommen vom Märtyrergeruch der Kerzen,
Mit den Blumen, die man für dich auf der Terrasse gebrochen hatte;
Während kläglich ein Armeleutelied über das Werkstattdach von einem Hof her kam,
Das Geräusch der hastigen Schritte allenthalben anstieß und sich irrte,
Und die Trommeln des Todes die Türen auf- und zustießen!

⋆

Gesucht habe ich dich, getragen habe ich dich
Überall. – Auf einem einsamen Platz mit dem leeren Kiosk, wo ich allein war,
Vor dem Gitter, hinter dem die Abendsonne sank und verlosch, wie ein loderndes Schiff hinter den Bäumen ...
Eines Tages ... in irgendeinem Provinznest mit halbgeschlossenen Augen, kreisend verlosch
Vor den eiligen Liebkosungen der Schnellzüge ...
In einem Laden, wo ein paar Aschenfiguren grummelten und drängelten;
Auf dem leeren Platz, wo das Vergessen bläst;
In den Striemen der Straßen, in den Schreien der Reisen ...

A l'aube, hors barrière, dans un quartier d'usines,
... Au tournant d'un mur, une averse de charbons lancée par des mains invisibles;
Un tuyau qui fume en sanglotant ...
Dans les faubourgs et les impasses où meuglent les sirènes, où les scieries se plaignent, où les pompiers sont surpris par un retour de flamme, à l'heure où les riches dorment ...
Un soir, dans un bois, sous la foule attentive des feuilles qui regardent là-haut filtrer les étoiles,
Dans l'odeur des premiers matins et des cimetières,
Dans l'ombre où sont éteints les déjeuners sur l'herbe,
Où les insectes ont déserté les métiers ...

Partout où je cherchais à surprendre la vie
Dans le signe d'intelligence du mystère
J'ai cherché, j'ai cherché l'Introuvable ...

O Vie, laisse-moi retomber, lâche mes mains!
Tu vois bien que ce n'est plus toi! C'est ton souvenir qui me soutient!

QUAND TU vacilles au sommet du désespoir,
Lorsque les larmes sont rebelles,
Lorsque les larmes sont taries,
Monte au-dessus des hommes.
Mais qu'est-ce qu'il a à monter tout le temps, riant et pleurant, ce monsieur rouge et noir?
Il a du chagrin.

Voilà. Ça a eu le cœur élevé dans du coton,
Et ça souffre.
Donne un coup de pied! Il y a le sens, il faut le chercher.
Comme on cherche un ressort secret.
Quand tu l'as trouvé
Tu marches sur toutes ces têtes en proue de systématiques,

Im Morgengrauen, draußen vor den Schranken, in einem Fabrikviertel
. . . An einer Mauerecke, ein Kohlenregen von unsichtbarer Hand;
Ein Schlot, der qualmt und schluchzt . . .
In den Vorstädten und den Sackgassen, wo die Sirenen heulen, wo die Sägereien greinen, wo die Feuerwehr von neuen Flammen überrascht wird, zur Stunde, da die Reichen schlafen . . .
Eines Abends, in einem Wald, unter der andächtigen Fülle des Laubs, das zusieht, wie die Sterne herabfiltern,
Im Geruch der frühesten Morgen und der Friedhöfe,
Im Schatten, wo die Frühstücke im Grünen verloschen sind,
Wo die Insekten die Webstühle verlassen haben . . .

Überall da, wo ich das Leben erhaschen wollte,
Wo das Geheimnis mir einen Wink des Einverständnisses gab,
Da habe ich gesucht, da habe ich es gesucht, das Unerfindliche . . .

O Leben, laß mich fallen, laß meine Hände los!
Du siehst doch, daß du mich nicht mehr hältst! Was mich hält, ist nur noch die Erinnerung!

Stehst du schwankend auf dem Gipfel der Verzweiflung,
Sind die Tränen ungebärdig,
Sind die Tränen versiegt,
So steig hinaus über die Menschen.
Was hat er nur die ganze Zeit zu steigen, in Tränen und Gelächter, dieser Herr in Rot und Schwarz?
Kummer hat er.

So seht nur. Dem hat man das Herz in Watte gepackt,
Und jetzt leidet das.
Stampf einmal auf! Es gibt den Sinn, du mußt ihn nur suchen,
Wie man nach der verborgenen Feder sucht.
Wenn du ihn erst hast,
Dann schreitest du hinweg über all diese Schnabelkopfsystematiker,

Sur tous ces yeux de basse-cour,
Tu es sauvé!

Je ne veux pas me laisser prendre! Je ne serai pas fait de sitôt! Je ne suis pas encore bonard!

J'aime mieux y laisser ma peau de veston, comme un voleur!

J'aime mieux y laisser une patte en gage, comme une sauterelle!

Hop-là! Sautez! Sauvé du compartimentage, de toutes ces cellules et de toutes ces boîtes les unes dans les autres, des salles de police tainiennes, de toutes ces mouches encriphiles, des yeux captifs, des larmes d'ornière, de tous ces rayons qui pèchent par la clef, de tout cet échiquier de chair où broutent les ludions de l'amour!

Ai-je donné malgré moi le coup de pied qui chasse les hommes, ou si j'ai laissé passer l'heure?

Une voix tonnante et silencieuse m'aspire comme un retour de flamme. Un abîme s'ouvre sous mes pas.

– Je monte!

Plus de composition possible. Les choses se composent d'elles-mêmes. D'en haut les passants chargent mollement, la figure en l'air. Qu'est-ce qui se passe? Est-ce que ça commence? Est-ce pour moi? Je vois s'enfoncer les maisons, leurs chapeaux de fer, puis ce sont les tours, puis les clochers, tous les espadons, puis les fumées . . . Une locomotive se fâche dans une gare, pas plus fort qu'un siphon dans un apéritif . . . Tout n'est plus que bulles, puis tout s'adoucit. La maladie de peau guérit à vue d'œil . . . Une cloche arrive comme un moustique; un fil de musique, un fil de fumée presque imperceptibles se prolongent, où protestent tous les clairons, toutes les montagnes, tous les tribuns, tous les canons dans l'étendue, tout ce qui lâche la vapeur, toutes les maisons, derniers appels, uhau sanglot roux cage tombée la pipe en feu la suit fini . . .

Über all diese Kleinviehaugen,
Dann bist du gerettet!

Ich will mich nicht unterkriegen lassen! Ich will sobald nicht klein beigeben! Ich bin doch noch nicht vertrottelt!

Lieber schlüpf' ich schnell aus meiner Jackenhaut, wie ein Ertappter!

Lieber geb' ich ein Beinchen dran, wie ein Heuhüpfer!

Hoppla! Nur gesprungen! Gerettet vor den Etikettierungen, all diesen Wabeneinteilungen, Einschachtelungen, positivistischen Arrestlokalen, vor allen tintophilen Brummfliegen, Scheuklappenaugen, Routineheulern, all diesen Fachbereichen mit den angeblichen Weisheitsschlüsseln, vor diesem ganzen fleischernen Netzfeldschema, wo die Liebesteufelchen grasrupfend auf und ab turnen!

Habe ich ungewollt so aufgestampft, daß die Leute davonstieben? Oder sollte ich den rechten Augenblick verpaßt haben?

Eine Stimme, donnernd und unhörbar, saugt mich an wie eine ausschlagende Flamme. Ein Abgrund tut sich unter meinen Sohlen auf.

– Ich entschwebe!

Kein Ausgleich mehr möglich. Die Sachen gleichen sich von selbst aus. Lässig, von oben, die Attacken der Passanten, mit der Nase in der Luft. Was mag vorgehen? Fängt es wohl an? Gilt das mir? Ich sehe, wie die Häuser verschwinden, mit den eisernen Hüten, dann sind die Mauern weg, danach die Glockentürme, alle langen, spitzen Schwerter, schließlich die Rauchfahnen ... Eine Lokomotive spielt im Bahnhof wütend, nicht stärker als Selters im Aperitif ... Alles sind nur noch Blasen, und auch das beruhigt sich bald. Der Hautausschlag heilt zusehends ab ... Wie eine Mücke dringt die Glocke noch ans Ohr; ein Melodiefetzchen, ein Rauchschwaden ziehen kaum merklich empor, darin alle Trompeter protestieren, alle Bergspitzen, alle Volkstribunen, alle Knallkanonen aus dem flachen Land, alles was Dampf abläßt, jede Behausung, letzte Rufe, Hüooh roter Schluchzer Käfig gekippt die Pipe mit Schweif hinterher

Ende ...

La Gare

Gare de la douleur j'ai fait toutes tes routes.
Je ne peux plus aller, je ne peux plus partir.
J'ai traîné sous tes ciels, j'ai crié sous tes voûtes.
Je me tends vers le jour où j'en verrai sortir
Le masque sans regard qui roule à ma rencontre
Sur le crassier livide où je rampe vers lui,
Quand le convoi des jours qui brûle ses décombres
Crachera son repas d'ombres pour d'autres ombres
Dans l'étable de fer où rumine la nuit.
Ville de fiel, orgues brumeuses sous l'abside
Où les jouets divins s'entrouvrent pour nous voir,
Je n'entends plus gronder dans ton gouffre l'espoir
Que me soufflaient tes chœurs, que me traçaient tes signes,
A l'heure où les maisons s'allument pour le soir.

Ruche du miel amer où les hommes essaiment,
Port crevé de strideurs, noir de remorqueurs,
Dont la huée enfonce sa clef dans le cœur
Haïssable et hagard des ludions qui s'aiment,
Torpilleur de la chair contre les vieux mirages
Dont la salve défait et refait les visages,
Sombre école du soir où la classe rapporte
L'erreur de s'embrasser, l'erreur de se quitter,
Il y a bien longtemps que je sais écouter
Ton écluse qui souffre à deux pas de ma porte.

Je suis venu chez toi du temps de ma jeunesse.
Je me souviens du cœur, je me souviens du jour
Où j'ai quitté sans bruit pour surprendre l'amour
Mes parents qui lisaient, la lampe, la tendresse,
Et ce vieux logement que je verrai toujours.
Sur l'atlas enfumé, sur la courbe vitreuse,
J'ai guidé mon fanal au milieu de mes frères.
Les ombres commençaient le halage nocturne.
Le mètre, le ruban filaient dans leur poterne

Der Bahnhof

Bahnhof des Leids, ich fuhr auf allen deinen Strecken.
Nun kann ich nicht mehr gehn, nun kann ich nicht mehr fort.
Dein Himmel sah mich matt, dein Dach hörte mich schreien.
Ich harre auf den Tag, wo ich herausfahrn sehe
Die Maske ohne Blick, die mir entgegenrollt
Auf grauem Schlackenhub, ich ihr entgegenkriechend,
Wenn erst der Tage Zug, der seinen Schutt verbrennt,
Den ganzen Schattenfraß ausspeit für andere Schatten,
In jenem Eisenpferch, wo sich die Nacht vergrübelt.
Du Gallenstadt, wo Orgeldunst hängt in Apsiden,
Aus Gottes Spielgerät sich Augen auf uns richten,
Aus deiner Schlucht hör ich nicht mehr die Hoffnung dröhnen,
Die dein Chor mir einblies, die deine Zeichen wiesen,
Zur Stunde, da im Haus das Abendlicht entflammt.

Bitterer Honigstock, draus Menschenvölker schwärmen,
Quietschende Pier und schwarz von Schleppern, deren Schrei
Den Schlüssel ins verstörte, hassenswerte Herz
Der Wichtelmänner treibt, die nur sich selber lieben;
Torpedostoß fürs Fleisch gegen den alten Wahn,
Er löscht Gesichter aus, stülpt wuchtig neue drüber;
Düsterer Abendkurs, wo ständig wiederholt wird
Die falsche Lektion vom falschen Abschiedskuß –
Seit langem hör ich zu, wie dicht an meiner Tür
Das Schleusentor du schließt und unter Schmerzen öffnest.

In meiner Jugendzeit war ich zu dir gekommen,
Den Tag, ich weiß ihn noch, weiß noch, wie mir zumut war,
Als leise ich verließ, um Liebe zu belauschen,
Die Eltern überm Buch, die Zärtlichkeit, die Lampe,
Das ältliche Gemach, das mir noch stets vor Augen.
Auf gläsern rundem Dach, auf rauchgeschwärztem Atlas
Bewegte ich mein Licht inmitten meiner Brüder.
Die Schatten legten ab im nächtlichen Getreidel.
Schon zogen Maß und Band dahin durchs Ausfalltor,

Les hommes s'enroulaient autour d'un dévidoir.
La boutique, l'enclume à l'oreille cassée,
La forge qui respire une dernière prise,
La terrasse qui sent le sable et la liqueur
Rougissaient par degrés sur le livre d'images
Et gagnaient lentement leur place dans l'église.
Un tramway secouait en frôlant les feuillages
Son harnais de sommeil dans les flaques des rues.
L'hippocampe roulait sa barque et sa lanterne
Sur les pièges du fer et sur les clefs perdues.
Il y avait un mur assommé de traverses
Avec un bec de gaz tout taché de rousseur
Où fusaient tristement les insectes des arbres
Sous le regard absent des éclairs de chaleur.
L'odeur d'un quartier sombre où se fondent les graisses
Envoyait gauchement ses corbeaux sur le ciel.
Une lampe filait dans l'étude du soir.
Une cour bruissait dans son gâteau de miel.
Une vitre battait comme un petit cahier
Contre le tableau noir où la main du vieux maître
Posait et retirait doucement les étoiles.
Les femmes s'élançaient comme des araignées
Quand un passant marchait sur le bord de leur toile.
Les grands fonds soucieux bourbillaient de plongeurs
Que le masque futur cherchait comme il me cherche.
Le présage secret qui chasse sur les hommes
Nageait d'un peu plus près sur ma tête baissée.

Je me suis retrouvé sous ta serre de vitres
Dans les plants ruisselants, les massifs de visages
Scellés du nom, de l'âge et du secret du coffre,
Du nécessaire d'os et du compas de chair,
En face du tunnel où se cache la fée
De l'aube, qui demain vendra ses madeleines
Sur un quai somnolent tout mouillé de rosée
Dans le bruit du tambour, dans le bruit de la mer.
J'ai longé tout un soir tes grands trains méditants,
Triangles vigilants, braises, bielles couplées,

Die Leute aufgerollt verschwanden auf der Haspel,
Der Laden und der Amboß mit gebrochenem Ohr,
Die Schmiede, wo der Balg ein letztes Mal noch bläst,
Der Vorplatz, wo es riecht nach Sand und nach Likör,
Rot leuchteten sie auf in meinem Bilderbogen
Und nahmen langsam ein den Platz in ihrer Kirche.
Die Trambahn schüttelte, als sie die Blätter streifte,
Den Harnisch ihres Schlafs hinein in Straßenpfützen.
Das Meerpferd schob den Kahn und auch seine Laterne
Aufs eisenblanke Netz und auf verlorene Schlüssel.
Die Mauer war bedrängt durch Querbalken und Holme,
Und um den Glühlichtstrumpf mit lauter roten Flecken
Schwirrten in wirrem Flug traurig die Bauminsekten
Unter dem fernen Blick der sommerlichen Blitze.
Der ranzige Geruch aus einem finsteren Viertel
Ließ linkisch himmelan die Rabenscharen kreisen.
Blakende Lampen gab's im Klassenraum am Abend,
Ein Summen war im Hof, der engen Honigwabe,
Ein Fensterflügel schlug ganz wie ein Schülerheft
Gegen das Tafelbrett, wo sanft der alte Lehrer
Die Sterne haften ließ und sanft sie wieder löste.
Die Frauen schnellten vor wie aufgescheuchte Spinnen,
Wenn ein Passant nur trat zum Rande ihrer Weben.
Den sorgenschweren Grund zerwühlten wilde Taucher,
Die – durchaus so wie mich – die Schreckensmaske suchte.
Das dunkle Vorgefühl, das über Menschen hinjagt,
Trieb über meinem Haupt, das ich gesenkt, schon näher.

Nun steh ich abermals in deinen Treibhaushallen,
Vor triefendem Gewächs, vor den Gesichtergruppen
Mit Namensetikett, mit Alter und Geheimzahl,
Mit abgezirktem Fleisch, mit abgezählten Knochen.
Der Tunnel vor mir gähnt, wo sich verbirgt die Fee
Des Morgens, die gleich früh die Madeleines verkauft,
Am kaum erwachten taubeträufelten Geleise,
Bei Kolbentrommelklang, beim Klang des fernen Meeres.
O Abendgang entlang an nachdenklichen Zügen,
Warnzeichen, Kohlenglut, verbundene Pleuelstangen,

Sifflets doux, percement lointain de courtilières,
Cagoules qui clignez bassement par vos fentes,
Avec deux passants noirs penchés sur la rambarde
Au-dessus du fournil du pont de la Chapelle
Où le guerrier déchu qui promène les hommes
Encrasse son panache avec un bruit de chaînes,
Et le grand disque vert de la rue de Jessaint,
Gare de ma jeunesse et de ma solitude
Que l'orage parfois saluait longuement,
J'aurai longtemps connu tes regards et tes rampes,
Tes bâillements trempés, tes cris froids, tes attentes,
J'ai suivi tes passants, j'ai doublé tes départs,
Debout contre un pilier j'en aurai pris ma part
Au moment de buter au heurtoir de l'impasse,
A l'heure qu'il faudra renverser la vapeur
Et que j'embrasserai sur sa bouche carrée
Le masque ardent et dur qui prendra mon empreinte
Dans le long cri d'adieu de tes portes fermées.

Banalité

A Léon Delamarche

L'odeur du sureau me conseille
Le plus parfait oubli . . .

Ma mère , je te regardais tourner dans cette chambre, inaltérable et douce, exilée du bonheur, dans la grande lumière qui venait du canal, au milieu des objets familiers dont nous connaissions toutes les petites figures, toutes les manies de petits bonshommes, et tu essayais de chanter.
Moi, je portais mon cœur trop lourd, ce cœur faible et présomptueux, comme un écolier qui court avec un pain plus grand que lui.
Nous foulions tous les trois le champ des souvenirs, avec un vieil ami qui parlait dans sa pipe.

Sanftes Gepfeif fernhin, Durchbruch von Maulwurfsgrillen,
Geschlitzte Kutten dort, euer verschlagenes Blinzeln,
Und am Geländer schwarz zwei nachtdunkle Passanten
Übers Backhaus gebeugt des Pont de la Chapelle,
Wo, der die Menschen führt, jener gefallene Krieger,
Die Helmzier sich beschmutzt und mit den Ketten klirrt,
Und groß das grüne Rund in der Rue de Jessaint.
Bahnhof der Jugendzeit, Bahnhof der Einsamkeit,
Den manches Mal begrüßt anhaltendes Gewitter,
Weidlich hab ich gekannt die Blicke und die Rampen,
Dein gähnend-feuchtes Maul, den kalten Schrei, dein Warten;
Passanten folgt ich nach, lief mit bei ihrer Abfahrt.
Ich hab mich drein geschickt, aufrecht am Pfeiler stehend,
Dereinst am Prellbock dann ausweglos anzustoßen,
Wenn das Gebot ergeht, auf Gegendampf zu schalten,
Wenn auf den eckigen Mund ich sie dann küssen werde,
Die Maske heiß und hart, die meinen Abdruck nimmt
Beim langen Abschiedsruf aus den geschlossenen Toren.

Banalität

Für Léon Delamarche

Der Duft des Holunders rät mir
Das vollkommenste Vergessen ...

Mutter, ich sah dir zu, als du in diesem Zimmer herumgingst, unwandelbar und sanft, aus dem Glück verbannt, im breiten Licht, das vom Kanal her kam, mitten unter den vertrauten Gegenständen, deren kleine Figuren wir alle kannten, die Schrullen kleiner Wichte, und du versuchtest zu singen.
Ich trug zu schwer an meinem Herzen, an diesem schwachen und übermütigen Herzen, wie ein Schuljunge, der rennt mit einem Brot, größer als er.
Wir durchstreiften zu dritt das Reich der Erinnerungen, zusammen mit einem alten Freund, der in seine Pfeife sprach.

Appuyons-nous encore à ce mur bleuissant que la persienne ennuie.
Buvons encore à la fenêtre où nous avons tant de fois goûté le sel des larmes.

★

La girouette qui défend ce toit chargé de filets noirs plaignait sa fumée rudement enlevée par le vent du canal. L'atelier murmurait dans l'épure vitreuse. La langue de l'eau mouillait la lumière. Un pigeon soigneux se risquait sur la crête. Des souris, posées comme des pastilles du sérail sur le garde-manger de la cuisine, entouraient une écuelle occupée militairement par des mouches de toutes les armes, trépieds velus, boules de graphite au poil grondant venues des abattoirs de la Villette, ciseaux croupis, gouttes d'encre verte vite parties, timbre sec des trompes sur le zinc; mais sur l'arête, à l'extrême bord, il en arriva une toute petite, où l'on voyait battre du carmin – singulièrement longue et transparente, comme une seringue empoisonnée, et qui nous parut formidable et tout à fait inattendue.
Le loisir se coiffait dans la lumière blanche.

★

Des bouffées de musique militaire sautaient le mur du jardin de l'hôpital. Un vapeur demandait l'écluse à son de trompe. O doux tonnerre du soleil, coups de vent roux sur la gare et sur le canal, tambours des trains, vieux mouflons noirs, souffles plaintifs, relais d'oubli, faites lever les souvenirs du Paris champêtre et rêveur qui sentait le gaz et l'étable, et l'importance du passant qui suçait sa colonne d'air sans se douter de son bonheur. Le chemin de fer de ceinture allait plus loin que vos voyages. Le voyage autour de ma chambre allait plus loin que la ceinture. La vieille chaussure des omnibus bottait les arbres et les fontaines. L'orgue de Barbarie commençait à moudre à dix heures, pour émouvoir l'apéritif, et les racleurs posaient leurs collets sur huit mesures: «Rappelle-toi. Rappelle-toi . . .»

★

Laß uns noch einmal an diese blauende Wand uns lehnen, die die Jalousien belästigen.
Noch einmal trinken an dem Fenster, wo wir so viele Male das Salz der Tränen gekostet haben.

★

Die Wetterfahne, die dieses mit schwarzen Netzen bedeckte Dach schützt, klagte um seinen Rauch, den vom Kanal her der Wind barsch fortriß. Die Werkstatt murmelte im gläsernen Aufriß. Die Zunge des Wassers benetzte das Licht. Eine sorgsame Taube wagte sich auf die Zinne. Mäuse, wie Serailpastillen auf den Speiseschrank der Küche gelegt, umstellten einen Napf, den Fliegen aller Waffengattungen militärisch besetzt hielten, zottige Dreifüße, Graphitkugeln mit brummendem Fell, von den Schlachthöfen der Villette hergekommen, brackige Scheren, rasch geschwundene Tropfen grüner Tinte, dürrer Schlag von Rüsseln auf dem Zink; aber auf der Kante, am äußersten Rand, kam eine ganz kleine daher, wo man Karmin beben sah – seltsam langgezogen und durchsichtig, wie eine vergiftete Spritze; sie kam uns ungeheuerlich vor und ganz unerwartet.
Die Muße kämmte sich im weißen Licht.

★

Fetzen von Militärmusik sprangen über die Mauer des Spitalgartens. Ein Dampfer verlangte tutend die Schleuse. O milder Donner der Sonne, rötliche Windstöße auf dem Bahnhof und auf dem Kanal, Getrommel der Züge, alte schwarze Muffelschafe, keuchende Klagen, Etappen des Vergessens, scheucht die Erinnerungen an das ländliche und träumerische Paris hervor, das nach Gas und Ställen roch, und die Wichtigkeit des Fußgängers, der an seiner Luftsäule lutschte, ohne sein Glück zu ahnen. Die Ringbahn führte weiter als eure Reisen. Die Reise um mein Zimmer führte weiter als die Ringbahn. Der alte Schuh der Omnibusse trat gegen die Bäume und die Brunnen. Die Drehorgel begann um zehn zu mahlen, um den Aperitif zu beseligen, und die Fiedelkratzer legten auf acht Takte ihre Schlingen: «Entsinne dich. Entsinne dich ...»

★

(Mais il n'avait pas l'air pressé de me répondre. On entendait chanter l'oiseau que nous appelions «l'avocat» ...)

★

Ne fourgonne pas dans ma chambre. Nous allons sortir. La lumière est bonne. (Un temps à traquer le mystère. En chasse pour le doute et le signe au-devant des yeux bleus du soir...)

★

Toute une face de la rue, c'était de la ville, avec ses boutiques, ses bijouteries en veilleuse, un bureau de poste annexe, des protestations de manilleurs et des coups de poing de masse de billard. Mais que penser de l'autre côté? J'y vis une lisière mystérieuse, une enfilade de jardins incultes, qui sentaient l'absinthe et la punaise, sous une taie de voilettes étranges où grésillaient des entrecroisements indéfiniment brouillés et recommencés de fils verts, divisés par le glissement haut et lent d'un tramway fantôme, au timbre grave comme une horloge de campagne, et prolongé jusqu'aux nuages comme le spectre du Brocken ...

★

...Mandres et Brunoy? Si on y allait un de ces dimanches? Mais qu'est-ce que tu as à rougir? Moi, je regardais par la fenêtre. Le ciel était couleur de l'Yerres ... – N'en dis pas plus, c'est fait, je revois Mandres, la rivière pleine d'herbes dormantes, les roses trémières, les petits sentiers gardés de houlettes, les barques trop chargées qui se cognent vertement, tous ces écureuils dans la brume qui tourne au poing de chaque saule, le vieux pêcheur du moulin de Rochopt qui jette l'ancre dans son visage; et les rencontres insolites, et la tendresse studieuse; et toutes les voix sur l'eau, sur l'eau, ces voix qui demandent la mer... Ah! ces découvertes d'insectes dans les taillis, l'énorme chenille rayonnante aux caroncules orangés qui faisait la boucle en accolant ses chaussons verts sur un grillage, les parcs des grandes propriétés que longe un tramway tonnant d'orphéons et de quilles soûles, la terrasse bondée comme une cloche à mouches, la

(Aber er schien es nicht eilig zu haben, mir zu antworten. Man hörte den Vogel singen, den wir «Advokat» nannten ...)

★

Krame nicht in meinem Zimmer herum! Wir werden ausgehen. Das Licht ist günstig. (Ein Wetter, dem Geheimnis nachzustellen. Auf der Jagd nach dem Zweifel und dem Zeichen, den blauen Augen des Abends entgegen ...)

★

Eine ganze Straßenseite war Stadt, mit ihren Buden, ihren Schmuckläden in halbem Licht, einer Zweigstelle des Postamts, mit Protesten der Manillespieler und Faustschlägen der Billardstöcke. Doch was war mit der anderen Seite? ich sah da einen geheimnisvollen Saum, eine Flucht ungepflegter Gärten, die nach Absinth und Wanzen rochen, unter dem Star seltsamer Schleier, wo endlos sich verwickelnde und wieder beginnende Verflechtungen grüner Fäden knisterten, zertrennt durch das hohe, langsame Gleiten einer geisterhaften Straßenbahn, deren Läuten dumpf hallte wie eine ländliche Turmuhr und die sich hinzog bis zu den Wolken wie das Brockengespenst ...

★

... Mandres und Brunoy? Wenn wir da hinführen, an einem der nächsten Sonntage? Aber warum wirst du so rot? – Ich schaute zum Fenster hinaus. Der Himmel hatte die Farbe der Yerres ... – Sag nicht mehr – es ist geschehen, ich sehe Mandres wieder, den Fluß voll schlafender Gräser, die Malven, die kleinen Pfade, von Hirtenstäben bewacht, die zu schwer beladenen Barken, die schroff aufeinanderprallen, all diese Eichhörnchen im Nebel, der sich um die Fäuste der Weiden windet, den alten Fischer der Mühle von Rochopt, der in seinem Gesicht vor Anker geht; die ungewohnten Begegnungen und die forschende Hingabe; und alle Stimmen über dem Wasser, über dem Wasser, jene Stimmen, die nach dem Meer rufen ... Oh! welche Entdeckungen: Insekten im Gesträuch, die riesige leuchtende Raupe mit apfelsinenen Karunkeln, die eine Schleife machte, indem sie ihre grünen Socken an ein Gitter klebte, die Gärten der großen Villen, an denen eine Straßenbahn entlangfährt, dröhnend

marée du café menacé par l'orage et la sonnerie de cuvette de la petite gare crépusculaire . . . Et je revois la mère Hélie, qui était si bonne et qui est morte brûlée . . .

★

Quand ils y étaient allés seuls et que je rentrais tard dans la nuit, j'allais tout de suite à la cuisine pour voir tremper leur bouquet de roses . . .

J'AI TANT RÊVÉ j'ai tant rêvé que je ne suis
Plus d'ici.
Ne m'interrogez pas, ne me tourmentez pas.
Ne m'accompagnez pas sur mon calvaire.

Il ne m'est pas donné de m'expliquer les ordres.
Pas même le droit d'y songer.
Il est grand temps que je me lève et que je parte.

Il a une permission de la mort, et il arrive.
Au tournant de la rue qui mène à la nuit, je l'attends.
La mer va rentrer ses dernières terrasses.
Une première lampe a soif dans les ténèbres.

Un pas sur le pavé. Son ombre le précède
Et se couche sur moi, la tête sur mon cœur.
Il est là.

Toujours son chapeau rond, toujours son sac à main,
Comme il était, le jour qu'il revint d'Italie.
Je ne vois pas ses yeux. Il ne me parle pas.

Je me roule vers lui comme une pierre obscure.
Je ne peux pas franchir son ombre.

von Gesangvereinen und betrunkenen Rekruten, die ihre Entlassung feiern, die Terrasse vollgepfercht wie eine Fliegenglocke, die Flut des vom Gewitter bedrohten Wirtshauses und das Waschbeckengeläute am kleinen dämmerigen Bahnhof ... Und ich sehe das Mütterchen Hélie wieder, das so gutmütig war und dann bei einem Brand umkam ...

⋆

Wenn sie allein dorthin gegangen waren und ich spät in der Nacht nach Hause kam, ging ich sofort in die Küche, um ihren Rosenstrauß anzusehen, der im Wasser stand ...

Ich hab soviel, soviel geträumt, daß ich nicht
Mehr von hier bin.
Laßt euer Fragen, quält mich nicht.
Laßt mich alleine meinen Kreuzweg gehn.

Ich kann mir die Befehle nicht erklären.
Ich habe auch kein Recht dazu.
Doch es ist hohe Zeit, mich aufzumachen und davonzugehn.

Der Tod hat Urlaub ihm erteilt, gleich wird er hier sein.
Dort, wo die Straße in die Nacht biegt, warte ich auf ihn.
Das Meer zieht seine letzten Terrassen ein.
Im Finstern dürstet eine erste Lampe.

Ein Schritt hallt auf dem Pflaster. Sein Schatten geht voraus
Und legt sich über mich, den Kopf auf meinem Herzen.
Er ist da.

Er trägt den gleichen runden Hut, die gleiche Reisetasche
Wie damals, als er aus Italien zurückkam.
Ich sehe seine Augen nicht. Er spricht auch nicht mit mir.

Ich rolle ihm entgegen wie ein dunkler Stein.
Und komme über seinen Schatten nicht hinaus.

Etes-vous bien portants? Qu'avez-vous fait depuis?
Pourquoi n'êtes-vous pas montés?
Tous les jours, j'allais voir et vous n'arriviez pas!

Il ne dit rien de tout cela.
Mais tout en lui dit: Souviens-toi.

La nuit sur lui s'est refermée.

Seid ihr gesund? Und was habt ihr seither gemacht?
Warum seid ihr denn nicht heraufgekommen?
Alle Tage ging ich nachsehn, aber ihr kamt nicht!

Zwar sagt er nichts dergleichen.
Doch alles an ihm spricht: Erinnre dich.

Dann schloß die Nacht sich wieder über ihm.

Max Jacob

La Guerre

Les boulevards extérieurs, la nuit, sont pleins de neige; les bandits sont des soldats; on m'attaque avec des rires et des sabres, on me dépouille: je me sauve pour retomber dans un autre carré. Est-ce une cour de caserne, ou celle d'une auberge? que de sabres! que de lanciers! il neige! on me pique avec une seringue: c'est un poison pour me tuer; une tête de squelette voilée de crêpe me mord le doigt. De vagues réverbères jettent sur la neige la lumière de ma mort.

Poème de la lune

Il y a sur la nuit trois champignons qui sont la lune. Aussi brusquement que chante le coucou d'une horloge, ils se disposent autrement à minuit chaque mois. Il y a dans le jardin des fleurs rares qui sont de petits hommes couchés, cent, c'est les reflets d'un miroir. Il y a dans ma chambre obscure une navette lumineuse qui rôde, puis deux ... des aérostats phosphorescents, c'est les reflets d'un miroir. Il y a dans ma tête une abeille qui parle.

Le Tapis de Pénélope
ou lutte contre le diable

Oh! mon souffle, grandis! grandis jusqu'à mort
La fleur retombe: quand peut-on renaître?
O mortelle mort qui n'est pas la mort
Refleurie par ce qui vient d'en haut.
Las! souillée par ce qui vient d'en bas.
O souffle grandis! grandis jusqu'à mort.

Der Krieg

Nachts liegt viel Schnee auf den äußeren Boulevards; die Banditen sind Soldaten; man fällt mit Gelächter und mit Säbeln über mich her, man beraubt mich: ich entfliehe, um sogleich in ein anderes Karree zu geraten. Ist es der Hof einer Kaserne oder der eines Wirtshauses? wieviel Säbel! wieviel Lanzenreiter! es schneit! man sticht mich mit einer Spritze: es ist ein Gift, um mich zu töten: ein umflorter Skelettkopf beißt mich in den Finger. Undeutliche Laternen werfen das Licht meines Todes auf den Schnee.

Gedicht vom Mond

Auf der Nacht sind drei Pilze, die sind der Mond. So unerwartet wie der Kuckuck einer Uhr ruft, stellen sie sich jeden Monat um Mitternacht anders auf. Im Garten wachsen seltene Blumen, die liegende Männchen sind, hundert, es ist der Widerschein eines Spiegels. In meinem dunklen Zimmer ist ein leuchtendes Weberschiffchen, das umherstreicht, dann zwei . . ., phosphoreszierende Luftschiffe, es ist der Widerschein eines Spiegels. In meinem Kopf ist eine Biene, die spricht.

Das Tuch der Penelope
oder Kampf gegen den Teufel

Oh! mein Atem, wachse! wachse bis zum Tod
Die Blume fällt zurück: wann kann man aufs neu entstehn?
O tödlicher Tod, der nicht der Tod ist
Wiederaufgeblüht durch das, was von oben kommt.
Ach! beschmutzt durch das, was von unten kommt.
O Atem wachse! wachse bis zum Tode.

La Terre

Envolez-moi au-dessus des chandelles noires de la terre,
au-dessus des cornes venimeuses de la terre.
Il n'y a de paix qu'au-dessus des serpents de la terre,
La terre est une grande bouche souillée,
ses hoquets, ses rires à gorge déployée,
sa toux, son haleine, ses ronflements quand elle dort
me triturent l'âme. Attirez-moi dehors!
Secouez-moi! empoignez-moi, et toi terre chasse-moi.
Surnaturel, je me cramponne à ton drapeau de soie
que le grand vent me coule dans tes plis qui ondoient.
Je craque de discordes militaires avec moi-même,
je me suis comme une poulie, une voiture de dilemmes
et je ne pourrai dormir que dans vos évidences.
Je vous envie, phénix, faisan doré, condors . . .
Donnez-moi une couverture volante qui me porte
au-dessus du tonnerre, dehors au cristal de vos portes.

(Ces messieurs n'aiment pas.)

Berceuse de la petite servante

Ton père est à la messe,
ta mère au cabaret,
tu auras sur les fesses
si tu vas encore crier.

Ma mère était pauvresse
sur la lande à Auray
et moi je fais des crêpes
en te berçant du pied.

Si tu mourais du croup,
coliques ou diarrhées,

Die Erde

Fliegt mich hinaus über die schwarzen Kerzen der Erde,
hinaus über die giftigen Hörner der Erde.
Friede ist nur weit oben über den Schlangen der Erde.
Die Erde ist ein großes schmutziges Maul,
ihr Schluckauf, ihr Gelächter aus offener Kehle,
ihr Husten, ihr Atem, ihr Schnarchen, wenn sie schläft,
zermalmen mir die Seele. Zieht mich nach draußen!
Schüttelt mich! Packt mich, und du Erde wirf mich hinaus.
Überirdisches, an deine Seidenfahne klammere ich mich,
der große Wind soll mich in deine wellenden Bahnen drücken.
Ich zerspringe vor Kampf und Krieg mit mir selber,
Ich komme mir vor wie ein Flaschenzug, wie ein Dilemmafuhrwerk,
und finde Ruhe nur in eurer großen Klarheit.
Ich beneide euch, Phönix, Goldfasan, Kondore . . .
So gebt mir doch eine fliegende Decke, die mich hinausträgt
über den Donner, hinaus zum Kristall eurer Pforten.

(Die Herren mögen das nicht.)

Wiegenlied der kleinen Magd

Dein Vater ist zur Messe,
deine Mutter im Lokal,
du kriegst was auf den Hintern,
wenn du noch einmal plärrst.

Meine Mutter lebte elend
auf der Heide gleich am Meer;
ich back hier Pfannenkuchen
und wieg dich mit dem Fuß.

Wenn du am Krupp mir eingehst,
an Kolik oder Ruhr,

si tu mourais des croûtes
que tu as sur le nez,

Je pêcherais des crevettes
à l'heure de la marée
pour faire la soupe aux têtes:
y a pas besoin de crochets.

MA TÊTE roule à l'Océan
et c'est une tête de pierre
recueillez le sang du couchant
recueillez l'or de la prière
la terre égare mon turban
et le ciel ma cordelière
vaincus par les temps.

Serres chaudes

Sur la margelle du puits
la main se pose, le cadran
solaire marque l'heure.
La main porte un anneau de buis
quelle heure est–il? j'ai peur.
On a marché dans les feuillages tropicaux
Un vaisseau entre au port
la princesse revient de l'hôpital.
L'ombre dans le jardin couvre la pâleur
du jet d'eau. On a marché dans les feuillages.
Ce sont les troupeaux de brebis
qui reviennent du palais royal.
Sur la margelle du puits
la main n'est plus seule,
l'ombre du saule frémit sur le voilier dans le port.

wenn du am Grind mir eingehst
auf deiner Nase da,

dann fisch ich wieder Krabben
bei aufkommender Flut,
mach aus den Köpfen Suppe,
eine Angel braucht man nicht.

Mein Kopf treibt hin im Ozean
und es ist ein Kopf aus Stein
fangt auf das Blut der Abendsonne
fangt auf das Gold des Gebetes
die Erde weht mir den Turban weg
und der Himmel meine Knotenschnur
besiegt von der Zeit

Gewächshäuser

Auf den Rand des Brunnens
legt sich die Hand, die Sonnen-
uhr zeigt die Stunde an.
Die Hand trägt einen Ring aus Buchs
was zeigt die Uhr? ich fürchte mich.
Wir sind im tropischen Blattwald gegangen
Ein Schiff fährt in den Hafen
die Prinzessin kehrt heim vom Hospital.
Der Schatten im Garten verdeckt die Blässe
des Springbrunnens. Wir sind im Blattwald gegangen.
Es sind dies die Schafherden
die vom Palast heimkehren.
Auf dem Rande des Brunnens
ist die Hand nicht mehr allein,
der Weidenschatten zittert auf dem Segelschiff im Hafen.

Pierre Reverdy

Bêtes

Tu regardes en passant l'animal enchaîné
Il part de son élan
L'exil entre les haies
Son œil sonde le ciel d'un regard étonné
La tête contre la barrière
Vers ce reflet de l'infini
L'immensité
Prisonnier autant que toi-même
L'ennui ne te quittera pas
Mais je me souviendrai toujours de
ton regard
Et de ta voix
terriblement humaine

Vendredi treize

La feuille vole cachant l'ombre
Un jour de plus vient s'ajouter au nombre
Les passants arrêtés à l'étage au-dessus
Quelqu'un descend
L'araignée monte
Ou la cage de l'ascenseur
Un oiseau qui ne chante pas parce qu'il a peur
Un enfant pleure et se résigne
Dans la maison où tout est noir
Sous la marque du triste signe
Et sur le champ bordé d'espoir
La lumière monte et décline

Un vœu trop lourd pour le hasard
S'est échappé de ma poitrine

Tiere

Du betrachtest im Vorübergehn das angekettete Tier
Es nimmt seinen Schwung
Das Exil zwischen den Hecken
Sein Auge sucht den Himmel ab erstaunten Blicks
Den Kopf gegen das Gitter
Zu dieser Spiegelung des Unendlichen hin
Die Unermeßlichkeit
Gefangen so wie du
Der Überdruß wird dich nicht lassen
Doch werd ich immer mich an deinen Blick
erinnern
Und auch an deine Stimme
furchtbar menschlich

Freitag der Dreizehnte

Das Blatt schwebt und verbirgt den Schatten
Ein weitrer Tag fügt sich der Zahl hinzu
Die Passanten im oberen Stockwerk angehalten
Einer steigt herab
Die Spinne klettert herauf
Oder der Fahrstuhlschacht
Ein Vogel der nicht singt weil er Angst hat
Ein Kind weint und fügt sich
Im Haus wo alles schwarz ist
Unter der Marke des traurigen Zeichens
Und auf dem von Hoffnung gesäumten Feld
Steigt und sinkt das Licht

Ein Wunsch zu schwer für den Zufall
Ist meiner Brust entschlüpft

Le Côté bleu du ciel

Les bancs sont prisonniers
Des chaînes d'or du mur
Prisonniers des jardins où le soleil se cache
Près de la forêt vierge
De la prairie étale
Du pont qui tourne à pic
Dans l'angle le plus droit
La boîte des nuages s'ouvre
Et tous les oiseaux blancs s'envolent à la fois
Tapis plus vert que l'eau plus doux que l'herbe
Plus amer à la bouche et plus plaisant à l'œil
Les arbres à genoux se baignent
L'air est calme et plein de sommeil
La lumière s'abat
Le jour perd ses pétales
Plus haut c'est tout d'un coup la nuit
Les regards entendus
Et le clignement des étoiles
Les signes
Par-dessus les toits

Les Rêves monnayés

Il faut attendre l'or
Atteindre le réveille-matin de la lumière
Le courant incertain de l'air
La main
Et le joyeux refrain de l'alouette
Tout est là pour plaire
Au retour du bois
Au chemin qui se perd
Au carrefour du silence orgueilleux
Gonflé de pleurs

Die blaue Seite des Himmels

Die Bänke sind gefangen
In den goldnen Ketten der Mauer
Gefangen in den Gärten wo die Sonne sich verbirgt
Dem Urwald nah
Der regungslosen Wiese
Der Brücke die sich senkrecht wendet
Im rechtesten Winkel
Die Wolkenbüchse öffnet sich
Und alle weißen Vögel fliegen weg zur gleichen Zeit
Ein Teppich grüner als das Wasser weicher als das Gras
Dem Munde bittrer und gefälliger dem Auge
Baden die Bäume auf den Knien
Die Luft ist ruhig voller Schlaf
Das Licht stürzt ein
Der Tag verliert die Blumenblätter
Und höher ist es plötzlich Nacht
Die Blicke die vernommen werden
Das Sternenblinzeln
Die Zeichen
Über den Dächern

Die geprägten Träume

Man muß das Gold erwarten
Den Wecker des Lichts erreichen
Den ungewissen Luftzug
Die Hand
Und den fröhlichen Refrain der Lerche
Alles ist da zu Gefallen
Beim Rückweg vom Wald
Am Pfad der sich verliert
An der Kreuzung hochmütigen Schweigens
Geschwellt von Tränen

Et le trajet arrêté sur le passage neuf
Ou le long sentiment qui descend
L'espoir de l'araignée
au bout du fil de vent
Le bleu des feuilles
Et les arbres de mer
Les astres détachés de tout contre le sable
Les paquebots sifflant insolemment
La tempête apaisée
Tous les détours du sort dans la tête qui penche
Tous les espoirs perdus dans la tête coupée

Chemin tournant

Il y a un terrible gris de poussière dans le temps
Un vent du sud avec de fortes ailes
Les échos sourds de l'eau dans le soir chavirant
Et dans la nuit mouillée qui jaillit du tournant
des voix rugueuses qui se plaignent
Un goût de cendre sur la langue
Un bruit d'orgue dans les sentiers
Le navire du cœur qui tangue
Tous les désastres du métier

Quand les feux du désert s'éteignent un à un
Quand les yeux sont mouillés comme des brins d'herbe
Quand la rosée descend les pieds nus sur les feuilles
Le matin à peine levé
Il y a quelqu'un qui cherche
Une adresse perdue dans le chemin caché
Les astres dérouillés et les fleurs dégringolent
A travers les branches cassées
Et le ruisseau obscur essuie ses lèvres molles à peine décollées
Quand le pas du marcheur sur le cadran qui compte
Règle le mouvement et pousse l'horizon
Tous les cris sont passés tous les temps se rencontrent

Die Reise unterbrochen am neuen Übergang
Oder das lange Gefühl das niedersteigt
        Die Hoffnung der Spinne
        am Ende des Windfadens
Das Blau der Blätter
        Und die Meerbäume
Die von allem abgelösten Gestirne gegen den Sand
Die dreist pfeifenden Dampfer
        Der beschwichtigte Sturm
Alle Umwege des Geschicks im hängenden Kopf
Alle verlorenen Hoffnungen im abgeschnittenen Kopf

Wegbiegung

Ein schreckliches Staubgrau im Wetter
Ein Südwind mit starken Flügeln
Das dumpfe Echo des Wassers im kenternden Abend
Und in der nassen Nacht die aus der Biegung auftaucht
  rauhe Stimmen die klagen
Ein Geschmack von Asche auf der Zunge
Ein Orgelrauschen auf den Pfaden
Das Schiff des Herzens das stampft
Alle Unbilden des Handwerks

Wenn die Feuer der Wüste eins nach dem andern verlöschen
Wenn die Augen naß sind wie Grashalme
Wenn der Tau mit nackten Füßen auf die Blätter herabfällt
Wenn der Tag kaum heraufgekommen ist
Ist einer da der im verborgenen Weg
Eine verlorene Adresse sucht
Die entrosteten Gestirne und die Blumen kollern herab
Durch die gebrochenen Äste
Und der dunkle Bach wischt seine weichen kaum gelösten Lippen ab
Wenn der Schritt des Läufers auf dem zählenden Zifferblatt
Die Bewegung regelt und den Horizont wegstößt
Sind alle Rufe vergangen begegnen sich alle Zeiten

Et moi je marche au ciel les yeux dans les rayons
Il y a du bruit pour rien et des noms dans ma tête
Des visages vivants
Tout ce qui s'est passé au monde
Et cette fête
Où j'ai perdu mon temps

Mille Murmures dans le rang

Il n'y a plus d'écriteaux au ciel
que des lambeaux
des oreilles perdues
Et des têtes inquiètes
Des lueurs de regards
Et par la porte ouverte
La perspective du hasard
Les rues changent de pied et s'amoncellent
Tous les trottoirs au même sens
Et les cœurs enchaînés suivent le bruit des ailes
la ligne aux pas de sang
Dans la grimace rouge et menaçante du couchant
La main dure attrape le nuage
A l'angle des toits gris
Les girouettes dans le vent poussent des cris
Et la peine est remise
Vos bras levés
Vos visages que la pluie a lavés
Et les mots de derrière
Vous n'avez pas assez de dents du soleil à la terre
Les meilleurs sont restés dedans
A l'ombre des lumières
Quand les autres perdaient leur temps
couchés dans la poussière

Und ich ich schreite zum Himmel den Blick in den Strahlen
Es ist ein Lärm um nichts und es sind Namen in meinem Kopf
Lebendige Gesichter
Alles was in der Welt geschehen ist
Und dieses Fest
Bei dem ich meine Zeit verloren

Tausendfaches Gemurmel im Glied

Es gibt keine Schilder mehr im Himmel
nur Fetzen
verlorene Ohren
Und unruhige Köpfe
Schimmer von Blicken
Und durch die offene Tür
Die Aussicht auf Zufall
Die Straßen wechseln den Fuß und türmen sich
Alle Trottoirs in der gleichen Richtung
Und die gefesselten Herzen folgen dem Geräusch der Flügel
der Linie mit den blutigen Schritten
In der roten bedrohlichen Fratze der Abendsonne
Erhascht die harte Hand die Wolke
Im Winkel der grauen Dächer
Stoßen die Windfahnen Schreie aus
Und die Strafe ist aufgeschoben
Eure hochgestreckten Arme
Eure vom Regen gewaschenen Gesichter
Und die Hinterwörter
Ihr habt nicht genug Zähne von der Sonne zur Erde
Die Besten sind drin geblieben
Im Schatten der Lichter
Während die andern ihre Zeit verloren
in Staub gelagert

Jour éclatant

Un mouvement de bras
Comme un battement d'ailes
Le vent qui se déploie
Et la voix qui appelle
Dans le silence épais
qu'aucun souffle ne ride
Les larmes du matin et les doigts de la rive
L'eau qui coule au dehors
L'ornière suit le pas
Le soleil se déroule
Et le ciel ne tient pas
L'arbre du carrefour se penche et interroge
La voiture qui roule enfonce l'horizon
Tous les murs au retour sèchent contre le vent
Et le chemin perdu se cache sous le pont
Quand la forêt remue
Et que la nuit s'envole
Entre les branches mortes où la fumée s'endort
L'œil fermé au couchant
La dernière étincelle
Sur le fil bleu du ciel
le cri d'une hirondelle

Lumière rousse

On accroche le ciel d'automne aux quatre coins
Un tambour résonne
Des pas dans le vent
Le regard qu'on donne
A chaque passant
Les flammes effilées à travers les barrières
Les maisons retournées
Tous les dos en prières

Leuchtender Tag

Eine Armbewegung
Wie ein Flügelschlag
Der Wind der sich entfaltet
Und die Stimme die ruft
Im dichten Schweigen
das kein Hauch fältelt
Die Tränen des Morgens und die Finger des Ufers
Das Wasser das draußen fließt
Das Geleise folgt dem Schritt
Die Sonne entrollt sich
Und der Himmel hält nicht
Der Baum der Kreuzung biegt sich und fragt
Der rollende Wagen drückt den Horizont ein
Alle Mauern bei der Rückkehr trocknen im Gegenwind
Und der verlorene Pfad versteckt sich unter der Brücke
Wenn der Wald sich regt
Und die Nacht davonfliegt
Zwischen den toten Zweigen wo der Rauch einschläft
Das Auge dem Untergang der Sonne verschlossen
Der letzte Funken
Auf dem blauen Faden des Himmels
der Schrei einer Schwalbe

Gelbrotes Licht

Man hängt den Herbsthimmel an allen vier Ecken auf
Eine Trommel hallt
Schritte im Wind
Den Blick den man jedem
Passanten schenkt
Die schlanken Flammen zwischen den Schranken
Die auf den Kopf gestellten Häuser
Alle betenden Rücken

Et les jours perdus dans les aventures
le long des années
Il n'y a pas de temps
Mais de la poussière
ou l'eau du printemps
dans chaque clairière au regard ardent
Sous les flocons plus lourds
Sous le poids des nuages
Il reste encore un tour à faire sur la page
Un nom qui se traîne
Un cœur qui s'en va
Ce n'est pas la peine
De s'arrêter là
Personne dans la marge
Plus rien sur le trottoir
Le ciel est plein d'orages
Ma tête sans espoir

Bascule

La lutte du vent dans le port
Les mots brouillés dans l'air
Que la vague pousse plus fort
En dessous quelque chose passe
On attend que tout se défasse
L'eau monte par-dessus
Les pierres disparaissent
Et de l'autre côté il y a des jours qui naissent
Les jours luisants amoncelés
Au bord de l'horizon qui les laisse tomber
Un à un
La main qui guide les saisons se trompe
Et moi je tombe
Ma raison
glisse
Entre les lames sous le pont
Je vois l'autre côté du monde

Und die in die Abenteuer verschwendeten Tage
im Lauf der Jahre
Es gibt keine Zeit
Aber Staub
oder das Frühlingswasser
in jeder Lichtung mit glühendem Blick
Unter den schwereren Flocken
Unter dem Gewicht der Wolken
Noch bleibt ein Ausflug auf dem Blatt übrig
Ein Name der sich dahinschleppt
Ein Herz das fortgeht
Es lohnt sich nicht
Da innezuhalten
Niemand im Zwischenraum
Nichts mehr auf dem Trottoir
Der Himmel ist voll Gewitter
Mein Kopf ohne Hoffnung

Kippe

Der Kampf des Windes im Hafen
Die in der Luft verwischten Worte
Die die Welle kräftiger fortstößt
Darunter geht etwas vorbei
Man erwartet daß alles sich auflöst
Das Wasser steigt darüber hin
Die Steine schwinden
Und auf der andern Seite kommen Tage hervor
Die leuchtenden Tage gehäuft
Am Rand des Horizonts der sie fallen läßt
Einen nach dem andern
Die Hand die die Jahreszeiten leitet täuscht sich
Und ich ich sinke
Meine Vernunft
gleitet
Zwischen die Wellen unter der Brücke
Ich sehe die andere Seite der Welt

Coup d'aile

Un nuage passe trop bas
Le chemin s'éclaire
Le ruisseau rampe et s'en va
Sous le bois d'où sort la nuit
La ronce et le lierre
Le soleil accroché
Aux plis
Du vieux mur de pierres
Et le pas de l'homme suivi du nombre fidèle
Le bruit qui vient
l'aile qui passe
Tout est répété dans cette eau
La peau qui tremble
Et la glace
qu'a brisée l'écho
C'est un oiseau qui sort
Une main qui se lève
La voix qui crie plus fort
Et la tête qui rêve

Naufrage

La nuit dans le métal
Et la peau de la mare
qui frissonne au signal du ciel
plié au coin
ou du vent
qui s'égare
Tout au long de l'écueil
et des racines sombres
les pierres et les mains
qui se serrent dans l'ombre
Là le recueil de pluie
Et des trous à leur nombre
On reconnaît ce front
au timbre matinal

Flügelschlag

Eine Wolke geht zu tief vorüber
Der Weg hellt sich auf
Der Bach schleicht und geht fort
Unter dem Wald dem die Nacht entsteigt
Der Brombeerstrauch und der Efeu
Die Sonne angeklammert
An die Falten
Des alten Steingemäuers
Und der Schritt des Menschen von der treuen Schar gefolgt
Das Geräusch das kommt
der Flügel der vorüberstreift
Alles wiederholt in diesem Wasser sich
Die zitternde Haut
Und das Eis
das das Echo zerbrochen hat
Es ist ein Vogel der hervorkommt
Eine Hand die sich erhebt
Die Stimme die heftiger schreit
Und das Haupt das träumt

Schiffbruch

Die Nacht im Metall
Und die Haut der Lache
die beim Signal des Himmels erschauert
der an der Ecke gefaltet ist
oder des Winds
der sich verirrt
Längs des Riffs
und der dunklen Wurzeln
die Steine und die Hände
die sich im Schatten pressen
Dort die Regensammlung
Und Löcher ihrer Zahl gemäß
Man erkennt diese Stirn
am morgendlichen Klang

A la lueur des arbres
Et tous les bruits du soir
qui s'étouffent au marbre
du parapet d'air noir
Au sommier de la vague
Au creux du bras plié
Une pensée qui sonne
Un cri trop répété
Entre l'abîme ouvert
Du cercle relevé

Rien

Un son de cloche vient
Lumière qui s'approche
ou lambeaux de chansons
Dans l'arbre des oiseaux s'accrochent
Et les autres s'en vont
J'écoutais venir toutes les voix
J'attendais les regards qui tomberaient des toits
Et triste dans la rue où j'étendais les bras
J'oubliais que quelqu'un passait
tout près de moi
Des rumeurs s'élevaient
Au loin la foule passe
On ne voit plus glisser que l'ombre dans la nuit
Et le mur s'éloigner du trottoir où je suis
Le vide se ferait
Il n'y aurait plus de terre
Et la vague qui roulerait
serait une chanson guerrière
Le monde s'efface
Au point où je disparaîtrai
Tout s'est éteint

Il n'y a même plus de place
Pour les mots que je laisserai

Am Schimmer der Bäume
Und alle Abendgeräusche
die am Marmor des Geländers
schwarzer Luft ersticken
Auf der Matratze der Welle
In der Armbeuge
Ein Gedanke der tönt
Ein zu oft wiederholter Schrei
Im offenen Schlund
Des zurückgebogenen Rings

Nichts

Ein Glockenton kommt
Licht das sich naht
oder Fetzen von Liedern
Im Baum klammern sich Vögel fest
Und die andern fliegen fort
Ich hörte alle Stimmen kommen
Ich harrte auf die von den Dächern fallenden Blicke
Und traurig in der Straße wo ich meine Arme dehnte
Vergaß ich daß ganz nah an mir
jemand vorüberging
Geräusche wurden laut
Weit weg geht die Menge vorüber
Man sieht nurmehr den Schatten gleiten in der Nacht
Und die Mauer weichen vom Trottoir wo ich jetzt bin
Es würde leer
Es gäbe keine Erde mehr
Und die Welle die rollte
sie wäre ein Kriegslied
Die Welt verlischt
Am Punkt wo ich verschwinden werde
Ist alles ausgelöscht

Sogar kein Raum ist mehr
Für Wörter die ich hinterlasse

Saint-John Perse

Éloges

VII

Un peu de ciel bleuit au versant de nos ongles. La journée sera chaude où s'épaissit le feu. Voici la chose comme elle sera:

un grésillement aux gouffres écarlates, l'abîme piétiné des buffles de la joie (ô joie inexplicable sinon par la lumière!) Et le malade, en mer, dira

qu'on arrête le bateau pour qu'on puisse l'ausculter.

Et grand loisir alors à tous ceux de l'arrière, les ruées du silence refluant à nos fronts ... Un oiseau qui suivait, son vol l'emporte par-dessus tête, il évite le mât, il passe, nous montrant ses pattes roses de pigeon, sauvage comme Cambyse et doux comme Assuérus ... Et le plus jeune des voyageurs, s'asseyant de trois quarts sur la lisse: «Je veux bien vous parler des sources sous la mer ...» (on le prie de conter)

– Cependant le bateau fait une ombre vert-bleue; paisible, clairvoyante, envahie de glucoses où paissent

en bandes souples qui sinuent

ces poissons qui s'en vont comme le thème au long du chant.

... Et moi, plein de santé, je vois cela, je vais
près du malade et lui conte cela:
et voici qu'il me hait.

Chanson

Il naissait un poulain sous les feuilles de bronze. Un homme mit des baies amères dans nos mains. Étranger. Qui passait. Et voici qu'il est bruit d'autres provinces à mon

Preislieder

VII

Ein Stückchen Himmel blaut auf dem Bug unserer Nägel. Es wird ein heißer Tag werden, in dem sich das Feuer verdichtet. Und es wird so sein:

ein Knistern in scharlachenen Schlünden, der Abgrund überstampft von den Büffeln der Freude (o Freude unerklärbar, außer durch das Licht!) Und der Kranke auf See wird bitten,

das Schiff anzuhalten, daß man ihn abhorchen kann.

Und lange Muße dann allen am Heck, Ansturm der Stille wiederum auf unsere Stirnen ... Ein Vogel, der uns folgte, sein Flug reißt ihn hin uns zu Häupten, er scheut den Mast, er streicht vorbei und weist uns seine rosigen Taubenfüße, wild wie Kambyses, sanft wie Assuerus ... Und der jüngste der Reisenden, dreiviertels auf die Reeling hockend: «Nun will ich euch erzählen von den Quellen unter der See ... » (man bittet ihn, zu sprechen)

– Unterdes wirft das Schiff einen blaugrünen Schatten; friedvoll, hellsichtig, unterflutet von Glykosen, darin

in bänderhaft wimmelnden Scharen

jene Fische weiden, die entgleiten wie das Thema längs des Liedes.

... Und ich, der Gesunde, sehe dies, ich gehe
hin zu dem Kranken und erzähle es ihm:
nun haßt er mich.

Lied

Ein Füllen ward geboren unter dem bronzenen Laub. Ein Mann tat bittre Beeren in unsere Hände. Ein Fremdling. Der vorbeizog. Und nun geht ein Gerücht von anderen Provinzen nach meinem

gré . . . «Je vous salue, ma fille, sous le plus grand des arbres de l'année.»

★

Car le soleil entre au Lion et l'Étranger a mis son doigt dans la bouche des morts. Étranger. Qui riait. Et nous parle d'une herbe. Ah! tant de souffles aux provinces! Qu'il est d'aisance dans nos voies! que la trompette m'est délice et la plume savante au scandale de l'aile! . . . «Mon âme, grande fille, vous aviez vos façons qui ne sont pas les nôtres.»

★

Il naquit un poulain sous les feuilles de bronze. Un homme mit ces baies amères dans nos mains. Étranger. Qui passait. Et voici d'un grand bruit dans un arbre de bronze. Bitume et roses, don du chant! Tonnerre et flûtes dans les chambres! Ah! tant d'aisance dans nos voies, ah! tant d'histoires à l'année, et l'Étranger à ses façons par les chemins de toute la terre! . . . «Je vous salue, ma fille, sous la plus belle robe de l'année.»

Exil

I

Portes ouvertes sur les sables, portes ouvertes sur l'exil,
Les clés aux gens du phare, et l'astre roué vif sur la pierre du seuil:
Mon hôte, laissez-moi votre maison de verre dans les sables . . .
L'Été de gypse aiguise ses fers de lance dans nos plaies,
J'élis un lieu flagrant et nul comme l'ossuaire des saisons,
Et, sur toutes grèves de ce monde, l'esprit du dieu fumant déserte sa couche d'amiante.
Les spasmes de l'éclair sont pour le ravissement des Princes en Tauride.

Gefallen ... «Ich grüße dich, meine Tochter, unter dem höchsten Baume des Jahres.»

★

Denn die Sonne tritt in den Löwen, und der Fremdling hat seinen Finger in den Mund der Toten getan. Ein Fremdling. Der lachte. Und zu uns redet von einem Kraut. Ah! soviel Hauche die Provinzen hin! Wie ziehn wir leicht dahin auf unsern Straßen! wie entzückt mich der Schall der Trompete und die findige Feder im knatternden Flügel! ... «Meine Seele, hohe Tochter, du hattest Art und Betragen, die nicht die unsrigen sind.»

★

Ein Füllen ward geboren unter dem bronzenen Laub. Ein Mann tat diese bitteren Beeren in unsre Hände. Ein Fremdling. Der vorbeizog. Und nun geht ein Rauschen gewaltig durch einen bronzenen Baum. Erdharz und Rosen, Gabe des Gesangs! Donner und Flöten in den Kammern! Ah! so leichtes freies Ziehn auf unsern Straßen hin, ah! so voller Geschichten das Jahr, und der Fremdling hat eigene Art und Betragen auf seinen Wegen über die ganze Erde! ... «Ich grüße dich, meine Tochter, im schönsten Kleide des Jahres.»

Exil

I

Türen offen auf den Sand, Türen offen ins Exil,
Die Schlüssel den Leuten des Leuchtturms, und die Sonne lebendig gerädert auf steinerner Schwelle:
Laßt mir, mein Gastfreund, Euer Haus aus Glas überm Sand ...
Der gipsene Sommer wetzt seine Lanzenspitzen in unseren Wunden,
Ich wähle eine Stätte mir voll Glut des Nichts wie aller Jahreszeiten Knochenberg,
Und über allen Stranden dieser Welt hebt sich der Geist des rauchenden Gottes von seinem asbestenen Lager.
Das Zucken der Blitze ist ein Entzücken den Fürsten auf Tauris.

II

A nulles rives dédiée, à nulles pages confiée la pure amorce de ce chant . . .

D'autres saisissent dans les temples la corne peinte des autels:

Ma gloire est sur les sables! ma gloire est sur les sables! . . . Et ce n'est point errer, ô Pérégrin,

Que de convoiter l'aire la plus nue pour assembler aux syrtes de l'exil un grand poème né de rien, un grand poème fait de rien . . .

Sifflez, ô frondes par le monde, chantez, ô conques sur les eaux!

J'ai fondé sur l'abîme et l'embrun et la fumée des sables.
Je me coucherai dans les citernes et dans les vaisseaux creux,

En tous lieux vains et fades où gît le goût de la grandeur.

«. . . Moins de souffles flattaient la famille des Jules; moins d'alliances assistaient les grandes castes de prêtrise.

Où vont les sables à leur chant s'en vont les Princes de l'exil,

Où furent les voiles haut tendues s'en va l'épave plus soyeuse qu'un songe de luthier,

Où furent les grandes actions de guerre déjà blanchit la mâchoire d'âne,

Et la mer à la ronde roule son bruit de crânes sur les grèves,

Et que toutes choses au monde lui soient vaines, c'est ce qu'un soir, au bord du monde, nous contèrent

Les milices du vent dans les sables d'exil . . .»

Sagesse de l'écume, ô pestilences de l'esprit dans la crépitation du sel et le lait de chaux vive!

Une science m'échoit aux sévices de l'âme . . . Le vent nous conte ses flibustes, le vent nous conte ses méprises!

Comme le Cavalier, la corde au poing, à l'entrée du désert,

II

Keinen Ufern zugeeignet, keinen Seiten anvertraut der reine Anbruch dieses Gesangs ...

Andere ergreifen in den Tempeln die bunten Hörner des Altars:

Mein Ruhm ist überm Sande! mein Ruhm ist überm Sand! ...

Und nimmer Irrfahrt und Irrtum, o Vielgewanderter,

Ist diese Begier nach kahlster Weite, um in den Syrten des Exils ein großes Gedicht zu versammeln, geboren aus nichts, ein großes Gedicht, erschaffen aus nichts ...

Zischt, o Schleudern über die Welt hin, singet, o Muschelhörner über den Wassern!

Auf den Abgrund hab ich gegründet und den Sprühgischt und das Stäuben des Sandes. In die Zisternen will ich mich betten und in den Bauch der hohlen Schiffe,

An jede schale Stätte des Vergeblichen, wo noch der Ruch der Größe braut.

«...Mindere Hauche schmeichelten dem Geschlecht der Julier; minderer Beistand Versippter umgab die hohen Kasten der Priester.

Wo weit der Sand und sein Gesang verwehn, ziehen die Fürsten des Exils dahin,

Wo hochgespannte Segel waren, treibt wrack die Planke, seidiger als eines Lautenbauers Traum,

Wo große Kriegestaten waren, bleicht schon der Eselsbacken,

Und das Meer in die Runde rollt ein Rasseln von Schädeln an die Gestade,

Und alle Dinge der Welt seien ein Wahn ihm, gestanden, am Rande der Welt, eines Abends,

Die Streiter des Windes uns über dem Sand des Exils ...»

Weisheit des Schaumes, o Pestilenzen des Geistes im Knistern des Salzes und zischendem Kalk!

Ein Wissen kommt mir von rauher Strenge der Seele ...

Erzähle der Wind uns sein Plündern und Rauben, erzähle der Wind uns sein Wähnen und Irrn!

Wie der Reiter, den Halfterstrick in der Faust, am Eingang der Wüste,

J'épie au cirque le plus vaste l'élancement des signes les plus fastes.

Et le matin pour nous mène son doigt d'augure parmi de saintes écritures.

L'exil n'est point d'hier! l'exil n'est point d'hier! «O vestiges, ô prémisses»,

Dit l'Étranger parmi les sables, «toute chose au monde m'est nouvelle!. . .» Et la naissance de son chant ne lui est pas moins étrangère.

Vents

IV, 2

Et l'homme encore fait son ombre sur la chaussée des hommes.

Et la fumée de l'homme est sur les toits, le mouvement des hommes sur la route,

Et la saison de l'homme sur nos lèvres comme un thème nouveau . . .

Si vivre est tel, si vivre est tel, nous faudra-t-il chercher plus bas faces nouvelles?

Aller où vont les Cordillères bâtées d'azur comme d'un chargement de quartz;

Où court la longue échine sur son arc, levant un fait d'écaille et d'os au pas de l'homme sans visage?

★

. . . Je me souviens d'un lieu de pierre – très haute table de ce monde où le vent traîne le soc de son aile de fer. Une Crau de pierres sur leur angle, comme un lit d'huîtres sur leur tranche: telle est l'étrille de ce lieu sous la râpe du vent. (Des bêtes ont cette langue revêche, et comme madréporique, dont rêvent les belluaires.)

Je me souviens du haut pays sans nom, illuminé d'horreur et vide de tout sens. Nulle redevance et nulle accise. Le vent y lève ses franchises; la terre y cède son aînesse pour un

Erspähe ich im ungeheuren Rund den steilen Aufstieg feierlicher Zeichen.

Und mit heilweissagendem Finger deutet der Morgen uns heilige Schriften entlang.

Nicht erst von gestern ist das Exil! nicht erst von gestern das Exil! «. . . O Spuren, Prämissen»,

Spricht inmitten des Sandes der Fremdling, «alles auf Erden ist mir neu!. . .» Und die Geburt seines Sanges ist ihm nicht minder befremdlich.

Winde

IV, 2

Und wieder wirft der Mann seinen Schatten auf der Straße der Menschen.

Und der Rauch der Menschen ist über den Dächern, die Bewegung der Menschen auf der Straße,

Und die Jahrzeit des Menschen auf unseren Lippen wie ein neues Thema . . .

Wenn Leben derart ist, wenn Leben derart ist, sollen wir tiefer hinab noch nach neuen Gesichtern suchen?

Hinziehn, hinab dort, wo die Kordilleren ziehn, mit Bläue bepackt wie unter einer Ladung Quarz;

Wo bogenhaft der lange Grat sich spannt, Splitter und Knochen aufreckend im Schritt des gesichtlosen Menschen?

*

. . . Es gedenkt mir einer Stätte des Steines – sehr hoher Tafel dieser Welt, wo der Wind die Pflugschar seines eisernen Flügels schleift. Eine Crau von Steinen starrend, gleich einem Bett von Austern auf ihrer Kante: so ist der Striegel dieser Stätte unter der Raspel des Windes. (Tiere haben diese harsche Zunge, wie aus Schwammkorallen, von der die Tierbändiger träumen.)

Es gedenkt mir des hohen namenlosen Landes, von Schrecken erhellt und jedes Sinnes bar. Kein Zins und kein Zoll. Der Wind treibt dort seine Freiheiten ein; die Erde verschenkt dort ihre Erstge-

brouet de pâtre – la terre plus grave, sous la gravitation de femmes lentes au relent de brebis ... Et la Montagne est honorée par les ambulations des femmes et des hommes. Et ses adorateurs lui offrent des fœtus de lamas. Lui font une fumigation de plantes résineuses. Lui jettent à la volée des tripes de bêtes égorgées. Excréments prélevés pour le traitement des peaux.

Je me souviens du haut pays de pierre où les porcheries de terre blanche, avant l'orage, resplendissent au soir comme des approches de villes saintes. Et très avant dans la nuit basse, aux grandes salines s'éclaireront les marécages bordés de bauges pour les truies. Et de petits abris pour voyageurs, enfumés de copal ...

– Qu'irais-tu chercher là?

... Une civilisation du maïs noir – non violet: Offrandes d'œufs de flamants roses; bouillons d'avoine dans les cornes; et la sagesse tirée des grandes sacoches à coca.

Une civilisation de la laine et du suint: Offrandes de graisse sauvage; la mèche de laine au suif des lampes; et les femmes dégraissées au naphte pour les fêtes, les chevelures de lignite, sur les cadres, assouplies à l'urine.

Une civilisation de la pierre et de l'aérolithe: Offrandes de pyrites et de pierres à feu; mortiers et meules de grès brut; et l'œil au nœud des moellons comme à l'épi des nébuleuses ornant la grande nuit des pâtres ...

Qu'irais-tu sceller là?

... Je vous connais, réponses faites en silence, et les clés peintes aux diagrammes des poteries usuelles. De grandes fêtes de la pierre, de la laine et du grain assembleront une épaisseur et un mutisme comme on en vit aux tranches des carrières: agrégation massive des grandes familles indivises – bêtes gravides, hommes de grès, femmes plus lourdes et vastes que des pierres meulières – et l'intégration finale de la terre dans les accouplements publics ...

– Qu'irais-tu clore là?

★

burt um eine Schäferbrühe – die ernstere Erde unter der Schwere langsam schreitender Weiber im Lammgeruch ... Und der Berg wird geehrt durch die Umzüge der Weiber und Männer. Und seine Anbeter bringen ihm unausgetragene Lamafohlen dar. Räuchern ihm mit harzigen Pflanzen. Schleudern im Bogen ihm das Gekröse geschlachteter Tiere zu. Die Exkremente werden beiseite getan für die Behandlung der Häute.

Es gedenkt mir des hohen steinernen Landes, wo die Schweinekoben aus weißer Erde, vor dem Gewitter, im Abend gleißen wie die Vorgelände heiliger Städte. Und sehr spät noch in der niederen Nacht bei den großen Salzwerken werden die Sümpfe nachleuchten, umsäumt von Lachen für die Säue. Und kleine Unterkünfte für die Reisenden, verraucht von Kopal ...

– Was wolltest du dort suchen?

... Eine Zivilisation des schwarzen Maises – nein, des violetten: Opfergaben von Eiern der rosa Flamingos; Hafergrützen in Hörnern, und Weisheit gesogen aus den großen Kokabeuteln.

Eine Zivilisation der Wolle und des Wollfetts: Opfergaben von wildem Schmer; der Wolldocht im Unschlitt der Lampen; und die Weiber, zum Festtag mit Naphta entfettet, ihr Haar wie aus Braunkohle, auf Rahmen und geschmeidigt mit Urin.

Eine Zivilisation des Steines und des Aerolithen: Opfergaben von Kiesen und Feuersteinen; Mörser und Mahlsteine aus rohem Sandstein; und das Auge im Knoten des Bruchsteins wie in der Ähre der Nebelsterne, damit die große Hirtennacht sich schmückt ...

– Was wolltest du dort bekräftigen?

... Ich kenne euch, Antworten schweigend gegeben, und die Schlüssel gemalt in die Ziermuster auf den Töpferwaren des Alltags. Große Feste des Steines, der Wolle und des Kornes werden eine Dichte versammeln und eine Stummheit, wie man sie in den Lagern der Steinbrüche sah: massige Ballungen großer ungeschiedener Sippen – trächtige Tiere, sandsteinerne Männer, die Weiber plumper und unförmiger als Mühlsteine – und die endliche Einverwandlung der Erde in öffentlichen Begattungen ...

– Was wolltest du dort schließen?

*

... Plus loin! plus loin! sur les versants de crépon vert,

Plus bas, plus bas, et face à l'Ouest! dans tout cet épanchement du sol

Par grandes chutes et paliers – vers d'autres pentes, plus propices, et d'autres rives, charitables ...

Jusqu'à cette autre masse d'irréel, jusqu'à ce haut gisement de chose pâle, en Ouest,

Où gît la grâce d'un grand nom – Mer Pacifique ... ô mer de Balboa! ... Celle qu'il ne faut jamais nommer.

(Nuñez de Balboa, les tentations toujours sont fortes dans ce sens!)

Plus bas, plus bas! sur les étagements gradués de ce versant du monde, baissant d'un ton, à chaque degré, la table plus proche de la Mer. (Et de toutes parts au loin elle m'est présente et proche, et de toutes parts au loin elle m'est alliance et grâce, et circonlocution – invitée à ma table de plein air et mêlée à mon pain, à l'eau de source dans les verres, avec la nappe bleuissante et l'argent et le sel, et l'eau du jour entre les feuilles.)

Plus vite, plus vite! à ces dernières versions terrestres, à ces dernières coulées de gneiss et de porphyre, jusqu'à cette grève de pépites, jusqu'à la chose elle-même, jaillissante! la mer elle-même jaillissante! hymne de force et de splendeur où l'homme un soir pousse sa bête frisson nante,

La bête blanche, violacée de sueur, et comme assombrie du mal d'être mortelle ...

Je sais! ... Ne rien revoir! – Mais si tout m'est connu, vivre n'est-il que revoir?

... Et tout nous est reconnaissance. Et toujours, ô mémoire, vous nous devancerez, en toutes terres nouvelles où nous n'avons vécu.

Dans l'adobe, et le plâtre, et la tuile, couleur de corne ou de muscade, une même transe tient sa veille, qui tou-

... Ferner noch, ferner noch! auf den Hängen aus grünem Krepon,

Tiefer noch, tiefer noch, und das Gesicht gen Westen! in dieser ganzen Ergießung des Bodens

In großen Steilen und Flächen – anderen Abhängen zu, geneigteren, und anderen Ufern, gnädigeren ...

Bis zu jener Masse Unwirklichkeit, bis zu jener hohen Erstrekkung eines bleichen Dinges, im Westen,

Wo sich die Gnade eines großen Namens breitet – Pazifisches Meer ... o Meer des Balboa!... Jenes, das nimmer genannt werden darf.

(Nuñez de Balboa, immer sind die Versuchungen mächtig in dieser Richtung!)

Tiefer noch, tiefer noch! über die gestaffelten Stockwerke dieses Abhangs der Welt, um einen Ton, auf jeder Stufe, die immer nähere Tafel des Meeres senkend. (Und von allseits im Weiten ist es mir gegenwärtig und nah, und von allseits im Weiten ist es mir Bündnis und Gnade, und Umschreibung – geladen an meinen Tisch im Freien und meinem Brote beigegeben, dem Quellwasser in den Gläsern, dem bläulichen Tuch und dem Silber und Salz, und dem Wasser des Lichtes im Laub.)

Schneller noch, schneller noch! zu jenen letzten Berichten der Erde, zu jenen letzten Lagerungen von Gneis und Porphyr, bis hin zu jenem Strand der Goldkörner, bis hin zu dem Ding selbst im gischtenden Anprall! dem Meer selbst im gischtenden Anprall! ein Hymnus der Kraft und des Glanzes, da hinein der Mann eines Abends sein schauderndes Tier treibt,

Das weiße Tier, erblauend von Schweiß und wie verfinstert vom Übel der Sterblichkeit ...

Ich weiß!... Nichts wiedersehn! – Doch wenn mir alles bekannt ist, ist Leben nur ein Wiedersehn?

... Und alles ist uns ein Wiederkennen. Und immer, o Erinnerung, ziehst du uns voraus, in alle neuen Länder, wo wir noch nicht gelebt.

In dem Lehmstein, und dem Gips, und dem Ziegel, hornfarben oder von der Farbe des Muskats, hält ein gleiches Erschaudern

jours nous précède; et les signes qu'aux murs retrace l'ombre remuée des feuilles en tous lieux, nous les avions déjà tracés.

★

Ici la grève et la suture. Et au delà le reniement . . . La Mer en Ouest, et Mer encore, à tous nos spectres familière.

★

. . . Plus loin, plus loin, où sont les premières îles solitaires – les îles rondes et basses, baguées d'un infini d'espace, comme des astres – îles de nomenclateurs, de généalogistes; grèves couvertes d'emblèmes génitaux, et de crânes volés aux sépultures royales . . .

. . . Plus loin, plus loin, où sont les îles hautes – îles de pierre ponce aux mains de cent tailleurs d'images; lèvres scellées sur le mystère des écritures, pierres levées sur le pourtour des grèves et grandes figures averses aux lippes dédaigneuses . . .

. . . Et au delà, les purs récifs, et de plus haute solitude – les grands ascètes inconsolables lavant aux pluies du large leurs faces ruisselantes de pitié . . .

. . . Et au delà, dernière en Ouest, l'île où vivait, il y a vingt ans, le dernier arbrisseau: une méliacée des laves, croyons-nous – Caquetage des eaux libres sur les effondrements de criques, et le vent à jamais dans les porosités de roches basaltiques, dans les fissures et dans les grottes et dans les chambres les plus vaines, aux grandes masses de tuf rouge . . .

. . . Et au delà, et au delà, sont les derniers froncements d'humeur sur l'étendue des mers. Et mon poème encore vienne à grandir avec son ombre sur la mer . . .

. . . Et au delà, et au delà, qu'est-il rien d'autre que toi-même – qu'est-il rien d'autre que d'humain?. . . Minuit en mer après Midi . . . Et l'homme seul comme un gnomon sur la table des eaux . . . Et les capsules de la mort éclatent dans sa bouche . . .

Wacht, das uns immer vorausgeht; und die Zeichen, die auf den Mauern der rege Schatten des Laubes nachzieht allerorten, wir hatten sie schon geschrieben.

★

Hier der Strand und die Naht. Und jenseits die Verleugnung ... Das Meer gen Westen, und abermals das Meer, all unsern Gespenstern vertraut.

★

... Ferner noch, ferner noch, wo die ersten einsamen Inseln sind – die runden und flachen Inseln, umringt von unendlichem Raum, Gestirnen gleich – Inseln der Nomenklatoren, der Genealogen; Strande bedeckt von Emblemen des Geschlechts und von Schädeln entwendet aus den Grüften der Könige ...

... Ferner noch, ferner noch, wo die hohen Inseln sind – Inseln aus Bimsstein in den Händen von hundert Bildhauern; die Lippen versiegelt über dem Geheimnis der Schriften, Steinmale reckend auf dem Umgang der Ufer und große abgekehrte Gesichter mit langen höhnischen Lippen ...

Und jenseits die reinen Riffe, in höchster Einsamkeit – die großen untröstlichen Asketen, in den Schauern des Offenen ihr Antlitz badend, das strömend ist von Erbarmen ...

... Und jenseits, als letzte gen Westen, die Insel, wo, vor zwanzig Jahren, der letzte Strauch wuchs: eine Meliazee der Laven, glauben wir – Geschwätz der freien Wasser über eingestürzten Buchten und der Wind auf immer in den Höhlungen der Felsen aus Basalt, in den Schrunden und in den Grotten und in den hohlsten Kammern in großen Massen roten Tuffs ...

... Und jenseits dann, und jenseits dann sind die letzten Runzeln der Laune über der Weite der Meere. Und mein Gedicht, noch wachse es mit seinem Schatten über das Meer hin ...

... Und jenseits, und jenseits, was ist da anderes als du selbst – was ist da anderes als Menschliches? ... Mitternacht auf See nach Mittag ... Und der Mann allein gleich einem Gnomon auf der Tafel der Wasser ... Und die Kapseln des Todes bersten in seinem Mund ...

... Et l'homme en mer vient à mourir. S'arrête un soir de rapporter sa course. Capsules encore du néant dans la bouche de l'homme ...

Amers

IX, 1

... Étroits sont les vaisseaux, étroite notre couche.
Immense l'étendue des eaux, plus vaste notre empire
Aux chambres closes du désir.

Entre l'Été, qui vient de mer. A la mer seule, nous dirons
Quels étrangers nous fûmes aux fêtes de la Ville, et quel astre montant des fêtes sous-marines
S'en vint un soir, sur notre couche, flairer la couche du divin.

En vain la terre proche nous trace sa frontière. Une même vague par le monde, une même vague depuis Troie
Roule sa hanche jusqu'à nous. Au très grand large loin de nous fut imprimé jadis ce souffle ...
Et la rumeur un soir fut grande dans les chambres: la mort elle-même, à son de conques, ne s'y ferait point entendre!

Aimez, ô couples, les vaisseaux; et la mer haute dans les chambres!
La terre un soir pleure ses dieux, et l'homme chasse aux bêtes rousses; les villes s'usent, les femmes songent ... Qu'il y ait toujours à notre porte
Cette aube immense appelée mer – élite d'ailes et levée d'armes; amour et mer de même lit, amour et mer au même lit –

et ce dialogue encore dans les chambres:

... Und der Mann auf See schmeckt schon den Tod. Hört eines Abends auf, seine Fahrt zu vermerken. Kapseln des Nichts noch im Mund des Menschen ...

See-Marken

IX, 1

... Eng sind die Schiffe, eng unser Lager.
Unabsehbar die Erstreckung der Wasser, unermeßlicher unser Reich
In den verschloßnen Kammern der Begier.

Auftritt des Sommers, der vom Meer kommt. Dem Meer allein gestehen wir,
Wie fremd wir waren bei den Festen der Stadt, und welcher Stern, aufsteigend von Festen unter dem Meer,
Eines Abends über unserem Lager sich hob, nach dem Lager des Gottes zu wittern.

Vergeblich zieht das nahe Land uns seine Grenze. Eine gleiche Woge über die Welt hin, eine gleiche Woge seit Troja
Rollt ihre Hüfte bis zu uns hin. Sehr ferner Hoch-See einst ward dieser Atem aufgeprägt ...
Und das Brausen, eines Abends, war gewaltig in den Kammern: der Tod selbst, auf Muschelhörnern, verschaffte sich nicht Gehör dort!

Liebt, o Paare, die Schiffe; und die hohe See in den Kammern!
Das Land, eines Abends, beweint seine Götter, und der Mann geht auf die Jagd nach roten Dachsen; die Städte ermatten, die Frauen träumen ... Immer sei da an unserer Tür
Diese unermeßliche Frühe, Meer geheißen – Auslese von Fittichen und Erhebung von Waffen; Liebe und Meer aus gleichem Bett, Liebe und Meer im gleichen Bett –

und diese Zwiesprache wieder in den Kammern:

IX, 2

1 –

«... Amour, amour, qui tiens si haut le cri de ma naissance, qu'il est de mer en marche vers l'Amante! Vigne foulée sur toutes grèves, bienfait d'écume en toute chair, et chant de bulles sur les sables ... Hommage, hommage à la Vivacité divine!

Toi, l'homme avide, me dévêts: maître plus calme qu'à son bord le maître du navire. Et tant de toile se défait, il n'est plus femme qu'agréée. S'ouvre l'Été, qui vit de mer. Et mon cœur t'ouvre femme plus fraîche que l'eau verte: semence et sève de douceur, l'acide avec le lait mêlé, le sel avec le sang très vif, et l'or et l'iode, et la saveur aussi du cuivre et son principe d'amertume – toute la mer en moi portée comme dans l'urne maternelle ...

Et sur la grève de mon corps l'homme né de mer s'est allongé. Qu'il rafraîchisse son visage à même la source sous les sables; et se réjouisse sur mon aire, comme le dieu tatoué de fougère mâle ... Mon amour, as-tu soif? Je suis femme à tes lèvres plus neuve que la soif. Et mon visage entre tes mains comme aux mains fraîches du naufrage, ah! qu'il te soit dans la nuit chaude fraîcheur d'amande et saveur d'aube, et connaissance première du fruit sur la rive étrangère.

J'ai rêvé, l'autre soir, d'îles plus vertes que le songe ... Et les navigateurs descendent au rivage en quête d'une eau bleue; ils voient – c'est le reflux – le lit refait des sables ruisselants: la mer arborescente y laisse, s'enlisant, ces pures empreintes capillaires, comme de grandes palmes suppliciées, de grandes filles extasiées qu'elle couche en larmes dans leurs pagnes et dans leurs tresses dénouées.

Et ce sont là figurations du songe. Mais toi l'homme au front droit, couché dans la réalité du songe, tu bois à même

IX, 2

1 –

«... Liebe, Liebe, die du so hoch den Schrei hältst meiner Geburt, wieviel des Meeres wandert der Liebenden zu! Weinbeeren gekeltert auf allen Stranden, Wohltat des Schaumes in allem Fleisch, und Lied der Blasen über dem Sande ... Huldigung, Huldigung der göttlichen Lebhaftigkeit!

Du der Begehrende entkleidest mich: Herr, ruhiger als auf seinem Deck der Herr des Schiffes. Und so viel Linnen sinkt, nur Weib ist alles und genehm. Auftut der Sommer sich, der vom Meer lebt. Und mein Herz tut dir ein Weib auf, frischer als die grüne Flut: Same und Saft der Süße, Säure mit Milch vermischt, Salz mit sehr scharfem Blut, und Gold und Jod, und der Geschmack auch des Kupfers und seine eigenste Bitterkeit – das ganze Meer in mir getragen als in mütterlichem Krug ...

Und auf dem Strand meines Leibes hat sich der Mann, der Meer-Geborene, ausgestreckt. Er erfrische sein Antlitz an der Quelle unter dem Sand; und er erheitere sich auf meinem Boden, gleich dem Gott, der bemalt ist mit männlichem Farn ... Dürstet dich, mein Geliebter? Ich bin ein Weib, das deinen Lippen neuer als der Durst ist. Und mein Gesicht zwischen deinen Händen wie in den frischen Händen des Schiffbruchs, ah! es sei dir in heißer Nacht Frische der Mandel und Geschmack der Frühe, und erste Kenntnis der Frucht auf fremder Küste.

Ich träumte, neulich abends, von Inseln grüner als der Traum ... Und die Schiffsleute steigen am Ufer aus, nach einem blauen Wasser zu suchen; sie erblicken – es ist Ebbe – das neugemachte Bett der rieselnden Sande: sich zweigend läßt das Meer dort versickernd, jene reinen verästelten Spuren, wie von großen gemarterten Palmen, von großen verzückten Mädchen, die es voll Tränen in ihre Schurze bettet und in ihre aufgelösten Flechten.

Und dies sind Bildungen des Traumes. Du aber, Mann mit der geraden Stirn, gebettet in die Wirklichkeit des Traumes, trinkst du

la bouche ronde, et sais son revêtement punique: chair de grenade et cœur d'oponce, figue d'Afrique et fruit d'Asie ... Fruits de la femme, ô mon amour, sont plus que fruits de mer: de moi non peinte ni parée, reçois les arrhes de l'Été de mer ...»

★

2 –

«... Au cœur de l'homme, solitude. Étrange l'homme, sans rivage, près de la femme, riveraine. Et mer moi-même à ton orient, comme à ton sable d'or mêlé, que j'aille encore et tarde, sur ta rive, dans le déroulement très lent de tes anneaux d'argile – femme qui se fait et se défait avec la vague qui l'engendre ...

Et toi plus chaste d'être plus nue, de tes seules mains vêtue, tu n'es point Vierge des grands fonds, Victoire de bronze ou de pierre blanche que l'on ramène, avec l'amphore, dans les grandes mailles chargées d'algues des tâcherons de mer; mais chair de femme à mon visage, chaleur de femme sous mon flair, et femme qu'éclaire son arôme comme la flamme de feu rose entre les doigts mi-joints.

Et comme le sel est dans le blé, la mer en toi dans son principe, la chose en toi qui fut de mer, t'a fait ce goût de femme heureuse et qu'on approche ... Et ton visage est renversé, ta bouche est fruit à consommer, à fond de barque, dans la nuit. Libre mon souffle sur ta gorge, et la montée, de toutes parts, des nappes du désir, comme aux marées de lune proche, lorsque la terre femelle s'ouvre à la mer salace et souple, ornée de bulles, jusqu'en ses mares, ses maremmes, et la mer haute dans l'herbage fait son bruit de noria, la nuit est pleine d'éclosions ...

O mon amour au goût de mer, que d'autres paissent loin de mer l'églogue au fond des vallons clos – menthes, mélisse et mélilot, tiédeurs d'alysse et d'origan – et l'un y

am runden Munde selbst, und kennst seine punische Auskleidung: Fleisch der Granate und Herz der Opunzie, afrikanische Feige und asiatische Frucht ... Früchte des Weibes, o mein Geliebter, sind mehr als Früchte des Meeres: von mir der Unbemalten, Ungeschmückten, empfange das Handgeld des Sommers über dem Meer ...»

★

2 –

«... Im Herzen des Mannes: Einsamkeit. Seltsam der Mann, ohne Ufer, nahe dem Weibe, der Uferanwohnerin. Und Meer ich selbst in deinem Aufgang, deinem Goldsand wie vermengt, daß ich noch einmal schreite und verweile, auf deiner Küste, in der sehr langsamen Entrollung deiner lehmigen Ringe – Weib, das entsteht und vergeht mit der Welle, die es erzeugt ...

Und du je keuscher, je nackter du bist, mit deinen Händen nur bekleidet, du bist keine Jungfrau der großen Tiefen, keine erzene Nike oder aus weißem Stein, die man heraufholt, mit der Amphore, in den großen algenzottigen Netzen der Meerarbeiter; sondern Fleisch des Weibes an meinem Gesicht, Wärme des Weibes unter meinem Wittern, und Weib, das sein Arom erhellt wie die Flamme rosigen Feuers zwischen halbgeschlossenen Fingern.

Und wie das Salz im Korn ist, hat das Meer in dir in seinem Wesen, dies in dir, das des Meeres war, dir diesen Geschmack verliehen nach glücklichem Weibe, und dem man sich naht ... Und dein Gesicht ist hingesunken, dein Mund ist Frucht zum Verzehren, am Grund der Barke, bei Nacht. Frei geht mein Atem über deine Brust, und das Anschwellen, allenthalben, der Fluten der Begier, wie bei der Hochflut nahen Mondes, wenn die weibliche Erde dem geilen Meer, dem geschmeidigen, Gischt-geschmückten, sich auftut, bis in ihre Moore, ihre Maremmen, und der Andrang des Meeres schlappt unter der Grasdecke laut wie ein Ziehbrunnen, die Nacht ist voll berstender Blasen ...

O meine Geliebte, die nach dem Meer schmeckt, laß andre fern dem Meer das Hirtenlied weiden in unzugänglichen Tälern – Minzen, Melisse und Mähdesüß, Lauheit des Steinkrauts und des

parle d'abeillage et l'autre y traite d'agnelage, et la brebis feutrée baise la terre au bas des murs de pollen noir. Dans le temps où les pêches se nouent, et les liens sont triés pour la vigne, moi j'ai tranché le nœud de chanvre qui tient la coque sur son ber, à son berceau de bois. Et mon amour est sur les mers! et ma brûlure est sur les mers!...

Étroits sont les vaisseaux, étroite l'alliance; et plus étroite ta mesure, ô corps fidèle de l'Amante ... Et qu'est ce corps lui-même, qu'image et forme du navire? nacelle et nave, et nef votive, jusqu'en son ouverture médiane; instruit en forme de carène, et sur ses courbes façonné, ployant le double arceau d'ivoire au vœu des courbes nées de mer ... Les assembleurs de coques, en tout temps, ont eu cette façon de lier la quille au jeu des couples et varangues.

Vaisseau, mon beau vaisseau, qui cède sur ses couples et porte la charge d'une nuit d'homme, tu m'es vaisseau qui porte roses. Tu romps sur l'eau chaîne d'offrandes. Et nous voici, contre la mort, sur les chemins d'acanthes noires de la mer écarlate ... Immense l'aube appelée mer, immense l'étendue des eaux, et sur la terre faite songe à nos confins violets, toute la houle au loin qui lève et se couronne d'hyacinthes comme un peuple d'amants!

Il n'est d'usurpation plus haute qu'au vaisseau de l'amour.»

Dédicace

Midi, ses fauves, ses famines, et l'An de mer à son plus haut
sur la table des Eaux ...
– Quelles filles noires et sanglantes vont sur les sables violents longeant l'effacement des choses?
Midi, son peuple, ses lois fortes ... L'oiseau plus vaste sur

Dosts – und einer spricht dort vom Imkern und der andere handelt vom Lammen, und das filzige Mutterschaf küßt die Erde am Fuß der Mauern voll schwarzem Blütenstaub. Zur Zeit, da die Pfirsiche ansetzen, und man die Stricke sichtet für den Rebstock, hab ich den Hanfknoten zerhauen, der den Hulk auf seinem Schlitten festhält, in seiner hölzernen Wiege. Und meine Liebe ist auf den Meeren! und mein Brennen ist auf den Meeren!...

Eng sind die Schiffe, eng der Bund; und enger noch dein Maß, o treuer Leib der Liebenden ... Und was anders ist dieser Leib selbst wenn nicht Bild und Form des Schiffes? Nachen und Naue, und Opferboot, bis in seine Mittelöffnung; geformt in Gestalt eines Kieles, und über seine Sparren geschweift, den elfenbeinernen Doppelgurt biegend nach dem Verlangen meergeborener Krümmen ... Zu allen Zeiten haben die Schiffsbaumeister diese Art gehabt, den Kiel zu verbinden mit dem Spantenwerk und der Wandung.

Schiff, mein schönes Schiff, das in seinen Spanten nachgibt und trägt die Fracht einer Mannesnacht, du bist mir ein Schiff, das Rosen trägt. Du sprengst auf dem Wasser Gewinde von Weiheblumen. Und siehe, nun sind wir, wider den Tod, auf Pfaden schwarzer Akanthen über dem Scharlach-Meer ... Unermeßlich das Frührot, Meer geheißen, unermeßlich die Erstreckung der Wasser, und auf der Erde, der traumgewordenen an unsern veilchenfarbenen Grenzen, die ganze Brandung fern, die aufsteht und sich mit Hyazinthen kränzt wie ein Volk von Liebenden!

Höhere Machtergreifung ist keine als im Schiff der Liebe.»

Zueignung

Mittag, sein Raubzeug, seine dürren Zeiten, und das Meer-Jahr im höchsten Stand über der Tafel der Wasser ...
– Welche schwarzen und blutigen Mädchen streifen über die heftigen Sande, die Verwischung der Dinge entlang?
Mittag, sein Volk, seine starken Gesetze ... Gewaltiger der Vogel

son erre voit l'homme libre de son ombre, à la limite de son bien.
Mais notre front n'est point sans or. Et victorieuses encore de la nuit sont nos montures écarlates.

Ainsi les Cavaliers en armes, à bout de Continents, font au bord des falaises le tour des péninsules.
– Midi, ses forges, son grand ordre ... Les promontoires ailés s'ouvrent au loin leur voie d'écume bleuissante.
Les temples brillent de tout leur sel. Les dieux s'éveillent dans le quartz.
Et l'homme de vigie, là-haut, parmi ses ocres, ses craies fauves, sonne midi le rouge dans sa corne de fer.

Midi, sa foudre, ses présages; Midi, ses fauves au forum, et son cri de pygargue sur les rades désertes!...
– Nous qui mourrons peut-être un jour disons l'homme immortel au foyer de l'instant.
L'Usurpateur se lève sur sa chaise d'ivoire. L'amant se lave de ses nuits.
Et l'homme au masque d'or se dévêt de son or en l'honneur de la Mer.

Chronique

VIII

«... Grand âge, nous voici – et nos pas d'hommes vers l'issue. C'est assez d'engranger, il est temps d'éventer et d'honorer notre aire.

«Demain, les grands orages maraudeurs, et l'éclair au travail ... Le caducée du ciel descend marquer la terre de son chiffre. L'alliance est fondée.

über seiner Weite erblickt den schattenfreien Menschen, an der Grenze seiner Habe.
Doch unsre Stirne ist nicht ohne Gold. Und siegreich noch über die Nacht sind unsre Scharlach-Rosse.

So ziehen die Reiter in Waffen, am Ende der Kontinente, hoch auf dem Klippenrand die Halbinseln hin.
– Mittag, seine Schmieden, seine große Ordnung ... Die geflügelten Vorgebirge eröffnen fern sich ihre Bahnen bläulichen Schaumes.
Die Tempel schimmern mit all ihrem Salz. Die Götter erwachen im Quarz.
Und der Mann auf Wacht, dort oben, inmitten seiner ockerfarbenen und seiner Schichten lohfarbener Kreide, stößt in sein Eisen-Horn, den roten Mittag kündend.

Mittag, sein Blitzstrahl, seine Vorzeichen; Mittag, sein Raubzeug auf dem Forum, und sein Seeadler-Schrei über den verlassenen Reeden!. . .
– Wir, die sterben werden eines Tages vielleicht, nennen den Menschen unsterblich im feurigen Herzen des Augenblicks.
Der Thronräuber erhebt sich von seinem Stuhl aus Elfenbein. Der Liebende wäscht sich von seinen Nächten.
Und der Mann in der Maske aus Gold entkleidet seines Goldes sich dem Meer zu Ehren.

Chronik

VIII

... Hohe Zeit, hier sind wir – und unsre Menschen-Schritte dem Ausgang zu. Genug in die Scheuern gesammelt, es kam die Zeit, zu worfeln und unsere Tenne zu ehren.

Morgen die großen plündernden Stürme, und der Blitz am Werk ... Der Flügelstab des Himmels steigt herab, die Erde mit seiner Zahl zu zeichnen. Das Bündnis ist gegründet.

«Ah! qu'une élite aussi se lève, de très grands arbres sur la terre, comme tribu de grandes âmes et qui nous tiennent en leur conseil ... Et la sévérité du soir descende, avec l'aveu de sa douceur, sur les chemins de pierre brûlante éclairés de lavande ...

«Frémissement alors, à la plus haute tige engluée d'ambre, de la plus haute feuille mi-déliée sur son onglet d'ivoire.

«Et nos actes s'éloignent dans leurs vergers d'éclairs ...

«A d'autres d'édifier, parmi les schistes et les laves. A d'autres de lever les marbres à la ville.

«Pour nous chante déjà plus hautaine aventure. Route frayée de main nouvelle, et feux portés de cime en cime ...

«Et ce ne sont point là chansons de toile pour gynécée, ni chansons de veillées, dites chansons de Reine de Hongrie, pour égrener le maïs rouge au fil rouillé des vieilles rapières de famille,

«Mais chant plus grave, et d'autre glaive, comme chant d'honneur et de grand âge, et chant du Maître, seul au soir, à se frayer sa route devant l'âtre

« – fierté de l'âme devant l'âme et fierté d'âme grandissante dans l'épée grande et bleue.

«Et nos pensées déjà se lèvent dans la nuit comme les hommes de grande tente, avant le jour, qui marchent au ciel rouge portant leur selle sur l'épaule gauche.

«Voici les lieux que nous laissons. Les fruits du sol sont sous nos murs, les eaux du ciel dans nos citernes, et les grandes meules de porphyre reposent sur le sable.

Ah! eine auserlesene Schar auch erhebe sich sehr großer Bäume auf der Erde, gleich einem Volksstamm großer Seelen, die uns werthalten in ihrem Rat ... Und die Strenge des Abends steige herab, mit dem Geständnis seiner Süße, auf Pfaden glühenden Gesteins, erhellt von Lavendel ...

Erschaudern dann, am höchsten Ambra-triefenden Stiel, des höchsten halb-gelösten Blattes in seiner elfenbeinernen Klaue.

Und unsre Taten entschreiten in ihre Gärten der Blitze ...

Andere mögen bauen, zwischen Schiefer und Laven; andere Bildwerke aus Marmor errichten in der Stadt.

Für uns singt hochgestimmter schon ein Abenteuer. Ein Weg gebahnt von neuer Hand, und Brände getragen von Gipfel zu Gipfel ...

Und dies sind keine Lieder, die man am Webstuhl singt in den Kemenaten, noch Abendlieder, die da heißen Lieder ungarischer Königinnen, den gelben Mais zu entkörnen mit der rostigen Schneide der alten Familienrapiere,

Sondern ernsterer Sang, und von anderem Schwerte, gleich einem Sang der Ehre und hoher Zeit, und Sang des Herrn, allein im Abend, der seinen Weg sich bahnt vor dem Herde

– Stolz der Seele vor der Seele und stolzer wachsende Seele in dem großen blauen Schwerte.

Und unsere Gedanken schon machen sich auf in der Nacht wie die Männer großen Zeltes, vor Tag, die in den roten Himmel entschreiten, den Sattel auf der linken Schulter tragend.

Dies sind Stätten, die wir verlassen. Die Früchte des Bodens sind an unsern Mauern, die Wasser des Himmels in unsern Zisternen, und die großen Mühlsteine aus Porphyr ruhen auf dem Sande.

«L'offrande, ô nuit, où la porter? et la louange, la fier?... Nous élevons à bout de bras, sur le plat de nos mains, comme couvée d'ailes naissantes, ce cœur enténébré de l'homme où fut l'avide, et fut l'ardent, et tant d'amour irrévélé ...

«Écoute, ô nuit, dans les préaux déserts et sous les arches solitaires, parmi les ruines saintes et l'émiettement des vieilles termitières, le grand pas souverain de l'âme sans tanière,

«Comme aux dalles de bronze où rôderait un fauve.

★

«Grand âge, nous voici. Prenez mesure du cœur d'homme.»

Die fromme Spende, o Nacht, wo sie erstatten? und das Lob, wem es vertrauen?... Hoch recken wir auf unseren Armen, in flachen Händen, gleich einer Brut von Flügeln in ihrer Geburt, dieses verfinsterte Herz des Mannes, darin die Begier war, und war die Glut, und soviel unenthüllte Liebe ...

Vernimm, o Nacht, in den öden Höfen und unter den einsamen Bogen, zwischen heiligen Trümmern und dem Zerbröckeln alter Termitenbauten, den großen herrscherlichen Schritt der unbehausten Seele,

Wie auf erzenen Fliesen das Streifen eines Raubtiers.

⋆

Hohe Zeit, hier sind wir. Nimm du dein Maß nach dem Herzen des Menschen.

Rainer Maria Rilke

Qui vient finir le temple de l'Amour?
Chacun en emporte une colonne;
et à la fin tout le monde s'étonne
que le dieu à son tour

de sa flèche brise l'enceinte.
(Tel nous le connaissons.)
Et sur ce mur d'abandon
pousse la plainte.

Pays, arrêté à mi-chemin
entre la terre et les cieux,
aux voix d'eau et d'airain,
doux et dur, jeune et vieux,

comme une offrande levée
vers d'accueillantes mains:
beau pays achevé,
chaud comme le pain!

Gong

Comme si l'on était en train
de fondre des Dieux d'airain,
pour y ajouter encor
des Dieux massifs, tout en or,
qui en bourdonnant se défont.
Et de tous ces Dieux qui s'en vont
en de flambants métaux,
s'élèvent d'ultimes sons
royaux!

Wer ists, der Amors Tempel fertigstellt?
Ein jeglicher trägt eine Säule fort;
zuletzt gewahrt es staunend alle Welt,
daß auch der Gott zu seiner Zeit, an seinem Ort

mit seinem Pfeil in die Umschließung reißt.
(So ist er uns von je vertraut.)
Und auf der Mauer, die verwaist,
wird Klage laut.

Land, das auf halbem Wege sich verweilt,
das, zwischen Erd und Himmel eingeteilt,
von Erz und Wasser widerhallt,
Land, sanft und hart und jung und alt,

wie eine Gabe, die sich bot
für den Empfang der Hände:
Land, das in Schönheit ende
und warm wie Brot!

Gong

Als ob man sich befasse,
Erzgötter einzuschmelzen,
um ihnen zuzuwälzen
goldfeste Göttermasse,
die sich im Dröhnen löst.
Wenn diese Götter weichen
in flammendem Metall,
kommt wie aus Königreichen
ein letzter Hall!

Jules Supervielle

Le Matin du monde

A Victor Llona.

Alentour naissaient mille bruits
Mais si pleins encor de silence
Que l'oreille croyait ouïr
Le chant de sa propre innocence.

Tout vivait en se regardant,
Miroir était le voisinage
Où chaque chose allait rêvant
A l'éclosion de son âge.

Les palmiers trouvant une forme
Où balancer leur plaisir pur
Appelaient de loin les oiseaux
Pour leur montrer des dentelures.

Un cheval blanc découvrait l'homme
Qui s'avançait à petit bruit,
Avec la Terre autour de lui
Tournant pour son cœur astrologue.

Le cheval bougeait les naseaux
Puis hennissait comme en plein ciel
Et tout entouré d'irréel
S'abandonnait à son galop.

Dans la rue, des enfants, des femmes,
A de beaux nuages pareils,
S'assemblaient pour chercher leur âme
Et passaient de l'ombre au soleil.

Der Morgen der Welt

Für Victor Llona

Tausend Geräusche rings entstanden
Doch noch so erfüllt von Stille,
Daß das Ohr der eigenen Unschuld
Lied darin zu hören glaubte.

Alles lebte sich betrachtend,
Spiegel alles ringsherum,
Wo im Anbruch seiner Zeit
Träumend jedes Ding einherging.

Als die Palmen eine Form
Fanden, ihre Lust zu wiegen,
Riefen sie weither die Vögel,
Ihren Fächerschmuck zu zeigen.

Und ein Schimmel sah den Mann,
Der geräuschlos vorwärtsging,
Um ihn drehte sich die Erde
Für sein Astrologenherz.

Dieses Pferd, die Nüstern blähend,
Wiehernd wie im Himmel droben,
Mitten in Unwirklichkeiten,
Überließ sich dem Galopp.

Frauen, Kinder auf der Straße,
Schönen Wolken gleich, versammelt,
Gingen, ihre Seele suchend,
Aus dem Schatten in die Sonne.

Mille coqs traçaient de leurs chants
Les frontières de la campagne
Mais les vagues de l'océan
Hésitaient entre vingt rivages.

L'heure était si riche en rameurs,
En nageuses phosphorescentes
Que les étoiles oublièrent
Leurs reflets dans les eaux parlantes.

Cœur

A Jorge Guillén.

Suffit d'une bougie
Pour éclairer le monde
Autour duquel ta vie
Fait sourdement sa ronde,
Cœur lent qui t'accoutumes
Et tu ne sais à quoi,
Cœur grave qui résumes
Dans le plus sûr de toi
Des terres sans feuillage,
Des routes sans chevaux,
Un vaisseau sans visages
Et des vagues sans eaux.

Mais des milliers d'enfants
Sur la place s'élancent
En poussant de tels cris
De leurs frêles poitrines
Qu'un homme à barbe noire,
– De quel monde venu? –
D'un seul geste les chasse
Jusqu'au fond de la nue.

Krähend steckten tausend Hähne
Auf dem Land die Grenzen ab,
Doch die Meereswogen schwankten
Zögernd zwischen zwanzig Küsten.

Reich an Ruderern war die Stunde,
Schimmerhellen Schwimmerinnen,
Daß auf dem beredten Wasser
Sterne ihren Schein vergaßen.

Herz

Für Jorge Guillén

Eine Kerze reicht schon aus,
Licht in diese Welt zu bringen,
Darin stumpfsinnig dein Leben
Seine Kreise ziehen muß,
Träges Herz, das sich gewöhnt,
Und du weißt doch nicht woran,
Schweres Herz, das tief in dir
Unantastbar aufbewahrt
Länder ohne Blätterwerk,
Große Straßen ohne Pferde,
Und ein Schiff ohne Gesichter,
Meereswogen ohne Wasser.

Aber tausende von Kindern
Stürmen auf den Platz und stoßen
Tief aus ihrer schwachen Brust
Solche lauten Schreie aus,
Daß ein Mann mit schwarzem Bart,
– Welcher Welt mag er entstammen? –
Sie mit einer einzigen Geste
Weit hinwegscheucht in die Wolken.

Alors de nouveau, seul,
Dans la chair tu tâtonnes,
Cœur plus près du linceul,
Cœur de grande personne.

Vivre

Pour avoir mis le pied
Sur le cœur de la nuit
Je suis un homme pris
Dans les rets étoilés.

Je vis loin de ma main
Qui dessine ces mots,
Du lit qui me soutient
Et me sculpte le dos.

Parfum de ce beau jour,
On t'a crucifié,
Oiseaux de la forêt
Dans l'air tiède, glacés!

Ah! vous tombez des arbres.

Pointe de flamme

Tout le long de sa vie
Il avait aimé à lire
Avec une bougie
Et souvent il passait
La main dessus la flamme
Pour se persuader
Qu'il vivait,
Qu'il vivait.

Dann, von neuem ganz allein,
Pochst du wieder zag im Fleisch,
Herz, dem Grabtuch näher schon,
Herz eines Erwachsenen.

Leben

Ich habe meinen Fuß
aufs Herz der Nacht gesetzt:
nun komm ich nicht mehr frei,
ich häng im Sternennetz.

Die Fernen zwischen mir
und meiner Hand, die schreibt.
Fern leb ich, fern dem Bett,
das Form und Stütze bleibt.

Du und dein Duft, du Tag
in Kreuzesnot! Und ihr,
ihr Vögel aus dem Wald,
ihr lau Umwehten friert!

Aus den Bäumen, ach, fallt ihr und fallt.

Flammenspitze

Sein Leben lang
liebte ers, beim
Licht einer Lampe zu lesen
und oft
strich er mit seiner Hand
über die Flamme hin,
um sich zu vergewissern,
daß er lebte,
lebte.

Depuis le jour de sa mort
Il tient à côté de lui
Une bougie allumée
Mais garde les mains cachées.

Vœu

Mon peu de terre avec mon peu de jour
Et ce nuage où mon esprit embarque,
Tout ce qui fait l'âme glissante et lourde,
Saurai-je moi, saurai-je m'en déprendre?

Il faudra bien pourtant qu'on m'empaquette
Et me laisser ravir sans lâcheté,
Colis moins fait pour vous, Éternité,
Qu'un frais panier tremblant de violettes.

MONTAGNES et rochers, monuments du délire,
Nul homme ne nous voit, écoutez sans détours
Mon cœur grondant au fond des gorges et des jours.
Et comprenez mes yeux gelés de rêverie.

Mêlons-nous sous le ciel qui n'a pas de sursauts,
Que je devienne un peu de pierraille ou de roche
Pour t'apaiser, cœur immortel, qui me reproches
D'être homme, courtisan d'invisibles corbeaux.

GRANDS YEUX dans ce visage,
Qui vous a placés là?
De quel vaisseau sans mâts
Etes-vous l'équipage?

Seit dem Tag seines Todes
hält er neben sich
eine entzündete Kerze,
aber die Hände hält er verborgen.

Wunsch

Mein bißchen Erde und mein bißchen Tag
und dies Gewölk, drauf sich mein Geist entfernt,
und was die Seele schwer und gleiten macht:
bring ichs zuwege, daß ich es verlern?

Doch kommts ja doch dahin, daß man mich einst verpackt
und daß ich mich beherzt hinwegbegebe,
ein Stückgut, Ewigkeit, – bei weitem nicht die Fracht,
die dir der frische Korb bringt, drin die Veilchen beben.

Ihr Berge und ihr Felsen, ihr Denkmäler des Wahns,
uns sieht kein Mensch: hört ohne Umschweif
mein Herz, das grollt in Tiefen und in Tagen.
Begreift, was meine Augen sind, die traumgefrornen.

Wir wollen uns vermischen unterm Himmel, der nicht aufzuckt,
so daß ich werd ein wenig Fels oder Geröll, [macht,
dich zu beruhigen, unsterbliches du, Herz, das mir zum Vorwurf
ein Mensch zu sein, ein Höfling von Raben unsichtbar.

Große Augen, wer
Gab euch dem Gesicht?
Seid die Mannschaft welchen
Schiffes ohne Masten?

Depuis quel abordage
Attendez-vous ainsi
Ouverts toute la nuit?

Feux noirs d'un bastingage
Étonnés mais soumis
A la loi des orages.

Prisonniers des mirages,
Quand sonnera minuit
Baissez un peu les cils
Pour reprendre courage.

Whisper in Agony

Ne vous étonnez pas,
Abaissez les paupières
Jusqu'à ce qu'elles soient
De véritable pierre.

Laissez faire le cœur,
Et même s'il s'arrête.
Il bat pour lui tout seul
Sur sa pente secrète.

Les mains s'allongeront
Dans leur barque de glace,
Et le front sera nu
Comme une grande place
Vide, entre deux armées.

Und seit welchem Entern
Wartet ihr die ganze
Nacht so weit geöffnet?

Schwarze Relingsfeuer,
Staunend aber hörig
Dem Gesetz der Stürme.

Wahngefangene,
Schlägt es Mitternacht,
Dann senkt leicht die Lider,
Neuen Mut zu fassen.

Whisper in Agony

Laßt die Lider sinken,
das Staunen, laßts sein,
bis euch die Lider dies sind:
Stein und nur Stein.

Laßt das Herz gewähren,
auch dann noch, wenns schweigt:
dann schlägts im Geheimen,
dahin es sich neigt.

Es wachsen die Hände
im Fahrzeug aus Firn,
und blank ist die Stirn:
ein nacktes Gelände,
gesäumt von zwei Heeren.

Les Amis inconnus

Il vous naît un poisson qui se met à tourner
Tout de suite au plus noir d'une lame profonde,
Il vous naît une étoile au-dessus de la tête,
Elle voudrait chanter mais ne peut faire mieux
Que ses sœurs de la nuit les étoiles muettes.

Il vous naît un oiseau dans la force de l'âge,
En plein vol, et cachant votre histoire en son cœur
Puisqu'il n'a que son cri d'oiseau pour la montrer.
Il vole sur les bois, se choisit une branche
Et s'y pose, on dirait qu'elle est comme les autres.

Où courent-ils ainsi ces lièvres, ces belettes,
Il n'est pas de chasseur encor dans la contrée,
Et quelle peur les hante et les fait se hâter,
L'écureuil qui devient feuille et bois dans sa fuite,
La biche et le chevreuil soudain déconcertés?

Il vous naît un ami, et voilà qu'il vous cherche
Il ne connaîtra pas votre nom ni vos yeux
Mais il faudra qu'il soit touché comme les autres
Et loge dans son cœur d'étranges battements
Qui lui viennent de jours qu'il n'aura pas vécus.

Et vous, que faites-vous, ô visage troublé,
Par ces brusques passants, ces bêtes, ces oiseaux,
Vous qui vous demandez, vous, toujours sans nouvelles,
«Si je croise jamais un des amis lointains
Au mal que je lui fis vais-je le reconnaître?»

Pardon pour vous, pardon pour eux, pour le silence
Et les mots inconsidérés,
Pour les phrases venant de lèvres inconnues
Qui vous touchent de loin comme balles perdues,
Et pardon pour les fronts qui semblent oublieux.

Die unbekannten Freunde

Ein Fisch wird dir geboren, der sogleich entschlüpft
Ins Allerschwärzeste von einer tiefen Welle,
Ein Stern wird dir geboren über deinem Kopf,
Er möchte singen aber kann es auch nicht besser
Als diese stummen Sterne seine Nachtgeschwister.

Ein Vogel wird im besten Alter dir geboren,
In vollem Flug, verbirgt im Herzen dein Geschick,
Hat er doch nur den Vogelruf, um es zu zeigen.
Er überfliegt die Wälder, wählt sich einen Zweig,
Setzt sich darauf, es sieht ganz aus wie alle andern.

Wo rennen diese Hasen, diese Wiesel hin,
In dieser Gegend gibt es doch noch keinen Jäger,
Von welcher Angst sind sie geplagt und so gejagt,
Das Eichhörnchen, das flüchtend Blatt und Baumstamm wird,
Die plötzlich aufgeschreckte Hindin und das Reh?

Ein Freund wird dir geboren und schon sucht er dich,
Er wird nicht deinen Namen, deine Augen kennen,
Doch muß er wohl ergriffen sein wie alle andern,
Ein sonderbares Pochen wohnt in seinem Herzen,
Das aus den Tagen stammt, die er wohl nicht erlebt hat.

Und du, was machst du, oh Gesicht, das so verwirrt ist,
Von diesen hastigen Passanten, Tieren, Vögeln,
Du, das sich immer noch ganz ohne Nachricht fragt:
«Wenn ich je einem fernen Freund begegnen sollte,
Erkenne ich ihn dann am Leid, das ich ihm antat?»

Vergebung dir, Vergebung ihnen und Vergebung
Auch für die Stille und die unbedachten Worte,
Für diese Sätze, die von unbekannten Lippen
Dich weither treffen wie verirrte Kugeln, und
Vergebung für die Stirnen, die vergeßlich scheinen.

Les Chevaux du Temps

Quand les chevaux du Temps s'arrêtent à ma porte
Je ne puis m'empêcher de les regarder boire
Puisque c'est de mon sang qu'ils étanchent leur soif.
Ils tournent vers ma face un œil reconnaissant
Pendant que leurs longs traits m'emplissent de faiblesse
Et me laissent si las, si seul et décevant
Qu'une nuit passagère envahit mes paupières
Et qu'il me faut soudain refaire en moi des forces,
Pour qu'un jour, où viendrait l'attelage assoiffé,
Je puisse encore vivre et les désaltérer.

Figures

Je bats comme des cartes
Malgré moi, des visages,
Et tous, ils me sont chers.
Parfois l'un tombe à terre
Et j'ai beau le chercher
La carte a disparu.
Je n'en sais rien de plus.
C'était un beau visage,
Pourtant, je l'aimais bien.
Je bats les autres cartes.
L'inquiet de ma chambre,
Je veux dire mon cœur,
Continue à brûler
Mais non pour cette carte,
Qu'une autre a remplacée.
C'est un nouveau visage,
Le jeu reste complet
Mais toujours mutilé.
C'est tout ce que je sais,
Nul n'en sait davantage.

Die Pferde der Zeit

Wenn die Pferde der Zeit haltmachen vor meiner Tür,
kann ich nicht umhin, ihnen beim Trinken zuzusehn,
denn es ist mein Blut, woran sie ihren Durst stillen.
Sie drehn mir ein dankbares Auge zu,
während ihre tiefen Schlucke mich ausfüllen mit Schwäche,
so müd lassen sie mich liegen, so allein und enttäuschend,
daß eine vorbeiziehende Nacht sich meine Lider greift
und daß ich plötzlich meine Kräfte in mir neu erschaffen muß,
damit eines Tags, wenn das durstige Gespann wiederkommen sollte,
ich noch zu leben und ihren Durst zu stillen vermag.

Figuren

Unwillkürlich misch ich,
wie Karten, Gesichter,
lauter geliebte.
Manchmal fällt eines zu Boden,
und ich habe gut suchen:
die Karte ist fort.
Mehr weiß ich nicht.
Dabei wars ein schönes Gesicht,
ich mochte es gern leiden.
Ich mische die übrigen Karten.
Das Ungeduldige in meinem Zimmer,
will sagen mein Herz,
brennt und brennt,
doch nicht für diese Karte,
die eine andre ersetzt hat.
Es ist ein neues Gesicht,
das Spiel bleibt vollständig,
doch stets verstümmelt.
Das ist alles, was ich weiß,
keiner weiß mehr.

LE MONDE est plein de voix qui perdirent visage
Et tournent nuit et jour pour en demander un.
Je leur dis: «Parlez-moi de façon familière
Car c'est moi le moins sûr de la grande assemblée.
– N'allez pas comparer notre sort et le vôtre»,
Me répond une voix, «je m'appelais un tel,
Je ne sais plus mon nom, je n'ai plus de cervelle
Et ne puis disposer que de celle des autres.
Laissez-moi m'appuyer un peu sur vos pensées.
C'est beaucoup d'approcher une oreille vivante
Pour quelqu'un comme moi qui ne suis presque plus.
Croyez ce que j'en dis, je ne suis plus qu'un mort,
Je veux dire quelqu'un qui pèse ses paroles».

Pour un Poète mort

Donnez-lui vite une fourmi,
Et si petite soit-elle,
Mais qu'elle soit bien à lui!
Il ne faut pas tromper un mort.
Donnez-la-lui, ou bien le bec d'une hirondelle,
Un bout d'herbe, un bout de Paris,
Il n'a plus qu'un grand vide à lui
Et comprend encor mal son sort.

A choisir il vous donne en échange
Des cadeaux plus obscurs que la main ne peut prendre:
Un reflet qui couche sous la neige,
Ou l'envers du plus haut des nuages,
Le silence au milieu du tapage,
Ou l'étoile que rien ne protège.
Tout cela, il le nomme et le donne,
Lui qui est sans un chien ni personne.

Die Welt ist voller Stimmen, die das Gesicht verloren
und nun rundgehn Nacht und Tag, sich eins zu erbitten.
Ich sage ihnen: «Redet vertraut zu mir,
denn in der großen Versammlung bin ich der unsicherste.»
«Vergleichen Sie nur ja nicht Ihr Schicksal mit dem unsern»,
erwidert eine Stimme, «ich hieß Soundso,
ich weiß meinen Namen nicht mehr, ich habe kein Hirn mehr
und kann bloß über das Hirn der andern verfügen.
Lassen Sie mich mich ein wenig an Ihre Gedanken anlehnen.
Einem lebendigen Ohr näherzukommen ist viel
für einen wie mich, der ich fast nicht mehr ich bin.
Glauben Sie mir, was ich da sage, ich bin nur mehr ein Toter,
will sagen jemand, der seine Worte wägt.»

Für einen toten Dichter

Gebt ihm schnell eine Ameise,
mag sie auch noch so klein sein,
aber sein soll sie sein, sein eigen!
Einen Toten darf man nicht hintergehen.
Gebt sie ihm, oder sonst gebt ihm einen Schwalbenschnabel,
ein Hälmchen Gras, ein Steinchen Paris,
er besitzt nichts als eine große Leere um sich
und versteht sein Schicksal noch schlecht.

Die Gegengabe läßt er euch wählen, [vermag:
Geschenke, dunkler als eine Hand sie entgegenzunehmen
Einen Lichtreflex, unter den Schnee gebettet,
oder die Rückseite der allerhöchsten Wolke,
das Schweigen mitten im Klamauk,
den schutz- und schirmlosen Stern,
all das nennt und gibt her,
der keinen Hund noch sonst jemand hat: er.

Lui seul

Si vous touchez sa main c'est bien sans le savoir,
Vous vous le rappelez mais sous un autre nom,
Au milieu de la nuit, au plus fort du sommeil,
Vous dites son vrai nom et le faites asseoir.

Un jour, on frappe et je devine que c'est lui
Qui s'en vient près de nous, à n'importe quelle heure,
Et vous le regardez avec un tel oubli
Qu'il retourne au loin mais en laissant derrière

Une porte vivante et pâle comme lui.

Le Monde en nous

Chaque objet séparé de son bruit, de son poids,
Toujours dans sa couleur, sa raison et sa race,
Et juste ce qu'il faut de lumière, d'espace,
Pour que tout soit agile et content de son sort.
Et cela vit, respire et chante avec moi-même
– Les objets inhumains comme les familiers –
Et nourri de mon sang s'abrite à sa chaleur.
La montagne voisine un jour avec la lampe,
Laquelle luit, laquelle en moi est la plus grande?
Ah! je ne sais plus rien si je rouvre les yeux,
Ma science gît en moi derrière mes paupières
Et je n'en sais pas plus que mon sang ténébreux.

«BEAU MONSTRE de la nuit, palpitant de ténèbres,
Vous montrez un museau humide d'outre-ciel,
Vous approchez de moi, vous me tendez la patte
Et vous la retirez comme pris d'un soupçon.

Er allein

Wenn ihr seine Hand berührt, dann nur ohne es zu wissen,
ihr erinnert euch seiner, doch unter einem andern Namen,
in der Mitte der Nacht, im Tiefsten des Schlafs
nennt ihr seinen wahren Namen und laßt ihn niedersitzen.

Eines Tages klopfts, und ich errate: er ists,
der daherkommt, auf uns zu, wie spät es auch sei,
und ihr blickt ihn an mit einem solchen Vergessen,
daß er umkehrt in die Ferne, doch hinter sich lassend

eine Tür lebendig und fahl wie er.

Die Welt in uns

Ein jedes Ding, losgetrennt von seinem Geräusch und Gewicht,
immerzu in seiner Farbe, seinem Grund und Geblüt,
und gerade soviel Licht als es braucht und Raum,
damit alles flink sei und froh seines Loses.
Und das lebt, atmet und singt in mir
– die unmenschlichen Dinge gleichwie die vertrauten –
und schlüpft, von meinem Blut genährt, unter in dessen Wärme.
Einen Tag lang ist der Berg der Nachbar der Lampe,
wer von den beiden leuchtet, wer ist der größre in mir?
Ach, ich weiß gar nichts mehr, wenn ich die Augen wieder aufschlage,
mein Wissen ruht in mir hinter meinen Augenlidern,
und ich weiß nicht besser Bescheid als mein dunkles Blut.

«NACHTUNGETÜM, du schönes, von Finsternissen zuckend,
du mit der Schnauze feuchtblau von jenseits aller Himmel,
du kommst, kommst auf mich zu, hältst mir die Pranke hin –
schon ziehst du sie zurück, es kommt dir ein Verdacht.

Pourtant je suis l'ami de vos gestes obscurs,
Mes yeux touchent le fond de vos sourdes fourrures.
Ne verrez-vous en moi un frère ténébreux
Dans ce monde où je suis bourgeois de l'autre monde,
Gardant par devers moi ma plus claire chanson.
Allez, je sais aussi les affres du silence
Avec mon cœur hâtif, usé de patience,
Qui frappe sans réponse aux portes de la mort.
– Mais la mort te répond par des intermittences
Quand ton cœur effrayé se cogne à la cloison,
Et tu n'es que d'un monde où l'on craint de mourir».
Et les yeux dans les yeux, à petits reculons,
Le monstre s'éloigna dans l'ombre téméraire,
Et le ciel comme à l'ordinaire s'étoila.

La Mer secrète

Quand nul ne la regarde,
La mer n'est plus la mer,
Elle est ce que nous sommes
Lorsque nul ne nous voit.
Elle a d'autres poissons,
D'autres vagues aussi.
C'est la mer pour la mer
Et pour ceux qui en rêvent,
Comme je fais ici.

Paris

O Paris, ville ouverte
Ainsi qu'une blessure,
Que n'es-tu devenue
De la campagne verte.

Te voilà regardée
Par des yeux ennemis,

Und doch: ich bin der Freund all deines dunklen Tuns;
dein Finsterfell: mein Auge ertastet seinen Grund.
Erkennst du mich vielleicht? Dein Bruder und umschattet,
wohn ich in dieser Welt, ein Bürger jener andern,
das hellste meiner Lichter bei mir, so geh ich um.
Weißt du, des Schweigens Ängste, auch ich hab das erfahren:
mein Herz, verbraucht von Langmut, hats eilig mit der Zeit,
ans Tor des Todes pocht es – es wird ihm nicht Bescheid.
– Der Tod gibt dir ja Antwort, dein Herz hört Pausensprache,
sooft es an die Wand stößt mit aller seiner Angst.
Und deine Welt: die Welt bloß, wo man vorm Sterben bangt.»
Wir blieben Aug in Auge, indes, mit kleinen Schritten,
das Ungetüm ins Nächtlich-Verwegene entschwand.
Und über mir, am Himmel, trat Stern zu Stern, wie sonst.

Das heimliche Meer

Wenn keiner ihm zusieht,
ist es kein Meer mehr, das Meer.
Es ist, was auch wir sind,
sieht kein Aug zu uns her.
Es hat andere Fische und Wellen,
es ist das Meer um des Meeres willen.
Und um jener willen, die von ihm träumen,
wie ich hier, heute.

Paris

Du offne Stadt, du wunden-
offene Stadt Paris,
Flachland zu sein und Grasland,
viel besser stünd dir dies.

Die Augen, die dich sehen,
sie schaun aus Feindsgesicht,

De nouvelles oreilles
Écoutent nos vieux bruits.

La Seine est surveillée
Comme du haut d'un puits
Et ses eaux jour et nuit
Coulent emprisonnées.

Tous les siècles français
Si bien pris dans la pierre
Vont-ils pas nous quitter
Dans leur grande colère?

L'ombre est lourde de têtes
D'un pays étranger.
Voulant rester secrète
Au milieu du danger

S'éteint quelque merveille
Qui préfère mourir
Pour ne pas nous trahir
En demeurant pareille.

A un arbre

Avec un peu de feuillage et de tronc
Tu dis si bien ce que je ne sais dire
Qu'à tout jamais je cesserais d'écrire
S'il me restait tant soit peu de raison.

Et tout ce que je voudrais ne pas taire
Pour ce qu'il a de perdu et d'obscur
Me semble peu digne que je l'éclaire
Lorsque je mets une racine à nu

Dans son mutisme et ses larmes de terre.

die nicht hierher gehören,
hörn: Altvertrautes spricht.

Die Seine – unter Aufsicht,
am Boden eines Schachts,
nachtaus, tagein, ihr Wasser,
es wälzt Gefangenschaft.

Ihr Quadern und ihr Steine,
die ihr französisch seid:
ob ihr nicht von uns fortgeht
vor lauter Zorn und Leid?

Die Köpfe, dicht, im Schatten,
die aus dem fremden Land –
Es will geheim hier dauern,
gefährdet, ungebannt,

ein Wunder, irgendeines,
es lischt, es mag nicht mehr,
es will uns nicht verraten,
so bleibend wie bisher.

An einen Baum

Mit einem Häufchen Laub und einem Stamm
sagst du so gut, was ich zu sagen nicht vermag:
der Tag heut wäre wohl der letzte Schreibenstag,
wenn dies mir übrig blieb: ein Gran Vernunft.

Und alles, was ich nicht verschweigen mag
um des Verlornen, Dunklen willen, das ihm eigen,
mir scheint, es ist nicht würdig, daß ichs zeige,
wenn ich zur Wurzel geh und leg sie bloß

mit ihren Tränen, erdig, und mit ihrem Schweigen.

André Breton

Plutôt la vie

A Philippe Soupault

Plutôt la vie que ces prismes sans épaisseur même si les couleurs sont plus pures
Plutôt que cette heure toujours couverte que ces terribles voitures de flammes froides
Que ces pierres blettes
Plutôt ce cœur à cran d'arrêt
Que cette mare aux murmures
Et que cette étoffe blanche qui chante à la fois dans l'air et dans la terre
Que cette bénédiction nuptiale qui joint mon front à celui de la vanité totale
Plutôt la vie

Plutôt la vie avec ses draps conjuratoires
Ses cicatrices d'évasions
Plutôt la vie plutôt cette rosace sur ma tombe
La vie de la présence rien que de la présence
Où une voix dit Es-tu là où une autre répond Es-tu là
Je n'y suis guère hélas
Et pourtant quand nous ferions le jeu de ce que nous faisons mourir
Plutôt la vie

Plutôt la vie plutôt la vie Enfance vénérable
Le ruban qui part d'un fakir
Ressemble à la glissière du monde
Le soleil a beau n'être qu'une épave
Pour peu que le corps de la femme lui ressemble
Tu songes en contemplant la trajectoire tout du long
Ou seulement en fermant les yeux sur l'orage adorable qui a nom ta main
Plutôt la vie

Lieber das Leben

Für Philippe Soupault

Lieber das Leben als diese Prismen ohne Tiefe selbst wenn die Farben reiner sind
Lieber als diese immer trübe Stunde als diese schrecklichen Wagen kalter Flammen
Als diese teigigen Steine
Lieber dieses Herz mit Sicherungsbügel
Als diese plätschernde Pfütze
Und als dieses weiße Zeug das zugleich in der Luft und in der Erde singt
Als diese Trauung die meine Stirn an die Stirn der völligen Nichtigkeit bindet
Lieber das Leben

Lieber das Leben mit seinen Verschwörerlaken
Seinen Entkommensnarben
Lieber das Leben lieber diese Rosette auf meinem Grab
Das Leben als Gegenwart und nur als Gegenwart
Wo eine Stimme sagt Bist du da und eine andere antwortet Bist du da
Ach ich bin fast gar nicht da
Und dennoch wenn wir auch das Spiel dessen spielten das wegen uns stirbt
Lieber das Leben

Lieber das Leben lieber das Leben Ehrwürdige Kindheit
Das Band das von einem Fakir rollt
Ähnelt der Gleitbahn der Welt
Die Sonne mag ruhig ein Wrack sein
Solange der Körper der Frau ihr nur ähnelt
Du sinnst und betrachtest die ganze Flugbahn
Oder schließt nur die Augen vor dem herrlichen Gewitter das deine Hand heißt
Lieber das Leben

Plutôt la vie avec ses salons d'attente
Lorsqu'on sait qu'on ne sera jamais introduit
Plutôt la vie que ces établissements thermaux
Où le service est fait par des colliers
Plutôt la vie défavorable et longue
Quand les livres se refermeraient ici sur des rayons moins doux
Et quand là-bas il ferait mieux que meilleur il ferait libre oui
Plutôt la vie

Plutôt la vie comme fond de dédain
A cette tête suffisamment belle
Comme l'antidote de cette perfection qu'elle appelle et qu'elle craint
La vie le fard de Dieu
La vie comme un passeport vierge
Une petite ville comme Pont-à-Mousson
Et comme tout s'est déjà dit
Plutôt la vie

Tournesol

A Pierre Reverdy

La voyageuse qui traversa les Halles à la tombée de l'été
Marchait sur la pointe des pieds
Le désespoir roulait au ciel ses grands arums si beaux
Et dans le sac à main il y avait mon rêve ce flacon de sels
Que seule a respirés la marraine de Dieu
Les torpeurs se déployaient comme la buée
Au Chien qui fume
Où venaient d'entrer le pour et le contre
La jeune femme ne pouvait être vue d'eux que mal et de biais
Avais-je affaire à l'ambassadrice du salpêtre
Ou de la courbe blanche sur fond noir que nous appelons pensée

Lieber das Leben mit seinen Wartezimmern
Wenn man weiß daß man nie vorgelassen wird
Lieber das Leben als diese Thermalbäder
Wo einen Joche bedienen
Lieber das Leben widrig und lang [Regalen
Wenn hier auch die Bücher zu schließen wären auf entlegeneren
Und wenn das Wetter dort schöner würde als schön schön wie die
Freiheit ja
Lieber das Leben

Lieber das Leben als Folie der Verachtung
Für diesen ausreichend schönen Kopf
Als Gegengift zu dieser Vollendung die er fürchtet und ruft
Das Leben die Schminke Gottes
Das Leben wie ein ungestempelter Paß
Eine kleine Stadt wie Pont-à-Mousson
Und da schon alles gesagt ist
Lieber das Leben

Sonnenblume

Für Pierre Reverdy

Die Reisende durchquerte bei Anbruch des Sommers die Hallen
Auf Zehenspitzen
Die Verzweiflung rollte ihre großen so schönen Aronstäbe in den
Himmel
Und in der Handtasche steckte mein Traum dieses Fläschchen mit
Salzen
An denen nur Gottes Patin gerochen hatte
Lähmung breitete sich aus wie Dunst
Im Rauchenden Hund
Wo gerade das Für und das Wider eingekehrt waren
Sie konnten die junge Frau kaum sehen und nur von der Seite
Hatte ich es mit der Botschafterin des Salpeters zu tun
Oder mit der weißen Kurve auf schwarzem Grund die man Denken
nennt

Le bal des innocents battait son plein
Les lampions prenaient feu lentement dans les marronniers
La dame sans ombre s'agenouilla sur le Pont au Change
Rue Gît-le-Cœur les timbres n'étaient plus les mêmes
Les promesses des nuits étaient enfin tenues
Les pigeons voyageurs les baisers de secours
Se joignaient aux seins de la belle inconnue
Dardés sous le crêpe des significations parfaites
Une ferme prospérait en plein Paris
Et ses fenêtres donnaient sur la voie lactée
Mais personne ne l'habitait encore à cause des survenants
Des survenants qu'on sait plus dévoués que les revenants
Les uns comme cette femme ont l'air de nager
Et dans l'amour il entre un peu de leur substance
Elle les intériorise
Je ne suis le jouet d'aucune puissance sensorielle
Et pourtant le grillon qui chantait dans les cheveux de cendre
Un soir près de la statue d'Étienne Marcel
M'a jeté un coup d'œil d'intelligence
André Breton a-t-il dit passe

L'Union libre

Ma femme à la chevelure de feu de bois
Aux pensées d'éclairs de chaleur
A la taille de sablier
Ma femme à la taille de loutre entre les dents du tigre
Ma femme à la bouche de cocarde et de bouquet d'étoiles de dernière grandeur
Aux dents d'empreintes de souris blanche sur la terre blanche
A la langue d'ambre et de verre frottés
Ma femme à la langue d'hostie poignardée
A la langue de poupée qui ouvre et ferme les yeux
A la langue de pierre incroyable

Der Ball der Unschuldigen war in vollem Gang
Die Lampions fingen allmählich Feuer in den Kastanien
Die Dame ohne Schatten kniete sich hin auf dem Pont-au-Change
In der rue Gît-le-Cœur waren die Glocken nicht mehr die gleichen
Die Versprechen der Nächte waren endlich gehalten
Die Brieftauben die rettenden Küsse
Legten sich an die Brüste der schönen Unbekannten
Spitz unter dem Flor vollkommener Bedeutungen
Ein Bauernhof blühte mitten in Paris
Und seine Fenster gingen auf die Milchstraße
Aber niemand bewohnte ihn noch wegen der ungebetenen Gäste
Der ungebetenen Gäste die bekanntlich ergebener sind als die Wiedergänger
Die einen wie diese Frau scheinen zu schwimmen
Und in die Liebe tritt ein wenig von ihrem Wesen
Sie nimmt sie in sich auf
Ich bin nicht der Spielball sinnlicher Mächte
Und doch hat mir die Grille die in den Aschenhaaren sang
Eines Abends am Denkmal des Etienne Marcel
Einen Blick voll Einverständnis zugeworfen
André Breton so sprach sie geht vorbei

Die freie Vereinigung

Meine Frau ihre Haare ein Holzfeuer
Mit Gedanken wie Wärmeblitze
Mit der Sanduhrtaille
Meine Frau mit der Taille des Fischotters zwischen den Zähnen des Tigers
Meine Frau mit dem Mund wie eine Kokarde wie ein Strauß aus Sternen letzter Größe
Mit Zähnen wie Spuren einer weißen Maus auf der weißen Erde
Mit der Zunge aus geriebenem Ambra und Glas
Meine Frau mit der Zunge wie eine erdolchte Hostie
Mit der Zunge einer Puppe die ihre Augen öffnet und schließt
Mit der Zunge aus unerhörtem Stein

Ma femme aux cils de bâtons d'écriture d'enfant
Aux sourcils de bord de nid d'hirondelle
Ma femme aux tempes d'ardoise de toit de serre
Et de buée aux vitres
Ma femme aux épaules de champagne
Et de fontaine à têtes de dauphins sous la glace
Ma femme aux poignets d'allumettes
Ma femme aux doigts de hasard et d'as de cœur
Aux doigts de foin coupé
Ma femme aux aisselles de martre et de fênes
De nuit de la Saint-Jean
De troène et de nid de scalares
Aux bras d'écume de mer et d'écluse
Et de mélange du blé et du moulin
Ma femme aux jambes de fusée
Aux mouvements d'horlogerie et de désespoir
Ma femme aux mollets de moelle de sureau
Ma femme aux pieds d'initiales
Aux pieds de trousseaux de clés aux pieds de calfats qui boivent
Ma femme au cou d'orge imperlé
Ma femme à la gorge de Val d'or
De rendez-vous dans le lit même du torrent
Aux seins de nuit
Ma femme aux seins de taupinière marine
Ma femme aux seins de creuset du rubis
Aux seins de spectre de la rose sous la rosée
Ma femme au ventre de dépliement d'éventail des jours
Au ventre de griffe géante
Ma femme au dos d'oiseau qui fuit vertical
Au dos de vif-argent
Au dos de lumière
A la nuque de pierre roulée et de craie mouillée
Et de chute d'un verre dans lequel on vient de boire
Ma femme aux hanches de nacelle
Aux hanches de lustre et de pennes de flèche
Et de tiges de plumes de paon blanc
De balance insensible
Ma femme aux fesses de grès et d'amiante

Meine Frau mit Wimpern wie Striche der Kinderschrift
Mit Brauen wie der Rand des Schwalbennestes
Meine Frau mit Schläfen aus dem Schiefer des Treibhausdachs
Und von Beschlag an den Scheiben
Meine Frau mit Champagnerschultern
Und Schultern wie eisbedeckte Brunnen mit Delphinköpfen
Meine Frau mit Handgelenken wie Streichhölzer
Meine Frau mit Zufalls- und Herzasfingern
Mit Fingern aus gemähtem Heu
Meine Frau mit Achselhöhlen wie Marder und Bucheckern
Der Johannisnacht
Wie Liguster und Nester der Purpurschnecke
Mit Armen wie Schaum vom Meer und von der Schleuse
Wie eine Mischung von Korn und Mühle
Meine Frau mit Beinen wie Uhrspindeln
Mit Bewegungen des Uhrwerks und der Verzweiflung
Meine Frau mit Waden aus Holundermark
Meine Frau mit Füßen wie Initialen
Mit Füßen wie Schlüsselbunde mit Füßen trinkender Kalfaterer
Meine Frau mit dem Hals aus halbgeschälter Gerste
Meine Frau mit der Kehle des Val d'or
Des Rendezvous im Bett des Sturzbachs
Mit Nachtbrüsten
Meine Frau mit Brüsten wie Maulwurfshügel im Meer
Meine Frau mit Brüsten wie Schmelztiegel für Rubine
Mit Brüsten des Rosenspektrums unter dem Tau
Meine Frau mit dem Bauch wie Entfalten des Fächers der Tage
Mit dem Bauch der Riesenkralle
Meine Frau mit dem Rücken wie ein Vogel der senkrecht flieht
Mit dem Quecksilberrücken
Mit dem Lichtrücken
Mit dem Nacken wie gerollter Stein und feuchte Kreide
Und dem Fall eines Glases von dem man gerade getrunken hat
Meine Frau mit Nachenhüften
Mit Hüften aus Leuchtern und Pfeilfedern
Und Federschäften des weißen Pfauen
Der unbeweglichen Waage
Meine Frau mit dem Sandstein- und Asbesthintern

Ma femme aux fesses de dos de cygne
Ma femme aux fesses de printemps
Au sexe de glaïeul
Ma femme au sexe de placer et d'ornithorynque
Ma femme au sexe d'algue et de bonbons anciens
Ma femme au sexe de miroir
Ma femme aux yeux pleins de larmes
Aux yeux de panoplie violette et d'aiguille aimantée
Ma femme aux yeux de savane
Ma femme aux yeux d'eau pour boire en prison
Ma femme aux yeux de bois toujours sous la hache
Aux yeux de niveau d'eau de niveau d'air de terre et de feu

Le Verbe être

Je connais le désespoir dans ses grandes lignes. Le désespoir n'a pas d'ailes, il ne se tient pas nécessairement à une table desservie sur une terrasse, le soir, au bord de la mer. C'est le désespoir et ce n'est pas le retour d'une quantité de petits faits comme des graines qui quittent à la nuit tombante un sillon pour un autre. Ce n'est pas la mousse sur une pierre ou le verre à boire. C'est un bateau criblé de neige, si vous voulez, comme les oiseaux qui tombent et leur sang n'a pas la moindre épaisseur. Je connais le désespoir dans ses grandes lignes. Une forme très petite, délimitée par des bijoux de cheveux. C'est le désespoir. Un collier de perles pour lequel on ne saurait trouver de fermoir et dont l'existence ne tient pas même à un fil, voilà le désespoir. Le reste nous n'en parlons pas. Nous n'avons pas fini de désespérer si nous commençons. Moi je désespère de l'abat-jour vers quatre heures, je désespère de l'éventail vers minuit, je désespère de la cigarette des condamnés. Je connais le désespoir dans ses grandes lignes. Le désespoir n'a pas de cœur, la main reste toujours au désespoir hors d'haleine, au désespoir dont les glaces ne nous disent jamais s'il est mort. Je vis de ce désespoir qui m'enchante. J'aime cette mouche bleue qui vole dans le ciel à l'heure où les étoiles chantonnent. Je connais dans ses grandes

Meine Frau mit dem Hintern wie ein Schwanenrücken
Meine Frau mit dem Frühlingshintern
Mit Gladiolengeschlecht
Meine Frau mit dem Geschlecht wie ein Goldlager und ein Schnabeltier
Meine Frau mit dem Algengeschlecht dem Geschlecht wie
altertümliche Bonbons
Meine Frau mit Spiegelgeschlecht
Meine Frau mit Augen voll Tränen
Mit Augen wie eine violette Rüstung mit Magnetnadelaugen
Meine Frau mit Savannenaugen
Meine Frau mit Augen aus dem Trinkwasser in Gefängniszellen
Meine Frau mit Augen wie Holz das immer unter der Axt ist
Mit Augen wie Wasserwaagen Luftwaagen Erd- und Feuerwaagen

Das Verb sein

Ich kenne die Verzweiflung in ihren großen Zügen. Die Verzweiflung hat keine Flügel, sie hält sich nicht unbedingt an dem abgeräumten Tisch einer Terrasse auf, am Abend, am Ufer des Meeres. Es ist die Verzweiflung und nicht die Rückkehr einer Menge kleiner Gegebenheiten wie Samen, die beim Einfall der Nacht eine Furche um einer andern willen verlassen. Es ist nicht das Moos auf einem Stein oder das Trinkglas. Es ist ein von Schnee durchlöchertes Schiff, wenn man so will, wie die niederfallenden Vögel, und ihr Blut hat nicht die geringste Dichte. Ich kenne die Verzweiflung in ihren großen Zügen. Eine sehr kleine Form, die Juwelen von Haaren begrenzen. Es ist die Verzweiflung. Eine Perlenkette, für welche sich kein Verschluß finden ließe und deren Existenz nicht einmal an einem Faden hängt, das ist die Verzweiflung. Vom andern sprechen wir nicht. Wir hören nicht auf zu verzweifeln, wenn wir anfangen. Ich, ich verzweifle am Lampenschirm gegen vier Uhr, ich verzweifle am Fächer gegen Mitternacht, ich verzweifle an der Zigarette der Verurteilten. Ich kenne die Verzweiflung in ihren großen Zügen. Die Verzweiflung hat kein Herz, die atemlose Verzweiflung eröffnet immer das Spiel, die Verzweiflung, von der die Spiegel uns nie sagen, ob sie gestorben ist. Ich lebe von dieser Verzweiflung, die mich bezaubert. Ich liebe diese blaue Fliege, die im Himmel fliegt.

lignes le désespoir aux longs étonnements grêles, le désespoir de la fierté, le désespoir de la colère. Je me lève chaque jour comme tout le monde et je détends les bras sur un papier à fleurs, je ne me souviens de rien et c'est toujours avec désespoir que je découvre les beaux arbres déracinés de la nuit. L'air de la chambre est beau comme des baguettes de tambour. Il fait un temps de temps. Je connais le désespoir dans ses grandes lignes. C'est comme le vent du rideau qui me tend la perche. A-t-on idée d'un désespoir pareil! Au feu! Ah ils vont encore venir ... Au secours! Les voici qui tombent dans l'escalier ... Et les annonces de journal, et les réclames lumineuses le long du canal. Tas de sable, va, espèce de tas de sable! Dans ses grandes lignes le désespoir n'a pas d'importance. C'est une corvée d'arbres qui va encore faire une forêt, c'est une corvée d'étoiles qui va encore faire un jour de moins, c'est une corvée de jours de moins qui va encore faire ma vie.

Vigilance

A Paris la tour Saint-Jacques chancelante
Pareille à un tournesol
Du front vient quelquefois heurter la Seine et son ombre glisse imperceptiblement parmi les remorqueurs
A ce moment sur la pointe des pieds dans mon sommeil
Je me dirige vers la chambre où je suis étendu
Et j'y mets le feu
Pour que rien ne subsiste de ce consentement qu'on m'a arraché
Les meubles font alors place à des animaux de même taille qui me regardent fraternellement
Lions dans les crinières desquels achèvent de se consumer les chaises
Squales dont le ventre blanc s'incorpore le dernier frisson des draps
A l'heure de l'amour et des paupières bleues
Je me vois brûler à mon tour je vois cette cachette solennelle de riens

wenn die Sterne trällern. Ich kenne in ihren großen Zügen die Verzweiflung mit den langen schlanken Verwunderungen, die Verzweiflung des Stolzes, die Verzweiflung des Zorns. Ich stehe jeden Tag wie alle Leute auf, und ich entspanne die Arme auf einer Blumentapete, ich erinnere mich an nichts, und ich entdecke stets mit Verzweiflung die schönen entwurzelten Bäume der Nacht. Die Luft des Zimmers ist schön wie Trommelschlegel. Es ist ein Wetterwetter. Ich kenne die Verzweiflung in ihren großen Zügen. Das ist wie der Wind des Vorhangs, der mir aus der Not hilft. Hat man je eine solche Verzweiflung gesehen! Es brennt! Ah! sie werden noch einmal kommen ... Zu Hilfe! Da fallen sie im Treppenhaus ... Und die Zeitungsanzeigen und die Leuchtreklamen längs des Kanals. Sandhaufen, geh, blöder Sandhaufen! In ihren großen Zügen hat die Verzweiflung keine Bedeutung. Sie ist eine Fron von Bäumen, aus denen noch ein Wald wird, eine Fron von Sternen, aus denen noch ein Tag weniger wird, eine Fron von Tagen weniger, aus denen noch mein Leben wird.

Wachsamkeit

In Paris der Turm Saint-Jacques schwankt
Wie eine Sonnenblume
Manchmal stößt er mit der Stirn an die Seine und sein Schatten gleitet
  unmerklich unter die Schlepper
In diesem Moment auf Zehenspitzen in meinem Schlaf
Wende ich mich zu der Kammer wo ich schlafe
Und lege dort Feuer
Damit nichts bleibe von diesem Einverständnis das man mir entrissen
  hat
Die Möbel machen dann Tieren der gleichen Statur Platz und
  betrachten mich brüderlich
Löwen in deren Mähnen die Stühle sich zu verzehren beginnen
Haie deren weißer Bauch sich den letzten Schauder der Laken
  einverleibt
Zur Stunde der Liebe und der blauen Lider
Ich sehe wie ich selbst brenne sehe dieses feierliche Versteck von
  Nichtigkeiten

Qui fut mon corps
Fouillée par les becs patients des ibis du feu
Lorsque tout est fini j'entre invisible dans l'arche
Sans prendre garde aux passants de la vie qui font sonner très loin leurs pas traînants
Je vois les arêtes du soleil
A travers l'aubépine de la pluie
J'entends se déchirer le linge humain comme une grande feuille
Sous l'ongle de l'absence et de la présence qui sont de connivence
Tous les métiers se fanent il ne reste d'eux qu'une dentelle parfumée
Une coquille de dentelle qui a la forme parfaite d'un sein
Je ne touche plus que le cœur des choses je tiens le fil

Le poisson-télescope casse des pierres au fond des livres
Et le plaisir roule ces pierres
Comme vont à dos d'âne de très jeunes filles d'autrefois
En robes d'acacia
Le temps est si clair que je tremble qu'il ne finisse
Un coup de vent sur tes yeux et je ne te verrais plus
Déjà tous les récifs ont pris le large
Les derniers réverbères de paille reculent devant les éteigneurs
Auxquels des papillons blancs font un casque de scaphandriers
Ils ne se risqueront pas dans la ville aux grands chardons
Où souffle un vent blond à décorner les lucanes
J'habite au cœur d'un de ces chardons
Où tes cheveux sont des poignées de portes sous-marines
Des anses à saisir les trésors
Nous pouvons aller et venir dans les pièces frissonnantes
Sans crainte errer dans la forêt de jets d'eau
Nous perdre dans l'immense spath d'Islande
Ta chair arrosée de l'envol de mille oiseaux de paradis
Est une haute flamme couchée dans la neige
La neige de t'avoir trouvée
La descente de lit de loup blanc à perte de vue

Das mein Körper war
Durchwühlt von den geduldigen Schnäbeln der Ibisse des Feuers
Wenn alles vorüber ist trete ich unsichtbar in die Arche ein
Ohne achtzugeben auf die Passanten des Lebens deren schleppende Schritte weithin schallen
Ich sehe die Grate der Sonne
Durch den Weißdorn des Regens
Ich höre die menschliche Wäsche reißen wie ein großes Blatt
Unter der Klaue der Abwesenheit und der Anwesenheit die einander durch die Finger sehen
Alle Webstühle welken dahin und es bleibt von ihnen nur eine duftende Spitze
Eine Spitze wie eine Muschel von der vollendeten Form einer Brust
Ich berühre nur noch das Herz der Dinge ich halte den Faden

Der Teleskopfisch knackt Steine in der Tiefe von Büchern
Und die Lust rollt diese Steine
Wie auf Eselsrücken sehr junge Mädchen von ehemals reiten
In Akazienkleidern
Das Wetter ist so klar daß ich seinen Umschlag befürchte
Ein Windstoß über deine Augen und ich sehe dich nicht mehr
Schon sind alle Riffs fort aufs offene Meer
Die letzten Strohlaternen weichen vor ihren Auslöschern zurück
Denen weiße Schmetterlinge einen Taucherhelm aufsetzen
Sie wagen sich nicht in die Stadt mit den großen Disteln
Wo ein blonder Wind weht heftig genug die Hirschkäfer zu enthörnen
Ich wohne im Herzen einer dieser Disteln
Wo deine Haare die Griffe unterseeischer Türen sind
Griffe um Schätze zu heben
Wir können ein- und ausgehen in den bebenden Zimmern
Ohne Furcht umherirren im Wald der Wasserstrahlen
Uns verlieren im grenzenlosen Island-Spat
Dein Fleisch das tausend Paradiesvögel im Aufflug benetzen
Ist eine helle Flamme in den Schnee gebettet
Den Schnee dich gefunden zu haben
Teppich vor dem Bett vom weißen Wolf so weit das Auge reicht

Robert Desnos

L'Ode à Coco

Coco! perroquet vert de concierge podagre,
Sur un ventre juché, ses fielleux monologues
Excitant aux abois la colère du dogue,
Fait surgir un galop de zèbres et d'onagres.

Cauchemar, son bec noir plongera dans un crâne
Et deux grains de soleil sous l'écorce paupière
Saigneront dans la nuit sur un édredon blanc.

L'amour d'une bigote a perverti ton cœur;
Jadis gonflant ton col ainsi qu'un tourtereau,
Coco! tu modulais au ciel de l'équateur
De sonores clameurs qui charmaient les perruches.
Vint le marin sifflant la polka périmée,
Vint la bigote obscène et son bonnet à ruches,
Puis le perchoir de bois dans la cage dorée:
Les refrains tropicaux désertèrent ta gorge.

Rastaquouère paré de criardes couleurs,
O général d'empire, ô métèque épatant,
Tu simules pour moi, grotesque voyageur,
Un aigle de lutrin perché sur un sextant.

Mais le cacatoès observait le persil,
Le bifteck trop saignant, la pot-bouille et la nuit,
Tandis qu'un chien troublait mon sommeil et la messe
Qui, par rauques abois, prétendait, le funeste,
Effrayer le soleil, la lune et les étoiles.

Coco! cri avorté d'un coq paralytique,
Les poules en ont ri, volatiles tribades,

Ode an Coco
(Auszug)

Coco, einer gichtigen Concierge grüner Papagei,
Auf hohem Bauch, mit galligem Gerede
Das die Wut der Dogge zum Äußersten treibt,
Zaubert galoppierende Zebras und wilde Esel herbei.

Alptraum, sein schwarzer Schnabel taucht in einen Schädel
Und zwei Sonnenflecken unter wulstigem Augenlid
Bluten nachts auf ein weißes Daunenbett.

Die Liebe einer Bigotten hat dein Herz verdorben;
Einst sangst du, Coco, mit aufgestelltem Kragen
Wie ein Tauber, deine tönenden Klagen
In den Äquatorhimmel, die deine Weibchen entzückten.
Kam der Matrose, der die vergessene Polka pfiff,
Kam die obszöne Bigotte und ihre Rüschenhaube,
Dann die hölzerne Stange im vergoldeten Bauer:
Da entfloh deiner Kehle der tropische Refrain.

Hochstapler in schreienden Farben,
O kaiserlicher General, o erstaunlicher Fremdling,
Spielst für mich, grotesker Reisender,
Den Adler vom Gesangspult, auf einem Sextanten sitzend.

Doch der Kakadu beäugte die Petersilie,
Das zu blutige Beefsteak, den Eintopf und die Nacht,
Während ein Hund meinen Schlaf und die Messe störte,
Und der finstre Gesell glaubt mit heiserem Gebell,
Die Sonne, den Mond und die Sterne zu schrecken.

Coco! Verkümmerter Schrei eines paralytischen Hahnes,
Die Hühner, dies lesbische Federvieh, lachten dich aus,

Des canards ont chanté qui se sont crus des cygnes,
Qui donc n'a pas voulu les noyer dans la rade?

Qu'importe qu'un drapeau figé dans son sommeil
Serve de parapluie aux camelots braillards
Dont les cors font souffrir les horribles orteils:
Au vent du cauchemar claquent mes étendards.

Coco! femme de Loth pétrifiée par Sodome,
De louches cuisiniers sont venus, se cachant,
Effriter ta statue pour épicer l'arôme
Des ragoûts et du vin des vieillards impuissants.

Coco! fruit défendu des arbres de l'Afrique,
Les chimpanzés moqueurs en ont brisé des crânes
Et ces crânes polis d'anciens explorateurs
Illusionnent encor les insanes guenons.

Coco! petit garçon, savoure ce breuvage,
La mer a des parfums de cocktails et d'absinthe,
Et les citrons pressés ont roulé sur les vagues;
Avant peu les alcools délayant les mirages
Te feront piétiner par les pieds durs des bœufs.

La roulette est la lune et l'enjeu ton espoir,
Mais des grecs ont triché au poker des planètes,
Les sages du passé, terrés comme des loirs,
Ont vomi leur mépris aux pieds des proxénètes.

Les maelstroms gueulards charrieront des baleines
Et de blancs goélands noyés par les moussons.
La montagne fondra sous le vent des saisons,
Les ossements des morts exhausseront la plaine.

Le feu des Armadas incendiera la mer,
Les lourds canons de bronze entr' ouvriront les flots
Quand, seuls sur l'océan, quatre bouchons de liège
Défieront le tonnerre, effroi des matelots.

Die Enten sangen und dünkten sich Schwäne,
Wer wollte sie nicht in der Reede ersäufen?

Was tuts, wenn eine Fahne erstarrt in ihrem Schlaf
Und kreischenden Händlern als Regenschirm dient,
Deren scheußliche Zehen an Hühneraugen leiden:
Der Wind des Alptraums schlägt meine Standarten.

Coco! Lots vor Sodom versteinertes Weib,
Verdächtige Köche sind heimlich gekommen,
Um dein Standbild abzubröckeln und Ragout und Wein
Impotenter Greise mehr Aroma zu verleihen.

Coco! Verbotene Frucht afrikanischer Bäume,
Spöttische Schimpansen schlugen Schädel damit ein,
Und die blanken Schädel der einstigen Forscher
Halten noch immer tolle Affenweibchen zum Narren.

Coco! mein Bürschchen, schlürf diesen Trank,
Das Meer riecht nach Cocktails und Absinth,
Und ausgepreßte Zitronen rollten über die Wellen;
Bald schon wird Weingeist, der die Traumbilder löst,
Dich unter die harten Hufe der Ochsen bringen.

Das Glücksrad ist der Mond und dein Einsatz die Hoffnung.
Doch Griechen mogelten beim Pokern der Planeten,
Die Weisen der Vergangenheit, wie Siebenschläfer verkrochen,
Spuckten ihre Verachtung vor die Füße der Kuppler.

Gefräßige Mahlströme werden Wale mitreißen
Und weiße Möwen ertränkt von Monsunen.
Berge werden im Wind der Zeiten zerrinnen
Und Totengebeine sich in der Ebene türmen.

Im Feuer der Armadas gerät die See in Brand,
Schwere Bronzekanonen reißen die Wogen auf,
Wenn, allein auf dem Meer, vier Flaschenkorken
Den Blitz herausfordern zum Schreck der Matrosen.

Coco! la putain pâle aux fards décomposés
A reniflé ce soir tes étranges parfums.
Elle verra la vie brutale sans nausée
A travers la couleur orangée du matin.

Elle marchera sur d'humides macadams
Où des phallophories de lumières s'agitent;
Sur les cours d'eau berceurs du nord de l'Amérique
Voguera sa pirogue agile, mais sans rame.

Les minarets blanchis d'un Alger idéal
Vers elle inclineront leur col de carafon
Pour verser dans son cœur mordu par les démons
L'ivresse des pensées captée dans les bocaux.

Sur ses talons Louis Quinze elle ira, décrochant
Les yeux révulsés des orbites des passants!

O le beau collier, ma mie,
Que ces yeux en ribambelle,
O le beau collier, ma mie,
Que ces têtes sans cervelle.

Nous jouerons au bilboquet
Sur des phallus de carton-pâte,
Danse Judas avec Pilate
Et Cendrillon avec Riquet.

De la Rose de marbre à la rose de fer

La rose de marbre immense et blanche était seule sur la place déserte où les ombres se prolongeaient à l'infini. Et la rose de marbre seule sous le soleil et les étoiles était reine de la solitude. Et sans parfum la rose de marbre sur sa tige rigide au sommet du piédestal de granit ruisselait de tous les flots du ciel. La lune s'arrêtait pensive en son cœur glacial et les déesses des jar-

Coco! Die blasse Hure mit verschminktem Gesicht
Hat heute abend deine seltsamen Düfte gerochen.
Nun wird sie durch das orangefarbene Morgenlicht
Ohne Ekel das grausame Leben betrachten.

Sie wird über feuchte Asphaltstraßen gehen,
Wo sich phallische Lichter bewegen;
Auf Nordamerikas wiegenden Wasserläufen
Wird ruderlos ihr wendiges Kanu schaukeln.

Die weißen Minarette eines erträumten Algier
Werden vor ihr den Karaffenhals neigen,
Um den in Pokalen gefangenen Rausch der Gedanken
In ihr von Dämonen zerfressenes Herz zu gießen.

Auf Louis-quinze-Absätzen wird sie gehen
Und die stierenden Blicke der Passanten übersehen.

O, das schöne Halsband, Herzchen,
Diese Blicke in langer Reih!
O, das schöne Halsband Herzchen,
Diese Köpfe voller Heu!

Wir wollen Kugelwerfen spielen
Auf Phallusse von Pappmaché,
Tanzt Judas mit Pilatus
Und Aschenputtel mit Riquet. (. . .)

Von der Marmorrose zur Eisenrose

Die riesige weiße Marmorrose war allein auf dem verlassenen Platz wo die Schatten sich unendlich verlängerten. Und die Marmorrose einsam unter der Sonne und den Sternen war Königin der Einsamkeit. Und ohne Duft triefte die Marmorrose auf ihrem starren Stengel auf dem Gipfel des Granitsokkels von allen Fluten des Himmels. Der Mond blieb nachdenklich in ihrem eisigen Herzen stehen und die Göttinnen in

dins les déesses de marbre à ses pétales venaient éprouver leurs seins froids.

La rose de verre résonnait à tous les bruits du littoral. Il n'était pas un sanglot de vague brisée qui ne la fît vibrer. Autour de sa tige fragile et de son cœur transparent des arcs-en-ciel tournaient avec les astres. La pluie glissait en boules délicates sur ses feuilles que parfois le vent faisait gémir à l'effroi des ruisseaux et des vers luisants.

La rose de charbon était un phénix nègre que la poudre transformait en rose de feu. Mais sans cesse issue des corridors ténébreux de la mine où les mineurs la recueillaient avec respect pour la transporter au jour dans sa gangue d'anthracite la rose de charbon veillait aux portes du désert.

La rose de papier buvard saignait parfois au crépuscule quand le soir à son pied venait s'agenouiller. La rose de buvard gardienne de tous les secrets et mauvaise conseillère saignait un sang plus épais que l'écume de mer et qui n'était pas le sien.

La rose de nuages apparaissait sur les villes maudites à l'heure des éruptions de volcans à l'heure des incendies à l'heure des émeutes et au-dessus de Paris quand la commune y mêla les veines irisées de pétrole et l'odeur de la poudre elle fut belle au 21 janvier belle au mois d'octobre dans le vent froid des steppes belle en 1905 à l'heure des miracles à l'heure de l'amour.

La rose de bois présidait aux gibets. Elle fleurissait au plus haut de la guillotine puis dormait dans la mousse à l'ombre immense des champignons.

La rose de fer avait été battue durant des siècles par des forgerons d'éclairs. Chacune de ses feuilles était grande comme un ciel inconnu. Au moindre choc elle rendait le bruit du tonnerre. Mais qu'elle était douce aux amoureuses désespérées la rose de fer.

La rose de marbre la rose de verre la rose de charbon la rose de papier buvard la rose de nuages la rose de bois

den Gärten die marmornen Göttinnen kamen um ihre kalten Brüste an ihren Blütenblättern zu prüfen.

Die Glasrose hallte bei jedem Geräusch von der Küste. Da gab es kein Schluchzen gebrochener Welle das sie nicht erklirren ließ. Um ihren zarten Stengel und ihr durchsichtiges Herz kreisten Regenbogen mit den Gestirnen. Der Regen glitt in feinen Kügelchen auf ihren Blättern die zuweilen der Wind erstöhnen ließ zum Entsetzen der Bäche und der Glühwürmer.

Die Kohlenrose war ein schwarzer Phönix den das Pulver in eine Feuerrose verwandelte. Doch immerfort den finsteren Stollen der Mine entsprungen wo die Bergleute sie achtsam empfingen um sie in ihrer Anthrazitschlacke ans Tageslicht zu fördern hielt die Kohlenrose Wache an den Toren der Wüste.

Die Löschpapierrose blutete manchmal in der Dämmerung wenn der Abend zu ihren Füßen niederkniete. Die Löschblattrose Wächterin aller Geheimnisse und schlechte Ratgeberin blutete und ihr Blut war dicker als der Schaum des Meeres und nicht das ihre.

Die Wolkenrose erschien über den verfemten Städten zur Stunde der Vulkanausbrüche zur Stunde der Brände zur Stunde der Aufstände und über Paris als die Kommune ihre irisierten Petroladern mit dem Pulvergeruch mischte war sie schön am 21. Januar schön im Oktober im kalten Wind der Steppen schön 1905 in der Stunde der Wunder in der Stunde der Liebe.

Die Holzrose stand den Galgen vor. Sie blühte zuoberst auf der Guillotine schlief dann im Moos im riesigen Schatten der Pilze.

Die Eisenrose war während Jahrhunderten von Schmieden der Blitze geschmiedet worden. Jedes ihrer Blätter war groß wie ein unbekannter Himmel. Beim geringsten Stoß hallte sie wie Donner. Aber wie mild war sie den liebenden Mädchen in ihrer Verzweiflung die Eisenrose.

Die Marmorrose die Glasrose die Kohlenrose die Löschpapierrose die Wolkenrose die Holzrose die Eisenrose werden

la rose de fer refleuriront toujours mais aujourd'hui elles sont effeuillées sur ton tapis.

Qui es-tu? toi qui écrases sous tes pieds nus les débris fugitifs de la rose de marbre de la rose de verre de la rose de charbon de la rose de papier buvard de la rose de nuages de la rose de bois de la rose de fer.

Le Bœuf et la Rose

De connivence avec le salpêtre et les montagnes, le bœuf noir à l'œil clos par une rose entreprend la conquête de la vallée, de la forêt et de la lande.
Là où les fleurs de pissenlit s'étoilent gauchement dans le firmament vert d'une herbe rare,
Là où resplendissent les bouses grasses et éclatantes, les soleils de mauvaise grâce et les genêts précieux,
Là où les blés sont mûrs, là où l'argile taillée en branches et fendillée offre des ravines aux ébats des scarabées,
Là où le scorpion jaune aime et meurt de son amour et s'allonge tout raide,
Là où le sable en poudre d'or aveugle le chemineau.
D'un pas lourd, balançant sa tête géante sur une encolure fourrée, et de sa queue battant à intervalles égaux sa croupe charnue,
Le bœuf noir comme l'encre surgit, passe et disparaît.
Il écrase et paraphe de sa tache le paysage éclatant
Et ses cornes attendent qu'il choisisse la bonne orientation
Pour porter un soleil à sa mort dans leur orbite ouverte sur le vide,
Mettant plus d'un reflet sur ses poils luisants et projetant, tache issue d'une tache,
Son ombre fabuleuse sur la terre avide d'une pluie prochaine
Et du vol incertain des papillons,
Ou peut-être une rose éclatante issue de la seule atmosphère et grandissant entre les branches de leur croissant comme un fantôme de fleur.

immer wieder blühen heute aber liegen sie entblättert auf deinem Teppich.

Wer bist du? du der du unter deinen nackten Füßen die flüchtigen Trümmer zertrittst der Marmorrose der Glasrose der Kohlenrose der Löschpapierrose der Wolkenrose der Holzrose der Eisenrose.

Der Ochse und die Rose

In Durchstecherei mit dem Salpeter und den Bergen schreitet der schwarze Ochse, das Auge von einer Rose verschlossen, zur Eroberung des Tales, des Waldes und der Heide.
Dort wo die Blüten des Löwenzahns sich linkisch am grünen Firmament eines seltenen Grases zerstirnen,
Dort wo die Kuhfladen fettglänzend aufleuchten, die unwirschen Sonnenblumen und der kostbare Ginster,
Dort wo die Ähren reifen, dort wo der Ton verästelt und aufgesprungen dem Tummeln der Käfer Schrunden bietet,
Dort wo der gelbe Skorpion liebt und an der Liebe stirbt und sich steif ausstreckt,
Dort wo der pulverige Goldsand dem Sachsengänger ins Auge weht.
Gewichtigen Schrittes, das Riesenhaupt auf verbrämtem Halse wiegend und in Abständen seine fleischige Kruppe mit dem Schwanze peitschend,
Kommt tintenschwarz der Ochse näher, trottet vorbei und verschwindet.
Stapfend hinterläßt er mit seinem Fleck in der prangenden Flur seinen Schnörkel
Und seine Hörner harren, daß er die richtige Richtung wählt,
Um eine Sonne zu Tode zu bringen auf ihrer Schleuderbahn, die aufklafft auf die Leere,
Dabei erglänzt sein Borstenfell ein ums andere Mal, und er wirft, fleckender Fleck,
Seinen sagenhaften Schatten auf die Erde, die nach raschem Regen giert
Und dem unsicheren Flug der Falter,
Oder gar eine Rose, die in voller Pracht allein der Atmosphäre entwachsen zwischen den beiden Mondsicheln erblüht wie ein Geistergewächs.

Le Brochet

Le brochet
Fait des projets.
J'irai voir, dit-il,
Le Gange et le Nil,
Le Tage et le Tibre
Et le Yang-Tsé-Kiang.
J'irai, je suis libre
D'user de mon temps.

Et la lune?
Iras-tu voir la lune?
Brochet voyageur,
Brochet mauvais cœur,
Brochet de fortune.

L'Épitaphe

J'ai vécu dans ces temps et depuis mille années
Je suis mort. Je vivais, non déchu mais traqué.
Toute noblesse humaine étant emprisonnée
J'étais libre parmi les esclaves masqués.

J'ai vécu dans ces temps et pourtant j'étais libre.
Je regardais le fleuve et la terre et le ciel
Tourner autour de moi, garder leur équilibre
Et les saisons fournir leurs oiseaux et leur miel.

Vous qui vivez qu'avez-vous fait de ces fortunes?
Regrettez-vous le temps où je me débattais?
Avez-vous cultivé pour des moissons communes?
Avez-vous enrichi la ville où j'habitais?

Vivants, ne craignez rien de moi, car je suis mort.
Rien ne survit de mon esprit ni de mon corps.

Der Hecht

Der Hecht,
Er macht der Pläne viel.
Ich werd, so sagt er, besuchen
Den Ganges und den Nil,
Den Tajo und den Tiber dann
Und darauf den Jangtsekiang.
Ich werde, da ich ungebunden,
Gut nutzen meine freien Stunden.

Und der Mond?
Wirst du besuchen den Mond?
Reisender Hecht,
Boshaft und schlecht,
Glücklicher Hecht.

Epitaph

Ich bin der Tote, der durch jene Zeiten schritt.
Vor tausend Jahren. Aufrecht und gejagt.
Das Menschliche, von Mauern war's umragt.
Vermummte Sklaven rings – ich lebe nicht.

In jenen Zeiten lebt ich – lebt ich frei.
Mein Auge sah die Erde, es sah zum Himmel auf,
ich sah, wie alles kreiste, ich sah den Wasserlauf.
Die Blüte gab den Honig, der Vogel zog vorbei.

Mit alledem, ihr Menschen, was fingt ihr damit an?
Die Zeit, in der ich's schwer hatt', tragt ihr sie noch im Sinn?
Sät ihr die Saat gemeinsam und erntet jedermann?
Ist sie durch euch jetzt schöner, die Stadt, aus der ich bin?

Ihr Lebenden, ich leb nicht, ihr braucht nicht bang zu sein.
Mein Leib, er lebt nicht weiter, mein Geist nicht, nichts, was mein.

Antonin Artaud

Prière

Ah donne-nous des crânes de braises
Des crânes brûlés aux foudres du ciel
Des crânes lucides des crânes réels
Et traversés de ta présence

Fais-nous naître aux cieux du dedans
Criblés de gouffres en averses
Et qu'un vertige nous traverse
Avec un ongle incandescent

Rassasie-nous nous avons faim
De commotions inter-sidérales
Ah verse-nous des laves astrales
A la place de notre sang

Détache-nous. Divise-nous
Avec tes mains de braises coupantes
Ouvre-nous ces voûtes brûlantes
Où l'on meurt plus loin que la mort

Fais vaciller notre cerveau
Au sein de sa propre science
Et ravis-nous l'intelligence
Aux griffes d'un typhon nouveau.

Gebet

Glutschädel gib uns, Schädel
versengt von Himmelsstrahl,
klaräugig, wirklich und wahr,
durchwest von dir.

Laß uns die Leibesfrucht sein
der Innenhimmel,
reiß Abgrund um Abgrund durch uns,
fahr mit dem Nagel drein,
laß ihn Wirbel und Weißglut sein.

Wir hungern
nach schütterndem Sternraum:
still unsern Hunger.
Gieß uns die Blutbahn voll
mit Sternenlaven.

Mach uns los.
Zerteil uns
mit schneidender Gluthand.
Schließ uns auf
das Brandgewölbe, darin
man über den Tod hinausstirbt.

Laß unser Hirn erbeben
tief im Gewußten.
Raub uns unsre Vernunft
mit den Fängen der neuen
Taifune.

L'Arbre

Cet arbre et son frémissement
forêt sombre d'appels,
de cris,
mange le cœur obscur de la nuit.

Vinaigre et lait, le ciel, la mer,
la masse épaisse du firmament,
tout conspire à ce tremblement,
qui gîte au cœur épais de l'ombre.

Un cœur qui crève, un astre dur
qui se dédouble et fuse au ciel,
le ciel limpide qui se fend
à l'appel du soleil sonnant,
font le même bruit, font le même bruit,
que la nuit et l'arbre au centre du vent.

Der Baum

Dieser Baum und sein Erschaudern
Wald verdunkelt von Rufen,
Schreien,
frißt das düstere Herz der Nacht.

Essig und Milch, der Himmel, das Meer,
die dichte Masse des Firmaments,
alles verschwört sich zu diesem Erbeben,
das im dichten Herzen des Schattens nächtigt.

Ein Herz, das birst, ein harter Stern,
der sich hälftet und zum Himmel stiebt,
der lautere Himmel, der sich spaltet
beim Anruf der läutenden Sonne,
machen dasselbe Geräusch, dasselbe Geräusch
wie die Nacht und der Baum inmitten des Winds.

Paul Éluard

L'Amoureuse

Elle est debout sur mes paupières
Et ses cheveux sont dans les miens,
Elle a la forme de mes mains,
Elle a la couleur de mes yeux,
Elle s'engloutit dans mon ombre
Comme une pierre sur le ciel.

Elle a toujours les yeux ouverts
Et ne me laisse pas dormir.
Ses rêves en pleine lumière
Font s'évaporer les soleils,
Me font rire, pleurer et rire,
Parler sans avoir rien à dire.

Ta chevelure d'oranges dans le vide du monde,
Dans le vide des vitres lourdes de silence
Et d'ombre où mes mains nues cherchent tous tes reflets,

La forme de ton cœur est chimérique
Et ton amour ressemble à mon désir perdu.
O soupirs d'ambre, rêves, regards.

Mais tu n'as pas toujours été avec moi. Ma mémoire
Est encore obscurcie de t'avoir vue venir
Et partir. Le temps se sert de mots comme l'amour.

Le Miroir d'un moment

Il dissipe le jour,
Il montre aux hommes les images déliées de l'apparence,
Il enlève aux hommes la possibilité de se distraire.

Die Liebende

Aufrecht steht sie auf meinen Lidern
Und ihr Haar ist in meinem Haar.
Sie hat die Form meiner Hände,
Sie hat die Farbe meiner Augen,
Sie verzehrt sich in meinem Schatten
Wie ein Stein im Himmel.

Immer hat sie die Augen offen
Und läßt mich nicht schlafen.
Ihre Träume im hellen Licht
Lassen die Sonnen verdunsten,
Machen mich lachen, weinen und lachen,
Sprechen, ohne daß ich etwas zu sagen weiß.

Dein Orangenhaar in der Leere der Welt,
In der Leere der Scheiben, die schwer sind von Stille
Und Schatten, wo meine nackten Hände all deine Spiegelbilder suchen.

Die Form deines Herzens ist schemenhaft
Und deine Liebe gleicht meinem verlorenen Begehren.
O Ambraseufzer, Träume, Blicke.

Aber du warst nicht immer bei mir. Meine Erinnerung
Ist noch verschleiert, weil sie dich kommen
Und gehen sah. Die Zeit gebraucht Worte wie die Liebe.

Der Spiegel eines Augenblicks

Er zerteilt den Tag,
Er zeigt den Menschen die Bilder losgelöst von der Erscheinung,
Er nimmt den Menschen die Möglichkeit sich zu zerstreuen.

Il est dur comme la pierre,
La pierre informe,
La pierre du mouvement et de la vue,
Et son éclat est tel que toutes les armures, tous les masques en sont faussés.
Ce que la main a pris dédaigne même de prendre la forme de la main,
Ce qui a été compris n'existe plus,
L'oiseau s'est confondu avec le vent,
Le ciel avec sa vérité,
L'homme avec sa réalité.

JE TE L'AI DIT pour les nuages
Je te l'ai dit pour l'arbre de la mer
Pour chaque vague pour les oiseaux dans les feuilles
Pour les cailloux du bruit
Pour les mains familières
Pour l'œil qui devient visage ou paysage
Et le sommeil lui rend le ciel de sa couleur
Pour toute la nuit bue
Pour la grille des routes
Pour la fenêtre ouverte pour un front découvert
Je te l'ai dit pour tes pensées pour tes paroles
Toute caresse toute confiance se survivent.

PASSAGE où la vue détourne d'un coup la pensée
Une ombre s'agrandit cherche son univers
Et tombe horizontalement
Dans le sens de la marche.

La verdure caresse les épaules de la rue
Le soir verse du feu dans des verres de couleur
Comme à la fête
Un éventail d'alcool.

Er ist hart wie der Stein,
Der ungestalte Stein,
Der Stein der Bewegung und des Gesichts,
Und sein Glanz ist so, daß alle Rüstungen und alle Masken in ihm falsch erscheinen.
Selbst das, was die Hand ergriffen hat, verschmäht die Form der Hand anzunehmen,
Das, was begriffen wurde, besteht nicht mehr,
Der Vogel hat sich mit dem Wind vermischt,
Der Himmel mit seiner Wahrheit,
Der Mensch mit seiner Wirklichkeit.

Ich sagte es dir von den Wolken
Ich sagte es dir vom Meeresbaum
Von jeder Welle von den Vögeln im Laub
Von den knirschenden Kieseln
Von den vertrauten Händen
Vom Auge das Antlitz wird oder Landschaft
Und der Schlaf gibt ihm den Himmel seiner Farbe zurück
Von der ganzen getrunkenen Nacht
Vom Gitter der Straßen
Vom offenen Fenster von einer entblößten Stirn
Ich sagte es dir von deinen Gedanken von deinen Worten
Jede Liebkosung jedes Vertrauen lebt fort.

Übergang wo der Blick mit einem Mal den Gedanken abwendet
Ein Schatten vergrößert sich sucht seine Welt
Und fällt horizontal
In der Marschrichtung.

Das Grün liebkost die Schultern der Straße
Der Abend gießt Feuer in farbige Gläser
Wie am Fest
Ein Alkoholfächer.

Suspendue par la bouche aux délires livides
Une tête délicieuse et ses vœux ses conquêtes
Une bouche éclatante
Obstinée et toujours à son premier baiser.

Passage où la vie est visible.

Mauvaise Mémoire

Les cimes dispersées les oiseaux du soir
Au chevet de la rue
Les échos féminins des baisers
Et dans les abris du désir
La grande obscurité éblouissante des rebelles
qui s'embrassent.

A pleines mains la pluie
Sous les feuilles sous les lanternes
A plein silence les plâtras des heures
Dans les brouettes du trottoir
Le temps n'est pas le maître
Il s'affaisse
Comme un rire étudié
Qui dans l'ennui ne germe pas.

L'eau l'ignorante la nuit l'étourdie vont
se perdre
La solitude falsifie toute présence
Un baiser encore un baiser un seul
Pour ne plus penser au désert.

Mit dem Mund an den fahlen Delirien hängend
Ein herrlicher Kopf und seine Wünsche seine Eroberungen
Ein leuchtender Mund
Unbeugsam und immer noch an seinem ersten Kuß.

Übergang wo das Leben sichtbar wird.

Schlimme Erinnerung

Die zerstreuten Wipfel der Abendvögel
Am Kopfende der Straße
Die weiblichen Echos der Küsse
Und in den Unterständen der Begierde
Das große blendende Dunkel der Rebellen die sich küssen.

Mit vollen Händen der Regen
Unter den Blättern unter den Laternen
Mit vollem Schweigen die Gipsbrocken der Stunden
In den Schubkarren des Gehsteigs
Die Zeit ist nicht Herr
Sie sinkt ermüdet zusammen
Wie ein angelerntes Lachen
Das in der Langeweile nicht keimt.

Das Wasser das unwissende die Nacht die zerfahrene werden sich verlieren
Die Einsamkeit verfälscht jegliche Gegenwart
Ein Kuß noch ein Kuß ein einziger
Um nicht mehr an die Wüste zu denken.

Les Tours du silence

Ils battent les pierres
Ils voudraient avoir une ombre
Ils voudraient avoir un corps
Ils ne sont ni jour ni nuit
Ils sont aux mains de l'espace

Encore une chute de clarté
Et les pierres seront soleil.

Sans Age

Nous approchons
Dans les forêts
Prenez la rue du matin
Montez les marches de la brume

Nous approchons
La terre en a le cœur crispé

Encore un jour à mettre au monde

⋆

Le ciel s'élargira
Nous en avions assez
D'habiter dans les ruines du sommeil
Dans l'ombre basse du repos
De la fatigue de l'abandon

La terre reprendra la forme de nos corps vivants
Le vent nous subira
Le soleil et la nuit passeront dans nos yeux
Sans jamais les changer

Die Türme des Schweigens

Sie schlagen die Steine
Sie möchten einen Schatten haben
Sie möchten einen Körper haben
Sie sind nicht Tag noch Nacht
Sie sind in der Hand des Raums

Noch ein Sturz des Lichts
Und die Steine werden Sonne sein.

Ohne Alter

Wir nahen
In den Wäldern
Nehmt die Straße des Morgens
Steigt die Stufen des Nebels hinauf

Wir nahen
Der Erde ist das Herz verkrampft davon

Noch ein Tag ist zur Welt zu bringen

*

Der Himmel wird sich weiten
Wir hatten genug
In den Ruinen des Schlafs zu wohnen
Im niedrigen Schatten der Ruhe
Der Müdigkeit der Lässigkeit

Die Erde wird wieder die Gestalt unserer lebenden Körper erhalten
Der Wind wird uns erfahren
Die Sonne und die Nacht werden in unseren Augen vorübergehen
Ohne sie je zu ändern

Notre espace certain notre air pur est de taille
A combler le retard creusé par l'habitude
Nous aborderons tous une mémoire nouvelle
Nous parlerons ensemble un langage sensible.

★

O mes frères contraires gardant dans vos prunelles
La nuit infuse et son horreur
Où vous ai-je laissés
Avec vos lourdes mains dans l'huile paresseuse
De vos actes anciens
Avec si peu d'espoir que la mort a raison
O mes frères perdus
Moi je vais vers la vie j'ai l'apparence d'homme
Pour prouver que le monde est fait à ma mesure.

Et je ne suis pas seul
Mille images de moi multiplient ma lumière
Mille regards pareils égalisent la chair
C'est l'oiseau c'est l'enfant c'est le roc c'est la plaine
Qui se mêlent à nous
L'or éclate de rire de se voir hors du gouffre
L'eau le feu se dénudent pour une seule saison
Il n'y a plus d'éclipse au front de l'univers

★

Mains par nos mains reconnues
Lèvres à nos lèvres confondues
Les premières chaleurs florales
Alliées à la fraîcheur du sang
Le prisme respire avec nous
Aube abondante
Au sommet de chaque herbe reine
Au sommet des mousses à la pointe des neiges
Des vagues des sables bouleversés
Des enfances persistantes
Hors de toutes les cavernes
Hors de nous-mêmes.

Unser sicherer Raum unsere reine Luft ist imstande
Die Verspätung auszugleichen die die Gewohnheit gegraben hat
Wir werden alle an einem neuen Gedächtnis landen
Wir werden zusammen eine fühlbare Sprache sprechen.

★

Ihr meine widerstreitenden Brüder in euren Pupillen
Die eingeströmte Nacht und ihr Schrecknis bewahrend
Wo hab' ich euch gelassen
Mit euren schweren Händen im trägen Öl
Eurer vergangenen Taten
Mit so wenig Hoffnung daß der Tod recht hat
Ihr meine verlorenen Brüder
Ich gehe auf das Leben zu ich habe menschliche Gestalt
Um zu beweisen daß die Welt nach meinem Maß gemacht ist.

Und ich bin nicht allein
Tausend Bilder von mir vermehren mein Licht
Tausend gleiche Blicke machen den Leib gleich
Der Vogel das Kind der Felsen die Ebene
Gesellen sich uns zu [finden
Das Gold bricht in Gelächter aus sich außerhalb des Schlunds zu
Das Wasser das Feuer entblößen sich für eine einzige Jahreszeit
Es gibt keine Sonnenfinsternis mehr an der Stirne des Weltalls

★

Hände von unseren Händen erkannt
Lippen mit unseren Lippen verschmolzen
Die erste Blumenwärme
Mit der Frische des Bluts verbündet
Das Prisma atmet mit uns
Reichlicher Morgenglanz
Auf dem Gipfel jedes königlichen Grases
Auf dem Gipfel der Moose auf der Spitze des Schnees
Der Wellen des durcheinandergeworfenen Sandes
Der beharrenden Kinderjahre
Außerhalb aller Höhlen
Außer uns selbst.

DANS LES CAVES de l'automne
Elle fut tour à tour
La fleur neigeuse de la foudre
Et le charbon

Après moi le sommeil

à Max Ernst

1

Au déclin de la force
Un feu très sombre déambule

2

J'entrai dans cet état qui joue sa fin

3

Corbeaux menus minuits rapaces
Dentelle à ternir tous les ors

4

Par brassées de murmures la lande et ses fantômes
Répétaient les discours dont je m'étourdissais

5

Lacs de cire et les chênes moisis
A l'odeur de cellier
Carré d'étoiles vertes
Les oiseaux desséchés
Prenaient des poses immortelles

In den Kellern des Herbstes
War sie bald
Die Schneeblume des Blitzes
Bald die Kohle.

Nach mir der Schlaf

für Max Ernst

1

Beim Schwinden der Kraft
Wandelt ein sehr finsteres Feuer einher

2

Ich geriet in jenen Zustand der sein Ende aufs Spiel setzt

3

Zierliche Raben gierige Mitternächte
Spitzenwerk neben dem alles Gold verblaßt

4

Die Arme voll Gemurmel wiederholten die Heide und ihre [Gespenster
Die Reden die mich betäubten

5

Wächserne Seen und die morschen Eichen
Mit dem Kellergeruch
Geviert grüner Sterne
Die vertrockneten Vögel
Wählten unsterbliche Haltungen

6

Plusieurs douceurs entrevues
Toutes plus mignonnes
Que le cri de la fleur amie
Avaient fondu dans la nuit
Comme clés dans leur serrure
Comme boissons dans la chaleur

7

De l'autre côté des maisons invisibles
Au delà du sommeil qui brouille les visages
De longues feuilles continuaient mon amertume
Sous leurs aisselles

8

Chemins ligneux
Chemins paralysés
Incohérents

9

Corbeaux menus et l'enfant noir
Ouvrit ses yeux de neige

10

Je me tournai le brouillard avec moi
Tourna

11

J'eus tout mon poids horizontal

6

Mehrere Zartheiten flüchtig erblickt
Alle niedlicher
Als der Schrei der lieben Blume
Waren geschmolzen in der Nacht
Wie Schlüssel in ihrem Schloß
Wie Getränk in der Hitze

7

Auf der anderen Seite der unsichtbaren Häuser
Jenseits des Schlafs der die Gesichter verwirrt
Setzten lange Blätter meine Bitterkeit fort
Unter ihren Achseln

8

Holzige Wege
Gelähmte Wege
Ohne Zusammenhang

9

Zierliche Raben und das schwarze Kind
Öffnete seine Schneeaugen

10

Ich drehte mich um mit mir drehte sich
Der Nebel

11

Ich fand all mein horizontales Gewicht

12

Un rien de temps et ce sera le jour entier
La pierre mâche des semblants d'épée
Sur des charnières de verdure l'azur bat
La tête secoue son aurore
Un rien de temps et le soleil prête serment.

Finir

Les pieds dans des souliers d'or fin
Les jambes dans l'argile froide
Debout les murs couverts de viandes inutiles
Debout les bêtes mortes
Voici qu'un tourbillon gluant
Fixe à jamais rides grimaces
Voici que les cercueils enfantent
Que les verres sont pleins de sable
Et vides
Voici que les noyés s'enfoncent
Le sang détruit
Dans l'eau sans fond de leurs espoirs passés

Feuille morte molle rancœur
Contre le désir et la joie
Le repos a trouvé son maître
Sur des lits de pierre et d'épines

La charrue des mots est rouillée
Aucun sillon d'amour n'aborde plus la chair
Un lugubre travail est jeté en pâture
A la misère dévorante
A bas les murs couverts des armes émouvantes
Qui voyaient clair dans l'homme
Des hommes noircissent de honte

12

Ein Geringes an Zeit und es wird der volle Tag sein
Der Stein kaut Scheinschwerter
Auf Scharnieren aus Grünem schlägt das Blau auf und ab
Das Haupt schüttelt seinen Morgen ab
Ein Geringes an Zeit und die Sonne schwört.

Enden

Die Füße in Schuhen aus feinem Gold
Die Beine im kalten Lehm
Aufrecht die Mauern bedeckt mit unnützem Fleisch
Aufrecht die toten Tiere
Wie hier ein klebriger Wirbelsturm
Runzeln Grimassen verewigt
Wie sich diese Särge vermehren
Die Gläser voll sind von Sand
Und leer
Wie hier die Ertrunknen versinken
Mit vernichtetem Blut
Im tiefen Wasser ihrer vergangenen Hoffnung

Blatt tot und schlaff Groll
Gegen Begierde und Freunde
Die Ruhe hat ihren Meister gefunden
Auf Betten aus Stein und Dornen

Der Pflug der Worte ist rostig
Keine Liebesfurche reicht mehr ans Fleisch
Eine trostlose Arbeit wirft man als Futter
Dem schlingenden Elend vor
Nieder mit den Wänden die voll rührender Waffen hängen
Die den Menschen durchschauten
Manch einer wird schwarz vor Scham

D'autres célèbrent leur ordure
Les yeux les meilleurs s'abandonnent

Même les chiens sont malheureux

Pour vivre ici

Je fis un feu, l'azur m'ayant abandonné,
Un feu pour être son ami,
Un feu pour m'introduire dans la nuit d'hiver,
Un feu pour vivre mieux.

Je lui donnai ce que le jour m'avait donné:
Les forêts, les buissons, les champs de blé, les vignes,
Les nids et leurs oiseaux, les maisons et leurs clés,
Les insectes, les fleurs, les fourrures, les fêtes.

Je vécus au seul bruit des flammes crépitantes,
Au seul parfum de leur chaleur;
J'étais comme un bateau coulant dans l'eau fermée,
Comme un mort je n'avais qu'un unique élément.

Andere preisen ihren Unrat
Die Augen die besten verzagen

Selbst die Hunde sind unglücklich.

Um hier zu leben

Ich zündete ein Feuer an, verlassen vom Azur,
Ein Feuer, um sein Freund zu sein,
Ein Feuer, um mich einzuführen in die Winternacht,
Ein Feuer, um besser zu leben.

Ich gab ihm, was der Tag mir gegeben hatte:
Die Wälder, die Büsche, die Kornfelder, die Reben,
Die Nester und ihre Vögel, die Häuser und ihre Schlüssel,
Die Insekten, die Blumen, die Pelze, die Feste.

Ich lebte nur beim Lärm der knisternden Flammen,
Beim Geruch ihrer Wärme;
Ich war wie ein Schiff, das im geschlossenen Wasser untergeht,
Wie ein Toter hatte ich nur ein einziges Element.

Louis Aragon

Richard II quarante

Ma patrie est comme une barque
Qu'abandonnèrent ses haleurs
Et je ressemble à ce monarque
Plus malheureux que le malheur
Qui restait roi de ses douleurs

Vivre n'est plus qu'un stratagème
Le vent sait mal sécher les pleurs
Il faut haïr tout ce que j'aime
Ce que je n'ai plus donnez-leur
Je reste roi de mes douleurs

Le cœur peut s'arrêter de battre
Le sang peut couler sans chaleur
Deux et deux ne fassent plus quatre
Au Pigeon-Vole des voleurs
Je reste roi de mes douleurs

Que le soleil meure ou renaisse
Le ciel a perdu ses couleurs
Tendre Paris de ma jeunesse
Adieu printemps du Quai-aux-Fleurs
Je reste roi de mes douleurs

Fuyez les bois et les fontaines
Taisez-vous oiseaux querelleurs
Vos chants sont mis en quarantaine
C'est le règne de l'oiseleur
Je reste roi de mes douleurs

Il est un temps pour la souffrance
Quand Jeanne vint à Vaucouleurs

Richard II. vierzig

Meine Heimat ist wie eine Barke
Die die Treidler im Stich ließen
Und ich gleiche einem Monarchen
Unseliger als das Unglück
Der König seiner Leiden blieb

Leben ist nur noch eine Kriegslist
Der Wind trocknet die Tränen schlecht
Alles muß ich hassen was ich liebe
Was ich nicht mehr habe gebt ihnen
Ich bleibe König meiner Leiden

Das Herz kann aufhören zu schlagen
Das Blut kann ohne Wärme fließen
Sollen zwei und zwei nicht mehr vier machen
Beim «was Federn hat fliegt» der Diebe
Ich bleibe König meiner Leiden

Sterbe die Sonne oder komme sie wieder
Der Himmel hat seine Farben verloren
Liebes Paris meiner Jugend
Lebwohl Frühling des Quai-aux-Fleurs
Ich bleibe König meiner Leiden

Flieht die Wälder und die Quellen
Schweigt zänkische Vögel
Eure Lieder sind in Quarantäne versetzt
Es ist das Reich des Voglers
Ich bleibe König meiner Leiden

Es gibt eine Zeit der Qual
Als Johanna nach Vaucouleurs kam

Ah coupez en morceaux la France
Le jour avait cette pâleur
Je reste roi de mes douleurs

De la fausse pluie qui tomba
sur une ville de pierre
non loin de Brocéliande

Voici le nuage a crié l'enfant qui tenait un cygne de celluloïd sur son cœur
Voici le nuage ont répété les femmes au plus bleu du lavoir
Voici le nuage et les cornettes des religieuses dans l'hospice
Ont tourné vers les fenêtres de feu leur espoir d'oiseaux migrateurs
Les hommes sont sortis des petits bars d'ombre où blêmissent les breuvages
Avec leurs souliers trop beaux pour l'époque et leurs insignes noirs
Et dans les ruelles où l'odeur violente sévit toute une marmaille jouant avec des bêtes amaigries
A regardé du côte des toits sans rien voir encore et glapi
Voici le nuage

Il arrivait de l'horizon fatigué comme un œil d'insomnie
Il arrivait pas plus gros qu'une mouche
Il arrivait comme un pâté d'encre une image de la persistance rétinienne sous les paupières
Un avion de tourisme un samedi soir des romans d'anticipation
Il arrivait sur nous à la façon des anaglyphes
Il arrivait le nuage il arrive comme une mouche énorme avec un bruit d'acier
Il arrive avec des ciseaux aiguisés plein nos oreilles
Des cris de rémouleurs dans un matin d'enfance
Le ciel tout entier grince des dents

Quelle sorte de pluie est-ce donc que ce nuage apporte
Imprudemment appelé quelle sorte de pluie

Ah schneidet Frankreich in Stücke
Diese Blässe hatte der Tag
Ich bleibe König meiner Leiden

Von dem falschen Regen, der auf eine steinerne Stadt fiel nicht weit von Brozeliand

Da kommt die Wolke, schrie das Kind, das einen Zelluloidschwan
an seinem Herzen hielt
Da kommt die Wolke, riefen auch die Weiber, wo der Waschteich
am blauesten dunkelt
Da kommt die Wolke, und die Flügelhauben der Schwestern im Hospiz
Schwangen zu den feurigen Fenstern ihre Zugvögel-Sehnsucht
Die Männer traten aus den kleinen Schattenbars, wo die Getränke blassen
In Schuhn zu schön für diese Zeit und mit schwarzen Abzeichen
Und auf den Gassen im scharfen, beizenden Dunst spielten Schwärme
von Kindern mit abgemagerten Tieren
Und schauten hinauf zu den Dächern, sahen noch nichts, aber
kreischten
Da kommt die Wolke

Sie kam vom Rande des Himmels, der müd war wie ein schlafloses Auge
Sie kam, nicht größer als eine Fliege
Sie kam, wie ein Tintenfleck, ein zögernd verschwimmendes Bild
auf der Netzhaut unter den Lidern
Ein Touristenflugzeug an einem Samstagabend in Zukunftsromanen
Sie kam über uns wie erhaben bebilderter Felsblock
Sie kam, die Wolke, seht, sie kommt, wie eine ungeheure Fliege mit
stählernem Rattern
Sie kommt mit geschliffenen Scheren in unsere Ohren
Den Schreien von Scherenschleifern an einem Morgen der Kindheiten
Der ganze Himmel knirscht mit den Zähnen

Aber welch einen Regen bringt diese Wolke
Unvorsicht rief sie herbei, welch einen Regen

Déjà le visage de l'été se dérobe à la souffrance des regards
Déjà l'immense pays couleur de seigle perd sa lumière traquée
Quelle sorte de pluie est-ce donc qui semble annoncer les lépreux
avec la crécelle
La terre craque et l'arbre séché frémit
La grêle la grêle la grêle Ah malheur
Sur les graines la fleur la moisson les vitres les voiles les promeneurs
égarés
Il pleut des diamants taillés des javelots des malédictions

Des bêtes aux articulations soignées
Des dragons maigres affamés de pâtures
Des monstres hybrides à cheval sur le fer et la méchanceté de
l'homme
Des animaux faits de rumeur et de dévastation
Dont le nom simple à cette minute échappe à ceux qu'ils tuent
Avec de grands yeux bleus dans leurs ailes vertes afin de tromper
le ciel
Sauterelles voilà comment on les appelait en Egypte
Ce sont des sauterelles qui s'abattent épouvantablement sur
nous
Et la chair se déchire aux enchevêtrements des ailes
Le chant de l'élytre annonce au tonnerre qu'il est bien arrivé
D'autres d'autres au craquement des os dans les croisées
A l'écrabouillement des crânes dans le pétrin des poutres
Oui c'est la grêle et les magiciens sur la montagne
Seront écharpés pour avoir appelé le fléau

Où l'homme avait fait sa demeure et la douceur de sa vie
Où se balançait le hamac des jours et chantait sur le feu la
bouilloire
Où les fleurs peintes faisaient aux murs le vertige des rêveries
Où se berçait l'enfant d'avenir et de mémoire
Il y a la grêle il y a le groin du vent vert il y a la griffe labourante

Schon entweicht das Antlitz des Sommers vor leidenden Blicken
Schon schwindet gehetzt das Licht von weiten Flächen roggenfarbenen Landes
Welch ein Regen ist dies, als ob er Aussätzige ankünde mit Schnarren und Klappern
Die Erde birst, die ausgedorrten Bäume schauern
Der Hagel der Hagel der Hagel Ach, wehe
Auf die Körner, die Blüte, die Ernte, die Scheiben, die Tücher, die verstörten Wanderer
Regnet es scharf geschliffene Diamanten, geschleuderte Spieße, Verwünschungen

Tiere mit zierlich geformten Gelenken
Magere Drachen, fraßlüstern
Überzüchtete Ungetüme rittlings auf dem Eisen und der Bosheit der Menschen
Tiere aus tobendem Lärm und Verwüstung erschaffen
Deren einfacher Namen im Augenblick denen entfällt, die sie töten
Auf ihren Flügeln blaue Riesenaugen, daß sie den Himmel täuschen
Heuschrecken, so nannte man sie einst in Ägypten
Heuschrecken sind dies, die schrecklich einfallen auf uns
Und das Fleisch zerreißt in der Wirrnis der Flügel
Das Rauschen der harten Deckschalen meldet dem Donner, daß er da sei
Und andre, und neue, und andere neue, krachende Knochen an Fensterkreuzen
Zerquetschte Schädel in verklemmten Balken
Ja, das ist der Hagel, und die Zauberer auf dem Gebirge
Werden ein Gemetzel sein, weil sie die Plage gerufen

Wo der Mensch sein Heim hatte und Süße des Lebens
Wo die Hängematte der Tage leise sich schaukelte und der Kessel sang überm Feuer
Wo an den Wänden hingemalte Blumen der Träumereien sanften Taumel schufen
Wo sich das Kind in Zukunft wiegte und Erinnern
Ist nun der Hagel, ist nun des grünen Windes grunzender Rüssel, ist nun die furchende Kralle

Il y a le grincement du meurtre et la grimace du martyre
Et le gréement de la ville se désagrège et la pierre a crié grâce
Grêle grâce
Et la grêle a ri de toutes ses dents de grêle
De toutes ses dents de grêle a mordu le bonheur à pleins dents
Relevé sa gueule de grêle avec de l'espoir broyé dans les dents
Secoué ses cheveux de grêle au-dessus du grabat grondant
Creusé la terre de ses mains de grêle pour en tirer les morts qui
   dorment dedans
Et comme un édredon qu'un chat lacère
Fait de l'homme une dispersion de plumes sur son cœur arraché

Qui parlait de grêle tout à l'heure
La grêle n'a pas cette couleur

Je vous dis qu'en Egypte on appelait cela des sauterelles

Ist nun das Knirschen des Mordes und die gräßliche Fratze der Marter
Und das Takelwerk der Stadt enttorkelt, und der Stein schrie um Erbarmen
Hagel Erbarmen
Und es lachte der Hagel mit all seinen hagelnden Zähnen
Mit all seinen Zähnen aus Hagel zerbiß er beißlustig das Glück
Reckte den Hagelrachen empor, und die Hoffnung hing ihm zermalmt in den Zähnen
Schüttelte Mähnen von Hagel hoch über dem dröhnenden Lager
Zerwühlte mit Hagelhänden die Erde, daß er ihr die Toten entrisse, die darin schlafen
Wie ein Daunenbett, das eine Katze zerkrallt
Verstreut er den Menschen in einen Wirbel von Federn über seinem entrissenen Herzen

Wer sprach doch von Hagel soeben
Nein, dem Hagel ist andere Farbe gegeben

Ich sagte euch doch, die Heuschrecken nannten sie dies in Ägypten.

Benjamin Péret

N'attendez jamais

Misère Le cheval sent reverdir le bois de ses veines
et son cavalier tache l'horizon comme un drapeau
Il est minuit et les chats dévident des pelotes de laine sur un cadavre
pendant que les vaches meuglent après le chef de gare
Il est minuit et le chef de gare maigrit dans son cachot
Il lèche le mur pour s'évader
et délivre les graffiti de leur prison

C'est un naufrage
La jeune fille étreint la queue d'un requin au lieu du cou de son fiancé
C'est un tremblement de terre
et l'Opéra est projeté dans le marché de la Villette
C'est l'exécution de Louis XVI
et la tête du supplicié rebondit sur celle de son épouse
qui s'évanouit

Lèche le mur chef de gare
Lèche le mur sans t'évader

Testament de Parmentier

Pomme de terre qu'as-tu fait de ta mère

Ma mère était une putain
qui n'avait pas de robe de chambre

Pomme de terre qu'as-tu fait de ton père

Mon père était un ivrogne
qui m'écrasait sur son nez

Niemals dürft ihr warten

Wehe Das Pferd verspürt wie wiederergrünt das Gehölz seiner Adern
und sein Reiter fleckt den Horizont wie eine Fahne
Es ist Mitternacht und die Katzen rollen Wollknäuel ab auf einer Leiche
während die Kühe nach dem Bahnhofsvorstand muhn
Es ist Mitternacht und der Bahnhofsvorstand magert ab in seinem Kerker
Er leckt die Wand ab will entfliehn
und erlöst die Graffiti aus ihrer Haft

Es ist ein Schiffsuntergang
Das Mädchen hält die Schwanzflosse eines Hais umfangen statt den
Nacken ihres Bräutigams
Es ist ein Erdbeben
und die Oper wird auf den Marché de la Villette geschleudert
Es ist die Hinrichtung Ludwigs des Sechzehnten
und der Kopf des Enthaupteten hüpft hinüber auf den seiner Gattin
die fällt in Ohnmacht

Leck ab die Wand Bahnhofsvorstand
Leck ab die Wand wirst nicht entfliehn

Parmentiers Testament

Kartoffel sag was war mit deiner Mutter

Meine Mutter die war 'ne Hure
die warf sich nicht in Schale

Kartoffel sag was war mit deinem Vater

Mein Vater der war ein Säufer
zerquetschte mich auf seiner Nase

Pomme de terre tu vas mourir
et ta peau drapera plus d'un fantôme
égaré dans de noirs escaliers
mais avant regarde-toi dans ton miroir
et dis-moi s'il va pleuvoir

Sais-tu

Ma tête de papier de verre frottant tant et plus sur une coupe de cristal
faite à ton image d'oiseau qu'un sanglier empêche de prendre son premier vol
est pleine de l'embrun de tes yeux semblables à deux oranges qu'on ne cueillera jamais
tes yeux qui sont peut-être une pierre éclatée comme un arbre foudroyé
tout pareil au petit cœur que j'ai dans ma poche
contre un poêle plus rouge qu'un zeppelin qui brûle
semblable à l'éclosion d'une fleur d'agave
qui serait un drapeau rouge
plus déchiré qu'une chevelure dans le vent
qui voudrait te caresser comme un oiseau à peine né
et si bleu qu'on dirait une feuille morte qui reverdit
si brillant qu'on dirait un pain à cacheter dans une baignoire
où tu n'apparais pas plus qu'une feuille de nénuphar au fond des bois
pas plus qu'une fraise des bois dans une chambre à air
pas plus que ma vie au tournant de la rue

Kartoffel du wirst sterben
und deine Haut umhüllen manchen Geist
der über dunkle Stiegen irrt
zuvor doch schau dich an im Spiegel
und sag mir ob es Regen gibt

Weißt du

Mein Kopf aus Glaspapier sich hartnäckig an einem Kristallkelch reibend
dem Ebenbild deines Vogelgesichts das ein Eber am ersten Flugversuch hindert
ist erfüllt vom Sprühregen deiner Augen den beiden Orangen die ungepflückt bleiben
deiner Augen die vielleicht ein Stein sind der barst wie ein Baum den der Blitz traf
ganz wie das winzige Herz das ich in der Tasche trage
gepreßt an einen Ofen röter als ein brennendes Luftschiff
einer Agave gleich die eben aufblüht
um eine rote Fahne zu sein
zerfetzter als Haupthaar im Wind
um dich zu liebkosen wie einen Vogel der eben ausgeschlüpft ist
und so blau daß man sagen möchte es ist ein welkes Blatt das wieder grün wird
so blank daß man sagen möchte es ist ein Petschaft in einer Badewanne
in der du nicht öfter auftauchst als das Blatt einer Wasserrose in der Tiefe der Wälder
nicht öfter als die Walderdbeere in einem Luftschlauch
nicht öfter als mein Leben da wo die Straße einbiegt

Où es-tu

Je voudrais te parler cristal fêlé hurlant comme un chien dans une nuit de draps battants
comme un bateau démâté que la mousse de mer commence d'envahir
où le chat miaule parce que tous les rats sont partis
Je voudrais te parler comme un arbre renversé par la tempête
qui a tellement secoué les fils télégraphiques
qu'on dirait une brosse pour les montagnes pareilles à la mâchoire inférieure d'un tigre
qui me déchire lentement avec un affreux bruit de porte enfoncée
Je voudrais te parler comme une rame de métro en panne à l'entrée
d'une station où je pénètre avec une écharde dans un orteil pareil à un oiseau dans une vigne
qui ne donnera pas plus de vin qu'une rue barrée
où j'erre comme une perruque dans une cheminée
qui n'a plus rien chauffé depuis si longtemps
qu'elle se croit le comptoir d'un café
où les cercles laissés par les verres dessinent une chaîne
Je te dirais simplement
que je t'aime comme le grain de blé aime le soleil se levant en haut de sa tête de merle

Wo bist du

Ich möchte reden zu dir zersprungener Kristall heulend wie ein Hund
in der Nacht der flatternden Tücher
wie ein Schiff ohne Mast vom Gischt des Meers übermannt
wo die Katze miaut weil alle Ratten fort sind
Ich möchte reden zu dir wie ein Baum den der Sturm gefällt hat
der die Telegraphendrähte so durcheinander gebracht hat
daß sie wie eine Bürste aussehen für Berge die dem Kinnladen eines
Tigers gleichen
der mich langsam mit dem abscheulichen Lärm einer eingestoßenen
Tür zerreißt
Ich möchte reden zu dir wie ein Zug der Untergrundbahn der vor
seiner Einfahrt in die Station stecken bleibt
die ich mit einem Splitter in der Zehe betrete der ein Vogel in einem
Weinstock ist
der soviel Wein gibt wie eine versperrte Gasse
in der ich umherirre wie ein Perücke in einem Kamin
der so lange nichts gewärmt hat
daß er sich für das Buffet eines Kaffeehauses hält
auf dem die nassen Kreise der Gläser eine Kette zeichnen
Ich würde dir einfach sagen
daß ich dich liebe wie ein Weizenkorn die Sonne liebt die an seinem
Amselkopf hochschwebt

Tristan Tzara

Quel est ce langage qui nous fouette nous sursautons dans la lumière
nos nerfs sont des fouets entre les mains du temps
et le doute vient avec une seule aile incolore
se vissant se comprimant s'écrasant en nous
comme le papier froissé de l'emballage défait
cadeau d'un autre âge aux glissements des poissons d'amertume

L'oubli l'enfoui l'introuvable croyance
enfouie dans les houles les landes les fruits
lit abondant d'hermétiques interrogations
où grossit taciturne le bourgeon de foudre
la frémissante bannière
quand l'œil ne sait plus secourir
l'oiseau mûrit devant le parcours sans guide
surgi des torrents de démons
quand la solitude saturée d'yeux secrets
en appelle à la végétation d'orgueil
les battants de ta jeunesse s'ouvrent
et l'amour bondit à travers l'épais retard
en vain les hallebardes ont ébouriffé la cohue des brumes
que la force auguste visait – siffle siffle serpent –
les massives arrivées dardaient sur toi leurs messages de soleil
où tant d'affection se mêlait que la lumière
semblait couronner l'incestueux souvenir

WELCHE Sprache peitscht da auf uns ein wir schnellen hoch im Licht
unsere Nerven sind Peitschen in den Händen der Zeit
und der Zweifel kommt auf einem einzigen fahlen Flügel
bohrt sich ein, drückt und quetscht sich in uns
wie das zusammengeknüllte Papier von der Verpackung gerissen
Geschenk einer anderen Zeit wo die Fische der Bitternis glitten

DAS VERGESSEN das Vergrabene der unauffindbare Glaube
vergraben in der Dünung der Heide der Frucht
Bett das überquillt von hermetischen Fragen
wo schweigsam die Blitzknospe schwillt
das bebende Banner
wenn das Auge nicht mehr zu retten weiß
der Vogel reift vor der Bahn die keiner weist
entstiegen den Dämonenfluten
wenn die Einsamkeit mit verborgenen Augen gesättigt
das stolz wuchernde Leben anruft
tut das Tor deiner Jugend sich auf
und die Liebe springt durch das Dickicht des Versäumten
vergebens zerzausten die Hellebarden das Gewall der Nebel
Ziel der erhabenen Kraft – zisch zisch Schlange –
die Massenankünfte durchbohrten dich mit ihren Sonnenbotschaften
in die Zuneigung mischte sich soviel daß es schien
als krönte das Licht die inzestuöse Erinnerung

Henri Michaux

Le grand Combat

à R. M. Hermant

Il l'emparouille et l'endosque contre terre;
Il le rague et le roupète jusqu'à son drâle;
Il le pratèle et le libucque et lui barufle les ouillais;

Il le tocarde et le marmine,
Le manage rape à ri et ripe à ra.
Enfin il l'écorcobalisse.

L'autre hésite, s'espudrine, se défaisse, se torse et se ruine.
C'en sera bientôt fini de lui;
Il se reprise et s'emmargine . . . mais en vain
Le cerceau tombe qui a tant roulé.
Abrah! Abrah! Abrah!
Le pied a failli!
Le bras a cassé!
Le sang a coulé!
Fouille, fouille, fouille,
Dans la marmite de son ventre est un grand secret
Mégères alentour qui pleurez dans vos mouchoirs;
On s'étonne, on s'étonne, on s'étonne
Et vous regarde
On cherche aussi, nous autres, Le Grand Secret.

Nausée ou c'est la mort qui vient?

Rends-toi, mon cœur.
Nous avons assez lutté,
Et que ma vie s'arrête,
On n'a pas été des lâches,
On a fait ce qu'on a pu.

Der große Kampf

für R. M. Hermant

Er greidolkt ihn und podartscht ihn zu Boden,
er rampft und rippert ihn bis zum Verdreucheln,
er wickullt und stauchöbt ihn und fluddert ihm die Hoduskeln;

er stibüntet ihn, walzundet ihn,
mannackt ihn Rack auf Ritsche und Rick auf Ratsche.
Endlich entkorkoballistert er ihn.

Der andre zaudert, erschückert sich, wankelt, verrümpft sich, sackt ein.
Bald wird Schluß mit ihm sein;
er fängt sich und kantelt sich auf ... doch vergebens –
der Reifen fällt, der so lange gerollt.
Abrah! Abrah! Abrah!
Fuß gefangen!
Arm gebrochen!
Blut geflossen!
Wühl, wühl, wühl,
im Kessel seines Bauches ist ein großes Geheimnis,
ihr Furien rings weint in die Taschentücher;
man staunt, staunt, staunt,
man schaut euch an:
wir alle, wir suchen das Große Geheimnis.

Nausea ... oder kommt der Tod?

Ergib dich, mein Herz.
Wir haben genug gekämpft.
Und mein Leben soll stillstehn,
wir waren nicht feige,
wir haben getan, was wir konnten.

Oh! mon âme,
Tu pars ou tu restes,
Il faut te décider,
Ne me tâte pas ainsi les organes,
Tantôt avec attention, tantôt avec égarement,
Tu pars ou tu restes,
Il faut te décider.

Moi je n'en peux plus.

Seigneurs de la Mort
Je ne vous ai ni blasphémés ni applaudis.
Ayez pitié de moi, voyageur déjà de tant de voyages sans valise,
Sans maître non plus, sans richesse et la gloire s'en fut ailleurs,
Vous êtes puissants assurément et drôles par-dessus tout,
Ayez pitité de cet homme affolé qui avant de franchir la barrière vous crie déjà son nom,
Prenez-le au vol,
Et puis, qu'il se fasse à vos tempéraments et à vos mœurs, s'il se peut,
Et s'il vous plaît de l'aider, aidez-le, je vous prie.

Emportez-moi

Emportez-moi dans une caravelle,
Dans une vieille et douce caravelle,
Dans l'étrave, ou si l'on veut, dans l'écume,
Et perdez-moi, au loin, au loin.

Dans l'attelage d'un autre âge.
Dans le velours trompeur de la neige.
Dans l'haleine de quelques chiens réunis.
Dans la troupe exténuée des feuilles mortes.

O meine Seele,
du gehst jetzt oder du bleibst,
du mußt dich entscheiden.
Betaste mir nicht so die Organe,
bald aufmerksam, bald zerstreut,
du gehst jetzt oder du bleibst,
du mußt dich entscheiden.

Ich halte es nicht mehr aus.

Ihr Herren vom Tode,
ich habe euch weder gelästert noch bejubelt.
Habt Mitleid mit mir, dem Reisenden auf soviel Reisen ohne Koffer,
Ohne Meister auch, ohne Reichtum, und der Ruhm schlug andere Wege ein,
ihr seid mächtig, gewiß, und komisch über die Maßen,
habt Mitleid mit diesem kopflos gewordenen Menschen, der, noch eh er durch die Sperre geht, euch sonst seinen Namen entgegenschreit,
fangt ihn im Flug,
und dann mag er sich, wenn möglich, eurer Gemütsart und euren Bräuchen anpassen,
und beliebt es euch, ihm zu helfen, dann helft ihm, bitte.

Tragt mich fort

Tragt mich fort in einer Karavelle,
in einer alten, sanften Karavelle,
am Bugspriet, vielleicht auch im Kielwasserschaum,
und laßt mich fallen, fernab, fernab.

Im Gespann einer andern Zeit.
Im täuschenden Samt des Schnees.
Im Atem von ein paar zusammengerotteten Hunden.
Im aufgeriebenen Trupp toter Blätter.

Emportez-moi sans me briser, dans les baisers,
Dans les poitrines qui se soulèvent et respirent,
Sur les tapis des paumes et leur sourire,
Dans les corridors des os longs, et des articulations.

Emportez-moi, ou plutôt enfouissez-moi.

Je suis gong

Dans le chant de ma colère il y a un œuf,
Et dans cet œuf il y a ma mère, mon père et mes enfants,
Et dans ce tout il y a joie et tristesse mêlées et vie.
Grosses tempêtes qui m'avez secouru,
Beau soleil qui m'as contrecarré,
Il y a haine en moi, forte et de date ancienne,
Et pour la beauté on verra plus tard.
Je ne suis en effet devenu dur que par lamelles;
Si l'on savait comme je suis resté moelleux au fond.
Je suis gong et ouate et chant neigeux.
Je le dis et j'en suis sûr.

Repos dans le Malheur

Le Malheur, mon grand laboureur,
Le Malheur, assois-toi,
Repose-toi,
Reposons-nous un peu toi et moi,
Repose,
Tu me trouves, tu m'éprouves, tu me le prouves.
Je suis ta ruine.

Tragt mich fort, geborgen in Küssen,
im Atmen von sich hebenden Brustkörben,
auf den Teppichen der Hände und ihrem Lächeln,
in den Gängen von langem Gebein und Gelenk.

Tragt mich fort, oder besser noch, scharrt mich ein.

Gong bin ich

Im Gesang meines Zorns, da ist ein Ei,
und in dem Ei, da sind meine Mutter, mein Vater und meine Kinder,
und in diesem Ganzen, da sind Freude und Traurigkeit, gemischt, und Leben.
Große Stürme, die ihr mir beigesprungen seid,
schöne Sonne, die du mir entgegengewirkt hast,
es ist Haß in mir, starker, langjähriger Haß,
und was die Schönheit angeht, so werden wir schon sehen.
In der Tat, nur lamellenweise bin ich hart geworden;
wenn man erst wüßte, wie weich ich geblieben bin im Grunde.
Gong bin ich und Watte und Schneegesang,
ich sags und weiß, was ich sage.

Rast im Unglück

Unglück, du mein großer Pflüger,
Unglück, setz dich zu mir,
ruhe dich aus,
ruhen wir uns aus ein Weilchen, du und ich,
ruh aus,
du findest mich, du bindest mich, du ergründest mich,
ich bin dein Ruin.

Mon grand théâtre, mon havre, mon âtre,
Ma cave d'or,
Mon avenir, ma vraie mère, mon horizon.
Dans ta lumière, dans ton ampleur, dans ton horreur,
Je m'abandonne.

Sur le Chemin de la Mort

Sur le chemin de la Mort,
Ma mère rencontra une grande banquise;
Elle voulut parler,
Il était déjà tard,
Une grande banquise d'ouate.

Elle nous regarda, mon frère et moi,
Et puis elle pleura.

Nous lui dîmes – mensonge vraiment absurde – que nous
comprenions bien.
Elle eut alors ce si gracieux sourire de toute jeune fille,
Qui était vraiment elle,
Un si joli sourire, presque espiègle;
Ensuite, elle fut prise dans l'Opaque.

Contre!

Je vous construirai une ville avec des loques, moi!
Je vous construirai sans plan et sans ciment
Un édifice que vous ne détruirez pas,
Et qu'une espèce d'évidence écumante,
Soutiendra et gonflera, qui viendra vous braire au nez,
Et au nez gelé de tous vos Parthénons, de vos arts arabes, et de vos
Mings.

Mein großes Theater, mein Hafen, mein Herd,
mein Goldhort,
meine Zukunft, meine erste Mutter, mein Erdenrand.
In deinem Licht, in deiner Weite, in deinem Grauen
geb ich mich preis.

Auf dem Wege zum Tod

Auf dem Wege zum Tod
Kam meine Mutter an eine große Eisbank;
Sie wollte sprechen,
Es war bereits spät,
Eine große Watteeisbank.

Sie sah auf uns, meinen Bruder und mich,
Und dann weinte sie.

Wir sagten ihr – wahrhaft absurde Lüge –, daß wir gut verstünden.
Da lächelte sie so anmutig wie ein ganz junges Mädchen,
Das war so recht sie,
Lächelte so hübsch, fast schelmisch;
Danach ging sie auf im Undurchdringlichen.

Kontra!

Eine Stadt will ich euch da hinbaun, mit Lumpen und Fetzen, ja ich!
Und euch errichten, ohne Plan und ohne Zement, ein Bauwerk,
das sollt ihr mir schon nicht niederreißen.
Und dazu irgend so etwas Schäumend-Auffälliges,
das es stützt und großbläht und daherkommt und sich euch wiehernd unter die Nase reibt,
und unter die gefrorene Nase all eurer Parthenons und all eurer arabischen Künste und all eurer Mings.

Avec de la fumée, avec de la dilution de brouillard
Et du son de peau de tambour,
Je vous assoierai des forteresses écrasantes et superbes,
Des forteresses faites exclusivement de remous et de secousses,
Contre lesquelles votre ordre multimillénaire et votre géométrie,
Tomberont en fadaises et galimatias et poussière de sable sans raison.

Glas! Glas! Glas sur vous tous, néant sur les vivants!
Oui, je crois en Dieu! Certes il n'en sait rien!
Foi, semelle inusable pour qui n'avance pas.
Oh monde, monde étranglé, ventre froid!
Même pas symbole, mais néant, je contre, je contre,
Je contre et te gave de chiens crevés.
En tonnes, vous m'entendez, en tonnes, je vous arracherai ce que vous m'avez refusé en grammes.

Le venin du serpent est son fidèle compagnon,
Fidèle et il l'estime à sa juste valeur.
Frères, mes frères damnés, suivez-moi avec confiance.
Les dents du loup ne lâchent pas le loup.
C'est la chair du mouton qui lâche.

Dans le noir nous verrons clair mes frères.
Dans le labyrinthe nous trouverons la voie droite.
Carcasse, où est ta place ici, gêneuse, pisseuse, pot cassé?
Poulie gémissante, comme tu vas sentir les cordages tendus des quatre mondes!
Comme je vais t'écarteler!

Mit Rauch, mit verdünntem Nebel
und dem Laut vom Fell einer Trommel
bau ich euch Festungen hin, erdrückende, herrliche,
Festungen aus lauter Ruck und Stoß und Schüttern,
an denen eure vieltausendjährige Ordnung, eure ganze Geometrie
in lauter schales Zeug zerfällt, lauter krauses Geschwätz und Gerede,
in Sandstaub ohne Woher noch Wohin.

Toten-, Toten-, Totengeläut über euch alle!
Und das Nichts über die Lebenden!
Ja, ich glaube an Gott! Ja, gewiß, er weiß nichts davon!
Glaube, du unverwüstliche Schuhsohle dessen, der nicht vorankommt.
O Welt, erwürgte, gedrosselte Welt, Frostbauch!
Du nicht einmal Sinnbild, du Nichtigkeit und Nichts, ich gebe kontra, kontra!
Gebe kontra und mäste dich mit krepierten Kötern.
Tonnenweise, hört ihr, tonnenweise, so will ich euch entreißen, was ihr mir verweigert habt grammweise.

Das Gift ist der Schlange ein treuer Gefährte.
Ist ihr ein treuer Gefährte und achtet sie nach Gebühr.
Brüder, ihr Brüder in der Verdammnis, folgt mir getrost.
Die Zähne des Wolfs lassen den Wolf nicht im Stich.
Es ist das Fleisch des Schafs, das im Stich läßt.

Im Dunkel, da werden wir klar und deutlich sehn, Brüder.
Im Labyrinth, da werden wir den geraden Weg finden.
Du Knochensack, wo gehörst du hier hin, du Im-Weg-Steher, du Harnlasser, du kaputter Pott?
Ächzende Taurolle, wie wirst du sie spüren, die gestrafften Kardeele der vier Welten!
Wie ich dich vierteilen werde!

Icebergs

Icebergs, sans garde-fou, sans ceinture, où de vieux cormorans abattus et les âmes des matelots morts récemment viennent s'accouder aux nuits enchanteresses de l'hyperboréal.

Icebergs, Icebergs, cathédrales sans religion de l'hiver éternel, enrobés dans la calotte glaciaire de la planète Terre.
Combien hauts, combien purs sont tes bords enfantés par le froid.

Icebergs, Icebergs, dos du Nord-Atlantique, augustes Bouddhas gelés sur des mers incontemplées, Phares scintillants de la Mort sans issue, le cri éperdu du silence dure des siècles.

Icebergs, Icebergs, Solitaires sans besoin, des pays bouchés, distants, et libres de vermine. Parents des îles, parents des sources, comme je vous vois, comme vous m'êtes familiers . . .

La Ralentie

Ralentie, on tâte le pouls des choses; on y ronfle; on a tout le temps; tranquillement, toute la vie. On gobe les sons, on les gobe tranquillement; toute la vie. On vit dans son soulier. On y fait le ménage. On n'a plus besoin de se serrer. On a tout le temps. On déguste. On rit dans son poing. On ne croit plus qu'on sait. On n'a plus besoin de compter. On est heureuse en buvant; on est heureuse en ne buvant pas. On fait la perle. On est, on a le temps. On est la ralentie. On est sortie des courants d'air. On a le sourire du sabot. On n'est plus fatiguée. On n'est plus touchée. On a des genoux au bout des pieds. On n'a plus honte sous la cloche. On a vendu ses monts. On a posé son œuf, on a posé ses nerfs.

Quelqu'un dit. Quelqu'un n'est plus fatigué. Quelqu'un n'écoute plus. Quelqu'un n'a plus besoin d'aide. Quelqu'un

Eisberge

Eisberge, gurtlos, geländerlos, wo alte abgekämpfte Kormorane und die Seelen der kürzlich verstorbenen Matrosen an den hyperboräischen Zaubernächten Stütze finden und Halt.

Eisberge, Eisberge, religionslose Dome des ewigen Winters, von der Eiskappe des Planeten Erde umkleidet.
Wie sind sie hoch, wie sind sie rein, deine frostgeborenen Ränder.

Eisberge, Eisberge, Rücken des Nord-Atlantiks, erhabne, auf ungeschauten Meeren zu Eis erstarrte Buddhas, Blinkfeuer des ausweglosen Todes, der desperate Schrei der Stille hält Jahrhunderte an.

Eisberge, Eisberge, grundlos Einsame der zugemauerten Länder Abstand wahrend und frei von Geschmeiß. Eltern der Inseln, Eltern der Quellen, wie gut ich euch sehe, wie vertraut ihr mir seid ...

Die Verlangsamte

Verlangsamt fühlt man den Dingen den Puls; schnarcht in ihnen; läßt sich Zeit; in aller Ruhe, sein Leben lang. Schlürft die Töne und Laute, schlürft sie in aller Ruhe; sein Leben lang. Man lebt in einem Schuh. Besorgt sein Hauswesen darin. Braucht sich nicht mehr zusammenzudrücken. Hat Zeit und Zeit. Probiert, wie's schmeckt. Lacht sich ins Fäustchen. Glaubt nicht mehr, daß man Bescheid weiß. Braucht nicht mehr zu zählen. Ist glücklich, wenn man trinkt; ist glücklich, wenn man nicht trinkt. Verperlt sich. Ist, hat Zeit. Ist die Verlangsamte. Ist heraus aus dem Luftzug. Lächelt das Holzschuhlächeln. Ist nicht mehr müde. Wird nicht mehr berührt. Hat Knie an den Fußspitzen. Schämt sich nicht mehr unter der Glocke. Hat seine Berge verkauft. Hat sein Ei abgesetzt, hat seine Nerven weggetan.
Jemand sagt. Jemand ist nicht mehr müde. Jemand hört nicht mehr hin. Jemand braucht keine Hilfe mehr. Jemand ist nicht mehr ge-

n'est plus tendu. Quelqu'un n'attend plus. L'un crie. L'autre obstacle. Quelqu'un roule, dort, coud, est-ce toi, Lorellou?

Ne peut plus, n'a plus part à rien, quelqu'un.

Quelque chose contraint quelqu'un.

Soleil, ou lune, ou forêts, ou bien troupeaux, foules ou villes, quelqu'un n'aime pas ses compagnons de voyages. N'a pas choisi, ne reconnaît pas, ne goûte pas.

Princesse de marée basse a rendu ses griffes; n'a plus le courage de comprendre; n'a plus le cœur à avoir raison.

... Ne résiste plus. Les poutres tremblent et c'est vous. Le ciel est noir et c'est vous. Le verre casse et c'est vous.

On a perdu le secret des hommes.

Ils jouent la pièce «en étranger». Un page dit «Beh» et un mouton lui présente un plateau. Fatigue! Fatigue! Froid partout!

Oh! fagots de mes douze ans, où crépitez-vous maintenant?

On a son creux ailleurs.

On a cédé sa place à l'ombre, par fatigue, par goût du rond. On entend au loin la rumeur de l'Asclépiade, la fleur géante.

... ou bien une voix soudain vient vous brâmer au cœur.

On recueille ses disparus, venez, venez.

spannt. Jemand wartet nicht mehr. Der eine schreit. Der andre hindernißt. Jemand rollt, schläft, näht, immerzu – bist du's, Lorellou?

Kann nicht mehr, hat an nichts mehr teil, irgendwer.

Irgendwas nötigt irgendwen.

Sonne, oder Mond, oder Wälder, oder auch Herden, Menschenmengen, oder auch Städte – jemand mag seine Reisegefährten nicht. Hat keine Wahl getroffen, erkennt nicht wieder, gewinnt keinerlei Geschmack ab.

Ebbenprinzessin streckt die Krallen; hat nicht mehr den Mut zum Begreifen; hat nicht mehr das Herz zum Rechthaben.

... Widersteht nicht mehr. Die Balken zittern, und das bist du. Der Himmel ist schwarz, und das bist du. Das Glas zerbricht, und das bist du.

Abhanden gekommen das Geheimnis der Menschen.

Sie spielen das Stück *en étranger.* Ein Page macht «Bäh», und ein Schaf präsentiert ihm einen Servierteller. Müdigkeit! Müdigkeit! Kälte allüberall!

Oh, als ich zwölf war, ihr Reisigbündel von damals, wo knistert es jetzt, euer Feuer?

Man hat sein Wohnloch woanders gegraben.

Hat seinen Platz dem Dunkel überlassen, aus Müdigkeit, aus Lust am Runden. Hört, wie sich fern die Asklepie regt, die Riesenblume.

... Oder eine Stimme kommt, jäh, und röhrt dir im Herzen.

Man sucht seine Vermißten zusammen, kommt, kommt.

Tandis qu'on cherche sa clef dans l'horizon, on a la noyée au cou, qui est morte dans l'eau irrespirable.

Elle traîne. Comme elle traîne! Elle n'a cure de nos soucis. Elle a trop de désespoir. Elle ne se rend qu'à sa douleur. Oh, misère, oh, martyre, le cou serré sans trêve par la noyée.

On sent la courbure de la Terre. On a désormais les cheveux qui ondulent naturellement. On ne trahit plus le sol, on ne trahit plus l'ablette, on est sœur par l'eau et par la feuille. On n'a plus le regard de son œil, on n'a plus la main de son bras. On n'est plus vaine. On n'envie plus. On n'est plus enviée.

On ne travaille plus. Le tricot est là, tout fait, partout.

On a signé sa dernière feuille, c'est le départ des papillons.

On ne rêve plus. On est rêvée. Silence.

On n'est plus pressée de savoir.

C'est la voix de l'étendue qui parle aux ongles et à l'os.

Enfin chez soi, dans le pur, atteinte du dard de la douceur.

On regarde les vagues dans les yeux. Elles ne peuvent plus tromper. Elles se retirent déçues du flanc du navire. On sait, on sait les caresser. On sait qu'elles ont honte, elles aussi.

Épuisées, comme on les voit, comme on les voit désemparées!

Während man den Horizont nach seinem Schlüssel absucht, hat man die Ertrunkene am Hals, die im nicht atembaren Wasser ums Leben Gekommene.

Die Saumselige, wie sie säumt! Macht sich nichts aus unsern Sorgen. Hegt zuviel Verzweiflung dazu. Ergibt sich ihrem Schmerz, ihm und nur ihm. O Elend, o Marter, den Hals unaufhörlich gewürgt von der Ertrunkenen.

Man spürt die Krümmung der Erde. Hat fortan natürlich gewelltes Haar. Verrät nicht mehr den Boden, verrät nicht mehr den Weißfisch, ist Schwester von des Wassers und des Blattes Gnaden. Hat nicht mehr den Blick seines Auges, hat nicht mehr die Hand seines Arms. Ist nicht mehr eitel. Beneidet nicht mehr. Wird nicht mehr beneidet.

Man arbeitet nicht mehr. Das Strickhemd liegt bereit, überall fertiggestrickt, bis auf die letzte Masche.

Man hat sein letztes Blatt unterschrieben. Schmetterlingsaufbruch.

Man träumt nicht mehr. Ist die Geträumte. Stille.

Hat es nicht mehr eilig mit dem Wissenwollen.

Es ist die Stimme der Ausdehnung, die da zu den Fingernägeln spricht und zum Knochen.

Endlich bei sich, im reinen, getroffen vom Stachel des Süß-und-Sachten.

Man sieht den Wellen ins Auge. Sie können einem nichts mehr vormachen. Enttäuscht, ziehn sie sich von der Flanke des Schiffs zurück. Man weiß, man weiß sie zu liebkosen. Man weiß, daß sie sich schämen, daß auch *sie* sich schämen.

Die ermatteten, wie hat man sie doch vor Augen, ja vor Augen, die zerrütteten!

Une rose descend de la nue et s'offre au pèlerin; parfois, rarement, combien rarement. Les lustres n'ont pas de mousse, ni le front de musique.

Horreur! Horreur sans objet!

Loques des cieux et de la terre, monde avalé sans profit, sans goût, et rien que pour avaler.

Une veilleuse m'écoute. «Tu dis», fait-elle, «tu dis la juste vérité, voilà ce que j'aime en toi.» Ce sont les propres paroles de la veilleuse.

On m'enfonçait dans des cannes creuses. Le monde se vengeait. On m'enfonçait dans des cannes creuses, dans des aiguilles de seringues. On ne voulait pas me voir arriver au soleil où j'avais pris rendez-vous.

Et je me disais: «Sortirai-je? Sortirai-je? Ou bien ne sortirai-je jamais? jamais? »Les gémissements sont plus forts loin de la mer, comme quand le jeune homme qu'on aime s'éloigne d'un air pincé.

Il est d'une grande importance qu'une femme se couche tôt pour pleurer, sans quoi elle serait trop accablée.

A l'ombre d'un camion pouvoir manger tranquillement. Je fais mon devoir, tu fais le tien et d'attroupement nulle part.

Silence! Silence! Même pas vider une pêche. On est prudente, prudente.

On ne va pas chez le riche. On ne va pas chez le savant. Prudente, lovée dans ses anneaux.

Les maisons sont des obstacles. Les déménageurs sont des obstacles. La fille de l'air est un obstacle.

Eine Rose kommt niedergeschwebt aus der Wolke und reicht sich dem Pilger dar – manchmal, selten, wie so selten. Kein Moos mehr an den Lüstern, keine Musik mehr auf der Stirn.

Grauen! Gegenstandsloses Grauen!

Himmelsfetzen, Erdfetzen, um des bloßen Schluckens willen nutzlos, lustlos heruntergeschluckte Welt.

Ein Nachtlicht lauscht mir. «Du sagst», hör ich es sagen, «du sagst die genaue Wahrheit, das ist's, was ich liebe an dir.» Das sind des Nachtlichts allereigenste Worte.

In hohle Stöcke steckte man mich. Die Welt nahm Rache. In hohle Stöcke steckte man mich, in die Nadeln von Injektionsspritzen. Wollte nicht haben, daß ich an die Sonne gelangte, wo ich mich verabredet hatte.

«Komme ich da heraus», sagte ich mir, «komme ich hier jemals frei? oder niemals, niemals?» Weit vom Meer, da wird das Stöhnen lauter, wie wenn der junge Mensch, den man liebt, sich unmutig entfernt.

Es ist von großer Wichtigkeit, daß eine Frau sich frühzeitig zum Weinen hinlegt; sonst drückt die Last sie zu schwer.

Ruhig essen können im Schatten eines Lastwagens. Ich tue meine Pflicht, du tust die deine, und nirgends ein Menschenauflauf.

Stille! Stille! Nicht einmal einen Pfirsich entkernen. Vorsichtig ist man, vorsichtig.

Man geht nicht zum Reichen. Man geht nicht zum Gelehrten. Ich Vorsichtige, in den eigenen Ringen Zusammengerollte.

Die Häuser sind Hindernisse. Die Umziehleute sind Hindernisse. Die Tochter der Luft – ein Hindernis.

Rejeter, bousculer, défendre son miel avec son sang, évincer, sacrifier, faire périr . . . Pet parmi les aromates renverse bien des quilles.

Oh, fatigue, effort de ce monde, fatigue universelle, inimitié!

Lorellou, Lorellou, j'ai peur . . . Par moments l'obscurité, par moments les bruissements.

Écoute. J'approche des rumeurs de la Mort.

Tu as éteint toutes mes lampes.

L'air est devenu tout vide. Lorellou.

Mes mains, quelle fumée! Si tu savais . . . Plus de paquets, plus porter, plus pouvoir. Plus rien, petite.

Expérience: misère; qu'il est fou le porte-drapeau!

. . . et il y a toujours le détroit à franchir.

Mes jambes, si tu savais, quelle fumée!

Mais j'ai sans cesse ton visage dans la carriole . . .

Avec une doublure de canari, ils essayaient de me tromper. Mais, moi sans trêve, je disais: «Corbeau! Corbeau!» Ils se sont lassés.

Écoute, je suis plus qu'à moitié dévorée. Je suis trempée comme un égout.

«Pas d'année», dit grand-père, «pas d'année où je vis tant de mouches.» Et il dit la vérité. Il la dit sûrement . . . Riez,

Seinen Honig zurück- und hin- und herwerfen und verteidigen mit seinem Blut, verdrängen, hinopfern, ums Leben bringen ... Furz unter Wohlgerüchen wirft so manchen Kegel um.

O Müdigkeit, Mühe dieser Welt, alles umfassende Müdigkeit, Feindschaft!

Lorellou, ich fürchte mich, Lorellou ... Bisweilen die Finsternis, bisweilen das Rauschen.

Hör zu. Ich nähere mich den Geräuschen des Todes.

Hast alle meine Lampen ausgelöscht.

Ganz leer geworden ist die Luft. Lorellou.

Meine Hände – welch ein Rauch! Wenn du wüßtest ... Keine Pakete mehr, kein Tragen, kein Können. Nichts mehr, Kleines.

Erfahrung: Elend; ist das aber ein Verrückter, der Fahnenträger!

... und immer noch die zu passierende Meeresenge.

Meine Beine, wenn du wüßtest, welch ein Rauch!

Aber dein Gesicht, das habe ich mit im Handwagen, unaufhörlich ...

Mich hinters Licht führen, das wollten sie, mit dem Abklatsch eines Kanarienvogels. Aber ich, ich sagte immerzu: «Rabe du! Rabe!» Bis sie abließen davon.

Hör zu, zerfressen bin ich schon zur Hälfte und drüberhinaus. Und naß durch und durch, abwassernaß.

«Ein solches Fliegenjahr wie dieses jetzt, das erleb ich zum erstenmal», meint Großvater. Und er sagt die Wahrheit. Sagt sie, ganz be-

riez, petits sots, jamais ne comprendrez que de sanglots il me faut pour chaque mot.

Le vieux cygne n'arrive plus à garder son rang sur l'eau.

Il ne lutte plus. Des apparences de lutte seulement.

Non, oui, non. Mais oui, je me plains. Même l'eau soupire en tombant.

Je balbutie, je lape la vase à présent. Tantôt l'esprit du mal, tantôt l'événement... J'écoutais l'ascenseur. Tu te souviens, Lorellou, tu n'arrivais jamais à l'heure.

Forer, forer, étouffer, toujours la glacière-misère. Répit dans la cendre, à peine, à peine; à peine on se souvient.

Entrer dans le noir avec toi, comme c'était doux, Lorellou...

Ces hommes rient. Ils rient.
Ils s'agitent. Au fond, ils ne dépassent pas un grand silence.
Ils disent «là». Ils sont toujours «ici».
Pas fagotés pour arriver.
Ils parlent de Dieu, mais c'est avec leurs feuilles.
Ils ont des plaintes. Mais c'est le vent.
Ils ont peur du désert.

... Dans la poche du froid et toujours la route aux pieds.

Plaisirs de l'Arragale, vous succombez ici. En vain tu te courbes, tu te courbes, son de l'olifant, on est plus bas, plus bas...

Dans le souterrain, les oiseaux volèrent après moi, mais je me retournai et dis: «Non. Ici, souterrain. Et la stupeur est son privilège.»

stimmt. Lacht nur, ihr Dummerchen, ja lacht nur. Was es braucht, um jedes Wort hier zusammenzuschluchzen, das begreift ihr nie.

Alter Schwan auf dem Wasser – er kommt nicht mehr mit.

Kämpft sich nicht mehr zurück. Lauter Als-ob-Kämpfe.

Nein, ja, nein. Ja doch, ich klag und beklag mich. Sogar das Wasser stöhnt im Herabstürzen.

Ich stottre jetzt, ich lecke den Schlamm auf. Bald ist's der Geist des Bösen, bald das Geschehnis ... Ich lauschte zum Aufzug hinüber. Weißt du noch, Lorellou, pünktlich, das warst du nie.

Bohren, bohren, drosseln, der Eisschrank Elend, immerzu. Atempause in der Asche, kaum, kaum; kaum daß man sich erinnert.

Das Ins-Dunkel-Treten mit dir, Lorellou, wie weich das war, du.

Diese Männer da lachen. Sie lachen.
All ihr Hin und Her. Im Grunde kommen sie nicht über ein großes Schweigen hinaus.
«Dort», sagen sie. Und sind stets «hier».
Nicht zum Ankommen herausgeputzt.
Sie reden von Gott, aber mit ihren Blättern.
Haben Klagen. Aber das ist der Wind.
Fürchten sich vor der Wüste.

... Im Kältesack drin, und der Weg unterm Fuß, der Weg.

Ihr Arragal-Freuden, hier ist's um euch geschehn. Umsonst biegst du den Ton herunter, Elfenbeinhorn, hier, da bin ich unten, tiefer, noch tiefer ...

Im unterirdischen Gang, da flogen die Vögel hinter mir her, aber ich wandte mich um und sagte: «Nein. Hier – unterirdischer Gang. Und die Betroffenheit sein Privileg.»

Ainsi je m'avançai seule, d'un pas royal.

Autrefois quand la Terre était solide, je dansais, j'avais confiance. A présent, comment serait-ce possible? On détache un grain de sable et toute la plage s'effondre, tu sais bien.

Fatiguée on pèle du cerveau et on sait qu'on pèle, c'est le plus triste.

Quand le malheur tire son fil, comme il découd, comme il découd!

«Poursuivez le nuage, attrapez-le, mais attrapez-le donc», toute la ville paria, mais je ne pus l'attraper. Oh, je sais, j'aurais pu ... un dernier bond ... mais je n'avais plus le goût. Perdu l'hémisphère, on n'est plus soutenue, on n'a plus le cœur à sauter. On ne trouve plus les gens où ils se mettent. On dit: «Peut-être. Peut-être bien», on cherche seulement à ne pas froisser.

Écoute, je suis l'ombre d'une ombre qui s'est enlisée.

Dans tes doigts, un courant si léger, si rapide, où est-il maintenant, ... où coulaient des étincelles. Les autres ont des mains comme de la terre, comme un enterrement.

Juana, je ne puis rester, je t'assure. J'ai une jambe de bois dans la tire-lire à cause de toi. J'ai le cœur crayeux, les doigts morts à cause de toi.

Petit cœur en balustrade, il fallait me retenir plus tôt. Tu m'as perdu ma solitude. Tu m'as arraché le drap. Tu as mis en fleur mes cicatrices.

Elle a pris mon riz sur mes genoux. Elle a craché sur mes mains.

So kam ich voran, allein, im Königsschritt.

Früher, als die Erde noch fest war, da tanzte ich, da hatte ich Vertrauen. Doch jetzt, wie sollte ich da? Man löst ein Sandkorn heraus, und der ganze Strand fällt auseinander, du weißt's ja.

Müde. Und das Gehirn blättert ab, und man weiß, daß man sich schält, und das ist das traurigste daran.

Wenn das Unglück seinen Faden auszieht, wie's da auftrennt und auftrennt!

«Geh, lauf, fang sie doch, die Wolke, so fang sie doch ein.» Die ganze Stadt ging Wetten ein, aber ich konnte sie nicht erhaschen. Ach ja, ich weiß, ich hätte sie erhaschen können ... Ein allerletzter Sprung ... Aber mir war nicht danach. Wenn da eine die Hemisphäre unter den Füßen verloren hat, dann hat sie keinen Halt mehr, hat nicht mehr das Herz, um zu springen. Findet die Leute nicht mehr da, wo sie sich hinstellen. Sagt: «Vielleicht. Kann gut sein» – sucht bloß, ja niemand zu verletzen.

Hör zu, ich bin der Schatten eines Schattens, der versunken ist im Schlamm.

In deinen Fingern, dieses so leichte, so schnelle Strömen, wo ist es hin ... wo lauter Funken strömten. Die Hände der andern – wie Erde, wie eine Beerdigung.

Juana, ich kann nicht länger hier bleiben, wirklich nicht. Einen Holzfuß hab ich, der steckt in der Sparbüchse, deinetwegen. Und ein kreidiges Herz, und abgestorbene Finger, deinetwegen.

Kleines balustradenförmiges Herz, hättest mich beizeiten zurückhalten sollen. Hast mich um meine Einsamkeit gebracht. Hast mir das Laken fortgerissen. Hast mir die Narben zur Blüte getrieben.

Von meinen Knien genommen hat sie mir meinen Reis. Auf die Hände hat sie mir gespuckt.

Mon lévrier a été mis dans un sac. On a pris la maison, entendez-vous, entendez-vous le bruit qu'elle fit, quand, à la faveur de l'obsurité, ils l'emportèrent, me laissant dans le champ comme une borne. Et je souffris grand froid.

Ils m'étendirent sur l'horizon. Ils ne me laissèrent plus me relever. Ah! Quand on est pris dans l'engrenage du tigre . . .

Des trains sous l'océan, quelle souffrance! Allez, ce n'est plus être au lit, ça. On est princesse ensuite, on l'a mérité.

Je vous le dis, je vous le dis, vraiment là où je suis, je connais aussi la vie. Je la connais. Le cerveau d'une plaie en sait des choses. Il vous voit aussi, allez, et vous juge tous, tant que vous êtes.

Oui, obscur, obscur, oui inquiétude. Sombre semeur. Quelle offrande! Les repères s'enfuient à tire d'aile. Les repères s'enfuient à perte de vue, pour le délire, pour le flot.

Comme ils s'écartent, les continents, comme ils s'écartent pour nous laisser mourir! Nos mains chantant l'agonie se desserrèrent, la défaite aux grandes voiles passa lentement.

Juana! Juana! Si je me souviens . . . Tu sais quand tu disais, tu sais, tu le sais pour nous deux, Juana! Oh! ce départ! Mais pourquoi? Pourquoi? Vide? Vide, vide, angoisse; angoisse, comme un seul grand mât sur la mer.

Hier, hier encore, hier, il y a trois siècles; hier, croquant ma naïve espérance, hier, sa voix de pitié rasant le désespoir, sa tête soudain rejetée en arrière, comme un hanneton renversé sur les élytres, dans un arbre qui subitement s'ébroue

In einen Sack gesteckt hat man meinen Windhund. Fortgenommen hat man mir mein Haus, hört ihr, hört ihr, wie laut es war, als sie's davontrugen im Schutze der Dunkelheit und mich da ließen, auf dem Feld, wie einen Grenzstein. Und große Kälte litt ich.

Auf den Horizont, dahin legten sie mich. Ließen nicht zu, daß ich mich erhob. Oh, wer da einmal dem Tiger ins Gehege kam ...

Züge unterm Ozean, wie schmerzhaft! Laßt gut sein, das ist kein Im-Bett-Liegen mehr. Eine Prinzessin, das ist man nachher, und hat's verdient.

Ich sag's euch, ich sag's euch, da, wo ich bin, auch da erleb ich das Leben. Erleb ich's und kenn ich's. Das Hirn einer Wunde, was das nicht alles weiß. Es sieht euch alle, laßt's gut sein, und beurteilt euch alle, so zahlreich ihr auch sein mögt.

Ja finster und finster, ja Unruh. Dunkler Sämann. Welch eine Opferspende. Die Merkzeichen machen sich davon, flugs waren sie fort. Die Merkzeichen eilen davon, so weit das Auge reicht, wahnhin, fluthin.

Wie sie auseinanderrücken, die Kontinente, wie sie Raum geben, um uns sterben zu lassen! Unsre Hände – beim Singen der Agonie, da entklammerten sie sich; langsam, mit großen Segeln, steuerte die Niederlage hindurch.

Juana! Juana! Ob ich mich erinnre ... Du weißt, wie du damals sagtest, du weißt, du weißt's für uns beide. Juana! O dieser Aufbruch! Doch warum? Warum? Leere? Leere, Leere, Angst. Angst, wie ein einziger großer Mast überm Meer.

Gestern, gestern noch, gestern, vor drei Jahrhunderten; gestern, mit meiner einfältigen Hoffnung unterm Zahn, gestern, ihre Stimme zum Erbarmen nah an der Verzweiflung, ihr jählings zurückgeworfener Kopf, wie ein auf seine Flügeldecken gefallener Maikäfer, in einem Baum, der plötzlich aufschnaubt im Abendwind, ihre Wind-

au vent du soir, ses petits bras d'anémone, aimant sans serrer, volonté comme l'eau tombe . . .

Hier, tu n'avais qu'à étendre un doigt, Juana; pour nous deux, pour tous deux, tu n'avais qu'à étendre un doigt.

Vieillesse

Soirs! Soirs! Que de soirs pour un seul matin!
Ilôts épars, corps de fonte, croûtes!
On s'étend mille dans son lit, fatal déréglage!

Vieillesse, veilleuse, souvenirs: arènes de la mélancolie!
Inutiles agrès, lent déséchafaudage!
Ainsi, déjà, l'on nous congédie!
Poussé! Partir poussé!
Plomb de la descente, brume derrière . . .
Et le blême sillage de n'avoir pas pu Savoir.

Premières Impressions

Ne m'étant pas, enfant, prêté à jouer avec le sable des plages (manque désastreux dont je devais me ressentir toute la vie), il m'est venu, hors d'âge, le désir de jouer et présentement de jouer avec les sons.
Oh! Quelle étrange chose au début, ce courant qui se révèle, cet inattendu liquide, ce passage porteur, en soi, toujours et *qui était*.
On ne reconnaît plus d'entourage (le dur en est parti).
On a cessé de se heurter aux choses. On devient capitaine d'un FLEUVE . . .

röschen-Arme, die liebten und nicht schnürten, Wille wie stürzendes Wasser . . .

Gestern, da brauchtest du nur einen Finger auszustrecken, Juana; für uns zwei, für uns beide, nur einen Finger.

Alter

Abend! Abend! Wieviel Abend für einen Morgen!
Eilande, versprengte, Gußstahlkörper, Krusten!
In tausend Stücken streckt man sich im Bett aus, ekler Wirrwarr!

Alter, Kümmerflamme, Erinnertes: Kampfsand der Trübseligkeit!
Nutzlose Takelei, langwieriges Gerüstabschlagen!
Den Laufpaß also gibt man uns schon jetzt!
Gestoßen! Hinausgestoßen!
Bleierner Abstieg, dahinter Nebel . . .
Und die fahle Kielspur, daß man nicht hat WISSEN können.

Erste Eindrücke

(Auszüge)

Nachdem ich mich als Kind nicht am Spiel mit dem Sand der Strände beteiligt hatte (ein schlimmer Mangel, an dessen Folgen ich ein Leben lang tragen sollte), ist mir, zur Unzeit, das Bedürfnis nach Spiel und gegenwärtig nach einem Spiel mit Klängen gekommen.
Oh! Welch befremdliche Sache am Anfang, diese Strömung, die sich enthüllt, dieses flüssige Unverhoffte, dieses Übergängliche, Tragende, in einem selbst, stets, und *das war.*
Man erkennt keine Umgebung mehr (das Harte ist aus ihr geschwunden).
Man hat aufgehört sich an den Dingen zu stoßen. Man wird Kapitän eines STROMS . . .

On est pris d'une étrange (et dangereuse) propension aux bons sentiments. Tout est pente. Les moyens déjà sont paradis.

On ne trouve pas les freins; ou pas aussi vite qu'on ne trouve le merveilleux . . .

On met en circulation une monnaie d'eau.

Comme une cloche sonnant un malheur, une note, une note n'écoutant qu'elle-même, une note à travers tout, une note basse comme un coup de pied dans le ventre, une note âgée, une note comme une minute qui aurait à percer un siècle, une note tenue à travers le discord des voix, une note comme un avertissement de mort, une note, cette heure durant
m'avertit.

Dans ma musique, il y a beaucoup de silence.
Il y a surtout du silence.
Il y a du silence avant tout qui doit prendre place.
Le silence est ma voix, mon ombre, ma clef . . .
signe sans m'épuiser, qui puise en moi.
Il s'étend, il s'étale, il me boit, il me consomme.
Ma grande sangsue se couche en moi.

*

Quand rien ne vient, il vient toujours du temps,
du temps,
sans haut ni bas,
du temps,
sur moi,
avec moi,
en moi,
par moi,
passant ses arches en moi qui me ronge et attends.

Man wird von einer seltsamen (und gefährlichen) Neigung zu freundlichen Gefühlen erfaßt. Alles ist Hang. Die Mittel sind bereits Paradies.

Man findet die Bremsen nicht; oder nicht so rasch, wie man das Wunderbare findet ...

Man setzt eine Wassermünze in Umlauf.

Wie eine Glocke, die ein Unglück einläutet, ein Ton, ein Ton, der nur sich selber hört, ein Ton durch alles hindurch, ein tiefer Ton, wie ein Fußtritt in den Bauch, ein alter Ton, ein Ton wie eine Minute, die ein Jahrhundert zu durchbohren hätte, ein durch die Disharmonie der Stimmen hindurch ausgehaltener Ton, ein Ton wie eine Todeswarnung, ein Ton, diese Stunde lang,
macht mich aufmerksam.

In meiner Musik ist viel Schweigen,
Es ist vor allem Schweigen darin.
Es ist vorwiegend Schweigen darin, das Platz nehmen muß.
Das Schweigen ist meine Stimme, mein Schatten, mein Schlüssel ... Zeichen ohne mich zu erschöpfen, das in mir schöpft.
Es dehnt sich aus, es breitet sich aus, es trinkt mich, es verzehrt mich.
Mein großer Blutegel legt sich schlafen in mir.

⋆

Wenn nichts kommt, kommt immerhin Zeit,
Zeit,
ohne Höhe und Tiefe,
Zeit,
auf mir,
mit mir,
in mir,
durch mich,
ihre Brückenbogen durchlaufend in mir, der ich mich aufreibe und warte.

Le Temps.
Le Temps.
Je m'ausculte avec le Temps.
Je me tâte.
Je me frappe avec le Temps.
Je me séduis, je m'irrite . . .
Je me trame,
Je me soulève,
Je me transporte,
Je me *frappe* avec le Temps . . .

Oiseau-pic.
Oiseau-pic.
Oiseau-pic.

★

Qu'est-ce que je fais ici?
J'appelle.
J'appelle.
J'appelle.
Je ne sais qui j'appelle.
Qui j'appelle ne sait pas.
J'appelle quelqu'un de faible,
quelqu'un de brisé,
quelqu'un de fier que rien n'a pu briser.
J'appelle.
J'appelle quelqu'un de là-bas,
quelqu'un au loin perdu,
quelqu'un d'un autre monde.
(C'était donc tout mensonge, ma solidité?)
J'appelle.
Devant cet instrument si clair,
ce n'est pas comme ce serait avec ma voix sourde.
Devant cet instrument chantant qui ne me juge pas,
qui ne m'observe pas,
perdant toute honte, j'appelle,
j'appelle,

Die Zeit.
Die Zeit.
Ich höre mich ab mit Hilfe der Zeit.
Ich betaste mich.
Ich schlage mich mit Hilfe der Zeit.
Ich verführe mich, ich errege mich . . .
Ich stifte mich an,
Ich erhebe mich,
Ich verfüge mich,
Ich *schlage* mich mit Hilfe der Zeit . . .

Vogel-Specht.
Vogel-Specht.
Vogel-Specht.

*

Was mache ich hier?
Ich rufe.
Ich rufe.
Ich rufe.
Ich weiß nicht, wen ich rufe.
Wen ich rufe, weiß es nicht.
Ich rufe jemand Schwaches,
jemand Gebrochenes,
jemand Stolzes, den nichts hat brechen können.
Ich rufe.
Ich rufe jemand von dort drüben,
jemand in der Ferne Verlorenes,
jemand aus einer andern Welt.
(So war sie also ganz Lüge, meine Festigkeit?)
Ich rufe.
Vor diesem so klaren Instrument
ist es nicht, wie es mit meiner dumpfen Stimme wäre.
Vor diesem singenden Instrument, das mich nicht richtet,
das mich nicht beobachtet,
alle Scham verlierend, rufe ich,
rufe ich,

j'appelle du fond de la tombe de mon enfance qui boude et
se contracte encore,
du fond de mon désert présent,
j'appelle,
j'appelle.
L'appel m'étonne moi-même.
Quoique ce soit tard, j'appelle.
Pour crever mon plafond sans doute surtout
j'appelle.

★

Pourquoi faut-il aussi que je compose?
Pour briser l'étau peut-être,
pour me noyer peut-être,
pour me noyer sans m'étouffer,
pour me noyer mes piques,
mes distances, mon inaccessible.
Pour noyer le mal,
le mal et les angles des choses,
et l'impératif des choses,
et le dur et le calleux des choses,
et le poids et l'encombrement des choses,
et presque tout des choses,
sauf le passage des choses,
sauf le fluide des choses,
et la couleur et le parfum des choses,
et le touffu et la complicité parfois des choses,
et presque tout de l'homme,
et tellement de la femme,
et beaucoup, beaucoup de tout
et de moi aussi
beaucoup, beaucoup,
beaucoup
... pour que passe enfin mon torrent d'anges.

Peu ici compose.
Tout le contraire,

rufe ich aus der Tiefe des Grabes meiner Kindheit, die noch schmollt
und sich verkrampft,
aus der Tiefe meiner gegenwärtigen Wüste,
rufe ich,
rufe ich.
Der Ruf erstaunt mich selber.
Obwohl es spät ist, rufe ich.
Gewiß vor allem um mein Dach zu sprengen,
rufe ich.

★

Warum ist es aber nötig, daß ich komponiere?
Vielleicht, um die Zwingen zu zerbrechen,
vielleicht um mich zu ertränken,
vielleicht um mich zu ertränken, ohne zu ersticken,
um mir meine Piken zu ertränken,
meine Distanzen, meine Unzugänglichkeit.
Um das Weh zu ertränken,
das Weh und die Ecken der Dinge
und das Herrische der Dinge
und das Harte und Schwielige der Dinge
und das Gewicht der Dinge und ihr Sperriges,
und fast alles an den Dingen,
außer dem Vorüberziehen der Dinge,
außer dem Flüssigen der Dinge,
und die Farbe und den Duft der Dinge
und das Gedrängte und manchmal die Komplizenschaft der
Dinge
und fast alles am Mann
und so vieles an der Frau
und vieles, vieles von allem
und vieles auch von mir,
vieles, vieles,
vieles
... daß endlich mein Engelsturzbach vorüberziehe.

Weniges komponiert hier.
Ganz im Gegenteil,

m'y décompose,
en paix, en fluide, m'y décompose.
Mes pierres, ma dent y décompose,
mon obstiné résistant y décompose
et m'étends,
et m'étends à la peine des autres.
Lâchant tout respect humain,
je calme, je console, je guéris,
je ressuscite la morte,
j'ouvre les portes,
j'avance pour bénir,
je parle au nom de tous.
Arc-en-ciel.
Plus de procès.
Je plante l'arbre à pain.

★

Marquée par la cassure d'un mal profond, une mélodie, qui est mélodie comme un vieux lévrier borgne et rhumatisant est encore un lévrier, une mélodie

Sortie peut-être du drame du microséisme d'une minute ratée dans une après-midi difficile, une mélodie défaite, et retombant sans cesse en défaite

Sans s'élever, une mélodie, mais acharnée aussi à ne pas céder tout à fait, comme retenu par ses racines braquées, le palétuvier bousculé par les eaux

Sans arriver à faire le paon, une mélodie, une mélodie pour moi seul, me confier à moi, éclopée pour m'y reconnaître, sœur en incertitude

Indéfiniment répétée, qui lasserait l'oreille la plus acquiesçante, une mélodie pour radoter entre nous, elle et moi, me libérant de ma vraie bredouillante parole, jamais dite encore

Une mélodie pauvre, pauvre comme il en faudrait au mendiant pour exprimer sans mot dire sa misère et toute la misère autour de lui et tout ce qui répond misère à sa misère, sans l'écouter

es zerlegt mich hier,
in Frieden, in Flüssiges, zerlegt es mich hier.
Meine Steine, meinen Zahn zerlegt es hier,
mein widerstrebendes Hartnäckiges zerlegt es hier
und strecke mich aus
und strecke mich aus zum Kummer der andern.
Alle Furcht vor den Menschen fahren lassend,
beruhige ich, tröste ich, heile ich,
erwecke ich die Tote,
öffne ich die Türen,
schreite ich vorwärts, um zu segnen,
spreche ich im Namen aller.
Regenbogen.
Kein Prozeß mehr.
Ich pflanze den Brotbaum.

★

Von der Bruchstelle eines tiefen Wehs geprägt, eine Melodie, die eine Melodie ist, wie ein alter einäugiger und rheumatischer Windhund noch immer ein Windhund bleibt, eine Melodie
Vielleicht dem Drama des Kleinerdbebens einer verfehlten Minute an einem schwierigen Nachmittag entsprungen, eine aufgelöste Melodie, die unaufhörlich in einer Niederlage herabfällt
Ohne sich zu erheben, eine Melodie, die aber auch darauf versessen ist, nicht ganz nachzugeben, wie der von seinen sich sträubenden Wurzeln zurückgehaltene, von den Wassern bestürmte Mangrovenbaum
Ohne daß es ihr gelänge, das Pfauenrad zu schlagen, eine Melodie, eine Melodie für mich allein, um mich mir selber anzuvertrauen, fußkrank, um mich in ihr wiederzuerkennen, Schwester in der Ungewißheit
Unendlich wiederholt, die das willigste Ohr verdrösse, eine Melodie, dazu da, zwischen uns, ihr und mir, zu schwafeln, mich von meinem wahren brabbelnden Wort befreiend, dem noch nie ausgesprochenen
Eine arme Melodie, arm wie der Bettler eine haben müßte, um wortlos sein Elend auszudrücken und alles Elend rings um ihn und alles, was mit Elend sein Elend beantwortet, ohne auf ihn zu hören

Comme un appel au suicide, comme un suicide commencé, comme un retour toujours au seul recours: le suicide, une mélodie
Une mélodie de rechutes, mélodie pour gagner du temps, pour fasciner le serpent, tandis que le front inlassé cherche toujours, vainement, son Orient
Une mélodie . . .

Le jour, les jours, la fin des jours

. . . .
Sans qu'ils parlent, lapidé par leurs pensées

Encore un jour de moindre niveau. Gestes sans ombres
A quel siècle faut-il se pencher pour s'apercevoir?

Fougères, fougères, on dirait des soupirs, partout, des soupirs
Le vent éparpille les feuilles détachées

Force des brancards, il y a dix huit cent mille ans on naissait
déjà pour pourrir, pour périr, pour souffrir

Ce jour, on en a déjà eu de pareils
quantité de pareils

jour où le vent s'engouffre
jour aux pensées insoutenables

Je vois les hommes immobiles
couchés dans des chalands

Partir.
De toute façon partir.

Le long couteau du flot de l'eau arrêtera la parole.

Wie ein Aufruf zum Selbstmord, wie ein begonnener Selbstmord, wie eine Rückkehr stets zur selben Zuflucht: dem Selbstmord, eine Melodie
Eine Melodie der Rückfälle, eine Melodie um Zeit zu gewinnen, um die Schlange zu bezaubern, während die unermüdete Stirn immer, vergeblich, ihren Orient sucht
Eine Melodie . . .

Der Tag, die Tage, das Ende der Tage

. . . .
Ohne daß sie redeten, gesteinigt von ihren Gedanken

Noch ein Tag von der geringeren Art. Schattenlose Gebärden
An welches Jahrhundert soll man sich lehnen, um wahrzunehmen?

Farn, Farn, als wären es Seufzer, überall
Der Wind zerstreut die losgelösten Blätter

Stärke der Tragbahren, schon vor achtzehnhunderttausend Jahren
kam man zur Welt, um zu faulen, zu vergehen, zu leiden

Dieser Tag, man hat schon solche gehabt
viele solche

Tag, wo der Wind sich fängt
Tag der nicht auszuhaltenden Gedanken

Ich sehe die Menschen unbeweglich
in flachen Kähnen liegen

Fortgehn.
In jedem Fall fortgehn.

Das lange Messer der Flut wird das Wort aufhalten.

Pierre Jean Jouve

Soleil couchant

Sur les flèches de ces beaux pays humides
Les forêts des massifs rayons et verts
Se glissaient dans les pays des hommes, les
Éloignements montagneux et tous les fonds
Couverts de lacs entrelacés de cimes;
Ainsi se rassemblait celui qui regardait
De très haut, la chaleur étant d'or.
On voyait au tournant
Deux filles de Virgile
Qui devisaient sur les gazons avec la bouche
Et l'une
Solitaire et la plus belle
Noire inconsciente elle montrait au voyageur
Le triangle de ses ombres.
Sans pudeur paraissaient les vampires du vent
La terre se tournait et cachait sa figure,
Vieille qui relève son manteau.

Monde sensible

L'âme est seule au-dessus du monde bleu
De la terre belle et animale, sans espace.

Un jour la terre en mouvement
Avec les tons, les brises, l'odeur du sexe et les saisons
Et les rires qui comme paroles ne reviennent plus

Et les arbres dont le bord est majestueux
Et sous la chaleur immense les efforts
Du passager ou voyageur,

Untergehende Sonne

Auf den Pfeilen dieser schönen feuchten Länder
Schlichen sich die Wälder der massiven Strahlen und der grünen
In die Länder der Menschen, die
Gebirgigen Entfernungen und alle die Gründe,
Bedeckt mit Seen, die von Wipfeln durchflochten sind;
So sammelte sich jener, der von hoch oben
Schaute, und die Wärme war aus Gold.
An der Wegbiegung sah man
Zwei Töchter Vergils,
Die auf dem Rasen plauderten mit ihrem Munde
Und die eine,
Einsam und die schönste,
Schwarz, unbewußt zeigte sie dem Wanderer
Das Dreieck ihrer Schatten.
Ohne Scham erschienen die Vampire des Windes,
Die Erde drehte sich und verbarg ihr Gesicht,
Eine Alte, die ihren Mantel hochzieht.

Sinnliche Welt

Die Seele ist allein über der blauen Welt
Der schönen und tierischen Erde, raumlos.

Den einen Tag gilt die Erde in Bewegung [den Jahreszeiten,
Mit den Tönen, den Winden, dem Geruch des Geschlechts und
Gilt das Lachen, das wie die Worte nicht wiederkehrt

Und die majestätisch ausladenden Bäume
Und unter der ungeheuren Hitze die Mühsal
Des Wanderers oder Reisenden,

Ne sont rien à l'âme obscure et qui se meut
Vers un autre pouvoir et vers une autre touche
D'adoration

A l'intérieur de son aveugle ressort;
mais d'autres jours
Tout est un, et un en un, et tout en un
Et un en Dieu
Et Dieu présent dans le tronc d'arbre mort.

Cerf de la nuit

Si vous cherchez le cerf, il faut vous recueillir
Pelotonné dans la chaleur de l'unité
Secrètement à genoux avant l'aube
Sans haleine dans l'épaisseur des montagnes

Être anxieux, subtil, et terrible et rusé
Prêt à tout, nécessaire
Et doux comme une femme
C'est donc entrer nu dans votre destinée,

Votre destinée traîne la destinée
De la bête inouïe de la bête invisible
De la bête qui ne paraît pas la première
Dans les espaces pleins d'hostilité,

Votre âme ce chasseur maudit
Est sortie pour lier très loin l'âme du cerf
Bien avant qu'il soit, et l'âme de la bête
Bien avant que vous évente sa narine.

Lutte pour échapper, quand le sursaut divin
Occupe le roc invisible!
Bataille subtile habile de vos désirs
Qui ne trouvera fin que dans la balle,

Gilt dies nichts der dunklen Seele
Die einem anderen Können sich zubewegt und einer anderen
Taste der Anbetung

Im Innern ihres blinden Getriebes;
an anderen Tagen
Aber ist alles eins, und eins in einem, und alles in einem
Und eins in Gott
Und Gott gegenwärtig in einem toten Baumstumpf.

Hirsch der Nacht

Suchst du den Hirsch, mußt du dich sammeln
Eingeschmiegt in die Wärme der Einheit
Heimlich auf Knieen vor Tag
Atemlos in der Enge der Berge

Mußt bangen, behend sein, schrecklich und voller List
Bereit zu allem, nötig
Und sanft wie ein Weib
Heißt also nackt dein Schicksal betreten,

Dein Schicksal lockt das Schicksal nach
Des unerhörten, des unsichtbaren Tiers
Des Tieres das nicht als erstes erscheint
In den Räumen voll Feindschaft,

Deine Seele dieser verfluchte Jäger
Zog aus, sehr fern die Seele des Hirschen zu binden
Noch ehe er ist, und die Seele des Tiers
Noch eh seine Nüster dich wittert.

Kampf, zu entrinnen, wenn der göttliche Aufsprung
Den unsichtbaren Fels behauptet!
Schlacht, wendig und behende, deiner Begierden
Die anders kein Ende nimmt als in der Kugel,

Et parvenu au point mystérieux et finalement
La balle ce sera votre ultime désir
Et tout votre destin
Projeté dans le sublime destin du cerf

Tandis que le sang très sombrement vous récompense.

Les Masques

C'est alors sous les arbres clairs de la colère
Qu'ils se sont mélangés touchés entre-blessés.
Un peu de mort s'est déposée
Toujours sur la bouche qui s'ouvre
Et la clarté chaude accoucheuse de ciel
S'est vue fendue d'une lézarde verte indécise
Comme sur ces visages incarnats des traces de vers
Qui dévorent l'immobilité de l'avenir
Et que la beauté devant la glace noire
Efface d'un doigt coupable et acharné.

La Putain de Barcelone

Ose entrer après moi dans ces portes claquantes
Où suffit la cheville ardente d'un regard
La grotte brune avec le parfum du volcan
T'attend parmi mes jambes

Je suis la communiante des poils noirs
Le regard inhumain les soleils hébétés
J'ai traversé vingt fois sous un homme la mer
Le sol gras de la mer et le bleu et les moires

Ton membre de lumière mes globes de malheur
Et l'œil couché sous une bouche décorée
Ce sont là mes plaisirs mes vents mon désespoir.

Und angelangt auf dem geheimen Punkt und endlich
Die Kugel, sie wird deine letzte Begierde sein
Und dein ganzes Geschick
Eingezielt in das erhabene Schicksal des Hirsches

Indes das Blut sehr düster dir lohnt.

Die Masken

Und unter den lichten Bäumen des Zornes dann
Haben sie sich vermischt berührt eins das andre verwundet.
Ein wenig Tod hat sich abgelagert
Immer auf dem Mund der sich auftut
Und die heiße Helle die etwas Himmel entbindet
Sah sich undeutlich gespalten von einem grünen Riß
Wie auf jenen rotglühenden Gesichtern die Spuren der Würmer
Die die Reglosigkeit der Zukunft verzehren
Und die die Schönheit vor dem schwarzen Spiegel
Mit schuldigem Finger erbittert tilgt.

Die Hure von Barcelona

Wage hinter mir einzutreten durch diese schlagenden Türen
Wo der glühende Pflock eines Blickes genügt
Die braune Grotte im Duft des Vulkans
Erwartet dich zwischen meinen Beinen

Ich bin die Kommunikantin des schwarzen Flaums
Unmenschlicher Blick, betäubte Sonnen
Zwanzigmal unter einem Manne hab ich das Meer durchfahren
Den fetten Meeresgrund und das Blaue und Schillernde

Dein Glied aus Licht, meine Globen aus Unglück
Und das Auge unter verziertem Mund
Das sind meine Lüste meine Winde meine Verzweiflung.

Une ombre te retient l'univers te soutient
Client! Nous deux épouvantés en un
Paraissons une fois sur l'éternité noire.

MORT SEULE dignité promise à ce temps d'hommes
Mort allongée dans la majesté pure
Je vois en toi l'espoir la paternelle norme
D'éternité, le sourire d'ange et l'azur,

Lisbé dort. Mon ami de Chartres s'endort.
Ils sont libres! en défiant l'ordure née,
Par le Rien absolu et la paix des cyprès
Le merveilleux sourire immuable et discord.

Quiconque est revenu des pâles asphodèles
Sait que la mort est douce et chaude de prunelle
Remplie de liberté tranquille;
Que la peste ou la guerre ont fait son cœur sourire

Qu'elle est humaine
Et contemplante à la robe divine
Et pendant tout le jour d'expiation blanc
Fait vivre avec lenteur un nouveau firmament.

Adieu

De longues lignes de tristesse et de brouillard
Ouvrent de tous côtés cette plaine sans fin
Où les monts s'évaporent puis reprennent
A des hauteurs que ne touche plus le regard:
Là où nous sommes arrivés, donne ta main,

Puis aux saules plus écroulés que nos silences
A l'herbe de l'été que détruisent tes pieds
Dis un mot sans raison profère un vrai poème,
Laisse que je caresse enfin tes cheveux morts
Car la mort vient roulant pour nous ses tambours loin,

Ein Schatten hält dich an, es trägt die Welt dich
Kunde! Wir beide in eins geschreckt
Erscheinen einmal auf der schwarzen Ewigkeit.

Tod einzige dieser Menschenzeit verheißene Würde,
Tod ausgestreckt in reiner Erhabenheit,
Ich sehe in dir die Hoffnung, das väterliche Maß
Von Ewigkeit, das engelhafte Lächeln und das Himmelsblau

Lisbé schläft. Mein Freund aus Chartres schläft ein.
Sie sind frei! dem geborenen Unrat trotzend,
Durch das absolute Nichts und den Frieden der Zypressen,
Das wunderbare Lächeln, unveränderlich und verstimmt.

Wer immer von den blassen Asphodelen zurückkam,
Weiß, daß der Tod sanft ist und seine Pupille warm,
Daß er von stiller Freiheit erfüllt ist;
Daß über die Pest oder den Krieg sein Herz lächelte,

Daß er menschlich ist
Und beschauend in seinem göttlichen Kleid
Und während des ganzen weißen Sühnetags
In Ruhe ein neues Firmament am Leben hält.

Lebwohl

Lange Linien der Trauer und des Nebels
Eröffnen allseits diese endlose Ebene
Wo die Berge verdunsten, dann enttauchen
In Höhen die der Blick nicht mehr berührt:
Dort wo wir angekommen sind, gib mir die Hand,

Dann bei den Weiden, verwitterter als unser Schweigen
Dem Sommergras, das deine Füße zerstören
Sprich ein sinnloses Wort, sage ein wahres Gedicht,
Dulde daß ich dir endlich deine toten Haare streichle
Denn der Tod naht, er rührt für uns seine Trommeln fern

Laisse que je retouche entièrement ton corps
Dans son vallon ou plage extrême fleur du temps
Que je plie un genou devant ta brune erreur
Ta beauté ton parfum défunt près du départ
Adorant ton défaut ton vice et ton caprice
Adorant ton abîme noir sans firmament.

Laisse ô déjà perdue, et que je te bénisse
Pour tous les maux par où tu m'as appris l'amour
Par tous les mots en quoi tu m'as appris le chant.

TOUJOURS PLUS SOBREMENT nous fermer dans l'histoire
De nous-même, en trouvant le rutilant secret
D'y respirer toujours sagesse des montagnes
L'air propre de cascade et funèbre forêt;

Puisque nous découvrons un monde les premiers
Le monde: plus géant que la masse océane
Plus obscur que les nébuleuses du dragon
Plus terrible que l'entrechoquement des règnes,

Le monde intérieur de la sainte terreur,
Demain peut-être, l'intérieur de la mort.

Rêve

Établi sur le cœur un sphinx à longs cheveux
Te fait mal assombri sombrant la forme altière
Gonflement de désir sexe pourpre des dieux
Surgi bas dans tes seins épris de la lumière;

Tu perds cœur de te voir visiblement détruit
Mais le monstre se joue en roses de tes pleurs:
Et c'est un escalier qu'un nul effort gravit
Dessous dessus le brouillard jaune des douleurs.

Dulde daß ich ganz wieder deinen Leib dir berühre
In seinem Tal oder Strand letzte Blume der Zeit
Daß ich ein Knie vor deinem braunen Irrtum beuge
Vor deiner Schöne deinem welken Duft im Scheiden
Anbetend deinen Makel dein Laster und deine Laune
Anbetend deinen schwarzen sternenlosen Abgrund.

Dulde es o schon Verlorene, und daß ich dich segne
Für alle Leiden durch welche du mich die Liebe gelehrt
Mit allen Worten darin du mich zu singen gelehrt.

Immer karger sich verschließen in der eigenen
Geschichte, das glühende Geheimnis entdecken
Dort immer Weisheit der Berge zu atmen
Die reine Luft des Wasserfalls und düsteren Wald;

Weil wir die ersten eine Welt entdecken
Die Welt: gewaltiger als die ozeanische Masse
Dunkler als die Sternhaufen des Drachens
Schrecklicher als der Zusammenprall der Reiche.

Die innere Welt des heiligen Schreckens,
Morgen vielleicht, das Innere des Todes.

Traum

Dir auf dem Herzen hockend, strähnig, macht ein Sphinx
Dir Pein, verfinstert, und die stolze Form versinkt
Begierde schwillt purpurnes Zeugungsteil der Götter
Tief unten wächst im Busen, der nach Licht verlangt;

Dein Herz verzagt, wie du dich sichtbarlich zerstört siehst
Das Untier aber höhnt mit Rosen deine Tränen:
Und eine Treppe ist dies, mühelos erklommen
Hinauf hinab im gelben Nebel deiner Schmerzen.

Gustave Roud

Encrier renversé

tous mes morts vont flairer

ce sang noir
O caverne d'os au creux de mes deux mains dégorge cette foule qui se lève en silence et piétine ma pensée

Ils vivent ils vivent ils

jaillissent de l'âcre odeur
Mais ma lampe saura les dévorer et tous ceux qui triompheront de sa lumière je dessine ici le lacs magique de leur capture pour toujours

Bain d'un faucheur

Un dimanche sans faux comblé de cloches pures
Ouvre à ton corps brûlé la gorge de fraîcheur
Fumante, fleuve d'air aux mouvantes verdures
Où tu descends, battu de branches et d'odeurs.

Ce tumulte de lait dans la pierre profonde
De quel bouillonnement va-t-il enfin briser
L'âpre bond de ta chair ravie au linge immonde
Vers une étreinte d'eau plus dure qu'un baiser!

Là-haut sous le soleil, au flanc des franges d'ombre,
Lèvres béantes, lourds de ton noir alcool,
Sommeil! les moissonneurs te livrent leurs bras sombres
Et gisent à jamais crucifiés au sol.

Paix à ce lent troupeau de forces dénouées!
Qu'il goûte son repos sous l'aile des vergers!
Mais la dérision de ces faces trouées,
Cet amoncellement de brebis sans berger,

Umgestossenes Tintenfaß

alle meine Toten werden an diesem schwarzen Blut riechen
O Knochenhöhle in der Mulde meiner beiden Hände schwemme diese Menge hinweg, die sich schweigend erhebt und meine Gedanken zertritt

Sie leben sie leben sie quellen aus dem scharfen Geruch hervor
Aber meine Lampe wird sie zu verzehren wissen und alle die ihr Licht besiegen wollen – ich zeichne hier die Zauberschlinge ihres Fangs für immer

Das Bad eines Mähers

Ein Sonntag sensenlos mit Tönen reiner Glocken,
Für den versengten Leib eröffnet er die Kluft,
Wo Kühle dampft; Luftstrom, durchregt von grünen Flocken,
In den du steigst, gepeitscht von Zweigen und von Duft.

Und solcher Milchtumult in dieser Felsenbresche,
Ob denn sein Ungestüm nicht endlich brechen muß
Den scharfen Sprung des Leibs, befreit vom Schmutz der Wäsche,
Zum Wasser, das umarmt, viel härter als ein Kuß!

Unter der Sonne, dort, am Hang der Schattenstreifen,
Beschwert von Alkohol, die Lippen weit gespalten,
Die Schnitter nach dir, Schlaf, mit dunklen Armen greifen,
Die wie Gekreuzigte am Boden festgehalten.

Habt Frieden, träge Herde, Kräfte, die entschnürt!
Die unter Gärten ruhn wie unter einem Flügel.
Doch wenn duchlöcherten Gesichtern Spott gebührt,
Ein hirtenlos aus Lämmern aufgehäufter Hügel,

Cette acceptation d'esclaves, tu les nies,
O corps agenouillé sur le sable de sel
Dans le frémissement des feuilles infinies
Et les tonnants éclats du fleuve temporel!

Tu n'es plus le faucheur qui rêve de rosées
En regardant saigner le sang des poings mordus
Par la paille et l'épi des gerbes embrasées . . .
Retrouve sans frisson ton empire perdu!

Quel suspens, quelle attente attiraient ta venue!
Quel chœur mélodieux de l'azur et des eaux
Jette comme une offrande à ton épaule nue
Des averses de ciel, des orages d'oiseaux,

Des cris de fleurs, des éclairs d'écume, et ce baume
Que les troncs déchirés pleurent dans la forêt!
Délivre ta chair fauve au cœur de ton royaume!
Laisse adorer ton sang tout un peuple secret!

Et quand tu surgiras de ces noces étranges
Où la vague devient l'épouse et le tombeau,
Donne au soleil du soir sa suprême vendange!
Qu'il boive ce regard! Qu'il brûle cette peau

Pacifiée, ô frère, et pose à ta poitrine,
Comme un oiseau perdu pris au miel du crin d'or,
Comme un oiseau jailli du piège des collines,
Sa douce main de feu qui désarme la mort.

PARFOIS JE REDESCENDS vers le bosquet riverain de sapins et de frênes où ma vie a reçu jadis sa secrète blessure d'éternité. Je retrouve un lieu sans mémoire, absent et familier tout ensemble, et prodigue d'une telle douceur d'accueil que je n'ose plus l'interroger, comme un hôte dont la parole s'embarrasse. Sous l'arc des aulnes, le ruisseau brise et brouille aux pierres noyées toute une écume

Verneinst du, daß sich diese Sklaven dir ergeben,
O Leib, der in dem Salz des Sandes hingekniet,
In der Unendlichkeit der Blätter, ihrem Beben
Und in dem Donnerbraus, in dem der Zeitstrom flieht.

Nicht mehr bist du der Schnitter, dem von Tau geträumt,
Wenn er durch Stroh und Ähren der versengten Garben
Geritzte Faust besieht, die sich im Bluten bäumt . . .
Find ohne Zagen deine Herrschaft, die dir starb!

Welch Zögern, welches Harren, deines Kommens wegen!
Und Melodien, Chor aus Himmeln und aus Flüssen,
Auf deine nackten Schultern eine Gabe legen
Aus Vogelungewittern und aus Himmelsgüssen,

Aus Blumenschrei, aus Blitzesschaum, aus öligem Saft,
Den die zerfetzten Strünke in die Wälder weinen!
Befrei im Herzen deines Reichs des Leibes Kraft!
Laß sich ein ganzes Volk, dein Blut anbetend, einen!

Und wenn du spät entsteigst aus dieser Liebeswonne,
Wo dir die Welle wird zum Grab, zugleich zur Braut,
So spende ihre letzte Frucht der Abendsonne!
Sie trinke diesen Blick! Sie brenne diese Haut,

Befriedete, leg, Bruder, auf die Brust die Hand,
Ein Vogel, der sich in dem Honighaar verirrt,
Ein Vogel, aus der Hügel Haft emporgeschwirrt,
Die sanfte Feuerhand, die sich dem Tod entwand.

Manchmal steige ich wieder zum Ufergebüsch der Tannen und Eschen hinab, wo mein Leben einst seine heimliche Ewigkeitswunde empfing. Ich finde den Ort wieder, der keine Erinnerung kennt, der zugleich abwesend und vertraut ist und von dem eine solche Süße des Empfangs ausgeht, daß ich ihn nicht mehr zu befragen wage, als wäre ich ein Gast, dessen Worte sich verwirren. Unter dem Bogen der Erlen bricht der Bach an den ertränkten Steinen und

de syllabes, se reprend soudain avec d'étranges rires de gorge, change de voix et de reflets, double au miroir d'une seconde l'épi rose d'un épilobe, puis détaille distinctement une phrase si proche de l'humain que je m'épuise à la vouloir saisir, tandis qu'à mon épaule grésille une petite pluie d'aiguilles et d'écorces, la salutation là-haut d'un écureuil.

Vains retours, et de tous le plus vain celui d'aujourd'hui peut-être. Mais il fallait reprendre le chemin. Je n'en pouvais, je n'en puis plus de cerner en moi ce mystère où tout inexorablement me renfonce. Tu le sais: au centre de ma vie, il y a cette faille, cette transparence, ce suspens indicible sur quoi se fixent, fascinés, mon regard et ma pensée. Un jour, je fus admis vivant à l'éternel.

Ici même, dans cet espace innocent d'eaux vives, de feuillages et d'oiseaux si vite rassurés. L'éternel n'est pas une Terre promise à la pointe extrême d'un chemin de sueurs et de larmes, et nul n'en pourrait forcer l'accès par quelque intrusion frauduleuse, puisque nous sommes *en lui*. La connaissance qu'une grâce nous en accorde est brutale comme un rapt. C'est *lui* qui entre en nous dans un tremblement foncier, irrépressible de tout l'être; notre cécité nous est arrachée d'un coup, comme la taie d'un œil tari. Celle du corps, celle du cœur, et la voix de nos morts s'élève aussitôt dans une ample et soudaine plénitude. Non plus vos anciens appels épeurés, toujours plus proches du silence, mais l'hymne triomphal mystérieusement accordé à celui du sang, ce sang que j'entends et *vois* couler comme une sève mystique en chaque veine du monde.

Oui, j'ai été cet homme traversé. Les doigts noués au mince tronc d'un frêne adolescent (j'en sens encore la lisse fraîcheur à mes paumes), j'ai soutenu de tout mon corps l'irruption de l'éternel, j'ai subi l'assaut de l'ineffable, j'ai vu la vraie lumière, la même, baigner toutes ces choses périssables autour de moi, leur infuser une splendeur de symphonie ...

mischt um sie einen ganzen Silbenschaum, ehe er sich plötzlich mit seltsamem Lachen, das aus der Kehle dringt, auffängt, seine Stimme und seine Spiegelungen ändert und im Sekundenwiderschein die rosa Ähre eines Weidenröschens verdoppelt, wonach er deutlich einen Satz sagt, der dem Menschlichen so nahe kommt, daß ich mich abmühe, ihn zu erfassen, während an meiner Schulter ein kleiner Regen von Nadeln und Rinden knistert, der Gruß eines Eichhörnchens von dort oben.

Vergebliche Rückkehr, und von allen die vergeblichste vielleicht die von heute. Aber es galt, diesen Weg wieder aufzunehmen. Ich konnte nicht mehr, ich kann nicht mehr dieses Geheimnis in mir ausmachen, in das mich unerbittlich alles zurücktaucht. Du weißt es: im Mittelpunkt meines Lebens gibt es diesen Riß, diese Transparenz, dieses unsagbare Schweben, auf das gebannt sich mein Blick und mein Gedanke richten. Eines Tages wurde ich als Lebender in die Ewigkeit eingelassen.

Hier, genau hier, in diesen unschuldigen Raum voll fließenden Wassers, voll Blätter und Vögel, die sich so rasch beruhigt fanden. Die Ewigkeit ist kein am äußersten Ende eines Pfades von Schweiß und Tränen verheißenes Land, und keiner könnte sich den Zutritt frevelhaft erschleichen, da wir ja *in ihr* wohnen. Die Erkenntnis davon, die eine Gnade uns gewährt, ist brutal wie ein Raub. *Sie* ist es, die in uns einbricht, in einem tiefen, unabwendbaren Beben unseres ganzen Wesens; unsere Blindheit wird uns mit einem Schlag entrissen, wie die Hornhaut eines vertrockneten Auges. Die des Leibes, die des Herzens, und die Stimme unserer Toten erhebt sich sogleich in einer weiten und plötzlichen Fülle. Nicht mehr eure alten furchtsamen Rufe, immer näher dem Schweigen, sondern die sieghafte Hymne, geheimnisvoll auf die des Blutes abgestimmt, jenes Blutes, das ich fließen höre und *sehe* wie einen mystischen Saft in jeder Ader der Welt.

Ja, ich war dieser durchflutete Mensch. Die Finger um den schmalen Stamm einer jungen Esche geschlungen (noch spüre ich seine glatte Kühle an meinen Handflächen), habe ich mit meinem ganzen Leib den Einbruch des Ewigen ausgehalten, habe ich den Ansturm des Unaussprechlichen ertragen, habe ich das wahre Licht gesehen, das gleiche, um alle sterblichen Dinge um mich ergossen, ihnen einen symphonischen Glanz spendend . . .

Depuis, un *jamais plus* silencieux a lentement pris possession du site. A chaque retour, j'y ai senti le temps aux aguets, soucieux de venger sa défaite d'un jour en multipliant les mirages, éludant par mille artifices les seules questions qui me reviennent toujours aux lèvres: «Qui l'a voulu, pourquoi?» Sur son ordre, tout a rejoint sa plus quotidienne ressemblance et la soutient sans défaut, tout, jusqu'à la plume de ramier perdue, jusqu'à l'ombre d'une graminée sur le sentier. Mais l'espérance est têtue et crédule. C'est elle, à travers tant d'années, qui n'a cessé de me ramener ici vers une quête sans réponse. Elle m'arrache au désarroi, elle innocente les êtres et les choses de leur naïve feinte. *Le temps les force à mentir,* me souffle-t-elle, *ils imitent l'oubli, mais tu le sens, eux aussi se souviennent de cette lumière; ne les abandonne pas!*

J'obéis. Je retourne au pied du frêne d'autrefois. Je salue le large fût, la couronne de feuilles légères et de mésanges. Une fois encore, je caresse doucement l'écorce aux profondes gerçures, toute tigrée de mousse et de lichens. Et j'épie en vain pendant des heures sur la colonne qui se veut plus insensible que la mort l'apparition miséricordieuse d'un signe, d'un souvenir, du reflet d'un reflet, une touche de soleil un peu trop vive, la tache d'or que l'ombre n'abolirait plus.

Seitdem hat sich ein stummes *Niemalswieder* langsam dieses Orts bemächtigt. Bei jeder Rückkehr habe ich die Zeit auf der Lauer gefunden, begierig, ihre Niederlage jenes Tages zu rächen, indem sie die Täuschungen häufte und mit tausend Ränken die einzigen Fragen verdrängte, die mir stets von neuem auf die Lippen kommen: «Wer hat es gewollt, und warum?» Auf ihren Befehl hin hat alles seine alltäglichste Ähnlichkeit wiedererlangt und hält sie ohne Fehl durch, alles, selbst die verlorene Feder einer Ringeltaube, selbst der Schatten eines Grases auf dem Pfade. Aber die Hoffnung ist starr und leichtgläubig. Sie ist es, die in so vielen Jahren nie aufgehört hat, mich hier zu einer Suche ohne Antwort zurückzuführen. Sie entreißt mich der Verzweiflung, sie befreit die Wesen und die Dinge von der Schuld naiver Verstellung. *Die Zeit zwingt sie zum Lügen,* flüstert sie mir zu, *sie ahmen das Vergessen nach, aber du merkst es, sie auch erinnern sich an dieses Licht; verlasse sie nicht!*

Ich gehorche. Ich kehre zum Fuß jener Esche von damals zurück. Ich grüße den breiten Schaft, die Krone mit den leichten Blättern und den Meisen. Noch einmal streichle ich die Rinde mit den tiefen Rissen, die von Moos und Flechten ganz getigert ist. Und ich spähe vergeblich während Stunden auf der Säule, die sich fühlloser als der Tod gibt, nach der barmherzigen Erscheinung eines Zeichens, einer Erinnerung, der Spiegelung einer Spiegelung, nach einer etwas zu starken Sonnentönung, nach dem goldenen Fleck, den der Schatten nicht mehr vernichten könnte.

René Char

Le Loriot

3 septembre 1939

Le loriot entra dans la capitale de l'aube.
L'épée de son chant ferma le lit triste.
Tout à jamais prit fin.

Évadné

L'été et notre vie étions d'un seul tenant
La campagne mangeait la couleur de ta jupe odorante
Avidité et contrainte s'étaient réconciliées
Le château de Maubec s'enfonçait dans l'argile
Bientôt s'effondrerait le roulis de sa lyre
La violence des plantes nous faisait vaciller
Un corbeau rameur sombre déviant de l'escadre
Sur le muet silex de midi écartelé
Accompagnait notre entente aux mouvements tendres
La faucille partout devait se reposer
Notre rareté commençait un règne
(Le vent insomnieux qui nous ride la paupière
En tournant chaque nuit la page consentie
Veut que chaque part de toi que je retienne
Soit étendue à un pays d'âge affamé et de larmier géant)

C'était au début d'adorables années
La terre nous aimait un peu je me souviens.

Der Pirol

3. September 1939

Der Pirol flog ein in die Hauptstadt der Morgendämmerung.
Das Schwert seines Liedes schloß das traurige Bett.
Alles war aus für immer.

Evadne

Der Sommer und unser Leben wir waren aus einem Guß
Das Feld aß die Farbe deines duftenden Rockes
Gier und Zwang vertrugen sich wieder
Das Schloß Maubec sank in den Lehm
Gleich müßte das Wogen seiner Leier verfallen
Gewaltsame Pflanzen machten uns wanken
Ein Rabe dunkler Ruderer der vom Geschwader abkam
Auf dem stummen Kiesel des gevierteilten Mittags
Begleitete unsere sanft bewegliche Harmonie
Die Sichel müßte überall ausruhn
Unsere Seltenheit stieg auf den Thron
(Der schlaflose Wind der die Lider uns runzelt
Und jede Nacht die genehmigte Seite wendet
Will daß jede Faser von dir die ich zurückhalten möchte
Sich ausbreite auf ein Land in magerer Zeit mit riesigem
Tränensack)

Das war am Anfang glorreicher Jahre
Ein wenig liebte die Erde uns ich erinnere mich.

Crayon du prisonnier

Un amour dont la bouche est un bouquet de brumes,
Éclôt et disparaît.
Un chasseur va le suivre, un guetteur l'apprenda,
Et ils se haïront tous deux, puis, ils se maudiront tous trois.
Il gèle au dehors, la feuille passe à travers l'arbre.

Cur secessisti?

Neige, caprice d'enfant, soleil qui n'a que l'hiver pour devenir un astre, au seuil de mon cachot de pierre, venez vous abriter. Sur les pentes d'Aulan, mes fils qui sont incendiaires, mes fils qu'on tue sans leur fermer les yeux, s'augmentent de votre puissance.

Cette fumée qui nous portait

Cette fumée qui nous portait était sœur du bâton qui dérange la pierre et du nuage qui ouvre le ciel. Elle n'avait pas mépris de nous, nous prenait tels que nous étions, minces ruisseaux nourris de désarroi et d'espérance, avec un verrou aux mâchoires et une montagne dans le regard.

La Patience

Le Moulin

Un bruit long qui sort par le toit;
Des hirondelles toujours blanches;
Le grain qui saute, l'eau qui broie,
Et l'enclos où l'amour se risque,
Étincelle et marque le pas.

Skizze des Gefangenen

Eine Liebe, deren Mund ein Nebelstrauß ist,
Blüht auf und schwindet.
Ein Jäger verfolgt sie, ein Späher wird sie erkennen,
Und sie werden sich hassen, alle beide, dann sich verfluchen, alle drei.
Draußen friert's, das Blatt sinkt herab durch den Baum.

Cur secessisti?

Schnee, Kinderlaune, Sonne, die nur den Winter hat, um ein Gestirn zu werden, an der Schwelle meines steinernen Verlieses, kommt und sucht Obdach! Auf den Hängen von Aulan werden meine Söhne, die Brandstifter sind, meine Söhne, die man umbringt, ohne ihnen die Augen zu schließen, um eure Macht reicher.

Dieser Rauch, der uns trug

Dieser Rauch, der uns trug, war der Bruder des Stocks, der den Stein wegrückt, und der Wolke, die den Himmel öffnet. Er hatte keine Verachtung für uns, nahm uns so, wie wir waren, schmale Bäche, von Verzagtheit und Hoffnung gespeist, mit einem Riegel am Kiefer und einem Berg im Blick.

Die Geduld

Die Mühle

Ein langes Rauschen, das aus dem Dach dringt;
Schwalben, die immer weiß sind;
Das springende Korn, das zermalmende Wasser
Und das Gehege, in das die Liebe sich wagt,
Wo sie aufsprüht und auf der Stelle tritt.

Auxiliaires

Ceux qu'il faut attacher sur terre
Pour satisfaire la beauté,
Familiers autant qu'inconnus,
A l'image de la tempête,
Qu'attendent-ils les uns des autres?
Un nuage va les chasser.
Il suffit qu'ils aient existé
Au même instant qu'une mouette.

Redonnez-leur ce qui n'est plus présent en eux,
Ils reverront le grain de la moisson s'enfermer dans l'épi et s'agiter sur l'herbe.
Apprenez-leur, de la chute à l'essor, les douze mois de leur visage,
Ils chériront le vide de leur cœur jusqu'au désir suivant;
Car rien ne fait naufrage ou ne se plaît aux cendres;
Et qui sait voir la terre aboutir à des fruits,
Point ne l'émeut l'échec quoiqu'il ait tout perdu.

Dis ce que le feu hésite à dire
Soleil de l'air, clarté qui ose,
Et meurs de l'avoir dit pour tous.

Biens égaux

Je suis épris de ce morceau tendre de campagne, de son accoudoir de solitude au bord duquel les orages viennent se dénouer avec docilité, au mât duquel un visage perdu, par instant s'éclaire et me regagne. De si loin que je me souvienne, je me distingue penché sur les végétaux du jar-

Helfer

Die man auf der Erde festbinden muß,
Um der Schönheit zu genügen,
Vertraute ebenso wie Unbekannte,
Dem Sturm nachgebildet,
Was erwarten sie voneinander?
Eine Wolke wird sie gleich verjagen.
Genug, daß sie da waren,
Im selben Augenblick wie eine Möve.

Gebt ihnen wieder, was nicht mehr in ihnen gegenwärtig ist,
Sie werden das Korn der Ernte sich wieder in die Ähre verschließen
und über den Halmen schwanken sehen. [Antlitzes,
Lehrt sie, vom Sturz bis zum Aufschwung, die zwölf Monate ihres
Sie werden die Leere ihres Herzens lieben bis zum nächsten Verlangen:
Denn nichts erleidet Schiffbruch oder freut sich an der Asche;
Und wer die Erde zu sehen versteht, wie sie zu Früchten gelangt,
Es bewegt ihn das Scheitern nicht, ob er gleich alles verloren hat.

Sprich aus, was das Feuer nur zögernd sagt,
Äthersonne, Wagnis des Lichts,
Und stirb daran, es für alle gesagt zu haben.

Gleicher Reichtum

Ich liebe dies sanfte Stück Land, sein Geländer aus Einsamkeit, an dessen Rand die Stürme sich folgsam entwirren, an dessen Mast ein verlorenes Antlitz für Augenblicke aufleuchtet und mich zurückholt. So weit meine Erinnerung reicht, seh ich mich hingeneigt über die Pflanzen im verwilderten Garten meines Vaters, wie ich die Säfte

din désordonné de mon père, attentif aux sèves, baisant des yeux formes et couleurs que le vent semi-nocturne irriguait mieux que la main infirme des hommes. Prestige d'un retour qu'aucune fortune n'offusque. Tribunaux de midi, je veille. Moi qui jouis du privilège de sentir tout ensemble accablement et confiance, défection et courage, je n'ai retenu personne sinon l'angle fusant d'une Rencontre.

Sur une route de lavande et de vin, nous avons marché côte à côte dans un cadre enfantin de poussière à gosier de ronces, l'un se sachant aimé de l'autre. Ce n'est pas un homme à tête de fable que plus tard tu baisais derrière les brumes de ton lit constant. Te voici nue et entre toutes la meilleure seulement aujourd'hui où tu franchis la sortie d'un hymne raboteux. L'espace pour toujours est-il cet absolu et scintillant congé, chétive volte-face? Mais prédisant cela j'affirme que tu vis; le sillon s'éclaire entre ton bien et mon mal. La chaleur reviendra avec le silence comme je te soulèverai, Inanimée.

Le Requin et la Mouette

Je vois enfin la mer dans sa triple harmonie, la mer qui tranche de son croissant la dynastie des douleurs absurdes, la grande volière sauvage, la mer crédule comme un liseron.

Quand je dis: *j'ai levé la loi, j'ai franchi la morale, j'ai maillé le cœur,* ce n'est pas pour me donner raison devant ce pèse-néant dont la rumeur étend sa palme au delà de ma persuasion. Mais rien de ce qui m'a vu vivre et agir jusqu'ici n'est témoin alentour. Mon épaule peut bien sommeiller, ma jeunesse accourir. C'est de cela seul qu'il faut tirer richesse immédiate et opérante. Ainsi, il ya un jour de pur dans l'année, un jour qui creuse sa galerie merveilleuse dans l'écume de la mer, un jour qui monte aux yeux pour couronner midi. Hier la noblesse était déserte, le rameau était distant de ses bourgeons. Le requin et la mouette ne communiquaient pas.

beobachte und mit den Augen Formen und Farben küsse, die der halbnächtliche Wind besser feuchtete als die unsichere Hand der Menschen. Zauber einer Rückkehr, den kein Zufall verdunkelt. Tribunale des Mittags, ich wache. Ich, der das Vorrecht genießt, Bedrückung und Zuversicht, Abtrünnigkeit und Mut auf einmal zu empfinden, ich habe niemanden aufgehalten, nur den schmelzenden Winkel einer Begegnung.
Auf einem Weg von Lavendel und Wein gingen wir Seite an Seite in einem Kinderbild aus Staub, die Kehle voll Dornen, und einer wußte sich vom andern geliebt. Es ist kein Mann mit dem Kopf eines Fabelwesens, den du später hinter den Nebeln deines beharrlichen Bettes geküßt hast. Sieh, erst heute, wo du den Ausbruch einer holprigen Hymne glatt überspringst, bist du nackt und die beste von allen. Soll denn der Raum für immer solch unbedingter und schimmernder Urlaub bleiben, solch dürftige Abkehr? Aber mit dieser Voraussage bestätige ich, daß du lebst; die Furche wird hell zwischen deinem Reichtum und meiner Not. Die Wärme wird zurückkehren mit dem Schweigen, so wie ich dich emporhebe, Leblose du.

Der Hai und die Möwe

Endlich sehe ich das Meer in seiner dreifachen Harmonie, das Meer, das mit seinem Halbmond die Dynastie der absurden Schmerzen mäht, den großen wilden Vogelkäfig, das Meer, leichtgläubig wie eine Ackerwinde.
Wenn ich sage: *das Gesetz hab ich aufgehoben, die Moral überwunden, das Herz gepanzert,* dann nicht, um mir Recht zu geben vor dieser Waage des Nichts, deren Getös seine Palme entfaltet weit über meine Überzeugung hinweg. Aber nichts, was bisher mich leben und handeln gesehn hat, ist Zeuge ringsum. Wohl kann meine Schulter schlummern, meine Jugend herbeieilen. Daraus allein ist unmittelbarer und wirksamer Reichtum zu ziehen. So gibt es einen Tag der Reinheit im Jahr, einen Tag, der seinen wunderbaren Schacht in den Schaum des Meeres gräbt, einen Tag, der in die Augen steigt, um den Mittag zu krönen. Das Edle lag gestern noch einsam, der Zweig war fern seinen Knospen. Der Hai und die Möwe kannten sich nicht.

O Vous, arc-en-ciel de ce rivage polisseur, approchez le navire de son espérance. Faites que toute fin supposée soit une neuve innocence, un fiévreux en-avant pour ceux qui trébuchent dans la matinale lourdeur.

A ***

Tu es mon amour depuis tant d'années,
Mon vertige devant tant d'attente,
Que rien ne peut vieillir, froidir;
Même ce qui attendait notre mort,
Ou lentement sut nous combattre,
Même ce qui nous est étranger,
Et mes éclipses et mes retours.

Fermée comme un volet de buis,
Une extrême change compacte
Est notre chaîne de montagnes,
Notre comprimante splendeur.

Je dis chance, ô ma martelée;
Chacun de nous peut recevoir
La part de mystère de l'autre
Sans en répandre le secret;
Et la douleur qui vient d'ailleurs
Trouve enfin sa séparation
Dans la chair de notre unité,
Trouve enfin sa route solaire
Au centre de notre nuée
Qu'elle déchire et recommence.

Je dis chance comme je le sens.
Tu as élevé le sommet
Que devra franchir mon attente
Quand demain disparaîtra.

O du, Regenbogen dieses glättenden Strandes, bring das Schiff seiner Hoffnung nah. Gib, daß jedes vermeintliche Ende eine neue Unschuld sei, ein fieberhaftes Vorwärts für alle, die straucheln in der Schwere des Morgens.

An ***

Alle die Jahre, und du: meine Liebe, all diese Jahre hindurch.
All das Warten, und du: mein Schwindligwerden davor:
Es ist nichts, das da altern, nichts, das erkalten kann,
Nicht, was da wartete, daß unser Tod kam,
Nicht, was uns kunstreich befehdete, langsam,
Nicht, was uns fremd bleibt, nicht
Mein Fortsein, nicht mein Wiederkommen.

Geschlossen, ein Fensterladen aus Buchs;
Eine letzte, geballte Gunst:
Die Kette unserer Berge,
Unser beengender Glanz.

Ich rede von Gunst und von Glück, du von Hämmern Getroffne.
Was im andern geheim ist, ein jeder
Von uns kann's empfangen,
Und nichts davon geht verloren.
Und der Schmerz von anderswo:
Im Fleisch unsres Einsseins
Löst er sich endlich los,
Er zerreißt das Gewölk, das wir sind,
Er bildet es neu, er findet
Zutiefst darin, in der Mitte,
Die eigene Sonnenbahn.

Wie ich's fühl, so sag ich's: Glück.
Du triebst den Gipfel empor,
Über den mein Warten hinwegmuß,
Wenn morgen kein Morgen mehr ist.

Le Banc d'ocre

Par une terre d'Ombre et de rampes sanguines nous retournions aux rues. Le timon de l'amour ne nous dépassait pas, ne gagnait plus sur nous. Tu ouvris ta main et m'en montras les lignes. Mais la nuit s'y haussait. Je déposai l'infime ver luisant sur le tracé de vie. Des années de gisant s'éclairèrent soudain sous ce fanal vivant et altéré de nous.

Die Ockerbank

Durch ein Land in Dunkel-Umbra und blutkreidenen Rampen kehrten wir zu den Straßen zurück. Die Deichsel der Liebe ragte nicht über uns hinaus, kam nicht mehr hinter uns auf. Da hast du deine Hand aufgemacht und mir ihre Linien gezeigt. Doch es stieg Nacht daraus hervor. Auf der Lebenslinie habe ich das winzige Glühwürmchen abgesetzt. Gruftjahre erhellten sich jäh unter dieser lebenden Leuchte, die nach uns lechzte.

Francis Ponge

Trois Poésies

I

Pour la ruée écrasante
De mille bêtes hagardes
Le soleil n'éclaire plus
Qu'un monument de raisons.

Pourront-ils, mal venus
De leur sale quartier,
La mère, le soldat,
Et la petite en rose,

Pourront-ils, pourront-ils
Passer? lvre, bondis,
Et tire, tire, tue,
Tire sur les autos!

III

Ces vieux toits
quatre fois
résignés

Ce hameau
sans fenêtre
sous les feuilles

C'est ton cœur
quatre fois
racorni

ta sagesse
hermétique
ô tortue!

Drei Dichtungen

(Auszug)

I

Für den zermalmenden Ansturm
Von tausend verstörten Tieren
Erhellt die Sonne nur noch
Ein Denkmal aus bloßer Vernunft.

Werden sie, die Unwillkommnen
Aus dem schmutzigen Viertel,
Die Mutter, der Soldat
Und die kleine in Rosa,

Werden sie, werden sie
Drüber hinwegkommen? Hüpfe, betrunken,
Und schieße, schieße, töte,
Schieß auf die Autos!

III

Diese alten Dächer
vierfach
resigniert

Dieser Weiler
fensterlos
unter den Blättern

Sind dein Herz
vierfach
verhärtet

deine hermetische
Weisheit
o Schildkröte!

Les Mûres

Aux buissons typographiques constitués par le poème sur une route qui ne mène hors des choses ni à l'esprit, certains fruits sont formés d'une agglomération de sphères qu'une goutte d'encre remplit.

★

Noirs, roses et kakis ensemble sur la grappe, ils offrent plutôt le spectacle d'une famille rogue à ses âges divers, qu'une tentation très vive à la cueillette.
Vue la disproportion des pépins à la pulpe les oiseaux les apprécient peu, si peu de chose au fond leur reste quand du bec à l'anus ils en sont traversés.

★

Mais le poète au cours de sa promenade professionnelle, en prend de la graine à raison: «Ainsi donc», se dit-il, «réussissent en grand nombre les efforts patients d'une fleur très fragile quoique par un rébarbatif enchevêtrement de ronces défendue. Sans beaucoup d'autres qualités, – *mûres,* parfaitement elles sont mûres – comme aussi ce poème est fait.»

La Bougie

La nuit parfois ravive une plante singulière dont la lueur décompose les chambres meublées en massifs d'ombre.
Sa feuille d'or tient impassible au creux d'une colonnette d'albâtre par un pédoncule très noir.
Les papillons miteux l'assaillent de préférence à la lune trop haute, qui vaporise les bois. Mais brûlés aussitôt ou vannés dans la bagarre, tous frémissent aux bords d'une frénésie voisine de la stupeur.

Die Brombeeren

An den typographischen Sträuchern, die durch das Gedicht auf einer Straße gebildet werden, die weder aus den Dingen heraus noch zum Geist führt, sind gewisse Früchte aus einer Anhäufung von Kugeln zusammengesetzt, die ein Tropfen Tinte ausfüllt.

★

Schwarz, rosa und kaki zusammen an einer Traube, bieten sie eher das Schauspiel einer grantigen Familie in verschiedenem Alter als eine sehr heftige Versuchung, sie zu pflücken.
Angesichts des Mißverhältnisses zwischen den Kernen und dem Fruchtfleisch schätzen die Vögel sie wenig, so wenig ist im Grunde, was ihnen bleibt, wenn sie vom Schnabel zum After von ihnen durchwandert werden.

★

Aber der Dichter nimmt auf seinem beruflichen Spaziergang sich an solchem Körnchen mit Recht ein Beispiel. «So gelingen denn, sagt er sich, in großer Zahl die geduldigen Bestrebungen einer sehr zarten, wenn auch durch eine abweisende Verflechtung des Dornengestrüpps geschützten Blüte. Ohne viel Drumherum – *Brombeeren*, durchaus sind sie reif –, wie auch dieses Gedicht gemacht ist».

Die Kerze

Manchmal entzündet die Nacht eine seltsame Pflanze, deren Schein die möblierten Zimmer in Schattenmassive zerteilt.
Ihr Goldblatt steht in der Höhlung eines Alabastersäulchens reglos an tiefschwarzem Stiel.
Die zerlumpten Falter bestürmen sie gern bei allzu hohem Mond, der die Wälder verdunsten läßt. Doch versengt sogleich oder erschöpft vom Tumult, schaudern sie alle am Rand einer Raserei, die der Betäubung gleicht.

Cependant la bougie, par le vacillement des clartés sur le livre au brusque dégagement des fumées originales encourage le lecteur, – puis s'incline sur son assiette et se noie dans son aliment.

La Cigarette

Rendons d'abord l'atmosphère à la fois brumeuse et sèche, échevelée, où la cigarette est toujours posée de travers depuis que continûment elle la crée.

Puis sa personne: une petite torche beaucoup moins lumineuse que parfumée, d'où se détachent et choient selon un rythme à déterminer un nombre calculable de petites masses de cendres.

Sa passion enfin: ce bouton embrasé, desquamant en pellicules argentées, qu'un manchon immédiat formé des plus récentes entoure.

Le Papillon

Lorsque le sucre élaboré dans les tiges surgit au fond des fleurs, comme des tasses mal lavées, – un grand effort se produit par terre d'où les papillons tout à coup prennent leur vol.
Mais comme chaque chenille eut la tête aveuglée et laissée noire, et le torse amaigri par la véritable explosion d'où les ailes symétriques flambèrent,
Dès lors le papillon erratique ne se pose plus qu'au hasard de sa course, ou tout comme.
Allumette volante, sa flamme n'est pas contagieuse. Et d'ailleurs, il arrive trop tard et ne peut que constater les fleurs écloses. N'importe: se conduisant en lampiste, il vérifie la provision d'huile de chacune. Il pose au sommet des fleurs la guenille atrophiée qu'il emporte et

Die Kerze indes, durch schwankenden Schein auf dem Buch, macht dem Leser unter jähem Entweichen des ihr eigentümlichen Rauches Mut, – dann neigt sie sich über ihren Teller und ertrinkt in dem, was sie speist.

Die Zigarette

Geben wir zunächst die Atmosphäre wieder, die zugleich dunstige und trockene, strähnige, zu der die Zigarette eigentlich immer quer steht, seit sie sie unablässig erzeugt.

Sodann ihre Person: eine kleine Fackel, sehr viel weniger leuchtend als riechend, von der sich in frei zu bestimmenden Abständen vorhersehbar oft kleine Aschenmengen ablösen und herunterfallen.

Ihre Leidenschaft schließlich: diese Knospe, die aufglüht, in silbrigen Fetzchen abschilfert und sich mit einer aus den jeweils letzten geformten Hülse überzieht.

Der Schmetterling

Wenn der in den Stielen hergestellte Zucker am Boden der Blüten erscheint, wie bei schlecht gewaschenen Tassen, – so geschieht an der Erde eine gewaltige Kraftanstrengung, und die Schmetterlinge schicken sich plötzlich zum Flug an.
Da aber der Kopf jeder Raupe geblendet war und geschwärzt, ihr Rumpf zusammengeschrumpft durch die wahre Explosion, aus der die symmetrischen Flügel aufloderten,
Läßt sich der schweifende Schmetterling jetzt nur noch aufs Geratewohl auf seiner Bahn nieder, oder tut so.
Streichholz, das fliegt, doch seine Flamme steckt nicht an. Und dann kommt er ja auch zu spät und kann nur noch feststellen, daß die Blüten bereits offen sind. Was tut's: als Lampenwärter überzeugt er sich, wieviel Öl eine jede vorrätig hat. Auf die Blütengipfel setzt er die abgestorbenen Leibesfetzen nieder, die er mit sich herumträgt,

venge ainsi sa longue humiliation amorphe de chenille au pied des tiges.
Minuscule voilier des airs maltraité par le vent en pétale superfétatoire, il vagabonde au jardin.

Notes prises pour un oiseau

Mon nom unit les voyelles françaises
A commencer par celle en forme d'œuf
En deux diphtongues autour de la couleuvre
Proche de moi aux classifications.
Niais d'abord, branchier ensuite, je m'envole
De la tapisserie à dimensions.
J'en tombe comme un fruit mais découvrant mes ailes
Je les déploie et je me sauve aux cieux. . .
Cercles charmants, zigzags précautionneux,
Bonds successifs quoique à peu de distance,
Mines gentilles, petits cris, roulades
Font qu'on nous traite en petits favoris.
L'on ne nous voit ce que souvent nous sommes:
Mignons pouilleux aux collerettes sales,
Jabots crasseux, sphincters impénitents. . .
Hors de nos nids faits plutôt pour nos œufs,
Ovoïdes paniers d'où le duvet floconne,
Notre confort réside dans nos plumes,
Édredons et coussins emportés sur le dos,
Où nous pouvons à peine nous blottir,
Capot sous l'aile et parfois une patte,
Comme un clochard couché sur ses ballots,
Un voyageur tête sur sa valise
Sur la dure banquette au milieu des cahots. . .
Vous-même, au panier rond, couveuses héroïques,
Les plumes hérissées dominant votre effroi,
Comprend-on seulement votre peine physique?. . .
Cageot léger facilement broyable,
Dont le bréchet seul est flanqué de chair,
Manchot bossu monté sur allumettes,

und rächt dieser Art seine lange, formlose Demütigung als Raupe zu Füßen der Stiele.
Ein winziger Segler der Lüfte, vom Wind als überflüssiges Blütenblatt mißhandelt, vagabundiert er im Garten.

Notizen zu einem Vogel: O-I-S-E-A-U

Mein Name ordnet die französischen Vokale –
Zu Anfang gleich den mit der Eierform –
In zwei Diphthongen um die blinde Natter,
Mir ganz benachbart nach der Ordnung der Natur.
Nestling zuerst, Ästling sodann, flieg ich von hinnen,
Aus meinem dreidimensionierten Gobelin.
Erst gehts wie Fallobst abwärts, doch dann spür ich die Flügel
Spreite sie schnell und rett mich himmelwärts ...
Flattern und Kreiseln, behutsam hin und her,
Beherztes Hüpfen, wenn auch noch nicht weit,
Artiges Schnäbeln, Piepsen, zages Glucksen
Bewirkt, daß man uns für ganz herzig hält.
Man sieht uns kaum so, wie wir doch oft sind:
Verlauste Frätzchen, die Kragen voller Flecken,
Das Jabot schmutzig, der Sphinkter unverdrossen ..
Dem Nest entfleucht (das barg vor allem unsere Eier,
Ovoidales Körbchen, woraus es flockt und flaumt),
Bieten Behaglichkeit nur unsere Federn
Plumeaus und Kissen, die wir auf dem Rücken tragen,
Wo wir mit etwas Müh uns kuscheln können,
Das Köpfchen weggesteckt und manchmal auch ein Bein,
Wie ein Clochard vorlieb nimmt mit den Bündeln,
Ein Reisender den Kopf an seinen Koffer lehnt
Auf harter Wagenbank, inmitten des Geschaukels ...
Ihr gar im runden Korb, ihr tapfren Brüterinnen,
Die allem, was euch schreckt, entgegensträubt die Federn,
Ermißt man überhaupt, was ihr da leistet ...?
Ein leichter Spankorb, allzu rasch zerbrochen,
Das Kammbein kaum in Fleisch dürftig gepolstert,
Gebuckelt, ohne Arm, von Zündhölzern getragen,

L'allure déhanchée ou le pas sautillant,
Épaule faible et constamment démise
Mais que je peux en aile déployer,
Sternum de rachitique en quille de navire
Très nécessaire à l'équilibre en vol
Mais qui fait mal dans la pose accroupie,
Tête inquiète, œil rond parfois cataleptique,
Long cou mobile, enfin bec corné recouvrant
Des mâchoires fort longues et dépourvues de dents.
Aucune graisse en aucun de ses membres.
Dans ma carène j'ai tout entreposé
Mon gésier est plein des graines de septembre.
D'acides moucherons assurent mes diarrhées.
D'un poids certain je reconnais mon ventre,
Ventre qu'aux nues mes ailerons emportent,
Mieux innervés que les feuilles d'automne,
Articulés mieux que voiles de jonques...
Et j'ai mes serres, j'ai mon bec féroce
Lorsque à sévir je me sens disposé.
Que j'empiète la branche ou pique dans l'écorce,
La corne de mes bec ou serres vaut l'acier.

L'Œillet

La tige
de ce magnifique héros – exemple à suivre –
est un fin bambou vert
aux énergiques renflements espacés
polis comme l'ongle

Sous chacun d'eux se dégainent c'est le mot
deux très simples petits sabres
symétriquement inoffensifs

A l'extrémité promise au succès
gonfle un gland une olive souple et pointue

Beim Gehen hüftenschiebend oder hopsend,
Mit schwachen und stets ausgerenkten Schultern,
Die ich jedoch ausschwenken kann zu Flügeln,
Das Sternum arg rachitisch, ein Schiffskiel ist nicht schmaler,
Zwar unerläßlich für das Gleichgewicht im Flug,
Doch hinderlich beim Sitzen auf der Stange,
Der Zappelkopf mit kataleptisch rundem Auge,
Der lange Wendehals, der Hornschnabel zum Abschluß
Sich öffnend über länglichem, zahnlosem Kiefer,
Keinerlei Fett an keinem seiner Glieder.
Im Kielraum speichre ich alles, was ich brauche.
Im Magen häuft sich das Septemberkorn,
Und meinen Stuhlgang regeln saure Mücken.
Ein sicheres Gewicht spür ich bei mir im Bauche,
Wenn wolkenwärts ihn meine Flügelchen entrücken,
So feingeädert wie ein Blatt im Herbst,
Gestuft benutzbar wie ein Dschunkensegel . . .
Und meine Krallen hab ich, hab den scharfen Schnabel,
Wenn mir nach Wüterei zumute ist.
Beim Zweigumklammern oder Rindenpicken
Ist Horn an Krall und Schnabel durchaus so hart wie Stahl.

Die Nelke

Der Stengel
dieser herrlichen Heldin – der nachzueifern sich empfiehlt –
ist ein feiner grüner Bambus
an dem in größeren Abständen energische
fingernagelglatte Verdickungen auftreten

Unterhalb einer jeden von ihnen fahren regelrecht
zwei ganz schlichte kleine Säbel aus der Scheide
doch harmlos symmetrisch

Am siegesstolz emporstrebenden Ende
läßt eine Eichel weich und spitz zulaufend eine Olive schwellen

Qui soudain donnant lieu à une modification
bouleversante
la force à s'entrouvrir qui la fend
et s'en déboutonne?

Un merveilleux chiffon de satin froid
un jabot à foison de flammèches froides
de languettes du même tissu
tordues et déchirées
par la violence de leur propos

Une trompette gorgée
de la redondance de ses propres cris
au pavillon déchiré par leur violence même

Tandis que pour confirmer l'importance du phénomène
se répand continûment un parfum tel
qu'il provoque dans la narine humaine
un effet de plaisir intense
presque sternutatoire.

Le Monument

Autour du monument, pierres placées pour l'ombre,
L'air circule, très pur quoique très habité.
Dans cette ombre le corps enfin se dénouant
A convoqué les vers pour son arrangement.
Ils l'ont débarrassé d'un fangeux oreiller
Puis ils ont retiré leur présence inutile.
Tes os se sont enfin installés en leur boîte.
Ils adhèrent sans gêne à cette couche droite
Qui pour ce pur débris ne paraît plus étroite.
Je peux rouvrir les yeux sur ta transformation.
Elle ne m'émeut plus, si complète soit-elle,
M'ôte le désespoir de ta forme mortelle
Et me satisfait mieux que tes anciens portraits.

Wer ist schuld an der grundstürzenden Veränderung
die sie mit einem Schlag
zum Platzen bringt? Wer läßt sie aufspringen
und entledigt sich ihrer?

Ein wundervolles seidenkühles Tuch
ein üppiges Jabot kalter Flämmchen
aus Zünglein vom selben Stoffe
ganz verrenkt und verzüngelt
durch die Heftigkeit ihrer Rede

Eine Trompete rohrvoll gestopft
vom Widerschrillen ihrer eigenen Stöße
den Trichter zerfetzt vor lauter Heftigkeit

Indes zur Bekräftigung des Vorgangs
sich unablässig ein solcher Duft verbreitet
daß er in den menschlichen Nüstern
ein starkes wohliges Prickeln hervorruft
fast als müsse man niesen.

Das Grabmal

Um das Grabmal, Steine gesetzt für den Schatten,
Fächelt die Luft, sehr rein, obgleich vielbewohnt.
In diesen Schatten hat der Leib, der endlich zerfällt,
Die Würmer berufen, daß sie ihn ordnen.
Sie haben ihn von einem schmutzigen Kissen erlöst,
Dann ihre nutzlose Anwesenheit zurückgezogen.
Endlich haben sich deine Knochen in ihrer Kiste eingerichtet
Sie fügen sich ungeniert in diese eckige Bettstatt.
Die für dies reine Überbleibsel nicht zu eng scheint.
Ich kann die Augen wieder auf deine Verwandlung öffnen.
Sie rührt mich nicht mehr, so vollständig sie auch sei,
Nimmt mir die Verzweiflung über deine sterbliche Form
Und befriedigt mich mehr als frühere Bilder von dir.

La Grenouille

Lorsque la pluie en courtes aiguillettes rebondit aux prés saturés, une naine amphibie, une Ophélie manchote, grosse à peine comme le poing, jaillit parfois sous les pas du poète et se jette au prochain étang.

Laissons fuir la nerveuse. Elle a de jolies jambes. Tout son corps est ganté de peau imperméable. A peine viande ses muscles longs sont d'une élégance ni chair ni poisson. Mais pour quitter les doigts la vertu du fluide s'allie chez elle aux efforts du vivant. Goitreuse, elle halète... Et ce cœur qui bat gros, ces paupières ridées, cette bouche hagarde m'apitoyent à la lâcher.

Première Ébauche d'une main

Agitons donc ici LA MAIN, la main de l'Homme!

I

La main est l'un des animaux de l'homme: toujours à la portée du bras qui la rattrape sans cesse, sa chauve-souris de jour. Reposée ci ou là, colombe ou tourtereau, souvent alors rejointe à sa compagne.

Puis, forte, agile, elle revolette alentour. Elle obombre son front, passe devant ses yeux.
Prestigieusement jouant les Euménides.

2

Ha! C'est aussi pour l'homme comme sa barque à l'amarre. Tirant comme elle sur sa longe; hochant le corps d'un pied sur l'autre; inquiète et têtue comme un jeune cheval.
Lorsque le flot s'agite, faisant le signe *coucicouça*.

Der Frosch

Wenn der Regen in kurzen Nädelchen aus den triefend satten Wiesen zurückspritzt, dann geschieht es bisweilen, daß ein amphibischer Winzling, eine armlose Ophelia, kaum mehr als faustgroß, unter den Schritten des Poeten davonschnellt und sich in den nächsten Teich stürzt.

Soll es fliehen, das Nervenbündel. Es hat hübsche Beinchen. Sein ganzer Körper steckt in einer wasserundurchlässigen Haut. Seine langen Muskeln, kaum ein Bissen, sind von einer Eleganz zwischen Fisch und Fleisch. Doch um den Fingern zu entschlüpfen, vereinigt es die Macht des Feuchten mit der Stärke des Lebenden. Kropfig keucht es ... Und dies schwer schlagende Herz, diese faltigen Lider, dieses verstörte Maul rühren mich, es springen zu lassen.

Vorstudie zu einer Hand

So wollen wir DIE HAND, die Menschenhand hier schütteln!

1

Die Hand ist eines der Nutztiere des Menschen: stets dem Arm ... zur Hand, der sie ständig wieder einfängt, seine Tagesfledermaus. Bald liegt sie hier, bald liegt sie dort, Taube oder Täuberich, oft mit ihrer Gefährtin zusammen.

Dann wieder flattert sie umher, stark und hurtig. Beschattet die Stirn, fährt über die Augen.
Spielt großmächtig Eumeniden.

2

Oho! Das ist ja für den Menschen auch wie sein vertäutes Boot. Reißt wie dieses an seiner Longe; läßt den Körper von einem Fuß auf den andern treten: ungebärdig und störrisch wie ein junger Gaul. Bei Wellengang macht sie *so-so la-la*.

3

C'est une feuille mais terrible, prégnante et charnue.
C'est la plus sensitive des palmes *et* le crabe des cocotiers.
Voyez la droite ici courir sur cette page.

Voici la partie du corps la mieux articulée.
Il y a un bœuf dans l'homme, jusqu'aux bras. Puis, à partir des poignets – où les articulations se démultiplient – deux crabes.

4

L'homme a son pommeau électro-magnétique. Puis sa grange, comme une abbaye désaffectée. Puis ses moulins, son télégraphe optique.
De là parfois sortent des hirondelles.

L'homme a ses bielles, ses charrues. Et puis sa main pour les travaux d'approche.
Pelle et pince, crochet, pagaie.
Tenaille charnue, étau.
Quand l'une fait l'étau, l'autre fait la tenaille.

C'est aussi cette chienne à tout propos se couchant sur le dos pour nous montrer son ventre: paume offerte, la main tendue.
Servant à prendre ou à donner, la main à donner ou à prendre.

5

A la fois marionnette et cheval de labour.

Ah! C'est aussi l'hirondelle de ce cheval de labour. Elle picore dans l'assiette comme l'oiseau dans le crottin.

3

Das ist ein Blatt, aber ungeheuer, ausdrucksstark und fleischig.
Das ist der sensitivste aller Palmwedel *und* die Krabbe auf dem Kokosbaum.
Nun seht nur, wie die Rechte übers Blatt hier läuft.

Da haben wir den bestartikulierten Körperteil.
Bis zu den Armen ist der Mensch doch Ochse. Aber dann, von den Handgelenken an – wo die Gliedmaßen immer feiner werden – zwei Krabben.

4

Der Mensch hat seinen elektromagnetischen Knauf. Und dann seine Scheune, wie eine aufgelassene Abtei. Sodann seine Mühlen, seinen optischen Telegraphen.
Manchmal fliegen Schwalben von dort los.

Der Mensch hat seine Pleuel, seine Pflugschar. Dann aber seine Hand für die Annäherungsmanöver.
Schaufel und Zwinge, Haken, Paddel.
Fleischerne Zange, Schraubstock.
Die eine macht die Zang, die andere den Schraubstock.

Das ist auch solch eine Hündin, die sich jeden Augenblick auf dem Rücken wälzt, um ihren Bauch zu zeigen: dargebotene Innenfläche, hingehaltene Hand.
Sie dient zum Nehmen oder zum Geben, diese Hand, die man nimmt oder gibt.

5

Zugleich Marionette und Arbeitspferd.

Ach, aber auch Schwalbe für das Arbeitspferd. Sie pickt im Teller herum wie der Vogel im Pferdeapfel.

6

La main est l'un des animaux de l'homme; souvent le dernier qui remue.

Blessée parfois, traînant sur le papier comme un membre raidi quelque stylo bagué qui y laisse sa trace.
A bout de forces, elle s'arrête.

Fronçant alors le drap ou froissant le papier, comme un oiseau qui meurt crispé dans la poussière, – et s'y relâche enfin.

6

Die Hand ist eines der Tiere des Menschen; oft das letzte, das sich bewegt.

Manchmal ist sie verletzt, und dann zieht sie wie einen steifen Finger einen beringten Schreibstift über das Papier, der dort seine Spur hinterläßt.
Wenn sie keine Kraft mehr hat, hört sie auf.

Dann zerknittert sie das Laken oder zerknüllt das Papier, wie ein Vogel, der im Staub zuckend verendet, – und läßt endlich locker.

Eugène Guillevic

L'armoire était de chêne
Et n'était pas ouverte.

Peut-être il en serait tombé des morts,
Peut-être il en serait tombé du pain.

Beaucoup de morts.
Beaucoup de pain.

Cette pomme sur la table,
Laisse-la jusqu'à ce soir.

Va! les morts n'y mordront pas
Qui ne mangent pas le pain,
Qui ne lèchent pas le lait.

Mère aux larmes brûlantes, l'homme fut chassé de vous –

De vos tendres ténèbres,
De votre chambre de muqueuses.

Le pain du condamné, la sueur des aisselles,
Le gras du doigt sur la fenêtre.

Aux alentours du froid
Pouvoir soigner la rose.

Aus Eiche war der Schrank
Und nicht geöffnet.

Vielleicht wären Tote herausgefallen,
Vielleicht wäre Brot herausgefallen.

Viele Tote,
Viel Brot.

Diesen Apfel auf dem Tisch
Laß ihn liegen bis heut Abend.

Schon gut! die Toten beißen nicht hinein,
Die essen nicht das Brot,
Die schlecken nicht die Milch.

Mutter mit den brennenden Tränen, der Mensch wurde aus dir
vertrieben –

Aus deiner sanften Finsternis,
Aus deiner Schleimhautkammer.

Das Brot des Verurteilten, der Schweiß der Achselhöhlen,
Die Fingerkuppe gegen die Fensterscheibe.

In der Nachbarschaft der Kälte
Die Rose versorgen können.

Oui, fleuves – oui, maisons,

Et vous, brouillards – et toi,
Coccinelle incroyable,

Chêne creux du talus,
Ouvert comme un gros bœuf,

Qui ne vous entendrait
Criant comme des graines
Sur le point de mûrir?

– Patience, quelques siècles
Et nous pourrons peut-être
Nous faire ensemble une raison.

Art Poétique

I

Les mots, les mots
Ne se laissent pas faire
Comme des catafalques.

Et toute langue
Est étrangère.

IV

Les mots qu'on arrachait,
Les mots qu'il fallait dire,

Tombaient comme des jours.

Ja, Ströme – ja, Häuser,

Und ihr, Nebel – und du,
Unglaublicher Marienkäfer,

Hohle Eiche an der Böschung,
Offen wie ein großer Ochse,

Wer hörte euch nicht
Schreiend wie Körner
Kurz vor der Reife?

– Geduld, einige Jahrhunderte
Und wir können uns vielleicht
Gemeinsam in die Vernunft finden.

Poetik

I

Die Wörter, die Wörter
Lassen nicht mit sich umgehn
Wie Katafalke.

Und jede Sprache
Ist fremd.

IV

Die Wörter, die man herausriß,
Die Wörter, die gesagt werden mußten.

Fielen wie Tage.

ICI
Ne repose pas,

Ici ou là, jamais
Ne reposera

Ce qui reste,
Ce qui restera
De ces corps-là.

Pays

Seul trou dans le tissu
De silence et d'eau lente
Où rien n'osait bouger,

Au bord d'un bras de mer,
La mouette aux yeux frêles
Déchiquetait sa proie.

Centre

Dérisoire il est

Dans l'énormité
Des formes, des forces.

Une misère il est,
Il sait ce qu'il est.

Mais centre il se sait,
Assumant le centre.

Hier
Ruht nicht,

Hier oder da, niemals
Wird ruhen

Was bleibt
Was bleiben wird
Von diesen Körpern da.

Land

Einziges Loch in dem Gewebe
Aus Stille und trägem Wasser
Wo nichts sich zu rühren wagte,

Am Ufer eines Meeresarmes,
Die Möve mit den empfindlichen Augen
Zerfleischte ihre Beute.

Mitte

Zum Lachen ist er

In der Ungeheuerlichkeit
Der Formen, der Kräfte.

Ein armer Wurm ist er,
Er weiß was er ist.

Doch Mitte weiß er sich
Und steht zur Mitte.

Raymond Queneau

Veille

Si les feux dans la nuit faisaient des signes certes
la peur serait un rire et l'angoisse un pardon
mais les feux dans la nuit sans cesse déconcertent
le guetteur affiné par la veille et le froid

Je crains pas ça tellment

Je crains pas ça tellment la mort de mes entrailles
et la mort de mon nez et celle de mes os
Je crains pas ça tellment moi cette moustiquaille
qu'on baptisa Raymond d'un père dit Queneau

Je crains pas ça tellment où va la bouquinaille
les quais les cabinets la poussière et l'ennui
Je crains pas ça tellment moi qui tant écrivaille
et distille la mort en quelques poésies

Je crains pas ça tellment La nuit se coule douce
entre les bords teigneux des paupières des morts
Elle est douce la nuit caresse d'une rousse
le miel des méridiens des pôles sud et nord

Je crains pas cette nuit Je crains pas le sommeil
absolu Ça doit être aussi lourd que le plomb
aussi sec que la lave aussi noir que le ciel
aussi sourd qu'un mendiant bêlant au coin d'un pont

Je crains bien le malheur le deuil et la souffrance
et l'angoisse et la guigne et l'excès de l'absence
Je crains l'abîme obèse où gît la maladie
et le temps et l'espace et les torts de l'esprit

Wache

Wenn Feuerschein bei Nacht als klares Zeichen brennte
wär Furcht ein Lachen bloß und Angst wär ein Verzeihn
Doch Feuerschein bei Nacht erschüttert Mark und Bein
des Uferwärters der nur Frost und Wache kennt

Das macht mir gar nicht bang

Das macht mir gar nicht bang: der Tod der Innerein,
der Tod der Nase und der Tod von dem Gebein;
das macht mir gar nicht bang, mir, diesem Moskito,
den man Raymond getauft im Hause der Queneau.

Das macht mir gar nicht bang, wohin der Schmöker muß,
die Kais, die Kabinetts, der Staub und Überdruß,
das macht mir gar nicht bang, mir, der doch so viel schreibt
und der den Tod verkocht, der im Gedichte bleibt.

Das macht mir gar nicht bang. Die Nacht fließt lind und leise
an Augenlidern hin, die grindig sind bei Toten.
Die Nacht ist lind und leis, das Kosen einer Roten,
der Pole Süd und Nord, der Seim der Mittagskreise.

Nacht macht mir gar nicht bang: die Nimmerwiederkehr
im absoluten Schlaf. Er ist so schwer wie Blei,
so wie der Himmel schwarz, so trocken wie der Stein,
so wie die Bettler taub, die an der Brücke schrein.

Bang macht das Unglück mir, die Trauer und Beschwerde,
Angst, Pech und viel zu viel, was ich vermissen werde,
der aufgeblähte Schlund, worin die Krankheit ruht,
und Zeit und Raum und Falsch, das der Verstand antut.

Mais je crains pas tellment ce lugubre imbécile
qui viendra me cueillir au bout de son curdent
lorsque vaincu j'aurai d'un œil vague et placide
cédé tout mon courage aux rongeurs du présent

Un jour je chanterai Ulysse ou bien Achille
Énée ou bien Didon Quichotte ou bien Pança
Un jour je chanterai le bonheur des tranquilles
les plaisirs de la pêche ou la paix des villas

Aujourd'hui bien lassé par l'heure qui s'enroule
tournant comme un bourrin tout autour du cadran
permettez mille excuz à ce crâne – une boule –
de susurrer plaintif la chanson du néant

Je respecte la nuit

La nuit était plus nuit l'ombre était plus nocturne
maintenant ce qui luit c'est la nuit dans la nuit
la lumière s'étend du plafond de ma turne
jusqu'à l'ombre du ciel au fin fond de la nuit
la fenêtre est ouverte et la loi taciturne
périt avec l'avion qui saccageait la nuit
la sirène se tait mais moi fils de Saturne
je ferme mes volets et respecte la nuit.

Invraisemblables Sornettes
de sodomites convertis

Iliavait une fois un vers de douze pieds
Qui se sentant trop seul cherchait un acolyte
Il n'alla pas plus loin que le bout de son nez
Et trouva le copain qu'il voulait tout de suite

Doch macht mir gar nicht bang der grause Geisteskranke,
der seinen Stocher zückt, mich auf die Spitze hakt,
wenn ich bezwungen bin, mit sanften Augen schwanke
und meinen Mut verlier, den uns die Zeit zernagt.

Ich preise eines Tags Uliss oder Achill,
Aeneas oder Dido, Quijote oder Pansa,
ich preise eines Tags das große Glück der Stillen,
den Spaß der Fischerei, den Frieden in den Villen.

Heut von der Stunde müd, die sich zusammenrollt,
sich wie ein Klepper rund um einen Göpel trollt,
entschuldigt tausendmal die Schädelkugel sich
flüsternd im Klageton für dieses Lied des Nichts.

Ich achte die Nacht

Es war die Nacht mehr Nacht mehr Nacht die Schattenflecke
und das was leuchtet jetzt ist in der Nacht die Nacht
Ausbreitet sich das Licht auf meiner Zimmerdecke
zum Himmelsschatten hin ganz hinten in der Nacht
Das Fenster offensteht und das Gesetz des Schweigens
kommt mit dem Flugzeug um verwüstet ist die Nacht
Sirene schweigt jedoch Sohn des Saturn ich eigens
mach meine Läden zu und achte sie die Nacht

bekehrter Sodomiten

Es war einmal ein Vers, zwölf Füß hat er gezählt,
der hat aus Einsamkeit sich nen Kumpan erwählt,
er ging nicht weiter als zu seiner Nasenspitzen,
fand den gesuchten Kerl dort auf der Stelle sitzen.

Ils firent connaissance et tous deux étonnés
Qu'ils eussent en commun la rime sodomite
Contents un peu jaloux ils s'étaient accordés
Pour juger la rencontre un peu hermaphrodite

Le temps passa De deux ne devenant pas trois
Une astuce leur vint: la rime féminine
Puis d'autres: la césure et l'hiatus bien sournois

Il n'y eut plus de borne à tout ce feu grégeois
Multipliant sans fin prouesses comme exploits
Ils firent du sonnet la suprême combine

La Chair chaude des mots

Prends ces mots dans tes mains et sens leurs pieds agiles
Et sens leur cœur qui bat comme celui du chien
Caresse donc leur poil pour qu'ils restent tranquilles
Mets-les sur tes genoux pour qu'ils ne disent rien

Une niche de sons devenus inutiles
Abrite des rongeurs l'ordre académicien
Rustiques on les dit mais les mots sont fragiles
Et leur mort bien souvent de trop s'essouffler vient

Alors on les dispose en de grands cimetières
Que les esprits fripons nomment des dictionnaires
Et les penseurs chagrins des alphadécédets

Mais à quoi bon pleurer sur des faits si primaires
Si simples éloquents connus élémentaires
Prends ces mots dans tes mains et vois comme ils sont faits

Sie machten sich bekannt und gafften ganz gemein,
denn ihrer beider Reim war fraglos sodomitisch,
zufrieden, neidisch, doch sie kamen überein
und fanden ihren Treff nen Schuß hermaphroditisch.

Die Zeit verging. Die zwei, sie wurden niemals drei,
den femininen Reim erfanden sie als Kniff,
dann andre: die Zäsur und den Hiatuspfiff.

Und dieses Feuerwerk war schrankenlos und frei,
sie steigerten von Sieg zu Sieg die Überwindung
und schufen im Sonett die äußerste Verbindung.

Das heiße Fleisch der Wörter

Faß diese Wörter an, fühl ihre flinken Beine,
fühl ihre Herzen, die wie Hundeherzen schlagen,
liebkose ihren Pelz, damit sie ruhig bleiben,
nimm sie auf deine Knie, damit sie nichts mehr sagen.

Ein Nest, aus Klang gebaut, er ist jetzt nebensächlich,
schützt vor dem Nagetier, dem akademischen Orden,
man nennt sie roh, jedoch die Wörter sind zerbrechlich,
und ihnen ist im Nu der Atem knapp geworden.

Und für den Friedhof schlägt man sie in Leichentücher,
ein jeder schofle Geist, er nennt sie Wörterbücher,
ein saurer Denker nennt sie alphadezediert.

Aus welchem Grund der Mensch darüber lamentiert?
Es ist ein simpler Fakt, auf den wir so bedacht sind,
faß diese Wörter an und sieh, wie sie gemacht sind.

Vers un peu d'air bleu

Songes flottants dans la brume
accordés au vol bas d'oiseaux las
un peu de mer vaporisée
un peu d'écume

Idées non, maussaderies
échos du pas lent du poisson de banc
légèreté désagrégée
hygrométries

De tout cela rien ne s'élève
il faut attendre et tendre
vers un peu d'air bleu
au-dessus de la brume au-dessus de
l'écume au-dessus du rêve

Ein bißchen blauer Luft entgegen

Im Nebel wallender Traum
dem Tiefflug matter Vögel gleich
ein bißchen verdampftes Meer
ein bißchen Schaum

Ideen, nein. Üble Launen
träger Schritt des Schwarmfisches widerhallt
zergangene Leichtigkeit
gemessene Feuchtigkeit

Nichts erhebt sich im Raum
man muß warten und starten
ein bißchen blauer Luft entgegen
über dem Nebel über dem Schaum über dem
Traum

Jean Tardieu

Chanson du crime

A la porte verrouillée
au fond d'un mauvais silence
un homme frappe et s'en va
sans attendre la réponse.

Un autre monte du sol,
sa main cogne avec colère,
celui-là ne s'en va pas.

Des couteaux brillent et bougent
dans les angles de la nuit,
la porte a des soubresauts
on la pousse du dedans.

Nul ne sort et nul ne rentre,
je ne sais pourquoi ces ombres
se rassemblent par ici.

Monsieur interroge Monsieur

Monsieur, pardonnez-moi
de vous importuner:
quel bizarre chapeau
vous avez sur la tête!

– Monsieur vous vous trompez
car je n'ai plus de tête
comment voulez-vous donc
que je porte un chapeau!

– Et quel est cet habit
dont vous êtes vêtu?

Lied vom Verbrechen

An der verriegelten Türe
tief in böser Stille
klopft ein Mann an und geht
ohne auf Antwort zu warten.

Ein andrer entsteigt dem Grund,
seine Hand hämmert voll Zorn,
dieser geht nicht davon.

Messer funkeln und fuchteln
in den Winkeln der Nacht,
die Türe springt auf und zu
man stößt von innen dagegen.

Geht keiner hinaus noch hinein,
ich weiß nicht warum diese Schatten
sich hier herum versammeln.

Herr befragt Herrn

Mein Herr verzeihen Sie
meine Belästigung:
der Hut auf Ihrem Kopf
ist reichlich sonderbar!

– Mein Herr Sie täuschen sich
ich habe keinen Kopf mehr
wie können Sie da meinen
ich trüge einen Hut!

– Und was ist das für ein
Gewand das Sie da tragen?

– Monsieur je le regrette
mais je n'ai plus de corps
et n'ayant plus de corps
je ne mets plus d'habit.

– Pourtant lorsque je parle
Monsieur vous répondez
et cela m'encourage
à vous interroger:
Monsieur quels sont ces gens
que je vois rassemblés
et qui semblent attendre
avant de s'avancer?

– Monsieur ce sont des arbres
dans une plaine immense,
ils ne peuvent bouger
car ils sont attachés.

– Monsieur Monsieur Monsieur
au-dessus de nos têtes
quels sont ces yeux nombreux
qui dans la nuit regardent?

– Monsieur ce sont des astres
ils tournent sur eux-mêmes
et ne regardent rien.

– Monsieur quels sont ces cris
quelque part on dirait
on dirait que l'on rit
on dirait que l'on pleure
on dirait que l'on souffre?

– Monsieur ce sont les dents
les dents de l'océan
qui mordent les rochers
sans avoir soif ni faim
et sans férocité.

– Mein Herr es tut mir leid
ich habe keinen Körper
und ohne Körper ziehe
ich kein Gewand mehr an.

– Dennoch sobald ich spreche
antworten Sie mein Herr
und das ermutigt mich
Sie weiter zu befragen:
was sind das dort für Leute
mein Herr die sich versammeln
und die zu warten scheinen
bevor sie vorwärts gehen?

– Mein Herr das sind die Bäume
in einer weiten Ebene,
sie können sich nicht rühren
denn sie sind festgemacht.

– Mein Herr mein Herr mein Herr
was sind dort über uns
für ungezählte Augen
die sehen in der Nacht?

– Mein Herr das sind die Sterne
sie drehn sich um sich selbst
und sehen weiter nichts.

– Mein Herr und diese Schreie
von irgendwo als ob
als ob da jemand lachte
als ob da jemand weinte
als ob da jemand litte?

– Mein Herr das sind die Zähne
Zähne des Ozeans
die an den Felsen nagen
ganz ohne Durst und Hunger
und ohne Grausamkeit.

– Monsieur quels sont ces actes
ces mouvements de feux
ces déplacements d'air
ces déplacements d'astres
roulements de tambour
roulements de tonnerre
on dirait des armées
qui partent pour la guerre
sans avoir d'ennemi?

– Monsieur c'est la matière
qui s'enfante elle-même
et se fait des enfants
pour se faire la guerre.

– Monsieur soudain ceci
soudain ceci m'étonne
il n'y a plus personne
pourtant moi je vous parle
et vous, vous m'entendez
puisque vous répondez!

– Monsieur ce sont les choses
qui ne voient ni entendent
mais qui voudraient entendre
et qui voudraient parler.

– Monsieur à travers tout
quelles sont ces images
tantôt en liberté
et tantôt enfermées
cette énorme pensée
où des figures passent
où brillent des couleurs?

– Monsieur c'était l'espace
et l'espace
se meurt.

– Mein Herr was geht hier vor
dies Auflodern von Feuern
dies Hin und Her der Luft
dies Hin und Her der Sterne
Rollen von Trommelwirbeln
Rollen von Donnerschlägen
als ob's Armeen wären
die in den Krieg aufbrechen
ganz ohne einen Feind?

– Mein Herr das ist der Stoff
der selber sich erzeugt
und Kinder sich gebiert
um Krieg mit sich zu führen.

– Mein Herr und dies auf einmal
auf einmal mich erstaunt
es gibt hier niemand mehr
doch spreche ich mit Ihnen
und Sie, Sie hören mich
weil Sie doch Antwort geben!

Mein Herr das sind die Dinge
die weder sehn noch hören
die aber hören möchten
und die auch sprechen möchten.

– Mein Herr und was für Bilder
sind das durch alles hin
manchmal ganz ungehindert
und manchmal eingezwängt
dies ungeheure Denken
darin Gestalten ziehn
und darin Farben leuchten?

– Mein Herr das war der Raum
und dieser Raum
stirbt hin.

La Môme Néant

(Voix de marionnette, voix de fausset, aiguë, nasillarde, cassée, cassante, caquetante, édentée.)

Quoi qu'a dit?
– A dit rin.

Quoi qu'a fait?
– A fait rin.

A quoi qu'a pense?
– A pense à rin.

Pourquoi qu'a dit rin?
Pourquoi qu'a fait rin?
Pourquoi qu'a pense à rin?

– A'xiste pas.

Le Tombeau de Hölderlin

Le jour le jour bourdonne de reproches confus
La nuit se plaint et se plaint
elle se plaint sans dire pourquoi

Le soleil qui se lève
nous parle comme un père
mais nous n'écoutons pas ses conseils

L'espace est habité de feux sans nombre
qui nous adressent des signaux incompréhensibles
et le temps longuement
inquiète notre mémoire
comme un visage impossible à retrouver.

Die Göre Nichts

(Stimme einer Marionette, Fistelstimme, spitz, näselnd, brüchig, scharf, gackernd, zahnlos.)

Was sagt a?
– Sagt nix.

Was macht a?
– Macht nix.

Was denkt a?
– Denkt nix.

Warum sagt a nix?
Warum macht a nix?
Warum denkt a nix?

– A'xistiert nich.

Hölderlins Grab

Der Tag, der Tag murmelt dunkeln Vorwurf,
die Nacht klagt und klagt,
sie klagt, ohne zu sagen warum.

Die Sonne erhebt sich,
einem Vater gleich sprechend zu uns,
aber den Rat hören wir nicht.

Von Feuern ohne Zahl ist bewohnet der Raum,
sie senden uns unverständliche Zeichen,
und lange quält die Zeit unser Erinnern
wie ein Gesicht, das zu finden wir nimmer vermögen.

Seul après de longs jours de marche
souvent je vais au pied de ce théâtre d'ombres
et devant la scène déserte
je veille le cœur serré
appelant sans écho
ces grands acteurs qui depuis cent mille ans
règnent sur notre ingratitude
et parlent sans se faire entendre.

Forêt, pourquoi te taire encore?
Éveille-toi et marche! Ciel,
pourquoi fermer les yeux dans le plein jour?
Mélange aux chaînes d'or du soleil
les trésors cachés de ta Nuit! Revenez
près de nous, lointains espaces! Que les temps
soient mêlés et que tout,
passé présent futur, soit ensemble donné
à l'indomptable esprit qui vous espère
et vous attend!. . .

Et si, de ce tumulte,
sort une voix unique, doucement
dominant le tonnerre, et ce Sourire
plus fort que le combat mortel des éléments,
alors, que nous soyons instruits enfin
de cette paix inaltérable
dont la semence est dans l'esprit des hommes
depuis le premier jour!

Mais nul ne trouve en lui d'autre réponse
que le bruit de son cœur, et toujours le silence du monde
paraît seul annoncer la parole, et toujours,
en nous, des voix immenses vont s'affaiblissant,
avec le souvenir de la Promesse,
comme un orage qui s'éloigne!

Allein nach langen Tagen des Wanderns
zum Fuß des Schattentheaters gehe ich oftmals
und wache bedrückt vor der ausgestorbenen Bühne
ohne Antwort rufend die großen Spieler,
die schon hunderttausend von Jahren
über unsere Undankbarkeit herrschen
und sprechen – doch keiner hört sie.

Wald, warum schweigst du noch immer?
Erwache und ziehe dahin!, Himmel,
warum schließt du die Augen am vollen Tage?
Mische der Sonne goldene Ketten
mit deines Dunkels verborgenen Schätzen. Kommt
wieder uns nahe, Räume der Ferne! Damit die Zeiten
sich mischen, damit alles,
Vergangenheit, Gegenwart, Zukunft gemeinsam
dem unbezwinglichen Geiste gereicht sei,
der euch erhofft und erwartet!

Und wenn aus diesem Tumult
eine einzige Stimme hervortritt, leise
den Donner beherrscht, und jenes Lächeln,
das stärker ist als der Elemente irdisches Ringen,
daß wir endlich dann wissen
um den beständigen Frieden, dessen Samen ruht im Geiste
der Menschen
seit der Zeiten Beginn.

Niemand aber findet im Innern andere Antwort
als die Stimme des Herzens, und immer ist es, als ob die
Stille der Welt
allein das Wort künde, und immer
kommen in uns unendliche Stimmen zum Schweigen
mit der Verheißung Erinnern
wie ein Gewitter, das fortzieht.

Médium anonyme

Comme qui n'a rien vu et fait l'aveugle
ou bien n'était pas là et fait le sourd
comme qui n'a pu vivre et fait le mort

comme qui au spectacle fut présent
mais s'en va sans rien dire et qui a su
le grand péril mais ne se fait entendre

mes propres mains de victime s'effraient
de reconnaître à tâtons sur ma face
quelqu'un de redoutable et d'oublié.

S'il n'est pas moi qu'est-il donc? Ciel et cendre
dans les caveaux de mon crâne engouffré
et si c'est moi. . . souviens-toi de l'abîme,
parle! mais parle un langage inconnu!

Rien, – ou toi-même, – accueille le transfuge!
Absence pour absence mot pour mot
(tel par le sens que la feuille qui bouge)
donne ta voix à l'hôte épouvantable
qui n'a de corps ni d'âge ni de lieu.

Son masque? C'est ce cri que nul n'entend
un long couteau le creuse et le profère
par le désert qui hurle où je me tais

Car ce sont les charrois les ans les astres
les morts amoncelés l'eau des citernes
le train fou des énormes silences
qui font écho dans un être sans nom.

Anonymes Medium

Wie einer der nicht sah und der sich blind stellt
oder nicht da war und sich taub stellt
wie einer der nicht leben konnte und sich tot stellt

wie einer der beim Schauspiel da war
doch wortlos weggeht und der wußte
von der großen Gefahr aber geschwiegen hat

erschrecken meine Hände, Hände eines Opfers,
wenn sie mein Gesicht betastend jemanden
Gefürchteten und Vergessenen erkennen.

Wenn nicht ich es bin wer dann? Himmel und Asche
in den Grabgewölben meines abgestürzten Schädels
und wenn ich es bin . . . erinnere dich des Abgrunds,
sprich! aber sprich eine unbekannte Sprache!

Nichts, – oder du selber, – empfange den Abtrünnigen!
Abwesenheit für Abwesenheit Wort für Wort
(in diesem Sinne wie ein Blatt das sich bewegt)
gib deine Stimme dem grauenvollen Gast
der weder Körper noch Alter noch Ort hat.

Seine Maske? Ist der Schrei den keiner hört,
ein langes Messer höhlt ihn, stößt ihn aus
über die Wüste hin die heult wo ich verstumme.

Denn es sind die Trecks die Jahre die Sterne,
die Berge von Toten das Wasser der Zisternen
der irre Zug des ungeheuren Schweigens
die ein Echo wecken in einem namenlosen Wesen.

Passant qui rentre ravi

Passant qui rentre ravi
d'accord avec Mars inégal
voici voici que j'entends
un chant secret mais non triste

Le même toujours le même
depuis mille ans que je vis
c'est toi, présence paisible,
qui parle et parle à voix basse

Un geste un souffle et les choses
un mot un signe et les êtres
perdent leurs formes de fer,
– ce mot c'est toi qui le donnes

Par toi le jour dans leur ombre
se glisse, par toi l'écho
mes yeux font la nuit légère
les corps les murs transparents

Je suis la rencontre obscure
je vais je viens je connais
la terre dort dans mes mains
le temps c'est moi c'est ici

C'est moi c'est vous et les heures
le ciel la rue et le vent
chacun chacun comme nous
regarde entend et s'étonne

Printemps probables délices
espace ruses clartés
visage de vie et de mort

– je parle à des lèvres scellées.

Wanderer der entzückt zurückkehrt

Wanderer der entzückt zurückkehrt
einig mit dem launischen März
höre ich jetzt, jetzt höre ich
ein heimliches aber nicht trauriges Lied

Das gleiche immer wieder das gleiche
seit tausend Jahren daß ich lebe
bist du es, friedliche Gegenwart,
die redet und redet mit leiser Stimme

Eine Geste ein Lufthauch und die Dinge
ein Wort ein Zeichen und die Wesen
verlieren ihre eisernen Formen,
– dies Wort, es ist dein Geschenk

Durch dich schiebt sich in ihren Schatten
der Tag, durch dich, das Echo, leicht
machen meine Augen die Nacht
die Körper die Mauern durchsichtig

Ich bin das dunkle Zusammentreffen
ich gehe ich komme ich erkenne
die Erde schläft in meinen Händen
die Zeit das bin ich das ist hier

Das bin ich das seid ihr und die Stunden
der Himmel die Straße und der Wind
jeder jeder so wie wir
schaut und hört und ist erstaunt

Frühjahr wahrscheinliche Wonnen
Raum Gaukeleien und Licht
Gesicht vom Leben und vom Tod

– ich spreche zu versiegelten Lippen.

Procès-verbal

Cet individu était seul.
Il marchait comme un fou
il parlait aux pavés
souriait aux fenêtres
pleurait en dedans de lui-même
et sans répondre aux questions
il se heurtait aux gens, semblait ne pas les voir.

Nous l'avons arrêté.

Tatbestandsaufnahme

Dieses Individuum war allein.
Es lief wie ein Verrückter
es redete mit den Pflastersteinen
lächelte den Fenstern zu
weinte in sich hinein
und ohne auf Fragen Antwort zu geben
stieß es sich an den Leuten, schien sie nicht zu sehen.

Wir haben es festgenommen.

Jean Follain

Mets

O mets, macaronis, merluches pour longues dents,
or boueux des confitures d'abricot,
venaisons des mortels mariages,
coquillages: repas de jeunesse,
paons pour les vierges pures
et les traîtres,
haricots qui gonflent les dragons
et jusqu'à la mâche amère
des repas de deuil
et jusqu'au poulet sans tendresse
des repas de fin d'amour.

Ode à l'école du soir

Employés et manouvriers
s'en vont à l'école du soir
quand la peau des femmes est plus douce
et que les enfants translucides
tracent les dernières marelles
aux carrefours couleur de rose
et par-delà la ville s'étendent
des archipels de villages
remplis aussi d'écoles du soir;
au haut d'un arbre l'idéal
chante par la voix d'un oiseau,
lentement les rivières coulent,
un fantassin sur un pont d'or
baise aux joues la servante blanche,
douceurs de vivre, ô serpents
emmêlés dans la pourpre vaine,
de lourds passés meurent au ciel;

Speisen

O Speisen, Makkaroni, Seehecht für lange Zähne,
schlammiges Gold der Aprikosenkonfitüren,
Wildbret der tödlichen Hochzeiten,
Muscheln: Mahl der Jugend,
Pfauen für die reinen Jungfrauen
und die Verräter,
Bohnen, die Drachen blähen,
ja bis zur bitteren Rapunzel
der Totenmähler
und bis zum kaum mehr zarten Hähnchen
der Mähler zum Liebesende.

Ode an die Abendschule

Angestellte und Handarbeiter
ziehen in die Abendschule
wenn die Haut der Frauen weicher ist
und die durchscheinenden Kinder
die letzten Hüpfspiellinien
auf den rosa Kreuzungen zeichnen
und drüben hinter der Stadt
sich Dorfarchipele dehnen
auch sie voller Abendschulen;
hoch oben im Baume singt
das Ideal mit Vogelstimme,
langsam fließen die Flüsse dahin,
ein Infanterist auf goldener Brücke
küßt die weiße Magd auf die Wangen,
Schönheit des Lebens, o Schlangen
dem eitlen Purpur eingeschlungen,
Schweres von einst stirbt am Himmel;

qu'Ève à jamais rendit amère
la lourde beauté du feuillage,
mais l'École du soir dans ses bras
de République fortunée
recueille les grands apprentis sages.

Repas de famille

Quand la servante posait une assiette sur l'autre
il se faisait un clair bruit
qui revient du fond des jours chauds
avec les lueurs
des fourchettes d'argent
les veines bleues
et les spectres flottant dans les reflets des cires.

Croisée des routes

Le soleil blanc des jardins
réchauffe les invalides
haute et touffue une haie
cache l'endroit des fusillés
devant les barrières on parle
du prix du blé
il passe des porteurs d'outils
des poules égarées aux ailes
couvertes de poussière
des écoliers à sang figé
sur leurs égratignures foncées
qui ouvrent leurs yeux pour tout voir
sous l'azur qui brûle.

Eva die ließ auf immer bitter werden
die schwere Schönheit des Blattwerks,
doch die Schule des Abends in ihren Armen
einer beglückten Republik
nimmt die großen zahmen Lehrlinge auf.

Familienmahl

Wenn die Dienerin die Teller aufeinanderstellte
gab es ein helles Klappern
das aus der Tiefe der warmen Tage heraufkommt
mit dem Funkeln
der silbernen Gabeln
den blauen Adern
und den Gespenstern, die auf blankem Wachs hinhuschen.

Wegkreuzung

Die weiße Sonne der Gärten
wärmt die Versehrten
eine Hecke hoch und dicht
verbirgt den Ort der Erschießungen
vor den Schranken spricht man
vom Getreidepreis
Werkzeugträger kommen vorbei
verlaufene Hühner mit Flügeln
auf denen der Staub liegt
Schüler mit geronnenem Blut
auf ihren gedunkelten Schrammen
die ihre Augen aufsperren um alles zu sehen
unterm lodernden Blau.

Les Accidents

Poser un soir son pied nu
sur un clou
tomber des branches
boire à même une eau trop froide
sont les accidents mortels
qu'impose le vieux destin
le monde alors n'a plus d'âge
le ciel reste intact et bleu
les murs sèchent inexorables.

Le Secret

Où gis-tu secret du monde
à l'odeur si puissante?
Parfois un ouvrier doux
dans la ville fiévreuse
tombe d'un échafaudage
et le vent sent toujours le lilas;
un malheur tenace
habite les corps les plus beaux
les mains dans le soir se serrent
un animal s'endort
dans une loge qu'ouvragèrent les hommes
la paix toujours se corrompt
et la guerre
n'a plus d'âge.

Die Unfälle

Man tritt eines Abends mit bloßem Fuß
auf einen Nagel
man fällt vom Baum
man trinkt gierig von zu kaltem Wasser
tödliche Unfälle sind dies
wie das alte Geschick sie erzwingt
alterslos wird dann die Welt
der Himmel bleibt rein und blau
unerbittlich trocknen die Mauern.

Das Geheimnis

Wo ruhst du Geheimnis der Welt
mit dem so starken Geruch?
Bisweilen stürzt
in der fiebernden Stadt
ein friedlicher Arbeiter vom Gerüst
und im Wind riecht es weiter nach Flieder;
ein zähes Verhängnis
haust in den schönsten Körpern
Hände ballen sich im Abend
ein Tier schläft ein
in einer Hütte die Menschen zimmerten
stets verwest der Friede
und der Krieg
ist alterslos.

André Frénaud

Endimanché dans son honneur

Endimanché dans son honneur
comme un âne de moine
comme une bête pondeuse
comme un voile de noce
comme une verroterie

Embarrassé dans son bonheur
comme un fou dans ses toiles
comme le beurre dans ses feuilles
comme le vent dans les voiles
comme un veau queue en feu

Je n'ai pas peur
Je ris mon saoul
Je vais mon train de sort.

Présence réelle

Excepté ton regard où je hais ma rencontre
excepté tes mains vides où mon front est resté
excepté ton attente harcelant mon désert
excepté nos nuits nos soleils d'égal ennui
excepté ta gorge excepté ton rire
excepté toi excepté moi
je t'ai trouvée j'ai confiance je te prends.

Herausgeputzt mit seiner Ehre

Herausgeputzt mit seiner Ehre
wie ein Pfaffenesel
wie eine Legehenne
wie ein Hochzeitsschleier
wie eine Glasmenagerie

Verheddert in sein schönes Glück
wie ein Narr in seine Tücher
wie die Butter in den Blättern
wie der Wind in allen Segeln
wie das Kalb mit Feuerschweif

Ich hab nicht Angst
Ich lach mir eins
Ich geh wie's nun mal soll.

Wirklich bei mir

Abgesehen von deinem Blick wo ich die Begegnung hasse
abgesehen von deinen Händen wo mein Kopf ins Leere stößt
abgesehen von deinem Warten das in meine Wüste dringt
abgesehen von unsern Nächten unsern Sonnen gleicher Öde
abgesehen von deiner Brust abgesehen von deinem Lachen
abgesehen von dir abgesehen von mir
hab ich dich gefunden traue dir und nehme dich.

Éternellement

Une femme parle.

Ni lui ni l'autre . . . Je te chercherai
parmi les tapisseries déchirées de la nuit.
Seule avec mon silence profond comme un heaume.
Seule avec les pierres amoureuses de la lune.
Des chaînes au cou, un lasso dans les cheveux.
Les mines du remords éclairent un soleil froid.

Air du colporteur

Pas d'échalotes, pas de lacets,
pas d'eau des saintes, pas d'almanach,
pas de petits paquets pour les femmes,
pas de règles ni de compas lisses,
pas de choux rouges, pas de poison,
pas d'adultères ni fer ni mousse,
pas d'étoile de mer ni d'amour,
pas de graines au pollen beurré,
pas de nouvelles des nouveau-nés.
Le monde est vide, il n'y a rien à vendre.

Le Miroir de l'homme par les bêtes

En hommage à Jérôme Bosch.

Tous les œufs se fendaient pour qu'en sorte
un museau qui se dandinait en avançant, qui mordait
pour que la bouche s'enflât pour que la bête
y pût goûter et prendre part et désirer,
cependant qu'à son arrière se déployait
le grand crustacé jaune
qui tranchait, faisait couler, savait-il quoi?

Ewiglich

Eine Frau spricht.

Nicht ihn und nicht den andern . . . Ich will dich suchen
unter den zerrissenen Wandvorhängen der Nacht.
Alleine mit meiner Stille so tief wie ein Helm.
Alleine mit den mondverliebten Steinen.
Ketten um den Hals, ein Lasso in den Haaren.
Die Minen der Reue erhellen eine kalte Sonne.

Hausiererlied

Heute kein Lauch, heute keine Bändel,
Heute kein Weihwasser, heute kein Bilderbuch,
heute keine Päckchen für die Damen,
heute weder Lineal noch Zirkel,
heute keinen Rotkohl, heute kein Gift,
heute keine Ehebrüche weder Dolch noch Schaum,
heute keine Seesternchen und auch keine Liebe,
heute keine Butterpollenkörner,
heute keinerlei Geburtsanzeige.
Die Welt ist leer, es gibt nichts zu verkaufen.

Des Menschen Spiegel in den Tieren

Um Hieronymus Bosch zu ehren.

Alle Eier platzten auf, damit eine Schnauze
herauskonnte, die dann vorwärtsschaukelte, die biß,
damit das Maul schwoll, damit das Vieh
kosten konnte und teilhaben und begehren,
indessen an seinem Hinterteil sich
das große gelbe Krustentier entfaltete,
das gar nicht wußte, was es zerschnitt, zerlaufen ließ.

Les tréteaux se dressaient entre les débris
et les fouets levés haut
s'étaient immobilisés en croix.
Déjà les yeux clignaient et s'enfonçaient.
Déja prenait pied le chêne creux,
le tronc se gonflait sous les rouges-gorges.
La vivante et son double étaient emportés.
Seule une parcelle dans la sphère serait intacte.

Effacée l'imploration du condamné
par la prolifération des profils cruels.
Nul n'aperçoit plus le visage sur le voile.
Groins et becs prennent la barque, elle avance.

L'eau s'évanouit. Le feu la flaire en sa fumée.
Le berceau était-il la source du festin?
Les cornemuses, interminablement,
s'avancent sur leurs courtes pattes, les clarinettes
au long bec des anges. Comment résister
à la musique du cortège?

Fallait-il reconnaître le maître sous ce masque?
Fallait-il recevoir de l'étranger couronné
les présents peut-être funestes?
Qui s'égare? Comment conjurer
les prêtres aussi peu sûrs que les remparts?
Sur le bouclier obscurci, le quartier de bœuf s'avance.
Comment l'armure vide commanderait-elle?

Le hameau parmi les tilleuls et la fumée,
les fileuses, avec les vieilles roues abandonnées,
lorsque la horde s'approche dans les arbres,
cependant la tour ombrage avec bienveillance
la lente campagne dessaisie.

Le diamant veiné du printemps dans les branches,
le matin, les corps minces
la main dans la main, l'eau passée à gué.

Die Bretterbühne stand zwischen den Trümmern,
und die Peitschen waren hocherhoben
zu Kreuzen erstarrt.
Schon zwinkerten die Augen und rollten nach hinten.
Schon faßte die hohle Eiche Fuß,
der Stamm quoll auf unter den Rotkehlchen.
Die Lebende und ihr Doppelgänger wurden fortgerissen.
Nur eine Parzelle in der Kugel sollte heil bleiben.

Weggewischt das Bittflehen des Verdammten
durch die Unmenge grausamer Profile.
Niemand bemerkt mehr das Gesicht auf dem Schleier.
Schnauzen und Schnäbel packen den Kahn, der bewegt sich.

Das Wasser erlischt. Das Feuer riecht an seinem Rauch.
War die Wiege denn die Quelle des Festmahls?
Die Dudelsäcke kommen unentwegt
auf ihren Pfötchen angewackelt, die Klarinetten
mit den langen Engelsschnäbeln. Wie kann man da
der Umzugsmusik widerstehen?

Mußte man den Meister unter dieser Maske erkennen?
Mußte man von dem gekrönten Fremden die Geschenke
annehmen, die vielleicht unheilvoll waren?
Wer verrennt sich? Wie kann man denn die Priester
beschwören, die so unzuverlässig sind wie die Schutzwälle?
Auf dem verdunkelten Schild kriecht das Ochsenstück näher.
Wie soll der leere Panzer auch Befehle geben?

Der Weiler zwischen den Linden und dem Rauch,
die Spinnerinnen mit den alten verlassenen Rädern,
wenn die Horde auf den Bäumen herantobt,
dennoch beschattet der Turm wohlwollend
die gemächlich brachliegende Flur.

Der geäderte Diamant des Frühlings in den Zweigen,
der Morgen, die winzigen Körper
Hand in Hand, das durchwatete Wasser.

Des à-pics ouverts! Des poissons pommelés remplissant
le grand ciel en feu. En bonnes mains du porc,
la vierge se réjouit s'il se dresse.

Qui nous épie?
Le gouffre est investi. Les chevaux en rond,
galopant autour de la fontaine.
Le feu, l'eau se sont engorgés sous l'écorce.
Le noyé qui crie dans l'écho s'assourdissant:
le sauveur incendiaire,
lorsque celui qui se tient sous la cendre apparaîtra . . .
Un seul mince oiseau immobile chatoyait.

Saurons-nous déchiffrer la partition
sur la tourelle dévastée?
Nous sommes par les débris nous aussi, en tronçons,
des morceaux de ventre agglutinés éperdus.
Nous sommes par les chaumes au loin, nous nous cherchons.
La haine aveugle les chemins. Des pans s'effondrent.
Le feu crépite, gagne ici . . . Par les vergers
les soldats vont nous rattraper, qui s'éparpillent
dans les maisons. Ce gros court, la cuisse nue, qui
grimpe à l'échelle, grimpe à l'échelle, grimpe . . .

On verse à boire goulûment dans les pots.
Les jambes écartées, d'innombrables pets
circulent partout, sont en flamme.
Nul réconfort.

Allons, en route où les serpents s'en vont sans peur.
Saigneront tous les signes et les crapauds
sortent des bouches impatientes.
Par l'énergie si lentement
précipités à leur rencontre, les voici:
l'enfermé, l'assoiffé, l'aveugle, le fuyard,
celui qui tranche et qui hurle, celui qui parfait ses plaies,
le chien qui rêve à son vomi, l'insensé qui brûle des os,
celui qui engrange les rats et qui sourit,

Offene Senkrechte! Grauscheckige Fische füllen
den großen Feuerhimmel an. In guten Händen beim Schwein
freut sich die Jungfrau, wenn es sich aufrichtet.

Wer lauert uns auf?
Der Abgrund ist besetzt. Die Pferde
galoppieren rund um den Brunnen.
Das Feuer, das Wasser sind unter der Rinde angelaufen.
Der Ertrunkene, der im betäubenden Echo schreit:
der Retter als Brandstifter,
wenn der unter der Asche Ruhende erst erscheint . . .
ein einziger winziger Vogel schillerte unbeweglich.

Ob wir die Partitur werden lesen können
auf dem zerschlagenen Erker?
Wir sind über die Trümmer hin auch nur noch Stümpfe,
Bauchstücke, verklebt, verschwärmt.
Wir sind weit über die Strohhütten hin, wir suchen uns.
Haß blendet die Wege. Kanten zerbrechen.
Das Feuer knistert, gewinnt hier . . . Durch die Obstgärten
werden die Soldaten uns einholen, die sich jetzt auf die Häuser
verteilen. Dieser kurze Dicke mit den nackten Schenkeln, der
die Leiter hinaufklettert, die Leiter hinaufklettert, klettert . . .

Gierig gießt man die Trinkbecher voll.
Bei gespreizten Beinen fahren unzählige Fürze
ringsumher, stehen in Flammen.
Keine Stärkung.

Los, auf, wo die Schlangen ohne Furcht hinkriechen.
Es werden alle Zeichen bluten und die Kröten
springen aus den ungeduldigen Mäulern.
Von der Energie so langsam
ihnen entgegengetrieben sind sie da:
der Eingesperrte, der Durstige, der Blinde, der Stiftengegangene,
der Wegschneider und der Heuler, der Wundenvollender, der Hund,
der vom Erbrochenen träumt, der Spinner, der Knochen verbrennt,
der die Ratten in die Scheune einfährt und dabei lächelt,

les bourreaux incertains, les bergers qui raillent,
celui qui décline les délices, celui qui est forcé,
tous les ennemis complices dans la fête.

Les relais hasardeux, les parures, les simulacres,
les corbeaux à leur nourriture s'exténuant.
Dénudé au tumulte de la rose des vents,
l'œil mi-clos traversant les prestiges,
le prodigue incertain devant les eaux mortes.

L'enfant mort reviendra-t-il derrière la rambarde?
La framboise étincelle dans la nuit.
Les œufs s'éclairent . . . Nous entrerons enfin,
si les rochers bourgeonnent et s'inclinent.

La formule pour pénétrer le royaume!
Le grand épanchement bleu du ciel secret.
Le foyer s'est concentré en ma prunelle
où scintillent les corps évanouis . . .

Le signal était-il venu
de l'entonnoir ou de la cruche?
Les ustensiles de proche en proche s'étaient mis en marche,
tous transports se relaient par l'avide voyage.
La pantoufle s'essoufflait, le fer passait et repassait
pour brûler qui voulait.
Et le torchon c'est la voile qui cingle!
Bel esquif pour les petits hommes
dans les lents parages du couteau des délices.

Et les rats sous diverses robes s'acheminaient,
à tous les groupes mêlés, sous leurs capelines,
pour remplir leur rôle.
Dans le terrier accroupi comme un grand jardin,
la trompe s'enfonçait où le lac prenait feu.
Plus loin la vulve hilare.

die zögernden Henker, die spottenden Hirten,
die Lustverächter, der Zwangsgeladene,
alle feindlichen Komplizen beim Fest.

Die Zufallsrelais, der Kopfputz, die Götzenbilder,
die Raben, die sich über ihrer Nahrung abzehren.
Nackt und bloß im Tumult der Windrose,
das halb geschlossene Auge durchdringt den Zauberspuk,
der zaudernde Vergeuder vor den toten Wassern.

Wird das tote Kind wieder hinter der Reling hervorkommen?
Die Himbeere funkelt in der Nacht.
Die Eier leuchten auf . . . Endlich werden wir eintreten,
wenn die Felsen knospen und sich neigen.

Die Formel, um ins Königreich zu kommen!
Der große blaue Erguß des heimlichen Himmels.
Die Feuerstelle hat sich in meiner Pupille konzentriert,
wo die ohnmächtigen Körper flimmern . . .

Kam das Signal denn
aus dem Trichter oder aus dem Krug?
Die Gerätschaften waren Stück um Stück losmarschiert,
alle Transporte lösen sich auf der gierigen Fahrt ab.
Der Pantoffel keuchte, das Eisen bügelte auf und ab,
um zu brennen, wer wollte.
Und der Lappen ist das Segel, das voransteuert!
Schöner Nachen für die kleinen Männchen
in den gemächlichen Breiten des Messers der Wonnen.

Und die Ratten machten sich buntgewandet auf den Weg,
unter alle Gruppen gemischt, mit ihren Kapuzen,
um ihre Aufgabe zu erfüllen.
In den Fuchsbau, hingekauert wie ein großer Garten,
drang der Rüssel ein, wo der See Feuer fing.
Etwas weiter die fröhliche Vulva.

Ils sont tous avalés par la trappe qui s'avance.
D'innombrables jambes gigotent sous la voie lactée,
éclaboussent la nuit.

– Oui, c'est toi, me dit le Monstre.
– C'est toi, dit le Maître des adjurations grotesques.

Et tout d'un coup je l'avais reconnu,
depuis toujours là si modeste,
par l'ample robe rouge cachant le pied fourchu:
Moi encore, le fomentateur des odeurs fétides!

En vain tu frapperas, grand archange,
avec la longue épée,
insecte mal articulé par nos doigts fragiles.
Et tomberont les bêtes en se prenant,
jusqu'à la gorge.
Celui qui détourne le visage les voit.
Il est avec elles, peut-être. Il le sait.
Nul intercesseur ne se tient entre nous.

Et comment saurais-je dévoiler désormais,
entre les lèvres saintes,
le bon œuf nourricier du sein, ô vierge mère
qui échappa,
la source qui donne sans rien déchirer.

Jeune Amazone et son ombre

I

Toujours la flèche en mains, allant à la rencontre
Toujours enclose, avide, en la morte saison.
Jeunesse à l'appel de l'illimité je brûle,
foison aride, les plaisirs. Libre.

Sie werden alle verschluckt von der heranrollenden Falle.
Unzählige Beine strampeln unter der Milchstraße,
bespritzen die Nacht.

– Ja, du bist es, sagt das Monster zu mir.
– Du bist es, sagt der Herr der grotesken Beschwörungen.

Und plötzlich hatte ich ihn erkannt,
von jeher schon da so bescheiden,
an der weiten roten Robe, die den Bocksfuß verdeckte:
Noch einmal ich, Aufwiegler der üblen Gerüche!

Umsonst wirst du zuschlagen, großer Erzengel,
mit deinem langen Schwert,
von unseren schwachen Fingern schlecht gegliedertes Insekt.
Und stürzen werden die Tiere, wenn sie sich packen,
gar an der Kehle.
Wer sein Gesicht abgewendet, sieht sie.
Er ist mit ihnen, vielleicht. Er weiß es.
Niemand legt sich bei uns ins Mittel.

Und wie sollte ich inskünftig zwischen den heiligen Lippen
das gute Nährei der Brust
zu entschleiern wissen, das, o jungfräuliche Mutter,
entglitten war,
die Quelle, die speist, ohne etwas zu zerreißen.

Junge Amazone und ihr Schatten

I

Immer den Pfeil in Händen, so eile ich vorauf,
immer umschlossen, begierig, in toter Jahreszeit.
Jugend beim Ruf des Unbegrenzten verbrenne ich,
karge Fülle, die Freuden. Frei.

II

Si près, si loin l'appel, toujours me dénuant,
j'attends en avançant, je découvre et me jette.
Corps serrés au combat, de victoire en victoire.
Terrible joie brûlée. Qu'ai-je saisi? Je pars.
Présence impatiente, je suis la neige,
ses mille feux perdus . . . Sans répit
la course. Maudite, seule.

Ecco me

A force de l'aimer saurai-je la contraindre?
A-t-il brillé pour moi le vrai regard?
Qui voulais-je prouver? Où me perdre? Où me prendre?
Mais à qui fut jamais promise, quelle?
O ci-devant vainqueur, contre toi le temps gagne.
Aurai-je assez menti!

J'ai retrouvé la déchirure inoubliable.
L'enfance qui m'accompagnait, les yeux perdus,
s'est redressée avec son vrai visage: C'est moi.
J'ai bouclé ma vie, j'ai achevé le tour, découvrant
la pesante encolure de ma mort.

II

So nah, so fern der Ruf, stets völlig mich entblößend,
harrend geh ich voran, entdeckend stürz ich los.
Im Kampf verschlungene Leiber, es gibt nur Sieg und Sieg.
Schreckliche Lust verbrannt. Was ward mir? Ich muß weg.
Rastloses Beimirsein, ich bin der Schnee,
verlorenes Tausendfeuer . . . Ohne Halt
der Lauf. Verflucht, allein.

Sieh her

Vermag durch starkes Lieben ich sie wohl zu bezwingen?
Hat er für mich geglänzt, der wahre Blick?
Wen wollte ich beweisen? Wo mich verlieren? Wo mich nehmen?
Doch wem war sie je versprochen, welche?
O du vormaliger Sieger, gegen dich siegt die Zeit.
Ich log doch nun genug!

Ich fand erneut den Riß, der sich niemals vergißt.
Die Kindheit, die verlorenen Auges mit mir ging,
sie hat ihr wahres Antlitz nun erhoben: Ich bin's.
Mein Leben schritt ich aus, ich schloß den Kreis und spüre:
schwer sitzt im Nacken mir der Tod.

Georges Schehadé

Un violon aveugle pleurait pour nous
Une fontaine de pierre
L'hiver la saison sans figure
Quand les raisins sont noirs

Ceux-là qui veillent très tard la nuit
Dans l'absolution profonde des ténèbres
Loin des lampes chaudes aux yeux
Dans l'air nu
Sont les voyageurs de l'avenir
Et les étoiles le savent bien qui s'arrêtent à leurs fenêtres
Laissant des échelles brillantes
A l'aube quand les chasseurs font des trous
Dans le silence des campagnes

EINE GEIGE, blind, weinte für uns
Ein steinerner Brunnen
Der Winter die antlitzlose Zeit
Wo die Beeren schwarz sind

DIE DA spät noch wachen nachts
In der tiefen Vergebung des Finstern
Weit ab von den Lichtern die den Augen warm
In kahler Luft
Sie sind die Wanderer der Zukunft
Und die Sterne wissen es wohl die an ihren Fenstern verhalten
Und helle Leitern zurücklassen
Im Morgengrauen wenn die Jäger
Die Stille der Fluren durchlöchern

Anne Hébert

Rouler dans des ravins de fatigue

Rouler dans des ravins de fatigue
Sans fin
Sans reprendre haleine
Prise dans ses cheveux
Comme dans des bouquets de fièvre
Le cœur à découvert
Tout nu dans son cou
Agrafé comme un oiseau fou

Vieux caveau de famille
Éventré
Cage de bouleau blanc
Rompue
Jeu de domino
Interrompu
Douce poitrine crevée

Fracas d'ivoire à mi-voix
Contre notre oreille pleine de sable
Bleu du ciel
Grand cri de la lumière au-dessus de nous.

Trop à l'étroit

Trop à l'étroit dans le malheur, l'ayant crevé comme une vieille peau

Vieille tunique craque aux coutures, se déchire et se fend de bas en haut

L'ayant habité à sueur et à sang, vétuste caverne où s'ébrèche l'ombre du soleil

In Müdigkeitsschluchten voranrollen

In Müdigkeitsschluchten voranrollen
Ohne Ende
Ohne Atem zu holen
Verfangen in seinen Haaren
Wie in Fiebersträußen
Das Herz freigelegt
Ganz nackt in seinem Hals
Angeheftet wie ein toller Vogel

Alte Familiengruft
Aufgebrochen
Käfig aus weißer Birke
Gesprengt
Dominospiel
Ausgesetzt
Sanfte Brust zerrissen

Elfenbeingetöse halblaut
An unser sandgefülltes Ohr
Blau des Himmels
Großer Schrei des Lichtes über uns.

Eingeengt

Eingeengt im Verhängnis, wir haben es abgesprengt wie eine alte Haut

Alte Tunika kracht in den Nähten, reißt und fetzt von unten nach oben

Wir hausten drin in Schweiß und Blut, verfallene Höhle wo der Schatten der Sonne schartig wird

Ayant épuisé de tristes amours, la vie en rond, le cœur sans levain

Nous sommes réveillés un matin, nus et seuls sur la pierre de feu

Et la beauté du jour nous trouva sans défense, si vulnérables et doux de larmes

Qu'aussitôt elle nous coucha en joue comme des fusillés tranquilles.

Wir durchkosteten traurige Liebe, das Leben im Kreis, das Herz
ohne Hefe

Wir sind erwacht eines Morgens, nackt und allein auf dem
Feuerstein

Und die Schönheit des Tages fand uns wehrlos, so verletzbar und
tränenweich

Daß sie alsogleich auf uns anlegte wie auf die Reglosen, die man
erschießt.

Jean Tortel

Après, quand c'est éteint,
Que la colline est froide,
Les rôdeurs viennent voir.

Les pluies mettront longtemps
A nettoyer.

Alors surgit la roche pure
Entre des plaques de charbon.

Déjà les insectes occupent
Des amas.

Et de l'herbe, un rameau trop verts
Poussent bizarrement humides
Presque horribles dans le soleil.

Brume sauvage
Traversée de troupeaux.

Toute surface
S'engendre, s'ensevelit.

J'appelle nuit
Des mouvements.
Je ne vois pas.

La profondeur
Doit être bleue.

Danach, wenn es erloschen ist,
Wenn der Hügel kalt ist,
Kommen die Gaffer.

Der Regen wird lange brauchen,
Bis er es weggespült hat.

Dann tritt das reine Gestein
Zwischen Kohleplatten hervor.

Schon lassen sich Insekten
Auf den Haufen nieder.

Und Gras, ein Zweig, viel zu grün,
Wachsen seltsam feucht
Fast schrecklich in der Sonne.

Rauher Nebel
Wandernde Herden.

Alle Oberfläche
Erzeugt, begräbt sich.

Ich nenne Nacht
Was sich bewegt.
Ich kann nichts sehen.

Ganz weit hinten
Muß es blau sein.

CAPTURER l'orage
Mais qu'est cela, qu'est-ce
Que cette lourde plume dans la main
Un peu saignante un peu
Ébréchée, l'oiseau
Violet et noir, cime rayante
Dont les secousses trouent
Le papier les nuages.

SI C'EST humide
C'est comme si

L'amour ou quelle
Terreur avait
Laissé sa trace

CE QUI est.

Par-dessous.

Suinte.

Serait-ce moi.

Ou qui.

Das Gewitter einfangen
Doch was ist denn das
Diese schwere Feder in der Hand
Ein wenig blutend ein wenig
Schartig, violett und schwarzer
Vogel, kritzelnde Spitze
Zerlöchert beim Stoßen
Das Papier die Wolken.

Ist es feucht
So ist es als

Hätte Liebe oder
Welcher Terror
Spuren hinterlassen

Etwas ist.

Darunter.

Sickert durch.

Sei es ich.

Oder wer.

Léopold Sédar Senghor

Élégie des circoncis

Nuit d'enfance, Nuit bleue Nuit blonde ô Lune!
Combien de fois t'ai-je invoquée ô Nuit! pleurant au bord des routes
Au bord des douleurs de mon âge d'homme? Solitude! et c'est les dunes alentour.
Or c'était nuit d'enfance extrême, dense comme la poix. La peur courbait les dos sous les rugissements des lions
Courbait les hautes herbes le silence sournois de cette nuit.
Feu de branches toi feu d'espoir! pâle mémoire du Soleil qui rassurait mon innocence
A peine – il me fallait mourir. Je portais la main à mon cou, comme la vierge qui frissonne à l'horreur de la mort.
Il me fallait mourir à la beauté du chant – toutes choses dérivent au fil de la mort.
Voyez le crépuscule à la gorge de tourterelle, quand roucoulent bleues les palombes
Et volent les mouettes du rêve avec des cris plaintifs.

Mourons et dansons coude à coude en une guirlande tressée
Que la robe n'emprisonne nos pas, mais rutile le don de la promise, éclairs sous les nuages.
Le tam-tam laboure *woi!* le silence sacré. Dansons, le chant fouette le sang
Le rythme chasse cette angoisse qui nous tient à la gorge. La vie tient la mort à distance.
Dansons au refrain de l'angoisse, que se lève la nuit du sexe dessus notre ignorance dessus notre innocence.
Ah! mourir à l'enfance, que meure le poème se désintègre la syntaxe, que s'abîment tous les mots qui ne sont pas essentiels.
Le poids du rythme suffit, pas besoin de mots-ciment pour bâtir sur le roc la cité de demain.

Elegie der Beschnittenen

Kindheitsnacht, blaue Nacht, Blondnacht, o Mond!
Wie oft schon habe ich dich, o Nacht, beschworen, weinend am Rand der Straßen
Am Rand der Schmerzen meines Mannesalters? Einsamkeit! Und Dünen ringsum.
Ja da war der Kindheit äußerste Nacht, dicht wie Pech. Angst krümmte die Rücken unter dem Löwengebrüll,
Das tückische Schweigen der Nacht krümmte die hohen Gräser.
Reisigfeuer du Hoffnungsfeuer! Blasse Erinnerung an die Sonne die meiner Unschuld
Kaum Sicherheit gab – ich mußte sterben. Ich führte die Hand zum Hals wie die Jungfrau die vor dem Schrecken des Todes schaudert.
Ich mußte sterben an der Schönheit des Sangs – auf dem Strom des Todes treibt alles davon.
Sieh die Verfinsterung am Halse der Turteltauben wenn blau die Waldtauben gurren
Und Klageschreie ausstoßend die Traummöwen auffliegen.

Sterben wir, tanzen wir, Ellbogen an Ellbogen, verflochten in ein Gewinde,
Kein Gewand sperre ein unsre Schritte, doch rot schimmere das Geschenk der Versprochenen, Blitze unter den Wolken.
Das Tam-Tam durchpflügt *woi!* das heilige Schweigen. Tanzen wir, der Gesang peitscht das Blut
Der Rhythmus verjagt die Angst die uns an der Kehle gepackt hält. Das Leben hält den Tod in Entfernung.
Tanzen wir zum Kehrreim der Angst, daß die Nacht des Geschlechts sich hebt über unsere Unwissenheit, über unsere Unschuld.
Ach der Kindheit entsterben damit das Gedicht sterbe, der Satzbau sich auflöse, alle Worte versinken die nicht wesentlich sind.
Das Gewicht des Rhythmus genügt, es bedarf keiner Mörtel-Wörter um die Stadt von morgen auf den Felsen zu stellen.

Surgisse le Soleil de la mer des ténèbres
Sang! Les flots sont couleur d'aurore.

Mais Dieu, tant de fois ai-je lamenté – combien de fois? – les nuits d'enfance transparentes.
Midi-le-Mâle est l'heure des Esprits, où toute forme se dépouille de sa chair
Comme les arbres en Europe sous le soleil d'hiver.
Voilà, les os sont abstraits, ils ne se prêtent qu'aux calculs de la règle du compas du sextant.
La vie comme le sable s'échappe aux doigts de l'homme, les cristaux de neige emprisonnent la vie de l'eau
Le serpent de l'eau glisse aux mains vaines des roseaux.
Nuits chères Nuits amies, et Nuits d'enfance, parmi les tanns parmi les bois
Nuits palpitantes de présences, et de paupières, si peuplées d'ailes et de souffles
De silence vivant, dites combien de fois vous ai-je lamentées au mitan de mon âge?

Le poème se fane au soleil de midi, il se nourrit de la rosée du soir
Et rythme le tam-tam le battement de la sève sous le parfum des fruits mûrs.
Maître des Initiés, j'ai besoin je le sais de ton savoir pour percer le chiffre des choses
Prendre connaissance de mes fonctions de père et de lamarque
Mesurer exactement le champ de mes charges, répartir la moisson sans oublier un ouvrier ni orphelin.
Le chant n'est pas que charme, il nourrit les têtes laineuses de mon troupeau.
Le poème est oiseau-serpent, les noces de l'ombre et de la lumière à l'aube
Il monte Phénix! il chante les ailes déployées, sur le carnage des paroles.

Die Sonne entsteigt dem Meer der Finsternisse,
Blut! Die Ströme haben die Farbe der Morgenröte.

Doch Gott, wie oft habe ich sie beklagt – wie oft? – die klaren Nächte der Kindheit.
Männlicher Mittag ist die Stunde der Geister, da jede Form ihr Fleisch von sich abwirft
Wie in Europa die Bäume unter der Wintersonne.
Die Knochen, seht, sind abstrakt, sie fügen sich nur den Berechnungen von Lineal, Zirkelmaß und Sextant.
Das Leben aber entschlüpft wie der Sand den Fingern des Menschen, Schneekristalle kerkern das Leben des Wassers ein,
Die Schlange des Wassers entgleitet den eitlen Händen des Schilfrohrs.
Liebe Nächte, freundliche Nächte, Kindheitsnächte in Busch und in Tann,
Nächte durchzuckt von angeisternden Wesen, von blinzelnden Lidern, Nächte in denen es flügelt und weht,
Angefüllt mit lebendiger Stille, sagt wie oft hab ich euch nachgeweint auf der Höhe des Lebens?

Das Gedicht wird welk in der Mittagssonne, es nährt sich vom Abendtau
Und es durchpulst das Tam-Tam das Pochen des Saftes unter dem Duft reifer Früchte.
Einweihungsmeister, ich brauche, das weiß ich, dein Wissen um hinter die Chiffer der Dinge zu dringen,
Mir bewußt zu werden meiner Funktion als Vater und als Lamarch
Das Feld meiner Pflichten genau auszumessen, die Ernte zu teilen ohne daß ich einen Arbeiter oder eine Waise vergesse.
Der Gesang ist nicht nur Zauber, er nährt die Wollköpfe meiner Herde.
Das Gedicht ist ein Schlangenvogel, ist Hochzeit von Dunkel und Licht im Frührot,
Steigt auf als Phönix und singt mit ausgebreiteten Schwingen über dem Blutbad der Worte.

Le Salut du jeune soleil

Le salut du jeune soleil
Sur mon lit, la lumière de ta lettre
Tous les bruits qui fusent du matin
Les cris métalliques des merles, les clochettes des gonoleks
Ton sourire sur le gazon, sur la rosée splendide.

Dans la lumière innocente, des milliers de libellules
Des frisselants, comme de grandes abeilles d'or ailes noires
Et comme des hélicoptères aux virages de grâce et de douceur
Sur la plage limpide, or et noir les *Tramiae basilares*
Je dis la danse des princesses du Mali.

Me voici à ta quête, sur le sentier des chats-tigres.
Ton parfum toujours ton parfum, de la brousse bourdonnante
 des buissons
Plus exaltant que l'odeur du lys dans sa surrection.
Me guide ta gorge odorante, ton parfum levé par l'Afrique
Quand sous mes pieds de berger, je foule les menthes sauvages.
Au bout de l'épreuve et de la saison, au fond du gouffre
Dieu! que je te retrouve, retrouve ta voix, ta fragrance de
 lumière vibrante.

Élégie pour la Reine de Saba

O Mémoire mémoire, qui brûles dans la nuit trop bleue,
 pour chanter le printemps souffle sur mes narines
Quand éclate l'écorce, et ma bouche est blanche de bave,
 odeur de la semence odeur de la parole.
Que je me place sous ton dôme, étoile étincelante, pour
 guider mes pas sur la terre froide.

Gruß der jungen Sonne

Gruß der jungen Sonne
Auf meinem Bett, dein leuchtender Brief
All die Laute aufschießend im Morgen
Metallisches Schlagen der Amseln, Glockenklang der Gonolek
Dein Lächeln auf dem Gras, auf dem glänzenden Tau.

Im unschuldigen Licht, tausendfach die Libellen
Die *frisselants,* wie große schwarzgeflügelte Goldbienen
Und wie Schraubenflügler in anmutig-sanften Kurven
Über dem hellen Strand, golden und schwarz die *Tramiae basilares*
Ich sage den Tanz der Stammestöchter von Mali.

Dir gilt meine Suche, auf dem Pfade der Tigerkatzen.
Dein Duft allezeit dein Duft, aus dem summenden Gestrüpp der Sträucher
Berauschender als der Geruch der emporstrebenden Lilie.
Mich führt deine wohlriechende Brust, dein Duft, wie ihn Afrika aufweht
Wenn meine Hirtenfüße unter mir die wilde Minze zertreten.
Am Ende der Prüfung und der Reifezeit, tief unten im Abgrund
Gott! ach daß ich dich wiederfinde, deine Stimme, deinen Duftstrom zitternden Lichtes.

Elegie für die Königin von Saba

(Auszug)

O Erinnern Erinnern, du brennst in der Nacht der viel zu blauen um den Frühling zu singen hauche mir über die Nüstern
Wenn bersten die Rinden und wenn weiß vor Schaum mir der Munc ist, Geruch des Samens Geruch des Wortes.
Unter deine Kuppel will ich mich stellen, funkelnder Stern, solls lenken meine Schritte auf der kalten Erde.

Donc des caravaniers m'avaient dit sa beauté, fille de l'Éthiopie pays de l'opulence, de l'Arabie heureuse
Je ne sais plus. Les hommes de vermeil y sont bien de quatre coudées, et les hommes d'ébène bleue
Les hommes d'ambre et ceux d'olive mûre, et leurs cheveux sont noirs, raides parfois.
Ils m'ont dit les formes des femmes ainsi que des palmiers, et leur charme de gaze.
Et la plus belle est la fille du Roi des rois, la Reine-Enfant, Reine du Sud ombreux et du Matin en l'an de l'ascension.
Son nom est cousu dans les bouches: j'en donne les masques mouvants.
Elle a l'éclat du diamant noir et la fraîcheur de l'aube, et la légèreté du vent.
Comme l'antilope volante, elle bondit au-dessus des collines, et son talon clair dans l'air est un panache de grâce.
Genoux noirs devant les jambes de cuivre rouge, élan souple du sloughi aux chasses de la saison
Mouvement musique harmonie, que je vous chante de la voix d'or vert du dyâli!
Ils m'ont dit sa bravoure d'amazone, sa langue de soie fine, la poseuse d'énigmes.
Je retins mon cœur au bord du ravissement. Les six mois furent longs à ma poitrine
Jusqu'au jour où je confiai ma récade au Maître-des-Secrets: «Gueule du Lion et Sourire du Sage.»
Elle attendit trois fois six mois, battant mon impatience mais son impatience.
Et sa nourrice, noire comme la Grand-Prêtresse de Tanit, me remit deux écrins.
Et j'ouvris la gueule du lion avec la clef parfumée du sourire.
Et je souris au sourire du «Oui!» striquant et modulant le cantique de joie:
«O Roi de la Sagesse, tu es bien plus subtil que le serpent

Hatten doch Karawanenführer mir von ihrer Schönheit erzählt, Tochter Äthiopiens Land des Überflusses, des glücklichen Arabiens

Ich weiß nicht mehr. Von den Purpurmännern, die dort wohl vier Ellen hoch sind, von den Männern aus blauem Ebenholz

Den Männern aus Bernstein, aus reifer Olive, und ihrem schwarzen, bisweilen steifen Haar.

Sie haben von der Gestalt der Frauen gesprochen wie von Palmen, und von ihrem gazeweichen Liebreiz.

Und die schönste ist die Tochter des Königs der Könige, die Kind-Königin, Königin des schattigen Südens und des Morgens im Jahr des Aufstiegs.

Ihr Name ist in den Mündern versiegelt: ich gebe nur seine wechselnden Masken.

Sie hat den Glanz des schwarzen Diamanten und die Frische der Morgenröte, und die Leichtigkeit des Windes.

Wie die fliegende Antilope springt sie über die Hügel, und ihre Ferse hell in der Luft ist ein Panasch voller Anmut.

Schwarzes Knie vor kupferrotem Bein, federnde Kraft des Slugi zur Jagdzeit

Bewegung Musik Harmonie, daß ich euch singe mit der grüngoldnen Stimme des Dyâli!

Sie haben von ihrem Amazonenmut erzählt, von ihrer seidenfeinen Zunge, der Rätselstellerin.

Ich hielt mein Herz umklammert am Rande der Verzückung. Sechs Monate, sie waren lang für meine Brust

Bis zu dem Tag, wo ich meine *récade* dem Herrn-der-Geheimnisse anvertraute: «Maul des Löwen und Lächeln des Weisen».

Sie wartete dreimal sechs Monate, meine Ungeduld schlug stärker noch als ihre.

Und ihre Amme, schwarz wie die Hohepriesterin der Tanit, übergab mir zwei Schreine.

Und ich öffnete das Maul des Löwen mit dem duftenden Schlüssel des Lächelns.

Und ich lächelte beim Lächeln des «Ja!» jauchzend und den Freudengesang anstimmend:

«O König der Weisheit, du bist viel klüger als die Schlange

«Mais lion qui fais face et debout quand on te charge, lycaon qui dévores ta proie au galop.
«Tu es plus fort que l'arc bandé par l'Éthiopien; ton odeur est forte à l'égal du lys.
«Que tu es beau lorsque tu danses! Tu virevoltes comme le papillon
«Comme l'oiseau royal, les ailes déployées, tu tournes lentement
«Lentement, non! comme le possédé du Dieu qui le cherche à l'entour.
«Que tu es beau, soleil au zénith sur le silence sacré
«O mon Poète, ô qui danses penché sur les cordes hautes de ta kôra!
«De l'abysse de sa sagesse, Nourrice m'a nourrie, m'apprenant à puiser d'un œil clair de guépard
«Car tu es splendide en l'aurore juvénile, et jasmin sauvage au matin sonore
«O mon Sage ô mon Poète, ô! faisant danser tes doigts sur les cordes de ta kôra.»

Aber Löwe der standhält und aufrecht wenn man dich angreift.
Lykaon das du deine Beute im Laufen verzehrst.
Du bist stärker als der Bogen, den der Äthiopier spannt; dein Geruch ist stark gleichwie die Lilie.
Wie bist du schön wenn du tanzt! Du wirbelst wie der Schmetterling
Wie der Königsvogel, die Schwingen ausgebreitet, drehst du dich langsam
Langsam, nein! wie der vom Gott Besessene, der ihn sucht ringsumher.
Wie bist du schön, Sonne im Zenith über der geheiligten Stille
O mein Dichter, o du tanzest gebeugt über die hohen Saiten deiner Kôra!
Aus den Tiefen ihrer Weisheit hat Amme mich genährt, mich lehrend mit hellem Gepardenauge zu schöpfen
Denn herrlich bist du in der jugendlichen Morgenröte, und wilder Jasmin am klingenden Morgen
O mein Weiser o mein Dichter, o du läßt deine Finger tanzen auf den Saiten deiner Kôra.»

Yves Bonnefoy

Théâtre

I

Je te voyais courir sur des terrasses,
Je te voyais lutter contre le vent,
Le froid saignait sur tes lèvres.

Et je t'ai vue te rompre et jouir d'être morte ô plus belle
Que la foudre, quand elle tache les vitres blanches de ton sang.

II

L'été vieillissant te gerçait d'un plaisir monotone, nous méprisions l'ivresse imparfaite de vivre.

«Plutôt le lierre, disais-tu, l'attachement du lierre aux pierres de sa nuit: présence sans issue, visage sans racine.

«Dernière vitre heureuse que l'ongle solaire déchire, plutôt dans la montagne ce village où mourir.

«Plutôt ce vent . . .»

III

Il s'agissait d'un vent plus fort que nos mémoires,
Stupeur des robes et cri des rocs – et tu passais devant ces flammes
La tête quadrillée les mains fendues et toute
En quête de la mort sur les tambours exultants de tes gestes.

Theater

I

Ich sah dich laufen auf Terrassen,
Ich sah dich kämpfen gegen den Wind,
Frost blutete auf deinen Lippen.

Und ich sah dich zerbrechen: Todsein war dir Lust, o du
Noch schöner als der Blitz, wenn er mit deinem Blut das weiße Fenster rötet.

II

Alternd der Sommer rauhte dich mit eintöniger Lust, und wir verachteten die unvollkommene Trunkenheit des Lebens.

«Lieber den Efeu», sagtest du, «den Efeu, der um die Steine seiner Nacht sich klammert: ausweglos vorhanden, ein wurzelloses Angesicht.

Letztes glückliches Fenster, das der Sonnen-Nagel ritzt, lieber in den Bergen dieses Dorf, wo es sich sterben läßt.

Lieber den Wind ...»

III

Das war ein Wind, der stärker war als unser Erinnern,
Ein Grauen den Kleidern und Schrei der Felsen – und du schrittest diesen Flammen vorüber
Den Kopf geviertelt, die Hände gespreizt und ganz
Nur Suche nach dem Tod auf den jubelnden Trommeln deiner Gebärden.

C'était jour de tes seins
Et tu régnais enfin absente de ma tête.

IV

Je me réveille, il pleut. Le vent te pénètre, Douve, lande résineuse endormie près de moi. Je suis sur une terrasse, dans un trou de la mort. De grands chiens de feuillages tremblent.

Le bras que tu soulèves, soudain, sur une porte, m'illumine à travers les âges. Village de braise, à chaque instant je te vois naître, Douve,

A chaque instant mourir.

V

Le bras que l'on soulève et le bras que l'on tourne
Ne sont d'un même instant que pour nos lourdes têtes,
Mais rejetés ces draps de verdure et de boue
Il ne reste qu'un feu du royaume de mort.

La jambe démeublée où le grand vent pénètre
Poussant devant lui des têtes de pluie
Ne vous éclairera qu'au seuil de ce royaume,
Gestes de Douve, gestes déjà plus lents, gestes noirs.

VI

Quelle pâleur te frappe, rivière souterraine, quelle artère en toi se rompt, où l'écho retentit de ta chute?

Ce bras que tu soulèves soudain s'ouvre, s'enflamme. Ton visage recule. Quelle brume croissante m'arrache ton regard? Lente falaise d'ombre, frontière de la mort.

Des bras muets t'accueillent, arbres d'une autre rive.

Das war das Licht deiner Brüste
Und endlich herrschtest du außer meinem Kopf.

IV

Ich erwache, es regnet. Der Wind dringt in dich ein, Douve, harzige Heide, die neben mir schläft. Ich bin auf einer Terrasse, in einem Loch des Todes. Große Hunde aus Laub erzittern.

Der Arm plötzlich, den du über eine Türe hebst, erleuchtet mich durch die Zeiten. Ein Dorf aus Glut, jeden Augenblick sehe ich dich geboren werden, Douve,

Jeden Augenblick sterben.

V

Der Arm, den man hebt, und der Arm, den man wendet,
Sind eines gleichen Augenblickes nur für unsere schweren Köpfe,
Doch, diese Laken abgeworfen aus Laub und Schmutz,
Bleibt nur ein Feuer aus dem Reich des Todes.

Entschmückt das Bein, wo der große Wind eindringt,
Der große Regenköpfe vor sich hertreibt,
Wird euch nur auf der Schwelle dieses Reiches leuchten,
Douves Gebärden, schon verlangsamte, schwarze Gebärden schon

VI

Welche Bleichheit trifft dich, unterirdischer Fluß, welche Ader in dir bricht, wo deines Sturzes Widerton erschallt?

Dieser Arm, den du hebst, öffnet sich plötzlich, lodert auf. Dein Antlitz weicht zurück. Welch ein wachsender Nebel entreißt mir deinen Blick? Langsames Schattenriff, Grenze des Todes.

Stumme Arme umfangen dich, Bäume eines anderen Ufers.

VII

Blessée confuse dans les feuilles,
Mais prise par le sang de pistes qui se perdent,
Complice encor du vivre.

Je t'ai vue ensablée au terme de ta lutte
Hésiter aux confins du silence et de l'eau,
Et la bouche souillée des dernières étoiles
Rompre d'un cri l'horreur de veiller dans ta nuit.

O dressant dans l'air dur soudain comme une roche
Un beau geste de houille.

Chapelle Brancacci

Veilleuse de la nuit de janvier sur les dalles,
Comme nous avions dit que tout ne mourrait pas!
J'entendais plus avant dans une ombre semblable
Un pas de chaque soir qui descend vers la mer.

Ce que je tiens serré n'est peut-être qu'une ombre,
Mais sache y distinguer un visage éternel.
Ainsi avions-nous pris vers des fresques obscures
Le vain chemin des rues impures de l'hiver.

Rive d'une autre mort

III

Le sable est au début comme il sera
L'horrible fin sous la poussée de ce vent froid.
Où est le bout, dis-tu, de tant d'étoiles,
Pourquoi avançons-nous dans ce lieu froid?

VII

Verletzte, ins Laubwerk Verstrickte,
Doch eingefangen von dem Blut der Pfade, die sich verlieren,
Gehilfe noch des Lebens.

Ich sah dich gestrandet am Ausgang deines Kampfes
Zaudern an der Grenze zwischen Stille und Wasser
Und den Mund besudelt von den letzten Sternen
Sprengtest mit einem Schrei du das Entsetzen, wach zu sein in deiner
Nacht.

O reckend plötzlich wie Gefels in harte Luft
ein schönes Winken, braun verkohlt.

Brancacci-Kapelle

Nachtlicht im Januar auf harten Fliesen,
Wie hatten wir gesagt: nicht alles stirbt!
Ich hörte weiter vorn in dem verwandten Schatten
Den abendlichen Schritt, der niedersteigt zum Meer.

Was ich umklammert halte, ist wohl nur ein Schatten,
Doch in ihm läßt ein ewiges Antlitz sich erraten.
So führte uns zu düstren Fresken hin
Fruchtloser Weg unreiner Winterstraßen.

Ufer eines anderen Todes

III

Sand ist im Anfang, wie er gräßlich
das Ende sein wird unter dieses kalten Windes Stößen.
Wo hören, sagst du, all diese Sterne auf,
und warum schreiten wir an diesem kalten Ort?

Et pourquoi disons-nous d'aussi vaines paroles,
Allant et comme si la nuit n'existait pas?
Mieux vaut marcher plus près de la ligne d'écume
Et nous aventurer au seuil d'un autre froid.

Nous venions de toujours. De hâtives lumières
Portaient au loin pour nous la majesté du froid
– Peu à peu grandissait la côte longtemps vue
Et dite par des mots que nous ne savions pas.

Terre du petit jour

L'aube passe le seuil, le vent s'est tu,
Le feu enclos dans la laure des ombres.

Terre des bouches froides, ô criant
Le plus vieux deuil par tes secrètes clues,
L'aube va refleurir sur tes yeux de sommeil,
Découvre-moi souillé ton visage d'orante.

AUBE, fille des larmes, rétablis
La chambre dans sa paix de chose grise
Et le cœur dans son ordre. Tant de nuit
Demandait à ce feu qu'il décline et s'achève,
Il nous faut bien veiller près du visage mort.
A peine a-t-il changé. . . . Le navire des lampes
Entrera-t-il au port qu'il avait demandé,
Sur les tables d'ici la flamme faite cendre
Grandira-t-elle ailleurs dans une autre clarté?
Aube, soulève, prends le visage sans ombre,
Colore peu à peu le temps recommencé.

Und warum reden wir so eitle Worte
im Gehn und so, als gäb es keine Nacht?
Besser wärs, dem Schaumstreif nah zu wandern
und auf die Schwelle einer andern Kälte uns zu wagen.

Wir kamen von jeher. Und rasche Lichter
trugen ins Weite uns des Frostes Hoheit
– langsam hob sich die lang erblickte Küste
und Worte nannten sie, die wir nicht kannten.

Erde der ersten Frühe

Das Frühlicht tritt über die Schwelle, der Wind verstummte,
das Feuer verschloß sich in die Klause der Schatten.

Erde der kalten Münder, o dein Schrei
ältester Trauer aus verborgenen Klüften,
auf deinen Schlafaugen wieder wird das Frührot erblühn,
entdecke verschmutzt mir dein betendes Antlitz.

Dämmerung, Tochter der Tränen, gib
dem Zimmer seinen grauen Frieden wieder
und seine Ordnung dem Herzen. Soviel Nacht
bat dieses Feuer, daß es abnehme und endige,
nun gilt es, Wacht zu halten bei dem toten Angesicht.
Kaum daß es sich verändert hat. . . . Das Schiff der Lampen,
wird es einlaufen in den Hafen, den es erbeten,
auf Tischen hier, die zu Asche ward, die Flamme,
wird sie aufsteigen anderswo in einer anderen Helle?
Dämmerung, erhebe, zeige das schattenlose Angesicht
und langsam färbe uns den Neubeginn der Zeit.

L'Été de nuit

IX

Eaux du dormeur, arbre d'absence, heures sans rives,
Dans votre éternité une nuit va finir.
Comment nommerons-nous cet autre jour, mon âme,
Ce plus bas rougeoiement mêlé de sable noir?

Dans les eaux du dormeur les lumières se troublent.
Un langage se fait, qui partage le clair
Buissonnement d'étoiles dans l'écume.
Et c'est presque l'éveil, déjà le souvenir.

Le Myrte

Parfois je te savais la terre, je buvais
Sur tes lèvres l'angoisse des fontaines
Quand elle sourd des pierres chaudes, et l'été
Dominait haut la pierre heureuse et le buveur.

Parfois je te disais de myrte et nous brûlions
L'arbre de tous tes gestes tout un jour.
C'étaient de grands feux brefs de lumière vestale,
Ainsi je t'inventais parmi tes cheveux clairs.

Tout un grand été nul avait séché nos rêves,
Rouillé nos voix, accru nos corps, défait nos fers.
Parfois le lit tournait comme une barque libre
Qui gagne lentement le plus haut de la mer.

Nachtsommer

IX

Wasser des Schläfers, Baum des Fernseins, Stunden uferlos,
In eurer Ewigkeit geht eine Nacht zu Ende.
Wie werden wir den andern Tag benennen, Seele,
Die niedrigere Röte, schwarzem Sand vermischt?

Die Lichter werden trüber in den Wassern
Des Schläfers, Sprache, die entsteht, zerteilt
Das klare Sterngebüsch im Schaum.
Und dies ist fast Erwachen, schon Erinnerung.

Die Myrte

Zuweilen wußte ich, du seist die Erde, trank
Von deinen Lippen Angst der Brunnen,
Wenn sie aus heißen Steinen quillt, der Sommer
Hoch oben herrschte über den beglückten Stein, den Trinker.

Zuweilen sagte ich, du seist aus Myrte, und wir brannten
Den Baum all deiner Gesten ab den ganzen Tag.
Es waren große kurze Feuer von vestalischem Licht,
Also erfand ich dich inmitten deines hellen Haars.

Ein ganz nichtiger Sommer hatte unsern Traum getrocknet,
Die Stimmen eingerostet, Leiber angereichert, Ketten abgestreift.
Zuweilen drehte sich das Bett so wie ein freies Boot,
Das langsam auf den höchsten Kamm der Meeres steigt.

La Lumière, changée

Nous ne nous voyons plus dans la même lumière,
Nous n'avons plus les mêmes yeux, les mêmes mains.
L'arbre est plus proche et la voix des sources plus vive,
Nos pas sont plus profonds, parmi les morts.

Dieu qui n'es pas, pose ta main sur notre épaule,
Ébauche notre corps du poids de ton retour,
Achève de mêler à nos âmes ces astres,
Ces bois, ces cris d'oiseaux, ces ombres et ces jours.

Renonce-toi en nous comme un fruit se déchire,
Efface-nous en toi. Découvre-nous
Le sens mystérieux de ce qui n'est que simple
Et fût tombé sans feu dans des mots sans amour.

Une Pierre

Le jour au fond du jour sauvera-t-il
Le peu de mots que nous fûmes ensemble?
Pour moi, j'ai tant aimé ces jours confiants, je veille
Sur quelques mots éteints dans l'âtre de nos cœurs.

Le Miroir courbe

II

Ils aiment rentrer tard, ainsi. Ils ne distinguent
Plus même le chemin parmi les pierres
D'où sourd encore une ombre d'ocre rouge.
Ils ont pourtant confiance. Près du seuil
L'herbe est facile et il n'est point de mort.

Das Licht, verändert

Wir sehen uns nicht mehr im gleichen Licht,
Wir haben nicht die gleichen Augen mehr, die gleichen Hände.
Der Baum ist näher, heftiger der Lärm der Quellen
Und unsre Schritte tiefer, unter Toten.

Gott, der du nicht bist, leg die Hand auf unsre Schulter,
Entwirf mit dem Gewicht von deiner Rückkehr unsern Leib,
Vollende die Vermischung unsrer Seelen mit den Sternen,
Den Wäldern, Vogelschreien, Schatten, Tagen.

Verzicht auf dich in uns, wie eine Frucht sich trennt,
Und lösch uns aus in dir. Enthülle uns
Den rätselhaften Sinn von dem, was einfach ist
Und fiele feuerlos in liebeleere Worte.

Ein Stein

Der Tag im tiefsten Tag, wird er erretten
Die wenigen Worte, die wir einst zusammen waren?
Ich liebte so die Tage, ihr Vertrauen, und bewache
Die wenigen Worte, die im Herd der Herzen starben.

Der gekrümmte Spiegel

II

Sie lieben es, spät heimzukehren, so. Und unterscheiden selbst
Den Weg nicht unter Steinen,
Aus denen noch ein ockerfarbner Schatten quillt.
Und doch vertrauen sie. Nah an der Schwelle
Ist leicht das Gras, dort gibt es keinen Tod.

Et les voici maintenant sous des voûtes.
Il y fait noir dans la rumeur des feuilles
Sèches, que fait bouger sur le dallage
Le vent qui ne sait pas, de salle en salle,
Ce qui a nom et ce qui n'est que chose.

Ils vont, ils vont. Là-bas parmi les ruines,
C'est le pays où les rives sont calmes,
Les cheminis immobiles. Dans les chambres
Ils placeront les fleurs, près du miroir
Qui peut-être consume, et peut-être sauve.

Und sind jetzt unter den Gewölben.
Dort ist es schwarz, dort, im Gemurmel welker,
Vom Wind auf den Steinplatten aufgescheuchter Blätter,
Der es, von Saal zu Saal, nicht weiß,
Was einen Namen trägt, was nur ein Ding ist.

Sie gehen, gehen. Dort, in den Ruinen,
Dort ist das Land, in dem die Ufer still sind,
Die Wege unbewegt. Und in den Zimmern stellen
Sie Blumen auf, in Spiegels Nähe,
Der vielleicht zehrt, vielleicht errettet.

Philippe Jaccottet

Arbres

I

Du monde confus, opaque
des ossements et des graines
ils s'arrachent avec patience

afin d'être chaque année
plus criblés d'air

Vœux

3

Le soir venu
rassembler toutes choses
dans l'enclos

Traire, nourrir
Nettoyer l'auge
pour les astres

Mettre de l'ordre dans le proche
gagne dans l'étendue
comme le bruit d'une cloche
autour de soi

Fidèles yeux de plus en plus faibles jusqu'à
ce que les miens se ferment, et après eux, l'espace
comme un éventail peint dont il ne resterait plus
qu'un frêle manche d'os, une trace glacée
pour les seuls yeux sans paupières d'autres astres.

Bäume

1

Geduldig
entreißen sie sich der wüsten,
lichtlosen Welt der Knochen, der Samen

mit jedem Jahr
durchzitterter von Luft zu sein

Wünschend

3

Wenn der Abend kommt,
alles versammeln
ins Gehege

Melken, Füttern.
Den Trog blank scheuern
für die Sterne

Ordnung ins Nahe bringen,
gewinnt im Weiten,
wie einer Glocke Ton
um uns

GETREUE AUGEN, immer schwächere, bis
die meinen sich schließen, und nach ihnen der Raum,
wie ein bemalter Fächer, von dem nichts bliebe
als ein zarter beinerner Griff, eine eisige Spur
für die lidlosen Augen anderer Sterne.

L'ÂME, si frileuse, si farouche,
devra-t-elle vraiment marcher sans fin sur ce glacier,
seule, pieds nus, ne sachant plus même épeler
sa prière d'enfance,
sans fin punie de sa froideur par ce froid?

MAIS CHAQUE JOUR, peut-être, on peut reprendre
le filet déchiré, maille après maille,
et ce serait, dans l'espace plus haut,
comme recoudre, astre à astre, la nuit . . .

PRIÈRE des agonisants: bourdonnement
d'abeilles noires, comme pour aller recueillir
au plus profond de fleurs absentes
de quoi faire le miel dont nous n'avons jamais goûté.

DANS LA MONTAGNE, dans l'après-midi sans vent
et dans le lait de la lumière
luisant aux branches encore nues des noyers,
dans le long silence:
le murmure de l'eau
qui accompagne un instant le chemin,
l'eau décelable à ces fétus brillants,
à ces éclats de verre dans la poussière,
sa claire et faible voix
de mésange apeurée.

ET DANS LE JOUR encore gris
courent ici et là comme la crête d'un feu pâle
les branchages neufs des tilleuls . . .

So fröstelnd, so scheu,
soll denn die Seele immerzu auf diesem Gletscher wandern,
einsam, barfuß, nicht einmal mehr imstand
ihr Kindergebet zu buchstabieren,
für ihre Kälte immerzu bestraft mit dieser Kälte?

Doch täglich kann man vielleicht
das zerrissene Netz, Masche um Masche, flicken,
und es wäre, im höher gelegenen Raum,
als nähte man, Stern um Stern, die Nacht wieder zu ...

Gebet der Sterbenden: Summen
schwarzer Bienen, wie um tief im Innern
unsichtbarer Blumen aufzusammeln,
was den Honig bereitet, den wir nie gekostet haben.

Im Gebirge, am windstillen Nachmittag
und in der Milch des Lichts,
die an den noch kahlen Zweigen des Nußbaums leuchtet,
im langen Schweigen:
das Murmeln des Wassers,
das einen Augenblick dem Weg folgt,
das Wasser, an diesen glänzenden Strohhalmen erkennbar,
an diesen Glassplittern im Staub,
seine helle und schwache Stimme
wie von verängstigter Meise.

Und durch den noch grauen Tag
läuft da und dort wie der Grat eines bleichen Feuers
das junge Gezweig der Linden ...

La lyre de cuivre des frênes
a longtemps brillé dans la neige.

Puis, quand on redescend
à la rencontre des nuages,
on entend bientôt la rivière
sous sa fourrure de brouillard.

Tais-toi: ce que tu allais dire
en couvrirait le bruit.
Écoute seulement: l'huis s'est ouvert.

DIE KUPFERNE Leier der Eschen
hat lang im Schnee geglänzt.

Danach, wenn man wieder herabsteigt,
den Wolken entgegen,
hört man bald den Fluß
unter seinem Nebelpelz.

Schweig: was du sagen wolltest,
möchte sein Rauschen zudecken.
Hör nur: die Tür ging auf.

Jean-Claude Renard

Silence pur, essence d'un abîme
Qui fait en moi vibrer le cristal noir.
Approche-toi de cette mort intime
Dont tu peux seul traverser le miroir,

Puis lumineux de son ombre elle-même
Où l'infini dépose ses secrets
Deviens le feu qui fonde le poème
Avec des puits et des herbages frais.

Qui, par sauvage nuit,
par sortilège amer
m'envoûte, m'enfouit
dans le froid d'un désert
où l'ultime serpent
instille et fige en moi
son dernier venin blanc
pour se venger de quoi?

La Langue du sacre

Terrible en moi jusqu'aux os
la haute langue de sang,
la haute langue de nuit
qui me fait homme en exil.
Avide en moi dévorante
la langue d'iode et d'acide,
la foudre noire d'Orphée
qui me sépare des pierres.
Féroce, épais et puissant
le grand langage de neige
qui me fait seul sur la terre,

DU REINES Schweigen, Innerstes des Abgrunds,
In mir läßt du schwarzen Kristall erbeben.
Komm näher diesem innig nahen Tod,
Von dem nur du den Spiegel queren kannst.

Von seinem eignen Schatten leuchtend dann,
Wo die Unendlichkeit Geheimnis speichert,
Werde zum Feuer, das die Dichtung stiftet
Mit frischen Brunnen und mit frischen Kräutern.

WER, in der wilden Nacht,
durch bittere Zauberei
behext mich, taucht mich ein
in wüstenhafte Kälte,
da, wo die letzte Schlange
mir träufelt und befestigt
ihr letztes weißes Gift
um sich WOFÜR zu rächen?

Die Sprache der Weihe

Schlimm in mir, knochentief,
die hohe Sprache des Bluts,
die hohe Sprache der Nacht,
sie schickt mich ins Exil.
Gierig in mir, verzehrend,
Sprache von Jod und Säure,
der schwarze Blitz des Orpheus,
der mich von Steinen trennt.
Wild, dicht und voller Macht
die große Sprache des Schnees,
die mich allein auf Erden,

qui me fait seul et sans arbres
devant la femme et l'enfant.
Amère en fables la langue
qui dans le corps quotidien
et sous le pain partagé
fait deux pays de ma ville.
Me fait un homme d'ailleurs
terrible à l'homme d'ici
la langue étrange et profonde
qui va plus loin que la mort.
O violente! O souffrante
la langue en moi qui prend tout,
la langue en moi qui menace
l'unique langue de Dieu!

Mais vive aussi jusqu'aux moelles
la haute langue de sel,
la langue mûre, le feu
qui me fait homme de noces.
Solaire en moi, et royale
la haute langue d'été,
la langue d'eaux et d'herbages
qui lie mon corps aux genèses.
Paisible, sainte, et ma force
la grande langue de mer,
la langue d'être où le sang
connaît sa menthe et sa laine.
Magnifiante, voyante
la haute langue qui peuple,
la langue neuve, l'Office
qui unifie et promeut.
Me fait entrer en amour
la grande langue étrangère
la grande langue commune
qui lie le signe et le sens.
O transmuante! O vivante
la langue ouverte à la vigne,
la langue en moi qui reçoit

allein läßt, ohne Bäume,
allein vor Frau und Kind.
Bitter in Fabeln: Sprache,
die im alltäglichen Leib
und unter geteiltem Brot
zwei Länder schafft in der Stadt.
Mich macht zum fremden Mann,
furchtbar dem Mann von hier,
die fremde, tiefe Sprache,
die weiter führt als Tod.
Gewaltsam und voll Leid
die Sprache in mir, alles
wegraffend, Sprache, drohend
der einzigen Sprache Gottes!

Doch bis ins Mark auch lebend
die hohe Sprache des Salzes,
die reife Sprache, Feuer,
das mich zur Hochzeit schickt.
Als Sonne in mir, könig-
lich hohe Sommersprache,
Sprache der Wasser, Kräuter,
den Leib dem Ursprung nähernd.
Still, heilig, meine Stärke,
die große Meeressprache,
Sprache des Seins, wo Blut
die Minze kennt, die Wolle.
Erhebend, seherisch
die hohe Sprache, bevölkernd,
die neue Sprache, Amt,
das einigt und das fördert.
Mich läßt in Liebe dringen
die große fremde Sprache,
die große Gemeinschaftssprache,
die Zeichen eint und Sinn.
Verwandelnde! Lebendige!
Sprache, den Reben offen,
Sprache in mir, empfangend

le vrai mystère du monde!
Car l'autre langue est dans l'or
la langue même du sacre,
la langue exacte de l'homme
dans la Parole de Dieu.

Les Sommeils sont verts

Les sommeils du soir sont verts sous la terre.
Et nul dans la nuit qui n'ait nuit plus loin.
Et nul dans la mort qui n'ait mort ailleurs.
Le pain solitaire est mangé dehors.

O foudre enchantant le seigle funèbre!
O fruits dans la cendre! O sable de noces
où germe déjà la chair transparente!
O neige envahie de menthe et d'abeilles!

Et en qui l'amour continue d'aimer.
Et sur qui le feu se tient en prière.
Et qui par le sel consacre le monde.
Et pour qui l'esprit a rompu la pierre.

C'est dans les œufs noirs un mûrissement
de laitage et d'herbe. Et falaise ouverte
aux braises de mer. Des pays d'os frais
pour la transhumance et la haute race.

Autour des tombeaux habités de sources
les rois transmués aimantent leur mort.
Et la mort veillée veille les vivants
comme odeur d'enfance et de framboisiers.

La tête vers l'Est – sous les humus blancs
il est un corps pris de jeunes résines
que mon sang honore et que Dieu salue.
Au matin viendra la métamorphose.

das wahre Weltgeheimnis!
Die andere Sprache: Gold,
Sprache der Weihe selber,
genaue Menschensprache
im Gotteswort.

Die Schlafe sind grün

Die Abendschlafe unterm Boden, grün.
Und keiner in der Nacht, der nicht noch fernere Nacht hat.
Und keiner, der im Tod nicht andern Tod hat.
Einsames Brot, man ißt es in der Fremde.

O Blitz, Entzücken für den Todesroggen!
O Früchte in der Asche! O Sandhochzeit,
wo schon das transparente Fleisch entsteht!
O Schnee, den Minze, Bienen überfallen!

In dem die Liebe fortfährt in der Liebe.
Auf dem das Feuer sich im Beten hält.
Und der durch Salz die Welt zur heiligen macht.
Für den der Geist den Fels gespalten hat.

Es ist in schwarzen Eiern eine Reifung
von Milch und Gras. Und Felsenriffe, offen
den Meeresgluten. Länder frischer Knochen
für Weidepfade und für hohe Rasse.

Und um die Gräber, wo die Quellen wohnen,
verweste Herrscher, ihrem Tod Magneten.
Bewachter Tod bewacht die Lebenden
wie Kindheitsduft, Geruch von Himbeersträuchern.

Das Haupt ostwärts – unter dem weißen Humus
ein Körper, jungem Harze einverleibt,
mein Blut erweist ihm Ehre und Gott grüßt ihn.
Am Morgen dann wird die Verwandlung kommen.

Roger Kowalski

Le langage, l'oiseau de la grande pierre et les mots que nous n'avons jamais entendus; je vous regarde, je n'ai rien perdu; l'étoile est un rire dans la neige.

Temps du grand sommeil, silence entre mes doigts, veille derrière les vitres (comme elles sont froides, comme y est tremblante l'ombre).

Je suis entré dans la pierre; j'ai ouvert la pierre, j'y suis entré; j'écoute maintenant celui qui me roule et souffre et ne sait pas. Il est fort. Je sais – nous savons – qu'il s'épuisera.

Oiseau violet emplumé

Une eau sur la grande main du songe, l'aboiement derrière les arbres: noire, nuit noire et la rose déplie ses feux.

Une parole bientôt achevée; le champ, l'odeur des lilas, la muraille battue d'un vent contraire.

Nulle image, ombre des grands fonds, passe de la pitié.

Je suis parti, mes os font un poids léger sur la neige.

Avec moi

Entrez avec moi, ma louve en novembre; le temps déchire le regard, la nuit conspire à brûler vos derniers vaisseaux.

Ange du songe, face neigeuse du temps, je vous avais pourtant gardée comme une lune immense au bord du siècle,

Die Sprache, der Vogel des großen Steins und die Worte, die wir nie gehört haben; ich blicke dich an, ich habe nichts verloren; der Stern ist ein Lachen im Schnee.

Zeit des großen Schlafs, Stille zwischen meinen Fingern, das Wachen hinter den Scheiben (wie kalt sie sind, wie zitternd der Schatten dort).

Ich bin eingetreten in den Stein, ich habe den Stein geöffnet, ich bin hineingegangen; jetzt horche ich auf den, der mich rollt und leidet und nicht weiß. Er ist stark. Ich weiß – wir wissen – er wird bald erlahmen.

Violetter gefiederter Vogel

Wasser auf der großen Hand des Traums, Gebell hinter den Bäumen; schwarze Nacht, schwarze, und die Rose entfaltet ihre Feuer.

Bald geendetes Wort; Feld, Fliedergeruch, schräger Wind drückt auf die Mauer.

Kein Bild, Schatten aus großen Tiefen, Durchlaß für Mitleid.

Ich bin gegangen; mein Gebein liegt leicht auf dem Schnee.

Mit mir

Komm herein mit mir, meine Wölfin im November; die Zeit zerreißt den Blick, die Nacht hilft mit, dein letztes Gefährt zu verbrennen.

Engel des Traums, schneeiges Antlitz der Zeit, ich hatte dich doch gehütet wie einen riesigen Mond am Rande des Diesseits,

et tous les vents de ce monde vont sceller vos paupières et votre bouche.

Les abois dans la chambre, les rires de la fragile, les cris de la folle aux yeux enfermés.

und alle Weltenwinde versiegeln dir nun Wimpern und Mund.

Das Bellen in der Kammer, das Lachen der Hinbrechenden, die Schreie der Irren mit den gefangenen Augen.

André du Bouchet

Du bord de la faux

II

La montagne,
la terre bue par le jour, sans
que le mur bouge.

La montagne
comme une faille dans le souffle

le corps du glacier.

Les nuées volant bas, au ras de la route,
illuminant le papier.

Je ne parle pas avant ce ciel,
la déchirure,
comme
une maison rendue au souffle.

J'ai vu le jour ébranlé, sans que le mur bouge.

La Nue

Que l'étendue nous déserte, et nous avancerons,
comme la nue,
au fond de l'air.

Mit dem Sensenrand

II

Der Berg,
die vom Tag getrunkene Erde, ohne
daß die Mauer sich regt.

Der Berg
wie ein Spalt im Atem

der Leib des Gletschers.

Die Wolken niedrig fliegend, die Straße streifend,
das Papier illuminierend.

Ich spreche nicht eher als dieser Himmel,
der Riß,
gleich
einem dem Atem rückerstatteten Haus.

Ich habe den Tag erschüttert gesehn, ohne daß die Mauer
sich wegrührt.

Die Wolke

Mag die Ebene uns im Stich lassen: wir kommen weiter,
wie die Wolke,
auf dem Grund der Luft.

Inégal,
lorsqu'il fait jour, à la force de cette
route, jusqu'à l'extinction des pierres,
inconnues
des mains, qui affleurent.

Le jour qui nous refoule dans l'empierrement du
souffle.

Au sol inaccessible, sur la route laissée à la
lampe, toute pierre est lampe.

Pour traverser la route, avant qu'elle soit battue
par le jour.
La montagne.

Le feu,
reçu,
aux sommets du sol,
me rejoint, presque.

Ungleich,
wenn es tagt, der Kraft dieser Straße,
bis zum Auslöschen der Steine, der den Händen,
den herauf-
kommenden, unbekannten.

Der Tag, der uns zurückdrängt in die Steinschüttung des
Atems.

Auf dem unzugänglichen Boden, auf der der Lampe über-
lassenen Straße, ist aller Stein Lampe.

Um die Straße zu überqueren, ehe der Tag auf sie
einschlägt.
Der Berg.

Das Feuer,
empfangen,
auf den Gipfeln des Bodens,
holt mich ein – beinah.

Le Moteur blanc

III

Mon récit sera la branche noire
qui fait un coude dans le ciel.

VII

Je suis dans le champ
comme une goutte d'eau
sur du fer rouge

lui-même s'eclipse

les pierres s'ouvrent

comme une pile d'assiettes
que l'on tient
dans ses bras

quand le soir souffle

je reste
avec ces assiettes blanches et froides

comme si je tenais la terre
elle-même

dans mes bras.

Der weiße Motor

III

Mein Bericht wird der schwarze Ast sein,
der ein Knie bildet am Himmel.

VII

Ich bin im Acker
wie ein Wassertropfen
auf rotglühendem Eisen

er selbst tritt in den Schatten

die Steine öffnen sich

wie ein Stapel Teller
den man in seinen
Armen hält

wenn der Abend bläst

bleibe ich da
mit diesen Tellern weiß und kalt

als hielte ich die Erde
selbst

in meinen Armen.

Scintillation

Ce feu qui nous précède dans l'été, comme une route déchirée. Et le froid brusque de l'orage.

Où je mène cette chaleur,
dehors, j'ai lié le vent.

La paille à laquelle nous restons adossés, la paille après la faux.

Je départage l'air et les routes. Comme l'été, où le froid de l'été passe. Tout a pris feu.

★

Le jour qui s'ouvre à cette déchirure, comme un feu détonnant. Pour qui s'arrête auprès des lointains. Le même lit, la même faux, le même vent.

Avant le matin

Tout l'air du dehors imprègne la pièce.
Le jour le projette contre cette blanche paroi.

Pas plus que le brasier blanc du matin, comme on approche
de la lumière,
du froid. Comme la poitrine
ouverte, du matin froid.

Funkeln

Dies Feuer, das uns vorausgeht im Sommer, wie eine zerrissene Straße. Und das brüske Feuer des Gewitters.

Wohin ich diese Glut lenke,
draußen, habe ich den Wind gebunden.

Das Stroh, an das wir gelehnt bleiben, das Stroh nach der Sense.

Ich scheide Luft und Straßen. Wie der Sommer, wo die Kälte des Sommers vorbeizieht. Alles hat Feuer gefangen.

★

Der Tag, der sich auftut an diesem Riß, wie ein knallendes Feuer. Für den, der innehält bei den Fernen. Dasselbe Bett, dieselbe Sense, derselbe Wind.

Vor Tag

Alle Luft von draußen durchdringt den Raum.
Das Tageslicht wirft sie gegen diese weiße Wand.

Nicht mehr als die weiße Glut des Morgens, wenn man
dem Licht naht,
der Kälte. Wie die offene
Brust, des kalten Morgens.

L'air lisse

le sol et l'air

la terre comme une pièce
dans l'intervalle du feu.

Le jour
avec les travaux du jour

le blanc des murs

je me range
avant de prendre feu
comme le vent

au début du matin.

Le Révolu

De face, comme au sol révolu, je vois une roue de face comme rentrée, qui ramène sans dévier à des yeux qu'on racle . . .

Pour en finir avec la route où les chemins déversent, avec l'air aussi, pur plissement . . .

L'atelier des torrents, le glacier, avance dans le rêche.

Die glatte Luft

der Boden und die Luft

die Erde wie ein Raum
im Feuer-Intervall.

Der Tag
mit den Arbeiten des Tags

das Weiß der Mauern

ich füge mich ein
bevor ich Feuer fange
wie der Wind

zu Beginn des Morgens.

Das Umgewälzte

Von vorn, wie auf dem umgewälzten Boden, sehe ich vorn ein Rad, wie heimgekehrt, das, ohne abzuweichen, zu Augen zurückführt, die man kratzt . . .

Um ein Ende zu machen mit der Straße, wo die Wege auch mit der Luft, reine Faltung schütten . . .

Die Werkstatt der Wildbäche, der Gletscher, rückt vor ins Rauhe.

Aussi râpeux,
rugueux, que le bleu dans notre bouche, le bleu qui ne voit pas.

Dans l'emportement de la soif,
nos têtes, et la montagne, obstruent.

Il y a – aussi loin que nous aurons
été – ce visage soustrait qui tire à soi comme un long trait d'eau
froide.

Même âge, j'ai crié
pour chaque herbe grandie. La couverture râpeuse de l'autre
souffle tire.

Ici sans paroi, comme derrière le bandeau des murs
le soleil rugueux,
illumine.

Des mains vont,
la nuit, comme à l'eau. Vont, comme l'eau. Comme, de l'autre
côté des murs, le murmure, encore, de l'eau.

So uneben,
höckerig, wie das Blau in unserm Mund, das Blau, das nicht sieht.

In der Erregung des Dursts:
unsere Köpfe und das Gebirge sperren ab.

Es gibt – so weit wie wir gekommen
sein werden – dieses Gesicht, das sich entzieht und zu sich hinzieht
wie ein langer Zug kalten Wassers.

Gleiches Alter, schrie ich
bei jedem ausgewachsenen Gras. Der rauhe Überzug des anderen
Atems ist gespannt.

Hier, ohne Wand, wie hinter der Binde der Mauern,
erleuchtet die rauhe
Sonne.

Hände gehen,
nachts, wie zum Wasser hin. Gehen, wie Wasser. Wie, jenseits
der Mauern, das Murmeln, noch immer, des Wassers.

Pierre ou eau

. . . en avant
du centre
serré
comme pierre un instant

ou eau.

. . . l'oubli
au centre
où
pierre
un instant ou eau

a été serrée.

. . . et immobile
après le centre.

. . . le cœur de la montagne sera pierre
ou eau.

Stein oder Wasser

. . . vor
der Mitte
gedrängt
wie Stein einen Augenblick

oder Wasser.

. . . das Vergessen
in der Mitte
wo
Stein
einen Augenblick oder Wasser

gedrängt wurde.

. . . und unbeweglich
nach der Mitte.

. . . das Herz des Gebirges wird Stein sein
oder Wasser.

Jacques Dupin

Fidélité

Nos armes et nos liens ont jailli de la même souche, à présent calcinée, éparpillée dans le ciel froid.

D'autres fleurs ont failli me perdre, d'autres talons d'argent me piétiner. J'ai repoussé cette aube anticipée du jour qui ne doit qu'à la nuit son accompagnement de flûtes et de nuées, son trouble, sa félicité . . .

Tellement j'ai tremblé que tu ne trembles plus, ma flamme à la proue, très bas, éclairant les filets.

Les astres sont anciens mais la nuit est nouvelle. O sa tyrannie d'enfant d'autrefois, son joug de rosée!

Limbes

Un soleil avili tremble au carreau des bouges. Il affectionne le rictus et l'accroupissement de quelques travailleurs arriérés, plantés sur la perfection de leur cri. L'élégance est au vol entravé des oiseaux de nuit. Ainsi le songe lacéré du hibou se couche en cryptogrammes dans les feuilles du plomb. Le songe, ou l'attente infinie d'un orage éclatant au cœur de l'ammonite. Et voici l'arbre enchaîné à l'improbable rire des fossiles. L'usure des poussières efface sur l'écorce la griffe d'un oiseau de proie, d'un oiseau ancien. Pourtant les fruits dont les lèvres se privent ne sont pas moins obscurs ni mieux gardés qu'au premier jour.

Treue

Unsere Waffen und unsere Bande entsprangen demselben jetzt verkohlten, im kalten Himmel zerstreuten Stamm.

Andere Blumen drohten mich zu verderben, andere silberne Absätze mich zu zertreten. Ich habe diese verfrühte Morgendämmerung abgewehrt, die nur der Nacht ihre Flöten- und Wolkenbegleitung, ihren Aufruhr, ihre Seligkeit verdankt ...

So sehr habe ich gebebt, daß du nicht mehr bebst, meine Flamme am Bug, ganz tief, die Netze bescheinend.

Die Gestirne sind alt, doch die Nacht ist neu. Oh ihre Tyrannei eines Kindes von ehemals, ihr tauiges Joch!

Zwischenreich

Eine verdorbene Sonne zittert an der Scheibe der Spelunken. Sie liebt das Grinsen und Hocken einiger rückständiger Arbeiter, die sich auf der Vollkommenheit ihres Schreis niedergesetzt haben. Die Anmut gehört dem erschwerten Flug der Nachtvögel. So legt sich der zerfetzte Traum der Eule als Kryptogramm in die Blätter des Bleis. Der Traum oder das unendliche Harren auf ein Gewitter, das im Herzen des Ammonshorns ausbricht. Und schon ist der Baum dem unwahrscheinlichen Gelächter der Versteinerungen angekettet. Die Abnutzung des Staubs löscht auf der Rinde die Kralle eines Raubvogels, eines alten Vogels, aus. Jedoch sind die Früchte, die sich die Lippen versagen, nicht weniger dunkel noch auch besser bewacht als am ersten Tag.

Le Prisonnier

Terre mal étreinte, terre aride,
Je partage avec toi l'eau glacée de la jarre,
L'air de la grille et le grabat.
Seul le chant insurgé
S'alourdit encore de tes gerbes,
Le chant qui est à soi-même sa faux.

Par une brèche dans le mur,
La rosée d'une seule branche
Me rendra tout l'espace vivant,

Étoiles,
Si vous tirez à l'autre bout.

Saccades

Rentre tout de même ta récolte incendiée.
Et va-t'en, les mains ouvertes, le sang dur.

Il reste une enclave inconnue dans ce corps séparé,
Une route dans ma route,

Et la rauque jubilation de l'espace affamé.

La lumière affectionne les torrents taris,
Les lèvres éclatées . . .

Va-t'en, la maison est en ordre,
L'épieu du vent la traverse.

Der Gefangene

Erde, linkisch umarmte, dürre Erde,
Ich teile mit dir das eisige Wasser des Kruges,
Die Luft des Gitters und das elende Lager.
Nur das sich auflehnt, das Lied
Trägt noch die Last deiner Garben,
Das Lied, das seine eigene Sichel ist.

Durch einen Spalt im Mauerwerk
Wird der Tau eines einzigen Zweiges
Mir wiederbringen den ganzen lebendigen Raum,

Sterne,
Wenn ihr am anderen Ende zieht.

In Stößen

(Auszüge)

Bring trotzdem deine verbrannte Ernte ein.
Und geh fort, mit offenen Händen, hartem Blut.

Es bleibt ein Unbekanntes eingesprengt in diesem ver-
[einzelten Leib,
Eine Straße in meiner Straße,

Und der heisere Jubel des hungrigen Raums.

Das Licht liebt die versiegten Wildwasser,
Die aufgesprungenen Lippen . . .

Geh fort, das Haus ist in Ordnung,
Hindurch fährt der Speer des Windes.

Dans la vieille ferme éventrée
Où vint s'abattre leur lanterne,

Lui s'attable et coupe le pain,
Elle, commence à souffrir . . .

Des parcelles de vérité
Criblent ma voix sans l'ensemencer,

A l'écart pourtant de la mort volubile,
De l'atroce feuillage aimanté.

Langue de pain noir et d'eau pure,
Lorsqu'une bêche te retourne
Le ciel entre en activité.

Nos bras amoureux noircissent,
Nos bras ouvriers se nouent.

Juste la force
De basculer dans le ravin
Notre cadavre successif

Et ma bibliothèque de cailloux.

La Nuit grandissante

De retour parmi vous
le dépôt dont j'ai la garde
est-il visible dans son tourbillon?

Parmi vous, et ne servant à rien
Qu'au désordre,
                    qu'aux semailles . . .

Im alten, klaffenden Bauernhaus,
Wo die Laterne ihnen entsank,

Setzt er sich zu Tisch und schneidet das Brot,
Sie, fängt zu leiden an . . .

Körner von Wahrheit
Schwirren in meiner Stimme, säen nichts an,

Doch abseits vom wortreichen Tod,
Vom grausam magnetischen Laub.

Sprache schwarzen Brotes und reinen Wassers,
Sobald ein Spaten dich umgräbt,
Tritt der Himmel in Tätigkeit.

Unsre liebenden Arme schwärzen sich
Unsre schaffenden Arme vereinen sich.

Kräftig genug,
In den Abgrund zu kippen
Unsern tagtäglichen Leichnam

Und meiner Bücher Geröll.

Die Nacht, größer und größer

(Auszug)

In eurer Mitte, wieder,
ist da das Teil, das mir anvertraute,
sichtbar in seinem Wirbel?

In eurer Mitte, zu nichts nütze.
Als zur Nichtordnung,
als zur Aussaat . . .

Infligeant aux siens
l'adoption d'une autre source
– et d'une autre ligature –,
il se blesse, la fatalité du retour le blesse
le retranche,

mais l'exultation de ceux qu'il trahit
tonne dans sa blessure,
                                        seconde source,
ou encore quelque greffe
contribuant à la nuit

Comme pour hâter la tombée du jour
ma dislocation au cœur lisse

j'exulte avec le rocher
dont la face obscure est celle-là
que le soleil a frappé la dernière

tard venue mais du fond de la nuit
de lèvres mal fermées qui s'obstinent
la lumière dévore, ou son absence de limites,
un espace franchi pauvrement

si je sombre je sombre avec elle
le mot duel au bord des lèvres
donnant sa forme au silence
comme une flûte inclinée

la même érudition stridente
se détache de la paroi

et empierre une route inaccoutumée

Auferlegend den Seinen,
an Kindes Statt anzunehmen eine
andere Quelle
– auch eine andre
Ligatur –,
verletzt er sich, verletzt ihn das Rückkehr-Verhängnis,
trennt ihn ab,

doch das Frohlocken derer, die er verrät,
grollt in seiner Wunde –
eine zweite Quelle,
oder auch irgendein Pfropfreis,
ein mitnächtendes.

Daß der Tag dahinsinke, schneller, so etwa:
diese meine Verlagerung, ebenen
Herzens,

frohlocke ich mit dem Fels,
seine Dunkelseite ist die
von der Sonne als letzte getroffne,

spätgekommen, doch aus der Tiefe der Nacht
von schlecht geschloßnen, obstinaten Lippen,
frißt das Licht – oder das Schrankenfreie an ihm –
einen kräglich durchschrittenen Raum,

geh ich zur Tiefe, geh ich zur Tiefe mit ihm,
das Wort Duell am Lippenrand
das Schweigen formend,
wie eine schiefe Flöte,

dieselbe schrille Gelehrsamkeit
löst sich von der Wand

und beschottert
eine ungewohnte Straße.

Ouverte en peu de mots,
comme par un remous, dans quelque mur,
une embrasure, pas même une fenêtre

pour maintenir à bout de bras
cette contrée de nuit où le chemin se perd,

à bout de forces une parole nue

Dans cet oubli, – couvant la mort comme une pierre, attentif à ce tressaillement dans l'herbe – comme une pierre, – à la proximité de l'odeur de l'eau, – au scintillement des signes dans la profusion des cendres . . .

Aufgetan mit wenig Worten,
wie aufgeströmt in einer Wand, irgendeiner:
ein Offenes, kaum ein Fenster,

um es zu stützen, mit Armen,
das Nachtland, darin der Weg sich verliert,

am Rand der Kraft: ein nacktes Wort.

In diesem Vergessen, – das über dem Tod brütet wie ein Stein, aufmerksam auf dieses Zittern im Gras – wie ein Stein, – in der Nähe des Geruchs von Wasser, – beim Funkeln der Zeichen im Überfluß der Asche ...

Michel Deguy

Les Yeux

Cri de corbeau des yeux qu'enfoncent les poings en deuil:
Le même bruit sous les paupières closes, où le même hiver pâle attend
Tes yeux longeaient mes yeux; ils rampaient jusqu'aux miens
Cherchant la mire invisible où j'eusse aimé paraître Puis tes yeux se cabraient
La bête agile des prunelles, toute la violence de l'autre espèce s'y résume; mais les yeux encerclés de mémoire, rapides comme l'oiseau, les yeux sont retenus captifs aux menottes des os
Cri de corbeau le même cri sous les paupières closes où le pâle hiver de mémoire sommeille

Tu sais qu'en traversant les vents des ponts de Seine
Où les jardins du Roi sont ouverts au public
Il y aura toujours des enfants au cœur calme
Qui pendant ton tourment longeront le bassin
La plage de pavés où c'est toujours vacances
Pensant que tout est bien que les jours se ressemblent

. . . .

Comme l'animal s'enroule levant vers toi
Son regard suppliant qu'éclate la conscience
Impatient tu tenais l'œil levé vers l'absence
Est-ce ainsi la vieillesse l'approche de la mort
Cette impasse de temps quand l'épreuve est passée
Quand s'ouvre lentement le bronze du futur

. . . .

Nocturnes compagnons éveilleurs de détresse
Tels jadis nos départs préfiguraient des morts

Die Augen

Rabenschrei der Augen die die Fäuste einstoßen in Trauer:
Derselbe Laut unter den geschlossenen Lidern, wo derselbe bleiche Winter, wartet
Deine Augen glitten an meinen entlang; sie krochen bis zu meinen her
Sie suchten die unsichtbare Kimme, wo ich gern erschienen wäre
Dann sträubten sich deine Augen
Das flinke Tier der Pupillen, alle Wildheit der anderen Art liegt darin; doch die Augen umrändert von Erinnerung, rasch wie der Vogel, die Augen bleiben gefangen in den Fesseln des Jochbeins
Rabenschrei derselbe Schrei unter den geschlossenen Lidern wo der bleiche Winter der Erinnerung schlummert

DU WEISST wenn du den Wind der Seinebrücken spürst
Da wo des Königs Gärten allen offen stehn
Es wird sie immer geben Kinder unbeschwert
Die während du dich quälst entlang dem Becken gehn
Den glatten Pflastersaum wo stete Muße herrscht
Und wähnen alles gut und alle Tage gleich

. . . .

Wie sich das Tier zusammenrollt und auf zu dir
Flehend den Blick erhebt daß das Gewissen birst
Voll Ungeduld hieltst du ins Fortsein ihn gewandt
Ist so das Alter naht also der Tod heran
Die ausweglose Zeit da keine Prüfung mehr
Da langsam auf sich tut der Zukunft Bronzetor

. . . .

Ihr Nachtgefährten die ihr die Verzweiflung weckt
So warn Abschiede einst von Toden Vorgeschmack

Quand sur la grève étroite entre vagues et vents
Ell ou lui délivrés las de ces jours intimes
Dans un souffle à la fin dans un cri: je te hais
Nocturnes compagnons je connais vos détresses

Da schmal am Ufersaum zwischen Wellen und Wind
Sie oder er befreit inniger Tage müd
Flüsterte und am Ende schrie: ich hasse dich
Ihr Nachtgefährten wie ich eure Verzweiflung kenn

Jacques Réda

Naissance de Virgile R.

Où sommes-nous, entre l'encre oublieuse et les étoiles
En travail démesurément autour de ce berceau
Que la pensée à son commencement perpétuel
Habite à petits cris;
Qui sommes-nous pour accorder un sens à la poussière
 de nos mots
Plutôt qu'à ce trébuchement de la parole à la pointe du
 jour qui nous terrasse?
Et cependant qu'avons-nous d'autre ici que ce barrage
 de voyelles transparentes,
De friables consonnes cédant sous le poids de la nuit
Qui presse aux tempes la clarté sans borne répandue
Dans l'espace du rêve et sur le toit de nos maisons?

Un jour où dans le jour quelque chose de jaune traînasse
(Et haillonneux, jaune et vrai, par à-coups arpente le jour,
En nage, à grands pas furibonds sur les carrosseries,
Humant bas dans le gaz encore une bonne fumée
En bois, et haillonneux, bon, de plus en plus jaune, et vrai,
Furibond, bas, vite à travers la boue et des fourrés
De vent quand on passe le pont comme vers des prairies,
Possesseur d'âme et de vermine sourdes, j'oubliais
Sourd, sourd et bas, et vite, et gris dans l'assise de l'être
Qui bute, qui s'éploie, haillonneux, sourd et bon, colère
Et vrai, jaune mais gris – foncé – houleux avec secousses,
Hoquets, arrachements, loques dans sa lessive), à moi
L'enjambée et l'irruption loin au-dessus des toits
En plein dans le pays sans toits ni bornes qui se déplie.

Virgile R.s Geburt

Wo sind wir, zwischen vergessender Tinte und den Sternen
In Wehen maßlos rings um diese Wiege
Die das Denken in seinem immerwährenden Beginn
Erfüllt mit kurzen Schreien;
Wer sind wir, daß wir einen Sinn beimessen dem Staub unserer Wörter
Und nicht vielmehr dem Stolpern der Sprache beim Anbruch des Tags, der uns bezwingt?
Und doch, was haben wir anderes hier als diesen Damm durchsichtiger Vokale,
Brüchiger Konsonanten, der nachgibt unter dem Gewicht der Nacht,
Die an die Schläfen drängt die grenzenlose Klarheit, ausgebreitet
Im Raum des Traumes und über dem Dach unserer Häuser?

EINMAL, eines Tages, da im Licht gelb etwas treibt
(Und zerlumpt, gelb und wahr, in Stößen den Tag durchmißt,
Schweißtriefend, mit riesigen Schritten wutschnaubend auf den Karosserien,
Einsaugend tief im Gas noch kräftigen
Holzrauch, und zerlumpt, gut, von Mal zu Mal gelber, und wahr,
Wutschnaubend, tief, schnell durch den Dreck und das
Winddickicht, kommt man über die Brücke wie auf Wiesen,
Inhaber der Seele, des Ungeziefers, beide taub, ich vergaß
Taub, taub und tief, und schnell, und grau in den Grundfesten des Wesens,
Das strauchelt, breitet die Schwingen, zerlumpt, taub und gut, Zorn
Und wahr, gelb doch grau – gedunkelt – bewegt auf und ab, ruckweise,
Schluchzer, scheidend entrissene, Lumpen in seiner Lauge), zu mir
Den Schritt weitausgreifend über die Dächer hinaus, und das Eindringen
Ins Herz des Landes, das sich ohne Dächer, ohne Grenzen offenlegt.

Ex Ponto, V

. . . te tamen intueor, quo solo pectore possum,
et tecum gelido saepe sub axe loquor.
Hic es et ignoras et ades celeberrimus absens . . .
Redde vicem et, quoniam regio felicior ista es
istic me memori pectore semper habe.

OVIDE, *Pontiques, 2, 10.*

Très loin par-delà des forêts et des siècles sans nombre,
Entends le vent souffler sur le Danube sombre
Et tinter ce matin froid comme un couteau contre un bol
D'amertume, où les eaux plus dures que le sol
Portent les chariots recouverts de peaux des Sarmates.
Dans la chambre on a fait brûler des aromates
Et versé trois gouttes de vin au souvenir transi
Des lares. Le soleil revient comme un souci,
Après l'éclat incohérent du théâtre nocturne,
Traîner sur l'horizon le même lent cothurne
Pour disparaître de nouveau derrière ce rempart
D'espace libre. Et comme à l'instant d'un départ
Toujours remis, je sens bouger le fer de l'espérance,
Vite émoussé par la morose indifférence
Avec les brouillards accourus du fond du Pont-Euxin.
Quelquefois une tour agite son tocsin:
On voit s'avancer dans la plaine un cortège de torches.
J'ai peur, l'eau m'empoisonne, et sans fin tu m'écorches,
Souvenir de la Ville et des livres dans la douceur.
Pauvre de moi bavard flattant le punisseur
Tout-puissant qui l'a retranché du giron de l'empire,
Comme d'un coup de dés ou comme un dieu respire,
Et que la mort exile à son tour mais parmi les dieux.
Fallait-il le chanter encore, ces adieux
Adroitement mêlés à la louange de Tibère?
A quoi bon. Vanité, croire qu'on délibère
Encore en haut lieu sur mon sort désormais dans l'oubli.
Trop de plaintes, de honte. Où tu m'as établi,

Ex Ponto, V

... te tamen intueor, quo solo pectore possum,
et tecum gelido saepe sub axe loquor.
Hic es et ignoras et ades celeberrimus absens ...
Redde vicem et, quoniam regio felicior ista es
istic me memori pectore semper habe.

Ovid, *Epistulae ex Ponto, 2, 10.*

Sehr fern über Wälder hin und Jahrhunderte ohne Zahl,
Höre den Wind gehen über die dunkle Donau
Und diesen Morgen klirren kalt wie ein Messer an eine Schale
Von Bitterkeit, wo die Wasser härter als der Boden
Die Wagen tragen, bespannt mit Häuten der Sarmaten.
Im Zimmer hat man aromatische Stoffe verbrannt
Und drei Tropfen Wein vergossen zum klammen Gedenken
An die Laren. Die Sonne kommt zurück wie eine Sorge,
Nach dem wirren Glanz des nächtlichen Schauspiels
Und schleift über den Horizont denselben schleppenden Kothurn,
Um von neuem zu verschwinden hinter jenem Wall
Freien Raumes. Und wie zum Zeitpunkt einer Abreise,
Die stets erneut verschoben wird, spüre ich das Eisen der Hoffnung,
Das rasch abstumpft durch die mürrische Gleichgültigkeit
Mit den tief hinten vom Pontus Euxinus aufsteigenden Nebel.
Bisweilen wird von einem Turm herab Sturm geläutet:
Man sieht, wie durch die Ebene sich ein Fackelzug bewegt.
Mir ist Angst, das Wasser ist giftig, und endlos schindest du mich,
Erinnerung an die Stadt und an die Bücher in sanfter Muße.
Ich armer Schwätzer, der noch schmeichelt dem allmächtigen
Strafenden, der ihn aus dem Schoß des Reiches verstoßen hat,
Wie mit einem Würfelwurf oder wie ein Gott atmet,
Und der den Tod noch einmal verbannt, doch unter die Götter.
Ach ich habe ihn sogar noch besungen, diesen Abschied,
Und es geschickt mit Lob auf Tiberius untermischt!
Es nützt doch nichts mehr. Müßig, zu glauben, man dächte noch
Höheren Ortes nach über mein Los, es ist nun vergessen.
Zuviel der Klagen, der Schmach. Wo hast du mich hinversetzt,

Fortune, entre la mer qui rage et le temps qui végète,
Me voici gloire cantonale pour le Gète,
Fameux dans les salons de Triphouios et Callatis,
Nourri de peu, civil, logé presque gratis
Et, comme un retraité du fisc dans sa sous-préfecture,
Donnant mon long loisir à la pisciculture
En vers, et célébrant après Icare l'esturgeon.
Souvent j'ai voulu dire: il suffit, abrégeons,
Rendons au vent ce rien volubile que fut mon âme.
Mais l'épée est plus lourde aux mains que le calame:
Banni de la mort elle-même, et de ma vie absent,
Je n'aurai taché mon poème que du mot sang.
Heureux du moins si cette existence qu'on a meurtrie
Demeure ainsi dans la murmurante patrie
Dont m'entoure depuis toujours le doux peuple des mots,
De lui-même niant dans ses rythmes jumeaux
Le destin qui m'a séparé de la langue natale.
C'est un pays sans provinces ni capitale,
Dont les collines et les fleuves même se défont
Et renaissent autour d'un seul chemin profond
Tracé dans la rude épaisseur de la terre latine,
Mais plein d'oiseaux, fleuri de lune et d'églantine
Où, bien que métamorphosé par un sort affligeant,
Je vais du même pas flâneur et diligent
Qu'autrefois au-devant de la chimérique syllabe
Qui me consolerait d'être l'inconsolable
Poète de tout lieu, de tout âge et toute douleur.
Car nous jadis dans les nébuleuses contrées,
Sous aucune étoile en troupeau d'âmes enchevêtrées
Vaguant légers par l'herbe fade et sans couleur,
Quelle force nous a saisis là-bas comme un voleur
Pour nous précipiter au long de ce rivage
Amer et, cloués sur la roue inflexible du temps,
Nous conduire à travers l'exil ou l'esclavage
A toi, l'ombre plus sombre encore qui nous attends?
Parfois une lueur qui m'était inconnue
Entre deux vers sur le chemin passe; je m'exténue
A la poursuivre vers des fonds vertigineux.

Fortuna, zwischen das wütende Meer und die schleppende Zeit,
Jetzt bin ich lokale Größe für den Geten,
Berühmt in den Salons von Triphuios und von Callatis,
Bescheiden ernährt, bürgerlich-brav, fast umsonst wohnend,
Und wie ein pensionierter Finanzbeamter in seiner Unterpräfektur
Widme ich meine langen Mußestunden der Fischzucht
In Versen und rühme nach Ikarus jetzt den Stör.
Oft schon wollte ich sagen: es reicht, kürzen wir ab,
Geben wir dem Wind das redselige Nichts, das meine Seele war.
Doch das Schwert ist in der Hand schwerer als der Kalamus:
Vom Tod selbst ausgeschlossen und aus meinem Leben abwesend
Werde ich nur mein Gedicht beflecken mit dem Wort Blut.
Ein Glück zumindest, wenn diese Existenz, die man beschädigt hat,
Dadurch in der murmelnden Heimat verbleibt,
Mit der mich seit jeher das sanfte Volk der Wörter umgibt,
Das durch sich selbst in seinen Verspaaren das Schicksal
Zurückweist, das mich von der Muttersprache getrennt hat.
Es ist dies ein Land ohne Provinzen noch Hauptstadt,
In dem sogar noch die Hügel und die Flüsse zergehen
Und wiedererstehen um einen einzigen tiefen Weg herum,
Der in die harte Kruste der lateinischen Erde gegraben ist,
Doch voller Vögel, in dem Wasserlilien und wilde Rosen blühen,
Wo ich, obschon verwandelt durch ein betrübliches Geschick,
Mit demselben lockeren und doch achtsamen Schritt wie früher
Auf die chimärische Silbe zugehe,
Die mich darüber hinwegtrösten könnte, der untröstlichste
Dichter jeden Ortes, jeden Zeitalters und jeden Schmerzes zu sein.
Denn wir, einstmals in den nebeligen Gegenden,
Unter keinerlei Stern in Herden ineinander verschlungener Seelen
Gewichtslos dahinhuschend über das fade und farblose Gras,
Welche Kraft hat uns denn dort gepackt wie einen Räuber,
Um uns hinzuschleudern an dieses Gestade,
Das bittere, und um uns auf das unerbittliche Rad der Zeit genagelt
Hinzuführen durch das Exil oder die Sklaverei
Zu dir, als dunklerer Schatten, der unser harrt?
Manchmal gleitet ein Lichtschein, der mir noch unbekannt war,
Zwischen zwei Versen über den Weg; ich verausgabe mich dabei,
Ihn in schwindelige Abgründe zu verfolgen.

Il n'en demeure qu'un halo sourdement lumineux
   Que prolonge l'instant fugace où la venue
Du soir, entre l'ombre et l'éclat du couchant retenue,
   Semble annoncer une autre aurore. Et je ne peux
Plus séparer de ce moment où l'insondable Asie
   Va basculer ou resurgir, la poésie
Avec ses signaux fugitifs, comme d'un continent
   Invisible qu'on n'atteindrait qu'en déclinant
Ici même, à l'écart de l'éternelle renommée
   Qui me survivra comme aux feux cette fumée
Indolente d'un camp barbare éteint sur l'horizon.
   Le vent qui la soumet à son inclinaison
L'étire lentement de gauche à droite et la disperse
   Comme les morts dans le poème de Properce,
Comme les mots d'un chant qu'Ovide n'a pas écrit.
   Peut-être un jour serai-je également proscrit
De ce pays enclos par la ronde des Piérides
   Et mes seuls vers se graveront avec les rides
Sur mon front comme une épitaphe où tient tout mon destin.
   Déjà l'art me fatigue et le rythme incertain
M'abandonne, procède à la façon d'un automate,
   Comme si le poison de la flèche sarmate
M'engourdissait, ou cette neige ardente qui s'abat
   En tourbillons pareils au rêve d'un combat
Sous Troie: Hector fantôme avec son panache et sa lance,
   Spectres blancs des chevaux hennissant en silence,
Et pour finir ce marbre pâle où pèse un plomb épais
   Couvrant la plaine morte et sans arbres; la paix
Invoquée et livide en moi comme la carapace
   Des poissons que j'ai vus pris vivants dans la glace.
Mais toujours des plaintes ... Pourtant les jours sont révolus
   Où je les étalais: Rome ne répond plus –
Lasse, ou me supposant déjà couché dans cette terre –
   A mes lettres. C'est bon. Plus de destinataire.
Qu'on les brûle après moi comme un sacrifice au futur.
   Et si quelque fragment en réchappait, obscur,
Lointain message de ma gloire et de mon infortune,
   Qu'il aille jusqu'à toi vivant là-bas sous une

Es bleibt davon nur ein matt schimmernder Hof,
Den der flüchtige Augenblick verlängert, wo die Ankunft
Des Abends, zwischen vergehendem Glanz und Schatten verhoffend,
Eine andere Morgenröte zu verkünden scheint. Und ich kann
Von diesem Augenblick, wo das unergründliche Asien
Untergeht oder wiederersteht, nicht mehr die Poesie trennen
Mit ihren flüchtigen Signalen, wie für einen unsichtbaren Kontinent,
Den man nur so erreichte, daß man hier ans Ende gelangte,
Gerade hier, abseits des ewigen Ruhmes,
Der mich überdauern wird wie die Feuer der träge
Rauch eines am Horizont verdämmernden Barbarenlagers.
Der Wind treibt ihn schräg dahin,
Zieht ihn langsam von links nach rechts hin und zerstreut ihn
Wie die Toten in Properz' Gedicht,
Wie die Worte eines Gesanges, den Ovid nicht schrieb.
Vielleicht werde ich eines Tages auch hier geächtet,
In diesem Land, das der Reigen der Pieriden umschließt,
Und werden sich einzig meine Verse zusammen mit den Runzeln
In meine Stirn graben, als Epitaph über mein ganzes Geschick.
Schon ermüdet mich die Kunst, und der schwankende Rhythmus
Entgleitet mir, geht vorwärts nach Art eines Automaten,
Als wirkte das sarmatische Pfeilgift
Lähmend auf mich oder dieser glühende Schnee, der herabwirbelt,
Als kämpfte ich im Traum unter den Mauern
Trojas: Hektors Schatten mit seinem Helmbusch und seiner Lanze,
Weiße Schemen lautlos wiehernder Rosse,
Und schließlich dieser fahle Marmor, wo zähes Blei lastend
Das abgestorbene, baumlose Flachland bedeckt; der Friede,
Nach dem ich rief, bläßlich in mir wie der Schuppenpanzer
Der Fische, die ich lebendig im Eis gefangen sah.
Doch noch immer Klagen . . . Wo doch die Tage vorbei sind,
Als ich sie öffentlich darbot: Rom antwortet nicht mehr –
Überdrüssig oder mich gar schon unter dieser Erde wähnend –
Auf meine Briefe. Gut so. Kein Adressat mehr.
Soll man sie doch verbrennen nach mir, als ein Opfer an die Zukunft.
Doch sollte ein Bruchstück davon auftauchen, ferne,
Dunkle Kunde meines Ruhms und meines Unsterns,
So möge sie bis zu dir gelangen, der du dort lebst unter einem

Étoile inconcevable, toi que je ne connais pas
  Et qui m'ignores, mais que chacun de mes pas,
Telle mon ombre, moi qui suis une ombre, ressuscite
  A travers le brouillard des temps sur l'astre scythe.

Unerdenklichen Stern, du, den ich nicht kenne
  Und der mich nicht kennt, doch den jeder meiner Schritte,
Wie meinen Schatten, wo ich doch selbst nur Schatten bin, erweckt,
  Durch den Nebel der Zeiten auf dem skythischen Gestirn.

Jacques Roubaud

solitude

solitude, cavalier seul sur le damier
jour pour jour corridors noirs et belettes blanches
et l'orgueil d'être invisible nerf ou cimier
corail creux, des hautbois sans bouche séchait l'anche

puis elles rangeaient les perles dans les larmiers
au bout d'un dé de semaine où manque dimanche
la cathédrale vertueuse des ramiers
s'effondrait! là! départ de la septième branche

je voyais de la neige sur un pavillon
et l'auvent où glissaient les tranches de nuit bleue
l'horloge, grattement des secondes grillons

chuchote le linge, plonge une aurore, deux . . .
solitude comme au bruissement des mûriers
soie tenace, qui faisait la douce, souriait

Pour Philippe Courrège

Avec papiers, crayons, encres, couleurs, avec
des signes puis des mots, avec des règles pour
les assembler, avec patience et le secours
de l'habitude, (mais le silence bravé

qui corrode ta force et, qui sait?, aussi le
ciel verlainien blanc là-bas, les cris d'écolier
autour), tu construis plus qu'un langage un objet
lourd, beau, accomplissant cet accord difficile

Einsamkeit

Allein sein, ganz allein, ein Springer auf dem Brett,
und schwarze Flure Tag für Tag und weiße Wiesel,
stolz unsichtbar zu sein, Nerv, Ziemer und Koralle,
das Rohrblatt trocknete das mundlose Kornett

Sie reihten Perlen auf im innern Schläfenbett
am Alltagswürfelend, worin der Sonntag fehlt,
die keusche Kathedral der faulen Ringeltauben
brach jäh zusammen dort, der siebte Zweig schlägt aus

Ich sah den weißen Schnee auf einem Gartenhaus,
das Vordach, über das die blauen Scheiben schäumen,
die Uhr, und das Gekratz der Grillen, die Sekunden

Die Wäsche flüstert leis, die Morgenröte fächelt,
allein sein, ganz allein im Braus von Maulbeerbäumen,
die Seide, zäh im Sinn, markiert die Sanfte, lächelt

Für Philippe Courrège

Du baust mit Stift, Papier, mit Tinte und mit Farben,
mit Zeichen, Wörtern dann, mit einem Regelwerk,
das sie zusammenfügt, mit sanftem Augenmerk,
mit der Gewohnheit auch (doch das ertrotzte Schweigen

zerbröselt deine Kraft, wer weiß, vielleicht auch sie:
verlainesches Himmelsweiß, der Schüler Rand und Band)
nicht eine Sprache nur, baust einen Gegenstand,
schwer, schön, und dir gelingt die heikle Harmonie:

de la pensée, de la parole et de la main
artisan des mathématiques je salue
ton exemple et je marque aux hommes de demain
désamorçant la magie, ce badaud des nues
combien est sûr l'outil forgé par tous est digne,
génial ou pas, celui qui bâtit dans les signes

nuit

nuit
tu viendrais

les lumières
pousseraient
sur les pentes
vidées de jour les

tilleuls en
seraient
sombres

POURQUOI
entendre?

goutte
après l'autre

entre,
silences

branche
aux fenêtres

pourquoi
entendre?

Gedanken, Wort und Hand des Handwerksmanns der Algebra;
ich grüße so (vermeide die Metapher)
dein Beispiel, lege Spur den Menschen überall,
entschärfe die Magie, fürwahr den Wolkengaffer:
Dem Werkzeug, schmiedehart, nun jedermann vertraut,
begnadet oder nicht, der in die Zeichen baut.

Nacht

Nacht
du kämst

die Lichter
wüchsen
auf den Hängen
den tagesleeren die

Linden
wären darüber
dunkel

WARUM
hören?

Tropfen
nach dem andern

tritt ein,
Stille

Zweig
an den Fenstern

warum
hören?

fenêtre

tu ouvres
une fenêtre.

l'air
bat.

du temps
recule.

Nouvelles j'apporte:
                    le cerf sonne
                    l'hiver neige
                    l'été loin

haut vent   et   froid
                    bas soleil
                    courte sa course
                    rudes les mers

les fougères rouges
                    sont cachées
                    cri coutumier
                    d'oies sauvages

sur ailes d'oiseaux
                    le froid pèse
                    temps de la glace:

telles mes nouvelles

Fenster

du öffnest
ein Fenster.

die Luft
schlägt.

Zeit
weicht zurück.

NEUIGKEITEN bring ich:
der Hirsch tönt
der Winter schneit
der Sommer fern

hoher Wind und Kälte
tiefe Sonne
kurz ihr Lauf
rauh die Meere

die roten Farne
sind verborgen
gewohnter Schrei
wilder Gänse

auf Vogelschwingen
lastet die Kälte
Zeit des Eises:

dies meine Neuigkeiten

Nachwort

Heym, Trakl, der junge Brecht sind durch Rimbaud so produktiv gesteigert worden, daß bei ihnen von einer zweiten Geburt die Rede sein darf. Und Rilke hat in seinem letzten Jahrzehnt in Valéry eine Identifikationsfigur gefunden. Es dürfte schwerfallen, gleich günstige Konstellationen einer Begegnung deutschsprachiger Dichter mit französischen Gedichten für die Zeit dieses vierten Bandes unserer Anthologie auszumachen. Zu viele Hindernisse traten dem entgegen: Der Erste Weltkrieg und seine Folgen für die deutsch-französischen Beziehungen; die zwölf Jahre des Nationalsozialismus; die literarischen Bedürfnisse Deutschlands nach dem Zweiten Weltkrieg; die lyrikferne, oft lyrikfeindliche Haltung am Ende der 60er und in den 70er Jahren in der Bundesrepublik. Aber die Gründe für solchermaßen erschwerte Kommunikation lagen auch in den französischen Gedichten selber. Schon der erste hier vorgestellte Dichter, Apollinaire, erweitert den Horizont des Poesiefähigen so grenzenlos, daß ihm der Widerhall mittelalterlicher Verse, Villons und Verlaines in seinen Gedichten als gestaltendes Gegenprinzip nötig wird, ein Widerhall, den keine Übersetzung ganz einzufangen vermag. Ähnliches gilt von der Aneignung seines innovatorischen Potentials im Surrealismus, dessen Imaginationsfreiheit bei Breton, Desnos, Éluard eines rhetorischen Halts bedarf, um als Gedicht sich zu konstituieren – eine Kombination von Freiheit und Rhetorik, die der Sprache deutscher Lyrik fremd geblieben ist. Wo die zu höchster Dichte gesteigerte sinnliche Präsenz alltäglicher Dinge evoziert wird – wie bei Fargue oder später bei Follain –, wird der Vermittlung eine kaum erreichbare Lebensnähe abgefordert. Und wo die Signatur eines dezidierten und machtvollen poetischen Eigenwillens die Sprache zur Domäne eines streng durchgehaltenen hohen oder besonders verinnerlichten oder ironisch selbstzerstörerischen oder kryptisch geballten Tons macht wie bei Saint-John Perse, Supervielle, Michaux und Char, bedarf es einer langen Eingewöhnung in die Gesetze solchen Sprechens und in die ihnen unterworfene, streng auf sie abgestimmte Thematik, so daß selbst genaue und gewichtige Übersetzungen wie diejenigen, die Paul Celan Supervielle, Michaux, Char und du

Bouchet gewidmet hat, den deutschen Leser bisher noch nicht in der zu erhoffenden Intensität erreicht haben.

Erst recht gilt dies von den weniger bekannten Namen, die hier versammelt sind. Bei vielen stehen wir erst am Anfang einer vielstufigen Vermittlungsarbeit. Im Gegensatz zu den angelsächsischen Ländern fällt die allzu geringe Zahl an Monographien in deutscher Sprache zu den großen Gestalten dieser Periode auf.

Denn Rimbauds Wort an Demeny «Die Erfindungen des Unbekannten erfordern neue Formen» galt nicht nur für ihn selbst und seine unmittelbaren Fortsetzer. Es bleibt für den ganzen hier vertretenen Zeitraum maßgebend. Dieses Kriterium galt auch für die Auswahl. Weggelassen wurden die zu wenig Sprach- und Formmächtigen, selbst Cocteau, Prévert und Pierre Emmanuel. Die dichterisch Eigenständigsten, z. B. Apollinaire, Reverdy, Saint-John Perse, Supervielle, Michaux, erhielten mehr Raum als in andern Anthologien. Und der sehr beweglichen Formgeschichte, die alle Zwischenstufen zwischen streng gereimter regelmäßiger Strophe und reiner Prosa kennt, wurde auch die Pluralität der Übersetzungsmethoden angepaßt, von der strikten Interlinearversion zur Umdichtung, wobei schon bestehende und hier zum erstenmal vorgelegte Übersetzungen sich der Anzahl nach etwa die Waage halten.

Für den Einstieg in diese achtzig Jahre französischer Lyrik können einige Hinweise als Orientierungshilfen dienen.

Wenngleich keine thematischen Gesichtspunkte, also z. B. weder Kriegs- noch autobiographische oder poetologische «Schlüsselgedichte» noch auch Bildbeschreibungen, für die Auswahl maßgebend waren, ist es doch nicht gleichgültig, die vielfältige Zusammenarbeit eines großen Teils dieser Autoren mit den bedeutenden Malern ihrer Zeit zu kennen.

So sind etwa Apollinaire, Jacob, Reverdy auch in ihren Gedichtkompositionen Zeugen ihrer Freundschaft mit Picasso und den gleichzeitigen Kubisten. Éluard ist zudem mit den surrealistischen Malern verbunden, wie selbstverständlich auch Breton, der den Surrealismus begründet hat. Du Bouchet und Dupin stehen Giacometti, Bonnefoy, auch als Essayist, der großen Renaissance- und Barockmalerei vor allem Italiens nahe.

Ein anderer Gesichtspunkt wäre der einer Nähe zu deutscher Lyrik. Hölderlin hat Jouve, Roud, Char, Tardieu, Jaccottet, du Bouchet geprägt, welche ihn ihrerseits zum Teil selbst übersetzt haben. Guillevic hat Trakl und Brecht übertragen. Ihn selber hat Brambach übersetzt.

Die politische Dimension der vom Widerstand zeugenden und vom Exil betroffenen Dichter tritt dort in Erscheinung, wo sie eine höchste poetische Legitimation fand, etwa in Saint-John Perses *Exil*, in Chars knappen Versen der Jahre 1939–1945 oder in Supervielles Gedicht vom besetzten Paris.

Manchmal ist ein Gedicht auch das Zeugnis der dem Autor nahe vertrauten Landschaft, die ihm die Elemente seiner kohärenten Zeichensprache zugeführt hat. Für Char und Dupin hat Südfrankreich, für Guillevic die Bretagne, für Fargue Paris, für Roud die Waadt, für den französischen Rilke das Wallis diese Rolle gespielt. Als Gegenpol wären die Europareisen von Apollinaire, die Weltreisen von Cendrars und Perse zu erwähnen.

Die Gesamt-Situierung der profiliertesten hier versammelten Autoren nach ihrer gegenseitigen Nähe oder Opposition, die die von uns vorgelegte Gruppierung bestimmt hat, soll nun im einzelnen dargestellt werden, wobei auch auf den besonderen Bezug zur deutschen Lyrik-Tradition wie auf deutsche dichterische Übertragungen hingewiesen wird. Grundsätzlich entspricht die Proportion der aufgenommenen Texte der von uns angestrebten Gewichtung. Die Reihenfolge hält sich weitgehend auch an die Erscheinungsdaten der wichtigsten Veröffentlichungen.

Apollinaire setzte kurz vor dem Ausbruch des Ersten Weltkriegs seiner Sammlung *Alcools* das weitausholende Gedicht «Zone» voran, um das Programmatische der von ihm damals erfundenen Modernität zu betonen. Der letzte Band unserer Anthologie übernimmt diesen deutlichen Auftakt, weil damit nicht nur auf andere bedeutende Texte Apollinaires, wie z. B. «La Chanson du mal-aimé», sondern auch auf das etwa gleichzeitig beginnende Werk von Cendrars und von Fargue gedeutet wird. Neu und kühn ist in «Zone» die Verbindung persönlichster Reminiszenzen mit Signalen der Moderne wie dem Flugwesen, der Industriewelt, der Exploration ozeanischer Kunst, der Eiffelturm-Mythologie der Kubisten (Delaunay). Die Generosität einer freien Vers- und Aussageform, die solche Gegensätze mit selbstverständlicher Gebärde aufnimmt und zu einer völlig neuartigen, offenen Totalität zusammenfügt, erscheint als ein Durchbruch zu einer dichterischen Praxis, die auch die Surrealisten prägen wird und bis heute fortlebt. Absage an eine schulmäßig überlieferte Antike, z. B. in der Vereinigung von Zoologie und Mythologie, Entdeckung eines neuen Gesangs selbst in den Plakaten und Prospekten, zugleich Hinwendung zu den Ausgestoßenen der Großstadt – gerade in solcher Kombination wird eine neue Methode der Konstruktion des Poesiefähigen geübt, deren Universalität zehn Jahre später keine Grenzen mehr anzuerkennen braucht. In andern großen Beispielen aus *Alcools,* die hier vorgestellt werden, ist kosmische, geographische, historische Imagination oft in kühnstem Synkretismus am Werk, jedoch vielfach im Schutz liedhafter oder balladesker Strophen mit Einlagen und Refrains, die Frechheit und Wehmut in eines fassen. Auf die zentralen Gedichte «Le Pont Mirabeau» und «Les Colchiques» bezieht sich Paul Celan an bedeutsamen Stellen seiner *Niemandsrose.*

Cendrars, der äußerlich verwandte Zeitgenosse, hat gleichfalls weit in die Zukunft gewirkt. Stärker noch als bei Apollinaire befreit sich seine von der Moderne berauschte allumgreifende Imagination von eurozentrischer Thematik. Schockhafter, härter sind seine dokumentarischen Montagen in Gestalt punktueller Evokationen. Die Prosa verdrängt zunehmend Metrik und Musik aus seinen Versen. Beiden Autoren ist eine den Surrealismus prägende grenzenlose erotische Kombinationsfreiheit eigen.

Wie Apollinaire und Cendrars schöpft auch Fargue aus genauester autobiographischer Erfahrung, aber ganz auf Pariser Außen- und Innenräume konzentriert, in einer Verbindung aus sinnlich überaus nah vergegenwärtigter Konkretheit der Dinge und metaphorischer Erweiterung ihrer Thematik (am stärksten in «La Gare»). Valéry und Saint-John Perse hielten ihn für einen der Größten ihrer Zeit. In Deutschland hat er noch immer keine Gegenwart erlangt.

Auch Jacob hat, wie Fargue, im Prosagedicht sein Bedeutendstes gegeben. Er nimmt mit seinen verspielten Grotesken eine Seite des Surrealismus vorweg.

Mit Pierre Reverdy, der wegen seiner Bedeutung in der Geschichte der französischen Lyrik hier durch eine größere Zahl von Beispielen ausgezeichnet wurde, setzt ein neuer Gedichttypus ein, der bis heute große Folgen hat. Die Surrealisten haben ihn als einen Vorläufer verehrt. Noch André du Bouchet führt seine Kompositionsform auf ihn zurück. Die Originalität Reverdys liegt in der neuen Freiheit der Gedichtfügung. Meist gilt bei ihm ein Vers für sich. Doch zugleich hängt er in einem nicht näher determinierten offenen Raum, der alle Verse, nicht nur *eines* Gedichts, sondern ganzer Gedichtfolgen, als lose verbundene zusammennimmt. Reverdys Gedichte erinnern in ihrer schwebenden, syntaktisch vieldeutigen Konstruktion aus Einzelversen an Techniken der ihm nahverwandten Kubisten: alles scheint seinen Platz vertauscht zu haben. Die Bilder erhalten Zeichencharakter. In gleitendem Übergang, der Außen- und Innenwelt ununterscheidbar macht, entsteht eine neue Gesamtstruktur, deren Gesetze der Leser immer neu zu erschließen aufgefordert wird. Auch dies ist neu: daß die Autorität der Texterfahrung vom Autor stärker denn zuvor auch an den Leser überantwortet wird. Man könnte an einen viel moderneren, abstrakteren, unpersönlicheren Trakl denken. Mit ihm teilt Reverdy die Erfahrung der Trauer, des Überdrusses, des Verlusts, des Vorübergangs, die er aber zugleich einer weit anonymeren Sprechweise anvertraut.

Die drei hier nebeneinanderstehenden Dichter Saint-John Perse, Rilke und Supervielle sind nicht als Urheber folgenreicher Innovationen in ihrem Verhältnis zur zeitgenössischen modernen Realität oder zur Gegenwartsmalerei bedeutend geworden wie Apollinaire, Cendrars und Reverdy. Sie sind als einzelne groß. Jeder von ihnen hat im Gedicht bei weitem sein Gewichtigstes gegeben. Ihr Werk ist von starker Kohärenz. Es strahlt die große Kraft reiner poetischer Sprache aus.

Die ersten Dichtungen von Saint-John Perse wurden zunächst von Kassner *(Éloges)* und Benjamin *(Anabase)* übersetzt. Zu *Anabase* schrieb Hofmannsthal in seinem Todesjahr einen Essay. Was diese früh erkannten, erhielt sich bei Saint-John Perse bis zum letzten Werk: die Souveränität eines streng gebauten, sicher fortschreitenden Gesangs, der den Alexandriner integriert hat und in dem alle Teile der Welt in genauester Gegenwart der Dinge und der Handlungen erscheinen, festlich und in heidnischer Gelassenheit ihrem ersten und letzten Zustand zugeordnet. Das Exil in Nordamerika hat den Ort Null, den Ruhm des Sandes und die Gründung über dem Abgrund in den Gesang geholt. In *Amers* sind Winde, Meere, Schiffe Teil des Hohen Liedes der Liebe atlantischer Spätzeit, dessen pindarischer Ton sich immer stärker behauptet. Auf Claudel, der zu den Ahnen dieser Poesie zählen darf, Eliot, Supervielle, Jouve, Ungaretti, Guillén, Char hat diese Welt-Dichtung ausgestrahlt.

Rilke kann in seinen bescheidenen französischen Versuchen aus der Walliser Spätzeit seinen eigenen Ton unprogrammatischer, diesseitiger, festlicher und vergänglicher geben. Seine wahre Dimension errät, wer die deutschen Äquivalente mithört. Sein letzter Brief ging an Supervielle, den er im Angesicht des Todes als den ihm verwandtesten Franzosen empfand. Dessen leise Sprache hebt die Grenze zwischen Lebenden und Toten, wirklichen und Fabelwesen, Menschen und Tieren, Erwachsenen und Kindern, Exotischem und Vertrautem, Feierlichem und Alltäglichem, fest Gefügtem und lose Geträumtem auf. In Celans Übersetzungen wird die «Pausensprache» vernehmlich, die der jüngere Dichter aus dem Schweigen des älteren herausgehört hat.

Die folgende Gruppe ist durch ihre zumindestens anfängliche Zugehörigkeit zum Surrealismus bestimmt: Breton, Desnos, Éluard, Aragon, Péret, Tzara, denen sich als gewaltsamste Stimme der Außenseiter Artaud zuordnen läßt. Nur hier ist ein literarhistorisches Etikett aussagekräftig, weil es die schroffe, durchaus revolutionäre literaturpolitische Seite dieser Bewegung in Erinnerung ruft, die alle Gebiete des Lebens zu ergreifen trachtet. Die neue Bewegung gibt sich traditionsfeindlich, kunstfeindlich, verstandesfeindlich, sogar realitätsfeindlich. Das Denken von jeglicher Zensur zu entbinden, die Ratio, Moral, Ästhetik üben, führt zu neuen Verhaltensweisen, Lebensformen, Textarten, die das Phantastische nicht mehr außerhalb ihrer situieren, sondern zu einer neuen Wirklichkeit machen. Voneinander entfernte Realitäten zusammenzuzwingen (nach einer Losung Reverdys) läßt eine neue Form der Bildlichkeit entstehen, in der unvermutete Assoziationen und Traumvorstellungen autonom werden. Die Montagetechnik Apollinaires und Reverdys wird zur exklusiven Methode gesteigert. Als ältere Vorgänger werden z. B. auch Novalis, Arnim, Nerval und vor allem Lautréamont betrachtet, natürlich Rimbaud und Jarry. Für uns sind die Ergebnisse in Gestalt beispielhafter Gedichte entscheidend: Bretons Gedichte arbeiten mit schroffer Diskontinuität der herbeigeholten Assoziationsbereiche. Der aggressiven Aufzählung erstmaliger Kombinationen schafft eine Rhetorik insistenter syntaktischer Wiederholungen einen von außen gesetzten Zusammenhalt. Die Bilderfolgen sollen elektrische Funken erzeugen. Ihnen ist eine genußfeindliche Erotik eingezeichnet. Sie wirkt mit an der Fragmentierung, die der Versuchung zu neuer Kohärenz programmatisch entgegensteuert.

Desnos hat vor Breton den Vorteil eines unbegrenzten Spieltriebs. Seine an intime, volkstümliche, sexuelle Einfälle appellierende Einbildungskraft sucht nicht die Sprengung als Prinzip, entspricht nicht der Schroffheit der Bretonschen Manifeste.

Noch viel mehr gilt dies von Éluard. Er ist ein großer Vereiniger: als Liebender, als brüderliches Sprachrohr eines – auch politisch geeinten – Kollektivs, als Freund sehr divergenter Maler der Generation der Kubisten und Surrealisten (z. B. Picasso, Léger, Max Ernst). Ein verkündigender Ton unspezifischen grundsätzlichen Vertrauens in die Zukunft läßt ihn gleichzeitig an Kindheit und Utopie appellieren. Seine vom Surrealismus geprägte Empfänglichkeit für Traumbilder macht alle Grenzen zwischen Innen- und Außenwelt, Raum und Zeit hinfällig. Im Gegensatz zu Breton kennt er keine Härte, keine Neigung zum Schock.

Wenn Aragon in diesem Band so wenig Raum erhielt, so liegt dies an der mangelnden poetischen Authentizität seiner Gedichte, wobei die historische Wirkung von *Le Crévecœur* als Widerstandsdichtung nicht bestritten werden soll. Seine rhetorische Virtuosität gehorcht veralteten ästhetischen Normen.

Der Surrealismus hat seine legitimste Fortsetzung in großen Einzelnen gefunden, denen er ein Signal zur Auflösung nicht mehr glaubhafter Normen gab. Zu ihnen gehört Michaux, der wohl der eigenwilligste und kreativste französische Dichter seiner Generation war. Ein Dichter, der aus dem Leiden an sich, an der Welt heraus schreibt, ein luzider Denker des Krankseins, ein Ironiker, ein Erfinder grotesker Phantasien, ein Bezweifler aller Ordnungen, ein aufbegehrender Neologist, ein unentwegt von sich selbst und von der Welt Befremdeter, eine Stimme fundamentalen Mißvergnügens und Überdrusses. Seine Wortgewalt entstellt, verkrüppelt, verstört, verhöhnt die Sprache. Verdammnis ist ihm eine permanent erneuerte Erfahrung. Wie bei Celan, der ihn als den bedeutendsten französischen Dichter seiner Zeit einschätzte, gibt es bei ihm eine Imagination der Eisregion, «Kathedralen ohne Religion»: für Michaux' litaneihaften Gesang der Heilsferne eine sprechende Formel. Die hier mitgeteilte «Verlangsamte» ist ein todesnaher, bröckelnder Sprechversuch in zwei Stimmen – eine der stärksten Erfindungen der Sprache der Selbstverstümmelung: «Alter Schwan auf dem Wasser – er kommt nicht mehr mit.» Michaux findet die Worte der Auftrennung, des genauen Blicks auf das allmähliche Versinken im Schlamm. «Das Hirn einer Wunde, was das nicht alles weiß.» «In meiner Musik ist viel Schweigen». «Von der Bruchstelle eines tiefen Wehs geprägt». Diese Unglücksmelodie bleibt stets verhalten, oft nüchtern, amtlich sogar, doch im gleichen Zug von gebrochener Musik getragen. Armut des Sagens gilt dem Dichter als poetische Tugend. Seine Inständigkeit des Anrufs, seine dumpfe Stimme der Unbetörtheit bezeugt die Wahrheit seiner Todesnähe. Die größte Gefahr bilden für ihn die freundlichen Gefühle. Er ist auch ein Maler kleinster, rasch vorrückender Korpuskeln, die als Schrift der Unscheinbarkeit gelesen werden können.

Jouve ist gleichfalls ein Dichter der Bedrängnis. Seine getragenen freien Verse spiegeln die Spannung zwischen schuldhafter Sexualität und religiöser Glut. Der Ernst dieser an Hölderlin und Baudelaire anknüpfenden Gedichte, die stark auf die jüngsten hier vertretenen Dichter gewirkt haben (Bonnefoy, du Bouchet), ist nie ohne das Gewicht einer tragischen Gewalt von Liebe und Tod, wie sie ihm auch in Mozarts *Don Giovanni* und in Alban Bergs Opern erschien.

René Char ist der letzte Dichter, der die Erbschaft des Surrealismus bis in unsere Gegenwart getragen hat. Seine Verankerung im heimatlichen Vaucluse spiegelt sich in der steten Wiederkehr elementarer Zeichen (wie Steine, Gras, Gewitter), die die Sprache seiner oft gnomisch komprimierten, «heraklitisch» gespannten Aphorismen bestimmen. Die Résistance hat dieser Sprache das Bewußtsein schicksalhaften Wagnisses verliehen, das niemals von der illusionslosen Erfahrung einer Todesdrohung über der gegenwärtigen Menschenwelt absehen kann. Paul Celan hat die in solchem Kontext entstandenen *Feuillets d'Hypnos* übersetzt. Schönheit ist hier immer gefahrvoll erkämpft und, in einem Gang auf dem äußersten Grat, der «Gesundheit des Unglücks» abgerungen. Char dichtet aus einer mit andern geteilten Wahrheit, die er im Wort des Aufstands unter Beweis stellt. Der «Hypnose» der Epoche stemmt sich seine von Hoffnung bewegte poetische Aktivität entgegen. Er sieht sich mit Prometheus, mit dem Steinbrech, hier an Hölderlin anknüpfend, solidarisch. Seine Reflexionen und Bekundungen sind, von knappem Pathos geprägt und von zerstörerischem Erneuerungswillen gesteuert, vorsokratischer Fundamentalität zugewandt. Hier traf er sich auch mit Martin Heidegger.

Wie bei Char hat auch bei Ponge der kürzlich eingetretene Tod dem Rückblickenden den Abschluß einer Epoche starker dichterischer Potenzen jäh und scharf eingeprägt. Ponge ist ein großer Einzelner, der seinem strikten Programm bis zuletzt treu blieb: von den Dingen zu lernen, statt über sie zu verfügen. Nur die einfachsten glaubte er angemessen beschreiben zu können: Stein, Gras, Feuer, ein Stück Holz, ein Stück Fleisch. Von ihnen bleibe noch fast alles zu sagen – dies ist die Überzeugung, die ihn leitet. Seit Jahrhunderten trotte der Mensch wie ein Zirkuspferd in der immer gleichen Manege. Ponge strebt hier einen Fortschritt zum Menschen der Zukunft an. Dieser wird nicht mehr vibrieren; zu ihm wird das Gedicht der künstlichen Atmung gehören. Neben Malherbe sind ihm die Kleinmeister La Fontaine, Rameau, Chardin maßgebend, besonders fern Hegel und Schopenhauer. Die Dichte der Dinge könne durch die semantische Dichte der Wörter wiedergegeben werden. Eine Kosmogonie durch Benennung zu komponieren, entspricht für ihn der Grunderfahrung einer sinnlosen Welt. Wenn Mallarmé von «ruhigem Blocke hier, gestürzt aus düsterem Unheil» handelt, so läßt Ponge die zweite Hälfte dieses Verses weg. Es bleibt ihm nur der «ruhige Block hier» übrig. Von der jenseitigen tragischen Voraussetzung seines Hierseins sieht er programmatisch ab. So ist auch für ihn Verzweiflung am Ursprung des Schreibakts. Aber sie wird im Geschriebenen nicht sichtbar. Denn Ponges Rhetorik verdankt sich dem Widerstand gegen Wörter, die davon ablenken könnten, die Dinge als unbekannte mit der größten Präzision zu erfassen. Für Ponge ist Bescheidenheit stets auch eine grundlegende Kategorie seiner Ars poetica. Unablässige Reflexionen zu deren Begründung sind von seinen Gedichten untrennbar.

Diese Bescheidenheit der Gedichtform teilt Ponge mit ein wenig jüngeren Zeitgenossen, mit dem volkstümlicheren Guillevic und mit dem Schattenspieler Tardieu, dessen burleske Sprachstrategien freilich viel gemessener bleiben als diejenigen Queneaus, der innerhalb der hier vertretenen «Sprachverspielten» das radikalste Beispiel verkörpert.

Manche der im letzten Teil des Bandes aufgenommenen Autoren sind im deutschen Sprachgebiet in ihrer Bedeutung noch nicht erkannt, weil die Vermittlungsarbeit oft noch gar nicht eingesetzt hat. Zu diesen Versäumnissen zählen Follain und Frénaud. Follain teilt mit Guillevic und Tardieu den Verzicht auf jegliche Emphase, mit Fargue die Evokation sinnlicher Dichte bei der Nennung der Dinge. Die Verbindung von Lebensnähe und Leichtigkeit des Sagens, das oft ein Erzählen ist, läßt auch ihn zur Generation der aus Notwendigkeit Anspruchslosen rechnen, ebenso den Guillevic nahestehenden Tortel.

Frénaud gehört zu den stärksten dichterischen Potenzen der Gegenwart. Die Erfahrung des Krieges hat seiner Dichtung eine Tragweite gegeben, die sich in der unabschließbaren Erkundung des unbekannten Menschenbilds aus Gewalt, Versehrung, Illusionslosigkeit und in der stoisch erneuerten Anstrengung zum produktiven Umsturz ererbter Traditionen und Formen im Gedicht verrät. Die Kraft der Negativität löst großartige, aus der Zerstörung geschöpfte Geschichtsvisionen, aber auch parodistische und provozierend derbe Texte intimen Formates aus. Hier liegt ein großes Beispiel der Präsenz antiker und christlicher Mythen, traditionsreicher europäischer, vor allem italienischer Städte und bedeutender Gemälde vom Mittelalter bis heute vor (mit vielen Malern hat Frénaud zusammengearbeitet, z.B. mit Villon, Léger, Mirò, Dubuffet, Bazaine, Ubac), ohne daß jemals ein Zug von Bildungspoesie die Kraft der dem Traditionsschwund abgerungenen neuen poetische Energien gefährdete.

Mit Schehadé, Hébert, Senghor wird die französische Lyrik um andere Erdteile erweitert, um Länder wie den Libanon, Kanada, Senegal. Am deutlichsten wird die fremde Kultur in Senghors festlich ritualisierten Elegien präsent, die nicht zuletzt auf Claudel zurückweisen. Ihre religiöse Dimension hallt, ähnlich wie im Werk des verwandten Jean-Claude Renard, in der beschwörenden Rhetorik wider.

Diesen Zeugnissen gegenüber fällt bei Bonnefoy eine verhaltene und gemessene Tonlage ins Gewicht. Seine Gedichte halten eine große Reinheit der Sprache durch. Sie wehren unmittelbare Bekundung geschichtlicher oder biographischer Aktualität ab. Bonnefoys Vers hat die Ausgewogenheit gleichzeitig vergegenwärtigter und im

Tod entzogener Welt, die aus Stein, Baum, Wasser, Feuer bestehen kann, zugleich erdnah und transparent. Sein Blick ist durch die Schule bedeutender «geometrischer» Maler, Piero und Poussin, gegangen.

Jaccottets Verse sind anspruchsloser, fragender, knapper. Sie schließen manchmal an Rilkes letzte Verse an. Wie für seinen Freund und Meister Roud gilt auch für ihn, daß die konkrete Begegnung mit Hölderlin und Rilke im Akt der Übersetzung mehr Freiheit von der rhetorischen Alexandriner-Tradition ermöglicht. Diese Vertrautheit mit Hölderlin und Rilke wie auch mit Trakl kennzeichnet gleichfalls den allzu früh verstorbenen Kowalski.

Du Bouchet ist, in schärfstem Gegensatz zu seinen gleichaltrigen Freunden, ein Dichter der Diskontinuität. Die Leerräume, Lücken und Pausen, die seine Partituren bestimmen, schließen eine identifikatorische Verbindung mit den evozierten Raumvorstellungen, den ihnen zugeordneten Elementen, Dingen und Farben aus. Sommer, Berg, Gletscher, Brand, weiße Luft konstituieren eine Konstanz der Wortlandschaft. Spalten und Risse durchbrechen sie, die in den Zäsuren des Atems eine Entsprechung finden. Der Bezug zum beschriebenen weißen Blatt wird nie verschleiert. Als Übersetzer später Hymnen und Fragmente Hölderlins und einer Auswahl von Gedichten Celans, als Verfasser von Texten zu Hercules Seghers, Giacometti und Hölderlin ist du Bouchet derselbe Dichter einer zersprengten Syntax und eines gestauten und abgeteilten Fortgangs der Sprechweise. Hölderlin, Mallarmé, Reverdy, Celan, Giacometti und Tal Coat begleiten die extreme Gestalt seiner dichterischen Arbeit

Wie du Bouchet ist auch Dupin dank Celans Übersetzung dem deutschen Leser vermittelt worden. Dupin teilt mit du Bouchet die Nähe zu Giacometti und die Verbindung zur Landschaft nördlich der Provence, seiner Heimat. Gewalt elementarer Materie aus schroffem Felsgestein, das sich spaltet im Steinschlag des Erdbebens, unter der Schneide des Blitzes: solcher fundamentalen Struktur verschreiben sich Dupins Gedichte. An du Bouchet erinnert die Abruptheit der Vorgänge. Jedoch werden sie in kompakten Aussagen gegenwärtig, nicht aufgeteilt in eine zersplitterte Syntax. Dupin gestaltet mörderische Zerstörungen, Steinigungen, Explosionen. Die Sprache, die von der Energie des kosmischen Einbruchs zeugt, beschreibt die blinden Prozesse mit unanfechtbarer Ruhe.

Die letzten Dichter des Bandes vertreten auf ganz verschiedene Weise eine Kunst formalen Experimentierens: als poeta doctus Deguy, als Erneuerer traditionsbezogener Verssprachen Réda, als mathematisch komponierender Artist Roubaud.

Von den bedeutenden deutschsprachigen Lyrikern der letzten sechzig Jahre stellt einzig Paul Celan den Glücksfall eines nach strengen Prinzipien verfahrenden Übersetzers französischer Dichtung dar, der die Sprache des Originals so genau beherrscht, daß er gelegentlich zu kühnen Äquivalenten greifen kann, ohne sich dem Tonfall oder der Einbildungskraft des übersetzten Dichters zu entfremden. Solche Kühnheiten bezeugen seine hier vertretenen Umdichtungen (Apollinaire, Teile von Supervielle, Artaud) im Gegensatz zur asketischen Textnähe seiner Wiedergaben von Michaux, Char, du Bouchet und Dupin. Gerade an diesem Unterschied des Vorgehens enthüllt sich eine Revolution des Gedichttypus, die auf Celan als produktiven Leser dieser Lyrik selber eingewirkt hat. Die zurückgenommene Sprache seines Spätwerks ist dafür ein sprechender Beweis.

So bietet diese Anthologie auch ein Stück Geschichte gleichzeitiger deutscher Lyrik am Beispiel eines Dichters, der an beiden Traditionen den entschiedensten Anteil hat.

Bernhard Böschenstein
Hartmut Köhler

Kommentar

Einführende Bemerkungen

Die Anordnung der Autoren in dieser Anthologie folgt so weit wie möglich der Chronologie ihrer wesentlichen Erstveröffentlichungen. Die Quellen und Textgrundlagen werden im Kommentar nachgewiesen. Die für diesen Band wichtige Literatur ist im nachfolgenden Verzeichnis aufgeführt. Kurztitel im Kommentar beziehen sich auf dieses Verzeichnis oder auf die Literaturhinweise zu den einzelnen Autoren.

Werke ohne Ortsangabe sind in Paris erschienen.

Der Kommentar enthält für jeden Autor einen biographischen Abriß mit Angaben zu Werk und Wirkung; Hinweise auf Standardeditionen, wichtige Erstveröffentlichungen, kritische Einzelausgaben; auf Übersetzungen und auf wichtige Sekundärliteratur.

Die Erläuterungen der Gedichte umfassen einen genauen Quellennachweis sowie vor allem Wort- und Sacherklärungen; außerdem werden Aspekte der Wirkung in Deutschland berücksichtigt. Die Zahlen vor dem jeweiligen Gedichttitel beziehen sich auf die Seite, vor den einzelnen Anmerkungen auf den Vers bzw. die Zeile des betreffenden Textstückes.

Bibliographie

Ia. Anthologien in französischer Sprache

Anthologie de la Nouvelle Poésie Française, 1928.
Anthologie des poètes de la N. R. F., préface de Paul Valéry, 1936; 1958.
M. Arland, *Anthologie de la poésie française,* 1964; 1969.
M.-L. Astre/F. Colmez, *Poésie française,* 1982.
M. Béalu, *Anthologie de la poésie française depuis le Surréalisme,* 1952.
M. Béalu, *La Poésie érotique de langue française,* 1976.
J.-L. Bédouin, *La poésie surréaliste,* 1964.
P. de Boisdeffre, *Une Anthologie vivante de la littérature d'aujourd'hui,* Bd. II: *La poésie française de Baudelaire à nos jours,* 1966.
P. Bonetti, *Anthologie des poètes français contemporains (de 1866 à nos jours),* 2 Bde., 1958; 1959.
Cl. Bonnefoy, *La Poésie française des origines à nos jours,* 1975.
A. Breton, *Anthologie de l'humour noir,* 1940; 1966; 1972.
M. Chapelan, *Anthologie du poème en prose,* 1946.
G.-E. Clancier, *Panorama critique de la poésie française de Rimbaud au Surréalisme,* 1970.
M. Décaudin, *Anthologie de la poésie française du XXe siècle, de Paul Claudel à René Char,* 1983.
B. Delvaille, *La nouvelle poésie française,* 1974.
W. Eckel/Th. M. Scheerer, *A travers la poésie française,* Stuttgart 1985.
M.-P. Fouchet, *De l'Amour au voyage. Anthologie thématique de la poésie française,* 1958.
A. Gide, *Anthologie de la poésie française,* 1949 (Bibl. de la Pléiade).
J. Imbert, *Anthologie des poètes français,* 1985.
R. Kanters/M. Nadeau, *Anthologie de la poésie française,* 12 Bde., 1967.
D. Leuwers, *Poètes français des XIXe et XXe siècles,* 1987.
Th. Maulnier, *Introduction à la poésie française,* 1939; 1966.
M. Meunier-Thouret, *Paris en poésie,* 1982.
J. Moulin, *La Poésie féminine,* 2 Bde., 1963–1966.
J. Moulin, *Huit Siècles de poésie féminine, 1170–1975,* 1981.
J. Orizet, *Anthologie de la poésie française. Les poètes et les œuvres, les mouvements et les écoles,* 1988.
H. Parisot, *Les Poètes voyagent,* 1946.
H. Parisot, *Les Poètes hallucinés. Anthologie de la poésie fantastique,* 1966.
J. Paulhan/D. Aury, *Poètes d'aujourd'hui,* Lausanne 1947.
R. Poirier, *250 Poèmes de France,* 1956.
G. Pompidou, *Anthologie de la poésie française,* 1961; 1968.
C.-F. Ramuz, *Poésie. XVIIIe, XIXe et XXe siècle,* Lausanne 1943.
J.-Fr. Revel, *Une Anthologie de la poésie française,* 1984.

P. Seghers, *Le Livre d'or de la poésie française des origines à 1940,* 1961; 1972.
J. Trifoy, *Poésies françaises,* Lüttich 1963.
A. van Bever/P. Léautaud, *Poètes d'aujourd'hui,* 3 Bde., 1929.

Ib. Anthologien übersetzter Texte

(z. T. in zweisprachigen Ausgaben); sonstige Übersetzungen

H. Bartuschek, *Der gallische Hahn. Französische Gedichte von der Zeit der Troubadours bis in unsere Tage,* Berlin (Ost) 1957.
M. Bollack, *Von Baudelaire bis Saint-John Perse. Französische Gedichte und deutsche Prosaübersetzungen.* Ausgewählt von M. Bollack, übersetzt von B. Böschenstein und J. Bollack, Frankfurt 1962 (Fischer-Bücherei).
P. Celan, *Gesammelte Werke,* Bd. 4, Übertragungen I, Frankfurt 1983.
H. Faust, *Westwind, Nachdichtungen französischer Lyrik,* Hannover 1946 (Bücherei Hahn Nr. 12).
C. Giedion-Welcker, *Poètes à l'écart – Anthologie der Abseitigen,* Bern 1946.
M. Gsteiger, ed., *Gedichte aus neun Jahrhunderten,* München ²1978.
W. von Hartlieb, *Französische Lyrik.* Urtexte und Übertragungen, Salzburg 1954.
E. Helmlé, *Résonances. Französische Lyrik seit 1960,* München 1989.
M. Hölzer, *Im Labyrinth. Französische Lyrik nach dem Symbolismus,* München 1959.
E. Johann, ed., *Französische Gedichte in den besten deutschen Übertragungen,* Speyer 1946.
W. Kiechler, *Verwandelt scheint die Welt. Übertragungen aus acht Jahrhunderten französischer Lyrik,* Freiburg/Br. 1948.
F. Klee-Palyi, ed., *Anthologie französischer Dichtung von Nerval bis zur Gegenwart,* zweisprachig, Neuausgabe in einem Band, Wiesbaden 1958 (1950); [Taschenbuchausgabe] Berlin 1965.
H. Krieger, *Anthologie französischer Lyrik seit 1450,* Saarbrücken 1977.
K. Krolow, *Die Barke Phantasie,* Zeitgenössische französische Lyrik, übertr. von K. Krolow, Düsseldorf/Köln 1957.
U. F. Müller, *Poèmes français. Französische Gedichte,* München 1983.
E. Orthbandt, *Moderne französische Lyrik,* Tübingen/Stuttgart 1946.
F. von Rexroth, ed., *Französische Lyrik aus acht Jahrhunderten,* Saarbrücken 1946.
M. Rieple, *Das französische Gedicht von André Chenier bis zur Gegenwart,* Konstanz 1947.
F. Schalk, ed., *Französische Gedichte aus sechs Jahrhunderten,* Bremen 1958.
K. Schnelle, ed., *Französische Lyrik von Baudelaire bis zur Gegenwart,* Leipzig 1967.
E.-M. Schulz-Jander/J. von Stackelberg, ed., *Poesie der Welt: Frankreich,* Berlin 1979.

I. Selle, ed., *Frankreich meines Herzens. Die Résistance in Gedicht und Essay,* Leipzig 1987.
H. Strassova, *Die Muscheln – Les Coquillages. Französische Liebesgedichte,* Bonn 1948.
C. A. Weber, ed., *Frankreich,* München 1947 (Dichtung der Gegenwart).
H. Weinrich, ed., *Französische Lyrik des 20. Jahrhunderts,* übertragen von E. Heyck, Göttingen 1964.

II. Literatur

H. L. Arnold, ed., *Kritisches Lexikon zur fremdsprachigen Gegenwartsliteratur (KLfG),* München 1984 (Loseblattsammlung).
S. Bernard, *Le Poème en prose de Baudelaire jusqu' à nos jours,* 1959.
J. Bersani u. a., *La Littérature en France de 1945 à 1968,* 1982.
M. Bishop, ed., *The Language of Poetry: Crisis and Solution,* Amsterdam 1980.
M. Bishop, *The Contemporary Poetry of France. Eight Studies,* Amsterdam 1985.
C. Bonnefoy/T. Cartano/D. Oster, *Dictionnaire de la littérature française contemporaine,* 1977.
S. Brindeau, *La poésie contemporaine de langue française depuis 1945,* 1973.
M. Bruézière, *Histoire descriptive de la littérature contemporaine,* 2 Bde., 1976.
P. Cheymol, *Les Aventures de la poésie,* II: *Des Parnassiens à nos jours,* 1988.
G.-E. Clancier, *La Poésie française, Panorama critique de Rimbaud au Surréalisme,* 1959.
M. Collot, *La Poésie moderne et la structure d'horizon,* 1989.
H. Friedrich, *Die Struktur der modernen Lyrik. Von der Mitte des neunzehnten bis zur Mitte des zwanzigsten Jahrhunderts,* Erweiterte Neuausgabe, Hamburg 1966.
R. Galand, *Canevas. Études sur la poésie française de Baudelaire à l'Oulipo,* 1986.
M. Hamburger, *The Truth of Poetry,* New York 1969 (dt.: *Die Dialektik der modernen Lyrik. Von Baudelaire bis zur konkreten Poesie,* München 1972).
H. Hinterhäuser, ed., *Die französische Lyrik. Von Villon bis zur Gegenwart,* 2 Bde., Düsseldorf 1975.
W. Höllerer, ed., *Theorie der modernen Lyrik,* Reinbek 1965.
W. Iser, ed., *Immanente Ästhetik – Ästhetische Reflexion. Lyrik als Paradigma der Moderne,* München 1966 (Poetik und Hermeneutik 2).
Ph. Jaccottet, *L'entretien des Muses,* 1969.
J. Jurt/M. Ebel/U. Erzgräber, *Französischsprachige Gegenwartsliteratur 1918–1986/87. Eine bibliographische Bestandsaufnahme der Originaltexte und der deutschen Übersetzungen,* Tübingen 1989.
W.-D. Lange, ed., *Französische Literatur der Gegenwart in Einzeldarstellungen,* Stuttgart 1971.
W.-D. Lange, ed., *Kritisches Lexikon der romanischen Gegenwartsliteraturen (KLrG),* Tübingen 1984 (Loseblattsammlung).

W. Leiner, *Das Deutschlandbild in der französischen Literatur,* Darmstadt 1989
H. Lemaître, *La Poésie depuis Baudelaire,* 1965.
H. Lemaître, *L'Aventure littéraire du XXᵉ siècle,* 2 Bde., 1920–1960, 1984 [mit Autorenlexikon].
W. Pabst, ed., *Die moderne französische Lyrik,* Berlin 1976.
W. Pabst, *Französische Lyrik des 20. Jahrhunderts. Theorie und Dichtung der Avantgarden,* Berlin 1983.
M. Parent, ed., *Le Vers français au XXième siècle,* 1967.
L. Peeters, *La Roulette aux mots. La parodie et le jeu de mots dans la poésie française du Symbolisme au Surréalisme,* 1975.
W. Raible, *Moderne Lyrik in Frankreich. Darstellung und Interpretation,* Stuttgart 1972.
M. Raymond, *De Baudelaire au Surréalisme,* 1933, 1952.
M. Remacle, *Analyses de poèmes français,* 1975.
J.-P. Richard, *Onze études sur la poésie moderne,* 1964.
J. Roubaud, *La vieillesse d'Alexandre,* 1978, 1988.
J. Rousselot, *Dictionnaire de la poésie française contemporaine,* 1968.
J. Rousselot, *La Poésie française, Panorama critique des nouveaux poètes francais,* 1959.
J. Rousselot, *Présences contemporaines, Rencontres sur les chemins de la Poésie,* 1958.
R. Sabatier, *Histoire de la poésie française, XXᵉ siècle,* 3 Bde., 1982, 1989.
F. Simonis, *Nachsurrealistische Lyrik im zeitgenössischen Frankreich (René Char, Francis Ponge, Henri Michaux),* Heidelberg 1974.
B. Vercier/J. Lecarme, *La littérature en France depuis 1968,* 1982.
K. Wais, ed., *Interpretationen französischer Lyrik,* Darmstadt 1970.
W. Wehle, *Lyrik im Zeitalter der Avantgarde,* in: D. Janik, ed., *Die französische Lyrik,* Darmstadt 1987, S. 408–480.
Zeitschriften: «72 revues» [von *Action poétique* bis *Zone*], *Magazine littéraire,* 140, Sept. 1978, S. 21f.

Apollinaire

Rom 26. 8. 1880 – Paris 9. 11. 1918

«Exalter la vie sous quelque forme qu'elle se présente» – «Das Leben steigern und preisen, wie immer es sich darbietet»: Unter dieser Devise wird Guglielmo di Kostrowitzky, der sich Apollinaire nannte, zur poetischen Leitfigur der ersten Jahrzehnte unseres Jahrhunderts. In seiner Person verbinden sich ein Modernist und ein Traditionalist, ein Magier und ein Clown, ein strenger Formkünstler und ein spielerischer Experimentator, ein Anverwandler und ein Neuentdecker, zusammengehalten durch eine in der französischen Lyrik nicht eben häufige Begabung für das Lyrische im Sinne des Liedhaft-Sangbaren. «Ein Lied, so geheimnisvoll wie genau, klingt in seinem Gedächtnis nach, geprägt vom Schlagen seines Herzens» – diese seine Charakterisierung eines befreundeten Dichters trifft ihn selbst am besten.

Ein Bohemien mit einem Abstammungskomplex; ein leidenschaftlich Liebender mit einem Hang zu erotischen Exzessen; ein munterer Zechkumpan voll scheu verschlossener Melancholie; ein durchaus für alles menschliche Elend Empfindsamer, der aber wiederum zu scheu ist, um daraus Sozialpoesie zu machen; ein Kosmopolit der Veranlagung nach, der Patriot, ja Nationalist wird; ein Ausbund von Belesenheit, der eine kindliche Glaubensfreude, wenn schon nicht bewahrt, so doch nie vergißt; ein Natursucher, der den Fortschritt verherrlicht und die industrielle Zivilisation für die Dichtung entdeckt; ein kulturell Durchsättigter, der als «miracle ingénu» gilt und die Töne findet, die das Herz anrühren ...

Für seine Abkunft bemühte man französische Fürsten und römische Prälaten. Erst die Forschung hat die blühenden Legenden stutzen können. Der Großvater, aus polnischem Adel, war vor den Russen nach Italien geflüchtet, der Heimat seiner Frau. Ihre Tochter Angela wird mit einundzwanzig Jahren von einem italienischen Offizier entführt und nach einiger Zeit verlassen. Guglielmo, später Wilhelm, noch später Guillaume genannt, Sproß dieser Verbindung, wird zeitlebens ein Bildnis seines Vaters bei sich tragen, ihn aber nie wiedersehen und allezeit verleugnen. Die Mutter, eine Frau von leichtlebigem Temperament, an der er sehr hängt, läßt sich mit ihm und einem jüngeren Bruder zunächst in der Spielerwelt von Monaco nieder, was nicht hindert, daß der Junge dort religiös erzogen und auch ein brillanter Schüler wird. In Cannes und Nizza setzt er die Schule fort, geht jedoch vorzeitig ab, da ihn das Schreiben bereits zu stark beschäftigt. Seit dem 17. Lebensjahr signiert er seine Gedichte mit «Apollinaire», dem klangvollsten seiner vielen Vornamen, nicht ohne es vorher mit «Guillaume Macabre» versucht zu haben. Sein Lesehunger kennt keine Grenzen: nach den Symbolisten, den Klassikern, der mittelalterlichen Dichtung greift er zu exotischen Lektüren, Religionsgeschichte, Zauberbüchern, zum Entlegensten und Verbotensten; bald wird er den «Giftschrank» der Nationalbibliothek durchmustern. Auf der Suche nach Auskommen und Glück gelangt die Mutter über diverse Spielorte ins belgische Stavelot. Dort beginnt für den Neunzehnjährigen die lange Reihe der – früher oder später sämtlich unglücklich verlaufenden – Liebesbeziehungen: Mareye, Linda («die Lispelnde»), Annie, Marie, Lou, Madeleine . . .

Zu Beginn des neuen Jahrhunderts als Gelegenheitsschreiber in Paris, kann er 1901 eine Jahresstelle als Erzieher bei der Gräfin Milhau antreten und ihr auf Schloß Neu-Glück bei Bennerscheid im Rheinland folgen. Diese in der Tat glückliche und schöpferisch sehr ergiebige Periode beschließt er durch Reisen nach Berlin, Prag, Wien und München. Zurück in Paris, wird er ab 1903 allmählich bekannt. Er schließt Freundschaft mit den Schriftstellern Max Jacob, Alfred Jarry und Paul Fort, mit den Malern Derain, Vlaminck, Utrillo, Braque und vor allem Picasso. Ab 1905 lebt er auf dem Montmartre und gehört zur künstlerischen Avantgarde im Umkreis des Bateau-Lavoir. Oft genug ist das Auskommen spärlich, unter der Hand sucht er Abhilfe durch Verfassen erotischer Schriften. Sein Ruf als Kunstkritiker und Anwalt der neuen Richtungen festigt sich. 1911 wird er Mitarbeiter beim Mercure de France. 1912 drückt ihn die Verwicklung in einen Kunstraub aus dem Louvre längere Zeit nieder. 1913 veröffentlicht er das lautstarke Manifest *L'Antitradition futuriste* und tritt für kurze Zeit in Verbindung mit der Berliner Zeitschrift *Der Sturm*. Obwohl nicht französischer Staatsbürger, meldet er sich bei Kriegsausbruch freiwillig. Im November 1915 gelangt er, immer noch begeistert vom Schauspiel des Krieges, an die Front in der Champagne. Im März 1916 wird er naturalisiert, eine Woche später verwundet ihn (ähnlich wie Braque) ein Granatsplitter schwer am Kopf. Lazarettaufenthalt und Trepanation hinterlassen ihre Spuren: er leidet unter Depressionen, sein Urteilsvermögen ist beeinträchtigt. Er interessiert sich für die Dadaisten, bleibt aber aus nationalistischen Erwägungen auf Distanz zu ihnen. 1917 wird er von den angehenden Surrealisten als ihr Vorbild proklamiert; sein Theaterstück *Les Mamelles de Tirésias* gelangt zur Aufführung, aber nur mit mäßigem Erfolg. Im Mai 1918 heiratet er Jacqueline Kolb. Seine Gesundheit aber ist vom Krieg geschwächt: im November rafft ihn eine spanische Grippe dahin.

Von seinen zahlreichen, qualitativ ungleichen Gedichtsammlungen sind nur *Alcools, Vitam impendere amori* und *Calligrammes* zu Lebzeiten erschienen. Unsere Auswahl berücksichtigt mit einer Ausnahme nur Gedichte aus dem Band *Alcools,* der ursprünglich «Eau de vie» (Lebenswasser, Schnaps) betitelt sein sollte und allgemein zu den wichtigsten Lyrikerzeugnissen des Jahrhundertbeginns zählt. Innerhalb seiner gelten wiederum «Zone», «Le Pont Mirabeau», «La Chanson du mal-aimé» und «Les Colchiques» bei aller Verschiedenheit als eine unauflösliche Gruppe. Apollinaires spätere Tendenz zu «Konversationsgedichten», «Simultangedichten» und «Ideogrammen» (Bildgedichten), wie sie sich besonders in *Calligrammes* manifestiert, stellt der

Reproduktion und mehr noch der Übersetzung große Schwierigkeiten entgegen. Alles dichterisch Bedeutsame daran, abgesehen von der Verräumlichung, ist in der einen oder anderen Form indessen auch in *Alcools* enthalten.

Ausgaben: Alcools. Poèmes 1898–1913, 1913. – *Vitam impendere amori. Poèmes et dessins,* 1917. – *Calligrammes. Poèmes de la paix et de la guerre (1913–1918),* 1918. – *Il y a,* 1925. – *Poèmes à Lou,* 1947. – *Le Guetteur mélancolique,* 1952. – *Œuvres complètes de Guillaume Apollinaire,* ed. M. Décaudin, 4 Bde., 1965–66 [Lyrik in Bd. III, Chronologie in Bd. I]. – *Œuvres poétiques,* ed. M. Adéma und M. Décaudin, 1965 (Bibl. de la Pléiade).

Übersetzungen: Die erste Apollinaire-Übersetzung ist die von «Zone» durch Fritz Max Cahen, Berlin 1914. – Für die (wenig ergiebige) Zeit danach vgl. die dt. Übers. von C. Mackworth, *Apollinaire und die Kubisten,* Frankfurt 1963, S. 311. – Das Verdienst, den Lyriker in größerem Umfang im Deutschen eingeführt zu haben, gebührt Gerd Henniger, Johannes Hübner und Lothar Klünner: Guillaume Apollinaire, *Poetische Werke – Œuvres poétiques,* ed. G. Henniger, Neuwied/Berlin 1969.

Literatur: Bis 1965 in der Ausgabe der Bibliothèque de la Pléiade (s. o.), S. 1221 f. – Detailbibliographien in den Bänden der Reihe: *Guillaume Apollinaire,* u. d. Leitung von M. Décaudin, La Revue des Lettres Modernes, Bd. 1, 1962 bis derzeit Bd. 17, 1987. – R. Warnier, *Guillaume Apollinaire* [und Deutschland], *Romanische Forschungen* 65, 1953, S. 392–410. – M.-J. Durry, *Alcools,* Bd. I, 1956, Bde. II und III, 1964. – P. Orecchioni, *Le thème du Rhin dans l'inspiration de Guillaume Apollinaire,* 1956. – M. Adéma, *Guillaume Apollinaire, le mal-aimé,* 1952, ²1968 [Bibliographie]. – M. Décaudin, *Le dossier d'«Alcools»,* 1960. – Ph. Renaud, *Lecture d'Apollinaire,* Lausanne 1969. – J. C. Chevalier, *Alcools d'Apollinaire. Essai d'analyse des formes poétiques,* 1970. – *Autour de l'inspiration allemande et du lied,* La Revue des Lettres Modernes (s. o.), Bd. 9, 1971. – *Album Apollinaire,* ed. M. Adéma und M. Décaudin, 1971 (Bibl. de la Pléiade). – W. Raible, in: Raible 1972, S. 20–26 und S. 92. – F. Nies, *Salomé,* in: Hinterhäuser 1975, S. 179–189. – E. Leube, *Merlin et la vieille femme,* in: Pabst 1976, S. 79–96. – H. Meter, *Apollinaire und der Futurismus,* Rheinfelden 1977. – M. Poupon, *Sources allemandes d'Apollinaire,* in: La Revue des Lettres Modernes 14, 1978, S. 7–49. – *Apollinaire,* ed. E. Leube und A. Noyer-Weidner, ZfSL Beiheft N. F. 7, 1980. – B. Lecherbonnier, *Apollinaire: Alcools,* 1983.

Diskographie: Vgl. J. Bellas, La Revue des Lettres Modernes, Bd. 2, 1963, S. 170–178. Eine Originalaufnahme des «Pont Mirabeau» findet sich in der Collection Adès: *Apollinaire/Max Jacob.*

2 ZONE (Erstveröffentlichung: *Les Soirées de Paris,* Nr. 11, Dez. 1912, und *Der Sturm,* Nr. 154–155, April 1913; Text: *Œuvres poétiques,* S. 39–44; Ü: J. Hübner, in: *Poetische Werke,* S. 55–63) Als Apollinaire dieses als letztes entstandene Gedicht in die schon ausgedruckten Fahnen der Sammlung *Alcools* aufnahm, klebte er sorgfältig die Buchstaben seines Namens ans Ende, womit er ihm den Charakter einer Einleitung oder eines Manifestes verlieh. Es wurde zum meistkommentierten seiner Gedichte. Traditionelle und modernistische Elemente, lyrisches und prosaisches Sprechen, Lebensangst und Zukunftsglauben mischen sich darin. Der ursprüngliche Titel lautete «Cri» (Schrei). Die Namensänderung in «Zone» entspringt der gleichen Intention wie diejenige von «Eau de vie» zu *Alcools,* nämlich die schockierend ungewohnten, ätzenden Reize der modernen Industriewelt in die Lyrik hereinzuholen. Eine gewisse Priorität hierbei kommt allerdings dem Gedicht «Les Pâques à New York» von Blaise Cendrars zu, das im April 1912 entstanden war. Die beiden Dichter waren befreundet, und Cendrars hatte sein Gedicht bei dem Maler Delaunay, der zahlreiche Eiffelturm-Bilder geschaffen hat, im Beisein Apollinaires gelesen, als «Zone» sich schon in einem fortgeschrittenen Stadium befand. Aus einem erhaltenen Entwurf geht hervor, daß «Zone» ursprünglich wie «Les Pâques à New York» in Zweizeilern abgefaßt war. Apollinaire dürfte diese Anordung abgewandelt haben, um sich von Cendrars etwas mehr abzuheben. Zwar sind wir über den Austausch zwischen beiden nicht im einzelnen informiert, doch kommt er der gleichzeitigen Zusammenarbeit zwischen Picasso und Braque zumindest nahe. – Die für beide Lyriker charakteristische aufgelockerte Form des Alexandriners, in der konstante Silbenzahlen häufig zugunsten sinnbezogener Einheiten aufgegeben oder auch dem *verset,* dem Bibelvers, angenähert sind, haben Vorbilder bei Maeterlinck (*Serres chaudes,* 1889) und Gourmont (*Divertissements,* 1912), außerhalb Frankreichs bei dem Amerikaner Walt Whitman und dem Nicaraguaner Rubén Darío. Ein Beispiel aus «Les Pâques à New York»: «Seigneur, rien n'a changé depuis que vous n'êtes plus Roi, / Le Mal s'est fait une béquille de votre Croix». – Im Titelwort *Zone* (griechisch: ‹Gürtel›) schieben sich verschiedene Bedeutungen ineinander: Vorstadtzone, von einem «zonard», einer Gestalt der Peripherie, einem Außenseiter, durchwandert, einem Dichter, der sein Poem in ganz verschiedenen «Zonen» – Schichten, Ebenen – ansiedelt und ihm mit Anfang und Ende in Paris eine zyklische, eine «Gürtelform» verleiht.

1: *A la fin . . .:* Ein vollkommen klassischer Alexandriner. Das letzte Wort ist dreisilbig zu messen. Eine Entstehungsvariante lautet: [«Je n'ai jamais vécu que dans un monde ancien] Je suis écœuré de vivre en ce monde ancien / L'Europe laide et fardée comme une vieille putain» (*Dossier,* S. 77). – 2 *Bergère . . .:* Man vergleiche mit einem berühmten Bild aus Victor Hugos *Contemplations* (Buch V, 23 «Pasteurs et troupeaux»):

Et, là-bas, devant moi, le vieux gardien pensif
De l'écume, du flot, de l'algue, du récif,

Et des vagues sans trêve, sans fin remuées,
Le pâtre promontoire au chapeau de nuées [...]

Apollinaire findet dasselbe Bild, nur fügt er es viel enger. Ähnlich Valéry in der 11. Strophe des «Cimetière marin»: «Le blanc troupeau de mes tranquilles tombes» (Siehe Band 3, S. 442ff.). Das Neue an diesem bukolischen Bild ist indessen nicht die ‹Engfügung› (die es schon im Barock gab), sondern das provozierende Durchschießen mit einem Element der industriellen Technik, hier sogar mir ihrem Wahrzeichen überhaupt. – 3 *Tu en as assez ...:* Überdruß an den spätklassizistisch-antikisierenden Formen der Jahrhundertwende, wohl einschließlich des Jugendstils. Absage an den Historismus in der Ästhetik. – 5 *La religion ...:* Die Suche nach den Glaubensformen der Kindheit durchzieht Apollinaires Existenz (vgl. u. V. 25f.). – 8 *L'Européen le plus moderne:* Pius X., Papst von 1903 bis 1914, bekämpfte seit 1907 den *Modernismus,* den vor allem in Frankreich betriebenen Versuch, Politik und Rechtsordnung der Kirche an die gewandelten politischen und sozialen Verhältnisse anzupassen, erzwang 1910 sogar den anti-modernistischen Eid von der Priesterschaft. Das Paradox, gerade diesen Papst «modern» zu nennen, zeugt davon, daß Apollinaire keinerlei gesellschaftlichen ‹Standort› kannte, denn natürlich war er alles andere als klerikal. – 10 *D'entrer dans une église:* Vgl. Cendrars: «J'aurais voulu entrer, Seigneur, dans une église». Gerade die einfache, kindliche Religiosität ist, wie so häufig in katholischen Ländern, untrennbar an Kult und Liturgie gebunden (s. u. V 32f.: «Monstranz»). – 11 *Tu lis les prospectus:* unvermittelter Übergang zu einem neuen Aspekt der weltlichen Modernität. «Je crois avoir trouvé dans les prospectus une source d'inspiration», sagte Apollinaire. «Les catalogues, les affiches, les réclames de toutes sortes. Croyez-moi, la poésie de notre époque y est incluse. Je l'en ferai jaillir» (*Dossier,* S. 86). Er zählte zahlreiche Plakatentwerfer zu seinen Freunden. – 12 *Voilà la poésie:* Erneuerung und Ausweitung auf die modernen Medien von Victor Hugos altem Kampfruf: «Tout a droit de cité en poésie». – 13 *Aventures policières:* Apollinaire war eifriger Leser von Kriminalromanen, vor allem der Reihe *Fantomas.* – 15 *Une jolie rue:* Diese fröhlichbunte Industriestraße, die Apollinaire mit dem Auge des Malers sah, könnte die Rue Guersant gewesen sein, unweit des Boulevard Berthier, im 17. Arrondissement, wo er im Sommer 1912 wohnte. – 25 *Voilà la jeune rue:* typische Assoziation oder Modulation der Themen, von der ‹jungen Straße› zur eigenen Jugendzeit. Zur Poesie der Jugend, auch sie eine moderne Entdekkung, hat Apollinaire viel beigesteuert. So positive Erinnerung an eine Internatszeit (im katholischen Collège Saint-Charles in Monaco) ist wiederum ungewöhnlich. – 27 *René Dalize:* Pseudonym für René Dupuy, Pariser Journalist. – 32 *la flamboyante gloire du Christ:* das Ostensorium, die Strahlenmonstranz. – 40–70 *C'est le Christ qui monte:* Nach einer ansprechenden Vermutung Décaudins könnte es sich bei dieser zunächst simpel anmutenden Phantasie um eine Erinnerung an zwei im Museum zu Köln gesehene *Stigmatisierungen des Hl. Franz* von der Hand eines altdeutschen Meisters handeln. Sie zeigen den mit seinem Kreuz zum Himmel emporfliegenden Christus, umgeben von Engeln, die wie Vögel wirken. – 42–43 *Pupille Christ de l'œil:* Christus ist gleichsam das Innerste des Auges der Monstranz, der ‹Augenstern›; im folgenden Vers überlagert sich dieser Gedanke eigentümlich ‹kubistisch› mit dem Gedanken: «Zwanzigstes Jahrhundert, Augenstern der Jahrhunderte, *saeculum saeculorum,* das sogar fliegen kann». Dieses Pathos kontrastiert wiederum mit dem spaßig-umgangssprachlichen *il sait y faire* – «das weiß, wie man's macht». – 46 *Simon Mage:* Simon Magus, nach dem die Simonie, der Ämterkauf, den Namen hat, galt als Erzketzer (Apostelgesch. 8, 9). Eine der Erzählungen aus *L'Hérésiarque et Cie* (1910) ist ihm gewidmet. – 49 *Icare . . .:* Apollinaire reiht hier alle ‹Flieger› des Altertums aneinander: Ikaros, den unvorsichtigen Sohn des Daidalos; Henoch, einen der zehn biblischen Urväter, der in den Himmel entrückt wurde; Elias, den Propheten im Feuerwagen; schließlich Apollonius von Tyana, die legendärste Gestalt, einen neupythagoräischen Prediger des 1. Jahrhunderts, von dem ähnliche Wundertaten im Umlauf waren wie von Jesus von Nazareth, weshalb er im 18. Jahrhundert noch von Atheisten gegen diesen ausgespielt wurde. Die phantastische Biographie des Philostratos, die insbesondere das Ende des Philosophen mit einem Geheimnis umgab, konnte Apollinaire in einer 1862 erschienenen Neuausgabe lesen. So mühelos verbinden sich bei ihm Naivität und Gelehrsamkeit. (In der Erzählung *Le passant de Prague* aus *L'Hérésiarque et Cie* werden dieselben Gestalten, dazu noch Empedokles und der ewige Jude Ahasver, als nie Verstorbene erwähnt.) – Zur Thematik des Fliegens vgl. F. Ph. Ingold, *Literatur und Aviatik, Europäische Flugdichtung 1909–1927,* Basel 1978. – 57 *L'oiseau Roc:* aus *Tausendundeiner Nacht.* – 61 *les pihis longs:* auch diese Phantasievögel sind Lesefrüchte (Näheres *Dossier,* S. 87). – 71 *Maintenant tu marches . . .:* Typische Form des «Simultaneismus», hier noch mit deutlichem Außensignal für den Szenenwechsel, für das Ende der Traumphantasie. Es gab auch hierfür Vorstufen im Symbolismus. – 72 *L'angoisse de l'amour:* Im Hintergrund steht die Liebe zu Marie Laurencin und das im Juni 1912 eingetretene erste Zerwürfnis zwischen ihnen. «Ce poème de fin d'amour», schreibt Apollinaire am 30. Juli 1915 an Madeleine Pagès. «C'était fini, mais tant de temps passé ensemble, tant de souvenirs communs, tout cela s'en allant j'en eus une angoisse que je pris pour de l'amour et je souffris jusqu'au moment de la guerre» (*Tendre comme le souvenir,* 1952, S. 68). – 81 *les femmes sont ensanglantées:* Entstehungsvariante: «J'ai peur de tout leur sang»: Angst und Ekel waren in der Erstfassung noch sehr viel drastischer ausgedrückt. – 92 *Mentonasques, Turbiasques:* meridionale Formen (wie *Bergamasques* bei Verlaine). – 94 *poissons images du Sauveur:* Der Fisch war im frühen Christentum Symbol des Erlösers. – 95 *aux environs de Prague:* Erinnerung an einen Prag-Aufenthalt im Jahre 1902. – 99 *tu te vois dessiné:* Entstehungsvariante: «J'ai vu mon portrait dessiné naturellement dans les agates de Saint-Vit». – 102 *l'horloge du quartier juif:* Die Uhr der Hohen Synagoge trägt hebräische Ziffern und dreht sich gegen den Uhrzeigersinn. Vgl. die genannte Erzählung *Le passant de Prague.* – 105–106 *tchèques / pastèques* und weiter unten *laide / Leyde* u. a.: Vorübergehend übernehmen akrobatische Reime die Entscheidung über die Geographie der Verse, die dadurch unübersetzbar werden. – 113 *chez le juge d'instruction:* Anspielung auf die Ereignisse vom August 1911 (vgl. u. das Gedicht «A la Santé»). – 121 *ces pauvres émigrants:* Aus den Entstehungsvarianten geht hervor, daß es sich um – hauptsächlich jüdische – Auswanderer aus Osteuropa handelt. Apollinaire hatte hinzugefügt: «Et moi en qui se mêle le sang slave et le sang latin / Je regarde ces pauvres Polonais qui rêvent aux jours lointains». – 125 *gagner de l'argent en Argentine:* bitteres Wortspiel. – 127 *un édredon rouge:* Dieses rote Plumeau (das man in Frankreich nicht kennt) wird vom Dichter gleichsam expressionistisch überhöht. – 130 *Rue des Rosiers ou rue des Écouffes:* zwei Querstraßen in dem vor allen von Juden bewohnten Viertel des 4. Arrondissements (Marais). – 135 *Tu es debout:* Die nachfolgenden abgesetzten Einzel- und Doppelverse sind gegenüber der ursprünglichen, ausführlicher erzählenden Fassung stark gekürzt und komprimiert. Sie lassen gleichsam blitzlichtartig wesentliche Szenen des nächtlichen Vagabundierens, einschließlich des Bordellbesuchs, aufleuchten. – 146 *Métive:* ‹métisse›. – 147 *Et tu bois cet alcool:* Die Emblemverse für den Titel des Bandes. – 150 *Tu marches vers Auteuil:* Die Vorfassung sprach vom Aufenthalt in Auteuil noch deutlicher. Er sah sich dort als Jesus zwischen den Schächern: «J'ai vécu à Auteuil pendant près de trois mois / Entre les deux larrons comme Jésus mourut en croix». Der gute Schächer, das sei der Kunsträuber gewesen; der böse Schächer aber . . . eine Frau, eine Lebensräuberin: «Elle m'a pris ma vie, ce fut un vol infâme». – 151 *fétiches d'Océanie:* Apollinaire war beteiligt an der Entdeckung afrikanischer und ozeanischer Kunst, die bekanntlich für die Maler unter seinen Freunden von größter Bedeutung wurde. – 155 *Soleil cou coupé:* berühmt gewordener (und in der Übersetzung sehr gut getroffener) Schluß. Man vergleiche mit den Vorstufen: «Le soleil est là c'est un cou tranché»; «Soleil levant cou tranché».

12 LE PONT MIRABEAU (Erstveröffentlichung: *Les soirées de Paris,* Nr. 1, Febr. 1912; Text: *Œuvres poétiques,* S. 45; Ü: J. Hübner, in: *Poetische Werke,* S. 65) Die Elegie über den Lauf der Liebe, der dem Lauf des Flusses gleicht, zählt zu den bekanntesten lyrischen Schöpfungen überhaupt. Apollinaire hat – in getragenem Ton – seine Verse selbst auf Schallplatte gesprochen. Gleich wie «Zone» seien sie, so schreibt er am 30. Juli 1915 an Madeleine Pagès, «la chanson triste de cette longue liaison brisée» mit Marie Laurencin (vgl. *Tendre comme le souvenir,* 1952, S. 69; dieser Brief berichtet am ausführlichsten über die Entstehungsumstände von *Alcools*). Strophenform und Rhythmus sind von strengem Gleichmaß. Sie sind nicht originell, doch auch nicht allgemein ‹volkstümlich›, vielmehr – wie Mario Roques gesehen hat – eine genaue Nachahmung einer *chanson de toile,* eines Spinnerinnenliedes aus dem 12. Jahrhundert, das Apollinaire in einem altfranzösischen Lesebuch gefunden hatte. Die erste der vier Strophen dieses Liedes sei wiedergegeben:

Le samedi al soir faut la semaine:
Gaiete et Orior, serors germaines,
Main a main vont baignier a la fontaine.
Vente l'ore et li raim crollent
Qui s'entraiment soef dorment!

(G. Paris/E. Langlois, *Chrestomathie du Moyen Age,* 1912, S. 278. – «Samstags zu Abend geht die Woche zu Ende, / Gayette und Oriour, Zwillingsschwestern, / gehen Hand in Hand sich an der Quelle baden. / Es bläst der Wind und die Zweige wiegen sich. / Die sich lieben, schlafen sanft.») In der Erstfassung der *Soirées de Paris* waren die Strophen noch in drei Zehnsilbern angeordnet:

Sous le pont Mirabeau coule la Seine.
Et nos amours, faut-il qu'il m'en souvienne?
La joie venait toujours après la peine.

Die rhythmische Ähnlichkeit des Refrains – Siebensilber mit vier Betonungen – ist unverkennbar. Der Zehnsilber, mit seiner Zäsur nach der vierten oder der sechsten Silbe, war seit dem 16. Jahrhundert archaisch geworden. Apollinaire nimmt ihn auf (ebenso wie Valéry im «Cimetière Marin»), unterteilt jedoch den jeweils zweiten Vers in einen Vier- und einen Sechssilber, so daß die Strophe wie etwas Neues wirkt. Einen kleinen Beweis für diese Zusammenhänge verdanken wir ebenfalls Mario Roques (*Neophilologus,* 31, 1946, S. 134), die Schlußstrophe des Gedichts «Marie» *(Alcools):*

Je passais au bord de la Seine
Un livre ancien sous le bras
Le fleuve est pareil à ma peine
Il s'écoule et ne tarit pas
Quand donc finira la semaine

Der letzte Vers bekommt nur durch den altfranzösischen Text Sinn.

1 *Sous le pont Mirabeau:* eine gänzlich unpoetische Brücke flußabwärts Richtung Auteuil gelegen. – 5 Dieser Vers war ursprünglich für ein ganz anderes Werk ‹komponiert›, nämlich für eine – Fragment gebliebene – Klage aus der Untersuchungshaft im Santé-Gefängnis (s. u.). – 6 *Les mains dans les mains:* Diese Strophe ist als Erinnerung oder als Vision aufzufassen. – 8 *Des éternels regards l'onde si lasse:* Die Inversion – «die Welle, der ewigen Blicke so müde» – ist ein Stilzug der klassischen Sprache, nicht etwa der des 12. Jahrhunderts. Hübners Übersetzung ist zwar insgesamt nicht befriedigend, indessen besitzen wir keine bessere. – 12–13 *vie est lente / violente:* Man kann diesen Reim als einen «äquivoken» (oder paronomastischen oder auch überreichen) Reim auffassen, wie er bei altfranzösischen Dichtern beliebt war. In jedem Fall gewinnt ihm Apollinaire eine starke Spannung von Laut und Sinn ab.

14 LA CHANSON DU MAL-AIMÉ (Erstveröffentlichung: *Mercure de France* Nr. 285, 1. 5. 1909; Text: *Œuvres poétiques,* S. 46–59; Ü: L. Klünner, in: *Poetische Werke,* S. 67–83) Das persönlichste und zugleich formvollendetste Werk Apollinaires. Elegisch klagende Erzählung in Achtsilbern (dem traditionellen

Erzählvers) von der enttäuschten Liebe zu Annie Playden (biographische Einzelheiten im *Dossier,* S. 99), in 46 gleichmäßig gebauten und gereimten Strophen; dazu eine Art ‹einleitende Notiz› als Exordium und drei poetische, aber erzählerisch vorbereitete Einlagen: ein werbendes Frühlingslied, ein grimmig-satirischer, Kosaken in den Mund gelegter Temperamentsausbruch und ein hintersinnig-gelehrtes, mystisch-erotisches Marienkultbild. Das symmetrische Reimschema ababa der insgesamt sechzig Fünfzeiler (einige wenige Reime sind assonantisch) findet sich in der Tradition der *quintils* äußerst selten; andererseits hat Apollinaire das Gesetz des abwechselnden Reimgeschlechts männlich/weiblich hier sogar in der (erst seit J. B. Rousseau üblichen) Ausdehnung auf die Strophen befolgt: *honte / garçon.* Die in allen Teilen vorzügliche Übersetzung L. Klünners hat auch dieses Formmerkmal übernommen (vgl. besonders: Cl. Morhange-Bégué, Bibl. des lettres modernes, 1970/1983. – La Revue des Lettres Modernes, 16, 1983).

Titel: Mit *du mal-aimé,* von Apollinaire als Gegenbildung zu ‹le bien-aimé› (der Vielgeliebte) gewagt, wird sogleich der besondere – an Heine erinnernde – poetische Zwischenton zwischen Innigkeit und Spott angeschlagen, der das Gedicht kennzeichnet. – *Widmungsstrophe:* Als einflußreicher Journalist und Chronist hatte Paul Léautaud (1872–1956) Apollinaires Gedicht zur Veröffentlichung gebracht. In seinem umfangreichen *Journal littéraire* (erschienen 1954–1966) ist davon allerdings nicht die Rede. – *1903* (natürlich vier von acht Silben): Die Widmung ist sechs Jahre nach dem Gedicht geschrieben, als Apollinaires Liebe – der «schöne Phönix» – bereits Marie Laurencin galt. – *à la semblance:* archaisch für ‹nach dem Bilde›, ‹ähnlich›. Ähnlichkeit wird ein Leitthema des Gedichts sein.

Str. 1: *Un soir de demi-brume à Londres:* Ein Londoner Abend im «Halbnebel» ganz ähnlich bei Verlaine: «Dans le demi-brouillard où flue un goût de rhum» («There», 1881, aus *Amour*); wie in Str. 4 dringt auch in Verlaines Phantasie grelles Rot durch den Nebel: «Autour de mon esprit un regret rouge et noir». – Das Versmaß und das Thema der Begegnung erinnern indessen noch stärker an Mussets «La nuit de décembre» (1835):

Du temps que j'étais écolier,
Je restais un soir à veiller
Dans notre salle solitaire.
Devant ma table vint s'assoir
Un pauvre enfant vêtu de noir,
Qui me ressemblait comme un frère.

Apollinaire schätzte Musset, hat auch manches mit ihm gemein; das Gedicht «Souvenir» (an George Sand, 1841) ist thematisch verwandt; Lamartines «Adieux à la poésie» allerdings, in dem man eine ‹Quelle› erblicken wollte, gehört – nicht zuletzt rhythmisch – zu den Antipoden. – *ressemblait à / Mon amour:* Der ungewöhnliche Zeilensprung mit unbetontem, einsilbigem Wort am Versende mimt gauklerhaft-spöttisch Täuschung und Enttäuschung des Liebenden. Man glaubt lesen zu können: «Un soir de demi-brume à Londres ... Mon amour vint à ma rencontre», und V. 2 erscheint gleichsam ironisch in Klammern gesetzt.

Str. 2: *semblions:* zweisilbig (Synhärese). – *Onde ouverte de la mer Rouge:* Parenthese, bezogen auf *entre les maisons.* – *moi Pharaon:* erstes Glied einer längeren Assoziationskette mythischer Gestalten, mit denen der Sprechende sich abwechselnd identifiziert.

Str. 3: *Que tombent* ...: Heraustreten aus der ‹Erzählung›, zugunsten einer Beteuerung oder Verwünschung in unbestimmter Gegenwart. – *vagues de briques:* die Londoner Backsteinhäuser, assoziiert mit den zurückgedrängten Fluten des Roten Meeres, gemäß der vorigen Strophe.

Str. 4–5: Neuerliches Genarrtwerden durch Ähnlichkeit, überlagert von einer komplizierten Assoziation roter Häuserfronten mit einer (bei Apollinaire häufigen) Blutphantasie. Dadurch mag sich – zum Teil – der höchst ungewöhnliche identische Reim *façades* erklären. – *C'était son regard ... à son cou nu:* Parenthese im Hauptsatz «Au tournant d'une rue ... une femme ... sortit». – *son regard d'inhumaine:* im Sinne traditioneller Liebessprache, also «der Blick der Spröden», was mit «Narbe» und «Taverne» um so heftiger kontrastiert.

Str. 6–8: Zwei mythisch-literarische Beispiele für die Treue der Frau, Penelope und Sakuntala, letztere aus Kalidasas gleichnamigem Werk der klassischen indischen Literatur, das seit dem 18. Jahrhundert in Europa verbreitet war. – *ces rois heureux:* Odysseus und Dusyanta. – *le faux amour:* die trügerische Liebe.

Str. 9–12: Das Thema der Erinnerung, oder besser des versuchten Vergessens. – *Regrets:* nicht «Reue» (worüber?), sondern «Sehnsucht», «Vermissen», und dann mit Wortspiel: «worauf die Hölle (der Erinnerung) sich gründet», wie die (traditionelle) Hölle auf die Gewissensbisse. – *les pauvres fameux:* sehr bänkelsängerhaft, mit freundlicher Ironie, «ach die lieben Mächtigen». – *les quarante de Sébaste:* Im Jahre 320 legte man in der Nähe der armenischen Stadt Sebastè vierzig Glaubenszeugen nackt aufs Eis. Wer abschwor, durfte in eine warme Quelle in der Nähe springen. Ein einziger tat es und kam dabei um. Der Wächter, vom Glauben ergriffen, legte sich an seine Stelle. Tag der Heiligen: 9. März. Stilfigur: Hyperbel. – *L'année dernière en Allemagne:* Die Chronologie ist unwichtig, aber nicht unrichtig: tatsächlich hatte Annie Playden in Neu-Glück bei Oberpleis ihren Liebhaber seit 1902 endgültig verstoßen. Der poetische Zauber dieser Formel aber hat sich erhalten (noch bis zu Resnais' *L'année dernière à Marienbad*).

Str. 13: *Voie lactée* ... Diese Strophe, die die Anrufung der Milchstraße mit der Evokation der Milchströme im Gelobten Land zu einer großen erotischen Phantasie verbindet, gehört zu Apollinaires reinsten dichterischen Schöpfungen. Vorfassungen unterrichten uns indessen darüber, daß sie sich aus ganz anderen Anfängen entwickelt hat:

Voie lactée ô sœur lumineuse
Le cher Amour je l'ai perdu

Dans une forêt d'Allemagne
Il gît sanglant le cou tordu
Derrière les Sept Montagnes [Siebengebirge bei Honnef]

Aubade chantée à Laetare un an passé, Str. 15–17: Diese erste Einlage, ein «Morgenständchen» (prov. «albada»), dessen heidnisch-lockerer Ton mit dem elegischen des Hauptteils kontrastiert, ist ein vielfältiges *pastiche* älterer Stile. Sie ist jedoch zumindest insoweit ehrlich, als sie tatsächlich bereits früher, in glücklicheren Zeiten, geschrieben worden war. Virtuos macht Apollinaire Anleihen im Mittelalter *(feuillolent),* bei Ronsard («Pâquette, au bois joli»), im lasziven Rokoko («De beaux dieux roses») und bei den *Chansons des rues et des bois* von Victor Hugo (1865; etwa die Umdeutung des *Laetare,* des vierten Sonntags der Fastenzeit, an dem *rosa* getragen werden darf, in ein heidnisch-«panisches» Frühlingsfest). Mit den Hühnern und Fröschen mischt sich noch eine Prise fröhlichen Humors dazu.

Str. 18, *Beaucoup de ces dieux:* Wiederaufnahme des elegischen Tons, zunächst in Form einer halb naiven, halb gelehrt-synkretistischen Klage über den Tod der Götter. – *Le grand Pan:* der berühmte Ruf: «Der große Pan ist tot», den Seeleute in der Antike gehört haben wollen (Plutarch, *Moralia, De defectu oraculorum* 419 B, und Rabelais, *Quart Livre,* Kap. 28).

Str. 19: Die Strophe des lyrischen Gesangs über sich selbst, daher auch als Abschlußstrophe wiederholt (59). *Lai, complainte, hymnes, romance, chanson:* traditionelle, zumeist mittelalterliche Liedformen. – *esclave aux murènes:* den Muränen (Raubfischen) zum Fraß vorgeworfener Sklave.

Str. 20, *la femme de Mausole:* Der Dichter baut ein «Mausoleum» für seine «tote Liebe», wie jene Artemisia für ihren Gatten und Bruder, den kleinasiatischen König Mausolos in Halikarnass.

Str. 21–23: Apollinaires stets unvorhersehbare Phantasie illustriert die Treue an drei weiteren Beispielen: Hund und Herr, Ranke und Stamm, Kosaken und Steppe, bzw. Christentum. Über dem letzten Glied gerät die Logik ein wenig ins Gleiten, und der Akzent verlagert sich auf die Beschimpfung eines, der einem etwas Unzumutbares angetan hat.

Réponse des Cosaques Zaporogues, Str. 24–26: Die zweite Einlage nach der *Aubade* verfolgt psychologisch den Zweck der Befreiung durch Schimpfen und bedient sich als Vehikel dazu einer in Rußland berühmten Szene, der Abfassung eines groben Briefes ukrainischer Kosaken an den Sultan Mohammed V. von Istanbul, der diese im 17. Jahrhundert unter den Halbmond zwingen wollte. Die Ausfälligkeiten orientieren sich sehr eng an einem tatsächlich existierenden russischen Wortlaut, von dem allerdings unklar ist, wie Apollinaire ihn gekannt haben sollte. Mit Sicherheit kannte er ein Bild des realistischen Malers Ilja Repin, der die Gruppe der lachenden Kosaken Ende des vorigen Jahrhunderts in mehreren Versionen populär gemacht hatte. – *Bourreau de Podolie:* der Westteil der Ukraine, den die Türken heimgesucht hatten.

Str. 27, *Voie lactée* . . .: Wiederholung der Str. 13, in heftigstem Kontrast zur Derbheit der Kosakenantwort und zur Plattheit der folgenden Strophe (dritte Wiederholung in Str. 49).

Str. 30, *Mais en vérité* . . .: Immer nach dem Gesetz von Kontrast und Überraschung ist diese Strophe ganz «im Volkston» gehalten *(le pont des Reviens-t'en)*, die folgenden wieder mit stark gelehrtem Einschlag.

Str. 31, *O mes tonneaux des Danaïdes:* «Herz» und «Kopf» sind wie das Faß der Danaiden: ohne Boden.

Str. 32, *ma Désirade:* preziöses Spiel (Antonomasie) mit dem Namen einer Antilleninsel: «désir» + «rade».

Str. 33, *pyraustes:* Schmetterlinge. – *égypans:* bocksfüßige Satyren. – *faustes:* Archaismus; von lat. «faustus» – «glücklich». – *comme à Calais:* Die Stadt wurde 1347 vom englischen König gezwungen, sechs Geiseln zu stellen. *Die Bürger von Calais,* in Frankreich bekannt durch die Skulptur von Rodin (1884), in Deutschland durch das Drama von Georg Kaiser (1917). – *holocauste:* eigentlich «Brandopfer»; hier etwa «Feuerqual».

Str. 34, *Douleur qui doubles les destins:* Die Trennung spaltet (oder verdoppelt) das Lebensschicksal, in eine jungfräuliche Seele, symbolisiert durch das Einhorn, und einen «unsicheren», der Sexualität ausgelieferten Körper, symbolisiert durch den Steinbock. – *ô bûcher divin:* Der «göttliche Scheiterhaufen», der «Holokaust» sind Ausdrücke des Zeitstils, auch Valéry etwa benützt «offrande», «bûcher» in psychodramatischen Zusammenhängen.

Str. 35, *dieu pâle aux yeux d'ivoire:* «Schmerz», «Unglück», in älterer Dichtung oft Allegorien, werden hier sogar zu Göttern, bleichen Idolen mit erbarmungslosem Blick.

Str. 36–37: Ein Höhepunkt des Gedichts, die dramatische Anrufung des Schattens, symbolistisch verstanden als das Zeichen des Todes, mit einer biblischen Konnotation *(ô mon vieux serpent).* Sehr ähnlich in Valérys «La Jeune Parque»:

> Si ce n'est, ô Splendeur qu'à mes pieds l'Ennemie
> Mon ombre! la mobile et la souple momie,
> De mon absence peinte effleurait sans effort
> La terre où je fuyais cette légère mort.

Str. 38–40, *L'hiver est mort:* Das traditionelle Thema – im wiederkehrenden Lenz ist der unglücklich Liebende doppelt unglücklich – erfährt eine dreifache, humorvolle Variation: in der ersten Strophe naiv, in der zweiten gelehrt, in der dritten buffonesk. – *tout enneigé:* Eine willentlich kindliche Vorstellung: «Ganz zugeschneit ist der Winter gestorben». – *les ruches blanches:* Einige Kommentatoren denken an «Bienenstöcke», die man ausgeräuchert hätte; «Rüschen», die weggeschmolzen sind, ist wohl ein näherliegendes Bild. – *argyraspides:* Das griechische Wort bedeutet «Silberschilde» und wurde zur Bezeichnung der Leibgarde Alexanders des Großen verwendet. Im folgenden Vers wird der gelehrte Aufwand erklärt und ironisiert: «So unangreifbar schien der Winter». – *dendrophores:* «Baumträger». Apollinaire konnte das

Wort in einer Schrift des Religionshistorikers Ernest Renan über Mark Aurel gelesen haben (1881, S. 569). Es bezeichnete die Mitglieder eines Priesterkollegiums, die zu Ehren der Großen Mutter Kybele Umzüge mit Zweigen oder Bäumen vornahmen. – *cul de dame damascène:* Auf die sehr gesuchten folgen jäh die sehr derben und kalauernden Ausdrücke. – Str. 41, *Sans morfil:* Ohne Grat (Rückstand vom Schleifen), also «sehr scharf».

Les Sept Épees: Die dritte Einlage, nach der *Aubade* und den *Saporoger Kosaken,* ist die geheimnisvollste und wunderlichste. Das Intermedium der *Sieben Schwerter* – so viel ist gesichert – geht aus von einem Element des Marienkults. Analog zu den Sieben Freuden Marias entstand im Spätmittelalter die Folge der Sieben Schmerzen Marias. In Anlehnung an Lukas 2, 35: «Es wird ein Schwert durch deine Seele dringen» wurden diese häufig durch sieben in der Brust steckende Schwerter symbolisiert. Ende des 15. Jhs. tritt das Motiv in der bildenden Kunst auf, 1509 zum ersten Mal in fächerförmiger Anordnung, wie im 19. Jahrhundert auf frommen Bildchen häufig. Apollinaire war es aus seiner Kindheit in Südfrankreich vertraut; außerdem konnte er in der Zeitschrift *Mélusine* (VI, 1892, S. 126–138) eine Abhandlung von H. Gaidoz gelesen haben, die es von dem Kult der Göttin Istar herleitete. Darüber hinaus hatte es bei Baudelaire, Leconte de Lisle und Laforgue Eingang in die Dichtung gefunden. Im Zusammenhang der Liebesklage verleiht Apollinaire ihm jedoch – auch dies ist unumstritten – einen erotischen Hintersinn. Hierin hat er teil an einer Gefühlslage des Fin-de-Siècle, in der sich die Anhängerschaft des «dekadenten Wagnerismus» mit derjenigen des Marquis de Sade zusammenfand. Was sich hinter den bedeutungsschwangeren Namen Noubosse, Bé-Rieux oder Malourène im einzelnen verbirgt, wissen wir nicht. Die zahlreichen Vermutungen der Kommentatoren können hier unerwähnt bleiben. Der in der dritten Strophe genannte Name *Lul de Faltenin* dürfte den Sprechenden selbst meinen, oder enger, sein männliches Organ. Er ist auch Titel eines in derselben Strophenform wie «La chanson du mal-aimé» geschriebenen Gedichts von 1907. Mag die kryptische Ausdrucksweise stören, so hat es mit der sadistisch-blasphemischen Phantasieanspannung des Verschmähten doch seine Richtigkeit im Gesamtablauf der Liebesklage. Es ist Rache des Überreizten, keine schwüle Laszivität.

Str. 49, *Voie lactée . . .:* Der zum dritten Mal auftretenden Refrainstrophe kommt ähnlich wie oben, nach dem Kosakenbrief, eine Orientierungsaufgabe zu.

Str. 50–54, *Les démons du hasard:* Die Elegie weitet sich kurz zu einer Meditation über die großen Themen des 19. Jahrhunderts, Schicksal, Zufall, Teufelsmacht, um sich sodann, angeregt durch das Bild der «toten Schwimmer» aus der vorigen Strophe, der legendären Gestalt Ludwigs II. zuzuwenden, in dem der Sprechende einen «schlecht geliebten» Leidensgefährten sieht, die letzte seiner herrscherlichen Identifikationsfiguren seit dem «Pharao» der Strophe 2. – *Luitpold:* In einer andekdotischen Notiz zum 90. Geburtstag des bayerischen Prinzregenten schrieb Apollinaire am 1. April 1911 im *Mercure de France:* «J'ai eu l'occasion de voir ce tuteur de deux rois fous» (seiner beiden Neffen Ludwig und Otto). – *barcarols:* muß die Bedeutung «Ruderer» haben und ist wohl um der doppelten *figura etymologica* willen geschaffen: *château / châteleine, barque / barcarols.* Zu lesen ist: *La barque ... voguait; cygne mourant* und *sirène* sind Appositionen zu *barque* (mit Anspielung auf das Schwanenschiff Ludwigs II.).

Str. 55–59, *Juin ton soleil ...:* Der Schluß der «Romanze» führt uns dorthin, wo sie «eigentlich» ihren Ausgangspunkt hat, nach Paris. Es sind die gleichen «errances», die Irrungen durch das gleichermaßen schon modernisierte, elektrifizierte Paris wie neun Jahre später in *Zone.* – *ardente lyre:* Der Eingang indessen wird um des Kontrastes willen noch einmal mit einer mythologischen Anspielung nach Art der Barockdichtung bewerkstelligt Apollo, Sonnengott und Gott der Dichtung, versengt die «schmerzenden Finger» dessen, der sich an der Leier wundgespielt hat (Góngora hätte eine solche «konzeptistische» Fügung gelobt). – *Les dimanches s'y éternisent:* ein Thema Laforgues. – *Les tramways feux verts sur l'échine:* vielleicht die Funken, die vom Draht auf den «Rücken» der Wagen sprühen, welche dadurch mit Tieren verglichen werden (ähnlich *Zone,* V. 72: *des troupeaux d'autobus).* – *Musiquent au long des portées De rails leur folie de machines:* erneut eine kühne Bildverschränkung, diesmal mit einem modernen Element: die Schienen der Tram werden mit den parallelen Linien eines musikalischen Notensystems (portée) verglichen, auf dem die Wagen ihre «Maschinentollheit» niederschreiben. «Musiquer» ist ein witziger Neologismus Apollinaires im Sinne von «in Musik setzen». – *siphons enrhumés:* Siphon ist das in jenen Jahren erfundene Druckgefäß für Mineralwasser; es ist «erkältet», weil es sozusagen «aus der Nase spritzt» («Un siphon éternue» findet sich auch bei Cendrars). – *vêtus d'un pagne:* «mit einem Lendenschurz bekleidet». Gemeint ist die knappe Schürze der Pariser Kellner. Die Aufzählung «Zigeunersänger, Siphons, Kellner», die alle der verlorenen Angebeteten ihre Liebe entgegenschreien, ist von einer verzweifelt-komischen Erotik. – In einer Vorfassung der Schlußstrophen findet sich bereits die Titelmetapher *Alkohol:*

> Voyages dans l'alcool mauvais
> Des ampoules des villes saoules
> Aux nuits qu'un deuil d'astres revêt

(«Reisen im schlechten Alkohol / der Glühlampen betrunkener Städte, / in den Nächten, welche Trauer über die (nicht mehr erkennbaren) Sterne bedeckt»).

34 Les Colchiques (Erstveröffentlichung: *La Phalange,* Nr. 17, 15. 11. 1907; Text: *Œuvres poétiques,* S. 60; Ü: P. Celan, *Gesammelte Werke,* IV, S. 793; spezielle Literatur: H.-J. Lope, in: Hinterhäuser 1975, S. 189–198) Die Vorfassung von 1907 und eine weitere von 1911 sind noch mit Satzzeichen versehen; die erstere trägt den Zusatz: «Neu-Glück 1902», die letztere «Neu-Glück 1901». – Da Celans Neuschöpfung sich von der Vorlage im eng ver-

standenen ‹wörtlichen› Sinne weit entfernt, sei hier eine Interlinearversion als Verständnishilfe beigegeben (interpungiert in Anlehnung an die Vorfassungen):

Die Wiese ist giftig, aber hübsch im Herbst.
Die Kühe, die dort weiden,
Vergiften sich langsam.
Die augenring- und fliederfarbene Zeitlose
Blüht dort. Deine Augen sind wie diese Blume dort,
Bläulich-rot wie ihre Augenringe und wie dieser Herbst,
Und mein Leben vergiftet sich langsam um deiner Augen willen.

Die Kinder kommen aus der Schule mit Getöse,
Sie tragen lange Jacken und spielen Mundharmonika.
Sie pflücken die Herbstzeitlosen, die wie Mütter sind,
Welche Töchter ihrer Töchter sind, und die die Farbe deiner Lider haben,
Welche flattern, wie die Blumen im tollen Wind flattern.

Der Hüter der Herde singt ganz sacht,
Während langsam und brüllend die Kühe für immer
Diese große, vom Herbst zu schlechter Blüte gebrachte Wiese verlassen.

Eine andere, gebundene Übertragung ist diejenige von Peter Gan (*Merkur,* VI, 1952, S. 911):

Die Herbstzeitlosen

Die Wiese ist im Herbst bedenklich bunt und schön,
auf der die Kühe, sanft vergiftet, sich ergehn.
Die Herbstzeitlosen, blau und blaß wie Flieder und
wie Augenringe, blühn hier herbstlich bunt im Rund.
Und deine Augen sind, wie diese Blumen sind;
mein Leben trinkt das Gift, das sanft aus ihnen rinnt.

Schulkinder spielen hier in buntbestickten Röcken:
ein Teil Harmonika, ein andrer Teil Verstecken.
Eins pflückt die Blumen still, die sich so rar vermehren
wie Mütter, die die Töchter ihrer Töchter wären.
Wie Wimpern winken sie im Winde ohne Sinn.

Der Hirt der Herde singt ganz leise vor sich hin,
dieweil die Kühe sanft und brüllend heimwärts ziehn.
Leer liegt die Wiese, wo die bösen Blumen blühn.

Titel: Die ‹Zeitlose› (nicht zur richtigen Zeit blühende Blume) ist allenthalben mit einer Aura abseitiger Verworfenheit umgeben. Griech. ‹kolchikón› leitet sich von Kolchis am Ostufer des Schwarzen Meeres her, das den Griechen als Land der Reichtümer und Gifte galt und die Heimat der Giftmischerin Medea war. Da die Blume zur Herbstzeit ohne Blätter blüht, wird sie im Volksmund auch ‹Nackte Jungfer› oder ‹Nackte Hure› (engl. ‹naked lady›) genannt. – 2 *Les vaches y paissant:* In den Vorfassungen waren die Verse 2 und 3 noch in einem Alexandriner vereint (ähnlich wie beim Gedicht «Le Pont Mirabeau», s. o). – 5 *Y fleurit:* sehr starkes Rejet, das dem Vers einen vieldeutig schwankenden Rhythmus verleiht. – 9 *hoquetons:* ursprünglich ein gestickter Amtsrock der Gerichtsdiener, aus Baumwolle (vom selben arabischen Wort stammend wie ‹coton›, ‹Kattun›). – 10–11 *mères Filles de leurs filles:* möglicherweise Variante eines älteren Namens der Zeitlose, ‹filius ante patrem›, im Sinne von ‹die Frucht vor der Blüte tragend›, nämlich im Frühjahr. – 13 *Le gardien du troupeau chante tout doucement:* Variante: «chantonne en allemand».

36 L'Adieu (Erstveröffentlichung: *Le Festin d'Ésope,* Nr. 2, Dezember 1903; Text *Œuvres poétiques,* S. 85; Ü: P. Celan, *Gesammelte Werke,* IV, S. 791) Ursprünglich Bestandteil des Gedichts «La Clef» (*Œuvres poétiques,* S. 553), hat sich dieser Fünfzeiler verselbständigt und über einige Zwischenstufen zu einer in sich geschlossenen lyrischen Kostbarkeit entwickelt. Die Fassung von 1903 lautete:

«J'ai cueilli ce brin de bruyère.
Mets-le sur ton cœur plus longtemps
Nous ne nous verrons plus sur terre.»
«J'ai mis sur mon cœur la bruyère,
Et souviens-toi que je t'attends.»

2 *L'automne est morte:* Im 19. Jahrhundert war *automne* bisweilen auch Femininum.

36 Nuit rhénane (Erstveröffentlichung: 1911; Text: *Œuvres poétiques,* S. 111; Ü: J. Hübner, *Poetische Werke,* S. 157) Erstes aus der Gruppe von neun «Rhénanes» (Rheingedichten), die Apollinaire selbst auf September 1901 – Mai 1902 datierte und in denen sich die bekannten, auch ihm schon aus Heine und Victor Hugo vertrauten Volkssagen des Rheinlands mit dem persönlichen Empfinden zu origineller Synthese verbinden. In «Nuit rhénane» soll das unheimliche Lied der Rheinschiffer vom Gesang der Zechenden übertönt werden; doch Trunkenheit, Spuk, Angst und nervöse Anfälligkeit bündeln sich im zitternden Funkeln des zerbrechenden Glases. Man hat mit Recht gesagt, daß der Wein in diesem Glas eigentlich schon «Alkohol» sei. Der eigenwillige Rhythmus vor allem des 2., 3. und 10. Alexandriners und die gleichsam grelle, spröde Lautung des letzten Verses dürften für jede Übersetzung unerreichbar bleiben. – 2 *la chanson lente d'un batelier:* Es dürfte sich um die Ursprungslegende der sieben Felsenriffe bei Oberwesel handeln, die «Sieben Schwestern» oder «Sieben Jungfrauen», die ihre Freier verspotteten und «zur Strafe» dafür im Rhein ertranken (vgl. G. P. Gath, *Rheinische Sagen,* Köln 1943, S. 141, und F. J. Kiefer, *Rheinsagen,* München o. J., S. 143). – 10 *Tout l'or des nuits tombe en tremblant s'y refléter:* Der zäsurlose Vers weist auch

eine schwer zu klärende, ‹flimmernde› Syntax auf. – 11 *à en râle-mourir:* eigenwillige Bildung. – 12 *qui incantent l'été:* ‹die den Sommer behexen› oder vielleicht besser: ‹die (einen) sommers behexen›.

36 LA DAME (Erstveröffentlichung: *Le Festin d'Ésope,* Nr. 2, Dezember 1903; Text: *Œuvres poétiques,* S. 127; Ü: J. Hübner, *Poetische Werke,* S. 177) In gleicher Weise wie das Gedicht «L'adieu» (s. o.) war auch diese kleine Szene ursprünglich Bestandteil von «La Clef» (*Œuvres poétiques,* S. 553), bevor sie durch Umarbeitung einen geschlossenen Charakter gewann. Die Fassung von 1903 trug den Titel «Le Retour» und lautete:

Toc, toc . . . «Il a fermé sa porte.
Les lys du jardin sont flétris . . .
Quel est donc ce mort qu'on emporte?»
– «Tu viens de toquer à sa porte.»
– «Et je suis veuve, aux pieds meurtris».

Bei der Umformung des Schlusses dürfte eine Reminiszenz an «Impression fausse» von Verlaine eine Rolle gespielt haben (vgl. Band 3, S. 106f.)

Dame souris trotte,
Noire dans le gris du soir,
Dame souris trotte
Grise dans le noir.

38 A LA SANTÉ (Aus: *Alcools;* Text: *Œuvres poétiques,* S. 140; Ü: J. Hübner, *Poetische Werke,* S. 187) Erstes von sechs Gedichten aus Anlaß von Apollinaires Untersuchungshaft im Gefängnis La Santé, vom 7. bis 11. September 1911. Nach dem Verschwinden der «Mona Lisa» aus dem Louvre im August des Jahres fanden auch kleinere Diebstähle öffentliche Beachtung. Ein gewisser Géry Pieret hatte solche begangen und unter anderem auch Picasso zwei Statuetten überbracht. Der Versuch, sie anonym zurückzugeben, mißlang. Da Pieret Freund und Sekretär Apollinaires gewesen war, wurde dieser in die Affäre verwickelt und der Hehlerei bezichtigt. Obwohl das Verfahren nach fünf Tagen niedergeschlagen wurde, war Apollinaire von dem Vorfall doch sehr heftig getroffen. – In die Dichtungen aus dem Gefängnis mischen sich nicht wenige Reminiszenzen an Verlaines Gefängnisgedichte (Näheres bei M.-J. Durry, I, 173f.).

38 O MA JEUNESSE ABANDONNÉE (Erstveröffentlichung: 1917; Text: *Œuvres poétiques,* S. 162; Ü: L. Klünner, *Poetische Werke,* S. 209) Letztes von sechs Gedichten, die unter dem Titel *Vitam impendere amori* (einer Abwandlung von Rousseaus – auf Juvenal zurückgehender – Devise «Vitam impendere vero») erschienen sind. Durchgängig in der gleichen Strophenform *(quatrain)* geschrieben, sind sie von großer melancholischer Schönheit. Der Clown ist – insbesondere als Selbstbildnis des Künstlers – ein der Dichtung und der Malerei der Zeit gemeinsames häufiges Motiv.

Blaise Cendrars

La Chaux-de-Fonds 1. 9. 1887 – Paris 21. 1. 1961

Henri Michaux, der selber viel gereist war, schrieb über Dichter und Reisen: «Les poètes voyagent, mais l'aventure du voyage ne les possède pas. Il y a pourtant une mémorable exception: ce fut Cendrars. Lui et ses poèmes avaient le voyage dans le ventre». – In der Tat scheint Cendrars' Werk aus seinem Vagabundendasein hervorzugehen. «Ich war immer unterwegs», schrieb er. Über seinen «verbalen Photographien», seinem «inventaire cumulatif du globe» ist seine lyrische Geschlossenheit, das «intérieur de l'extérieur», nicht leicht zu entdecken. Auch mag er dem Mißverständnis der Gegenwart Vorschub geleistet haben, das bloße «Anhäufen von Inventar» sei schon Dichtung. Nicht jeder indessen weist die eigentümliche «Mischung von Seele und Photographie» auf, die Paul Morand bei ihm fand. Reisen alleine schafft keine Dichtung, man muß sie schon vorher «im Bauch» gehabt haben. Die Vorstellung vom Reisedichter ist denn auch zu einem guten Teil falsch, und erst wenn man sich von ihr losmacht, hat man eine Chance, Cendrars richtig zu verstehen. Viele seiner Reisen waren rein oder überwiegend imaginär, sein eigentliches Abenteuer war das des Wortes, und die «simultan» auftretenden Weltelemente sind nur schnell wechselnde Korrelate einer inneren Unruhe. Sein eigenes Leben hat er in halb-biographischen Werken oft sehr phantastisch dargestellt, und viele seiner Biographen sind ihm darin sehr unkritisch gefolgt.

Die Mutter des als Frédéric Louis Sauser im Schweizer Jura (wenige Häuser von Le Corbusier entfernt) geborenen Kaufmannssohns war keine «Schottin», sondern Deutschschweizerin. Er ist auch nicht mit fünfzehn Jahren, um dem Elternhaus zu entfliehen, aus dem fünften Stockwerk geklettert, sondern wurde mit siebzehn Jahren nach dem Besuch eines Basler Gymnasiums vom Vater zu einem in Petersburg niedergelassenen Schweizer Juwelier geschickt, was gar nichts Ungewöhnliches war. Zwar wurde er von einem kauzigen Warschauer Juden ins Leben eingeführt, erlebte wohl auch 1905 einiges vom Petersburger «Blutsonntag» und den Moskauer Dezemberaufständen mit, doch für die große Durchquerung Sibiriens mit der Bahn, wie sie später in seinem berühmtesten Werk «Prose du Transsibérien» suggeriert wird, gibt es keinerlei Belege. Was den Zwanzigjährigen zum ruhelosen Wanderer macht, ist die Enttäuschung, die ihn bei der Heimkehr erwartet: Zerwürfnis der Eltern, Trunksucht des Vaters, Enge des Milieus, vor allem aber die kurz darauf eintreffende Nachricht, daß Hélène, seine Petersburger Geliebte, bei lebendigem Leibe verbrannt ist. Was ihn zum Dichter macht, ist zum einen die Lektüre von Walt Whitman und Rémy de Gourmont (und ungezählter anderer Autoren), zum anderen die Notwendigkeit, sich bei heftiger Abneigung gegen jeden Brotberuf durchs Leben zu kämpfen und – auch in Rivalität zu seinem älteren Bruder, der ein erfolgreicher Jurist wurde – einen eigenen Bereich zu erobern, vor allem aber der nicht weiter ableitbare, unbezwingbare Wille zu schreiben. Cendrars spricht Deutsch und Französisch, lernt gut Russisch (sein Freund Chagall wird später immer mit ihm russisch sprechen), lernt Polnisch von einer Studentin namens Fela Poznanska, die er an der Universität Bern kennengelernt hat und die später seine Frau wird, lernt Englisch und brasilianisches Portugiesisch und noch weitere Idiome, doch zur härtesten Aufgabe, zur Überlebensfrage für ihn wird es, eine einzige davon wirklich zu beherrschen: das Französische. Schreiben bedeutet Verbrennen und Wiedererstehen, gemäß einer berühmten Definition: «L'écriture est un incendie qui embrase un grand remue-ménage d'idées et qui fait flamboyer des associations d'images avant de les réduire en braises crépitantes et en cendres retombantes». Aus *braise* und *cendres,* Glut und Asche, setzt er auch sein Pseudonym zusammen: Blaise Cendrars, das er seit seinem New York-Aufenthalt 1912 benutzt. Aber: «Écrire c'est brûler vif, mais c'est aussi renaître de ses cendres».

Wieder in Paris, gründet er eine deutsch-französische Zeitschrift, *Die Neuen Menschen,* entwendet aus einer Buchhandlung ein Werk von Apollinaire, was ihm Haft und später die Bekanntschaft mit dem Autor einbringt, verkehrt in Anarchistenkreisen, doch insbesondere mit Malern und Schriftstellern. Bei Ausbruch des Krieges meldet er sich zur Fremdenlegion, wird 1915 am rechten Arm verletzt und amputiert. Kriegskreuz und Einbürgerung sind der Lohn. Mit zähester Energie lernt er sich seiner linken Hand zu bedienen, zum Schreiben, zum Autofahren, ja zum Boxen. Doch Lyrik zu schreiben ist ihm vergällt. Er wendet sich dem Roman, dem Film und der Kritik zu, hat 1925 mit *L'Or,* der Geschichte des Schweizer Generals Suter in Kalifornien, einen großen Erfolg (ein Verfilmungsprojekt Eisensteins scheitert). Im Zweiten Weltkrieg ist er englischer Kriegsberichterstatter. Vor- und nachher entstehen zahlreiche Erzählwerke mit autobiographischem Hintergrund, etwa *Bourlinguer* (1948), was «sich in der Welt herumstreiben» bedeutet und als Schlüsselwort für seine Existenz gilt, die sich noch immer in vielen Kontinenten abspielt. Nach dem Tod seiner ersten Frau heiratet er 1949 die Schauspielerin Raymone Duchâteau. In den 50er Jahren wird er von Lähmungen befallen. Er stirbt wenige Tage nach der Verleihung des Grand Prix littéraire de la Ville de Paris.

Aus Raumgründen sind die beiden großen Gedichte «Pâques à New York» und «Prose du Transsibérien et de la petite Jeanne de France» hier nicht aufgenommen worden (vgl. jedoch zu Apollinaire, «Zone»).

Ausgaben: Œuvres complètes, 8 Bde., 1960–1965. – *Œuvres complètes,* 15 Bde., 1968–1971 (Club Français du Livre). – *Du monde entier, Poésies complètes: 1912–1924,* 1967 (Collection Poésie Gallimard).

Übersetzungen: 1961 begann der Rauch-Verlag, Düsseldorf, eine Werkausgabe, die seit 1974 vom Arche-Verlag, Zürich, fortgesetzt wird. Die Lyrik findet sich in der zweisprachigen Ausgabe des Arche-Verlages, *Gedichte,* 2 Bde., übersetzt von Jürgen Schroeder, Zürich 1977.

Literatur: H. Richard, *Blaise Cendrars,* in: *Schweizer Monatshefte,* Juni 1970, S. 231–245. – *Blaise Cendrars,* Sondernummer von *Europe,* Juni 1976. – Y. Bozon-Scalzitti, *Blaise Cendrars ou la passion de l'écriture,* Lausanne 1977 [grundlegend]. – J. -C. Flückiger, *Au cœur du texte. Essai sur Blaise Cendrars,* Neuchâtel 1977. – M. Cendrars, *Blaise Cendrars,* 1984 [poetische Biographie von der Hand der Tochter Cendrars', mit zahlreichen unveröffentlichten Texten]. – J. -P. Goldenstein, *Dix-neuf poèmes élastiques de Blaise Cendrars,* édition critique et commentée, 1986. – *Cendrars entdecken,* hg. von P. Burri, Basel 1986 [gute Orientierung in deutscher Sprache, mit Photographien]. – A. Sidoti, *Genèse et dossier d'une polémique:* La Prose du Transsibérien, *Blaise Cendrars / Sonja Delaunay,* 1987 (Archives des Lettres Modernes 224) [zur Polemik um den Simultaneismus]. – *L'encrier de Cendrars,* ed. J. C. Flückiger, 1989 (Actes du Colloque du centenaire).

40 TOUR (Erstveröffentlichung: *Der Sturm,* Nr. 184–185, November 1913; Text: *Du monde entier,* S. 71–73; Ü: J. Schroeder, *Gedichte,* Bd. II, S. 13–17) Das zweite der neunzehn «elastischen Gedichte» (ein Manuskript spricht von «Poèmes Caoutchoucs»), die 1919 mit einem Porträt des Autors von Modigliani erschienen. Die ‹simultanistische› Befreiung von allen Fesseln des Raumes und der Zeit gipfelt hier in einer ebenso stürmischen wie komischen Befreiung des männlichen Geschlechtsteils, das in pausenlosen Metamorphosen – bald Eiffelturm bald Mast bald Pinsel – durch die Welt eilt. – 2 *Castellamare:* Vielfach sind autobiographische Angaben bei Cendrars ganz oder teilweise fingiert. Zwar hat er als Kind, nicht aber 1910 in Neapel gelebt. – 3 *Je dînais d'une orange:* Gemeint ist: «Mein ganzes Essen bestand aus einer Apfelsine». – 9 *la grenouille de Pierre Brisset:* Jean-Pierre Brisset, Verfasser von *La Grammaire logique,* 1883, und *La Science de Dieu,* 1900 (Neuausgabe 1970), ließ den Menschen unmittelbar vom Frosch abstammen. – 13–14 *Choc / Rebondissements:* die gleiche Abfolge schon in «Prose du Transsibérien» (*Du monde entier,* S. 34). – 20 *vouée au Python:* wahrscheinlich Anspielung auf das 10. Kapitel von Flauberts *Salammbô,* in dem eine Pythonschlange eine Art Tanz mit der Priesterin der Göttin Tanit vollführt. – 21 *péplum:* das lange Frauengewand im antiken Griechenland. – 29 *Parmi les toupies onanistes:* Gymnosophistische Mönche in Benares beschreibt Cendrars auch an anderer Stelle als «Kreisel»: «D'autres, toupies d'onanismes, tournaient, tournaient, les yeux révulsés . . .». – 43 *Et un caïman saisit . . .:* Die Phantasie macht aus dem «alten Baumstamm», der im Mississippi treibt, einen Kaiman, der alsbald den Rachen aufreißt . . . – 44 *comme un gibet:* Die Schlußzeilen von «Prose du Transsibérien» lauten: «Paris / Ville de la Tour unique du grand Gibet et

de la Roue.» – 47 *La tête de Bonnot:* anarchistischer Bandenchef, der 1912 erschossen wurde (nicht guillotiniert). – 57 *Pour le Simultané Delaunay:* Robert und Sonja Delaunay wandten in ihren Bildern das Prinzip simultaner Kontraste von Spektralfarben an, mit dem sie sich (ebenso wie vor ihnen die Pointillisten und die Impressionisten) auf die Farbtheorie des Chemikers Chevreul beriefen (vgl. Raible, 1972, S. 22f.). Mit dem Überreichen des «Pinsels» an den Lichtmaler Delaunay erreicht die Phallusmetamorphose eine – natürlich immer noch komische – Nobilitierung. – 59 *Gong tam-tam zanzibar...:* Unter Anspielung auf Elemente der von Cendrars geschätzten Negerlyrik (vgl. *Poèmes nègres,* in: *Du monde entier,* S. 125f.) gibt es daraufhin eine Art ‹simultanen›, ekstatischen Tanz, der in der Turmverherrlichung gipfelt. – 63 *Bête moderne:* im Gegensatz zum *Dieu antique* zu sehen.

44 CRÉPITEMENTS (Erstveröffentlichung: Cabaret Voltaire, Zürich, Mai 1916; Text: *Du monde entier,* S. 71–73; Ü: B. Böschenstein) Zwischen Turm und Funk besteht ein enger Zusammenhang, so ist es naheliegend, daß Cendrars dem imaginären, bald schon allgegenwärtigen ‹Geknister› im Äther ein Gedicht widmet. Es ist datiert auf September 1913 und will, wie aus Vorfassungen deutlich wird, zugleich auch ‹Dissonanzen› zwischen Cendrars und den Futuristen ausdrücken, zu welchen um diese Zeit auch Apollinaire gehörte. – 1 *Les arcencielesques dissonances:* witzig-satirische Neubildung aus *arc-en-ciel* (Regenbogen) und *-esque.* – 4 *On se dit merde:* Aus den Vorfassungen geht hervor, daß dies eine grimmige Anspielung auf das «mot de Cambronne» war, das Apollinaire im Anschluß an Marinettis 1909 erschienenes Manifest des Futurismus in seinem Pamphlet *L'Antitradition futuriste* mehrfach gebraucht hatte. – 12 *Paris-Midi annonce:* In der Nummer vom 17. 9. 1913 dieses «Massenblattes» fand der Kommentator J.-P. Goldenstein in der Tat die folgende Meldung: «Menschenfresser. Verurteilen wir nicht jene Papuas, die einen amerikanischen Mineralogen verspeist haben, nachdem sie ihn mit aromatischen Kräutern gespickt und auf kleiner Flamme geröstet hatten. Nicht der Hunger hat sie getrieben. Da das Verzehren von Menschen bei ihnen ein Initiationsritus ist, waren die Papuas überzeugt, mit dem Einverleiben von Herrn John Henry Warner, einem Spezialisten für Pechblendenstrahlung, dessen Wissen und Fähigkeiten auf sich zu übertragen». – 14 *L'Intransigeant:* Gemeint sind Vierzeiler, die die Zeitung im August und September 1913 abgedruckt hatte und die von niemand Geringerem als Apollinaire stammten, der sie auf Postkarten geschrieben hatte (vgl. Apollinaire, *Œuvres poétiques,* Bibl. de la Pléiade, S. 1028). Vorfassung: «... les vers pour carte postale de G. A. / Moi je suis triste de voir un génie s'en aller à vau-l'eau». In der Tat sind die Verse schwach. Daß Cendrars das Genie seines Freundes «davonschwimmen» sah, hatte allerdings auch mit persönlicher Enttäuschung zu tun. In einem von Goldenstein wiedergegebenen Brieffragment heißt es: «Je vous ai une fois envoyé Pâques / Vous vous auriez dû me dédier Zone» (zu «Pâques à New York» und «Zone» vgl. o. S. 450ff.). – 15 *C'est idiot quand tous les astrologues cambriolent les étoiles:* Vorfassung: «quand tant

d'astrologues se promènent par le ciel». – 19–20 *Il n'y a pas de futurisme / Il n'y a pas de simultanéité:* Absage Cendrars' an den im Herbst 1913 einsetzenden Streit um Priorität im ‹Simultanismus›, vor allem zwischen den Malern Boccioni und Delaunay. Auch in bezug auf den Futurismus verbrannte Cendrars die Brücken hinter sich: er kenne keinen «Marinetti-ti-ta» und keine «Wörter in Freiheit», schrieb er im Oktober 1913. – 21 *Bodin a brûlé toutes les sorcières:* Jean Bodin, der Theoretiker des Absolutismus, hatte 1580 in einem berüchtigten Werk die Hexenverbrennungen gutgeheißen. Der Gedanke hier ist: Genug mit dem Obskurantismus der futuristischen Pamphlete, jetzt muß ‹gearbeitet werden›, d. h. künstlerisch etwas geleistet. – 25 *L'Esprit:* Vorfassung: «Il n'y a pas de futurisme il n'y a que de la spiritualité». – 27 *mon ami R . . .:* Es handelt sich um den deutschen expressionistischen Dichter Ludwig Rubiner (1881–1920), mit dem Cendrars in den Vorkriegsjahren befreundet war und der in *Die Aktion* vom Oktober 1913 einen längeren Artikel über «Prose du Transsibérien» veröffentlichte hatte. Rubiner, der als Pazifist die Kriegsjahre in der Schweiz verbrachte, hat sehr wahrscheinlich auch das Manuskript von «Crépitements» an Hugo Ball weitergegeben, dem Begründer des dadaistischen Cabaret Voltaire in Zürich, der es dann – ohne Cendrars' Einverständnis – in seiner gleichnamigen Zeitschrift abdruckte. – All diese biographischen Anlässe hinter sich lassend, gewinnt das Gedicht seine poetische Geschlossenheit.

Léon-Paul Fargue

Paris 6. 3. 1876 – Paris 25. 11. 1947

Zu seinen Lebzeiten, schrieb Saint-John Perse im Vorwort zur Ausgabe der *Poésies* von 1963, habe Fargue unter den Lyrikern nicht den Rang eingenommen, der ihm zustand. Daran hat sich wohl noch immer nichts Entscheidendes geändert, am wenigsten in Deutschland. Der pariserischste unter den Literaten – und das heißt auch: der am meisten mit Selbstironie begabte – ist noch immer zu wenig bekannt. Vielleicht stand seine Person, die ein zentrales Stück literarischen Lebens verkörperte, seiner Wertschätzung als Dichter sogar etwas im Wege. Der Paris-Wanderer und Nachtvogel mit seiner legendären Unpünktlichkeit und Unzuverlässigkeit «betrieb Freundschaft und zärtliche Zuwendung wie einen Beruf». Er kannte diese Stadt in sämtlichen Dimensionen, nahm, wie Jean Follain schrieb, ihre feinsten Schwingungen wahr. Generös, liebenswürdig und einfühlsam für seine zahllosen Bekannten, mutete er ihnen aber auch heftige Ausfälle, Wunderlichkeiten und Extravaganzen zu. So verschenkte er großzügig seine Manuskripte und Bücher doch konnte es vorkommen, daß er sie – in Geldnöte geraten – wie selbstverständlich zurückerbat... Sein poetisches Credo hat er wohl am schönsten in dem Satz zusammengefaßt: «Pour écrire des poèmes, il faut avoir le goût de la vie».

Die «Lust am Leben» war für ihn nicht unvergällt. «Ich war der Bengel, den man nicht vorzeigen durfte, die Frucht des Seitensprungs, der kleine Ungesetzliche in der Familie.» Er meint die Familie seines Vaters, die unerbittliche bürgerliche Großmutter vor allem, die den Sproß aus der Liaison ihres Sohnes Léon mit einer Schneiderin nie anerkennen wird: eine lebenslange Kränkung für ihn. Vom Vater hat er die Anhänglichkeit, aber auch die Willensschwäche: die meiste Zeit muß er zum Schreiben gedrängt, ja gestoßen werden. Dieser Vater kümmert sich angelegentlich um Mutter und Kind, findet aber erst 1907 die Kraft, das Verhältnis zu legalisieren. Zwei Jahre später stirbt er an Tuberkulose. In die Zeit danach fällt die erste große Schaffensphase des Sohnes, auf die eine längere Pause folgt. Er übernimmt vom Vater ein Keramik-Atelier, dessen Produkte in der Jugendstilepoche verbreitet waren (in der Brasserie Lipp noch heute zu sehen), doch ist er der Aufgabe nicht gewachsen, und es geht mit dem Unternehmen – auch infolge des Krieges – bergab, was bei Léon-Paul einen starken Schuldkomplex hinterläßt. Er ist einer der wenigen, die bei der Mobilmachung keine Begeisterung empfinden, und es gelingt ihm nach einiger Zeit auch, vom Kriegsdienst freizukommen. Mit dem Entwurf von Deckenlampen aus transparenter Keramik hat er einen gewissen Erfolg, doch hauptsächlich bei den Künstlerfreunden: Louis Jouvet, Valery Larbaud, James Joyce... 1922 lädt ihn Marguerite de Bassiano ein, zusammen mit Paul Valéry und Valery Larbaud die Herausgabe der von ihr gegründeten und sehr üppig dotierten Zeitschrift *Commerce* zu übernehmen, doch hat sie ihre liebe Not mit ihm, und bald geht die bis dahin sehr enge Freundschaft mit Larbaud in die Brüche, vermutlich weil Fargue nicht davon lassen kann, dessen Verlobter den Hof zu machen. 1927 bringt die Zeitschrift *Les Feuilles libres* dem allseits Beliebten einen *hommage* von 49 Künstlern aller Richtungen dar. 1935 stirbt hochbetagt seine Mutter, die ihn liebevoll umsorgt und von der er sich nie längere Zeit getrennt hatte. Danach muß er sich – endgültig – um seinen Lebensunterhalt kümmern und wird journalistisch tätig. Aus einer Artikelserie über Paris entsteht das berühmte Buch *Le Piéton de Paris,* der Titel wird für ihn selbst zum Namen. Die Zurücksetzungen der Jugendzeit machen sich jetzt in einem ausgeprägten Bedürfnis nach Anerkennung geltend. Er erklimmt alle Grade der Ehrenlegion, wird 1937 in die neu gegründete Académie Mallarmé aufgenommen, doch die Kandidatur zur Académie française scheitert. 1939 heiratet er eine junge Malerin. Während der deutschen Besetzung verweigert er jegliches Engagement, kompromittiert sich aber nicht, setzt sich vielmehr für den gefährdeten Max Jacob ein. Seit 1943 ist Fargue halbseitig gelähmt, er wird von seiner Frau hingebungsvoll gepflegt. Er schreibt außerordentlich lebendige Schriftstellerporträts unter dem Titel *Portraits de famille* und hält

Causerien, die der Rundfunk bei ihm zu Hause am Rollstuhl aufnimmt. 1946 erhält er den Grand Prix littéraire de la Ville de Paris.

Eine gewisse Neigung zum Okkulten war ihm nie fremd. Die Stärke seiner Dichtung – bisweilen auch ihre Schwäche – liegt darin, daß er seine Welt nie von außen beschreibt, er ist drinnen, er ist «en prise directe» mit den Dingen.

Ausgaben: Poésies: Tancrède. Ludions. Poèmes. Pour la Musique. Espaces. Sous la lampe. Préface de Saint-John Perse 1963. – *Haute Solitude,* 1941; 1966.

Übersetzungen: Unter der Lampe (Gedichte und Prosa), übers. von F. Kemp, München 1970 [Auszug]. – *Der Wanderer durch Paris,* übers. von K. Spann, Frankfurt 1967.

Literatur: Hommage à Léon-Paul Fargue, Cahiers du Sud, 1947. – Cl. Chonez, *Léon-Paul Fargue,* 1959 (Poètes d'aujourd'hui). – J. Cl. Walter, *Léon-Paul Fargue ou l'homme en proie à la ville,* 1973. – L. Rybko-Schub, *Léon-Paul Fargue,* Genf 1973 [grundlegend für biographische und editorische Fragen]. – J. Follain, *Léon-Paul Fargue, NRF,* février 1978.

46 Aeternae Memoriae Patris (Erstveröffentlichung: *La Nouvelle Revue Française,* April 1914, S. 594–597; Text: *Poésies,* S. 71–73; Ü: H. Köhler) In dem Band *Poésies* erstreckt sich der Titel AETERNAE MEMORIAE PATRIS, der ursprünglich nur dem einen Gedicht auf den Tod des Vaters galt, noch auf drei weitere Texte in Prosa, die jedoch erst 1935 nach dem Tod der Mutter entstanden sind. Léon Fargue war im August 1909 nach der Rückkehr von einer Italienreise gestorben. Wie heftig dieser Tod den Sohn traf, geht auch aus dem Gedicht «J'ai tant rêvé» hervor (vgl. S. 64). – *Motto:* Bekannter, zum geflügelten Wort gewordener Vers aus «L'Isolement», dem Eingangsgedicht von Lamartines *Méditations poétiques* (1820; vgl. Band 2, S. 184ff.). – 39 *Un jour ... dans quelque ville de province:* in einem von Fargue selbst mit Randbemerkungen versehenen Exemplar der *Poèmes* von 1919 findet sich hierzu die Erklärung: «A Toul», wo ihn nämlich sein Vater während des Militärdienstes besuchen kam. – 44 *A l'aube, hors barrière, dans un quartier d'usine:* Anmerkung von der Hand Fargues: «Clichy».

50 Quand tu vacilles ... (Erstveröffentlichung: *Commerce,* printemps 1926; Text: *Poésies,* S. 217–218; Ü: H. Köhler) Angekündigt als «Esquisse pour un paradis» und von Marguerite de Bassiano mehrfach dringlichst angefordert, erscheint der Text 1928 in dem Band *Vulturne.* Paul Valéry schreibt dem Autor: «Mit Falschem und Absurdem machen Sie das Allerwahrste» (zitiert bei Rypko Schub, S. 169). Der Band enthält kosmische Traumphantasien, in denen des öfteren der Großvater mütterlicherseits vorkommt. Das ausgewählte Gedicht ist die Flugphantasie eines, der sich von der Erde abstoßen möchte, um alles weit unter sich zu lassen. – 20 *des salles de*

police tainiennes: In dieser Verwünschung akademischer Gelehrsamkeit dürften sich «Tainesche Polizeisäle» wohl auf Hippolyte Taine als den Begründer der positivistischen Literaturbetrachtung beziehen (1828–1893). – 23 *ludions:* Lieblingswort Fargues, auch Titel eines 1930 erschienen Gedichtbandes. Es meint eigentlich das «Teufelchen» des sog. Kartesischen Tauchers, also eine mit Luft gefüllte Figur in einem Standglas, die bei Druck auf die Gummimembrane sinkt und beim Loslassen wieder steigt. Durch die Assoziation mit *ludique* – «spielerisch» – gewinnt es die Bedeutung «possierliche Gestalt», «Clown», die Fargue gerne auf die Menschen allgemein überträgt (vgl. auch das folgende Gedicht, V. 18). – 37 *La maladie de peau guérit à vue d'œil:* Alles auf der Erde unten noch Erkennbare erscheint nur mehr wie Runzeln auf der Haut, die sich aber bei der rasch zunehmenden Entfernung auch bald verwischen.

54 LA GARE (Erstveröffentlichung: *Commerce,* printemps 1925; Text: *Poésies,* S. 307–309; Ü: H. Köhler) In diesen achtundachtzig Alexandrinern, in denen der Bahnhof zum mythischen Ort des Lebens im Abschied überhöht wird, zeigt Fargue das ganze Ausmaß seiner dichterischen Persönlichkeit. «La Gare» ist eines der großen Stadtgedichte des 20. Jahrhunderts. Einige Schwächen – so die unregelmäßigen Reime, die von V. 29 an ohne ersichtlichen Grund völlig ausbleiben – tun dem nur geringfügig Abbruch. Wenn es bei manchen Bildfügungen den Anschein hat, als seien sie nicht zu letzter Klarheit gelangt, so mag das auch mit Fargues erwähnter Neigung zu tun haben, die Dinge «von innen» zu sehen. Gerade diese besondere Art des Sehens ist im übrigen noch so gut wie gar nicht erforscht. Die Anthologie von Flora Klee-Palyi enthält eine Übersetzung von Joachim Huppelsberg, die in mancherlei Hinsicht nicht befriedigend erscheint. Mit der hier vorgelegten Version hoffen wir ein wenig weiter in das Gedicht einzudringen (Herrn Paul Cendron – Pariser Maler, Freund und neuem «Fußgänger durch Paris» – sei an dieser Stelle für seine Hilfe gedankt). – 1 *Gare:* Die Grundsituation ist offensichtlich die eines Betrachters, der bei einbrechender Dunkelheit von einer Brücke herab auf das – ihm schon von Kindheit an vertraute – Geschehen auf einem der großen Pariser Bahnhöfe blickt (das Keramikatelier des Vaters Léon Fargue befand sich 152, Rue du Faubourg Saint-Martin, und die Familie wohnte eine Zeitlang Rue de Dunkerque, in unmittelbarer Nähe des Nord- oder Ostbahnhofs). – 5 *Le masque sans regard:* Die Form einer Lokomotive, die später zur Maske des Todes (V. 58) und am Ende des Gedichts auch zur Totenmaske wird (V. 87). – 11 *jouets divins:* wahrscheinlich die Wolken, im Vers vorher «dunstige Orgeln unter der Apsis» genannt (das Bild könnte von Victor Hugo sein). Die dort verspürte Präsenz eines «Blickes» ist bedeutsam («s'entrouvrent pour nous voir»). – 18 *ludions:* hier etwa im Sinne von «naive Figur» (vgl. das vorige Gedicht, Z. 23). – 21–22 *où la classe rapporte / L'erreur:* wo die Leute unablässig denselben «Fehler» begehen. – 30 *Sur l'atlas enfumé:* wohl die Geographie des Bahnhofs, sein Delta, wie es sich von der Brücke aus darbietet, seine von Rauchschwaden überzo-

genen Linien. – 30 *sur la courbe vitreuse:* die große halbrunde Frontscheibe der Bahnhofshalle. – 31 *J'ai guidé mon fanal:* Vielleicht ist an eine Art Identifizierung mit den Zügen gedacht («fanal»: «Zugleuchte»). – 33 *Le mètre, le ruban . . .:* die Geleise, die unter den Tunnelbögen verschwinden. – 41 *son harnais de sommeil:* schwierig; vielleicht ist gemeint: «Die herabfallenden Blätter bedecken die Straßenbahn wie mit einem Schutzschild, einer Dornröschenhecke.» Das nachfolgende Bild von der Barke könnte auf das Wappen von Paris anspielen. – 44 *Il y avait un mur assommé de traverses:* eine von allen Seiten mit Balken gestützte Mauer. – 50–54 *Une lampe filait . . .:* Erinnerungen an die Schulzeit. *Étude du soir* ist die Zeit nach Unterrichtsschluß, wo die Schüler unter Aufsicht ihre Aufgaben machen. – 57 *Les grands fonds soucieux bourbillaient:* «bourbiller» ist ein altes Wort für «im Schlamm wühlen»; die Vision weitet sich also aus zu einem großen Morast, auf dessen Grunde (wohl unter Anspielung auf den Bau der Untergrundbahn) die *ludions,* die lächerlichen Winzlinge, umherwimmeln, bevor die «große Maske» sie holen kommt. – 59 *Le présage secret:* die Todesdrohung, zur apokalyptischen Gestalt gemacht. – 62 *les massifs de visage:* In einem Gewächshaus (womit der Bahnhof hier verglichen wird) bedeutet «massif» «Beet» oder «Pflanzengruppe». – 68 *Dans le bruit du tambour:* im «Trommelwirbel», also im Getöse der anfahrenden Züge. – 70 *Triangles vigilants:* «wachsame Dreiecke»; Figur der Beziehungsverschiebung des Adjektivs (Hypallage). – 72 *Cagoules:* Wahrscheinlich sind mit den «Kutten» zugehängte Signale gemeint (z. B. bei Bauarbeiten). – 74 *Au-dessus du fournil du pont de la Chapelle:* Das Bild des Feuerofens fängt alle Elemente noch einmal ein: Rauch, Lichter, Eisenstränge, Gewimmel usw. Der Pont de la Chapelle befindet sich unmittelbar oberhalb des Nordbahnhofs. – 75 *Où le guerrier déchu:* möglicherweise eine Statue. – 77 *Et le grand disque vert de la rue de Jessaint:* möglicherweise eine große Hauswandreklame in dieser – ehedem etwas verrufenen – Straße in der Nähe des Nordbahnhofs – 82 *j'ai doublé tes départs:* Beim Gang durch die Straßen nahe den Geleisen hat der Wanderer manchen Passanten begleitet, manchen Abschied miterlebt. – 87 *Le masque . . . qui prendra mon empreinte:* Zu den Versen 27–30 von Aeternae Memoriae Patris: «Je te verrai toujours étendu sur ton lit (. . .) Avec ton sourire mystérieux» (s. o.) hatte Fargue an den Rand notiert: «voir buste moulage». Die Totenmaske des Vaters wird in dieser Meditation über Stadt und Tod zu seiner eigenen.

58 Banalité (Erstveröffentlichung: *Commerce,* hiver 1925; Text: *Poésies,* S. 310–312; Ü: B. Böschenstein/J. Bollack, *Französische Gedichte,* S. 136–140) Saint-John Perse drückt im Vorwort zu *Poésies* die Ansicht aus, Fargue habe das Beste seines Werkes im Prosagedicht gegeben. Wie dem auch sei, die Prosa von «Banalité» rechtfertigt den Ehrentitel, den Valéry dem Freund zusprach: «prince de la métaphore». «Banalité» wurde zusammen mit «La Gare» und einigen anderen Texten (darunter «J'ai tant rêvé», s. u., S. 64) 1928 unter dem Sammeltitel *Banalité* herausgegeben und 1930 mit *Suite familière* zu dem Band *Sous la lampe* vereinigt. Allen diesen Stücken ist die Erinne-

rung an die Kindheit gemeinsam, die wichtigste «Banalität» des Lebens, hier als Dialog mit der Mutter gestaltet.

2 *exilée du bonheur:* insofern sie von der Familie des Vaters nicht anerkannt wurde. – 3 *canal:* der Canal de Saint-Martin, der den Ostteil der Stadt durchläuft. Etwa auf der Höhe des Ostbahnhofs bildet er ein Knie: dort war Léons-Pauls Kindheitswelt. – 16–17 *L'atelier murmurait dans l'épure vitreuse:* Es dürfte das Keramikatelier des Vaters gemeint sein, dessen Fenster in metallische Formen gefaßt waren, die eine Zeichnung bildeten; daher «gläserne Zeichnung». – 19 *pastilles du sérail:* Räucherstäbchen, «Serailkügelchen», doch kegelförmig wie ein Zuckerhut und daher Mäusen ähnlich. – 21 *mouches de toutes les armes:* Fargue war ein großer Liebhaber von Insekten; alle folgenden Nennungen des Abschnitts sind Metaphern für Fliegen. – 22 *abattoirs de la Villette:* Ein Stück weiter nordöstlich am Canal de l'Ourque befand sich bis 1959 der alte Schlachthof von La Villette. – 23 *ciseaux croupis:* eine der zahlreichen «kühnen Metaphern». «Ciseaux», weil manche Fliegen ihre Fühler scherenförmig hin- und herbewegen; «croupis» in Übertragung des Adjektivs von «eau croupie» – «Brackwasser», ihrem Aufenthaltsort. – 23 *gouttes d'encre verte:* Schmeißfliegen. – 23 *timbre sec des trompes sur le zinc:* Vielleicht ist auch gemeint: als würden die Fliegen mit ihren Rüsseln den Blechnapf ausstanzen wie mit einem Prägestempel («timbre sec»). – 30 *l'hôpital:* Unmittelbar östlich des Knies liegt das Krankenhaus Saint-Louis. – 30 *l'écluse:* Unweit nördlich davon befindet sich die Schleuse Saint-Martin. – 32 *vieux mouflons noirs:* Metapher für die Züge. – 33 *relais d'oubli:* «Zwischenstationen auf dem Wege des Vergessens», von allem Vorhergehenden gesagt. – 36 *Le chemin de fer de ceinture:* die Vorortbahn, die zum Beispiel nach Mandres führte (s. Z. 58). – 38 *La vieille chaussure des omnibus:* Die Omnibusse mögen tatsächlich einem alten Schuh geähnelt haben; fuhr einer vorbei, sah es aus, als «trete» («botte») er gegen einen Baum oder Brunnen. – 40 *émouvoir l'apéritif:* metonymisch für den Aperitiv-Trinker. – 40–41 *les racleurs posaient leur collets sur huit mesures:* «Wie die Drehorgeln Rührung erwecken wollten (um die Börsen zu lockern), so gefährlich sentimental waren die Fiedler» («poser des collets»: «Schlingen zum Hasenfang auslegen»). – 42 *(Mais il n'avait pas l'air pressé . . .):* Gemeint ist wohl der Vater. Die Dialogform, aus der Teile ausgespart sind, erinnert an Mallarmés Prosagedichte, vor allem «Frisson d'hiver». – 47 *Toute une face de la rue, c'était de la ville:* Die Straße war halb städtisch, halb ländlich. – 50 *manilleurs:* «manille» ist ein Kartenspiel. – 50 *des coups de poing de masse de billard:* «Billardstockfaustschläge», also «Stöße mit dem Billardstock, die klangen wie Faustschläge» (eine der selteneren akustischen Metaphern). – 51 *J'y vis une lisière mystérieuse . . .:* Die ländliche Seite der Straße war dem Jungen unheimlich: über dem Gewirr der Lauben in den Kleingärten mochte eine Trambahn, von der man nur den oberen Teil sah, sich ausnehmen wie eine Berghexe. – 53 *sous une taie de voilettes:* etwa im Sinne von «Vorhängen, die nur schwachen Durchblick gewährten». – 58 *Mandres et Brunoy:* zwei Städtchen im heutigen Département Essonne, an der

Yerres, südlich von Paris. – 61 *Yerres:* Nebenfluß der Seine in der Brie. – 62 *les petits sentiers gardés de houlettes:* metonymisch für «an den Wegen standen Schafhüter» («houlette»: «Hirtenstab»). – 64 *au poing de chaque saule:* Die Weiden haben oft faustähnliche Verdickungen. – 66 *qui jette l'ancre dans son visage:* der den Anker in sein Spiegelbild wirft. – 67 *la tendresse studieuse:* vielleicht auch eine maliziöse Umschreibung für «zärtlich verliebte Studiosi» – 72 *quilles:* «la quille» bedeutet «Ende des Militärdienstes»; «quilles» daher metonymisch «Rekruten, die ihre Entlassung feiern». – 74 *sonnerie de cuvette:* Das Warnläuten klingt wie Schläge gegen eine Waschschüssel.

64 J'AI TANT RÊVÉ (Erstveröffentlichung: *Commerce,* printemps 1927. Text: *Poésies,* S. 313–314; Ü: F. Kemp, *Unter der Lampe,* München 1970, S. 57–59) Begegnung mit dem verstorbenen Vater. Einfache Zwölf- und Achtsilber, an zwei Stellen schwere Einschnitte durch Kurzverse. Das Gedicht spricht von jener Grundwahrheit, der von Angst und Schuldempfinden getönten Trauer über den Tod eines sehr nahestehenden Menschen. Man kann es neben Henri Michaux' Gedicht «Sur le chemin de la mort» stellen (s. S. 212).

MAX JACOB

Quimper 12. 7. 1876 – Drancy 5. 3. 1944

«Ein Kunstwerk empfängt seinen Wert aus sich selbst und nicht durch irgendwelche Vergleiche mit der Wirklichkeit» (Vorwort zum *Würfelbecher*). «Leben verleiht man nur durch die Emotion. Emotion ist alles» *(Art poétique)*. «Es ist etwas in mir, das verlangt nach mehr als Akkorden (...), Farben und Wörtern, und das ist weder Gefühl noch Intelligenz, das ist ein Bedürfnis nach harmonischer Tollheit (folie harmonieuse), ein ganz ausgesuchtes Bedürfnis nach dem echten Lyrischen, das nur sehr selten erfüllt wird» (ebda.). – Es ist die aus dem 19. Jahrhundert überkommene Gattung des Prosagedichts, der Max Jacob theoretisch wie prakisch neue Impulse geben will. Dabei kennzeichnet ihn, daß er einer bizarren Vielfalt der Inhalte mit strengen formalen Ansprüchen begegnet. Abstruses und Alltägliches, Clownerien und Traumgesichte, parodierte Fantômas-Geschichten und *canulars,* schokkierende Anekdoten und hintergründige Kalauer (dieser «Vogelmist beim Höhenflug der Dichtung») werden in sorgfältig geformte, künstlerisch autonome Gebilde mit sehr eigentümlicher Sichtweise, unorthodoxem Ausdruck und hoher innerer Spannung übergeführt.

Extreme Spannungen durchziehen auch seine Existenz. Aufgewachsen in einem bürgerlichen, überzeugt laizistischen jüdischen Elternhaus inmitten des konservativ-katholischen bretonischen Kleinstadtmilieus, als ängstliches, schwächliches Kind in den Händen einer nicht eben zarten Mutter (seine letzte Ohrfeige, heißt es, habe er mit vierundzwanzig Jahren bekommen – für einen Rechtschreibfehler!), sucht er Zuflucht und Halt erst in Höchstleistungen in der Schule, sodann in Literatur und Malerei, schließlich in einem stark mystisch und kabbalistisch geprägten Christentum. Nach dem Bruch mit dem Elternhaus sind seine Pariser Jahre zunächst Zeiten schlimmer Entbehrungen bei allerlei Gelegenheitstätigkeiten (darunter als Astrologe), dann aber auch intensiver Freundschaften und künstlerischer Entdeckungen. Seit 1901 ist er mit Picasso, bald darauf auch mit Apollinaire verbunden. 1903 erscheint ein erstes Werk von ihm, die *Histoire du roi Kaboul,* doch entwickelt sich sein poetischer Stil erst allmählich und in scheuer Zurückhaltung. 1907 zieht er in die Rue Ravignan, in die Nähe des Bateau-Lavoir. Fernande Olivier schildert ihn in dieser Zeit so: «Klein und tänzelnd, hinter dem Lorgnon durchdringende Augen, formvollendet zeremoniös, scheinbar sehr zufrieden mit sich selbst. Beim Gruß tiefe Verbeugung. Der Blick eher unstet, um die fein geschwungenen Lippen ein geistreiches, aber auch boshaftes Lächeln. Der Kopf ein wenig zu groß für die schmalen Schultern. Von seiner ganzen Person ging eine schwer erklärliche Unruhe aus" (*Picasso et ses amis,* 1933, S. 35). Diesem Original hängt sehr bald schon das Etikett vom «Clown am Altar» an. 1909 erfährt er eine erste Christusvision. In der Folgezeit spielen bretonischer Mystizismus, aber auch kabbalistische Vorstellungen von kommunizierenden Welten und okkulten «Korrespondenzen» jenseits der Dinge für seine Lebensauffassung eine zunehmend wichtigere Rolle. Er gewöhnt sich an den Genuß von Halluzinogenen. Nach dem Scheitern einer Verbindung mit einer Frau gewinnt er Klarheit über seine homoerotische Veranlagung, die ihn später eine Beziehung mit Jean Cocteau eingehen läßt. 1914 zum zweiten Mal von einer Vision heimgesucht, empfängt er bald darauf die christliche Taufe, mit Picasso als Taufpaten. 1917 veröffentlicht er auf eigene Kosten den *Cornet à dés.* Vielen seiner Künstlerfreunde gilt er als Heuchler, André Breton insbesondere verachtet ihn und ist nicht bereit, ihm eine Vorreiterrolle für den Surrealismus zuzubilligen, was Jacob sehr schmerzt. 1921 zieht er sich in die ehemalige Benediktinerabtei Saint-Benoît-sur-Loire zurück, wo er sich «du pain et une certaine paix dans le Seigneur» erhofft. Aus seiner Glaubensunruhe war 1919 *La Défense de Tartufe, Extases, remords, visions, prières, poèmes et méditations d'un juif converti* entstanden. Fortan ist sein Dasein aufgeteilt zwischen Buß- oder Meditationsübungen und literarischem Schaffen. Später wird er auch zahlreiche Meditationen schriftlich festhalten. Von aller zeitgenössischen Reise- und Aufbruchsthematik sagt er sich los. Doch entwickelt sich zugleich eine rege Korrespondenz, deren postume Herausgabe viel Erhellung seiner Außenseiterpersönlichkeit erlaubt. Von 1928 bis 1936 lebt er erneut weltlich in der Pariser Rue Nollet. Müde und resigniert zieht er sich von da ab endgültig in die Abtei zurück, bleibt aber für junge Autoren, die bei ihm immer zahlreicher Rat suchen, stets aufgeschlossen. Mit Beginn der Judenverfolgung, der seine gesamte

Familie zum Opfer fällt, wird auch seine Lage gefährdet, doch kommt es erst am 24. Februar 1944 zur Verhaftung. Auf deutscher wie französischer Seite versuchen zahlreiche Persönlichkeiten, darunter Cocteau, seine Freilassung zu erwirken. Gerhard Heller, antinazistisch eingestellter Angehöriger der Propagandastaffel und Freund vieler Schriftsteller, eilt in das Internierungslager Drancy bei Paris, doch ist Max Jacob einen Tag zuvor an einer Lungenentzündung gestorben. Ein im Lager tätiger jüdischer Arzt berichtet Heller: «Er hat sich sterben lassen, ist erloschen wie eine Kerze». – Das Interesse für seine Werke ist in Deutschland, soweit sich dies an Übersetzungen ablesen läßt, in letzter Zeit erfreulich gestiegen.

Ausgaben: Le Cornet à dés I, 1917; 1923; 1945; 1967. – *Le Cornet à dés II,* 1955. – *La Défense de Tartufe,* 1919; 1964 [kommentierte Ausgabe]. – *Le Laboratoire central,* 1921; 1960. – *Art poétique,* 1922. – *Le Terrain Bouchaballe,* Roman, 1923; 1964. – *Filibuth ou la montre en or,* Roman, 1923; 1968. – *Visions infernales,* 1924; 1970. – *Les Pénitents en maillots roses,* 1925; 1970. – *Fond de l'eau,* 1927; 1970. – *Sacrifice impérial,* 1929; 1970. – *Rivage,* 1931; 1970. – *Ballades,* 1938; 1970 [mit den vier letztgenannten Titeln]. – *Derniers poèmes,* 1945 [erw.] 1961. – *Conseils à un jeune poète,* 1945. – *Méditations,* ed. R. Plantier, 1972. – *Correspondance I, 1905–1921,* 1953; *II, 1921–1924,* 1955. [Zahlreiche Briefausgaben nach den Empfängern, siehe Bibliographie].

Übersetzungen: Der Würfelbecher (Auszug), Ü: F. Kemp, Frankfurt 1968; 1986. – *Ratschläge an einen jungen Dichter,* Ü: F. Kemp, München 1969; Berlin 1985. – *Höllenvisionen,* Ü: U. Pfau, Frankfurt 1985. – *Das Geheimfach. Imaginäre Briefe,* Ü: B. Blumenberg, München 1987. – *Spiegel der Astrologie,* Ü: F. von Tiffert, München 1987. – *Die Kunst ist eine Lüge, aber der Künstler ist kein Lügner. Glossen zu Literatur und Kunst,* Ü: U. Pfau, Tübingen 1989.

Literatur: A. Billy, *Max Jacob,* 1945; 1963 (Poètes d'aujourd'hui). – Y. Belaval, *La rencontre avec Max Jacob,* 1946; 1974. – S. J. Collier, *Max Jacob's 'Cornet à dés', French Studies,* XI (1957), S. 149–167. – U. Pfau, *Zur Antinomie der bürgerlichen Satire,* Bern 1975 [mit Werkbibliographie und ausführlicher Biographie]. – R. Plantier, *L'univers poétique de Max Jacob,* 1976 [eingehende Analyse der sprachschöpferischen Verfahren]. – R. Guiette, *La vie de Max Jacob,* 1976. – A. Peyre, *Max Jacob quotidien,* 1976. – J. Morganroth Schneider, *Clown at the Altar: The Religious Poetry of Max Jacob,* Chapel Hill 1978. – P. Andreu, *Vie et mort de Max Jacob,* 1982. – M. Green, *Max Jacob, bibliographie et documentation,* Saskatoon/Saskatchewan 1988.

68 La Guerre (Aus: *Le Cornet à dés,* 1924; Text: *Le Cornet à dés,* 1945, S. 24; Ü: B. Böschenstein/J. Bollack, *Französische Gedichte,* S. 147) Die Sammlung *Le Cornet à dés* verdankt (wie manche andere) ihr Erscheinen dem Ersten Weltkrieg. Seit etwa 1904 hatte Max Jacob alle seine dichterischen

Manuskripte in einem Koffer bei Freunden in Enghien verwahrt. Beim Vormarsch der deutschen Truppen eilt er (vom Kriegsdienst freigestellt) dorthin und wählt aus den zahllosen Texten dreihundert aus, verfaßt das Vorwort über das Prosagedicht und bestimmt als Titel für den vermeintlich postumen Band: «Poésies incomplètes». Der Ausgabe von 1923 ist folgende Notiz vorangestellt: «Die Gedichte, die auf den Krieg anspielen, sind um 1909 geschrieben worden und können prophetisch genannt werden. Sie haben nicht den Ton, den unser Leid und der Anstand von Kriegsgedichten verlangen; sie stammen aus einer Epoche, die das kollektive Leiden noch nicht kannte. Ich habe Tatsachen vorhergesehen; wie schrecklich sie sein würden, konnte ich nicht vorherahnen». In der Tat hat Max Jacob den «Großen Krieg» – wie auch den Zweiten Weltkrieg – lange in seinen Ängsten vorweggenommen. Dennoch geht man bei ihm nicht fehl in der Annahme, daß seine Phantasie die Dinge auch zurechtrückt. Gerade das berühmte, insbesondere in rhythmischer Hinsicht vollkommene Prosastück «La Guerre», das dritte des Bandes, ist durchaus keine eindeutige Kriegsschilderung, sondern viel eher eine Vision der Angst vor Gewalt. 1943 äußert Jacob sich über das Material seiner Gedichte: «Ich war darauf aus, und zwar mit allen Mitteln, das unbewußt in mir Vorhandene zu fassen: mit den Worten in Freiheit [was mit der Devise der von ihm abgelehnten Futuristen, «paroles en liberté», nichts zu tun hat], willkürlichen Gedankenverknüpfungen, Tag- und Nachtträumen, Halluzinationen usw.». Es ist daher auch nicht abwegig, die Spuren des Drogengenusses – in seinem Fall des Äthers – in dieser Angstphantasie zu erblicken.

68 POÈME DE LA LUNE (Aus: *Le Cornet à dés,* 1924; Text: *Le Cornet à dés,* 1945, S. 71; Ü: B. Böschenstein/J. Bollack, *Französische Gedichte,* S. 147) Im Ansatz vielleicht etwas tatsächlich Gesehenes, eine «chose vue», gewisse Spiegelungseffekte, etwas sieht aus wie ... Jacob präsentiert uns dies jedoch in einer Verrätselung, die bestimmte Praktiken des Surrealismus durchaus vorwegnimmt. Durch das vierfache «Il y a» (ein Echo auf Rimbauds Prosagedicht «Enfance III» aus *Illuminations,* ebenso wie Apollinaires 1915 entstandenes «Il y a» aus *Calligrammes*), das beschwörend wiederholte «c'est les reflets d'un miroir» wird etwas Unheimliches gleichsam schrittweise nach innen geholt, bis es das Zentrum selbst bedroht. Eigentlich noch ein romantisches Thema, doch ausgeführt mit einem entscheidenden Schritt in Richtung sprachlicher Verselbständigung unter Aufgabe inhaltlicher Kohärenz.

68 LE TAPIS DE PÉNÉLOPE (Aus: *Visions infernales,* 1924; Text: *Ballades,* 1970, S. 74; Ü: U. Pfau, *Höllenvisonen,* 1985, S. 77) Das in unregelmäßigen Versen geschriebene Gedicht gehört – wie das folgende – in die Zeit der religiösen Zweifel und der Selbstbezichtigungen. Die Sprache wird deutlich einfacher, nähert sich dem Gebet oder dem Psalm, kennt sogar geschrumpfte Formen («grandis jusqu'à mort»); groteske und sogar burleske Elemente fehlen nicht.

70 LA TERRE (Aus: *Le sacrifice impérial,* 1929; Text: *Ballades,* S. 151; Ü:

H. Köhler) Unregelmäßig gereimte Langverse. Die Phantasie der Abstoßung von der Erde kann mit «Quand tu vacilles au sommet du désespoir» von Fargue verglichen werden (s. o. S. 150). Der Zusatz in Klammern könnte sich auf die literarischen Gegner, die Surrealisten, beziehen. Am 21. Mai 1927 schreibt Jacob an Cocteau: «J'ai reçu une brochure surréaliste. Tout sombre dans le comique. Ces messieurs supplient les communistes de leur permettre d'être communistes (...). D'ailleurs ils y traînent la poésie dans la boue» (zitiert bei U. Pfau, S. 208). Möglich ist jedoch auch, daß Priester damit gemeint sind.

70 Berceuse de la petite servante (Text: *Poèmes de Morven le Gaélique*, 1953, S. 68; Ü: U. F. Müller, *Poèmes français – Französische Gedichte*, 1981, S. 153) «Morven le Gaélique» ist ein – zum Teil ironisches – Pseudonym, das sich Jacob zugelegt hatte, um in der Zeitschrift *La ligne du cœur* zu veröffentlichen, die sich eine – von Boden- und Rassenmythos nicht ganz freie – Renaissance des Keltentums zum Ziel gesetzt hatte. Jacob nahm darin mit Vorliebe volkstümliche Strophen auf, an die er sich aus seiner Kindheit erinnerte (Näheres bei U. Pfau, S. 211). Der Name Morven ist im Bretonischen häufig; er kommt auch in den Dichtungen «Ossians» (Macphersons) vor.

72 Ma tête roule (Text: *Derniers poèmes*, 1961, S. 33; Ü: H. Köhler) Unter den zweiundvierzig Versgedichten der nachgelassenen «Letzten Verse» ist dieser Siebenzeiler das kürzeste. Die sechs Achtsilber (in V. 6 ist zu lesen: «cordel–i–ère») mit dem Reimschema ababab und den drei Betonungen pro Vers scheinen eine Liedstrophe zu imitieren. Tatsächlich jedoch kommt diese Variante des *septain* in der Tradition nicht vor; der auf fünf Silben verkürzte Schlußvers bricht vollends mit jeder Tradition.

72 Serres chaudes (Text: *Derniers poèmes*, 1961, S. 36–37; Ü: H. Köhler)

Pierre Reverdy

Narbonne 13. 9. 1889 – Solesmes 21. 6. 1960

«Reverdy oder die in die Dichtung verirrte Malerei», sagte Picasso. – Er stammt aus einer Bildhauerfamilie, wird vom Vater, der Sozialist und Bürgermeister von Narbonne war, ans Schreiben herangeführt, von der Mutter in seiner großen Sensibilität für alles Geschaute geprägt. Seine Kindheit verläuft ebenso sorglos wie seine Schulzeit bedrückt. 1907 muß er die Niederschlagung der Winzeraufstände im Languedoc miterleben. Als 1910 das väterliche Weinunternehmen vor dem Ruin steht, beschließt er, nach Paris zu gehen, versichernd, er werde, um den elterlichen Namen reinzuwaschen, die schönsten Gedichte der Welt schreiben ... Er wird zum Schöpfer einer «plastischen Dichtung», des Kubismus in der Poesie. Nicht nur Max Jacob und Apollinaire akzeptieren ihn, auch die Maler des Bateau-Lavoir, denn er spricht über Malerei wie einer von ihnen. Seine erste Sammlung, *Poèmes en prose* (1915), wird von Juan Gris illustriert, *Ardoises du toit* (1918) von Braque (*La guitare endormie,* 1919, könnte ein Titel von Braque sein), *Les Jockeys camouflés* (1918) von Matisse, *Étoiles peintes* (1921) von Derain, *Cravates de chanvre* (1922), *Écume de la mer* (1926) von Picasso, *La Balle au bond* (1927) von Modigliani. Obwohl vom Militärdienst freigestellt und Antimilitarist, meldet er sich 1914 freiwillig. 1917 schafft er mit der Zeitschrift *Nord-Sud* ein «Kampforgan» für die neuen Tendenzen, das auch Breton, Aragon und Soupault als Plattform dienen wird. Für die Sammlung *Épaves du ciel* (1924) läßt er auf den Waschzettel drucken: «P. R. Pas de voyages, pas d'aventures, pas d'histoire, mais quelques histoires». Vor direktem Ausdruck erlebten Gefühls solle sich der Dichter hüten, warnt er. Damit warnt er vor allem sich selbst. Der Tod des Vaters hatte für sein robustes Temperament eine ungeahnte Erschütterung gebracht. 1921 erfährt der bis dahin dem Christentum völlig Fernstehende eine plötzliche Bekehrung. Nach dem Zeugnis seines Freundes Stanislas Fumet geschah dies unter dem Einfluß von Max Jacob, der ihm die Passionsgeschichte erzählte und sein Taufpate wurde. Auf seine Dichtung hatte dies, zumindest äußerlich, keine Auswirkungen. 1926 jedoch verläßt er Paris, um sich, zusammen mit seiner Frau Henriette, in nächster Nähe der Benediktinerabtei Solesmes einzurichten. Mit nur kurzen Unterbrechungen bleibt er dort bis zu seinem Tode wohnen. Eine anfängliche echte Glaubensgewißheit weicht indessen bald wieder Anfechtungen, die bis zur Selbstkasteiung gehen (*Le Gant de crin,* «Der Roßhaarhandschuh», eine 1936 erschienene Sammlung von Gedanken und Aphorismen, zeugt davon). – Was ihn in jungen Jahren künstlerisch mit Picasso vereint, ist der Wille zum völligen Neuanfang: «tout recommencer». In seiner späteren Zeit sieht er in der Dichtung freilich eine «fée aux mamelles de fange». Durchgängig ist seine Wahrnehmung von Diskontinuität geprägt, eine Flucht vor den Dingen, die ihm zu entgleiten drohen. Daher sein Streben nach dem «starken Bild», gemäß seiner berühmten Definition: «Plus les rapports de deux réalités rapprochées seront lointains et justes, plus l'image sera forte». Hinter der starken sinnlichen Anschauungskraft des Meridionalen steht bei ihm die Erfahrung der Hinfälligkeit des scheinbar Gesicherten. Seine Gedichte, schreibt Marcel Raymond, fügen Stilleben, über denen eine seltsame Angst schwebt.

Ausgaben: Plupart du temps. Poèmes 1915–1922, 1967. – *Main d'œuvre. Poèmes 1913–1949,* 1964; 1989. – Kritische Schriften: *Cette émotion appelée poésie. Écrits sur la poésie (1930–1960),* 1974; 1989. – *Nord-Sud, Self Defence et autres écrits sur l'art et la poésie (1917–1926),* 1975 [kommentiert von E. -A. Hubert].

Übersetzungen: Les Yeux inconnus / Die unbekannten Augen, Ü: M. Gsteiger, Bern 1969. – *Quellen des Windes,* Ü: M. Hölzer/F. Kemp, München 1970.

Literatur: E.-A. Hubert, 1976; ²1989 [Bibliographie der Originalwerke]. – M. Bishop, London 1976 [Bibliographie, auch kritischer Literatur]. J. Rousselot/M. Manoll, *Pierre Reverdy,* 1951; 1970. – E. Stojkovic, *L'Œuvre poétique de Pierre Reverdy,* Padua 1951. – *Hommage à Pierre Reverdy,* ed. L. Decaunes, Rodez 1961. – *Pierre Reverdy 1889–1960,* 1962 [Sammelband, Mercure de France]. – G. Poulet, in: *Études sur le temps humain,* III, 1964. – J.-P. Richard, in: Richard, 1964. – W. v. Bonin, *Versuch über das dichterische Verfahren Reverdys. Zum Werk der Jahre 1913–1930,* Diss. Kiel 1965. – M. Guiney, *La poésie de Pierre Reverdy,* Genf 1966. – P. Brunner, *Pierre Reverdy: De la solitude au mystère,* Zürich 1966. – R. W. Greene, *The Poetic Theory of Pierre Reverdy,* Berkeley 1967. – W. Raible, in: Raible, 1972, S. 103–106. – H. J. Fuchs, *Je tenais à tout,* in: Hinterhäuser, 1975, S. 256–266. – G. Picon, in: *De l'usage de la lecture,* I, 1979. – M. A. Caws, *La main de Reverdy,* Genf 1979. – M. Collot, *Horizon de Reverdy,* 1981 [psychoanalytische Studie]. – *Bousquet, Jouve, Reverdy,* Colloques Poésie – Cerisy, SUD, 11ᵉ année, 1982, S. 279–389. – G. Bocholier, *Pierre Reverdy, Le phare obscur,* Seyssel 1984.

74 Bêtes (Aus: *Les Ardoises du toit,* 1918; Text: *Plupart du temps,* S. 199; Ü: B. Böschenstein [ebenso alle folgenden]) In einer pseudonymen Selbstanzeige dieses Bandes legt Reverdy seine Auffassung dar, daß im Gedicht das Poetische sich selbst darstellt, nicht etwas außerhalb Befindliches zur Abbildung gelangt: «Chaque poème est ici un fait poétique *présenté,* au lieu d'être une anecdote *représentée.* L'art de M. Reverdy est un art simple de *présentation,* de création– qui n'existait pas avant lui [. . .] Cet art est en contact direct avec la vie qui est sa seule source» (*Plupart du temps,* S. 415).

74 Vendredi treize (Aus: *Les Ardoises du toit:* Text: *Plupart du temps,* S. 220) Die 81 Stücke des Bandes sind formal sehr gleichmäßig: Der Umfang überschreitet kaum je eine Seite, Satzzeichen sind durch «blancs» ersetzt, die Länge der Verse ist völlig frei, geht aber selten über acht Silben hinaus. Die Reime sind verhältnismäßig zahlreich, wenn auch unregelmäßig. Für lyrische Sprache ungewöhnlich ist die große Zahl der Verben, die geringe Zahl der Adjektive. Varianten existieren kaum: Reverdy schrieb in einem Zug, was nicht gefiel, wurde vernichtet. Es sind stets Vibrationen des Augenblicks, rasche Notate, ohne alles Verdämmernde oder Zerfließende. Jede beengende Strophenform ist gesprengt, die Buchseite wird zum Bewegungsraum. – Besonders bezeichnend für Reverdys Arbeitsweise ist das Eingangs- und Titelgedicht (S. 169):

Sur chaque ardoise
qui glissait du toit
on
avait écrit
un poème

La gouttière est bordée de diamants
les oiseaux les boivent

(«Die Schiefer des Daches»: Auf jeden Schiefer / der vom Dach glitt / hatte man ein Gedicht geschrieben // Die Traufe ist besetzt mit Diamanten / die Vögel trinken sie). Zu Nutzen und Mißbrauch der graphischen Anordnung vgl. *Self defence* (1919), in: *Plupart du temps,* S. 419.

76 Le côté bleu du ciel (Aus: *La Guitare endormie,* 1919; Text: *Plupart du temps,* S. 283)

76 Les rêves monnayés (Aus: *Grande Nature,* 1925; Text: *Main d'œuvre,* S. 9) Der Sammeltitel *Main d'œuvre* (ohne Bindestrich), den Reverdy 1949 für einen Großteil seiner seit 1925 erschienenen Gedichte wählte, drückt den Wunsch aus, diese als ein «Werk der Hand» zu verstehen, analog zum Schaffen des Malers, aber auch im Sinne des «handwerklich Gearbeiteten»: Stolz dessen, der (in der Pariser Zeit als Korrektor seinen Lebensunterhalt bestreitend) seine Werke eigenhändig gesetzt, gedruckt und gebunden hatte.

78 Chemin tournant (Aus: *Sources du vent,* 1929 [ebenso alle folgenden]; Text: *Main d'œuvre,* S. 81–82) «Quellen des Windes» ist der Titel, den Reverdy für seine umfangreichste und bedeutendste Sammlung gewählt hat. Vgl. zu diesem Gedicht auch das (allerdings etwas modisch manirierte) Vorwort von Michel Deguy zur Neuausgabe der *Sources du vent,* 1971.

80 Mille Murmures dans le rang (Text: *Main d'œuvre,* S. 83–84) Der gesamte – psychoanalytisch bedeutsame – Assoziationskomplex Himmel-Sonne-Kopf-Augen-Horizont ist in der Untersuchung von M. Collot für das Werk Reverdys aufgezeigt. Die Existenz eines individuellen dichterischen Sonnenmythos – gedeutet als psychische «Arbeit» an der Vater-Imago – verbindet auf überraschende Weise Reverdys «kubistische» Dichtung mit der voraufgegangenen «symbolistischen» Praxis Mallarmés oder Valérys. – 12 *Dans la grimace rouge...*: Hier ist die anthropomorphe Interpretation des Sonnenuntergangs in ihrer Ambivalenz besonders deutlich erkennbar.

82 Jour éclatant (Text: *Main d'œuvre,* S. 111) 13 *La voiture qui roule ...*: eines von vielen Beispielen für das «zweidimensionale» Sehen Reverdys.

82 Lumière rousse (Text: *Main d'œuvre,* S. 113–114)

84 Bascule (Text: *Main d'œuvre,* S. 118) 12 *La main qui guide les saisons ...*: darf wohl verstanden werden als die Hand Gottes. – 17 *Je vois l'autre côté du monde:* Die Spannung zwischen Sichtbar und Unsichtbar, Innen und Außen, Re-präsentiert und Präsentiert (s. oben zu «Bêtes») scheint in dieser dichterischen Grundformel zusammengefaßt.

86 Coup d'aile (Text: *Main d'œuvre,* S. 170)

86 Naufrage (Text: *Main d'œuvre,* S. 181–182)

88 Rien (Text: *Main d'œuvre,* S. 230–231)

Saint-John Perse

Pointe-à-Pitre 31. 5. 1887 – Giens (Var) 20. 9. 1975

«Je parle dans l'estime» – «Ich rede in Ehrfurcht»: mit dieser Formel aus seinen *Preisliedern* hat Marie-René Alexis Saint-Leger Leger, Kreole von der Antilleninsel Guadeloupe, nach dem Zeugnis vieler eine Definition der Poesie selbst geliefert, die in den ersten Jahrzehnten dieses Jahrhunderts im Sinne einer unbedingten Hingabe an die Sache der Lyrik Gültigkeit in den romanischen Ländern erlangte. Die große Verspätung, mit der diese Formel und die damit bezeichnete Dichtungsauffassung in Deutschland aufgenommen wurden, erschwert dort noch heute das Verständnis französischer Lyrik. Saint-John Perse war nach Claudel die mächtigste Stimme dieser Lyrik, und er war sich bei all seiner sonst gezeigten Zurückhaltung dessen wohl auch bewußt. «Von Ihnen, dem einzig Großen in meiner Zeit und dem in meinen Augen allein mit lyrischer Autorität Belehnten» – schrieb er 1950 aus Amerika an Claudel – «habe ich in literarischer Hinsicht erlangt, was ich als Höchstes hätte wünschen können – die einzige Ehre, die zählt, und die einzige, wahrlich, die mir zu Herzen gehen kann». Ohne Claudel, so hatte er schon sehr viel früher gesagt, wisse er nicht, wie er es in der Enge der französischen «mesure» aushalten könne. Sein Leben, das er allezeit sehr streng von seiner Dichtung getrennt halten wollte, war dabei wohl so stark der Welt zugewandt wie das keines anderen Autors. Es sei hier notgedrungen auf Stichworte zusammengedrängt:

Vater Advokat, aus einer im 17. Jahrhundert. ausgewanderten burgundischen Familie stammend; Mutter aus einer Familie von Plantagenbesitzern und Offizieren. Kindheit auf den Kariben, umsorgt von einer Dienerschaft aller Hautfarben und Rassen. Bekommt mit acht Jahren sein erstes Pferd, sein erstes Boot, sein erstes Fernrohr. 1899: wegen einer durch Erdbeben verursachten Wirtschaftskrise auf den Antillen übersiedelt die Familie nach Pau, wobei die gesamte Bibliothek des Vaters ins Wasser fällt. Der Junge wird sich stets nach dem warmen Land zurücksehnen. – Sehr früh gereift, brillanter Schüler; Leidenschaft für die Botanik. Pau damals sehr kosmopolitisch; alles Französische widerstrebt ihm: «Die Franzosen sind ein Volk von *basochiens*», von engbrüstigen Paragraphenreitern. Bekanntschaft mit Francis Jammes. 1904 *Images à Crusoé.* Veröffentlichen ist ihm lange ein Greuel. Jurastudium in Bordeaux. Interesse für Rechtsphilosophie, Mineralogie, Neurologie. Studium des Griechischen. Da ihn von der französischen Literatur nur wenig anzieht – Baudelaire und Bossuet –, liest er Empedokles und übersetzt Pindar, dessen Vers seinen eigenen bald inspirieren wird. Er ist begeisterter Fechter, Reiter und Bergsteiger, entdeckt einen ganz seltenen Vogel. 1905 lernt er Claudel kennen. 1906 Militärdienst; beim Durchschwimmen eines Sees fast ertrunken. 1907: lernt Jacques Rivière kennen. Tod des Vaters: als einziger Sohn muß er sich um die Familie kümmern. Schließt nach Unterbrechung das Jurastudium ab. Wendet sich den Politischen Wissenschaften und der Soziologie zu. Begeistert sich für das Fliegen: lernt Wilbur Wright kennen. Großes Interesse für Musik. 1909 kurze geistige Krise: zerstört einiges Geschriebene. Studiert Hegel und Spinoza. Beschäftigt sich mit Ethnologie. 1910: die NRF veröffentlicht *Éloges,* während ihr Autor mit spanischen Hirten durch die Pyrenäen wandert.

1911: hat in Paris Kontakt mit zahlreichen Politikern. Läßt auf Anraten Claudels ein Auswanderungsprojekt fallen, entschließt sich trotz relativer Mittellosigkeit für die diplomatische Laufbahn. Verabschiedet sich von seinen zahlreichen literarischen Freunden: Gide, Larbaud, Fargue, Rivière, Gallimard. Studiert wirtschaftliche und soziale Probleme in Spanien; kümmert sich zugleich um Musikhandschriften; lernt Eugenio d'Ors und Gaudí kennen, bald darauf Alain-Fournier. 1912: sechs Monate Aufenthalt in England. Studiert Industriezentren, Märkte, Gewerkschaften. Lernt Joseph Conrad, Chesterton, Arthur Symons und Rabindranath Tagore kennen; bei der Rückkehr nach Paris Valéry. Bereitet den Concours für die École des hautes études commerciales vor. 1913: Studienreise ins Ruhrgebiet und nach Hamburg, wo er Claudel wiedertrifft, wird von ihm mit Richard Dehmel bekanntgemacht. 1914: besteht den Concours für das Außenministerium.

Freundet sich mit Strawinsky und Satie an. 1916 wird er nach Peking geschickt, wo er fünf Jahre in diplomatischer Mission bleibt. Enger Kontakt zu chinesischen Politikern und Vertretern des Geisteslebens. In einem halbzerfallenen taoistischen Tempel schreibt er *Anabase.* Reist durch die Mandschurei, Korea, die Äußere Mongolei, im Automobil durch die Wüste Gobi, zu Pferd durch Mittelasien. Das Angebot, diplomatischer Berater für die Regierung Sun-Ya-Tsen zu werden, lehnt er ab.

1921: Auf der Rückreise als Sachverständiger bei der Washingtoner Konferenz über Rüstungsbegrenzung. Wird dort mit Aristide Briand bekannt. 1922: als hoher Beamter im Außenministerium. Nimmt 1924 sein Pseudonym an, meist in der Form St.-J. Perse (vorgeblich ein nach rein euphonischen Gesichtspunkten gewählter Name: vgl. Pléiade, S. 1094; könnte jedoch von Joyce inspiriert sein: vgl. R. Little, 1984, S. 199).

1925: *directeur de cabinet* von Briand. Von da ab mit Rücksicht auf seine Stellung keinerlei literarische Veröffentlichung mehr bis 1947; untersagt jegliche Neuauflage seiner Werke. Wichtige Rolle beim Locarno-Pakt und beim Briand-Kellogg-Pakt; 1930 Entwurf zu einer «Organisation d'un régime d'union fédérale européenne». Bis zum Tode Briands 1932 intensive diplomatische Tätigkeit für diesen, vor allem beim Völkerbund. 1936: genießt das persönliche Vertrauen Léon Blums. 1938 Teilnahme an der Münchner Konferenz. Als Gegner der Appeasement-Politik auf Hitlers Liste zu beseitigender Personen. Mai 1940: wird noch vor dem deutschen Einmarsch durch eine

Intrige seines Postens als Generalsekretär des Auswärtigen Amtes enthoben. Lehnt einen Botschafterposten in Washington ab. Zieht sich nach Südfrankreich zurück, wo seine Mutter lebt. Schifft sich nach England ein, wo er von Churchill empfangen wird. Weiterfahrt nach USA. Erfährt in New York, daß die Vichy-Regierung ihm die Staatsbürgerschaft und den Grand Officier der Ehrenlegion aberkannt sowie seinen Besitz beschlagnahmt hat. Nach einer Hetzkampagne der Presse gegen ihn dringen Gestapo und französische Polizei in seine Pariser Wohnung ein: sämtliche literarischen Aufzeichnungen – fünf Gedichtzyklen, ein Drama und ein philosophischer Essay – verschwinden für immer.

1941: akzeptiert eine privat finanzierte, ihm von Archibald MacLeish vermittelte Beraterstelle an der Library of Congress. Schreibt *Exil*. Steht in Kontakt mit der Résistance außerhalb Frankreichs, lehnt jedoch die Aufforderung de Gaulles zu aktiver Mitarbeit ab, auch nach Zureden von seiten Churchills. – 1944: Wiedereinsetzung in seine Bürgerrechte. Von nun an zahlreiche Reisen zu botanischen und geologischen Studien in ganz Amerika. 1945: *Vents*. 1946: lehnt einen Ruf auf den Lehrstuhl für Poetik der Universität Harvard ab. 1948: Tod der Mutter in Frankreich, der er seine Exildichtung *Neiges* gewidmet hatte.

1949: auf der Suche nach einer seltenen Pflanze. Der amerikanische Kongreß genehmigt ihm durch ein Sondergesetz den unbegrenzten Aufenthalt in den USA. 1955: *Anabase* durch Karl-Birger Blomdahl vertont (Oratorium). 1957: *Amers*. Zweisprachige Ausgabe seiner Werke in Deutschland. Erste Rückkehr nach Frankreich nach 17 Jahren; meidet Paris, amerikanische Freunde haben ihm auf der Halbinsel Giens an der Côte-d'Azur ein Haus geschenkt. 1958: heiratet in den USA Dorothy Russell. 1959: Ehrenmitglied der Modern Language Association; Ehrendoktor der Universität Yale; Grand Prix national des Lettres, Grand Prix international de Poésie. 1960: Korrespondierendes Mitglied der Bayerischen Akademie der Wissenschaften. Nobelpreis für Literatur. 1961: Präsident Kennedy lädt ihn zu den Feierlichkeiten seines Amtsantritts. Er empfängt in Washington Salvador Madariaga und Octavio Paz. Bei einer Exkursion in der Haute-Provence glaubt er einen Bartgeier zu erkennen, vielleicht das letzte lebende Exemplar. 1962: bringt mit Georges Braque zusammen *Oiseaux* heraus. Empfängt in Washington Malraux und Borges. Ornithologische Studien. 1963: veröffentlicht in *Le Monde* einen Nachruf auf J. F. Kennedy. Lehnt eine Einladung Willy Brandts nach Berlin ab. 1965: Eröffnungsrede zur Dantefeier in Florenz. Entdeckt in einem Feld nahe Ravenna eine Marmorsäule zu Ehren von Gaston de Foix, der ein Vorfahre von ihm ist. Bei Gallimard erscheint *Honneur à Saint-John Perse*.

1967: Wolfgang Fortner, *Chant de naissance* über Themen aus *Anabase* und *La Gloire des Rois*. Saint-John Perse erklärt seine Schwierigkeiten, sich als «Atlantiker» in die mittelmeerische Kultur zu integrieren. 1972: Das von ihm initiierte Gesetz zum Schutz der Raubvögel tritt in Kraft. In der Bibliothèque de la Pléiade erscheinen die *Œuvres complètes,* weitgehend von ihm selbst besorgt. Zu seinen letzten Schriften gehört *Sur un adagio de Beethoven.* –

Die dichterische Stärke dieses Welterfahrenen ist nicht die Erfindung, wohl aber die Beobachtung und die Analogie. Er meidet alles Erzählerische, auch alles Exotische. Seine Schauplätze sind nicht Landschaften, sondern die «Räume einer globalen Geographie» (Kemp). Seine poetischen Verfahrensweisen sind Nennung, Aufzählung und Evokation. Vor allem aber die souveräne Führung weitverzweigter syntaktischer Gebilde. Er ist Anti-Romantiker, aber auch Anti-Surrealist. Vor seiner Verbindung von Feierlichkeit und Raschheit schreckte das breite Publikum lange Zeit ebenso zurück wie die Avantgarde. Sein wichtigstes Wort: «J'honore les vivants» – «Ich ehre die Lebenden».

Ausgaben: Œuvres complètes, 1972 (Bibliothèque de la Pléiade) [von Saint-John Perse weitgehend selbst besorgt; mit ausführlicher Bibliographie]; ²1982 [erw. Ausg.]

Übersetzung: Das dichterische Werk, ed. F. Kemp, 2 Bde., München 1978.

Literatur: Saint-John Perse, ed. J. Paulhan, Les Cahiers de la Pléiade, X, 1950. – A. Bosquet, *St.-J. Perse,* 1953. – R. Caillois, *Poétique de St.-J. Perse,* 1954. – P. Guerre, *St.-J. Perse et l'Homme,* 1955. – K. Wais, *Die lyrischen Jugendwerke von Saint-John Perse,* in: ders., *Französische Marksteine von Racine bis Saint-John Perse,* Berlin 1958, S. 335–362. – F. Kemp, *Atem der Welt im Werk des Dichters St.-J. Perse,* in: Gestalt und Gedanke, Bd. 7, Jahrbuch der Bayerischen Akademie der Schönen Künste, München 1962. – *Honneur à St.-J. Perse,* Hommages et témoignages littéraires, 1965. – R. Little, *Word Index of the Complete Poetry and Prose of Saint-John Perse,* Durham 1965/1967. – A. Knodel, *Saint-John Perse, a study of his poetry,* Edinburgh 1966. – R. Little, *Saint-John Perse,* London 1973 [Einführung]. – F. Kemp, *Chanson du présomptif,* in: Hinterhäuser 1975, S. 246–256. – *Lectures de Saint-John Perse,* Cahiers du 20e siècle, Nr. 7, 1976. – *Cahiers Saint-John Perse,* 1.1978 – 7.1984. – J. d'Eudeville, *Saint-John Perse,* 1984 [Biographischer Essay]. – M. Sacotte, *Parcours de Saint-John Perse,* 1987. – P. Guerre, *Portrait de Saint-John Perse,* Arles 1989. – [Von besonderem Interesse sind die Erklärungen, die Saint-John Perse auf Anfragen seines deutschen Übersetzers Friedhelm Kemp zu zahlreichen Stellen seiner Dichtungen gegeben hat: Vgl. *Cahiers Saint-John Perse,* 6, 1983, S. 39–132.]

Diskographie: «Poètes du XXe siècle», FESTIVAL FLD 163 [Auszüge aus *Anabase*]. – «Les plus beaux poèmes d'amour français», BAM LD 709 [Auszüge aus *Amers*]. – «Poètes d'aujourd'hui», VEGA P 37 A 4021.

90 ÉLOGES VII (Erstveröffentlichung: NRF, 1910; Text: Pléiade, S. 39; Ü: F. Kemp, I, S. 53) Unter dem Titel *Éloges* sind drei Gedichtzyklen zusammengefaßt: *Images à Crusoé/Bilder für Crusoe, Pour fêter une enfance/Einer Kindheit zur Feier* und die eigentlichen *Éloges/Preislieder,* die 1907/8 entstanden sind und wie die beiden anderen von der frühen Kindheit auf der Atlantikinsel sprechen, den mythischen Gestalten: Pferd, Träumer, Vater, Geschlecht, der Entwicklung vom Behütetsein zur Selbständigkeit und auch zur Einsamkeit. Wichtigste sichtbare Themen sind das Meer und das Licht. Der Titel *Éloges,* schreibt Saint-John Perse, sei so schön, daß er nie einen anderen wünsche: «Das bestimmt von Anfang an einen gewissen Ton, verlangt eine gewisse Höhe, verpflichtet einen dazu, sich ein wenig jenseits von sich selbst anzusiedeln» (Pléiade, S. 1088). Bei ihrem Erscheinen erregen die *Éloges* einiges Aufsehen. Larbaud, Apollinaire, Breton, Proust sprechen mit Bewunderung davon, Vertonungen entstehen, bis in die Provinz hinein faszinieren sie gerade junge Leser. (Spezialliteratur: P. Van Rutten, *«Éloges»,* 1977. – R. Mauzi, RHLF 1978, S. 404–413. – J. Robichez, *Éloges,* 1982. – *Analyses et réflexions sur «Éloges»,* ouvrage collectif, 1986 (darin D. Giovacchini, *Glossaire d'«Éloges»,* S. 79–84.)

1 *Un peu de ciel bleuit . . .*: Der Langvers von Saint-John Perse ist kein «freier Vers» nach Art einiger Lyriker des Symbolismus, er ähnelt auf den ersten Blick dem Vers Claudels, dem am Bibelvers und auch an der Atemdauer orientiertem *verset,* verbannt jedoch nicht wie dieser alle Silbenzählung, sondern stellt eine Erweiterung und Kombination der großen syllabischen Versmaße der französischen Tradition dar (Genaueres bei J. Bateman, in: *Lectures de Saint-John Perse,* S. 27–57). – 5 *Et le malade en mer:* wie stets ein konkreter Vorfall, den der junge Alexis erlebt hat, den der Dichter jedoch aller erzählerisch-anekdotischen Züge entkleidet. – 11 *sauvage comme Cambyse:* Kambyses II. von Persien, soll seine Schwester umgebracht haben. – 12 *doux comme Assuérus:* biblischer Name für Xerxes I., der aus Liebe zu der Jüdin Esther von der Vernichtung der Juden abließ (Est 2–8; Racines Tragödie *Esther*). – 13 *sources de la mer:* Die Süßwasserquellen auf dem Meeresboden der Antilleninseln erregten auch später noch das Interesse des passionierten Geologen.

90 CHANSON (Erstveröffentlichung: NRF, April 1922, anonym und unter dem Titel «Poème»; Text: Pléiade, S. 89; Ü: F. Kemp, I, S. 107) Bildet zusammen mit einer ähnlichen «Chanson» am Ende den Rahmen für *Anabase,* das bekannteste und zugleich eines der schwierigsten Werke des Dichters, das in China entstand. Dieses enthält zehn Gesänge und ist in der ersten Person geschrieben, ohne doch autobiographisch zu sein. Der griechische Titel «Anàbasis» bedeutet «Hinaufsteigen», «Aufsteigen aufs Pferd» und wie in der *Anabasis* von Xenophon auch «Zug ins Innere», nämlich von Zentralasien. Gewiß ist die Titelwahl eine Anspielung auf die Asienreisen des Dichters, doch ist auch hier wieder alles Anekdotische und Exotische beiseitegelassen zugunsten eines «außerplanetarischen und außerzeitlichen» Zuges ins Innere.

Es ist mit den Worten von Perse «das Gedicht der Einsamkeit im Handeln. Ebenso das Handeln unter den Menschen wie das Handeln des Geistes, gegenüber anderen wie auch sich selbst.» Dieser Einsame, gleichzeitig Protagonist und Sprecher, kennt die «ressource humaine» und zeigt sie an: das, was dem Menschen möglich und wozu er fähig ist. (Spezialliteratur: *Anabase,* édition critique, transcription, études par A. Henry, 1983. – Derselbe in: *Cahiers Saint-John Perse* 7, 1984, S. 33–46.) – Das Werk wurde 1929 von Bernard Groethuysen und Walter Benjamin ins Deutsche übersetzt und mit einem Vorwort von Hugo von Hofmannsthal versehen. Die Veröffentlichung unterblieb jedoch (nur das Vorwort erschien in der *Neuen Schweizer Rundschau*). In einer von Herbert Steiner und Friedhelm Kemp durchgesehenen Fassung erschien die Übersetzung 1961. T.S. Eliot schuf 1930 eine englische, Giuseppe Ungaretti 1931 eine italienische Übersetzung. – Das Autograph von *Chanson* ist verschollen; eine Abschrift hat Saint-John Perse der Malerin Marie Laurencin zum Geschenk gemacht. Die Gesamtform wird mit dem Ausdruck *tirade* bezeichnet; diese ist untergliedert in drei vielfach symmetrisch aufgebaute *laisses* (dieser Terminus ist der altfranzösischen Dichtung entlehnt). Das Thema des «Liedes» ist der Aufbruch des Lebens: Mensch und Dinge haben unter dem unerklärlichen Einfluß eines «Fremden» den Drang, sich selbst zu übersteigen. – 1 *Il naissait un poulain:* dem entspricht im Schlußgedicht symmetrisch ein erwachsenes Pferd: «Mon cheval arrêté sous l'arbre». – 6 *le soleil entre au Lion:* Zu Hipparchs Zeiten trat die Sonne in das Sternbild des Löwen am 23. Juli; aufgrund der Präzession des Frühlingspunktes tut sie dies heute etwa einen Monat später. In jedem Fall ist mit der Zeitangabe der Hochsommer, eine Periode gesteigerten Lebens, gemeint. – 10 *au scandale de l'aile:* etwa «der herausfordernd kraftvolle Flügelschlag». – 13 *Il naquit un poulain:* Die Geburt eines Fohlens ist für Nomaden von großer Bedeutung. Im ersten *verset* noch im Gange befindlich (daher das Imperfekt *naissait*), ist sie jetzt abgeschlossen. – 16 *Bitume et roses:* Substanzen und Produkte menschlicher Kultur; vielleicht mit einem Anflug von Todesthematik: Bitumen wurde zur Einbalsamierung verwendet. – 18 *l'Étranger à ses façons:* wörtlich «der Fremde mit seinen Verhaltensweisen».

92 EXIL I (Erstveröffentlichung: *Poetry,* Chicago, März 1942; Text: Pléiade, S. 123; Ü: F. Kemp, I, S. 163) *Exil* ist Sammeltitel für vier Gedichtzyklen: *Exil, Pluies/Regen, Neiges/Schnee* und *Poème à l'étrangère/Gedicht an die Fremde.* 1941 auf Long Beach Island, New Jersey, im Haus eines Gastfreunds verfaßt, 1942 auch in Marseille veröffentlicht, sprechen diese Gedichte in universaler Weise von der Erfahrung des Verbanntseins: Beraubung, Irrfahrt, Wiedergewinnung eines – nun wahrhaft dichterischen – Wohnens. «‹Ich werde meinen Namen bewohnen›, war deine Antwort auf den Fragebogen des Hafens» (VI). *Exil* sei keine Darstellung der Résistance, schreibt Saint-John Perse. Doch wer im besetzten Land hören wollte, verstand die Schlußverse sehr wohl: «Verhüllt das Antlitz unsrer Frauen; richtet das Antlitz unsrer Söhne auf; und Weisung ergeht, den Stein eurer Schwellen zu

waschen ... Ich will euch leise den Namen sagen der Quellen, darin wir morgen ein reines Zürnen baden werden». (Spezialliteratur: R. Little, *Saint-John Perse: Exil,* London 1973.)

1 *Portes ouvertes:* Im ersten und kürzesten der sieben Gesänge werden die Themen des Zyklus eingeführt. Der Küstensaum mit seinem sonnendurchglühten Sand ist Sinnbild für den Nullpunkt des Verbanntseins. – 3 *Mon hôte ...:* Der amerikanische Justizminister Francis Biddle und seine Frau Katherine G. Chapin (eine Schwester von Margherita di Bassiano, der Begründerin der Zeitschrift *Commerce*) hatten dem Flüchtling ihr Besitztum «Harvey Cedars» zur Verfügung gestellt. – 6 *Et, sur toutes grèves de ce monde ...:* etwas wie der schnaubende Gott der Inspiration. – 7 *Princes en Tauride:* Umschreibung für den Verbannten unter Anspielung auf Euripides' Tragödie *Iphigenie unter den Taurern.* Die nach Tauris (Krim) verbannte Agamemnontochter wird von ihrem Bruder Orest und dessen Freund Pylades, griechischen Fürsten, befreit. Die «Krämpfe» der Blitze, die das Wüten des Feuergottes bewirkt, sind für den Einsamen von Long Beach ein «Entzücken», denn sie verhelfen ihm zur dichterischen Erhellung. Ein Satz aus Gesang III, «Ich kenne dich, o Ungeheuer», ist eine weitere Anspielung auf Euripides, nämlich auf Orests Begegnung mit den Furien am Strand von Tauris.

94 Exil II (wie «Exil I») Das Erstaunen über die Wiedergewinnung der «Gabe des Gesanges» («Chanson») aus dem Nichts. – 1 *D'autres saisissent ...:* Eine Abhebung des eigenen dichterischen Tuns von dem anderer, die engagierte Kriegsgedichte schreiben, unter Anspielung auf den altrömischen Ritus, beim Treueschwur den Tempelaltar zu berühren. – 8 *«... Moins de souffles ...»:* Die Anführungszeichen deuten auf einen Dialog des Dichters mit einer höheren Instanz hin. Saint-John Perse möchte diese nicht mit dem Namen «Muse» bezeichnet wissen: «Il s'agit seulement de l'âme, de l'esprit, de la figuration même spirituelle qui accompagne et double le poète comme son ombre divine ou sacrale» (vgl. Little, 1973, S. 92). Die Familie der Julier wird als Beispiel für eine Priesterkaste genannt: Deren Inspiration, so sagt die «Stimme», war weniger stark als die deinige es jetzt ist. – 9 *Princes de l'exil:* nach Baudelaires «Les litanies de Satan». Wo der Wind den Sand hinträgt, da geht auch der Verbannte hin, doch sein Lied wird nicht verwehen. – 11 *mâchoire d'âne:* vgl. Richter, 15, 15–17. – 15 *Sagesse de l'écume:* Hier wird der Gedanke einer Läuterung der «Seuchen des Geistes» durch das Bad in den Wellen gestaltet, eine Reinigung wie bei der Salzgewinnung oder der Verwendung von Ätzkalk. – 18 *cirque:* im Sinne von Umkreis, Horizont, Himmel, wo der Augur günstige Himmelszeichen («des signes les plus fastes») aufsteigen sieht. – 20 *O vestiges, ô prémisses:* Das aus der Vergangenheit Gekommene weist in die Zukunft. Das Wichtigste ist indessen die Gegenwart mit dem «reinen Anbruch des Gesangs».

96 Vents IV, 2 (Aus: *Vents,* 1946; Text: Pléiade, S. 235–238; Ü: F. Kemp, I, S. 371–377) 1945 auf einer Insel vor der Küste von Maine entstanden, stellt *Winde* (bestehend aus vier Teilen zu je sechs bis sieben Gesän-

gen) eine Art Epos der suchenden und drängenden Menschheitsgeschichte dar, das Titelwort symbolisiert dabei den ausgreifenden Elan der Entdecker und Eroberer, nicht nur der Konquistadoren Amerikas, sondern aller «westwärts» Fahrenden. Fortsetzer des Danteschen Ulisse, ist der Dichter hier derjenige, der bis an die Grenzen des Erfahrbaren vorstößt und dabei in gefährliche Nähe des Todes gerät. Das Vorstoßen ist für Saint-John Perse stets mit dem Durchqueren von Wüsteneien verbunden, Sandwüsten, Steinwüsten, Schneewüsten. Im Gesang IV, 2 ist es das Massiv der südamerikanischen Anden, das durchquert wird, aber ruhelos überschritten in Richtung auf «die Inseln» und schließlich auf die Wasserwüste, «la mer en Ouest». Gleich nach Erhalt schrieb Claudel voller Bewunderung eine Studie über diese «étonnante collection d'horizons» (vgl. Pléiade, S. 1121). (Spezialliteratur: L. Schrader, in: Pabst, 1976, S. 226–249.)

1 *Et l'homme encore . . .*: Der vorhergehende Gesang hatte von einem Stillstand des Windes, von einem Verweilen und einer Begegnung mit dem Weiblichen gesprochen. – 15 *Crau:* steiniges Gelände, vor allem in der Provence (von einem vorromanischen Wort für «Stein»). – 21 *accise:* Akzise, indirekte Steuer. – 22 *Le vent y lève ses franchises:* etwa: «Nur der Wind erhebt hier Gebühren» («franchise» bedeutet eigentlich «Abgabenfreiheit»). – 35 *copal:* tropisches Baumharz (aztekisches Wort). – 44 *aérolithe:* Meteorstein. – 45 *pyrites:* Pyrit, Eisen- oder Schwefelkies. – 58 *sur les versants de crépon vert:* Vergleich der Westhänge der Anden mit einem Kreppgewebe. – 66 *Balboa:* Vasco Núñez de Balboa, spanischer Konquistador, entdeckte 1513 nach der Durchquerung des Isthmus von Panama den Stillen Ozean. Wurde Gouverneur der Provinz Panama. 1519 enthauptet. – 97 *nomenclateurs:* hier im Sinne von Namensgeber. – 119 *qu'est-il rien d'autre qu'humain?:* Der Gesang IV, 1 war mit der Frage eingeleitet worden: «N'est-il rien que d'humain?» – «Ist denn nur Menschliches?». Zu dieser letztgültig immanentistischen Haltung hatte Claudel dem Dichter geschrieben: «Saint-John Perse ist ein Heide, oder vielmehr ein Vorchrist, für den die *expectatio creaturae* nichts Befriedigendes hatte». – 120 *seul comme un gnomon:* Ein Gnomon ist ein senkrechter Stab zur Anzeige des Sonnenwinkels, Vorläufer der Sonnenuhr. – 121 *les capsules de la mort:* Zweifel, Stillstand und Todesgedanken sind in diesem Epos stets nur episodische Anwandlungen, die alsbald der Wiederkehr der Willenskraft weichen: «Ea, Gott des Abgrunds, rasch bedrängen uns die Versuchungen zum Zweifel,/Wo der Wind fällt . . . Doch das Brennen der Seele ist stärker,/ Und gegen die Verlockungen des Zweifels halten die Erpressungen der Seele wider das Fleisch/Uns außer Atem, und der Flügel des Windes sei mit uns!» (I,7).

104 AMERS IX, 1–2 (Erstveröffentlichung: NRF, 1. Juli 1956; Text: Pléiade, S. 326–329; Ü: F. Kemp, II, S. 121–127) Entstanden zwischen 1947 und 1956, ist *Amers* mit seinen 180 Seiten das umfangreichste Werk von Saint-John Perse, eine große symphonische Hymne auf das Meer, diesen «Spiegel für das Geschick des Menschen», wie er selbst in einer Notiz zur Thematik

des Werkes schreibt (Pléiade, S. 570). Die nautische Bedeutung des Wortes «amers», «Landzeichen», «Orientierungspunkte» (von einem normannischen Wort «merk»), fließt zusammen mit «amer», «bitter», dem traditionellen Reimwort zu «mer», «Meer». Aufbau und Ton sind erneut Pindar verpflichtet (vgl. dazu die Briefe an G. Frizeau, Pléiade, S. 742f.): Auf eine «Anrufung» folgt der Hauptteil, die – in neun *Suiten* gegliederte – «Strophe» (Strophè: «Altarumrundung»), sodann die sechsfach untergliederte Partie «Chor», den Abschluß bildet eine «Zueignung» (siehe unten, das nächste Gedicht). Die neunte und wichtigste *Suite* von «Strophe» ist wiederum in sieben *Sequenzen* unterteilt, die mit Ausnahme der ersten und letzten alle einen Dialog zwischen dem Liebenden und der Geliebten enthalten. Die erste, welche die Symbolik von Meer, Liebe und Schiff eröffnet *(Étroits sont les vaisseaux)*, kann als unisono gesprochen gelten. Ihr vorauf geht noch eine Ankündigung in drei Versen: «Liebende, o ihr Spätlinge unter den Bildern aus Marmor und Erz, in der Verlängerung der ersten Feuer des Abends,/ Liebende, die ihr schwiegt inmitten der fremden Mengen,/Ihr auch wollt Zeugnis geben heute Abend dem Meer zu Ehren.» (Spezialliteratur: A. Henry, *«Amers» de Saint-John Perse,* ²1981 [vgl. Pléiade, S. 1172f.].)

IX, 1 1–2 *Étroits sont les vaisseaux* . . .: Sehr deutlich ist der rhythmische Parallelismus der Halbverse (Jambus + Päon: –́– ––––́; der erste Halbvers von V. 2, der nach demselben Muster gebaut ist, bietet ein gutes Beispiel für die Erweiterung des Alexandriners, wie sie Saint-John Perse handhabt; V. 3 besteht aus zwei Päonen). – 2 *Immense:* «immense» und «vaste» sind zusammen mit «grand» die häufigsten Wörter in dieser Dichtung. – 11–12 *depuis Troie:* seit Paris und Helena (oder auch seit Odysseus wider Willen die Welt bereiste); zu beachten das Zusammentreffen der zwei stark betonten Silben *Troie/Roule.* – 23 *amour et mer:* Eine solche Ineinssetzung von Meer und Eros ist trotz der – seit der Romantik – umfangreichen Meeresdichtung etwas Seltenes. Man kann jedoch an Prosa von Chateaubriand denken, an Victor Hugos Gedichte «Oceano Nox» (vgl. Band 2, S. 250), «Pleine Mer», an *El Contemplado* von Pedro Salinas oder auch an *Oceánida* von Leopoldo Lugones.

IX, 2 5 *la Vivacité divine:* «vif» und «vivace» sind Schlüsselwörter dieser Dichtung. – 8 *il n'est plus femme qu'agréée:* Kühnes Wortspiel mit «gréer» (betakeln) und «agréer» (annehmen bzw. gefallen). – 32 *oponce:* Feigenkaktus. – 40 *tes anneaux d'argile:* vgl. Victor Hugo: «Chair de femme! argile idéale!» (*La Légende des siécles,* «Le Sacre de la femme») und Paul Valéry: «ma blonde argile» («La Jeune Parque», V. 138; vgl. Band 3, S. 436). – 57 *ses maremmes:* sumpfige Küstenstreifen, speziell in Mittelitalien (von lat. «maritima»). – 58 *noria:* Wasserschöpfrad (spanisch-arabisch). – 60 *l'églogue:* Anspielung auf die Hirtengedichte Theokrits und Vergils, im folgenden auch auf die *Georgica,* das Lehrgedicht zur Landwirtschaft. – 65 *qui tient la coque sur son ber:* der den Schiffsrumpf auf dem Ablaufbalken festhält.

110 DÉDICACE (Erstveröffentlichung: *Exils,* Nr. 1, Oktober 1952; Text:

Pléiade, S. 385; Ü: F. Kemp, II, S. 243) Abschluß des großen Meeresepos *Amers* und zugleich Aufbruch zu neuen Ufern. Als ein Mittagsgedicht wetteifert es mit zwei großen Vorläufern: «Midi» von Leconte de Lisle (*Poèmes antiques,* 1852; vgl. Band 2, S. 368f.) und «Le Cimetière marin» von Paul Valéry (vgl. Band 3, S. 442ff.). Für eine eingehende thematische und lautliche Analyse sei verwiesen auf M. Sacotte, 1987, S. 357–363. – 20 *pygargue:* eine Adlerart (von griech. «Pygargos» – «Weißsteiß»).

112 CHRONIQUE VIII (Erstveröffentlichung: *Cahiers du Sud,* Oktober 1959; Text: Pléiade, S. 403; Ü: F. Kemp, II, S. 269) «Unter seinem Titel *Chronik,* der im etymologischen Sinne aufzufassen ist, gilt dieses Gedicht der Erde, dem Menschen und der Zeit», schrieb Saint-John Perse dem damaligen Generalsekretär der Vereinten Nationen, Dag Hammarskjöld, der es sich nicht nehmen ließ, die acht Gesänge selbst ins Schwedische zu übersetzen. Es gilt stärker der Erde als dem Meer, das indessen auch hier nicht fehlt; stärker dem Menschen des Nach-Mittags und Abends («Lève la tête, homme du soir»); stärker einer Zeit, die zu Ende geht, aber einen Neubeginn nicht ausschließt («Nous vous suivrons, aile du soir ...»). Jeder der *versets* trägt Anführungszeichen: ein einziges großes Zitat einer Stimme, die von weiterher kommt. – 1 *Grand âge, nous voici:* Gemäß seinem gerne gebrauchten zyklischen Verfahren nimmt der Dichter im letzten Gesang den Anfang des ersten wieder auf: «‹Hohe Zeit, hier sind wir, Frische des Abends auf den Höhen, Atem des Offenen auf allen Schwellen, und unsre Stirnen entblößt, größeren Weiten zulieb ...». – 19 *chansons de toile:* mittelalterliche Lieder, von Frauen während der Arbeit am Spinnrad gesungen (auch *chansons d'histoire* genannt, vgl. zu Apollinaire, «Le Pont Mirabeau», S. 12). – 19 *gynécée:* Gynaikeion, den Frauen vorbehaltener Wohnraum im antiken Griechenland (das im Deutschen üblichere Wort «Kemenate» ist mittelalterlich und meint «Raum mit Kamin»). – 20 *chansons de veillées:* zur Abendzeit gesungene Lieder, keine Gattung im eigentlichen Sinn; *dites chansons de Reine de Hongrie:* wie Saint-John Perse auf diese Bezeichnung kommt, muß offenbleiben; mit der Königin von Ungarn könnte «Berte as grans piés» aus der gleichnamigen altfranzösischen Chanson de geste gemeint sein.

RAINER MARIA RILKE

Prag 4. 12. 1875 – Valmont bei Montreux 29. 12. 1926

Den Namen Rilkes in einer Anthologie französischsprachiger Lyrik zu finden, mag überraschen. In der Tat hat es damit eine besondere Bewandtnis. Rilke hat sich nie als französischen Dichter empfunden. Er war auch nicht zweisprachig. Doch brachten es seine Lebensumstände mit sich, daß er – ähnlich wie Heine – mit der französischen Sprache in einer Weise vertraut wurde, die ihn auch einen schöpferischen Umgang mit ihr wagen ließ. Seit seiner Prager Zeit vereinzelt, in den letzten Lebensjahren mächtig anschwellend, entstanden unter dem Einfluß Maeterlincks, Verhaerens, Anna de Noailles' und später vor allem Valérys lyrische Stücke zumeist kürzeren Umfangs, in denen französisches und deutsches rhythmisches Empfinden in einer ganz einmaligen Erfahrung einander angenähert sind. Veröffentlichtes wie Unveröffentlichtes umfaßt in der Werkausgabe Zinn über 200 Seiten. «Nebenstunden» seien es für ihn, schrieb Rilke, und dem Wunsch entsprungen, «Frankreich und dem unvergleichlichen Paris (...) als ein bescheiden Lernender und unbescheiden Verpflichteter, sichtbarer verbunden zu sein». Hinzu kam die stolzere Erwägung, daß seine deutsche Lyrik kaum Aussicht habe, «eine wirklich entsprechende und gültige Übertragung» ins Französische zu erleben. Das Wichtigste jedoch war für den schon von Krankheit Gezeichneten der Walliser Jahre «die beglückende Erfahrung, jünger zu sein, fast jung im Gebrauch einer zweiten Sprache, in der man bisher nur aufnehmend oder praktisch betätigt gewesen war und deren steigender Überfluß (...) einen nun (...) zu tragen begann» (Brief an E. Korrodi vom 20. März 1926). Die taktvoll-freundliche Aufnahme der *Vergers* bei einigen französischen Schriftstellern, nicht zuletzt André Gide, war Rilke Anlaß zu großer Freude.

Rilkes Übersetzer Maurice Betz wies behutsam darauf hin, daß der echte Rilke in diesen Versen nur zu ahnen sei: «*Vergers* a tous les charmes de la facilité. Le flou de la langue étrangère offre ici à Rilke ce que propose au citadin la campagne: une tentation de liberté, un divertissement imprévu où il se meut plus aisément» (NRF, 1. Sept. 1926).

Ausgaben: Tendres impôts à la France, 1924. – *Vergers,* 1924–1925. – *Quatrains valaisans,* 1924. – *Les Roses,* 1924. – *Les Fenêtres,* 1924. – *Exercices et Évidences* 1925–1926. [Alle in: *Sämtliche Werke,* Zweiter Band, ed. E. Zinn, Frankfurt 1956, S. 517–745.]

Literatur: M. Betz, *Rilke vivant,* 1937; dt. Übers. W. Reich, Wien 1938. – W. Ritzer, *Rainer Maria Rilke. Bibliographie,* Wien 1951, S. 266–268 [Literatur zu Rilke und Frankreich vor 1951]. – J. R. von Salis, *Rilkes Schweizer Jahre* Frauenfeld [3]1952. – Ch. Dédéyan, *Rilke et la France,* 4 Bde., 1961–1963 [vor allem Bd. I, S. 407–416, und Bd. IV, S. 369–402]. – K. A. Batterby, *Rilke and France,* Oxford 1966. – Cl. David, *Roses et Fenêtres,* in: *Études Germaniques* 30 1975, S. 425–437. – B. Böschenstein, *Le cycle «Les Roses» et la métaphore absolue,* in: *Blätter der Rilke-Gesellschaft,* 6, 1979, S. 34–41. – Ders., *Divinités antiques dans les poèmes français de Rilke,* in: *Blätter der Rilke-Gesellschaft,* 15, 1988, S. 43–56.

118 QUI VIENT FINIR (Aus: *Vergers;* Text: *Sämtliche Werke,* II, S. 524; Ü: B. Böschenstein) Die Sammlung *Vergers* (Obstgärten) entstand zwischen Januar 1924 und Mai 1925 in Muzot (Wallis), wo Rilke im berühmten «Turm» Zuflucht gefunden hatte. Sie umfaßt 59 Gedichte, von denen einige in der NRF vorabgedruckt waren, und erschien 1926. «Nun war, so wenig wie die Entstehung, die Veröffentlichung dieser Gedichte beabsichtigt», schreibt Rilke. Im Titelgedicht «Verger» (Nr. 29) gibt er seiner ursprünglichen Freude Ausdruck, das Wort «verger» schreiben zu dürfen: «Peut-être que si j'ai osé t'écrire,/langue prêtée, c'était pour employer/ce nom rustique dont l'unique empire/me tourmentait depuis toujours: Verger» («Vielleicht daß, wenn ich es wagte, dich zu schreiben, geliehene Sprache, dies geschah, um diesen ländlichen Namen zu verwenden, dessen einzigartige Macht mich seit jeher umtrieb»). – Die Verszeilen sind nach Länge und Gestalt sehr eigenwillig. Es hat den Anschein, als messe – oder empfinde – Rilke etwa V. 2, der genau genommen neun Silben hat, als einen Achtsilber, also «modern». Ebenso wohl V. 3, der überhaupt sehr wenig Verscharakter hat. Den französischen Hiatregeln wird keine Beachtung geschenkt: *et à la fin* und *le dieu à son tour.*
118 PAYS, ARRÊTÉ À MI-CHEMIN (Aus: *Quatrains valaisans;* Text: *Sämtliche Werke,* II, S. 557; Ü: B. Böschenstein) Seinen Ursprüngen nach, schreibt Rilke in dem genannten Brief an Korrodi, seien die Gedichte «zunächst ein schweizerisches Buch», entstanden aus dem «Gefühl für die reine und großgeartete Landschaft»; eine «Walliser Stimme» habe sich aus ihm erhoben, «so stark und unbedingt, daß die unwillkürliche Wortgestalt in Erscheinung trat, bevor ich ihr das Mindeste gewährt hatte». Die *Quatrains valaisans* (Walliser Vierzeiler) – Rilke wollte sie bei einem späteren Einbürgerungsgesuch vorweisen – sind im August und September 1924 entstanden, umfassen 36 Stükke und erschienen 1926 zusammen mit den *Vergers* im Druck. 1939 wurde Darius Milhaud durch einen Aufenthalt im Wallis zur Vertonung einiger Teile davon angeregt, darunter «Pays» (op. 206, für Chor a capella; vgl. auch Milhauds Erinnerungen *Notes sans musique,* 1949, S. 295).
118 GONG (Aus: *Exercices et Évidences;* Text: *Sämtliche Werke,* II, S. 617; Ü: B. Böschenstein) Zweites von drei unter der Überschrift «Gong» zusammengefaßten Gedichten aus der Sammlung *Exercices et Évidences,* die aus dem Nachlaß ediert wurde. – Die Gedichte erlauben den Vergleich mit den kurz vorher entstandenen Gong-Gedichten in deutscher Sprache (*Sämtliche Werke,* II, S. 186 und 506). Freilich halten sie ihm – im Sinne von Maurice Betz – kaum stand. Immerhin ist dies (zusammen mit dem Hofmannsthal gewidmeten «Füllhorn»/«Corne d'abondance») eines der seltenen Beispiele, wo Rilke sich gleichsam selbst übersetzt.

JULES SUPERVIELLE

Montevideo 16. 1. 1884 – Paris 17. 5. 1960

An Supervielle läßt sich lernen, daß nicht nur Gruppenzugehörigkeit, sondern auch Modernitätsgrad unzureichende Maßstäbe zur Beurteilung dichterischer Größe sind. Nur sich selbst verpflichtet, leicht eingängig und in locker traditionellen Versen schreibend, ist Supervielle doch durch den Ernst seiner Selbstaussage, die Sicherheit seines Wortes und den Reichtum seiner Körperphantasie eine der bedeutenden Lyrikerpersönlichkeiten dieses Jahrhunderts. Für die angelsächsische Welt und noch mehr für die hispanische der er selbst angehört, ist dies selbstverständlicher als für die deutsche, wo er obwohl in Briefwechsel mit Rilke getreten, von Pierre Bertaux in Berlin mit den Brüdern Mann und anderen bekannt gemacht, obwohl von Paul Celan und anderen übersetzt, noch immer zu wenig bekannt ist. – Supervielles Eltern waren nach Uruguay emigriert, um dort eine Bank zu gründen. Acht Monate nach seiner Geburt kommen sie bei einem Besuch im heimatlichen Béarn beide durch eine Vergiftung ums Leben. Der junge Jules wächst zunächst in glücklicher Kindheit bei der Familie in Montevideo auf, doch die Enthüllung dieses Todes bedeutet für ihn eine lebenslang fortwirkende Erschütterung seines Weltvertrauens und seiner körperlichen Stabilität. In gesicherten wirtschaftlichen Verhältnissen lebend, findet er erst relativ spät zu seiner dichterischen Tätigkeit, die auch Erzählungen und Theater umfaßt, wird jedoch dann durch seine zahlreichen Freundschaften (u. a. mit Paulhan, Michaux und dem streitbaren Literaturwissenschaftler Étiemble) und durch seine vielen Aufenthalte in Uruguay zu einem Vermittler zwischen französischer und südamerikanischer Literatur. Wegen seiner Sprachkenntnisse im Ersten Weltkrieg in der französischen Spionageabwehr eingesetzt, entdeckt er auf einem Brief hinter den Worten «Aquí pongo un beso» (Hierhin drücke ich einen Kuß) eine Mitteilung mit unsichtbarer Tinte, was zur Enttarnung der Spionin Mata Hari führt. 1939 vom Krieg in Uruguay überrascht, steht er in engster Verbindung mit der französischen Exilliteratur. Im Besitz einer doppelten Staatsbürgerschaft, kann er 1946 uruguayanischer Kulturattaché in Paris werden, was ihn aus der durch den Zusammenbruch seiner Familienbank verursachten Mittellosigkeit rettet. Vielfach geehrt und Mitglied zahlreicher literarischer Jurys, erliegt er seinen sich verschlimmernden Herz- und Lungenleiden, kurze Zeit nachdem er auf Initiative der Zeitschrift *Nouvelles Littéraires* zum «prince des poètes» gekürt worden war. – Die intensive übersetzerische Auseinandersetzung Paul Celans mit seinem Werk ist ein Glücksfall für die deutschsprachige Lyrik. Zusammen mit dem allgemeinen Nachholbedarf ist dies der Grund dafür, warum Supervielle in dieser Anthologie mit den meisten Gedichten vertreten ist.

Ausgaben: Poèmes de l'humour triste, 1919. – *Débarcadères,* 1922. – *Gravitations* 1925; [umgearbeitete Fassung] 1932. – *Oloron-Sainte-Marie,* 1927. – *Le Forçat innocent,* 1930. – *Les Amis inconnus,* 1934. – *La Fable du monde,* 1938. – *Poèmes de la France malheureuse,* 1941. – *Oublieuse mémoire,* 1949. – *Naissances,* suivi de *En songeant à un art poétique,* 1951. – *Le Corps tragique,* 1959. – Erwähnt sei die sehr ergiebige *Correspondance Supervielle – Étiemble 1936–1959,* Éd. critique par J. Étiemble, 1969.

Übersetzungen: Gedichte und Legenden, Ü: F. Hagen u. a., Frankfurt 1961. – Einzelne Gedichte in Übersetzungen von F. Kemp: s. Bibliographie Fromm. – Zwischen 1955 und 1968 wurden 35 Gedichtübersetzungen von Paul Celan veröffentlicht. Siehe P. Celan, *Gesammelte Werke,* IV, Frankfurt 1986, S. 348–421.

Literatur: L. Specker, *Jules Supervielle. Eine Stilstudie,* Diss. Zürich 1942. – C. Roy, *Jules Supervielle,* 1949. – T. W. Greene, *Jules Supervielle,* Genf 1958. – Étiemble, *Supervielle,* 1960. – *La Nouvelle Revue Francaise,* VIII, Nr. 94, 1960. – G. Poulet, in: *Études sur le temps humain,* III, 1962. – J. A. Hiddleston, *L'univers de Jules Supervielle,* 1967. – R. Vivier, *Lire Supervielle,* 1971. – P. Viallaneix, *Le hors-venu ou le personnage poétique de Supervielle,* 1972. – F. Dilk, *Le hors-venu,* in: Hinterhäuser, 1975, S. 279–292. – M. Remacle, *Supervielle: ‹Pour un poète mort›,* in: dies., *Analyses de poèmes,* S. 138–144. – J. Robichez, *«Gravitations», commentaires,* 1981. – Y. A. Favre, *Supervielle. La rêverie et le chant dans «Gravitations»,* 1981. – *Revue d'Histoire Littéraire de la France,* LXXXII, 1982 [mehrere Artikel zu *Gravitations*]. – R. Paseyro, *Jules Supervielle, le forçat volontaire,* 1987. – B. Böschenstein, *Supervielle in Celans Fügung,* in: W. Hamacher/W. Menninghaus, *Paul Celan,* Frankfurt 1988, S. 222–238. [Bibliographie bei Greene, Roy und Viallaneix.]

120 Le Matin du monde (Text: *Gravitations,* 1932, S. 41; Ü: M. Fahrenbach) «Gravitationen» meint so viel wie «Suche nach dem Schwerpunkt», nach den Ursprüngen, dem Herkunftsland Uruguay, den verlorenen Eltern, dem Platz des Dichters in der Welt. Die Gedichte dieses bekanntesten Bandes von Supervielle, die in ihrer Mehrzahl metrisch gebunden sind, erfuhren von der ersten zur zweiten Auflage eine starke Umarbeitung. «Matin du monde» trug zunächst den Titel «Ville natale». Es ist das Eingangsgedicht der zweiten Gruppe der Sammlung «Matins du monde», in der ein anderes Gedicht den Namen der Geburtsstadt Montevideo trägt. Über den individuellen Anlaß hinaus ist die Rede von der Reinheit und Unschuld des Anfangs. Wie im ganzen Band fließen Aufgang der Welt, Aufgang des Lebens, Aufgang des Morgens in eins. – Metrum: Achtsilbige Vierzeiler, teilweise gereimt, teilweise assonantisch *(bruits – ouir).* – 1 *Alentour naissaient . . .* Mythische Schöpfungsvorstellung wie in einem späteren Erzählband *Premiers pas de l'univers* (1950), in dem es heißt: «C'étaient les premiers souffles du monde où le chaos

et la nuit, depuis toujours accouplés, finirent par engendrer coup sur coup le destin et le temps, la terre, le ciel et le soleil. Et quelques grands personnages que l'on appela dieux». – 9 *Les palmiers trouvant une forme:* die Welt *in statu nascendi* zu erleben ist das Privileg des Dichters, ist zugleich Allegorie des Dichterischen überhaupt (man denke an Valéry, «Aurore»; vgl. Band 3, S. 430ff.). – 16 *pour son cœur astrologue:* insofern der Astrologe alle Himmelsvorgänge auf den Menschen bezieht. «Le cœur astrologue» ist Titel einer anderen Gedichtgruppe des Bandes. – 31 *oublièrent:* das erste Passé simple nach der Mythenerzählung im Imperfekt. Der Vorgang ist abgeschlossen, die Welt lebt, die erste Metapher hat stattgefunden (Robichez).

122 Cœur (Text: *Gravitations,* 1932, S. 101; Ü: M. Fahrenbach) Durchgehend Sechssilber, V. 1–12 durch Kreuzreim in drei Vierzeiler unterteilt, denen die Schlußstrophe entspricht; davon abgehoben der ungereimte Mittelteil. – Die Übersetzerin gibt diese Form, ebenso wie die vorige, durch ungereimte trochäische Vierzeiler wieder, die sogenannte «Heinestrophe»:

Deine weißen Lilienfinger,
Könnt ich sie noch einmal küssen,
Und sie drücken an mein Herz,
Und vergehn in stillem Weinen! *(Buch der Lieder)*

Die freiere Behandlung der Senkungen («Tausend Geräusche . . .») wird von Heine ebenfalls geübt. – 1 *Suffit d'une bougie:* Diese Zeile wurde Titel einer Gedichtgruppe. – 18 – *De quel monde venu?* –: Die Parenthese nennt ein Leitmotiv in Supervielles Dichtung. Daher auch seine Wortschöpfung *Le hors-venu,* «der von draußen Gekommene». – 23 *cœur:* Auch die durch Herzinsuffizienz verursachte Angst ist ein ständig gegenwärtiges Motiv. – Das Gedicht ist dem großen spanischen Lyriker Jorge Guillén gewidmet, aus dessen *Cántico* (1928) Supervielle die Gedichte «Los aires» und «El aire» übersetzte (Bibliographie bei Greene).

124 Vivre (Text: *Gravitations,* S. 105; Ü: P. Celan, S. 357) Ebenfalls aus der Gruppe «Suffit d'une bougie». – Celans Übersetzungen liegen die Erstfassungen der Gedichte von 1925 zugrunde. Zur Bedeutung der Supervielle-Übersetzungen für die dichterische Entwicklung Celans selbst vgl. außer dem genannten Aufsatz von B. Böschenstein auch G. Steiner, *After Babel,* London 1975, S. 404 (dt.: *Nach Babel,* Frankfurt 1981, S. 387) und L. M. Olschner, *Der feste Buchstab. Erläuterungen zu Paul Celans Gedichtübertragungen,* Göttingen 1984. – 5–9 in der Fassung von 1932: «J'ignore le repos/Que connaissent les hommes/Et même mon sommeil/Est dévoré de ciel./Nudité de mes jours . . .» («Ich weiß nichts von der Ruhe, die die Menschen kennen, und selbst mein Schlaf wird verzehrt von Himmel. Nacktheit meiner Tage . . .»).

124 Pointe de Flamme (Text: *Gravitations,* S. 123; Ü: P. Celan, S. 363) Aus der Gruppe «Le Miroir des morts». – In einem Brief vom 18. 11. 1925 an Supervielle drückte Rilke seine Bewunderung besonders für dieses Gedicht aus, seine «sanfte und präzise Leichtheit . . . wie von niemandem gemacht».

Die beiden Dichter hatten sich 1925 bei Jean Cassou in Paris kennengelernt. Vgl. *Correspondance Rilke – Supervielle,* in: Rainer Maria Rilke, *Collection «Les Lettres»,* Paris 1952, und R. Paseyro, S. 121f. Rilke sandte ein Exemplar seiner *Quatrains valaisans* an Supervielle (s. oben S. 500ff.); dem Andenken Rilkes widmete dieser wiederum den Band *Oloron-Sainte-Marie* (aufgenommen in *Le Forçat innocent*); ein Text von Rilke auch in *Homenaje Supervielle,* Montevideo 1930.

126 VŒU (Text: *Gravitations,* S. 137; Ü: P. Celan, S. 367) Wohl eines der schönsten Gedichte Supervielles. Locker gereimte Zehnsilber, von Celan in fünf- und sechshebige Jamben übertragen, unter sehr genauer Beachtung des Rhythmus. – 4 *m'en déprendre:* «mich davon losmachen». – 7 *colis:* Man ermißt die bittere Nuance, die durch «Stückgut» hinzugefügt wird.

126 MONTAGNES ET ROCHERS (Text: *Le Forçat innocent,* 1930, S. 24; Ü: P. Celan, S. 371) Das Eingangsgedicht des Bandes trägt den Titel «Le Forçat», «der Frondienstleistende», das zweite Gedicht «Le Cœur»; der «unschuldig Fronende» (Überschrift der ersten Gedichtgruppe und Gesamttitel des Bandes) meint denn auch das Herz, als den prekären Sitz des Lebens, von dem in V. 7 die Rede ist. – 6 *Que je devienne ...* Dieser Alexandriner, ohne Zäsur, nähert sich der Prosa, besser einem angstvoll murmelnden «Parlando», dem Celan sehr genau entspricht.

126 GRANDS YEUX (Text: *Le Forçat innocent,* S. 36; Ü: M. Fahrenbach) Sechssilber (wiedergegeben durch dreihebige Trochäen), kompliziertes Reimschema. Die Schiffsmetaphorik läßt an die häufigen Atlantiküberquerungen des Dichters denken. – 13 *cils:* das «l» kann im Reim auch unausgesprochen bleiben (wie in «sourcil»).

128 WHISPER IN AGONY (Text: *Le Forçat innocent,* S. 77; Ü: P. Celan, S. 373) Aus der (Rilke gewidmeten) Gruppe *Oloron-Sainte-Marie.* Die Reise in die Stadt seiner Vorfahren, im Baskenland, in der seine Eltern ums Leben gekommen waren, wagte Supervielle erst spät und nur in Begleitung von Henri Michaux, der am besten für Schutz vor dem Übermanntwerden durch Gefühle bürgte. Alle Gedichte handeln vom Tod in seinen verschiedenen Gesichtern. «Whisper in Agony» spricht davon in der Weise des Sich-Dareinfindens. Es tut dies in der größten, zur Allgemeinheit gesteigerten Verdichtung (ob es sich bei dem englischen Titel um ein Zitat handelt, ist noch offen).

130 LES AMIS INCONNUS (Text: *Les Amis inconnus,* 1934, S. 9; Ü: M. Fahrenbach) Titelgedicht des dritten großen Gedichtbandes, in dem die Todesthematik einer diffusen Beunruhigung durch vielerlei Unheimliches weicht, welches indessen die Stimme des Dichters häufiger zu besänftigen, sich zum Freunde zu machen vermag. – Alexandriner mit Ausnahme eines Achtsilbers im viertletzten Vers.

132 LES CHEVAUX DU TEMPS (Text: *Les Amis inconnus,* S. 11; Ü: P. Celan, S. 377) Das zweite Gedicht des Bandes, mit einem eigentümlich surrealeinsamen allegorischen Bild der Zeit. Celan hat das ganze Gedicht in einer

entrhythmisierten, gleichsam zurückgenommenen Prosa wiedergegeben. Nur an einer Stelle: »sich meine Lider greift« (V. 7) geht sie übers Original hinaus. Gewiß hat diese Prosanähe auch mit Celans eigener dichterischer Entwicklung zu tun, wie die folgenden Übersetzungen zeigen (vgl. dazu B. Böschenstein S. 222–224).

132 Figures (Text: *Les Amis inconnus,* S. 18; Ü: P. Celan, S. 381)

134 Le monde est plein de voix (Text: *Les Amis inconnus,* S. 32; Ü: P. Celan, S. 383) An diesem Gedicht wird besonders deutlich, wie Celan ohne nennenswerte inhaltliche Abweichungen das Original nur durch Aufgabe der rhythmischen Regelmäßigkeit zu etwas anderem macht, zu einer modernen metaphysischen Kurzerzählung, die von Michaux sein könnte.

134 Pour un Poète mort (Text: *Les Amis inconnus,* S. 44; Ü: P. Celan, S. 385) Eigenartiges *do ut des* zwischen Publikum und Poet, schlichte, schier einfältige Variante des «Was aber bleibet, stiften die Dichter». Die «Geber»-Strophe vorwiegend in Achtsilbern, die «Nehmer»-Strophe vorwiegend in Neunsilbern. – Das Gedicht ist Gegenstand einer für Schüler gedachten eingehenden Interpretation von M. Remacle, in: *Analyse de poèmes français,* 1975, S. 138–143.

136 Lui seul (Text: *Les Amis inconnus,* S. 114; Ü: P. Celan, S. 391)

136 Le Monde en nous (Text: *Les Amis inconnus,* S. 124; Ü: P. Celan, S. 395) Wie das vorige Gedicht aus der Gruppe *Le Miroir intérieur.*

136 Beau monstre de la nuit (Text: *La Fable du monde,* 1938, S. 72; Ü: P. Celan, S. 407) Aus der Gruppe «Nocturne en plein jour» des vierten großen Gedichtbandes, den ein zweifelnder, probeweise angenommener Gottesgedanke durchzieht (am deutlichsten in dem Gedicht «Prière à l'inconnu» – «Gebet zum unbekannten Gott»). – Celan übersetzt die sehr vollendeten, formstrengen Alexandriner dieser Zwiesprache mit dem Tode durch denselben Vierzehnsilber, den er für Valérys «La Jeune Parque» verwendet. In der Tat steht Supervielle hier Valéry sehr nahe. – 9 *Gardant par devers moi ma plus claire chanson:* «Mein hellstes Lied in meinem Innern bergend». – 13 *par des intermittences:* Der Ausdruck «Pausensprache», den Celan hierfür schafft, benennt zugleich aufs beste seine eigene Sprache (siehe dazu den genannten Aufsatz von B. Böschenstein). – 18 *Et le ciel ...*: einziger Alexandriner ohne Mittelzäsur: er suggeriert dadurch die Rückkehr zum Gewohnten.

138 La Mer secrète (Text: *La Fable du monde,* S. 131; Ü: P. Celan, S. 411) Aus der letzten Gruppe des Bandes, «Fabeln». Dieser Ton der hintergründig-schlichten Fabel findet sich ähnlich bei Desnos.

138 Paris (Text: *1939–1945. Poèmes,* 1946, S. 15; Ü: P. Celan, S. 413) Die 11 Gedichte *Poèmes de la France malheureuse* entstanden 1940 in Uruguay in einer Situation größter Bedrängnis: die Niederwerfung Frankreichs, ein faschistischer Putschversuch in Uruguay und der Zusammenbruch der Supervielle-Bank in Montevideo trafen zusammen. – Die Sechssilber des Klagegedichts auf Paris gibt Celan durch dreihebige Jamben wieder, die an protestantische Kirchenlieder erinnern. – 1 *ville ouverte ...* Anspielung auf

die militärische Bedeutung des Ausdrucks: «offene (= nicht verteidigte) Stadt».

140 A UN ARBRE (Text: *1939–1945. Poèmes*, S. 76; Ü: P. Celan, S. 417) Aus der Gruppe «Arbres».

André Breton

Tinchebray (Orne) 18. 2. 1896 – Paris 28. 9. 1966

Bretons Dichtung imponiert durch ihre Haltung, nicht durch ihre Aussage. Sie ist eine einzige Aussageverweigerung. Ein asketisches Reinheitsstreben prägt sie und verbannt unnachsichtig und kompromißlos Beschreibung und Erklärung, Mimesis und Musik, Anschauliches und Sinnhaltiges aus ihren Zeilen. Die von ihm proklamierte «surrealistische Revolution» gilt allem Mitteilbaren in der Poesie, verschmäht allen irgendwie gearteten ästhetischen oder praktischen Nutzen als Klischee, betreibt eine radikale Reduktion des sinnlich Ansprechenden. Zurück bleibt eine Höhe und Strenge des Tons, die keine Zwischenwerte duldet, eine Freiheit des Sprechens, des Zer-sprechens von allem Banalen und ein geradezu vermessener Wahrheitsanspruch. Denn der *Sur-réalisme* (der Ausdruck stammt von Apollinaire, E. R. Curtius hatte ihn noch mit «Überrealismus» wiederzugeben versucht) ist ein gesteigerter Realismus des Inneren: er verfolgt das Ziel, die Wirklichkeit des Seelischen unverstellt zu erfassen. Dieses für unser Jahrhundert so folgenreiche Ziel war indessen schon von Mallarmé und Valéry genannt worden. Um es zu erreichen, verwandelt Breton sich aus freien Stücken in einen Automaten und verdammt alles, was ihn davon abzulenken versucht.

In jungen Jahren von Extremformen des Spätsymbolismus beeindruckt – Huysmans' Des Esseintes, Valérys Monsieur Teste, Gides Lafcadio und am meisten von Gustave Moreaus lasziv-intellektuellen Frauenfiguren – hat Breton in der Weltkriegszeit vier Begegnungen, die schockhafte Illuminationen für ihn sind und seine jugendliche Leidenschaft für die Poesie in eine zumindest nach außen gezeigte Kälte verwandeln: Jacques Vaché, ein exzentrischer Dandy, den der Medizinstudent Breton im Militärhospital von Nantes kennenlernt, wird zum Lehrmeister der Versenkung ins eigene chaotische Innere unter dem Signum des schwarzen Humors (von dem Breton später eine Anthologie zusammenstellt); Sigmund Freuds *Traumdeutung* weist ihn von anderer Seite her auf den Weg zur «inneren Mechanik»; Apollinaires Simultaneismus erscheint ihm als ein Mittel, diesen Entdeckungen poetischen Ausdruck in völlig neuer Sprache zu verleihen; Lautréamonts *Chants de Maldoror* erschließen sich ihm als die noch fehlende Übertragungstechnik, nämlich die Methode des Schreibens unter dem Diktat des psychischen Automatismus.

1919 veröffentlicht er mit Philippe Soupault zusammen den ersten surrealistischen Text, *Les champs magnétiques,* der Absicht nach ein total unzensiertes Protokoll innerer Vorgänge: «pensée parlée». Gleichzeitig gründet er eine Zeitschrift, die er auf Vorschlag Valérys *Littérature* nennt, nach eigenem Bekunden «par antiphrase et dans un esprit de dérision», nämlich in Anspielung auf Verlaines berühmtes «et tout le reste est littérature». Kurzzeitig öffnet er deren Spalten auch dem Dadaismus Tristan Tzaras, schließt ihn indessen bald wegen «moralischer Oberflächlichkeit» wieder aus. 1921 wendet er sich den Malern Miró, de Chirico, Duchamp, Man Ray und Max Ernst zu; gegen den früher bewunderten, zum Nationalisten gewordenen Maurice Barrès inszeniert er den ersten skandalhaften «Prozeß» wegen «Verbrechens gegen die Sicherheit des Geistes». Er sucht Freud in Wien auf. 1923 ist der Surrealismus eine feste Gruppe, eine Bewegung, der Aragon, Soupault, Éluard, Péret, Desnos und andere angehören. 1924 verfaßt Breton, ihr unbestrittenes Haupt, das *Manifest des Surrealismus* und schleudert ein bis zur Unflätigkeit heftiges Pamphlet gegen den eben verstorbenen Anatole France, was zum Bruch mit seinem Mäzen, dem Couturier Jacques Doucet, führt. Er gründet eine neue Zeitschrift *La Révolution surréaliste,* eröffnet ein «Bureau de recherches surréalistes» und veröffentlicht die Essaysammlung *Les Pas perdus.* Die Lektüre von Trotzkis Leninbiographie macht ihn zu einem begeisterten Anhänger der Oktoberrevolution; 1927 tritt er der Kommunistischen Partei bei, doch erkennt er sehr rasch, daß dort kein Platz für ihn ist. Er macht die Bekanntschaft einer jungen Frau namens Nadja («der Anfang des Wortes Hoffnung im Russischen»), die eine völlig neue Dimension in sein Leben bringt. Von da an wird er seine besten Kräfte der Befreiung und Neugestaltung des Eros widmen. Das Prosawerk *Nadja* von 1928 gilt allgemein als sein schönster Text. In das *Zweite surrealistische Manifest* von 1930 gehen zahlreiche Anleihen aus Esoterik und Alchemie ein. Gleichzeitig beginnt die Reihe der schmerzhaften Zerwürfnisse mit den Gefährten, die seinem kompromißlosen Weg nicht mehr folgen können oder wollen und als Abtrünnige von seinem Bannstrahl getroffen werden. Doch stoßen jüngere wie Char, Buñuel und Dalí neu dazu. Breton attackiert aufs heftigste den Faschismus einerseits, den Stalinismus andrerseits. Ilja Ehrenburg, der sich abfällig über den Surrealismus geäußert hatte, wird in Paris auf offener Straße von ihm geohrfeigt. Breton heiratet Jacqueline Lamba, Adressatin des Bandes *L'Amour fou,* und wird der gemeinsamen Tochter Aube ein hingebungsvoller Vater. 1938 reist er im Auftrag des Außenministeriums nach Mexiko, begeistert sich für das Land und schließt enge Freundschaft mit dem dorthin geflüchteten Trotzki. In Paris tritt er nachdrücklich für den zur Emigration gezwungenen Freud ein. 1940 gelangt er über Marseille zusammen mit Claude Lévi-Strauss nach Martinique, wo ihn die Behörden schikanieren, und von da in die USA. Er veranstaltet in New York eine Ausstellung über den Surrealismus und gründet zusammen mit Marcel Duchamp eine Zeitschrift. Er heiratet zum zweiten Mal, studiert indianische und ozeanische Kunst, veröffentlicht *Arcane 17.*

Nach der Rückkehr verweigert er prinzipiell jede Beteiligung an politischen Bewegungen, zieht jedoch kraft seiner persönlichen Ausstrahlung erneut zahlreiche junge Leute an sich. 1947 kommt es aus Anlaß einer Veranstaltung zum Indochinakrieg zu einer öffentlichen Prügelei mit Tristan Tzara. Bis zu seinem Tod verfolgt Breton unbeirrt das dreifache Ziel: «Die Welt verwandeln, das Leben ändern, den menschlichen Verstand in sämtlichen Teilen erneuern». Breton ist einer der ganz wenigen Schriftsteller unseres Jahrhunderts, die sich nichts zu vergeben haben. Dieser antipoetischste unter den Dichtern sagte: «Ich will, daß man schweigt, wenn man nichts mehr fühlt.»

Ausgaben: Poèmes, 1948. – *Clair de terre,* 1966. – *Signe ascendant,* 1975.

Übersetzungen: L'Amour fou, Ü: F. Kemp, München 1970; Frankfurt 1975. – *Die magnetischen Felder,* Ü: Ré Soupault/E. Helmlé, München 1981. – *Der weißhaarige Revolver,* Ü: W. Schmidt, Berlin 1984.

Literatur: Zum Surrealismus: M. Nadeau, *Histoire du Surréalisme,* 1964. – H. S. Gershman, *The Surrealist Revolution in France,* Ann Arbor 1969. – P. Bürger, *Der französische Surrealismus,* Frankfurt 1971. – A. Thirion, *Révolutionnaires sans révolution,* 1971. – H. T. Siepe, *Der Leser des Surrealismus,* Stuttgart 1977. – Zu Breton: M. Sheringham, *André Breton, a Bibliography,* London 1972. – Ph. Audoin, *Breton,* 1970. – *André Breton,* ed. M. Eigeldinger, Neuchâtel 1970. – E. Lenk, *Der springende Narziß,* München 1971. – G. Durozoi/B. Lecherbonnier, *André Breton,* 1974. – M. Bonnet, *André Breton, Naissance de l'aventure surréaliste,* 1975. – H. Béhar, *André Breton,* 1989 [Biographie].

142 PLUTÔT LA VIE (Erstveröffentlichung: *Le journal du peuple,* 1. 12. 1923; Text: *Poèmes,* S. 37–38; Ü: W. Schmidt, *Der weißhaarige Revolver,* S. 54–55) Ein surrealistisches Gedicht will und kann nicht linear gelesen, daher auch nicht so kommentiert werden. Wenn kommentieren bedeutet, auf etwas hinzuweisen, was ein künftiger Leser nicht gesehen und gewußt haben könnte, so scheidet dies Verfahren hier eigentlich aus, denn es gibt in einem solchen Gedicht grundsätzlich nichts, was man nicht gesehen oder gewußt haben könnte. Breton ist nicht müde geworden zu verkünden, daß die Frage: «Was will der Dichter damit sagen?» sinnlos ist. Der Dichter will nichts sagen, was er nicht gesagt hätte. Indessen sind von diesem Grundsatz auch viele Abstriche zu machen, und eine ganz andere Frage ist, ob es nicht vieles gibt, was wir nicht sehen *wollen.* Ein surrealistisches Gedicht ist nicht völlig ungeordnet. Sogar sehr viel weniger, als es der verkündete Glaube an die Macht des Unbewußten eigentlich zuließe. Wiederum ist es nicht so, daß eine Struktur des Bewußten nur durch eine Struktur des Unbewußten ersetzt wäre. Sonst könnte man diese ja erlernen, rational zugänglich machen, wie es Freud unter den Leitbegriffen «Verschiebung» und «Verdichtung» versucht hatte. Doch das wäre alsbald das Ende des surrealistischen Abtenteuers. Man

hat gesagt, der Surrealist ersetze (wie bis zu einem gewissen Grad alle Dichter vor ihm) die außersprachliche Referenz, die Beziehbarkeit des sprachlichen Zeichens auf etwas damit Gemeintes, durch eine innersprachliche Referenz, eine Beziehbarkeit des Zeichens auf ein oder mehrere andere Zeichen. Damit ist sicher Wichtiges erfaßt, aber wohl nicht alles. Wenn man annehmen darf, daß unbewußte Vorgänge in der Regel eine irgendwie geartete Klärung, Erfüllung, Heilung verfolgen, also einen Abschluß anstreben, so möchte das surrealistische Gedicht prinzipiell unabgeschlossen bleiben. Dazu bedarf es jedoch einer anhaltenden Willensanstrengung. Das ständige Offenhalten kann eigentlich nur «par antiphrase et dans un esprit de dérision» geschehen, wie Breton sagte, also im Geiste einer höhnischen Verdrehung aller Dinge in ihr Gegenteil. Das Gedicht kann also nicht anders, als sich der Gefahr auszusetzen, pueril oder neurotisch zu erscheinen. Setzte es sich dieser Gefahr aber nicht aus, so begäbe es sich seiner größten Hoffnung, welche ist, im nächsten Moment die Schönheit neu zu erfinden, freilich stets eine «konvulsivische» Schönheit *(Nadja)*. Der Neuheitsanspruch in Bretons Dichtung ist übrigens schon sehr früh mit guten Gründen relativiert worden: «Wer darin den Ausdruck folgerichtig entwickelter Empfindungen sucht, wird enttäuscht sein», schrieb Édouard Dujardin, der Theoretiker des Symbolismus, bereits 1924, «doch wer darin eine Sprachkonzeption erblicken will, die der Entstehung des psychischen Lebens zu entsprechen sich bemüht, auf den warten die bewegendsten Überraschungen» (vgl. M. Bonnet, S. 305). Und der Geburt des Seelischen antwortet ein reiches «merveilleux quotidien», das Wunderbare im Alltäglichen.

1 *Plutôt la vie:* Die refrainartig wiederkehrende, einer Devise ähnliche Formel «Lieber das Leben» ist unverkennbar eine Antiphrase von «Lieber den Tod», jener Devise eben, deren Wiederkehr so viel Überdruß erregt hatte. Es ist also zunächst eine sprachliche Hohlform und eine inhaltliche Gedankenhülse, doch kann es auch als Aufruf zum Leben und zur Befreiung empfunden werden, gemäß der Formel: «liberté couleur d'homme», «menschenfarbene Freiheit». – 5 *mare aux murmures:* Beispiel für assoziatives, nicht auf ein Gemeintes hin auflösbares Sprechen, das sich des Mittels der Assonanz bedient, bei der ja ein Lautzeichen auf ein anderes Lautzeichen verweist. – 20–21 *Le soleil a beau ..., Pour peu que ...:* Beispiel für den Typus der auf Verblüffung, auf Scheinlogik setzenden, bizarren surrealistischen Schönheit (und Erotik, was sehr oft dasselbe ist). – 22 *en fermant les yeux sur ...:* Beispiel für das Sprachideal des doppeldeutig und traumhaft Verschwimmenden. «Fermer les yeux sur ...» hat als idiomatischer, «heruntergekommener» Ausdruck lediglich die abstrakte Bedeutung «von etwas wegsehen»; dieser wird hier wörtlich genommen, reaktiviert, und *kann* bedeuten: «vor Verwunderung die Augen schließen», der Verwunderung über die eigene Hand, diesen «orage adorable»: warum sollte in einer anderen Welt einem die eigene Hand nicht wie ein herrliches Gewitter vorkommen? Man beachte freilich auch hier die Assonanz «*ora*ge ad*ora*ble», die die Formel weitgehend unüber-

setzbar macht. – 29–30 *Quand les livres . . .:* Was mit den «rayons moins doux» gemeint ist, ob es sich um «Regale» oder um «Strahlen» handelt, ist nicht zu entscheiden. Man darf nicht einmal vermuten, daß der Autor wohl entweder die eine oder die andere Bedeutung «im Sinne» hatte. Unübersehbar allerdings scheint eine Anspielung auf ein berühmtes Sonett von Mallarmé: «Mes bouquins refermés sur le nom de Paphos» (vgl. Band 3, S. 58), ebenso wie im folgenden Vers die Worte «quand là-bas il ferait mieux» fragmenthaft Baudelaires «Invitation au voyage» evozieren. Die Formel «il ferait mieux que meilleur» ist eines der typischen Sprachspiele (und muß sich durchaus nicht nur aufs Wetter beziehen), das sogleich noch für das sehr ernsthafte «il ferait libre oui» benutzt wird. – 21 *la vie comme fond de dédain:* Das Leben als «Grundierschicht aus Verachtung» (und nicht aus Gold) oder als «Schminke Gottes» ist eine Art metaphysischer Antiphrase oder Rudimentärbestimmung. – 36 *La vie comme . . . comme . . . comme . . .:* Der Vergleich des Lebens mit . . . endet in einer wortspielerischen Kapriole, indem das «comme» dreimal eine völlig andere Funktion annimmt.

144 TOURNESOL (Aus: *Clair de terre,* 1923; Text: *Poèmes,* S. 43–44; Ü: W. Schmidt, S. 54–55) Wie das vorige ist dieses Gedicht dem (Saint-Paul Roux gewidmeten) Band *Clair de terre* entnommen, dessen Titel «Erdschein» eine Antiphrase von «clair de lune», Mondschein ist, doch laut Motto ein Zitat aus einem populärwissenschaftlichen Astronomiebuch: «Unser Globus wirft einen hellen Erdschein auf den Mond.»

Mit dem Gedicht hat es eine interpretatorische Bewandtnis besonderer Art, die alles bisher Gesagte umzuwerfen und uns über die Grenzen unseres Verstandes hinauszuführen scheint. In *L'Amour fou* behauptet Breton nicht mehr und nicht weniger, als daß es sich hier um einen Fall von Präkognition handele, daß er das Gedicht rein intuitiv niedergeschrieben habe, ohne zu wissen, was es bedeute, daß im Verlaufe eines nächtlichen Ganges durch Paris dreizehn Jahre später aber sein Sinn sich ihm in allen Einzelheiten enthüllt, die Vorhersage sich erfüllt habe: dank jener Frau von «skandalöser Schönheit», deren Bekanntschaft er am Vortag gemacht hatte, Jacqueline Lamba. Da eine «supercherie», ein Bluff, mit großer Sicherheit auszuschließen ist, stellt diese Selbsterklärung und Selbstrationalisierung ein beunruhigendes Rätsel dar (Pierre Curnier hat in einer Interpretation die rationale Erklärung noch über Breton hinausgetrieben: vgl. Wais, 1970, S. 402–415). – 1 *Tournesol:* In *L'Amour fou,* S. 56, erklärt Breton, er habe selbst zwischen den Bedeutungen «Sonnenblume» und «Lackmus» geschwankt, die letztere sei ihm wegen der Andeutung des – das ganze Gedicht bestimmenden – alchemistischen Bereichs willkommen (vgl. auch unten das Gedicht «Vigilance»). – 7 *Au Chien qui fume:* Restaurant bei den Markthallen. – 9 *La jeune femme ne pouvait être vue d'eux:* Breton teilt mit, daß er es bereut habe, in die erste, die spontane Fassung die Worte *d'eux* eingefügt, ebenso in V. 23 das ursprüngliche *dangereux* gegen ein nichtssagendes *dévoués* ausgetauscht zu haben. – 10 *l'ambassadrice du salpêtre:* Salpeter steht metonymisch für Schießpulver, Explosionsfeuer. – 12 *Le bal des innocents:* weiteres Glied einer Kette von Angaben, die den nächtlichen Spazierweg der Liebenden markieren, nämlich vom *Square des Innocents* über den *Pont au Change* zur *Rue Gît-le-Cœur.* Alle diese Nennungen seien doppelbödig und als Anspielungen auf die Welt des Alchemisten Nicolas Flamel aus dem 14. Jahrhundert zu verstehen. Die Topologie seines Unbewußten ist für Breton also analog oder sogar identisch mit einer geheimnishaften Topologie von Paris (die erotische Eroberung der Stadt gipfelt an anderer Stelle in der Bezeichnung der Place Dauphine als dem «sexe de Paris»). – 20 *Une ferme . . .:* der Blumenmarkt. – 29 *la statue d'Étienne Marcel:* Auf der Südseite des Hôtel de Ville steht die Statue des 1358 ermordeten Vorstands der Pariser Kaufmannschaft, der für Breton ein Vorkämpfer der Freiheit ist. – 31 *André Breton . . . passe:* nicht nur «geht vorüber» sondern auch «wandelt sich», «schlägt um» (wie das Lackmuspapier; gleiches Doppelspiel beim *Pont au Change:* nicht nur «Wechslerbrücke», sondern auch «Brücke des Wandels»).

146 L'Union libre (1931 ohne Autorangabe veröffentlicht; Text: *Poèmes*, S. 57–58; Ü: W. Schmidt, S. 67–68) Wohl das berühmteste Gedicht Bretons, wenn nicht des ganzen Surrealismus. Der Titel dieser «Litanei» ist wohl am besten mit «Die freie Verbindung» wiederzugeben, meint er doch zugleich die Verbindung der Geschlechter und die der Worte. Die freie Wortverbindung geschieht mit Hilfe dessen, was M. Riffaterre die «conjonctifs surréalistes» nennt (*Langue française,* 3, 1969, S. 51), also hier *à* und *de,* syntaktische Schablonen, die Zusammenhänge stiften zwischen Signifikaten, deren Korrelate in der Wirklichkeit ohne Zusammenhang sind (vgl. dazu auch W. Raible, 1972, S. 107). Natürlich ist das Entscheidende nicht dieses linguistische Muster, sondern der Reichtum und die Kühnheit der Einfälle, wie auch die Sicherheit im Fernhalten alles Banalen. – 31 *Ma femme à la gorge de Val d'or:* Dieser einzige geographische Name des Gedichts dürfte erfunden sein: «Meine Frau mit dem Goldtalbusen». – 52 *de placer et d'ornithorynque:* «placer» ist ein Wort spanischer Herkunft und bedeutet «Stätte, an der nach Gold zu schürfen verlohnt»; «ornithorynque» ist der im Französischen übliche Name für das in Australien lebende Tier mit dem eigentümlich breiten Schnabel. – 60 *niveau d'eau:* Wortspiel mit den Bedeutungen «Waage» und «Niveau», «Höhe».

150 Le Verbe être (Aus: *Le revolver à cheveux blancs,* 1932; Text: *Poèmes*, S. 73–74; Ü: B. Böschenstein/J. Bollack, *Französische Gedichte,* S. 146–148) Dieser Band mit seinem absurd gewählten Titel wird eröffnet von der Märchen-Antiphrase «Es wird einmal sein», einem donnernden Plädoyer für die Rechte der Phantasie: «Phantasie ist nicht Geschenk, sondern Eroberung», «ist das, was drauf und dran ist, Wirklichkeit zu werden», «Wo ist der Schnee von morgen?». Ein Gedicht daraus ist dem berühmten Briefträger Cheval gewidmet, dem Erbauer jenes «Traumschlosses» in Hauterive (Isère), in dem Breton einen Geistesverwandten sah. Zwei der neunzehn Stücke sind in Prosaform geschrieben. Sie sind – wenn auch nur um Grade – näher am

Sprechstil als die versartig angeordneten Texte. Die Überschrift des Stückes müßte eigentlich «Le désespoir» lauten. Statt dessen ist die immer wiederkehrende Kopula «c'est» gewählt worden. Dem Leser wird nicht entgehen, wieviel das «absurde Theater» Ionescos solchen Methoden verdankt.

152 VIGILANCE (Aus: *Le Revolver à cheveux blancs,* 1932; Text: *Poèmes,* S. 90–91; Ü: W. Schmidt, S. 118–119) Zu diesem Gedicht, dem Triumph träumerischer «Wahrheit» über die Kontingenz des Wirklichen, hat sich Breton – wie zu «Tournesol» – in *L'Amour fou* geäußert (S. 55). Stärker noch als andere läßt es surrealistische Malerei – etwa die des Zöllners Rousseau – vor dem Auge erstehen. – 1 *la tour Saint-Jacques:* Diesen Turm, Rest einer von dem oben erwähnten Alchemisten Nicolas Flamel gestifteten Kirche, sah Breton als «das große Monument der Welt für das Unenthüllte». Natürlich steht er zu weit entfernt von der Seine (und im übrigen nördlich von ihr), als daß sein Schatten tatsächlich auf ihre Wasser fallen könnte. – 19 *J'entends se déchirer...:* Nachdem er das Feuer den eigenen Körper zerstören sah, tritt der Gereinigte, der neuerstandene Phönix, in einen eigentümlichen Bereich grandios-grotesker Jenseitshaftigkeit, der für ihn jedoch eins ist mit dem vollkommenen Eros. Stärker als sonst noch haben Bretons Bilder hier etwas Schattenlos-Erdenthobenes, «Metaphysisches» (im Sinne der Malerei), ist seine Haltung die eines Propheten der Endzeit. Zwar ist die «menschliche Wäsche» zerrissen, doch der „vollkommenen Form des Busens» fehlt die tastbare Haut; das «Herz der Dinge», an das er rührt, der «Faden», den er hält, scheinen nur für ihn selbst erreichbar. (S. zu diesem Gedicht auch H. Wetzel in: P. Brockmeier/H. Wetzel, ed. *Französische Literatur in Einzeldarstellungen,* Bd. 3, Stuttgart 1982, S. 94.)

154 LE POISSON-TÉLÉSCOPE (Aus: *L'Air de l'eau,* 1934; Text: *Poèmes,* S. 109; Ü: W. Schmidt, S. 139)

ROBERT DESNOS

Paris 4. 7. 1900 – Theresienstadt 8. 6. 1945

Die Welt des Alchemisten Nicolas Flamel, die für Breton die «überwirkliche» Dimension von Paris ausmachte, war auch der poetische Nährboden für Desnos. Darin verband sich die sehr handfeste Umgebung des (damaligen) Markthallenviertels, in dem er aufwuchs, mit dem Sog der von den Fesseln des Verstandes befreiten Zonen: Traum, Hypnose und Parapsychologie. Die Begabung zum spiritistischen Medium, die seinen surrealistischen Mitabenteurern zugutekam, förderte in ihm das immer tiefere Aufspüren der sexuellen Grunderlebnisse, denen er wohl allzu früh und ungeschützt ausgesetzt war. Den bald beklemmenden, bald befreienden Nachtvisionen in seiner

Dichtung stehen indessen viele zärtliche Erinnerungen an sein Stadtviertel und liebenswert verspielte Kinderphantasien gegenüber.

Der Vater verwaltete den Wild- und Geflügelmarkt. Der Sohn sagt sich mit sechzehn Jahren von zu Hause los, fühlt sich in Anarchistenkreisen wohl und stürzt sich in die Literatur. Gleichzeitig mit seinen ersten Veröffentlichungen schließt er 1919 Bekanntschaft mit Vitrac, Péret und Breton. Nach dem Militärdienst in Marokko schließt er sich der Gruppe *Littérature* an und nimmt maßgeblich an den automatischen Schreibübungen und Traumexperimenten teil. Er lebt von Gelegenheitsarbeiten und verfaßt 1923 auf Bestellung des Couturiers Jacques Doucet die Schrift *De l'érotisme.* Bekannt wurden seine Sprachspiele unter dem Titel *Rrose Sélavy* = «Eros c'est la vie», nach Marcel Duchamp (1922, in: *Corps et biens*), die an Morgenstern denken lassen. Seit 1925 widmet er sich zunehmend dem Journalismus. Dies und seine Weigerung, mit den Freunden zusammen in die KPF einzutreten, führen 1930 zum Bruch mit Breton. Von den 30er Jahren an teilt er sein Leben mit Youki Foujita, einer der «Königinnen» des Montparnasse, die als «Sirène» in seinen Dichtungen vorkommt. Ab 1935 ist er erfolgreich für den Rundfunk tätig, arbeitet mit Alejo Carpentier, Darius Milhaud und Jean-Louis Barrault zusammen. Dennoch macht er sich zur Auflage, jeden Abend ein Gedicht zu schreiben. 1936 schließt er sich der Volksfront an. Nach der «débâcle» schreibt er für die Zeitung *Aujourd'hui,* polemisiert gegen Céline, wird als «philoyoutre» verleumdet, kann seine Mitarbeit beim Widerstandsring *Agir* lange tarnen. 1944 wird er verhaftet und über Auschwitz, Buchenwald, Flossenbürg nach Flöha in Sachsen deportiert. Mithäftlinge haben ihm für das Jahr der Zwangsarbeit in der deutschen Rüstungsindustrie ungewöhnlichen Mut und Ausdauer bezeugt. Im April 1945 wird er, bereits schwer erschöpft, nach Theresienstadt verlegt. An Typhus erkrankt, überlebt er die Befreiung nur um wenige Wochen.

Ausgaben: Domaine public, 1953. – *Calixto,* suivi de *Contrée,* 1962. – *Corps et biens,* 1968. – *Destinée arbitraire,* 1975. – *Fortunes,* 1975. – *Chantefables et Chantefleurs,* 1977. – *Les voix intérieures,* 1987.

Übersetzungen: Robert Desnos, eingel. von Pierre Berger, ausgewählte Texte übers. von A. Hager, Neuwied 1968. – *Gegenrichtung,* Ü: J. Sieß, Bielefeld 1989 [vor allem aus *Destinée arbitraire*].

Literatur: R. Buchole, *L'évolution poétique de Robert Desnos,* Brüssel 1956. – P. Berger, *Robert Desnos,* 1968. – *Europe,* Sondernummer Mai–Juni 1972. – M. A. Caws, *The Surrealist Voice of Robert Desnos,* University of Massachusetts, 1977. – R. Pohl, *Die Metamorphosen des negativen Helden,* Hamburg 1977. – M.-C. Dumas, *Robert Desnos ou l'exploration des limites,* 1980. – W. Pabst, in: Pabst 1983, S. 292–312. – *Cahiers de l'Herne,* Sondernummer Desnos, ed. M. C. Dumas, 1987 [mit Bibliographie].

156 L'ODE À COCO (Aus: *Corps et biens,* 1930; Text: *Corps et biens,* 1953, S. 25–28; Ü: A. Hager, in: P. Berger, S. 94–97) Entstanden 1919. Zusammen mit «Le Fard des Argonautes» steht dies Gedicht des neunzehnjährigen Desnos mit seinen unregelmäßig gereimten Alexandrinergruppen Rimbauds «Bateau ivre» nahe (s. Band 3, S. 122ff.), nur lebt es sehr viel mehr vom Wortspiel: «Coco» wird in sieben verschiedenen Bedeutungen verwendet (auch «Corps et biens» ist ein Wortspiel: «mit Mann und Maus . . . untergehen»). – 17 *ô métèque épatant:* drolliger Widerspruch («o du toller Metöke»). – 18 *un aigle de lutrin:* Für diesen respektlos-übermütigen Blick sieht der Papagei aus wie ein Lesepultadler, der sich auf einen Sextanten verirrt hat. Diese Lese- oder Gesangspulte (*lutrin* von *lectorinum*) in den Chorräumen der Kirchen sind oft mit einem Adler als dem Attribut des Evangelisten Johannes geschmückt. Die Papageienstange ähnelt mit ihrem rechten Winkel einem Sextanten. – 26 *Coco:* hier erste Hälfte von «cocorico», dem Krähen des gallischen Hahns. – 33 *femme de Loth:* Loths zur Salzsäule erstarrtes Weib (Gen 19, 26) muß sich – wenig ehrerbietig – als «coco» = närrische Gestalt anrufen lassen. – 37 *Coco! fruit défendu . . .:* die Kokosnuß. – 41 *Coco! petit garçon:* Hier ist «coco» Kosename für ein Kind. – 50–51 *maelstroms* und *goélands:* Wörter aus dem «Bateau ivre». – 56 *Quand, seuls sur l'océan, . . .:* «Plus léger qu'un bouchon j'ai dansé sur les flots», heißt es bei Rimbaud. – 63 *Où des phallophories:* Ganz im Stile von Apollinaires burlesker Gelehrsamkeit wird hier ein griechisches Wort bemüht, das das Phallustragen bei den Dionysosumzügen meint. – 70 *Sur ses talons . . . décrochant:* Die Schuhe mit hohen Absätzen waren damals aufgekommen und wurden zu einem Fetisch vieler Surrealisten. Die wörtliche Übersetzung der Stelle (ohne deren Kenntnis man das nachfolgende Lied nicht versteht) lautet: «und hakt (also fast: «hackt») den Passanten die verdrehten Augen aus den Höhlen». – 72 *O le beau collier . . .:* Das makaber-ausgelassene Chanson im Volksliedrhythmus (in der ersten Strophe Trochäen, in der zweiten Choriambus und Jambus: . . –́ – – –́ – –́ – – –́) unterbricht die Alexandrinertiraden, bevor im letzten (hier nicht mehr abgedruckten) Teil des Gedichts das Wort «coco» seine siebte Bedeutung hergibt, nämlich «Kokain». – 76 *bilboquet:* Spiel mit einem zugespitzten Stab, der eine durchbohrte Kugel auffangen muß. – 79 *Riquet:* «Riquet à la houppe» («mit dem Haarschopf») ist der Titelheld eines Märchens von Charles Perrault.

160 DE LA ROSE DE MARBRE À LA ROSE DE FER (Aus: *Les Ténèbres,* 1927; Text: *Domaine public,* S. 151; Ü: B. Böschenstein/J. Bollack, *Französische Gedichte,* S. 160–162) Vierundzwanzigstes und letztes Stück des Bandes *Les Ténèbres.*

164 LE BŒUF ET LA ROSE (Aus: *Les sans cou,* 1934; Text: *Fortunes,* 1975, S. 77–78; Ü: H. Köhler) Der Band *Les sans cou,* mit zwei Radierungen von André Masson «hors commerce» erschienen, steht unter der Prämisse einer ausgereifteren Werkästhetik. Damit einher geht – etwa im Eingangsgedicht «Apparition» – eine erneute Hinwendung zum Elend der Deklassierten. Be-

sonders eigentümlich sind aber die zahlreichen, stets sehr sorgfältig geschriebenen Grotesken von parodistischem Ernst. Der Kalauer «Les sans cou» = «Die Halslosen» / «Les cent coups» = «Die hundert Schläge» findet sich ähnlich bei Queneau und bei Max Ernst («La femme 100 têtes»).

166 Le Brochet (Aus: *Trente Chantefables pour les enfants sages,* 1944; Text: *Chantefables et Chantefleurs,* 1977, S. 40; Ü: A. Hager, in: P. Berger, S. 166) Wie zum Beweis für die innere Freiheit, deren ein Mensch fähig sein kann, schreibt Desnos in der Zeit, als ihm schon Verhaftung droht, entzükkende Kindergedichte, die ein wenig von der Poesie der mittelalterlichen Tierbücher wiedererstehen lassen.

166 L'Épitaphe (Aus: *Contrée,* 1944; Text: *Calixto,* suivi de *Contrée,* 1962, S. 59; Ü: P. Celan, *Gesammelte Werke,* IV, S. 801) Das Schlußgedicht des 25 Stücke umfassenden Bandes *Contrée,* in welchem Niedergeschlagenheit angesichts der Zeitumstände und düstere Vorahnung des kommenden Todes mit ermunternden Aufrufen zur Hoffnung wechseln, ist in Paul Celans freier Anverwandlung noch stärker zeitenthoben als das Original schon war (dessen für das elisabethanische Sonett unregelmäßige Reimanordnung sie überdies berichtigt). Die anspruchslosere Übersetzung von Anneliese Hager (S. 163) mag die Celansche Transposition besser einschätzen helfen:

Ich hab zu jener Zeit gelebt, und seit tausend Jahren
Bin ich tot. Ich lebte gehetzt, doch nicht erniedrigt.
Da die menschliche Würde in Fesseln lag,
Lebte ich frei unter maskierten Sklaven.

Ich hab zu jener Zeit gelebt, und dennoch war ich frei.
Ich sah den Himmel, den Fluß und die Erde
Um mich kreisen, ihr Gleichgewicht wahren
Und die Jahreszeiten sorgen für Vögel und Honig.

Ihr Menschen, was habt ihr gemacht mit den Schätzen?
Sehnt ihr die Zeiten zurück, da ihr mich geplagt?
Habt ihr die Felder bestellt für gemeinsame Ernten?
Habt ihr die Stadt, in der ich lebte, reicher gemacht?

Von mir fürchtet nichts, ihr Menschen, denn ich bin tot.
Von meinem Geist und meinem Leib bleibt nichts zurück.

ANTONIN ARTAUD

Marseille 4. 9. 1896 – Paris 4. 3. 1948

Artaud hat das Feld der Lyrik nur für kurze Zeit betreten. Sein gesamtes Wirken ist insofern von besonderer Art, als er nie ein literarisches Werk im herkömmlichen Sinn angestrebt hat, durch seine Schriften zum Theater indessen, mehr noch durch seine Praxis als Regisseur und Schauspieler, größten Einfluß auf die Literatur unseres Jahrhunderts gewann. Der hervorragend begabte Sohn aus begütertem Haus, der zum Ende seiner Schulzeit von schweren psychischen Störungen befallen wird (möglicherweise Folgen einer in früher Kindheit durchgemachten Meningitis) und zahllose Kliniken aufsucht, hat wie kein anderer nach Nietzsche die Grenzen von gesund und krank für seine Mitmenschen unsicher erscheinen lassen. Sein Leben lang sucht er schreibend und spielend sein beschädigtes Selbst zu erreichen, sucht im Wort nach sich selbst. «Ich bin der ewig aus mir Abwesende», sagte er und betrachtete Werke nur als «Abfälle seiner selbst». Seine Aussage: «Wo andere Werke vorweisen, will ich nichts als meinen Geist zeigen», die ihn dem Wortlaut nach in unerwartete Nähe zu Valéry bringt, führt ihn zu bewundernswerten Einsichten, jedoch auch zu erbittertem Aufbegehren gegen alles Rationale. «Was mir fehlt, ist eine Konkordanz der Worte mit der Urschrift meiner Seelenzustände»: mit solchen hellsichtigen Definitionen deckt er das ganze Programm der Surrealisten ab, mit denen er einige Jahre hindurch den gleichen Weg geht. Seine Theaterlaufbahn (die darzulegen hier nicht der Ort ist) bricht er 1935 nach dem Mißerfolg seines Stückes *Les Cenci* (nach Shelley und Stendhal) ab, um in Mexiko und später in Irland sich in den Geist von Sonnenreligionen zu versenken, nachdem er sich vorher intensiv mit Elgabal (Heliogabal), jenem spätantiken Sonnenkaiser, als dem Inbegriff des Anarchischen identifiziert hatte («Algabal» heißt er bei Stefan George, mit dem Artaud sich hier sehr von ferne berührt). Von seiner Mutter, die sich unermüdlich seiner annimmt, wird der zunehmend durch Drogen Zerrüttete wieder in ärztliche Hände gebracht. 1946 erreichen wohlmeinende, aber unkundige Freunde seine «Befreiung» aus der Anstalt. Er bleibt sich selbst überlassen, sein Gesundheitszustand verschlechtert sich rapide. Die einst eindrucksvolle Gestalt verfällt, das Ende ist elend.

Seine Lyrikbände aus den 20er Jahren, gering an Zahl und Umfang, unterschiedlich in der Qualität, enthalten einige Stücke von unnachahmlicher, beunruhigender Schönheit, etwa das vulkanisch-selbstzerstörerische «Gebet», das Paul Celans untrüglicher Sinn unter den besten herausgriff.

Ausgaben: L'Ombilic des limbes, 1968. – *Œuvres complètes,* Bde. I–XXIII, 1970–1987 [Lyrik in Band I].

Übersetzungen: Die Nervenwaage, Ü: G. Henniger, Berlin 1961. – *Das Theater und sein Double,* Ü: G. Henniger, Frankfurt 1971.

Literatur: G. Charbonnier, *Antonin Artaud,* 1959; 1970 (Poètes d'aujourd'hui). – Obliques, Nr. 10–11, 1976, Sondernummer Artaud [mit Bibliographie]. – E. Kapralik, *Antonin Artaud, Leben und Werk,* München 1977 [mit Bibliographie]. – A. und O. Virmaux, *Artaud, un bilan critique,* 1979. – W. Pabst, in: Pabst, 1983, S. 314–329.

168 Prière (Aus: *Le tric trac du ciel,* 1923; Text: *Œuvres complètes,* Bd. I, S. 223; Ü: P. Celan, *Gesammelte Werke,* IV, S. 797) *Le tric trac du ciel* – «Wie die Dinge im Himmel so laufen», Wortspiel mit dem Ausdruck «le tric trac du monde» – ist Artauds erste Veröffentlichung in Buchform, in 112 Exemplaren von Henri Kahnweiler verlegt. Im Vorwort zu einer geplanten Gesamtausgabe von 1946 wollte Artaud sie ausgeschlossen wissen. 1923 hatte er einige seiner Gedichte an die *Nouvelle Revue Française* gesandt. Jacques Rivière, ihr damaliger Sekretär, lehnte ab mit den Worten: «Ich bedaure, Ihre Gedichte nicht in der NRF veröffentlichen zu können. Doch haben sie mich durchaus soweit interessiert, daß ich die Bekanntschaft ihres Verfassers machen möchte.» Daran schloß sich ein Briefwechsel an, den Artaud später seinen Gesammelten Werken voranzustellen bat (noch später ließ er die – keineswegs nur verstiegenen – Briefe an den Papst und den Dalai Lama an die erste Stelle setzen).

170 L'Arbre (Aus: *Poèmes,* 1924–1925; Text: *Œuvres complètes,* Bd. I, S. 254; Ü: B. Böschenstein) Dieses Gedicht gehört in den Umkreis des Bandes *L'Ombilic des limbes* («Der Nabel des Limbus», also der Vorhölle); es weist einige Züge der «unanimistischen» Gedichte von Jules Romains auf, die Artaud vorübergehend prägten (vgl. Ch. Bachat, «Une poésie de la cruauté», in: *Obliques,* S. 171–180).

Paul Éluard

Saint-Denis 14. 12. 1895 – Paris 18. 11. 1952

Eugène Émile Paul Grindel, der sich nach seiner Großmutter mütterlicherseits Paul Éluard nannte, war sicherlich der Lyriker, dem im Frankreich dieses Jahrhunderts am meisten Sympathie und Liebe entgegengebracht wurde. In den Jahren der deutschen Besetzung wurde sein Wirken, das bis dahin auf den verhältnismäßig engen Kreis der Surrealisten beschränkt geblieben war, für alle Schichten der Bevölkerung, die sich mit dem Okkupanten nicht arrangiert hatten, zu einer Quelle von Mut und Zuversicht. Seine von einem ungewöhnlichen Grundvertrauen getragene, um analytische Unterschiede unbekümmerte Verbindung oder sogar Ineinssetzung von Dichtung, Traum, Liebe, Revolte und Brüderlichkeit hat seinen um ihr Selbstvertrauen gebrachten Landsleuten einen unschätzbaren Dienst erwiesen, ganz gleich, wie man diesen Vorgang moralisch beurteilen mag. Die Erotisierung des Freiheitsgedankens, zu der in dem bekanntesten, 1942 in Tausenden von Flugblättern verbreiteten Gedicht «La Liberté» aufgerufen wurde, war eine geniale Inspiration (wenn sie gleichwohl Vorgänger hatte), die dem einzelnen erlaubte, sein Land mit neuer Energie zu «besetzen». Daß Dichtung und Wahrheit keine Gegensätze seien, legte der Titel der Sammlung, zu der «La Liberté» gehört, suggestiv nahe: *Poésie et Vérité*. Der Ton dieser Verse, der zugleich rhetorisch, räsonnierend, psalmodierend und traumhaft-ekstatisch ist, erwies sich als mächtiges Agens der überindividuellen Einmütigkeit. Es gibt dafür in Deutschland keine Entsprechung. Die Éluardsche Dichtung wurde hier naturgemäß erst mit Verspätung und unter veränderten Umständen bekannt (die ersten Übersetzungen stammen bezeichnenderweise von Stephan Hermlin): ein Grund für tiefgreifende Unterschiede in den Empfindungsweisen all diesen Dingen gegenüber: Land, Liebe, Traum und nicht zuletzt Dichtung.

Er ist Sohn eines Buchhalters bäuerlicher Abkunft, der bald als Grundstücksmakler zu Vermögen kommen, und einer Schneiderin aus ärmlichen Verhältnissen, die bald ein Atelier leiten wird. Aus wohlbehüteter Jugend wirft ihn erst eine Tuberkulose, dann der Krieg. 1912 hatte er in Davos die Bekanntschaft von «Gala» gemacht, einer Russin, die 1917 seine Frau wird und die einzige Frau auf Max Ernsts berühmtem Bild «Au rendez-vous des amis» ist. Die Freundschaft mit Max Ernst wiederum dürfte die einzige wichtigere Beziehung Éluards mit Deutschland sein (und auch Ernst war eher Franzose geworden). Freilich verliert er Gala mehr und mehr an Max Ernst, später – und diesmal endgültig – an Salvador Dalí. Ihn, der über den Kriegserlebnissen zum Pazifisten geworden ist, zieht nach seiner Demobilisierung 1919 zunächst die Dadaistengruppe an, bevor er durch Vermittlung von Jean Paulhan die Bekanntschaft André Bretons macht, mit dem er bis in die Zeit vor dem Zweiten Weltkrieg den gleichen Weg geht. Das ererbte Vermögen, das Éluard mäzenatisch für die Freunde drangibt, schmilzt bald dahin: wie die meisten seiner Gefährten übt er niemals einen regelmäßigen Beruf aus. 1924 bricht er unversehens zu einer «lächerlichen» Reise um die Welt auf: Flucht aus der ihm unerträglich gewordenen Situation mit Gala. Unter dem Eindruck des Kolonialkrieges in Marokko tritt er 1927 zusammen mit Breton, Aragon und anderen der Kommunistischen Partei bei. Die Beziehungen der Surrealisten zur Partei verlaufen zwar turbulent – 1932 kommt es zum Bruch zwischen Éluard und Aragon, der sich der orthodoxen Linie verschreibt, ein Jahr danach werden Éluard und Breton ausgeschlossen – doch bleiben beide unbeirrt antifaschistischen Positionen treu. Éluard engagiert sich sogar in einer für Breton unannehmbaren Form: 1938 brechen auch sie. Nach einem Tuberkuloserückfall 1928 hatte Éluard bei einem Spaziergang mit René Char in Paris «Nusch» kennengelernt, Maria Bentz, Tochter elsässischer Akrobaten, die 1934 seine zweite Frau wird. Alle Liebesdichtung dieser Jahre geht von ihr aus. 1936 reist er zu Vorträgen über surrealistische Dichtung und Malerei nach Spanien und England. Bei Kriegsausbruch mobilisiert, nähert er sich ab 1942 wieder der – inzwischen verbotenen – KPF, verfaßt unter Pseudonym zahlreiche Widerstandsgedichte und kann in einer psychiatrischen Klinik Unterschlupf finden. Nach der Befreiung steht er allenthalben in höchstem Ansehen. Der Tod Nuschs 1946 stürzt ihn in Verzweiflung. Mühsam erholt er sich durch Übernahme zahlreicher friedenspolitischer Missionen auf Seiten der Linken, die ihn in viele Länder gerade auch des Ostblocks führt. 1949 begegnet er in Mexiko Dominique Lamort, die seine dritte Frau wird. 1952 folgt er einer offiziellen Einladung nach Moskau. Im September des gleichen Jahres wirft ihn eine Angina pectoris nieder, der er bald darauf erliegt. Nationale Ehrungen erkennt ihm die Regierung der IV. Republik nicht zu. Die Trauer bei Freunden im In- und Ausland ist allgemein. Zum Begräbnis auf dem Père Lachaise strömen Tausende von Menschen zusammen.

Der Wandel vom surrealistischen Bürgerschreck zum allseits geliebten Wortführer wirft für die Kritik die Frage nach der Einheit seines Werkes auf. Ist Éluard sich treu geblieben? Es gibt gute Argumente sowohl für ein Ja wie für ein Nein. Das Urteil über Éluard ist im übrigen durch die Debatte um «Engagement» versus «Poésie pure» bestimmt, die von ihm selbst ausgelöst wurde. «Poésie pure?» – fragt er in dem Londoner Vortrag *L'évidence poétique* – «Die absolute Kraft der Poesie wird die Menschen, alle Menschen, läutern. Hören wir auf Lautréamont, der sagte, die Dichtung müsse von allen gemacht werden, nicht von einem. Alle Elfenbeintürme müssen stürzen, alles Wort wird geheiligt sein, und dem Menschen, der sich endlich mit der Welt, der seinen, in Einklang findet, wird es genügen, die Augen zu schließen, damit die Pforten des Wunderbaren sich öffnen.» Eher als einen Klassiker im moralischen Sinn, wie Raymond Jean meint, wird man Éluard einen Rousseauisten nennen. «Engagement» und Polemik gegen «Poésie pure» können heute weniger denn je als Maßstäbe gelten (der Ausdruck «Poésie pure» war, vor allem in der Polemik gegen Paul Valéry, ohnehin ein Mißverständnis). Die Kompromittierung der Leitvorstellungen, denen er anhing (das Wesen des Stalinismus hat er nie durchschaut) kann auch seine Dichtung nicht unberührt lassen. Doch ein anderer Satz von ihm sollte nicht umsonst gesprochen sein: »Tant de poèmes d'amour sans objet réuniront, un beau jour, des amants».

Ausgabe: Œuvres complètes, ed. M. Dumas/L. Scheler, 2 Bde., 1968 (Bibl. de la Pléiade).

Übersetzungen: Gedichte, Ü: St. Hermlin, Singen 1946. – *Hauptstadt der Schmerzen,* Ü: G. Henniger, Bielefeld 1959; 1983. – *Unvergeßlicher Leib,* Ü:

L. Klünner, Bonn 1963. – *Ausgewählte Gedichte,* Ü: F. Hagen u. a., Neuwied 1963. – *Choix de poèmes – Ausgewählte Gedichte,* ed. J. Hübner, Neuwied 1963 [Umfangreiche Auswahl aus dem Gesamtwerk].

Literatur: Paul Éluard, Europe, Sondernummer November–Dezember 1962. – L. Perche, *Paul Éluard,* 1963. – L. Decaunes, *Paul Éluard,* 1964; 1982 [mit Bibliographie]. – *Paul Éluard,* Vorwort von L. Parrot, 1964 (Poètes d'aujourd'hui). – H. Eglin, *Liebe und Inspiration im Werke von Paul Éluard,* Bern 1965. – R. D. Valette, *Éluard, livre d'identité,* 1967. – R.-J. Ségalat, *Album Éluard,* 1968 (Bibliothèque de la Pléiade). – W. Raible, «On ne peut me connaître», in: Raible, 1972, S. 113–117. – R. Jean, *Éluard,* 1974. – H. Staub, «Les sens», in: Hinterhäuser, 1975, S. 315–327. – W. Engler, «Leurs yeux toujours purs», in: Pabst, 1976, S. 161–168. – W. Pabst, in: Pabst, 1983, S. 169–179. – J.-Ch. Gateau, *Paul Éluard ou le frère voyant,* 1988 [Biographie].

Diskographie: La victoire de Guernica, 1937 [Vom Autor gelesen]. – *Paul Éluard dit par Gérard Philipe* (Vega-Seghers). – *Cinq poèmes d'Éluard dits par lui-même,* «Le Chant du Monde», LDY M6000. – *La force de l'amour, dit par Éluard,* «Le Chant du Monde», LDY M6001.

172 L'AMOUREUSE (Aus: *Mourir de ne pas mourir,* 1924; Text: *Œuvres complètes,* I, S. 140; Ü: G. Henniger, *Choix de poèmes,* S. 85) Der André Breton gewidmete Band erschien am Tage nach Éluards überstürztem Aufbruch zur Weltreise. Sein Titel ist – über französische Autoren der Barockzeit – der Heiligen Therese von Avila entliehen, der mystisch-paradoxen Formel: «Que muero porque no muero» – «Ich sterbe am Nicht-sterben-Können» (über die zumindest physisch-empirische Verwandtschaft von surrealistischem und mystischem Erleben ist viel geschrieben worden). – 1 *Elle est debout . . .:* Das Gedicht hat nahezu alle Merkmale der Éluardschen Poesie, auch aus späterer Zeit: eingängige, leicht erfaßbare Rhythmen in häufig lokker traditioneller Metrik (hier: Achtsilber); einfache Sätze; große körperlich-sinnliche Nähe zur Gestalt der Geliebten (sie heißt «amoureuse», nicht «aimée» oder «amante»), die bis zum Einswerden geht; Vorliebe für «geschlossene Augen» und das Nachgestalten von Traumbildern; litaneihafte, anaphorische Reihungen oder Wiederholungen; gleichbleibend hoher Sprechton; dennoch an einigen Stellen Abfallen der Spannung bis zur Prosanähe (nicht ohne die Gefahr der Plattheit: hier V. 8 und 12); schließlich – als Wichtigstes – die Vorliebe für kühne, schwer oder gar nicht erklärliche Bilder. – 5 *Elle s'engloutit . . .:* Beispiel für «surrealistisches» Bild. Wörtlich: «Sie versinkt in meinem Schatten wie ein Stein auf dem Himmel». Beim Versuch, den unmöglichen Vergleich auszuführen, ergibt sich doch noch so etwas wie ein *tertium,* aber erst in einem sehr stark verallgemeinerten Empfindungsbereich, hier etwa: «Versinken ins Unendliche». Das Provokative liegt in der sprachlichen Darbietung des kaum noch Möglichen als etwas schier Selbstverständ-

lichem: ein *wie* ohne jede «Schonung» des Lesers. «Das sind Bilder – schreibt Éluard –, die mich verfolgen, aufblitzende Bilder, die mich beunruhigen und doch beruhigen [Verwandtschaft zum Narkotikum], die mich zwingen, zuzugeben, daß es nichts Unverständliches gibt und daß nichts für den aufnehmenden Geist verloren ist» (*Œuvres complètes,* I, S. 1490).

172 Ta chevelure d'oranges (Aus: *Au défaut du silence,* 1925; Text: *Œuvres complètes,* S. 165; Ü: G. Henniger, *Choix de poèmes,* S. 103) Der Band *Au défaut du silence* (etwa: «an der verwundbaren Stelle des Schweigens») ist eine Gemeinschaftsarbeit von Éluard und Max Ernst: 18 Gedichte auf Gala mit 20 Federzeichnungen von ihr. Er erschien anonym, was Philipe Soupault freundschaftlich als «Gaunerei» bezeichnete: er halte die Gedichte für die schönsten, die man seit Baudelaire geschrieben habe ... Einige davon sind von äußerster Kürze, zum Beispiel: «Qui de nous deux inventa l'autre?» («Wer von uns beiden erfand den anderen?»). – 8 *de t'avoir vue venir:* Die Angleichung des Partizips bei «vue» ist ungewöhnlich.

172 Le Miroir d'un moment (Aus: *Capitale de la douleur,* 1926; Text: *Œuvres complètes,* I, S. 195; Ü: B. Böschenstein/J. Bollack, *Französische Gedichte,* S. 150) «Hauptstadt des Schmerzes» (zunächst war der etwas banale Titel vorgesehen: «Die Kunst unglücklich zu sein») ist der bekannteste Band Éluards aus der surrealistischen Zeit. Breton pries daran «les brusques, les profonds, les splendides, les déchirants mouvements du cœur». – 1 *Il dissipe le jour:* Umkehrung eines Satzes vom Typ: «L'aube dissipe la nuit» («Das Morgenrot zerstreut die Nacht»). Auch die folgenden Verse sind mehr oder minder auf Umkehrung und Paradox aufgebaut.

174 Je te l'ai dit (Aus: *L'amour la poésie,* 1929; Text: *Œuvres complètes,* I, S. 230f.; Ü: G. Henniger, *Choix de poèmes,* S. 133) 1 *Je te l'ai dit pour ...:* Das litaneihaft wiederholte «pour» meint etwa das deutsche «bei» der Beteuerungsformeln (es erinnert von ferne an Franz von Assisis «Sonnengesang»: «... per frate vento, ... per sora acqua»).

174 Passage où la vue détourne (Aus: *L'Amour la poésie,* 1929; Text: *Œuvres complètes,* I, S. 263; Ü: B. Böschenstein)

176 Mauvaise Mémoire (Aus: *La Vie immédiate,* 1932; Text: *Œuvres complètes,* I, S. 369f.; Ü: B. Böschenstein)

178 Les Tours du silence (Aus: *Les Mains libres,* 1937; Text: *Œuvres complètes,* I, S. 584; Ü: B. Böschenstein) *Les Mains libres* sind 54 – in ihrer Mehrzahl erotische – Zeichnungen von Man Ray, die Éluard – in Umkehrung des üblichen Verfahrens – mit ebensovielen Gedichten «illustriert» hat, deren Reiz in ihrer Kürze liegt. «Die Türme des Schweigens» stellt in Unteransicht drei Wehrtürme dar, auf deren Mauern große Schatten von kämpfenden Figuren tanzen.

178 Sans Age (Aus: *Cours naturel,* 1938; Text: *Œuvres complètes,* S. 799f.; Ü: B. Böschenstein/J. Bollack, *Französische Gedichte,* S. 154–156) Zu diesem Band schrieb André Breton, noch kurz bevor das Zerwürfnis mit seinem Verfasser eintrat: «Éluard stößt einen Alarmruf aus, um ungemessenes Mit-

leid in dieser für Appelle sonst so tauben Zeit freizusetzen, in dieser Zeit, die sich unter den Ruinen der Freiheit zu begraben anschickt». Neben den Appellen an das Leben «ohne Alter» enthält der Band auch eindeutiger augenblicksbezogene Gedichte wie «Novembre 1936» und «La Victoire de Guernica», die sehr bekannt geworden sind. In Anbetracht ihrer poetischen Qualität konnten sich die Herausgeber allerdings nicht entschließen, sie hier aufzunehmen.

182 DANS LES CAVES (Aus: *Cours naturel,* 1938; Text: *Œuvres complètes,* I, S. 804; Ü: B. Böschenstein)

182 APRÈS MOI LE SOMMEIL (Aus: *Cours naturel,* 1938; Text: *Œuvres complètes,* I, S. 815–817; Ü: B. Böschenstein/J. Bollack, *Französische Gedichte,* S. 158–160) Erstmals in der NRF vom 1. Oktober 1937 veröffentlicht, gehört das Gedicht zu einer Untergruppe von *Cours naturel,* überschrieben «Paroles peintes» («Gemalte Worte»). «Nach mir der Schlaf» war Éluards Devise, die er für ein von Max Ernst entworfenes Ex libris wählte (Einzelheiten zur Zusammenarbeit Éluards mit Ernst in *Œuvres complètes,* S. 1345 f.).

186 FINIR (Aus: *Le Livre ouvert,* I, 1940; Text: *Œuvres complètes,* I, S. 1022; Ü: L. Klünner, *Choix de poèmes,* S. 339–341) Dies Gedicht ist in der Zeitschrift *Mesures* am 15. April 1940, also noch vor der Niederlage Frankreichs, veröffentlicht worden. Der Band *Le Livre ouvert,* I, erschien im Oktober des Jahres.

188 POUR VIVRE ICI (Aus: *Le Livre ouvert,* I, 1940; Text: *Œuvres complètes,* I, S. 1032 f.; Ü: B. Böschenstein) Dies Gedicht ist eigentlich das älteste – und vielleicht das schönste – dieser Auswahl. Es ist von Éluard auf 1918 datiert, wurde jedoch erst 1939 veröffentlicht (NRF, 1. November), bevor es – als erstes einer Gruppe von fünf Gedichten unter diesem Titel – in *Le Livre ouvert,* I, erschien. Denselben Titel – auch eine Art Devise für sein Dichten – hatte Éluard schon 1920 für eine Gruppe von Hai-kais verwendet (vgl. *Œuvres complètes,* I, S. 49).

LOUIS ARAGON

Paris 3. 10. 1897 – Paris 24. 12. 1982

«Das verstoßene Kind, das sich in den Kopf setzte, allen anderen eine grenzenlose Hoffnung zurückzuerobern, und das wie niemand sonst den langen, ungewissen Kampf zu besingen wußte gegen die immer wieder einbrechende Nacht, um einen Morgen heraufzuführen, von dem es selbst gar nichts mehr haben sollte». So eine bewundernde Stimme. – «Wer war dieses Chamäleon, dieser Mosaik-Mensch, dieser Harlekin in den allseits zusammengestückten Gewändern, dieser Virtuose des Tricks, des Stucks und des Schachers?» So eine kritische Stimme. Es scheint unmöglich, Aragon gerecht zu werden, und er selbst hat alles dafür getan, diese Aufgabe zu erschweren. Wollte man sich bei ihm an das Prinzip halten: «Wert des Menschen, Maß des Werkes», so bliebe nicht allzuviel. Bei ihm, der sagte: «Ich bin angefault vom Vergnügen zu verführen»; «Verleumdung ist meine Pflicht, Zersetzung mein System»; der 1929 im sowjetischen Rundfunk erklärte: «Wir begrüßen das bewundernswerte Reinigungswerk der GPU», der 1939 den Hitler-Stalin-Pakt guthieß und nach Stalins Tod schrieb: «Frankreich verdankt Stalin seine Existenz als Nation», und der selbst nach 1968 nur finassierend und opportunistisch vom Parteidogma abrückte. Ein französischer Kritiker sagte zu Beginn des Zweiten Weltkriegs: «Der Dichter dieser Zeit heißt Aragon»; und ein deutscher (antikommunistisch eingestellter) nannte ihn bei seinem Tod das größte Genie des 20. Jahrhunderts. Wenn dieses Jahrhundert eines war, in dem begabte Individuen mit Hilfe von Ideologien das Recht auf Persönlichkeitsentfaltung mißbrauchen konnten, so hat es wohl in diesem immens begabten, eitlen und willensschwachen Schriftsteller seinen Repräsentanten gefunden. Aragon hat sein gesamtes literarisches und politisches Engagement in hyperbolischer Grenzverwischung mit dem Minnedienst an einer Frau identifiziert und nicht gezögert, dafür alle abend- und morgenländische Minnedichtung zur Zeugenschaft aufzurufen. Das peinlich überzogene Unterfangen, bei dem im Grunde nur ein orientierungsloser Mann sich einer herrschsüchtigen Frau anheimgab, hat er selbst ruiniert durch Aussagen wie diese: «Ein Mann ist nur ein Werkzeug, das vorbereitet wurde für die Hände einer Frau». Das Paradox ist dann kaum mehr überraschend: der ideologisch «progressivste» Autor ist dichterisch der konservativste. In den fünfzehn Bänden *Œuvre poétique* mit ihren Zehntausenden von Versen ist so gut wie nichts neu, nirgendwo eine ehrliche Anstrengung um eigenen Ausdruck, allenthalben der gleiche Zug zum – oft bestechend gut gelungenen – Pastiche. Wer von all dem abzusehen vermag, findet in seinen Romanen Passagen von hoher literarischer Qualität, vor allem in *Le paysan de Paris* (1926), *Les voyageurs de l'impériale* (1942), *Aurélien* (1944) und *La semaine sainte* (1958).

Seine Lebensumstände erhellen manches. Seine Geburt wird verheimlicht, sein Vater, Louis Andrieux, Polizeipräfekt von Paris, erkennt das Kind nicht an, seine Mutter gibt es jahrzehntelang als ihren nachgeborenen Bruder aus, die Großmutter wird zur – ungeliebten – falschen Mutter. Deren Mann aber hatte die Familie verlassen. Louis wächst fast ausschließlich unter Frauen und in sehr beengten Verhältnissen heran (allerdings kennen wir das meiste aus Aragons Jugend nur durch seine eigenen, spät, zögernd und widersprüchlich gemachten Enthüllungen). Er lebt sich in seinen Phantasien aus. Mit sieben Jahren soll er mehrere Dutzend Romane verfaßt haben, mit elf beginnt er Verse zu machen, mit dreizehn hat er «alle Bücher» gelesen und verfaßt sein erstes Pastiche. Nach dem Abitur studiert er Medizin. 1917 begegnet er in einem Lazarett Breton. Gegen Kriegsende ist er an der Front und erhält das Kriegskreuz (über seine Kriegserlebnisse wird er schweigen). 1920 nähert er sich Dada. Die Medizin gibt er auf, Breton verschafft ihm eine Stelle bei dem Couturier Jacques Doucet. Die surrealistischen Aktivitäten vereinen sie, die Anschauungen über den Roman trennen sie. 1927 treten sie gemeinsam der KP bei, in der Aragon bis an sein Lebensende verbleiben wird. Gleichzeitig läßt er sich von der Tochter des englischen Reeders Cunard aushalten; als sie ihn zu verlassen droht, fingiert er 1928 in Venedig einen Selbstmord. Im November begegnet er in Paris Elsa Kagan, einer russischen Jüdin, Schwester der Lebensgefährtin Majakowskis, die sich von ihrem Mann, André Triolet, getrennt hat und Aragons Leben und Werk maßgeblich beeinflussen wird. In längeren Aufenthalten in der Sowjetunion übernimmt Aragon die Shdanovsche Kunstdogmatik des «sozialistischen Realismus», die er später nationalfranzösisch zu modifizieren sucht. Über dem Programmgedicht «Front rouge» kommt es zum Bruch mit Breton. Zu Beginn des Bürgerkriegs hält er sich kurz in Spanien auf. 1937 übernimmt er die Leitung der kommunistischen Zeitung *Ce soir.* Bei Kriegsausbruch wird er mobilisiert, kann aus der Gefangenschaft entkommen und beginnt in Südfrankreich zusammen mit dem Verleger Pierre Seghers den Widerstand französischer Intellektueller zu organisieren. Seine Gedichte aus dieser Zeit – zunächst legal, erst ab 1942 illegal erschienen – finden große Verbreitung, de Gaulle zitiert daraus in seinen Rundfunkansprachen aus Algier. An Kampfhandlungen nimmt er nicht teil. Nach der Befreiung heftig in die Auseinandersetzungen des Kalten Krieges verwickelt, verteidigt er die Thesen Lyssenkos zur proletarischen Biologie. Er veröffentlicht weiterhin im Verlag Gallimard (über seinen Umgang mit kapitalistischen Produktionsmethoden und einem daraus erwachsenen beträchtlichen Vermögen wird Joseph Breitbach die Satire *Derrière le rideau* schreiben). Wegen einer unkorrekten Behauptung in *Ce soir* werden ihm als dem redaktionell Verantwortlichen 1948 auf zehn Jahre die Bürgerrechte entzogen. Die Unkorrektheit war offensichtlich belanglos: es ist ein »politisches» Urteil. 1950 wird er stellvertretendes, 1954 ständiges Mitglied des Zentralkomitees der KPF. Er übernimmt die Leitung der Zeitschrift *Lettres françaises.* Im Zuge des Algerienkonflikts wendet er sich der islamischen Welt zu, was 1963 seinen Ausdruck in dem «poème-roman» *Le fou d'Elsa* findet. Die sowjetische Niederwerfung des Ungarnaufstands 1956 verteidigt er. Nach dem Einmarsch in die Tschechoslowakei und dem Tod Elsas zwei Jahre später gerät er zunehmend aus dem Gleichgewicht, gibt sich Selbstanklagen hin und bietet der Öffentlichkeit ein eher klägliches Schauspiel senilen Dandytums.

Ausgaben: Œuvres romanesques croisées d'Elsa Triolet et Aragon, 42 Bde., 1964–1974 [parteisubventionierte Monumentalausgabe]. – *Œuvre poétique,* 15 Bde., 1974–1981. – *Le Crève-cœur,* 1986. – *Brocéliande,* 1987.

Übersetzung: Zu lieben bis Vernunft verbrennt, Berlin (Ost) 1968.

Literatur: C. Geoghegan, *Louis Aragon, Essai de bibliographie,* 2 Bde., London 1979 [Werkbibliographie]. – C. Roy, *Aragon,* 1951 (Poètes d'aujourd'hui) – R. Garaudy, *L'itinéraire d'Aragon,* 1961 [Gesamtdarstellung in der Perspektive des dialektischen Materialismus aus der Feder eines bedeutenden Linksintellektuellen]. – J. Sur, *Aragon, le réalisme de l'amour,* 1966. – G. Sadoul, *Aragon,* 1967 (Poètes d'aujourd'hui) [Mit «Chansonnographie»]. – W. Babilas, «Aragon und Hölderlin», *Hölderlin-Jahrbuch,* 15, 1967/68, S. 209–239. – W. Babilas, «Louis Aragon», in: Lange, 1971, S. 78–112. – P. Daix, *Aragon, une vie à changer,* 1975 [Biographie eines Aragon Nahestehenden]. – G. Thiele, «La Diane française», in: Pabst, 1976, S. 187–210. – P. Morelle, *Un nouveau cadavre, Aragon,* 1984 [sehr kritisch]. – H. J. Neyer, *Kunst und Politik bei Aragon,* Frankfurt 1984. – L. Babilas, «Aragon en Allemagne», in: Zs. *Faites entrer l'infini* (Journal de la Société des Amis de Louis Aragon et Elsa Triolet), 1, 1986.
Zur Literatur der Résistance: P. Seghers, *La Résistance et ses poètes,* 1974. – K. Kohut, ed., *Literatur der Résistance und Kollaboration in Frankreich,* Bde. 1 und 2, Wiesbaden 1982, Bd. 3, Tübingen 1984; darin: W. Babilas, «Die Lyrik der Résistance», S. 43–138. – D. Rieger, «Ende des Spielcharakters. Literatur und französische Résistance», in: Th. Bremer, ed., *Europäische Literatur gegen den Faschismus,* München 1986, S. 173–204. – I. Selle, *Frankreich meines Herzens, Die Résistance in Gedicht und Essay,* Leipzig 1987.

190 Richard II quarante (Aus: *Le Crève-cœur,* 1941; Text: *Œuvre poétique,* IX, S. 146–147; Ü: B. Böschenstein/J. Bollack, *Französische Gedichte,* S. 166–168) Entstanden im September 1940 in Carcassonne, Erstveröffentlichung in der Zeitschrift *Fontaine,* Nr. 13, Algier, März 1941. Die fünfzeilige Strophe in Achtsilbern findet sich – mit verschiedener Reimfolge – im späten 16. Jahrhundert, dann wieder zu Beginn des 19. Jahrhunderts, vor allem bei Lamartine, später bei Sully-Prudhomme und schließlich bei Apollinaire (vgl. «La Chanson du mal-aimé», S. 14). Zum Vergleich eine Strophe aus «La mer» von Sully-Prudhomme:

La mer pousse une vaste plainte,
Se tord et se roule avec bruit,
Ainsi qu'une géante enceinte
Qui, des grandes douleurs atteinte,
Ne pourrait pas donner son fruit.

Zur Rechtfertigung gereimter Dichtung fügt Aragon dem Band *Le Crève-cœur* («Herzeleid») einen Essay an: «La rime en 1940». Darin heißt es mit der für ihn charakteristischen Maßlosigkeit: «Und sicherlich sind es viele, die wie wir den Mut haben, auch im Getöse der schmachvollsten Stunde am wahren menschlichen Wort festzuhalten und an seinem Orchester, das die Nachtigallen erblassen läßt. In dieser Stunde, da der unvernünftige Reim wieder zur einzigen vernünftigen Rechtfertigung wird. Versöhnt mit dem Sinn. Und vollgesogen mit Sinn wie die reife Frucht mit ihrem Wein».

Dies ist also ein – zweifellos sehr wirkungsvolles – Klagelied über den Zustand des geschlagenen und zur Hälfte besetzten Vaterlands. Es ist Richard II. in den Mund gelegt, jenem 1399 abgesetzten und später ermordeten König von England, den Shakespeare sein Leid klagen läßt (*Richard II,* V, 5): «Ich habe nachgedacht, wie ich der Welt / Den Kerker, wo ich lebe, mag vergleichen . . .». Die Übertragung auf die Situation von 1940 bleibt indessen von erstaunlicher Vagheit. Wie läßt sich ein von seinen Günstlingen entmachteter Monarch als symbolischer Träger des Schmerzes einer besiegten Nation auffassen? – 14 *Au Pigeon-Vole des voleurs:* Das Spiel «pigeon-vole» entspricht dem deutschen «Alle Vögel fliegen hoch», «alle Steine fliegen hoch» usw. Der vage Sinn des Verses dürfte sein: Die feindlichen Eindringlinge tun sich gütlich an unserer Habe. – 18 *Tendre Paris:* Zur Parisdichtung Aragons vgl. *Il ne m'est Paris que d'Elsa,* Anthologie, Photographies de Jean Marquis, 1964. Der Quai-aux-Fleurs liegt auf der Ile de la Cité. – 27 *Quand Jeanne vint à Vaucouleurs:* Der lothringische Ort ist die erste Station des Weges, der Jeanne d'Arc zur Befreiung Frankreichs von den Engländern führte. Gemeint ist also: «Frankreich steht noch am Anfang seiner Leidenszeit; als Jeanne nach Vaucouleurs kam, war der Himmel genau so fahl wie heute; aber im Gedanken an Jeanne haben wir Hoffnung» (der später sprichwörtlich gewordene Ausdruck für Hoffnung, «les lendemains qui chantent», der häufig Aragon zugeschrieben wird, stammt von Gabriel Péri, einem von den Deutschen erschossenen kommunistischen Politiker). Johanna spielte in den Jahren der Besetzung eine große Rolle als nationaler Bezugspunkt, übrigens für die Linke ebenso wie für die Rechte und die Katholiken. Ihre Anrufung hier ist völlig verständlich. Ihre Verquickung mit Richard II. erscheint allerdings krampfhaft. An anderer Stelle zögert Aragon nicht, auch die Geißelung Christi für Frankreichs Unglück zu berufen: «Ma France que désires-tu / O pareille au Christ aux outrages» («La chanson du Franc-Tireur», X, 331). Dieses beliebige Einsetzen hat etwas Billiges, Kitschiges. Wird solche Art Lyrik ohne gleichwertiges Können übersetzt, gerät sie vollends ins Banale. Wir haben uns daher für eine bloße Interlinearversion entschieden. Von einer gedruckten Fassung hier nur eine Kostprobe:

Es bleichte Leid am Himmelsrand
Als Jeanne sich faßte kühn ein Herz
Zerstückt es nur mein Vaterland
Auch heute bleichts wie fahles Erz
Ich bins der König bleibt im Schmerz.

192 DE LA FAUSSE PLUIE (Aus: *Brocéliande,* 1942; Text: *Œuvre poétique,* IX, S. 335; Ü: F. Kemp) Der Band *Brocéliande,* dessen Titel den berühmten Zauberwald der keltischen Mythologie meint, erschien am 31. Dezember 1942 im schweizerischen Neuchâtel. Er enthält sieben längere Gedichte, davon sind vier in der anspruchsvollen Form der gereimten Terzinen geschrieben, die anderen drei in frei atmenden Versen. Thema dieses Gedichts ist der 11. November 1942, an dem als Reaktion auf die Landung alliierter Truppen

in Algier die Besetzung der noch freigebliebenen französischen Südzone durch die – hier «Heuschrecken» genannten – deutschen Soldaten erfolgte. Über die Verwendung des Mythos in seinen «Gelegenheitsgedichten» (zur Polemik um diesen Goethe entlehnten Ausdruck vgl. G. Thiele, S. 19:) schreibt Aragon: «Die auf die Füße gestellten Mythen haben nicht nur die Kraft, zum Träumen zu bringen, sondern auch zum Handeln, sie vermögen dem Handeln und den Träumereien bei uns den nötigen Zusammenhalt zu verleihen, wie er damals 1941 so dringend erwünscht war»; und: «In meinem Wald – Brozeliand – vertragen sich das heidnische Wunderbare, das christliche, das antichristliche des Mittelalters mit seinen keltischen Wurzeln und das moderne Wunderbare der Maschinen und der Reklame» (*De l'exactitude historique en poésie,* 1945). – 14 *anaglyphes:* ziselierte Gegenstände.

Benjamin Péret

Rézé (Loire atlantique) 4. 7. 1899 – Paris 18. 9. 1959

«Un homme ressemblant», nannte ihn Éluard: einen Mann, der nur sich selbst gleicht. Und Breton schrieb schon 1922: «Er ist einer von den Menschen, die zu kennen für mich am bewegendsten ist. Manchmal neide ich ihm sogar seinen erstaunlichen Mangel an ‹Komposition› und dies anhaltende Treibenlassen (ce perpétuel à vau-l'eau)». Der unerschütterliche Weggenosse Bretons, der einzige aus der Surrealistengruppe, der ihm die Treue hielt und nicht «exkommuniziert» wurde, war ein bretonischer Dickschädel, ein liebenswert anarchistischer Querkopf, der «Krämer, *Flics,* Pfaffen und Stalinisten» mit Ingrimm verfolgte und nichts von einem «Literaten» oder «homme de lettres» an sich hatte. Er schrieb nur, wenn ihn die Lust dazu ankam, dann aber sehr rasch und sehr sicher. Es bedurfte für ihn kaum der «écriture automatique» als eines angesetzten Experiments. Sein Schreiben gleicht eher einer körperlichen Verrichtung, hat die instinktive Selbstverständlichkeit eines flinken Insekts, ist ohne Plan, ohne Methode, ohne Figuren, und doch nie banal. Ein korrosiver Humor war ihm zur zweiten Natur geworden, ein «reiner Humor», ließe sich paradoxerweise sagen, der in jedem Augenblick mühelos ins Lyrische übergehen kann. Noch größeres Paradox: im Gegensatz zu Bretons «amour fou» entwickelt er, der militante Polemiker und auch uneingeschränkte Erotiker, der in seinen Versen wie auch in seinen kurzen Erzählungen übrigens kaum je von sich selbst spricht, eine Konzeption des «amour sublime», dem er 1955 auch eine umfangreiche Anthologie widmet (Neuauflage 1988).

Schule und Militär erscheinen ihm kaum besser als schikanöse Gefängnisse. Bei einer Truppenbewegung 1917 entdeckt er im Bahnhof von Compiègne einen liegengebliebenen Band Mallarmé: von da ab datiert er seine Entdeckung der Poesie (die ihn gewiß weit von Mallarmé wegführt). Nach der dadaistischen Phase ist er an Bretons Seite im surrealistischen Abenteuer und arbeitet von 1924 bis 1929 an *La révolution surréaliste* mit (Nachdruck 1975). 1927 wird er KP-Mitglied und heiratet die brasilianische Sängerin Elsie Houston. Er hält sich drei Jahre in Brasilien auf. 1936 arbeitet und kämpft er auf Seiten des P. O. U. M. in Katalonien. Er lernt dort Remedios Varo kennen, die er 1943, nach dem Tode seiner ersten Frau, heiraten wird. Nach seiner Einberufung 1940 wird er wegen kommunistischer Aktivitäten inhaftiert, kommt aber frei und schafft die Flucht über Marseille nach Mexiko. Seine kärglichen Verhältnisse erlauben ihm die Rückkehr nicht vor 1948, doch wird er durch seine Sprachkenntnisse zu einem wichtigen Vermittler zwischen französischer und lateinamerikanischer Literatur. So ist er etwa mit Octavio Paz befreundet und übersetzt als erster dessen großes Gedicht «Piedra del sol» (Sonnenstein). Außerdem veröffentlicht er eine *Anthologie des mythes, légendes et contes populaires d'Amérique* (1960). Als bei Kriegsende eine von Paul Éluard herausgegebene Sammlung französischer Widerstandsgedichte unter dem Titel *L'honneur des poètes* erscheint, reagiert er mit dem wütenden Pamphlet *Le déshonneur des poètes* (Mexiko-Stadt 1945, Paris 1965), das zu Hause Betretenheit auslöst. Nach der Rückkehr hält er sich als Verlagskorrektor mühsam und mit angegriffener Gesundheit über Wasser. Offizielle Gelder fließen für ihn verständlicherweise nicht. Sein Grab auf dem Batignolles-Friedhof trägt als Inschrift den Titel eines seiner Gedichtbände: *Je ne mange pas de ce pain-là* («Von diesem Brote eß ich nicht», 1936). Nur der Initiative einiger Freunde ist es zu danken, daß ab 1969 eine Gesamtausgabe dieses – bis heute zu wenig geschätzten – Dichters erschienen ist.

Ausgaben: Le grand jeu, 1969. – *Œuvres complètes,* ed. C. Courtot u. a. (Association des amis de Benjamin Péret), 4 Bde., 1969–1987.

Übersetzungen: Die tollwütigen Hoden, Ü: M. Frank, Nürnberg 1980. – *Das Wort hat Péret,* Ü: P. Gallissaires und H. Mittelstädt, Hamburg 1985. – *Die Schande der Dichter,* Ü: P. Gallissaires und H. Mittelstädt, Hamburg 1987.

Literatur: C. Courtot, *Introduction à la lecture de Benjamin Péret,* 1965 [wegweisend]. – J.-C. Bailly, *«Au-delà du langage»,* 1971. – J. H. Matthews, *Benjamin Péret,* Boston 1975. – J. F. Costich, *The Poetry of Change,* Chapel Hill 1979 [mit Bibliographie].

198 N'ATTENDEZ JAMAIS (Aus: *Le grand jeu,* 1928; Text: *Œuvres complètes,* I, S. 198; Ü: G. Gerstberger) Beispiel für die «aggressive Freiheit» der surrealistischen Epoche.

198 TESTAMENT DE PARMENTIER (Aus: *Le grand jeu,* 1928; Text: *Œuvres complètes,* I, S. 223; Ü: G. Gerstberger) Parmentier war jener Nahrungsmit-

telchemiker, der sich 1773 mit Erfolg für den Anbau der Kartoffel nach preußischem Vorbild eingesetzt hatte (sie sollte sogar nach ihm «parmentière» heißen). Davon bleibt hier natürlich nur Ironie (von einem besonderen Testament ist auch nichts bekannt). In Pérets Dichtung aber nehmen die ganz schlichten Dinge des Alltags, insbesondere Eßbares, einen großen Raum ein: Karotten, Sauerkraut, «bifteck» ebenso wie Strumpf, Korkenzieher, Maikäfer oder Floh (Francis Ponge wird sich dessen erinnern: vgl. u. S. 554ff.). – 3 *robe de chambre:* «Pommes de terre en robe de chambre» werden auf französisch die «Pellkartoffeln» genannt. – 6 *qui m'écrasait sur son nez:* Anspielung auf die «Kartoffelnase» («nez en patate»).

200 Sais-tu (Aus: *Un point c'est tout,* 1946; Text: *Œuvres complètes,* II, S. 190; Ü: P. Celan, *Gesammelte Werke,* IV, S. 771) Dieses und das folgende sind den elf Liebesgedichten des Bandes *Un point c'est tout* (etwa: «Ein für allemal») entnommen, in welchem die Konzeption des «amour sublime» vorwaltet, wie Péret sie im Vorwort zu seiner Anthologie beschrieben hat: «Das Begehren der sublimen Liebe, weit davon entfernt, die Person in Fleisch und Blut aus den Augen zu verlieren, die ihm zur Entstehung verhalf, geht im letzten Grund darauf aus, das Universum zu sexualisieren» (von der hier gefundenen Sprechweise hat Jacques Prévert in minder poetischer Form manches in seine Texte übernommen).

202 Où es-tu (Aus: *Un point c'est tout,* 1946; Text: *Œuvres complètes,* II, S. 193; Ü: P. Celan, *Gesammelte Werke,* IV, S. 777)

Tristan Tzara

Moineşti 14. 4. 1896 – Paris 25. 12. 1963

Es ist eine der merkwürdigsten Episoden der Dichtungsgeschichte unseres Jahrhunderts: ein hochbegabter rumänischer Gymnasiast, Jude aus Moldavien mit Namen Samuel Rosenstock, der in seiner Muttersprache bereits Gedichte in spätsymbolistischer Manier geschrieben hat, kommt 1915 zum Studium in die Schweiz, legt sich ein Pseudonym zu und begründet im Kreise einer winzigen Zahl Gleichgesinnter eine Bewegung, die sich zum Ziel setzt, aus Protest gegen die Zerstörung des alten Europa Ernst zu machen mit der Zerstörung seiner alten Dichtungssprache. Und wie Europa danach nicht mehr dasselbe sein wird, so auch seine Dichtung nicht: Das Zürcher Cabaret Voltaire, Schauplatz der Dada-Darbietungen, strahlte nach Paris, Berlin und New York aus, an Dada kam niemand vorbei, an diesem Feuer «rösteten sich alle». Was Dada ist, kann man nicht sagen, nur zeigen.

Auf jeden Fall ist Dada zweisprachig, daher darf ein Beispiel hier nicht fehlen:

wattehufe tragen dornenmann
esel treibt in sonnenschwamm am tor
coq et glace se couchent sous l'œil galant
träumern kommt der cactus seltsam vor

So Hans Arp und Tzara in ihrer Gemeinschaftsarbeit (*Œuvres complètes,* I, S. 496). Nonsens-Dichtung wurde hier aufgefaßt als *ultima irratio.* Die 1922 einsetzenden Absetzbewegungen der Surrealisten von Dada, der ihnen zunehmend steril oder pueril erschien, prägten von seinem Initiator für längere Zeit ein Bild, das ihn auf diese Züge einschränkte. In Wirklichkeit hatte sich Tzara weiterentwickelt. Die Auseinandersetzung mit den Surrealisten wurde (obwohl nicht selten mit den Fäusten geführt) fruchtbar für beide Teile. 1929 findet angesichts des heraufkommenden Faschismus eine Wiederannäherung statt, 1935 ein erneuter Bruch, das Verhältnis bleibt auch nach dem Spanienkrieg und dem Zweiten Weltkrieg, den Tzara in der Résistance verbringt, ebenso eng wie spannungsreich. In *Le Surréalisme et l'après-guerre* von 1947 wird Tzara ihnen vorwerfen, ihre revolutionären Ziele verraten zu haben. Er selbst tritt 1947 der KPF bei, bleibt jedoch am Rande und wird sich der Doktrin des «sozialistischen Realismus» nie beugen. Außer seiner Lyrik und seinen dramatischen Experimenten verfaßt Tzara bedeutende Essays zur Theorie und Kritik von Kunst und Literatur.

Ausgaben: L'homme approximatif, 1968. – *Œuvres complètes,* ed. H. Béhar, 5 Bde., 1975–1982.

Übersetzungen: (Zusammen mit Hans Arp und Richard Huelsenbeck) *Dada-Gedichte,* Zürich 1978 (teilweise dt., teilweise frz.). – *Das erste und das zweite himmlische Abenteuer des Herrn Antipyrine,* Frankfurt 1978.

Literatur: R. Lacôte, *Tristan Tzara,* 1952 (Poètes d'aujourd'hui). – *Europe,* Sondernummer *Tristan Tzara,* 555–556, Juli–August 1975. – I. Backhaus, *«Tzara, L'homme approximatif»,* in: Pabst, 1976, S. 169–186. – M. Tison-Braun, *Tristan Tzara, inventeur de l'homme nouveau,* 1977. – Zu Dada: *L'aventure Dada.* Essai, dictionnaire et textes choisis par G. Hugnet, 1971.

204 QUEL EST CE LANGAGE (Aus: *L'homme approximatif,* 1931; Text: *Œuvres complètes,* II, S. 79; Ü: G. Gerstberger) In den fünf Jahren, die Tzara an dem Band *L'homme approximatif* (etwa: «Annäherung an den Menschen») arbeitet, entsteht eine neue Auffassung von Dichtung: «homme approximatif comme moi comme toi lecteur et comme les autres» heißt es im zweiten der neunzehn Kapitel oder Gesänge, aus denen der Band besteht (der ausgewählte Text findet sich im ersten), was in dem Wort «approximatif» auch die Bedeutung des «Nächsten» erkennbar werden läßt. Der willentliche Unernst der Dadaperiode ist einer Suche nach einem neuen Menschenbild gewichen.

Zwar verwehrt die Schreibweise nach wie vor jede lineare Lektüre, doch hat eine thematische Analyse (vgl. vor allem I. Backhaus) eine deutliche Zentrierung um die Orpheusfigur und damit die Todesproblematik herausarbeiten können.

204 L'OUBLI L'ENFOUI (Aus: *L'homme approximatif,* 1931; Text: *Œuvres complètes,* II, S. 105–106; Ü: G. Gerstberger) Der dritte Teil des siebten Stükkes.

HENRI MICHAUX

Namur 24. 5. 1899 – Paris 21. 10. 1984

«Michaux' Werk ist eine lange, in Windungen verlaufende Expedition in einige unserer Unendlichkeiten – die geheimsten, die fürchterlichsten und auch die lächerlichsten –, immer auf der Suche nach dem unendlichen *anderen»* (Octavio Paz). Ein Satz von Michaux selbst sagt es noch prägnanter «Tout est drogue à qui choisit pour y vivre l'autre côté» – «Alles ist Droge für den, der sich zum Leben auf der anderen Seite entschieden hat». Die andere Seite, das ist für Michaux, der sich in den sechzig Jahren seines Schaffens eine seltene Einheit des Stils bewahrt hat, der Bereich des Selbst, dessen Erforschung und Darstellung im Medium der Sprache er sich unter Verzicht auf alle Wirksamkeit in der Gesellschaft hingibt. Die einzigen erkennbaren Zäsuren in diesem Kontinuum sind die Hinwendung zum Zeichnen und Malen, das er in den späten 30er Jahren aufnimmt, und seit 1955 der Beginn der Ausweitung des Wissens von sich selbst durch bewußten Einsatz von Rauschmitteln, vor allem des Meskalin. – Sein Drang zum Experiment mit sich selbst hängt auch, in seinen Anfängen, mit einer lebenslangen physischen Überempfindlichkeit zusammen. Nach intensiven Jugendlektüren gerade auch mystischer Autoren, nach einer Zeit als Schiffsjunge und einem abgebrochenen Medizinstudium, insbesondere jedoch unter dem Eindruck der Lektüre Lautréamonts, begibt er sich nach Paris. Dort bekommt er Kontakt zu Jean Paulhan und Franz Hellens und entdeckt die Malerei von Klee, Ernst und de Chirico. Sein Leben fristet er mit diversen Gelegenheitsarbeiten. 1927 bricht er nach Ecuador auf, die erste von zahlreichen Reisen in alle Kontinente. Während der deutschen Besetzung lebt er in Lavandou, Südfrankreich, zusammen mit seiner Frau, die 1948, kaum von schwerer Krankheit genesen, an den Folgen einer Verbrennung stirbt. 1955 läßt er sich in Frankreich naturalisieren. Seit 1958 verbindet ihn Freundschaft mit Cioran. Trotz zahlreicher Ausstellungen seiner Werke lebt er abseits des Kunstbetriebes. Den ihm 1965 zuerkannten Grand Prix National des Lettres lehnt er ab. – Nach seiner Entdeckung durch André Gide und einer heftigen Attacke durch Maurice Blanchot gab es in Frankreich einen langen Disput um die Frage, ob Michaux eigentlich Lyriker sei (vgl. dazu Bellour, S. 261). Der Streit wirkt heute kaum noch verständlich. Das liegt daran, daß Michaux die Grenzen des Lyrischen wie kaum ein zweiter Autor in diesem Jahrhundert erweitert hat. Durch seine stets auf Erkenntnis und Wissen, auf Befreiung und Erweiterung ausgerichtete Suche, sein Kräftemessen zwischen Innen und Außen, zwischen Ich und Körper, Ich und Höhenluft, Ich und Droge, sein Interesse für gestörte Seelenzustände wie Schizophrenie, seine Faszination durch die inneren Variationen von Raum und Zeit, das Steigen und Stürzen, das Beschleunigen und Verlangsamen, kurz: durch die «connaissance par les gouffres», die Erkenntnis vermittels der Abgründe, gelangte er mehr als andere dazu, alle Fesseln der Metrik und Rhetorik abzustreifen. Die große Zahl seiner Prosagedichte – von ihm selbst «poèmes» genannt – wirkt nie repetitiv. Stets dem Irrationalen und Unbewußten zugewandt, sind seine Texte doch von großer Klarheit und weisen einen unverwechselbaren rhythmischen Duktus auf. Diese «épopée de la démence» (Epos des Wahns) verfällt kaum je in abseitiges Geraune. In den Abgründen des Daseins bewahrt Michaux überdies bemerkenswerten menschlichen Adel. So ist es nur konsequent, daß der Umgang mit den Drogen für ihn keine Evasion ist, sondern persönlichstes Experiment. Michaux war nie süchtig, im Gegenteil: «Die Drogen langweilen uns mit ihrem Paradies. Sie sollten uns etwas mehr Wissen vermitteln. Wir leben nicht in einer Zeit für Paradiese.» Den Kultpraktiken etwa des mexikanischen Peyotl nähert er sich mit Respekt und Behutsamkeit. Die Vulgarität, der Mangel an spiritueller Erhebung, den er in amerikanischen Berichten über psychedelische Sitzungen verspürt, schockieren ihn. Es sei, wie wenn man Journalisten von der Kreuzigung Christi berichten hörte ... (*L'infini turbulent,* S. 210). Die große Lehre, die wir ihm verdanken, ist, daß die Droge niemanden beim Schreiben fördert, der nicht vorher bereits ein großer Schriftsteller war.

Ausgaben: [Aufgeführt werden hier nur Bände, bei denen Gedichte oder Prosagedichte einen wesentlichen Teil ausmachen. Einer strengen Abgrenzung zur Prosa steht der Charakter der Texte mehr denn je entgegen. Genauere bibliographische Angaben zu den nahezu neunzig Titeln Michaux', von denen viele allerdings überarbeitete Neuauflagen sind, finden sich in der Auflage 1983 der Nummer der Cahiers de l'Herne] *Qui je fus,* 1927. – *Ecuador,* 1929. – *Mes propriétés,* 1929. – *Un certain Plume,* 1930. – *La nuit remue,* 1935. – *Lointain intérieur,* 1938. – *Peintures,* 1939. – *L'espace du dedans* [Anthologie], 1944; 1966. – *Épreuves, Exorcismes,* 1940. – *Nous deux encore,* 1948 [Gedicht auf den Tod seiner Frau]. – *La vie dans les plis,* 1949. – *Passages,* 1950. – *Mouvements,* 1951. – *Face aux verrous,* 1954. – *Paix dans les brisements,* 1959. – *Vents et poussières,* 1962. – *Poteaux d'angle,* 1971. – *Moments,* 1973. – *Choix de poèmes,* 1976 [22 vom Autor ausgewählte Gedichte]. – *Chemins cherchés – Chemins perdus – Transgressions,* 1981. – *Déplacements – Dégagements,* 1985.

Übersetzungen: Meine Güter (Mes propriétés), Ü: H. und G. Kesten, Berlin 1931. – *Dichtungen (Choix de Poèmes),* Auswahl und Übersetzung von K. Leonhard, Geleitwort von A. Gide, Esslingen 1954. – *Wind und Staub (Vents et poussières),* Ü: H. Baumgart, Nachwort von H. Heißenbüttel, Olten 1985. – *Dichtungen und Schriften* [Teilsammlung, dt. und frz.], Bd. 1, hrsg. von P. Celan, Ü: K. Leonhard/P. Celan, Frankfurt 1966; Bd. 2, Ü: K. Leonhard, Frankfurt 1971. – *Frieden in den Brandungen (Paix dans les brisements),* Ü: K. Leonhard, in: *Michaux,* Katalog der Kestner-Gesellschaft Hannover, St. Gallen 1973, S. 18–25. – *Eckpfosten (Poteaux d'angle),* Ü: W. Dürrson, München 1982. – *Momente (Moments),* Ü: W. Dürrson, München 1983. – *Ein gewisser Plume (Un certain Plume),* Ü: K. Leonhard [Vom Autor besorgte Auswahl aus der 1948 erschienenen 11. Auflage von *Plume,* enthält vier Gedichte], Frankfurt 1986. – [Genauere Angaben bei E. Geisler, *Kritisches Lexikon für Gegenwartsliteratur*].

Literatur: A. Gide, *Découvrons Henri Michaux,* 1941 [dazu R. Bertelé, S. 31]. – R. Bertelé, *Henri Michaux,* 1953. – R. Bréchon, *Michaux,* 1959. – R. Bellour, ed., *Henri Michaux* 1966 (Les Cahiers de l'Herne); erweiterte Auflage 1983 [mit umfassender Originalbibliographie]. – W. Kallmeyer, *Henri Michaux,* in: Lange, 1971, S. 113–135. – W. Raible, «Clown», in: Raible, 1972, S. 109–113. – M. Bowie, *Henri Michaux,* Oxford 1973 [mit Bibliographie]. – W. Kallmeyer, *Entre centre et absence,* in: Hinterhäuser, 1975, Bd. II, S. 267–278. – W. Engler, *Henri Michaux: Nous deux encore,* in: Pabst, 1976, S. 250–254. – D. O. Dubbe, *Reise, imaginäre Reise und ‹Reise› unter Drogen,* Hamburg 1977 [mit Bibliographie der Sekundärliteratur]. – J. M. Maulpoix, *Michaux. Passager clandestin,* Seyssel 1984. – R. Bellour, *Henri Michaux,* 1986. – E. Geisler, «Michaux», *KLfG,* April 1987 [mit Bibliographie]. – A. Grisay, «Supplément à la bibliographie de Michaux», *Le XXXIII,* 127, 1987, S. 78–91. – F. Jahn/M. Krüger, *Henri Michaux. Bilder, Aquarelle, Zeichnungen, Gedichte, Aphorismen,* München 1987. – *Europe,* 64, 698–699, juin-juillet 1987. – R. Smadja, *Poétique du corps,* Bern 1988. – *Passages et langages de Henri Michaux,* ed. J.-C. Mathieu/M. Collot, 1987. – J.-P. Giusto/M. Mourier/J. J Paul, *Sur Henri Michaux,* 1988. – L. Elkan, *Les voyages et les propriétés d'Henri Michaux,* New York 1988.

Diskographie: La Ralentie, gesprochen von Germaine Montero, Musik von Marcel Van Thienen, BAM, 1957. – *Henri Michaux,* coll. «Poètes d'aujourd'hui», gesprochen von Michel Bouquet, Adès 10045 [enthält Nr. 1, 2, 3, 5 und 7 unserer Auswahl]. – *Poèmes d'Henri Michaux,* gesprochen von Fabrice Dague, Alvarès C115 T.

206 LE GRAND COMBAT (Aus: *Qui je fus,* 1927; Text: *L'espace du dedans* 1966, S. 14; Ü: K. Leonhard, *Dichtungen,* I, 1966, S. 43–45) Eine Gewaltphantasie in mythisch-allegorischer Form, ein Kampf mit dem eigenen En-

gel. Berühmt gewordenes Gedicht, in dessen erstem Teil die Sprache ebenso Mittel wie Ziel der Aggression ist. Vom Übersetzer vorzüglich nachgebildet. – 1–9 *l'emparouille . . . s'emmargine:* Die «Schlagwörter» beziehen ihre Kraft zum Teil durch Anklänge an Wörter des Lexikons, so etwa *emparouille* – «dérouiller» = «Prügel beziehen», auch «empaler» = «pfählen»; *endosque* – «auf den Rücken (dos) schmettern»; *drâle* – «râle» = «Röcheln»; *marmine* – «malmener» = «übel zurichten»; *manage* – «main» = «mit der Hand durchwalken»; *écorcobalisse* – «écorcher» = «schinden»; *s'espudrine* – «s'époumoner» = «sich müde schreien» + «s'épuiser» = «sich abrackern»; *se défaisse* – «s'affaisser» = «zusammensacken» + «se défaire» = «aus dem Leim gehen» usw. – 10 *le cerceau . . . roulé:* Parodie einer pathetischen Sentenz. – 11 *Abrah! . . . coulé:* läßt an Behexungsformeln denken. – 18 *On s'étonne:* Das sprechsprachliche «on» zeigt im Geschriebenen oft nicht sofort seinen Bezug und es läßt auch Subjektwechsel zu. Eindeutigkeit kann nur aus der Sprechsituation erwachsen: Das dreifache *on s'étonne* dürfte wohl an die gaffenden «Megären» gerichtet sein: «Ihr staunt»; *et vous regarde* – «und ihr starrt einen (= mich) an»; dann jedoch *on cherche aussi . . .* – «unsereins sucht ebenso». – 20 *le Grand Secret:* Die durch die Großbuchstaben angedeutete Allgemeinheit des «Großen Geheimnisses» läßt alle Deutungen zu.

206 NAUSÉE OU C'EST LA MORT QUI VIENT? (Aus: *Écuador,* 1929; Text: *L'espace du dedans,* 1966, S. 27–28; Ü: K. Leonhard, *Dichtungen,* I, 1966, S. 73) 1927/28 unternimmt Michaux von Ekuador aus eine Durchquerung des Amazonasgebiets, von der er krank zurückkehrt. «Am Äquator», schreibt er in *Passages,* «habe ich mich nie ganz als mich selbst gefühlt. Eine schläfrige Trunkenheit hatte mich ergriffen». Und in dem Gedicht «La Cordillera de los Andes» heißt es vieldeutig: «Alle rauchen wir hier das Opium der großen Höhe.» Trotz diagnostizierter Herzschwäche unternimmt er «um des Experiments willen» Bergbesteigungen. Der Text ist datiert: 27. April 1928. – 10 *égarement:* «Verwirrung», «Aufregung». – 13 *Moi je n'en peux plus:* «Ich kann einfach nicht mehr».

208 EMPORTEZ-MOI (Aus: *Mes propriétés,* 1929; Text: *L'espace du dedans,* 1966, S. 75; Ü: K. Leonhard, *Dichtungen,* I, 1966, S. 177) *Mes propriétés* («Meine Besitztümer», später zusammen mit der Sammlung *La nuit remue* veröffentlicht) kenne weder ein Thema noch eine Methode noch eine dichterische Konstruktion, schreibt Michaux im Nachwort von 1934; einzig «zur Gesundung» sei es geschrieben, aber auch zum Nutzen «der Schwachen, der Kranken, der Krankhaften, der Kinder». Claude Mauriac hat die extreme Reduzierung des Ich, um die es in dem Band geht, als eine Vorwegnahme Becketts bezeichnet. Dem psychoanalytischen Thema der Ich-Schwäche gesellt sich ein fernes Echo des christlichen Humilitas-Gedankens hinzu. – 1 *Emportez-moi:* Wer ist «ich»? Wenn Michaux von der «hésitation du sens» spricht, so ist dieses Zögern hier angebracht. «Quand vous me verrez/Allez,/ Ce n'est pas moi», lautet der Beginn des Gedichts «Petit». Ein Ich, das Platz finden soll in einem Kuß, einem Lächeln oder in Gliedmaßen (Str. 3), ist

sicher kein empirisches Ich, keine vollständige Person. – 13 *enfouissez-moi:* Solches notwendige Zögern vor dem Sinn müßte sich auch auf die Übersetzung auswirken: *enfouissez-moi* könnte auch bedeuten «versteckt mich», wie man etwas Winziges versteckt; *emportez-moi* hieße dann «nehmt mich mit», wie man einen Gegenstand mitnimmt. – Die Zahl von 13 Versen könnte auf «Unglück» anspielen (vgl. «Repos dans le Malheur»). In der Anordnung bietet das Gedicht sich dar wie ein elisabethanisches Sonett, dem der Schlußvers fehlt.

210 Je suis gong (Aus: *Mes propriétés,* 1929: Text: *L'espace du dedans,* 1966, S. 76; Ü: P. Celan, *Dichtungen,* I, S. 181)

210 Repos dans le Malheur (Aus: *Un certain Plume,* 1930; Text: *L'espace du dedans,* 1966, S. 100; Ü: K. Leonhard, *Dichtungen,* 1954, S. 215) Mit der Gestalt seines «gewissen Plume» hat Michaux den Bestand der fest umrissenen literarischen Figuren bereichert. Der angstvoll-groteske, zwischen Kafkas und Chaplins Personen stehende Plume trägt zahlreiche Züge seines Autors: die Scheu vor der Außenwelt, die Appetitlosigkeit, den Glauben ans unausweichliche Unglück. Typisch der Beginn des zweiten der dreizehn kurzen Prosakapitel: «Plume aß im Restaurant, als der Hotelchef zu ihm herantrat, ihn streng musterte und geheimnisvoll flüsternd zu ihm sagte: ‹Was Sie da auf Ihrem Teller haben, steht *nicht* auf der Karte.› Plume entschuldigte sich sogleich ...». – «Repos dans le Malheur» gehört ebenso wie das nächste Gedicht unserer Auswahl, «Sur le Chemin de la Mort», zu den 14 in den Band aufgenommenen Stücken lyrischen Charakters, die *Plume* atmosphärisch nahestehen. – 1 *Le Malheur ... Repose:* Die vertrauliche, um Besänftigung bittende Apostrophe der Allegorie des Unglücks erinnert stark an Baudelaires Sonett «Recueillement» («Sammlung»): «Sois sage, ô ma Douleur, et tiens-toi plus tranquille./[...] Ma Douleur, donne-moi la main; viens par ici» (vgl. Band 3, S. 28). – 6 *Tu me trouves:* In diesem Vers wie auch in den V. 8, 10 und 11 arbeitet Michaux mit Gruppen von drei Vokabeln, die lautlich (Paronomasie) und zugleich semantisch mit einer gewissen gesteuerten Willkür untereinander verknüpft sind. Als würde das Unglück «dekliniert». Das Verfahren findet sich in dem Band mehrfach («Dans la toux, dans l'atroce, dans la transe», [«Mon sang»]); es ist eines der ganz wenigen Kompositionsschemata, auf die Michaux auch später nicht verzichtet hat (vgl. u. «Le jour, les jours», V. 7).

212 Sur le Chemin de la Mort (Aus: *Un certain Plume,* 1930; Text: *L'espace du dedans,* 1966, S. 103; Ü: H. Köhler)

212 Contre! (Aus: *La nuit remue,* 1935; Text: *L'espace du dedans,* 1966, S. 147–148; Ü: P. Celan, *Dichtungen,* I, 1966, S. 257–259) Ein Gesang der Wut und äußersten Erbitterung auf alles. Im Ton reichend vom erschreckend rüden Durch-die-Gassen-Schimpfen eines mit aller Welt überworfenen Geistesgestörten bis zu Anklängen an Horaz' «Exegi monumentum aere perennius» (V. 3: «Un edifice que vous ne détruirez pas»). Dazu eine Bildersprache, wie sie Quevedo zu Gebote stand, etwa V. 15: «Foi, semelle inusable

pour qui n'avance pas». Ebenso im Schlußbild, das die Aggression indessen offensichtlich auf den eigenen Körper richtet: Das «Gerippe», das «Wrack» *(carcasse)* soll in alle vier Himmelsrichtungen auseinandergerissen werden, wie bei jener Hinrichtungsart der Vierteilung mittels Pferden, der Strafe für Königsmörder. Der Körper wäre in diesem Bild die «ächzende Winde», über die die Taue rollen (Celans Wort «Kardeel» bedeutet «Einzelseil einer Trosse»).

216 ICEBERGS (Aus: *La nuit remue,* 1935; Text: *L'espace du dedans,* 1966, S. 149; Ü: P. Celan, *Dichtungen,* I, 1966, S. 267) Dieses Gedicht ist in der Bildwahl näher bei Rimbaud und Lautréamont.

216 LA RALENTIE (Erstveröffentlichung: *Entre centre et absence,* 1936; aufgenommen in: *Lointain intérieur,* 1938; Text: *L'espace du dedans,* 1966, S. 216–225; Ü: P. Celan, *Dichtungen;* I, 1966, S. 409–423) Mit 197 Druckzeilen eines der längsten Gedichte unserer Auswahl. Ein Dialoggedicht, das sich allerdings nicht deutlich als solches zu erkennen gibt. Einige Leitlinien für das Verständnis lassen sich andeuten. «Für Michaux ist Geschwindigkeit das Erkennungszeichen des Lebens», schreibt W. Pabst in einer Untersuchung zu diesem Thema. Wenn dies zutrifft, so ist Verlangsamung Zeichen des Todes. Vieles deutet darauf hin, daß die «Verlangsamte» eine Sterbende ist, die von sich selbst als «man» spricht und aus der fortschreitenden Entpersönlichung der Agonie heraus («das Gehirn blättert ab», Z. 145) zu jemandem spricht, der dieses Sterben miterlebt. Dieser wird schon zu Beginn Lorellou genannt (Z. 16), während die Sterbende erst gegen Ende mit einem Namen angeredet wird: Juana (Z. 160). Die Verteilung der Dialogrollen entspricht nicht einfach den Absätzen. Offenkundig tritt der Miterlebende erst gegen Ende stärker in den Dialog ein. Wie er zu der Sterbenden steht, ist nicht gesagt. Einige Elemente deuten auf Familienbeziehungen hin: «Oh, als ich zwölf war» (Z. 31) oder «meint Großvater» (Z. 110). Der Miterlebende sagt am Ende «für uns beide». Dennoch scheint die Sterbende für ihn eher die Züge einer Beschützenden als die einer Geliebten zu haben. Einen eindeutigen Anhaltspunkt außerhalb des Gedichtes haben wir hierfür nicht (Michaux' Mutter war zur Entstehungszeit des Gedichtes schon mehrere Jahre tot), und das Empfinden des sich zurückziehenden Lebens oder des Sich-Zurückziehens aus dem Leben artikuliert sich allenthalben in Michaux' Werk; indessen braucht – gerade im Hinblick auf das Gedicht «Auf dem Wege zum Tod» (s. o.) – ein unmittelbar erlebter Anlaß auch nicht grundsätzlich ausgeschlossen zu werden.

1 *Ralentie, on tâte . . .:* «Man» ist hier weiblich; eine Besonderheit, die sich in Sprachen wie der deutschen, die das Adjektiv im Prädikat nicht verändern, kaum nachahmen läßt. – 5 *On rit dans son poing:* Michaux, der flämischsprachig aufgewachsen ist, hat diesen – im Französischen nicht üblichen – Ausdruck wohl dem flämischen «in zijn vuistje lachen» (sich ins Fäustchen lachen) nachgebildet. – 8 *On fait la perle:* wie man sagt: «faire la planche» (toten Mann machen). – 11 *On a des genoux au bout des pieds:* aus der Sicht der

Bettlägerigen sind die Kniee «am Ende der Füße». – 16 *L'autre obstacle:* Überraschende Wortschöpfung: im Französischen gibt es ein Verbum dieser Art (wie it. *ostacolare* = «im Weg stehen») nicht. – 23 *Princesse de marée basse a rendu ses griffes:* Durch das Weglassen des bestimmten Artikels wird eine besondere Art schmerzlichen Märchentons erzielt. Die *princesse* kehrt in Z. 175 wieder: «On est princesse ensuite»; die *griffes* in Z. 173; «dans l'engrenage du tigre». – 25 *Les poutres tremblent et c'est vous:* Beginn des passiven Aufgehens in den geschauten Dingen. – 28 *Ils jouent la pièce «en étranger»:* «auf fremde Weise» oder «in fremder Sprache». – 35 *Asclépiade:* Seidenpflanze, Schwalbenwurz. – 39 *Tandis qu'on cherche sa clef dans l'horizon:* könnte Anspielung auf den Ausdruck «prendre la clef des champs» (das Weite suchen) sein; kehrt in Z. 172 wieder: «Ils m'étendirent sur l'horizon». – 39 *on a la noyée au cou:* wahrscheinlich Umschreibung für die Last der Agonie. – 68 *Une veilleuse:* Das Nachtlicht sowie einige weitere Elemente («Krücken», «Injektionsspritzen», Z. 70f.) deuten auf einen Aufenthalt im Hospital hin, gegen den die Sterbende aufbegehrt («Komme ich da heraus?»). – 89 *La fille de l'air:* der Ausdruck «jouer la fille de l'air» bedeutet «verschwinden», «verduften». Also: noch das Leichteste ist ein lästiges Hindernis. – 91 *Pet parmi les aromates . . .:* Der Satz hat das Aussehen einer derben, drastischen Redensart, wie sie eine bestimmte Person gerne gebraucht haben mag. – 105 *Mais j'ai sans cesse ton visage dans la carriole:* könnte von Mutter zu Kind gesagt sein. – 106 *Avec une doublure de canari:* Konkret: man wollte ihr einen Kanarienvogel ins Zimmer stellen; übertragen: man wollte ihr billigen Optimismus vermitteln. – 135 *Plaisirs de l'Arragale:* Ausgefallene Anspielungen sind bei Michaux selten. Es könnte sich um ein arabisches Wort für «Mann», «männlich» handeln, was auch mit dem *son de l'olifant* der folgenden Zeile, dem Horn der Rolandsage, vereinbar wäre. – 160 *J'ai une jambe de bois dans la tire-lire:* «tirelire» (Spardose) bedeutet in der Umgangssprache «Kasten»; der Satz könnte daher etwa den Sinn haben: «Ich weiß schon nicht mehr aus noch ein». Lorellou klagt nunmehr darüber, daß Juana sich zurückziehen will: «Du hast mich um meine Einsamkeit gebracht».

232 VIEILLESSE (Aus: *Lointain intérieur,* 1938; Text: *L'espace du dedans,* 1966, S. 241; Ü: H. Köhler)

232 PREMIÈRES IMPRESSIONS (Aus: *Passages,* 1966, Erstfassung 1949; Text: *Passages,* 1966, S. 117–125 [zusammenhängender Auszug, vollständig S. 117–137]; Ü: B. Böschenstein) Der Band *Passages* ist eigentlich eine Sammlung von kritischen Essays zu Themen der Kunst, und auch dieser Text ist ein solcher. Er geht jedoch über in das, was Bertelé (S. 74) eine «critique d'identification» nennt. Es geht um die Entstehung der Musik und ihre Bedeutung für Michaux' künstlerisches Empfinden. Der Titel «Premières Impressions» bedeutet auch soviel wie «Urempfinden». Michaux' Verfahren ist Definition und Darstellung von Musik zugleich. Musik ist für ihn «trajets et passages», das Fließende, Hinübergleitende, das Gegenteil alles Strukturierten und Komponierten. Der letzte Abschnitt setzt mit der Frage ein: «Warum spiele

ich jetzt Tam-Tam?», und er endet nach vielen «contre ...», «contre ...» mit der – hervorgehobenen – Zeile: *«Contre le Nombre d'Or»* – «Gegen den Goldenen Schnitt». Ergänzt und erhellt wird dieser Text durch einen weiteren aus demselben Band, «Un certain phénomène qu'on appelle musique» (1958; nicht übersetzt), der zwar sehr vieles ausschließt, gleichwohl aber zu den schönsten Schriften über Musik in der französischen Literatur gehört. – 1 *Ne m'étant pas, enfant ...:* Michaux empfindet Musik – sehr wagnerisch – als Ur-Elan: *«Art de l'élan.* Ni l'amour n'est primordial, ni la haine, mais l'élan (comme est le jeu de l'enfant dans les vagues et le sable)» – so in dem erwähnten Musikaufsatz (S. 185). Wie Novalis, wie Claudel ist er ein großer Träumer des Wassers und hätte Aufnahme finden können in Bachelards berühmten Essay *L'eau et les rêves* (1942). – 105 *Peu ici compose:* Das Wortspiel mit Komposition und Dekomposition, das diese Strophe durchzieht, ist schwer nachzuahmen. – 109 *y décompose:* Wiederholung und Fortlassen des Subjektpronomens *il* scheinen die Willens- und Subjektlosigkeit des Vorgangs suggerieren zu wollen. Ebenso in V. 111 *m'étends:* statt «je m'étends». Ein in den Schlaf Sinkender nennt kein Personalpronomen mehr. Gleiche Wirkung in V. 114 *je calme, je console,* wo das Personalpronomen wieder auftritt, aber die (transitiven) Verben ohne Objekt bleiben. – 113 *respect humain:* «Scheu vor dem Urteil der Welt». Es ist eigenartig, diesen Ausdruck aus der Bibel und der katholischen Morallehre, über den Bourdaloue und Massillon Fastenpredigten gehalten haben, in diesem Zusammenhang wiederzufinden. – 122 *Marquée par la cassure ...:* Im letzten (hier ausgewählten) Abschnitt tritt erneut der Humilitas-Gedanke in den Vordergrund. Er motiviert auch die Polemik gegen alle – «pfauenhafte» – Komposition. Eine Musik für die unterste, die kläglichste, aber zäheste Stufe des Daseins. Übrigens sprach schon Nietzsche von Wagner als dem «Orpheus allen heimlichen Elends». – 140 *Tout ce qui répond misère à sa misère:* das umgangssprachliche «O misère!» = «Ach du Schreck». – 146 *le front inlassé ...:* Diese noch sehr symbolistische Ausdrucksweise – «unbezwungen wendet der Künstler sein Haupt nach Osten, dem Lichte entgegen» – ist hier wohl nicht, wie man denken könnte, ironisch gemeint.

242 LE JOUR, LES JOURS, LA FIN DES JOURS (Erstveröffentlichung in der Schweizer Zeitschrift *La Revue de Belles-Lettres* 1972, Nr. 2/3, S. 113; Text: *Moments,* 1973, S. 121–122; Ü: B. Böschenstein) Eines von zwei Zeugnissen Michaux' über den mit ihm befreundeten Dichter Paul Celan, der sich im April 1970 in der Seine ertränkt hatte. Über das in Celans letzten Lebensjahren sehr enge Wechselverhältnis zwischen den beiden Dichtern sei verwiesen auf B. Böschenstein, *Paul Celan und die französische Dichtung,* in: ders., *Leuchttürme,* Frankfurt 1977, ²1982, S. 313–325. – 1 ...: Die gestrichene oder absichtlich nie geschriebene erste Zeile könnte auf das Jähe dieses Todes weisen. Das Partizip *lapidé* in V. 2 ist sicherlich auf den Toten zu beziehen.

Pierre Jean Jouve

Arras 11. 10. 1887 – Paris 8. 1. 1976

Jouve münzte auf Shakespeare, in dessen (von ihm in wundervolle Prosa übertragenen) Sonetten er den «lebendigsten und grausamsten Ausdruck der Liebe» sah, eine knappe Bezeichnung, die aufs beste zu ihm selbst paßt: er nannte ihn einen *noble démon*. Vornehmheit des Ausdrucks im Dienste eines beunruhigend drangvollen Ergründens alles Dämonischen, einer unheilvollen Sinnlichkeit zumal, aber auch einer vielfältigen körperlichen wie seelischen Krankheitserfahrung, kennzeichnet in der Tat Jouves Dichtung, in Versen wie in Prosa. Eine Atmosphäre von Sünde und Verdammnis des Fleisches (ohne die geringste Attitüde eines Wüstlings oder «poète maudit») steht gegen einen an der Psychoanalyse geschulten Erkenntniswillen, vor allem aber gegen einen künstlerischen Gestaltungswillen von ungewöhnlich selbstkritischer Skrupelhaftigkeit. Jouve ist ein echter Nachfahre Baudelaires im Zeitalter Freuds. Mehr noch ist er allerdings wohl, was man einen *homo religiosus* nennt. Die Verbindung von Mystik (Übersetzung einer *Glosa* der Hl. Therese von Avila) und Psychiatrie (etwa sein bedeutender Essay *Folie et génie* über Tasso, Hölderlin und Nerval) dürfte in unserem Jahrhundert etwas Einmaliges sein (zu erwähnen sind hier auch die Übersetzungen von Hölderlins Gedichten aus der Zeit des Irreseins, *Poèmes de la folie*). In manchem sehr zeittypisch (seine Faszination durch Wedekinds *Lulu*), ist er insgesamt doch ein großer Einzelgänger. «Mein Werk gilt gewöhnlich als hermetisch und schwierig», schreibt er in seinem autobiographischen *En miroir, Journal sans date* (1954), «und mein Leben ist ausschließlich diesem Werk gewidmet. In einer vulgären Zeit, in der jegliche Tätigkeit zum Reklameobjekt wird, ist dies mein Geheimnis». Im übrigen ist er ein großer Schweigender. «Seit dreißig Jahren – seit immer – bin ich der Tortur des Schweigens unterworfen». Überraschend bei alledem – oder erst in einem tieferen Sinn folgerichtig – ist die Tatsache, daß Jouve gar nicht als Schriftsteller begonnen hat, sondern als – freilich erfolgloser – Musiker. Seine großen (wie so viele seiner Werke noch nicht ins Deutsche übersetzten) Essays über Mozarts *Don Giovanni* (1942) und Bergs *Wozzeck* (1953) zeugen davon noch in späteren Jahren. Beider Gestalten wurden geradezu Chiffren seiner Dichtung. Bei alledem blieb er den Zeitläuften aufs sensibelste verbunden. Bereits 1933 trug das Vorwort zu dem Gedichtband *Sueur de sang* den programmatischen Titel: «Unbewußtes, Spiritualität und Katastrophe»; 1938 entsteht *Kyrie*, in dem erneut eine Katastrophe beschworen wird (allerdings ist es auch das Todesjahr seiner Mutter, der er sehr innig verbunden war); 1940 erscheint ein sehr charakteristischer Text, *Le combat de Tancrède et de Clorinde*, eine Neugestaltung von Tassos – durch Monteverdi vermittelter – berühmter

Episode als Meditation über die psychologischen Zusammenhänge von Krieg und Eros.

Sohn eines Versicherungsdirektors, der von ihm als gewaltsam und cholerisch erlebt wird, ererbt Jouve von seiner Mutter eine intensive Liebe zur Musik. Vom zwölften bis zum fünfundzwanzigsten Lebensjahr improvisiert er täglich mehrere Stunden auf dem Klavier. Eine schwere Blinddarmentzündung des Fünfzehnjährigen hinterläßt jahrelange Müdigkeits- und Depressionszustände. Viele Kur- und Erholungsaufenthalte werden im Laufe seines Daseins notwendig sein. Ein Jahr darauf packt ihn die erste heftige Leidenschaft zu einem Mädchen, das er später als «la belle Capitaine» schildern wird. Ab 1905 studiert er Mathematik und Jura in Lille. Zu dieser Zeit entdeckt er Baudelaire und tritt in Verbindung zu Schriftstellern der «Abbaye». Ab 1908 ist er in Paris, macht Experimente mit Rauschmitteln und hat eine flüchtige Liaison mit «Lisbé», die an der Entstehung seines ersten Erzähltexts beteiligt ist. 1910 verheiratet er sich mit einer Historikerin und zieht nach Poitiers, wo er im Krieg – da nicht militärtauglich – in einem Lazarett arbeitet und sich mehrfach infiziert. Er nimmt Briefkontakt zu Romain Rolland auf, kommt auf dessen Betreiben zur Kur ins Wallis und erfährt in intensiver Freundschaft mit ihm seinen pazifistischen Einfluß. 1921 lernt er die Genfer Psychoanalytikerin und Freud-Übersetzerin Blanche Reverchon kennen. In ihrer Begleitung hält er auf Einladung Stefan Zweigs Vorträge in Salzburg. Es kommt zur Trennung von seiner Frau und auch zum Bruch mit Romain Rolland. Das Gedicht «Songe» von 1924 (aufgenommen in *Noces*) markiert einen völligen dichterischen Neubeginn: Jouve verwirft unwiderruflich alles bis dahin von ihm Geschriebene (erst die Ausgabe des *Œuvre* wird das Frühwerk wieder abdrucken). 1925 lernt er Rilke kennen. Er heiratet Blanche Reverchon, die in die Pariser Psychoanalytische Gesellschaft aufgenommen wird. 1933 trifft er in Paris Lisbé wieder. Eine neuerliche leidenschaftliche Verbindung mit ihr endet ein Jahr später abrupt, flammt 1935 erneut auf, ein Kind stirbt bei der Geburt, bald darauf erliegt Lisbé selbst einem Krebsleiden. Yanick, eine Prostituierte, taucht in seinem Leben auf und verschwindet auf rätselhafte Weise. Jouve bricht abrupt jede Romanproduktion ab. In Salzburg schließt er Freundschaft mit Bruno Walter. Bei Kriegsausbruch verläßt er Paris, lebt zunächst in Cannes und ab 1941 im Genfer Exil. 1943 erscheint dort *Défense et illustration,* ein Bekenntnis zur französischen Sprache und Kultur (in Anlehnung an Du Bellay, vgl. Band 1, S. 526). Am 12. Mai 1945 erhält er ein Telegramm: «Merci d'avoir été un interprète de l'âme française pendant ces dernières années – Général de Gaulle». Nach der Befreiung kehrt er nach Paris zurück. Seine umfangreiche schriftstellerische und übersetzerische Tätigkeit verschafft ihm nun wachsende Anerkennung: er hält Vorträge in Oxford und Salzburg, wird Träger des Grand Prix National des Lettres und des Grand Prix de Poésie der Académie française sowie Ehrendoktor der Universität Basel. Sein Roman *Paulina 1880* (1925) wird verfilmt und zum Stoff einer Oper.

Ausgaben: Œuvre romanesque, 5 Bde., 1959–1963. – *Œuvre poétique,* 4 Bde., 1964–1967 [von Jouve als «endgültige Ausgabe» bestimmt]. – *Œuvre,* ed. J. Starobinski, 2 Bde. 1987 [Bd. 3 angekündigt; maßgebliche, allerdings noch nicht kritische Ausgabe mit Einschluß des Frühwerks].

Übersetzungen: P. J. Jouve, *Gedichte,* übers. von F. Kemp, Heidelberg 1957 [bisher die einzige Gedichtauswahl in deutscher Sprache]. – *Paulina 1880,* übers. von E. Borchers, Frankfurt 1971. – *Die leere Welt,* übers. von F. Kemp, Frankfurt 1982.

Literatur: Ausführliche bibliographische Hinweise enthält die Werkausgabe von J. Starobinski. – R. Micha, *Pierre Jean Jouve,* 1956; 1971 (Poètes d'aujourd'hui). – M. Callander, *The Poetry of Pierre Jean Jouve,* Manchester 1965. – *La Nouvelle Revue Française,* Nr. 183, März 1968. – *Pierre Jean Jouve,* Les Cahiers de L'Herne, 1972. – M. Broda, *Jouve,* Lausanne 1981. – K. Schärer, *Thématique du mal dans l'œuvre de Pierre Jean Jouve,* 1984. – D. Leuwers, *Jouve avant Jouve ou La naissance d'un poète, 1906–1928,* 1984 [mit Bibliographie]. – D. Leuwers, ed., *Pierre Jean Jouve, poète de la rupture,* 1986. – J. Bousquet, *Lumière, infranchissable pourriture,* et autres essais sur Jouve, 1987. – G. Bounoure, *Pierre Jean Jouve, entre abîmes et sommets,* 1989.

244 Soleil couchant (Aus: *Les Noces,* 1931; Text: *Œuvre,* I, S. 173; Ü: B. Böschenstein) In dem Titel *Noces* (lat. «nuptiae» = «Hochzeit», «Vereinigung») bündelt sich Jouves Erfahrung des Mystischen, zugleich ist er Sammeltitel für ein fünf Jahre währendes dichterisches Schaffen, das er unter das Dante entlehnte Motto der *Vita nova* stellt und vom Zeitpunkt seiner Bekehrung an rechnet. Diese Bekehrung besonderer Art beschreibt er als «eine Konversion zum Gedanken des Religiösen, dem unbekanntesten, dem höchsten und zugleich demütigsten, zagenden, wie wir ihn in diesen Zeiten kaum fassen können, aber außerhalb dessen unser Leben keinerlei Existenz hat». Thema dieser unter der Ahnherrschaft von Franziskus und Ruysbroek einerseits, von Blake und Rimbaud andererseits stehenden Dichtung (die mehrfach umgeschrieben, gesichtet und neugeordnet wurde) ist die Sehnsucht nach der Vereinigung mit dem Göttlichen, geboren aus dem Ekel und der Verzweiflung über die Unreinheit des Erdenlebens. Die zentrale Rolle aber kommt überall dem Geschlechtsunterschied zu: keinesfalls ist das Geschlechtliche das, was überwunden und abgetötet werden müßte, vielmehr herrscht zwischen der *unio carnalis* und der *unio mystica* eine charakteristische, geheimnisvolle Analogie. – 1 *Sur les flèches ...:* Jouves Bilder beruhen nicht auf realistischen Vergleichen, sondern sind Erzeugnisse einer freien kosmischen Phantasie, in denen Naturelemente – sehr häufig Berglandschaften – sich mit Körperformen von traumhafter Übergröße durchdringen. – 9 *Deux filles de Virgile:* bukolische Frauengestalten, ein beliebtes Thema auch in der bildenden Kunst der Zeit.

244 MONDE SENSIBLE: (Aus: *Les Noces,* 1932; Text: *Œuvre,* I, S. 185; Ü: F. Kemp) Wie das vorige Gedicht aus der sechsten und letzten Gruppe der *Noces,* überschrieben «Le père de la terre» (danach folgt nur noch das Abschlußgedicht «Vrai corps», eine Hymne auf Christus als Symbol der Vereinigung des Göttlichen mit dem Irdischen). – 3 *Un jour:* Man beachte, mit welch spannungsreicher Asymmetrie der Gegensatz von Vielheit und Einheit angeordnet ist: dem «Un jour» entspricht in V. 13, eingerückt, «mais d'autres jours».

246 CERF DE LA NUIT (Aus: *Sueur de sang,* 1935; Text: *Œuvre,* I, S. 216; Ü: F. Kemp, *Gedichte,* S. 27) In *Sueur de sang* («Blutschweiß») sind in verstärktem Maß Jouves im Verein mit seiner Frau gemachte Erfahrungen mit der Psychoanalyse eingegangen. «Ich glaubte die Entdeckung eines inneren Kontinents zu machen», schrieb er und stieß damit auf weitgehendes Unverständnis bei der Kritik. Das Sinnbild des Hirsches, das den ganzen umfangreichen Band durchzieht, weist (wie in zahlreichen Sagen; vgl. auch Flauberts *Légende de Saint Julien l'hospitalier*) auf die geschlechtliche Begierde hin, aber auch auf die Macht der Phantasie, durch den Spiegel hindurch das verzauberte Land jenseits des Wirklichen zu betreten. Zur Illustration dessen noch ein anderer Text (ebda. S. 254):

Lorsque le cerf en chaleur
Courait sur le talus de la misère
Il a troué le sol du talus du désir
Le voilà dans l'autre effrayant paysage
Désert parfait matrice de l'air bleu
Où se tiennent droites ses larmes
Coagulées comme du sperme.

248 LES MASQUES (Aus: *Sueur de sang,* 1935; Text: *Œuvre,* I, S. 242; Ü: F. Kemp) «C'est alors . . .» ist das zweite aus einer Gruppe von 21 unter dem Titel «Les masques» zusammengefaßten Gedichten, in denen die unbewußten Beziehungen von Eros und Thanatos orchestriert werden.

248 LA PUTAIN DE BARCELONE (Aus: *Matière céleste,* 1937; Text: *Œuvre,* I, S. 323–4; Ü: F. Kemp, *Gedichte,* S. 35) Der Band *Matière céleste* («Himmlische Materie») mischt stärker denn je zuvor das Erotische mit dem Spirituellen. Der erste Teil, unter dem Titel *Hélène,* ist dem Andenken an die verstorbene Lisbé gewidmet. Er kann entfernt verglichen werden mit dem zweiten Teil von Petrarcas *Canzoniere,* «in morte di Madonna Laura», und erinnert an Ronsards *Sonnets pour Hélène* (vgl. Band 1, 156ff.). Er identifiziert die tote Geliebte mit der Erde und enthält einige wundervolle Alexandriner wie diesen: «C'est le rocher brisé des majestés d'Hélène».

Darauf folgt eine Gruppe mit dem Titel «Nada», in der auch das sonettähnliche «La Putain de Barcelone» steht (*Sueur de sang* enthält bereits zwei thematisch verwandte Gedichte, «Espagne» und «Espagnol»). *Nada* meint indessen eine «Transfiguration des Grabes von Hélène» und ist Johannes vom Kreuz entlehnt. Es ist allerdings auch viel von der dämonischen Macht der

Mozartschen Musik die Rede, und ein Gedicht mit dem (deutschen) Titel «Zauberflöte» endet folgendermaßen:

Tu es nourrie par les feuilles vertes sensuellement
Quand les châteaux par-dessus les seins de la plus belle
Témoignent souriant des verdures de mort
Pour une musique ou langue universelle.

250 MORT SEULE DIGNITÉ (Text: *Porche à la nuit des saints,* Neuchâtel 1941, S. 110; Ü: B. Böschenstein/J. Bollack, *Französische Gedichte,* S. 168–170) Dieses Gedicht stammt aus der einzigen «öffentlicheren» Periode von Jouves Wirken, der Kriegszeit. Im Herbst 1939 in Dieulefit (Drôme) entstanden, wollten die Texte dieses Bandes (der 1946 in *La Vierge de Paris* aufging) vom heraufziehenden Desaster Zeugnis ablegen durch Einbeziehung in die Apokalypse des Johannes. Die zum Teil in klassischen Alexandrinern gehaltene Todesmeditation schlägt allerdings auch persönlichere Töne an. – 9 *pâles asphodèles:* Asphodelen waren in der griechischen Mythologie den Verstorbenen heilige Blumen. In der französischen Lyrik sind sie durch einen Vers aus Victor Hugos «Booz endormi» besonders bekannt (vgl. Band 2, S. 182ff.) «Un frais parfum sortait des touffes d'asphodèle».

250 ADIEU (Aus: *Mélodrame,* 1957; Text: *Œuvre,* I, S. 976–7; Ü: F. Kemp, *Gedichte,* S. 93/95) Das mittlere aus einer Dreiergruppe von Gedichten mit dem Titel «Adieu» («Mélodrame» IV, *Voyageur*), die alle vom Verlust einer Person sprechen: In vielen Stücken aus dieser Zeit war Yanick zum Symbolnamen für eine Abwesende geworden.

252 TOUJOURS PLUS SOBREMENT (Aus: *Mélodrames,* 1957; Text: *Œuvre,* I, S. 1015; Ü: F. Kemp)

252 RÊVE (Aus: *Mélodrame,* 1957; Text: *Œuvre,* I, S. 1023; Ü: H. Köhler) Formal gesehen eher an der Tradition orientiert (regelmäßige, etwas steif gefügte Alexandriner, der letzte nach der Art des späten 19. Jahrhunderts zäsurlos), ist dieser Alptraum inhaltlich eine Versammlung aller wesentlichen Jouve-Motive auf engstem Raum.

GUSTAVE ROUD

Saint-Légier (Waadt) 20. 4. 1897 – Moudon (Waadt) 10. 11. 1976

Mit Philippe Jaccottet, seinem Freund und Schüler, ist er der einzige Dichter der französischen Schweiz in dieser Anthologie. Er verkörperte für alle jüngeren Schriftsteller dieser Region den Typus des reinen, einsamen, ganz auf sein Werk konzentrierten Dichters. Seine Texte gehören meist einer poetischen Prosa an, die zwischen erzählender Beschreibung und meditativer lyrischer Betrachtung schwebt. Sein schmales dichterisches Werk ist durchwegs aus der bäuerlichen Landschaft des Jorat, einer einsamen Hochebene oberhalb von Lausanne, hervorgegangen, wo Roud, selber ein Bauernsohn, von 1908 bis zu seinem Tode immer im selben Haus lebte. Die stärksten Wirkungen empfing er von Rimbaud und Claudel, auch von Mallarmé, später von Novalis, Hölderlin und Trakl, die er als einer der ersten mit musikalisch-rhythmischem Gefühl übertragen hat. «Das Paradies ist gleichsam über die ganze Erde *verstreut* und daher so unkenntlich geworden – seine zerstreuten Züge sollen vereinigt ... werden ...», dieses von ihm oft zitierte Fragment von Novalis sagt viel über seine Paradies-Suche in der sommerlich-heidnisch gesehenen Welt seiner geliebten Mäher aus (*Essai pour un paradis. – Pour un Moissonneur*) und zugleich über seine leidvolle Exil-Erfahrung in einer an Rilke (den er gleichfalls übersetzt hat) gemahnenden Gemeinschaft mit der Winterlichkeit der Landschaft und mit den Toten (vor allem in seiner späten Dichtung *Requiem,* die die tote Mutter evoziert). Seine Dichtungen sind oft als Wanderungen konzipiert, als «traversées» (vor allem *Petit Traité de la marche en plaine*) und berufen sich dabei auf Rousseaus Bekenntnis: «Jamais je n'ai tant pensé, tant existé, tant vécu, tant été moi ... que dans les voyages que j'ai faits seul et à pied ...» («Nie habe ich so viel gedacht, gelebt, erlebt, nie war ich so bei mir selber ... wie während den Reisen, die ich allein und zu Fuß gemacht habe ...»).

Ausgaben: Écrits I, II, III, ed. Ph. Jaccottet, Lausanne 1978. – *Haut-Jorat,* Lausanne 1978. – Albert Béguin/Gustave Roud, *Lettres sur le romantisme allemand,* Lausanne 1974. – *Journal,* Vevey 1982. – *Cahiers Gustave Roud* (Association des Amis de Gustave Roud), Lausanne/Carrouge 1980 ff.: Bd. 1: *Les poèmes en vers et en versets,* 1980. – Bd. 2: *Lettres de jeunesse 1915–1922, Gustave Roud – Steven-Paul Robert,* 1981. – Bd. 3: *Traductions éparses,* 1982. – Bd. 4: *L'imagier,* 1986. – Bd. 6: *Proses éparses,* 1989. –

Übersetzung: Das verstreute Paradies, Poetische Prosa, deutsch von M. Bossart und M. von der Crone, Zürich 1990.

Literatur: Hommage à Gustave Roud, Lausanne 1957. – Ph. Jaccottet, *Gustave Roud,* 1968 (Poètes d'aujourd'hui). – M. Chappaz/Ph. Jaccottet/J. Chessex, *Adieu à Gustave Roud,* Vevey 1977. – C. Jaquier, *Gustave Roud et la tentation du romantisme,* Lausanne 1987. – *Approches de l'œuvre de Roud,* Actes du Colloque de Lausanne, Cahiers Gustave Roud 5, 1987. – B. Böschenstein, «Hölderlin in Frankreich. Seine Gegenwart in Dichtung und Übersetzung», *Hölderlin-Jahrbuch,* 26, 1988–89, S. 304–320.

254 ENCRIER RENVERSÉ (Aus: *Feuillets,* Lausanne 1929; Text: *Écrits de Gustave Roud I,* S. 2; Ü: B. Böschenstein) Dem frühen Prosagedicht-Band als Präludium vorangestellt. Das hier gegenwärtige Thema der Präsenz der Toten und das der einsamen Lampe ist von den genauen Evokationen des Landlebens niemals zu trennen.

254 Bain d'un faucheur (Erstveröffentlichung: *Présence,* Februar 193[illegible]. Aus: *Pour un Moissonneur,* Lausanne 1941; Text: *Écrits II,* S. 50–52; Ü: B. Böschenstein) Eines der ganz seltenen regelmäßig gebauten und gereimten Gedichte, die Roud in seine Prosadichtung einbezogen hat. Es ist von der kosmischen Ekstase des «Bateau ivre» von Rimbaud (vgl. Band 3, S. 122ff) geprägt und vom antiken Eros, den Roud aus griechischen und römischen Dichtern, vor allem Vergil, kannte.
256 Parfois je redescends (Aus: *Requiem,* Lausanne 1967; Text: *Écrits III,* S. 45–49; Ü: B. Böschenstein) 18–21: die am meisten zitierten Sätze aus Rouds Dichtungen, Ausdruck der fundamentalen Trennung von den Menschen und der Welt («ma différence»), die dem Dichter die Kluft zur «Ewigkeit» zu überspringen erlaubt hat.

René Char

L'Isle-sur-Sorgue 14. 6. 1907 – Paris 19. 2. 1988

Char ist ein Dichter, der um die Vereinigung der Gegensätze kämpft. Das Gewaltsame und das Behutsame, das Explosive und das Intime, Niedergeschlagenheit und Hoffnung – der Bewunderer Heraklits möchte das Unvereinbare aushalten, es einer «unruhigen Ruhe» zuführen, einer *sérénité crispée,* einer «harschen Heiterkeit» (Celan). Ingrimm und zartes Geheimnis: *Fureur et mystère* prägt sich schon früh als Doppeltitel seines Temperaments aus. «Ingrimm und Geheimnis verlockten und verzehrten ihn abwechselnd. Dann kam das Jahr, das seinen felsspaltenden Todeskampf abbrach» (*Partage formel,* XIII).

Eine «vorsokratische» Natur läßt ihn zwischen Tag und Nacht nach einem Ausgleich streben, was er an Georges de la Tour so bewundert, läßt ihn «tragischen Optimismus» leben, wie sein Freund Albert Camus seinerseits bewundernd schreibt, läßt ihn schließlich – sehr unerwartet bei einem Widerstandskämpfer – den deutsch-französischen Gegensatz überwinden durch eine zunehmend engere, ja freundschaftliche Verbindung mit Heidegger. In seinem «Ehrlich zum Leben», seiner unbeirrbaren Härte und Treue zu sich selbst, hat er – ungeachtet der politischen Differenzen – viel mit seinem provenzalischen Landsmann Jean Giono gemein.

Seine Motive sind einfach: Morgen, Vogel, Fluß (meist die Sorgue), Schilfrohr, Schlange, Sonnenblume, Mittagsgrelle, Abenddunst. Doch seine Bildfügungen sind hart, abweisend, erratisch, sind Produkte einer sprachlichen Gewalttat. *Le marteau sans maître* («Der herrenlose Hammer», von P. Boulez vertont), *Le poème pulvérisé, La parole en archipel* sind charakteristische Titel für einen Umgang mit Sprache, der bis zum Berserkerhaften gehen kann, das Vorbild Rimbaud weit übertreffend. Chars Schreibweise widersetzt sich fast durchweg dem linearen Verstehen. Willentlich antilogischer Ausdruck bestimmt sogar noch seine poetologischen Aussagen: «Der Dichter muß, will er nicht seine Klarsicht trüben, seinen Adler verbleuen, schonungslos, wie seinen Frosch.» Mit dieser Robustheit ist er der Antipode seines Nachbarn in dem Vaucluse, sechshundert Jahre früher: Petrarca. Aber wie Mallarmé seine Köchin, so hatte auch er einen einfachen Menschen, von dem er sich in jedem seiner Verse verstanden fühlte: es war ein Wilddieb ... Auch Char ist ein «Wilder Jäger», ist «Orion». Er sagt: «Im Gewebe des Gedichts müssen sich eine Anzahl versteckter Tunnelgänge auffinden lassen, Kammern der Harmonie, und zugleich Elemente der Zukunft, Zufluchtsorte im Sonnenlicht, hinterhältige Pisten und einander rufende Wesen. Der Dichter ist der Grenzschmuggler alles dessen. Und er bildet eine Ordnung. Eine Ordnung im Aufruhr.» Diese Ordnung, diese Harmonie zu finden, macht uns Char nicht leicht. Aber Dichter sein heißt in seinem Verständnis: «Es verlangt einen nach dem Beschwerlichen, das, wenn im Wirbel sämtlicher vorhandener und vorausgeahnter Dinge zu Ende verzehrt, glückhafte Freude hervorruft.»

Char ist Sohn eines Gipshändlers, der stirbt, als er elf Jahre ist, und der die Familie in beengten Verhältnissen zurückläßt. Nach einer Internatszeit in Avignon und einigen unentschlossenen Jahren in Marseille bekommt er Verbindung zu den Pariser Surrealisten (gemeinsame fröhliche Verwüstung der Bar Maldoror mit Breton!), freundet sich vor allem mit Éluard an. 1932 heiratet er Georgette Goldstein. 1934 ist er an den antifaschistischen Demonstrationen in Paris beteiligt und macht die Bekanntschaft von Kandinsky, der zur Erstausgabe des *Marteau sans maître* eine Radierung beisteuert. Er entfernt sich von den Surrealisten und versucht in L'Isle-sur-Sorgue in dem vom Vater gegründeten Gipshandel Fuß zu fassen. Er erkrankt an einer Blutvergiftung, die beinahe tödlich verläuft. Bei Kriegsausbruch wird er einberufen und ins Elsaß verlegt, eine Landschaft, die ihn sehr anspricht. Er meldet sich als Offiziersanwärter, womit er der Demobilisierung zuvorkommt. Zu Hause entgeht er durch die Warnung eines Polizisten der Verhaftung durch die Vichy-Behörden und flüchtet sich nach Céreste in den Westalpen, von wo er unter dem Decknamen Alexandre aktiv am Widerstand teilnimmt. Er wird Chef des Bereichs Durance-Sud der Armée Secrète und schwebt ständig in höchster Gefahr. 1944 zieht er sich bei dem Versuch, Waffen aus einem Versteck zu holen, durch einen Sturz schwere Knochenbrüche zu. Ende des Jahres wird er Verbindungsoffizier beim alliierten Stab in Algier.

Während der ganzen Zeit veröffentlicht Char nichts. 1946 erscheint *Feuillets d'Hypnos,* die Frucht dieser Kriegsjahre. Char befreundet sich mit Georges Braque, mit dem er vielfach zusammenarbeitet. 1955 muß er erleben, wie das von ihm geliebte väterliche Anwesen «Les Névons», das er nicht allein halten kann, zerstückelt und mit Sozialwohnungen bebaut wird. Um diese Zeit kommt durch Vermittlung von Jean Beaufret ein erstes Treffen mit

Heidegger zustande. Seit den 50er Jahren wächst Chars Berühmtheit auch im Ausland. Bis zu seinem Tod bleibt er indessen die meiste Zeit in L'Isle-sur-Sorgue wohnen. Bereits zu seinen Lebzeiten erscheinen – was ungewöhnlich ist – seine Gesammelten Werke in der Bibliothèque de la Pléiade.

Ausgaben: Œuvres complètes, 1983 (Bibl. de le Pléiade). – *Les voisinages de Van Gogh,* 1985. – *Éloge d'une soupçonnée,* 1988. – In der Reihe «Poésie» sind erschienen: *Fureur et mystère, Les matinaux* suivi de *La parole en archipel, Recherche de la base et du sommet, Le nu perdu.*

Übersetzungen: Poésies – Dichtungen, ed. J.-P. Wilhelm, übers. von P. Celan J. Hübner, L. Klünner und J.-P. Wilhelm, Frankfurt 1959; *Poésies – Dichtungen,* II, Frankfurt 1968 [Auswahl daraus unter dem Titel *Draußen die Nacht wird regiert,* 1986]. – *Hypnos und andere Dichtungen,* eine Auswahl des Autors, übers. von P. Celan u. a., Frankfurt 1963. – *Rückkehr stromauf, Gedichte,* übers. von P. Handke, München 1984. – *Vertrauen zum Wind. Poèmes – Gedichte,* übers. von J. Hübner und L. Klünner, Waldbrunn 1984. – *Lob einer Verdächtigen – Éloge d'une soupçonnée,* übers. von L. Klünner, Frankfurt 1989.

Literatur: G. Mounin, *La communication poétique, précédé de: Avez-vous lu Char?,* 1947; 1969. – P. Guerre, *René Char,* 1961 (Poètes d'aujourd'hui). – V. A. La Charité, *The Poetics and the Poetry of René Char,* Chapel Hill 1968. – Cahiers de L'Herne, 1971 [mit Bibliographie]. – M. A. Caws, *René Char,* Princeton 1976. – I. Backhaus, «Feuillets d'Hypnos», in: Pabst, 1976, S. 211–225. – M. Cranston, *Orion Resurgent,* Madrid 1979. – J. C. Mathieu, *La poésie de René Char,* 2 Bde., 1985. – Ch. Dupouy, *René Char,* 1987 [mit Chronologie]. – P. Veyne, *René Char en ses poèmes,* 1990.

262 Le Loriot (Aus: *Seuls demeurent [Fureur et mystère],* 1945; Text: Pléiade, S. 137; Ü: J. Hübner/L. Klünner, *Dichtungen,* S. 61) Im Manuskript trägt das Gedicht den Titel: «Elle se signale» – «Er kündigt sich an», nämlich der Krieg, dessen Beginn hier als Motto auftritt. Zum Verständnis des Dreizeilers ist ein Versuch lehrreich, den Georges Mounin 1947 in seinem Buch *Avez-vous lu Char?* unternahm. Er schrieb das Gedicht um in einen Tagebucheintrag (S. 42): «Heute war ein wundervoller Morgen. Der Himmel tat sich buchstäblich auf. Die flach einfallenden Sonnenstrahlen zeichneten die Perspektive für einen triumphalen Einzug. (...) Auf dem Kirschbaum im Garten sang der Pirol. Mit einem Schlag durchfuhr es mich, was diese Kriegserklärung zu bedeuten hatte. Dieses Licht, dieser Gesang – das war das Leben selber, von dem ich nunmehr ausgeschlossen war. Der Anblick des aufgeschlagenen Bettes war mir unerträglich: Ich zog es zu. Blitzhaft überkam mich die Verzweiflung dessen, der weiß, daß er sterben muß.»

Mounin zeigt mit seiner Reduktion, daß Dichtung sich so nicht lesen läßt, daß sie mehr ist als verdichtete Prosa. «Der Pirol» ist *auf* den 3. September geschrieben, jedoch nicht *an* diesem Tag, vielmehr am 17. Oktober 1939. Aufgenommen in die 32 Prosagedichte der Gruppe «L'Avant-monde», die zwischen 1938 und 1943 entstand, markiert es dort durch seine Plazierung einen Einschnitt etwa in der Mitte. Der Ton dieser Gruppe ist insgesamt hoffnungsvoll, entschlossen, mutig: «Der Mensch flieht das Ersticken.» «Auf den Graten unserer Bitternis schreitet das Morgenrot des Bewußtseins vor und lagert seinen Schlamm ab.» «Avant-monde» ist eine herausfordernde Wortbildung Chars: gegenüber «arrière-monde» («Hinterwelt») meint es «Welt voran». Von daher erfährt das Gedicht, das Schrecken und Erstarrung auszudrücken schien, eine Umdeutung. Das «Schwert seines Gesanges» (V. 2) ist zugleich eine Art Gegenkriegserklärung des dichterischen Wortes. «Der Pirol» eröffnet eine längere Reihe von Gedichten des Kampfes und der Selbstbehauptung. Der «Überschwemmung» und «Hypnose» durch das «Unnennbare», das Böse setzt Char das «Emporquellen», die «halluzinatorische Mimetik» des Wortes in der Figur des Hypnos entgegen (*Feuillets d'Hypnos,* 1943–1944).

262 ÉVADNÉ (Aus: *Seuls demeurent [Fureur et mystère],* 1945; Text: Pléiade, S. 153; Ü: J. Hübner/L. Klünner, *Dichtungen,* S. 91) Viertes Gedicht der 1938 entstandenen Gruppe «Le visage nuptial» («Bräutliches Antlitz»), jedoch erst während des Krieges hinzugefügt. Von den Ereignissen überschattete Erinnerung an eine große, triumphierende Liebe zu der schwedischen Künstlerin Greta Knutson. Auffällig das Nebeneinander einiger sehr poetischer Verse: «Un corbeau rameur ...», «Le vent insomnieux ...», und abstrakter Wendungen von leicht preziöser Spröde: «Notre entente», «notre rareté». – Mit zwei Ausnahmen ein den Alexandriner umspielender Vers. – *Évadné:* Euadne, stürzte sich in den brennenden Scheiterhaufen ihres Gatten Kapaneus; in der Antike als Beispiel für Gattentreue gefeiert: als Anspielung auf Greta Knutson kaum wahrscheinlich. – 1 *L'été et notre vie ...:* variiert das traditionelle Thema vom Aufgehen der Liebenden in der umgebenden Natur mit Farb- und Geruchsakzenten von ungewöhnlicher Heftigkeit. – 4 *Le château de Maubec:* Ort unweit von L'Isle-sur-Sorgue, wo 1938 «Le visage nuptial» entstanden war. – 8 *Sur le muet silex de midi écartelé:* der Rabe, gesehen vor dem Mittagshimmel, welcher – mit metonymischer Verschiebung – als hart und stumpf empfunden wird, wie der Feuerstein aus Chars Landschaft (aus dem schnabelspitze Klingen herstellbar sind), sei es daß der flügelschlagende Vogel gewaltsam «gevierteilt» wirkt, sei es daß – im Wortspiel mit der heraldischen Bedeutung von «écartelé» – der Himmel «geviert» erscheint. Härte und Heftigkeit dieses Bildes kontrastieren drohend mit den «zärtlichen Bewegungen» der Liebenden. – 12 *Le vent insomnieux:* typische sog. Enallage (Vertauschung, Umstellung). In schlaflosen Nächten scheint der Wind ein Lebensbuch umzublättern, und jede «gewährte Seite», jeder «Teil», den der Liebende festhalten kann, soll «ausgedehnt» werden, soll herüberwirken in einen Landstrich zur Hungerszeit, in dem ein einziges großes «Tränenbekken» steht («larmier» – «Traufdach»).

264 Crayon du prisonnier (Aus: *Les loyaux adversaires [Fureur et mystère]*, 1945; Text: Pléiade, S. 237; Ü: J. Hübner/L. Klünner, *Dichtungen*, S. 205) Eines der sehr schwierigen Stücke Chars. Liebesphantasie eines Eingekerkerten? Gibt es eine Beziehung zu Georges de la Tours Bild *Der Gefangene*, das Char oft beschäftigt hat? Ist der «Jäger» der Eingeschlossene selbst, der Dichter, der sich so oft im Mythos von Orion gesehen hat? – 5 *la feuille passe à travers l'arbre:* könnte auch bedeuten: «das Blatt wächst durch den Baum». In einer Vorfassung von 1948 (Pléiade, S. 1171) lautet die erste Zeile: «Il gèle au dehors et les feuilles ne sont pas toutes tombées».

264 cur secessisti? – cette fumée ... – le moulin – auxiliaires – redonnez-leur (Aus: *Les loyaux adversaires [Fureur et mystère]*, 1945; Text: Pléiade, S. 240–242; Ü: B. Böschenstein/J. Bollack, *Französische Gedichte* S. 180–182) *Les loyaux adversaires* – «Die ehrlichen Gegner» ist wohl als Gegenformel, als Antiphrase zu verstehen. Es handelt sich um verschiedene Augenblickseindrücke aus der Zeit von Chars Mobilisierung in den Vogesen im Winter 1939–40. – *Cur secessisti?:* «Warum bist du zurückgewichen?» Anspielung klar, Herkunft unklar. – 3 *Aulan:* kleiner Ort im Département Drôme. – *Redonnez-leur ...:* «Gebt den Menschen die Beziehung zum natürlichen Jahresrhythmus wieder». – 5 *Car rien ne fait naufrage:* M. A. Caws, die den Frucht- und Erntezyklus in Chars Werk untersucht, weist darauf hin, daß Schiffbruch und Asche, also Dekomposition, ihre «ehrlichen Gegner» (Titel!) in Frucht und Ernte finden (S. 193). – Daß der Naturprozeß für Char nicht einfach «Rettung» ist, keine ideologisch feste Größe, zeigt ein Aphorismus aus *La parole en archipel*, der ihn mit der Ungewißheit des Dichtungsprozesses in Verbindung bringt: «Die Poesie ist jene Frucht, die wir, wenn gereift, freudig mit unserer Hand drücken, im selben Augenblick, wo sie uns, mit ungewisser Zukunft, auf dem bereiften Stengel, im Kelch der Blüte erscheint» (Pléiade, S. 410).

266 Dis ce que le feu (Aus: *Les loyaux adversaires [Fureur et mystère]*, 1945; Text: Pléiade, S. 243; Ü: J. Hübner/L. Klünner, *Dichtungen*, S. 213)

266 Biens égaux (Aus: *Le poème pulvérisé [Fureur et mystère]* 1947; Text: Pléiade, S. 251 f.; Ü: J. Hübner/L. Klünner, *Dichtungen*, S. 221) «Warum *pulverisiertes Gedicht?* – Weil am Ende seiner Reise zum land hin, nach der vorgeburtlichen Dunkelheit und der irdischen Härte, die Abgeschlossenheit des Gedichts Licht bedeutet, dem Leben etwas zuträgt» (Pléiade, S. 378). Also wieder die Definition eines Dinges durch seinen erstrebten Gegensatz: pulverisiert, *weil* auf dem Wege zur Geschlossenheit («finitude»). Für das Prosagedicht «Gleiche Güter», die «Gütertrennung» zweier Liebender, hat Gaston Puel den Versuch einer linearen Ausdeutung unternommen (Cahiers de L'Herne, S. 144), auf den sich die folgenden Anmerkungen stützen. – 1 *Je suis épris:* Es setzt ein als durch die heimatliche Landschaft ausgelöstes Erinnerungsbild. – 2 *accoudoir de solitude:* Das vertraute Landstück lädt den Einsamen zum Verweilen ein; er kann sich aufstützen auf das vor den (inneren) Stürmen rettende Floß, an dessen Mast ein Gesicht aufglänzt und ihn aus der

Erinnerung einholt («regagne»). Zunächst die Umgebung: die wildwuchernden Gärten des (früh verlorenen) Vaters, die Reinheit der Pflanzen, der nichts später Erlittenes etwas anhaben kann (V. 9 *qu'aucune fortune n'offusque*). – 8 *la main infirme des hommes:* dazu die Variante: «je n'exclus pas la mienne». – 9 *Tribunaux de midi:* «Gerichtsstand der Tagesmitte». Sätze der Festigung, der Selbstbehauptung gegen das Abgleiten ins Sentimentale. Die Vorstellung vom südlichen Mittagslicht als dem gerechten, reinigenden (wie in Valérys «Cimetière Marin», s. Band 3, S. 442ff.). Chars Ethik des Aushaltens der Gegensätze. – 12 *Rencontre:* Char kennt eine Poesie der Begegnung oder des Zusammentreffens (vgl. dazu auch J.-P. Richard, *Onze études,* S. 117f.). «Ich habe niemanden zurückbehalten» (im Gedächtnis, aber auch „zurückgehalten", im Sinne des An-sich-Bindens), vielmehr nur die intensive BEGEGNUNG, einen Augenblick höchster Schärfe, der zwei Linien, wo sie aufeinandertrafen, verschmelzen ließ. – 14 *Sur une route de lavande:* Nach dem harschen Ordnungsruf an sich selbst darf das Erinnern fortfahren: Nun war es doch kein Zusammenstoß, sondern ein Gehen Seite an Seite mit der Geliebten, in der Landschaft der Kindheit, mit staubtrockener Kehle, die kratzte wie Dornen (vor Beklommenheit?). – 15 *cadre enfantin de poussière à gosier de ronces:* Bildverschränkung nach surrealistischer Manier. – 16 *homme à tête de fable:* meint wohl: auch du hast keine Chimäre aus mir gemacht, mich nicht in der Phantasie verklärt. – 18 *Te voici nue ...:* Jetzt, nach rascher Trennung, bist du für mich ganz du selbst und deswegen die Beste, wo du aus der Zeit der «rauhen Hymne», des spannungsreichen Gesangs der Liebenden, herausgetreten bist. – 20 *L'espace:* Der Lebensraum vor mir, vor uns, wird wohl immer von solch einem «funkelnden Abschied», einem heftigen, absoluten Sich-Losreißen gekennzeichnet sein, das doch nur eine *chétive volteface,* ein schwächliches Abwenden sein kann. – 21 *le sillon s'éclaire:* Der Graben zwischen deinem Gut und meinem (Übel) erhellt sich: ich hebe dich, als eine Unbelebte, empor, durch meine Dichtung. Dadurch aber lebst du. – 23 *Inanimée:* Char liebt solche Vokative: «O ma martelée»; «ô détenue».

Man ermißt an einem solchen (hier exemplarisch vorgeführten) Paraphrasierungsversuch, wie hoch der Anteil des Hypothetischen bei solcher Dichtung bleibt. Char selbst hat 1953 einen Selbstkommentar verfaßt, um «nachträglich in das ewig schwankende Gebäude des Gedichts ein wenig von der linkischen Welt einzuführen, die zu dessen Verfestigung gedient hat.» Dort heißt es: «‹Biens égaux› wurde sehr früh begonnen, schon 1937, dann liegengelassen. Ich suchte damals in allen Wesen nicht so sehr ein Echo auf meine Angst und meine Inbrunst, sondern jene Kontraste und jenen Taumel, ohne welche es einen souveränen Blick nicht geben kann. Ich war von schwerer Krankheit genesen und hatte viel nachgedacht. Das Nahen der Katastrophe versengte mich. Das Böse und seine Helfershelfer erbitterten, empörten mich. Hundertfacher Zorn, Zerwürfnisse, Faustkämpfe sogar, mit Bekannten wie mit Unbekannten, kennzeichneten diese Zeiten der Angst. – Erst sehr viel später habe ich ‹Biens égaux› wieder aufgenommen. Mit dem Vergnügen, mich daran zu erfrischen, und auch mit einiger Enttäuschung.» (NNRF, Juni 1953, S. 991).

268 Le Requin et la mouette (Aus: *Le poème pulvérisé [Fureur et mystère]*, 1947; Text: Pléiade; S. 259; Ü: J. Hübner/L. Klünner, *Dichtungen*, S. 235) Zu diesem – sehr bekannt gewordenen – Gedicht schreibt Char: «Das Thema *Hai und Möwe* drängte sich mir während des Winters 1946 in Trayas am Mittelmeer auf. Ich besuchte Henri Matisse in Vence, und wir sprachen darüber. Diese perfekte Vermählung (‹ces parfaites noces›) ließ ihn nicht los». Chars Neigung zur verrätselten Sinnbildlichkeit kommt mit allen ihren Stärken und Schwächen hier am deutlichsten zum Ausdruck. Das Meer in dreifacher Sicht: als die Macht, die auch den mächtigsten Schmerz hinwegspült (wörtlich: «mit seiner Mondsichelform wegschneidet»); als wimmelndes Lebensreservoir; als etwas, das sich anschmiegt, bescheiden wie ein Pflänzchen (keines dieser drei Bilder ist in seiner Bedeutung eindeutig, keines aber auch einfach ohne Bedeutung). Der Mensch mag revoltiert, sich verabsolutiert haben – das Meer reicht mit seinen Palmblättern herüber und durchdringt seine «Überzeugtheit» (V. 6 *persuasion;* erneut die Neigung zu unlyrischer Abstraktheit, vgl. oben: *Évadné*). Es schafft ein läuterndes Bad: hindernde Körperlichkeit (V. 8 *épaule*), Vergangenheit (*jeunesse*) fallen ab zugunsten des Gefühls von Kraft und Reichtum im Augenblick. Gestern mag die Welt absurd gespalten gewesen sein, heute kommunizieren senkrechte Aggression und waagrecht-zierliches Schweben im «schmelzenden Winkel der begegnung», wie es in «Biens égaux» hieß. Eine Möglichkeit dichterischen Selbstentwurfs, ein Sich-nach-vorn-Werfen in unbekannte Zukunft.

270 A*** (Aus: *A une sérénité crispée [Recherche de la base et du sommet]*, 1952; Text: Pléiade, S. 762; Ü: P. Celan, *Dichtungen*, S. 295, und P. Celan, *Gesammelte Werke*, IV, S. 593) Thema des Gedichts ist sicher die Liebe, ist vielleicht die Poesie selbst (vgl. P. Schunck, in: Hinterhäuser, 1975, S. 341 f.), wofür spräche, daß es der Aphorismensammlung *A une sérénité crispée* (Celan: «Einer harschen Heiterkeit») angefügt ist. Den dort versammelten dichterischen Definitionen von Dichtung steht als Motto voran: «Wir sind an diesem Tage dem Unheil so nahe, wie es selbst die Sturmglocke nicht ist. Höchste Zeit also, daß wir uns eine Unglücks-Gesundheit zurechtbauen. Selbst wenn sie nach außen hin das Anmaßende des Wunders haben sollte.»

272 Le Banc d'ocre (Aus: *Retour amont [Le nu perdu]* 1965; Text: Pléiade S. 435; Ü: H. Köhler) Char schreibt: «*Retour amont* (Peter Handke hat den Titel mit *Rückkehr stromauf* übersetzt) bedeutet nicht Rückkehr zu den Quellen. Ganz und gar nicht. Sondern ein Aufspringen, Rückkehr zur unverzögerten Speisung der Quelle, zu ihrem Auge, bergwärts, das heißt zum schlimmsten, verlassensten Ort, den es gibt» (Pléiade, S. 656). Die drei Dutzend Stücke, gemischt aus Vers und Prosa, bilden etwas wie eine Reise, die an klar identifizierbaren Orten der Provence beginnt, deren Ziel sich jedoch zunehmend im Unbestimmbaren verliert.

FRANCIS PONGE

Montpellier 27. 3. 1899 – Bar-sur-Loup 6. 8. 1988

«Francis Ponge, den ich als einzigartigen Fall in der Literatur unseres Jahrhunderts sehr bewundere in seinem Versuch, sich mit den schlichtesten Gegenständen des alltäglichen Lebens zu solidarisieren»: Das Zeugnis Italo Calvinos mag stellvertretend sein für das staunende Interesse, das der bedächtige Beobachter, Sachwalter und Neuentdecker der einfachen Dinge mit seinem beharrlichen Hören auf die Sprache, die ihm dafür zur Verfügung stand, in der zweiten Hälfte unseres Jahrhunderts allenthalben erregte. Zwanzig Jahre mußte er sich gedulden, bis er mit seinem «parti pris des choses», der «Parteinahme für die Dinge», und seinem «compte tenu des mots», der «Berücksichtigung der Wörter», bei einem größeren Leserkreis Anklang fand – dank einem brillanten Essay Sartres, durch den er freilich von Stund an auch zum Prüfstein der widerstreitenden weltanschaulichen und methodischen Richtungen unserer Zeit wurde. Eine Art *De natura et varietate rerum* wollte dieser Nachfahre des Lukrez schaffen, und man ist viel zu wenig der Frage nachgegangen, wieweit dies eigentlich eine Reaktion auf die Veränderung der Dingqualitäten um uns her war. Ein Materialist und ein Nominalist: er verbannte alle metaphysischen Anliegen aus seiner Dichtung und erhob das Wörterbuch von Littré in den Rang einer Inspirationsquelle. Seine Ausrichtung ist insofern antipoetisch, als er programmatisch sagt: «Durch die Analogie hindurch muß das Unterscheidende erfaßt werden», was ja gemeinhin als Sache des Wissenschaftlers und nicht des Poeten gilt. Eine Verbindung von *Definition* und *Deskription* sollte die neue Textgattung sein, denn die Definitionen des Wörterbuchs seien doch «kläglich unkonkret».

Als schriftstellerischen Ahnen und eigentlich als Projektionsschirm erwählt er sich Malherbe, unter der Devise: «La règle qui corrige l'émotion». Von dieser Seite sieht man ihn gerne als einen Autor von «klassischer Strenge». Was ihm vorschwebt, ist aber doch eine individuelle Rhetorik. Daher sein starkes Interesse für sprachliche Verfahren aller Art. Ein Zug zum Preziösen wird aufgefangen durch tiefgründigen Humor. Man könnte geneigt sein, ihn mit Arno Schmidt oder Günter Eich zu vergleichen, wäre da nicht das starke Beharren auf dem Moralistischen, das ihn La Fontaines Fabeln wiederbeleben läßt. Er scheut sich auch nicht, sich zur *bonhomie* zu bekennen, ein Poet für Kinder sein zu wollen, wie denn sein ganzer kreativer Assoziationsmodus etwas von einem sehr originellen Kind hat, für das die Kerzenflamme ohne weiteres ein Goldblatt ist. Die beständige Begleitung seines Schreibens durch reflektierenden Selbstkommentar wie auch die unendlich variierte Verknüpfung der – doch nur scheinbar objektiv – beschriebenen Gegenstände mit dem Schreibakt haben ihn indes zum *corpus dilectum* der neueren Literaturanalyse werden lassen. Insbesondere seit Philippe Sollers ihn zum Patron der Tel-Quel-Gruppe erkor, hat sich der Streit zwischen «Textualisten» und «Referentialisten», zwischen Anhängern einer Deutung seines Werks als «skripturaler Allegorie» und den Verfechtern eines (animistischen) Wirklichkeitsabbildes entwickelt und ungeahnt verfeinert. Ist Ponges Dichtung eine «poésie objectale», eine versteinerte und menschenentleerte Dichtung, oder bedeutet sie im Gegenteil gerade die Wiedereinführung des Menschen in die Welt der Dinge? Vielleicht wird man, obwohl die modern-industrielle Dingwelt defensiv aus ihr ausgegrenzt ist, sie in ihren sprachlich-gedanklichen Engführungen als eine zeitadäquate Interpretation des veränderten Verhältnisses zu den Dingen des Menschen lesen lernen.

Der starke moralische Impuls dürfte Ponge aus der Tradition seiner süd-französischen, bürgerlich-protestantischen Familie zugewachsen sein. Ponge hatte ein sehr enges Verhältnis zu seinen Eltern. Sein Vater verfolgt seine dichterischen Anfänge sehr intensiv, dessen Tod 1923 erschüttert ihn schwer. Er ist ein brillanter Schüler, scheitert jedoch (wohl aus psychischen Gründen) zweimal bei der mündlichen Aufnahmeprüfung zur École Normale Supérieure. Von Anfang an sympathisiert er mit der bolschewistischen Revolution, tritt 1919 der Sozialistischen, 1937 der Kommunistischen Partei bei, verzichtet jedoch 1947 auf die Verlängerung seiner Mitgliedschaft. Seine poetische Tätigkeit wird durch Jacques Rivière und Jean Paulhan gefördert. Er arbeitet in der Herstellung des Verlagshauses Gallimard, muß jedoch wegen der Organisation eines Streiks ausscheiden (was nicht hindert, daß er als Autor vom Hause aufgenommen wird). Seit Herbst 1942 ist er an der Résistance beteiligt. 1955 bekommt er eine Anstellung bei der Alliance française. 1966 ist er Visiting Professor an der Columbia University, New York. Er steht in enger Beziehung zu Malern wie Braque und Dubuffet und veröffentlicht zahlreiche Texte zur Kunst.

Ausgaben: Le Grand Recueil: Bd. I: *Lyres;* Bd. II: *Méthodes;* Bd. III: *Pièces,* 1961. – *Pour un Malherbe,* 1965. – *Tome premier (Douze petits écrits, Le parti pris des choses, Proêmes, La rage de l'expression, Le peintre à l'étude, La Seine),* 1965 – *Le savon,* 1967. – *Nouveau recueil,* 1967. – *Entretiens de Francis Ponge avec Philippe Sollers,* 1970. – *La fabrique du pré,* 1971. – *L'atelier contemporain,* 1977. – In der Collection Poésie sind erschienen: *Le parti pris des choses,* suivi de *Proêmes,* 1967. – *Pièces,* 1971.

Übersetzungen: Lyren, Ausgew. Werke, frz. und dt. (*Zwölf Kleine Schriften, Im Namen der Dinge,* übers. von G. Henniger; *Vorreden,* übers. von K. Spann), Frankfurt 1965. – *Stücke, Methoden,* Ausgew. Werke, Bd. 2, übers. von G. Henninger, Frankfurt 1968. – *praxis der sprache aus malherbe,* übers. von E. Walther, Stuttgart 1967 [Auszug]. – *Die Seife,* übers. von M. Bosse-Sporleder, Neuwied 1969. – *Das Notizbuch vom Kiefernwald* und *La*

Mounine, übers. von P. Handke, Frankfurt 1982. – *Francis Ponge im Gespräch mit André Breton und Pierre Reverdy,* übers. von L. Klünner, Berlin 1983 [Auszug]. – *Die Kunst der Feige,* Ein Gespräch mit Jean Ristat. Und das Gedicht ‹La figue›, übers. von U. Meyer-Pabst u. a., Bremen 1984. – *Einführung in den Kieselstein* (mit einem Aufsatz von Jean-Paul Sartre), übers. von G. Henniger und K. Spann, Frankfurt 1986. – *Schreibpraktiken oder Die stetige Unfertigkeit,* übers. von F. Ph. Ingold, München 1988. – *Kleine Suite des Vivarais,* übers. von P. Handke, Salzburg 1988.

Literatur: J.–P. Sartre, «L'homme et les choses» (1944), in: *Situations,* I, 1947. – Ph. Sollers, *Francis Ponge,* 1963 (Poètes d'aujourd'hui). – E. Walther, *Francis Ponge. Eine ästhetische Analyse,* Köln 1965. – J. Thibaudeau, *Francis Ponge,* 1967 [mit Bibliographie]. – M. Bense, «Ponge und die literarische Praxis», in: ders., *Die Realität der Literatur,* Köln 1971. – E. Höhnisch, «‹Bords de mer› von Francis Ponge», in: *Interpretation und Vergleich,* Fs. W. Pabst, ed. E. Leube und L. Schrader, Berlin 1972. – W. Raible, in: Raible, 1972, S. 150–155. – M. Spada, *Francis Ponge,* 1974 (Poètes d'aujourd'hui). – G. Roellenbleck, «Le Mollusque», in: Hinterhäuser, 1975, S. 303–314. – *Francis Ponge,* Colloque de Cerisy, 1977. – I. Higgins, *Francis Ponge,* London 1979. – J.-M. Gleize, *Introduction à Francis Ponge,* 1979. – Cahier de L'Herne, ed. J.-M. Gleize, 1986 [mit Bibliographie].

274 TROIS POÉSIES (Entstanden 1920; aus: *Douze petits écrits,* 1926; Text: *Tome premier,* S. 13 und 15; Ü: G. Henniger, *Lyren,* S. 15/17) Früher, ohnmächtiger Protest gegen die Besetzung von Paris durch das Automobil, vielen expressionistischen Gedichten in Deutschland vergleichbar. Ähnlich in dem Prosatext von 1929: «Les écuries d'Augias» («Die Ställe des Augias») aus *Proêmes* (»Proömien», «Vorreden»): «Dieses Losrasen von Lastwagen und Autos, diese Viertel, in denen niemand mehr wohnt». Die monorhythmischen Dreisilber des Stückes III haben, so scheint es, dem nur ein trotziges Sich-Abkapseln in der fensterlosen Dumpfheit alter Hütten entgegenzusetzen. In Wirklichkeit vollzog sich unter diesen Eindrücken bei Ponge gerade die entscheidende Wendung: hin zur Sprache. «Leider spricht *aus unserem eigenen Innern* der gleiche schmutzige Zustand, weil uns keine anderen Worte zur Verfügung stehen als jene, die der tägliche Gebrauch in dieser gemeinen Welt seit ewigen Zeiten prostituiert», heißt es in den «Ställen des Augias» weiter. «Was mich betrifft, ich bin aus dem Ekel an einer bestimmten Sprache zum Schreiben gekommen», sagt er später zu Philippe Sollers. Die Definition der Sprache nach Alcuin: «Peitsche der Luft», greift er freudig auf (sie hätte von ihm sein können). Das ist nicht die Position eines Materialisten; wohl aber die eines Rhetorikers. «Jeden die Kunst lehren, sich eine eigene Rhetorik zu errichten, ist eine Tat für das öffentliche Wohl», schreibt er in *Proêmes.*

276 LES MÛRES (Entstanden 1936; aus: *Le parti pris des choses,* 1942; Text: *Tome premier,* S. 41; Ü: B. Böschenstein/J. Bollack, *Französische Gedichte,* S. 182) Charakteristisches «Ding-Gedicht», insofern es zugleich auch ein «Schreib-Gedicht» ist. In einer A-B-A-Form wird die eigentliche Beschreibung des Brombeerstrauchs eingerahmt durch Betrachtungen über die Beschaffenheit des Gedichts. Der dornig-abweisende Strauch ist für ein Gedicht ein Vorbild in doppeltem Sinn: Das Auge des Dichters sieht eine *Ähnlichkeit* zwischen den Früchten und seinen Lettern; sein Bewußtsein gewinnt eine *Moral* für sein Tun aus ihrem Erscheinungsbild. – 2 *hors des choses ni à l'esprit:* Der Weg des Dichtens soll nicht zu einem jenseits der Dinge gelegenen, vage «Geistigen» führen. Hieran hat sich die Debatte um Ponges «Materialismus» besonders entzündet. Ph. Sollers spricht von einem «non-dualisme entre matière et esprit». – 11–12 *le poète . . . en prend de la graine:* Spielerische Remotivierung der idiomatisch festen Redeform «prendre de la graine» – «sich ein Beispiel nehmen», abgeleitet von der ursprünglichen Bedeutung «sich ein Samenkorn nehmen». – 16 *parfaitement elles sont mûres:* Ausnützung der Homonymie von «mûre» – «Brombeere» und «mûr,e» – «reif». Günter Eich hat mit seinen «Maul-würfen» ähnlich hintergründige Kalauer riskiert.

276 LA BOUGIE (Entstanden 1936; aus: *Le parti pris des choses,* 1942; Text: *Tome premier,* S. 44; Ü: G. Henniger, *Lyren,* S. 39) 3 *Sa feuille d'or:* Der mehrfache Vergleich (Flamme – Goldblatt, Kerze – Alabastersäule, Docht – Blumenstiel) ist eine Technik, deren sich die verrätselnde Dichtung des Manierismus und Barock gerne bediente. Nach Erscheinen der Texte empfand man diese und ähnliche Verfahren bei Ponge vielfach als «Vertreibung des Menschen aus der Kunst», doch war das wohl ein vorschnelles Urteil – 5 *Les papillons miteux:* «miteux» («lumpig», «mies») gehört ebenso wie «vanné» («zerschlagen», «hundemüde») der Umgangssprache an, läßt aber auch an «mite» («Motte») denken: gewisse Nachtfalter sehen sehr «mottig» aus. – 10 *au brusque dégagement:* dürfte auf *livre* zu beziehen sein. Daß unter dem Einfluß des flackernden Kerzenlichts die «originellen Rauchschwaden» nun aus dem Buch emporsteigen, ist eine Träumerei, die sehr an Mallarmé erinnert. – 11 *se noie dans son aliment:* Der letzte Satz schließt das Gedicht in bündiger, fast hermetischer Weise ab. Die Mehrzahl der Stücke aus *Le parti pris des choses* bilden eine solche «geschlossene Form», suchen als Texte sich in Analogie zu selbständigen Objekten zu setzen, wozu freilich auch der Rekurs auf eine Zeiterstreckung, hier konkret die Brenndauer der Kerze, beitragen kann. In anderen Bänden, *Proêmes* und *La rage de l'expression,* wird Ponge «offene» Formen bevorzugen, Texte wie «Notizen zu einem Vogel», «Die Nelke», die ihre eigene Entstehung dokumentieren und prinzipiell keinen Endpunkt haben.

278 LA CIGARETTE (Entstanden 1936; aus: *Le parti pris des choses,* 1942; Text: *Tome premier,* S. 45; Ü: H. Köhler)

278 LE PAPILLON (Aus: *Le parti pris des choses,* 1942; Text: *Tome premier,* S. 62; Ü: G. Henniger, *Lyren,* S. 59) 17–18 *pétale superfétatoire:* Beim Nach-

denken über seine «schöpferische Methode», an der Stelle, wo es ihm um die poetische – den Philosophen überlegene – Evidenz geht, notiert Ponge 1948 zu diesem Vergleich des Schmetterlings mit einem überschüssigen Blütenblatt: «Wenn ich einen Schmetterling als *überflüssiges Blütenblatt* bezeichne, gibt es etwas das *wahrer* wäre?» (*Einführung in den Kieselstein,* S. 233)

280 NOTES PRISES POUR UN OISEAU (Aus: *La rage de l'expression;* Text: *Tome premier,* S. 283–285; Ü: H. Köhler) Mit dem Titel «Ausdruckswut» meint Ponge eine gegenüber *Le parti pris des choses* noch rigorosere Ausrichtung des *Wortes* auf die *Sache:* «Meine Arbeit sei ein unablässiges Zurechtrükken meines Ausdrucks (ohne der Sorge um die Form dieses Ausdrucks irgendwelchen Vorrang zu geben) zugunsten des rohen, unbehandelten Gegenstands.» Alles Recht ist auf seiten des Dinges, alle Pflichten auf seiten des Gedichts, will sagen dessen, der es macht. Streng versagt sich Ponge alles «poetische Geschnurre» und legt feierlichen Nachdruck auf seine «heftige Neigung zu den Dingen», damit aber auch zu den «Fortschritten des Geistes». Monatelang häuft er in den Jahren vor und nach Ausbruch des Zweiten Weltkriegs wie zum Trotz Notizen über jeweils ein Ding-Thema: Loire-Ufer, Wespe («Guêpe» widmet er Sartre und Beauvoir), Vogel, Nelke, Mimose, Pinienwald, La Mounine (Weiler bei Aix-en-Provence). Die Notizen zum Vogel, datiert März – September 1938, sammeln zunächst in der üblichen Weise Beobachtungen, danach wird der geliebte Littré aufgeschlagen und exzerpiert (möglicherweise ist dies etwas stilisiert), schließlich aber findet all dies «Material» überraschenderweise Eingang in eine versifizierte Form: einundfünfzig ungereimte, locker miteinander alternierende Zehn- und Zwölfsilber, einige davon – etwa der dritte und der einundvierzigste – auch nicht ganz regelstreng, im Rhythmus bisweilen so reizend unbeholfen wie der junge Vogel selber. – 4 *Proche de moi:* Im natürlichen System der Tiere kommen die Vögel gleich nach den Kriechtieren. – 5 *Niais d'abord, branchier ensuite:* Littré führt an, daß «niais» («albern», «kindisch») von «nid» («Nest») kommt und in der Sprache der Falkner den noch nicht flüggen Vogel bezeichnet, «branchier» den, der schon auf dem Ast hüpft. Die deutschen Entsprechungen sind «Nestling» und «Ästling». – 14 *Mignons pouilleux:* Die entsprechende Stelle in den Prosanotizen lautete: «Zumeist sind es aber doch verdreckte und lausige *mignons,* die Halskrause schmutzig, die Ärmelschlitze zerschlissen, die Falten zerknittert, die Kragen bekleckert, die Schnürbändel staubig, und – weit schlimmer noch – sie käckern im Fluge, sie käckern im Stand, sie käckern allüberall. Mithin: durch und durch ‹Grand Siècle› . . .». – 25 *Vous-mêmes, au panier rond:* Diese Beschreibung entstammt offensichtlich einem Bild des Malers Ébiche, dem die «Notizen» auch gewidmet sind. – 28 *Cageot léger:* Vgl. auch «Le cageot» («Der Spankorb») in *Le parti pris des choses.* – 34 *Sternum de rachitique:* Gerade dieser so originell scheinende Vergleich des Brustbeins mit dem Schiffskiel, wie auch die Betrachtung seiner Funktion beim Fliegen und Hocken, sind vollständig Littré entnommen. Und zwar nicht einem poetischen, ebensowenig einem orni-

thologischen, sondern einem nationalökonomischen Text, einem *Mémoire* des bekannten Physiokraten Dupont de Nemours (Ahnherrn des US-Konzerns Dupont) von 1806. – 51 *La corne de mes bec ou serres:* Die Ideologie ist nicht Ponges Stärke. Warum beschreibt er letztlich den Vogel so genau? Antwort: «Damit wir vollkommenere Flugzeuge bauen, die Welt besser beherrschen.» Damit nicht genug: «Damit der Mensch wirklich Besitz von der Natur ergreift, sie sich unterwirft, muß er in sich die *Eigenschaften* jedes Dinges ansammeln. Das aber scheint mir ein bolschewistischer Standpunkt. Die Diktatur des Menschen über Natur und Elemente wird jedoch nur eine Etappe sein auf dem Weg zur vollkommenen Harmonie von Mensch und Natur.» Daher eine «positivistische» Auffassung von der Aufgabe des Dichters: «Der Dichter ist ein Moralist, der die *Eigenschaften* des Gegenstandes zerlegt und sie anschließend wieder zusammensetzt, wie der Maler die Farben zerlegt und auf seiner Leinwand wieder zusammensetzt» (so 1952: eines der nicht ganz seltenen Beispiele dafür, daß die Poetik eines Autors im Niveau weit hinter seiner Praxis zurückbleiben kann).

282 L'Œillet (Aus: *La rage de l'expression,* 1952; Text: *Tome premier,* S. 300; Ü: H. Köhler) Der Schreibprozeß der «Nelke» ähnelt dem des «Vogels»: nach einigen poetologischen Vorüberlegungen («Ist das Poesie? Das weiß ich überhaupt nicht, für mich ist es ein Bedürfnis») und der Musterung zahlreicher «Instrumente», die für das Vorhaben notwendig sind und von der Enzyklopädie über das Mikroskop bis zum Traum, zum Kalauer, ja zum Vergessen reichen, setzen die Beobachtungen und Wortlisten ein, diesmal numeriert und sogar datiert: Juni 1941. Die zwölfte und am meisten ausgearbeitete Nummer ist hier ausgewählt. Den Abschluß bildet eine nachgetragene «Entschlossene Rhetorik der Nelke». – 6 *Sous chacun d'eux se dégainent c'est le mot:* Hinweise wie «c'est le mot» oder «proprement» gehören zum Arsenal sprachhygienischer Maßnahmen, dienen der «Ausdruckswut», indem sie auf die Neubelebung erstarrter Bilder und Redewendungen aufmerksam machen. – 17–18 *de languettes (...) déchirées:* Die Skizze 4 enthielt hierzu eine sehr viel heftigere Note, wie sie bei Ponge selten ist: «Bei ihrem Anblick verspürt man das gleiche Vergnügen wie bei dem durch herzhaftes Hineinbeißen zerrissenen Höschen eines jungen Mädchens, das seine Wäsche versorgt.»

284 Le Monument (Aus: *Lyres,* 1961; *Le Grand Recueil: Lyres,* S. 17–18; Ü: G. Henniger, *Lyren,* S. 221)

286 La Grenouille (Aus: *Pièces,* 1961; Text: *Le Grand Recueil: Pièces,* S. 59–60; Ü: H. Köhler) 2 *une Ophélie manchote:* «amphibisch», weil im Wasser treibend. «La blanche Ophélia flotter comme un grand lys», lautet ein berühmter Vers von Rimbaud (s. Band 3, S. 112ff.). Vgl. auch das Bild von Millais, *Ophélie* (Tate Gallery). – 10 *Et ce cœur qui bat gros:* Spiel mit dem Ausdruck: «j'ai le cœur gros» – «mir ist schwer ums Herz». – 11 *m'apitoyent à la lâcher:* verkürzt für «au point que je la lâche».

286 Première Ébauche d'une main (Entstanden 1949; Aus: *Pièces,* 1961; Text: *Le Grand Recueil: Pièces,* S. 132–134; Ü: H. Köhler) 1 *Agitons ...:* Diese

und einige andere Zeilen dieser «Handskizze» sind Alexandriner von einem ganz eigentümlichen und unerwarteten Pathos. Wir übersetzen *agitons* mit «schütteln», doch spielt Ponge in dieser Eingangszeile, der *propositio,* in der das Programm angegeben wird, sicher auch auf den Ausdruck «agiter une question» («eine Frage aufwerfen») an. Selbstverständlich ist auch die Bedeutung «rühren», «winken» wirksam. – 8 *jouant les Euménides:* Soll wohl heißen, die Hand ist ständig hinter jemandem oder hinter etwas her. – 20 *pommeau électro-magnétique:* vermutlich das Hirn; bei den weiteren Körperteilvergleichen soll niemandes Phantasie gegängelt werden! – 24 *les travaux d'approches:* im Französischen geläufiger Ausdruck für «Annäherungsversuche» im erotischen Sinn. Hier in witziger Weise wörtlich genommen. – 39–42 *Blessée parfois ... fronçant alors le drap:* Krankheit und Tod werden gegen Ende der *Skizze* sehr zurückhaltend und unpathetisch genannt, aufs neue aber in eigentümlicher thematischer Verschränkung mit dem Schreibakt.

EUGÈNE GUILLEVIC

Carnac 5. 8. 1907

«In Poesie leben,» sagt Guillevic in dem sehr aufschlußreichen (leider nicht übersetzten) Gespräch *Vivre en poésie* (1980), «damit meine ich: das Wirkliche verlängern, nicht durch Phantastisches, Wunderhaftes, Paradiesisches, sondern indem man das Greifbare in seiner tatsächlichen Dimension durchlebt. ... Jedes alltägliche Ereignis in den Koordinaten der Ewigkeit erleben, das ist für mich Poesie». In dieser Auffassung verbindet sich sehr frühe Liebe zu Lamartine mit der Entdeckung Cézannes. In den *Drei Äpfeln* Cézannes findet Guillevic, dem die Wendung ins Innere nach Art der Surrealisten nicht liegt, die Enthüllung der poetischen Wirklichkeit, den Sinn für die Genauigkeit in der Erkenntnis dessen, was sinnlich gegeben ist. Für ihn liegt darin sogar die Wurzel seines Marxismus.

Ausgangspunkt seiner Erlebniswelt ist die Bretagne. Nicht so sehr das Meer, das er erst später gleichsam als Befreiung entdeckt, sondern das steinige Innere der Umgebung von Carnac, des Landes der Dolmen und Menhire, in dem er eine eher freudlose Kindheit verbringt. «Die Berührung mit der Erde, das war meine große Schule». Das Zuhause, vor allem die Mutter, flieht er, sooft er kann; der Vater, erst Seemann, dann Polizist – von ihm hat er die massige Statur – ist ohnehin selten anwesend. Seine Vorliebe für die poetische Nennung konkreter Gegenstände hat noch einen anderen Grund: die französische Sprache ist ihm nicht von Kindheit an selbstverständlich. Aus dem bretonischen wird er mit dem Vater ins südelsässische Milieu versetzt und erlernt den Umgang mit der Sprache seiner Dichtung erst auf der

Schule. Zugleich wird ihm das Alemannische und das Deutsche vertraut, was er zur intensiven Beschäftigung mit Novalis und Trakl einsetzt (später übersetzt er Brecht und Hermlin). Er freundet sich mit dem elsässischen Dichter Nathan Katz, später mit Jean Follain und Jean Tortel an. Er wird Beamter in einem Registraturamt im Elsaß, später im Pariser Finanzministerium. 1930 heiratet er Alice Munch. Er steht der Volksfront nahe, geht 1942 in den Widerstand und wird Mitglied der KPF. Zu dieser Zeit erscheint sein erster wichtiger Gedichtband *Terraqué*. In seiner Periode als militanter Kommunist nach dem Krieg schreibt er unter dem Einfluß Aragons und des «sozialistischen Realismus» traditionalistische Sonette, die künstlerisch mißglückt sind. Mit Beginn der Entstalinisierung findet er zu seinem persönlichen Dichtungsstil zurück. Seit seiner Pensionierung reist er zu zahlreichen Vorträgen und Dichtertreffen in alle Kontinente. Seine Dichtung ist in nahezu fünfzig Sprachen übersetzt, darunter das Alemannische, das Okzitanische und das Bretonische.

Ausgaben: Terraqué, 1942; 1968. – *Exécutoire,* 1947; 1968. – *Carnac,* 1961; 1977. – *Sphère,* 1963; 1977. – *Euclidiennes,* 1967; 1977. – *Choses,* 1970. – *Du domaine,* 1977. – *Étier,* 1979. – *Autres,* 1980. – *Trouées,* 1981. – *Requis,* 1983. – *Creusement,* 1987.

Übersetzungen: Carnac, übers. von C. und R. Brambach, München 1968. – *Geheimnis der Dinge,* übers. von P. Wiens und L. Richard, Berlin (Ost) 1969. – *Das Meer,* übers. von M. Fahrenbach, frz. und dt., Tübingen 1985.

Literatur: J. Tortel, *Guillevic,* 1954; 1978 (Poètes d'aujourd'hui). – S. Gaubert, ed., *Lire Guillevic,* Lyon 1983. – J. Pierrot, *Guillevic ou la sérénité gagnée,* 1984. – S. Gaubert, ed., *Guillevic, Les chemins du poème, Sud,* Sondernummer, 17, 1987.

292 L'ARMOIRE ... (Aus: *Terraqué,* 1942; Texte: *Terraqué,* suivi de *Exécutoire,* 1968, S. 17; Ü: M. Fahrenbach [ebenso alle folgenden]) Das Titelwort von Guillevics erstem Band, «terraqué» (ein Lexikonfund! Vgl. *Choses parlées,* 1982, S. 55), ist zusammengesetzt aus *terra* und *aqua,* meint also «wo Erde und Wasser sich mischen». Der überwiegende Teil von Guillevics Werk ist in unverwechselbaren Kurzversen und Kurzstrophen geschrieben, Vier- bis Achtsilbern in Zwei- oder Dreizeilern. Der häufig angestellte Vergleich mit japanischen Haikus ist, wie Étiemble gezeigt hat (bei Gaubert 1983, S. 149f.), nicht zutreffend, oder nur insofern, als auch Guillevics Gebilde nicht improvisiert sind, sondern Ergebnis langen Ausfeilens. Vorherrschendes Gefühl in diesem Band ist eine Angst vor dem Ausgeschlossensein, gepaart mit einem bisweilen aggressiven Willen, in einen Körper einzudringen. Die Dinge, die sich berühren lassen, und mehr noch die Wörter, mit denen sie sich nennen lassen, schaffen dagegen Beruhigung: «Les mots / C'est pour savoir. //

Quand tu regardes l'arbre et dis le mot: tissu, / Tu crois savoir et toucher même / Ce qui s'y fait (. . .). Et la peur / Est presque partie». So in *Exécutoire* (S. 157). Der für die erste Gedichtgruppe gewählte, später noch mehrfach verwendete Titel «Choses» bekommt, an diese Stelle gerückt, seinen richtigen Wert.

292 CETTE POMME (Text: *Terraqué,* S. 27)

292 MÈRE AUX LARMES BRÛLANTES (Text: *Terraqué,* S. 52)

292 LE PAIN DU CONDAMNÉ (Text: *Terraqué,* S. 53)

294 OUI, FLEUVES (Text: *Terraqué,* S. 75) 11 *Nous faire ensemble une raison:* Leichte Doppeldeutigkeit (Guillevic neigt sonst gar nicht zu Wortspielen). «Se faire une raison» bedeutet als idiomatischer Ausdruck «sich mit etwas abfinden», «sich dreinschicken», «resignieren»; in seine Bestandteile zerlegt meint er hier etwa: «zu einer vernünftigen Erklärung finden».

294 ART POÉTIQUE (Text: *Terraqué,* S. 138–139) Zwar steht die «Ars poetica» am Schluß des Bandes, doch bildet sie – wie in moderner Dichtung fast immer – keinen gesonderten Diskurs, bedient sich keiner anderen Sprache, sondern ist selbst Dichtung von der Art wie die, über die sie spricht. Umgekehrt finden sich Aussagen über die «Sache Wort» auch in Gedichten, die nicht als poetologisch gekennzeichnet sind (siehe etwa das Beispiel oben).

296 ICI (Aus: *Exécutoire,* 1947; Text: *Terraqué,* suivi de *Exécutoire,* 1968, S. 246) Dreizehntes und letztes Stück einer Gruppe mit dem Titel «Le charnier» («Das Leichenfeld»), das den Abschluß des Bandes *Exécutoire* bildet. Dieses Wort, eigentlich ein abschreckend unpoetischer Verwaltungsterminus mit der Bedeutung «Kostenfestsetzungsbeschluß» (Guillevic war nicht umsonst Finanzbeamter!), wird hier durchsichtig gemacht auf einen allgemeineren Hintergrund, den des Krieges, dessen Schrecken in dem Band nachzittern: diese Toten, Opfer des «Vollstreckungserlasses», werden keine Ruhe finden.

296 PAYS (Aus: *Sphère,* 1963; Text: *Sphère,* suivi de *Carnac,* 1963, S. 29) Erstes von fünf Stücken unter dem Titel «Pays». Mit dem Titel *Sphère* meint Guillevic zugleich die Erd-Wasser-Kugel («la planète *terraquée*»), die innere Sphäre und die Sphäre des Gedichts (vgl. *Choses parlées,* 1982, S. 62).

296 CENTRE (Aus: *Sphère,* 1963; Text: *Sphère,* suivi de *Carnac,* 1963, S. 78) Wie zur Erklärung dieser Zeilen sagt Guillevic in *Vivre en poésie:* «Ich bin im Mittelpunkt. Ich bin nicht ein Individuum in der Gesellschaft. Ich bin der Mittelpunkt. Das hat gar nichts mit Stolz zu tun. Ich bedarf eines Mittelpunkts; wenn ich es nicht bin, wo ist er dann?» (S. 32). Man sieht allerdings auch, daß da, wo Guillevic von seinem poetischen Programm abläßt, «jedes alltägliche Ereignis in den Koordinaten der Ewigkeit» zu erleben, seinen Versen die Spannung verloren zu gehen droht.

Raymond Queneau

Le Havre 21. 2. 1903 – Neuilly-sur-Seine 25. 10. 1976

«Ça a toujours kékchose d'extrême / un poème» – wer eine so richtige Einsicht in so unterhaltsam falscher Schreibweise zum Ausdruck bringt, ist selbst ein Extremfall. Ein studierter Mathematiker mit gründlicher Zusatzausbildung in Philosophie überträgt seine Leidenschaft für Zahlenkombinatorik und ausgeklügelte Strukturmuster auf die Literatur. Ein enzyklopädisch Belesener erschafft sich als Literatursprache ein «Neo-Französisch», das die größtmögliche semantische und orthographische Nähe zur gesprochenen Sprache sucht. Dem esoterischen Experimentator einer «potentiellen Literatur» gelingt mit *Zazie dans le métro* (1959) nicht nur ein Bestseller, sondern die Schaffung einer echten literarischen Gestalt, mit den *Exercices de style* (endgültige Fassung 1963) eine virtuose parodistische Akrobatennummer und mit *Œuvres complètes de Sally Mara* (1962) ein erotischer Roman von ausnehmendem Witz. Dies aber ist nur ein kleiner Teil eines von immenser Schaffensfreude geprägten Werks, das 1925 mit Traumberichten im Stile der Surrealisten einsetzt und Untersuchungen über den Ort der Mathematik in den Wissenschaften ebenso umfaßt wie politische Artikel, sprachwissenschaftliche Untersuchungen oder die Übertragung der Dialoge von Fellinis *La Strada*. Mit Recht weist sein nimmermüder Übersetzer Eugen Helmlé die Vorstellung zurück, Queneau sei etwas wie ein Berufshumorist, spricht vielmehr von «genialem Sprachulk» bei ihm.

Der aus normannischem Kleinbürgertum stammende Queneau hat von 1924 an engen Kontakt mit den Surrealisten, sagt sich später nachdrücklich von ihnen los. 1932 faßt er auf einer Griechenlandreise den Gedanken, Descartes' *Discours de la Méthode* in gesprochenes Französisch zu übertragen. Zwar kommt es nicht zur Ausführung, doch liegt hier der Anfang für Schreibeigentümlichkeiten wie «cosmos nioutonien» u. ä. In Paris hört er die berühmten Hegelvorlesungen von Alexandre Kojève, die er 1947 aus den Mitschriften herausgibt. 1938 tritt er als Englischlektor beim Verlag Gallimard ein und zeichnet ab 1967 für die vielbändige *Encyclopédie de la Pléiade* verantwortlich. Er tritt dem etwas geheimnisumwitterten *Collège de Pataphysique* bei und gründet 1960 zusammen mit François Lelionnais die Gruppe *Oulipo* *Ou*vroir de *li*ttérature *po*tentielle («ouvroir» ist ein altes Wort für «Werkstatt», «Atelier»).

Aber Wissenschaft und Witz, Enzyklopädie und Esoterik sind noch nicht der ganze Queneau. Da ist auch noch der «Sohn des Saturn», der Melancholiker, der Asthmatiker, der eine unfrohe Kindheit erlebt hat, der sich sechs Jahre lang einer Psychoanalyse unterzieht, der trotz einer engen ehelichen Bindung sexuell unausgeglichen lebt. Kaum jemand unter den ihm Nahestehenden wußte, daß er Zeit seines Lebens ein intimes Tagebuch führte. Dessen aus dem Nachlaß bisher veröffentlichte Teile bargen für nahezu alle eine Überraschung: Queneau war religiös, sogar praktizierend gläubig. Bislang wußte man nur von seinem Interesse für die Gnosis und für die Schriften von René Guénon, dem Erforscher der islamischen Mystik. Man wußte auch von seiner Freundschaft mit Max Jacob. Aber gerade dessen Einfluß ging offenkundig viel tiefer, als man angenommen hatte. Vor diesem Hintergrund nimmt die Präsenz von Todes- und Nachtangst in seiner Lyrik – häufig genug noch ironisch, parodistisch oder «neofranzösisch» gebrochen – eine andere Gestalt an. Nur so wird letztlich verständlich, warum er überhaupt Lyrik schrieb. Nicht unerwähnt bleiben soll indessen ein Verswerk objektiveren Charakters: die *Petite Cosmogonie portative* von 1950, die – wohl in freier Anlehnung an Hesiod – in sechs Gesängen aus (oft schwindelerregend) gereimten Alexandrinern die Weltentstehung von den Anfängen bis zu den Rechenmaschinen gestaltet (von Ludwig Harig unerschrocken ins Deutsche übersetzt, von Italo Calvino mit einem «Kleinen Führer» versehen; in gleiche Richtung geht Queneaus Gesang auf den Kunststoff *Styren,* zu einem Kurzfilm von Alain Resnais, 1957).

Ausgaben: Chêne et chien, 1937; 1952. – *Les Ziaux,* 1943; 1979. – *Bucoliques,* 1947. – *L'instant fatal,* 1948; 1979. – *Petite cosmogonie portative,* 1950; 1969. – *Si tu t'imagines,* 1952. – *Cent mille milliards de poèmes,* 1961. – *Le chien à la mandoline,* 1965. – *Courir les rues,* 1967. – *Battre la campagne,* 1968. – *Fendre les flots,* 1969.

Übersetzungen: Taschenkosmogonie, übers. von L. Harig, Wiesbaden 1963; München 1978. – *Das heiße Fleisch der Wörter,* übers. von L. Harig, Pforzheim 1976. – *Hunderttausend Milliarden Gedichte,* übers. von L. Harig, Frankfurt 1984. – *Eine Modellgeschichte,* übers. von E. Helmlé, München 1985 [mit Bibliographie weiterer Übersetzungen].

Literatur: W. Hillen, *Raymond Queneau, Bibliographie des études sur l'homme et son œuvre,* Köln 1981. – J. Queval, *Raymond Queneau,* 1960 (Poètes d'aujourd'hui). – E. Gülich, «Raymond Queneau», in: Lange, 1971. – Cahier de L'Herne, Sondernummer Queneau, ed. A. Bergens, 1975 [mit Werkbibliographie]. – J. Langenbacher, *Das «néo-français»,* Frankfurt 1981. – *Europe,* Sondernummer, Juni-Juli 1983. – A. Thiher, *Raymond Queneau,* Boston 1985. – Zu «Oulipo»: *La littérature potentielle,* Paris 1973.

298 VEILLE (Aus: *Les Ziaux,* 1942, Text: *L'instant fatal,* précédé de *Les Ziaux,* 1966, S. 29; Ü: L. Harig) Die erste Gedichtsammlung Queneaus enthält Texte von 1920 bis 1943. «Les Ziaux», der Titel des letzten Gedichts, ist eine Kreuzung aus «les eaux» und «les yeux». «Veille» ist nicht datiert, dürfte

aber aus den 20er Jahren stammen. Es weist schon die Vorliebe auf, einerseits am Alexandriner festzuhalten (zumeist in Vierzeilern), ihn andererseits syntaktisch oder orthographisch respektlos zu behandeln: vgl. etwa das «certes» am Versende oder den – für die Augen – unreinen Reim «certes / déconcertent». Solche Disharmonien tragen jedoch nur ihr Teil bei zu dem unheimlich narrenden Blinken dieses perfekten Nachtstückes.

298 JE CRAINS PAS ÇA TELLMENT (Aus: *L'instant fatal,* 1948; Text: *L'instant fatal,* 1966, S. 185; Ü: L. Harig) Dies ist ein Gedicht, das mit «neo-französischen» Elementen arbeitet. Zu beachten, wie sparsam und bedacht diese Mittel eingesetzt werden: nur der wiederkehrende Halbvers des Themas, «Je crains pas ça tellment», der «curdent» in Str. 6 (statt «cure-dent») und das «mille excuz» der letzten Strophe sind der gesprochenen Sprache angenähert. Hinzu kommen noch «moustiquaille» und «bouquinaille» als Eigenbildungen mit dem pejorativen «Kraft»-Suffix «-aille» («être dans la mouscaille» etwa bedeutet «kräftig in der Tinte stecken»), das «Ça» in Str. 4 und in der Schlußstrophe der «bourrin» als Argot-Wort für «Pferd». Schon das – sehr harte – Enjambement in Str. 4, «sommeil/absolu», hat keine «neofranzösische», sondern rein expressive Absicht. Zugleich zeigt das Gedicht, daß und wie die Ansicht einzuschränken ist, es ginge Queneau nur um Dinge, «insofern sie Wörter sind». Die sprachliche Herausforderung, der «geniale Sprachulk», ist nur ein neues Mittel für die uralte Absicht der höhnischen Herausforderung des «lugubre imbécile», des «düsteren Schwachkopfs» (Str. 6), des ewigen Lauerers auf den «instant fatal», den schicksalsverhängten Augenblick. Das Eingangsgedicht «L'instant fatal», dessen Titel auf die zwischen 1943 und 1948 entstandene Gedichtgruppe und schließlich auf den ganzen, vierteiligen Band übertragen wurde, weist ähnliche Züge auf: «Quand nous pénétrerons la gueule ed' de travers/dans l'empire des morts ...». Das «ed'» zeigt an, daß das Schluß-*e* von «gueule» hier nicht nur metrisch zählen, sondern – mit komisch-pompösem Aufwand – ausgesprochen werden soll. Auch «moustiquaille» und «bouquinaille» sind nicht nur um des Argot-Effekts willen gewählt. «Moustiquaille» («miese kleine Stechfliege») bezeichnet den Schreibenden (als Neugeborenes) und «bouquinaille» (die Gesamtheit aller «bouquins», aller «Schwarten») seinen wichtigsten Lebensbereich, die Literatur (analog gilt für das vielzitierte Gedicht «L'explication des métaphores» aus *Les Ziaux,* daß die Rhetorik, die «Figurenlehre», darin nur die Oberfläche ausmacht).

300 JE RESPECTE LA NUIT (Aus: *L'instant fatal,* 1948; Text: *L'instant fatal,* 1966, S. 204; Ü: L. Harig) Der Anfangsvers imitiert Victor Hugo: «Les champs n'étaient point noirs, les cieux n'étaient pas mornes» («Tristesse d'Olympio»; vgl. Band 2, S. 254ff.), oder:«La nuit était fort noire et la forêt très sombre»(«A quoi songeaient les deux cavaliers dans la forêt»). In der Folge dieses «Nocturne» aber wird dem Reim Gewalt angetan, werden die beiden gekreuzten Reihen der Reimsilben gleichsam auseinandergerissen. Während der Reim auf «-turne» frei variiert und sich dabei in V. 3 auch

sublim kalauernd zum Reimwort aufschwingt («turne» ist Argot-Wort für «Studentenbude»), bleibt «la nuit» viermal identisch, wie in obsessioneller Starre.

300 INVRAISEMBLABLES SORNETTES (Aus: *Le chien à la mandoline,* 1965, S. 177; Ü: L. Harig, *Hundert Gedichte,* München 1988, S. 101) Sonette über das Sonett gibt es nicht wenige (vgl. W. Mönch, *Das Sonett,* Heidelberg 1955, S. 297 und passim), auch viele von resolut «antipetrarkistischem» Ton sind darunter. Eine «suprême combine» wie diese ist trotz allem etwas Einmaliges. – 12 *feu grégeois:* «griechisches (d. h. byzantinisches) Feuer», «Feuerwerk», auch im übertragenen Sinn: ein rechtes Wort für Queneau! – 14 *combine:* Argot-Wort für «Trick», «Masche».

302 LA CHAIR CHAUDE DES MOTS (Aus: *Le chien à la mandoline,* 1965, S. 193; Ü: L. Harig, *Hundert Gedichte,* München 1988, S. 100) Ein völlig anderer Ton als in dem voraufgegangenen Sonett. Die lebendigen Wörter, um deren Bewahrung es geht, seien so zart, daß man sie behandeln müsse wie junge Hunde: sie haben einen warmen, pulsierenden Körper. – 5–6 *Une niche de sons ...:* ein Seitenhieb gegen die Mitglieder der Académie française und ihre lexikalische Tätigkeit: sie würden, diese «Nager», in einer «Nische» (vielleicht ist sogar «Hundehütte» gemeint) Schutz suchen, wo die überflüssig gewordenen «Laute» – also wohl die Wörter – liegen wie Knochen. – 7 *Rustiques:* Man hält die Wörter für widerstandsfähiger als sie sind. – 8 *de trop s'essoufler vient:* Satzbau im Stil des 16. Jahrhunderts. – 10 *esprits fripons:* in der klassischen Bedeutung des Wortes «fripon»: «skrupellos», «schurkisch». – 11 *alphadécédets:* Kreuzung aus «alphabet», «abécédaire» und «décéder» – «dahinscheiden». – 13 *Si simples éloquents ...:* Adjektive auf derselben Ebene wie «primaires».

304 VERS UN PEU D'AIR BLEU (Aus: *Fendre les flots,* 1969, S. 173; Ü: L. Harig)

JEAN TARDIEU

Saint-Germain de Joux (Jura) 1. 11. 1903

Tardieu gehört zu den Autoren, die sich selbst am besten erklären. «Die Welt, in der wir leben, ist mir von Kindheit an als ein weites Rätsel erschienen, ein zugleich erschreckendes und großartiges, das wir zu entziffern haben» *(Margeries).* Daraus ergibt sich eine Eingrenzung: «Um uns den ungewöhnlichen Charakter dessen, was uns umgibt, zum Bewußtsein zu bringen, war es nicht nötig, ein ‹Jenseits› zu erdenken. Das Übernatürliche und das Unverständliche beginnen zu ebener Erde.» Das wiederum weist auf eine bestimmte Erfahrung des Lebens hin: «Von der banalsten, vertrautesten Feststellung aus konnte mein vernünftiger Sinn ins Schwanken geraten. Zum Beispiel wenn ich die natürliche Abfolge der Tage und Nächte sah.» Diese im Alter beschriebene Ausgangsdisposition bleibt die gleiche, spätestens seit einem Tag im April 1921, als er – wenige Wochen vor dem Abitur – ein krisenhaftes Existenzerlebnis vor dem Rasierspiegel hat, eine Derealisationserfahrung, wie die Psychologen sagen (Amiel, Valéry oder Sartre haben ähnliches berichtet), wovon er sich physisch erst nach Monaten erholt. Tatsächlich ist die Figur der Verdoppelung für seine ganze dichterische Existenz charakteristisch: «Eine geheime Stimme, die ich schon sehr früh hörte und die mein ganzes Leben hindurch zu mir sprach, befahl mir mit sanfter, aber keinen Widerspruch duldender Autorität, jene unbekannte Sprache wenigstens zu ‹übersetzen›, wenn schon nicht zu verstehen, die uns die verwirrende Welt vernehmen läßt, ohne uns den Schlüssel dazu zu liefern.» Immer gebe es in seiner Erinnerung eine Hand, die dem Bedürfnis zu schreiben gehorchte, als ginge diese schlichte körperliche Verrichtung jedem Akt der Intelligenz voraus. Daher für ihn die Faszination alles Rhythmischen (zum Beispiel bei Hölderlin, den er vor allem rhythmisch übersetzt): «Mir schien als gewahrte oder erahnte ich die Laute und die Rhythmen des Gedichts, bevor ich noch die Worte unterschied, den Sinn verstand, als sei dieser nur ein nachgeordnetes Attribut der Sprache.» Ein ganz spezifisches dichterisches Temperament also, das hervorging aus einer Art allgemein künstlerischen Fruchtwassers: «Die Wunder des Sichtbaren zu malen, den Zauberbann des Hörbaren zu erfinden, hatte ich nicht die Begabung, doch zog mich die dichterische Sprache an, die durch Klang und Fall sich der Musik nähert, dem Zeichnen durch die Übung der Graphie» – das erstere die Domäne der Mutter, das letztere die des Vaters. Das Musikalisch-Rhythmische wird allerdings vor dem Visuellen vorherrschen (und Farbe gibt es bei Tardieu tatsächlich wenig). Durch die vielen Transpositionen von Formen der Musik in seinem *Kammertheater* (1960) ist er einem breiteren Publikum bekannt geworden. Doch seinem Wesen nach ist er Lyriker. Der nach und nach stärker werdende Zug zum Humor steht dem nicht entgegen: es bleibt allezeit ein persönlicher, unruhiger Humor, der die ständige Anwesenheit des «unsichtbaren Zeugen» bekundet und beschwört. Diesem zum Trotz ist Tardieus Humor aber auch Ausfluß einer inneren Heiterkeit, ja Fröhlichkeit, die nicht gering veranschlagt werden sollte (die Zuordnung seines Schaffens zur «Literatur des Absurden» ist eine Verkürzung durch eilige Nachschlagewerke).

Zugang zur Literatur durch die Eltern: mit sieben Jahren erstes Gedicht. Später Spannung mit dem Vater, der aus dem Ersten Weltkrieg verändert zurückkommt, sich dann für immer nach Indochina begibt. Zugang zu literarischen Milieus seit 1922 über die Dekaden von Pontigny: Gide, Rivière, Martin du Gard. Später eng mit Francis Ponge befreundet. Veröffentlicht seit 1927. Eine Verlobung mit der Kritikerin Émilie Noulet löst sich durch seine Militärzeit in Indochina, wo er seine spätere Frau kennenlernt. Heirat 1932, glückliche Ehe. (E. Noulet schreibt nichtsdestoweniger das erste und wohl beste Buch über ihn.) Gibt 1940 seinen Posten auf, um bei der Familie bleiben zu können. Schließt sich dem literarischen Widerstand an. Übernimmt ab 1946 für 14 Jahre eine leitende Stellung beim Rundfunk, fördert zahlreiche Talente. Schreibt Gedichttexte für viele mit ihm befreundete Maler, darunter Hans Hartung. Ist noch in hohem Alter in Paris lebend aktiv, arbeitet stets nachts, schläft zumeist nur sehr wenige Stunden.

Ausgaben: Accents, 1939. – *Le témoin invisible,* 1943. – *Jours pétrifiés,* 1948. – *Monsieur Monsieur,* 1951. – *Une voix sans personne,* 1954. – *Histoires obscures,* 1961. – *Formeries,* 1976. – *Comme ceci, comme cela,* 1979. – *Margeries (poèmes inédits, 1910–1985),* 1986. – *Choix de poèmes* (1924–1954), 1961. – *Le fleuve caché (poésies, 1938–1961),* 1968. – [Zahlreiche illustrierte Ausgaben.] – Tardieus Goetheübersetzungen, *Iphigénie en Tauride* und *Pandora,* in: *Théâtre complet de Goethe,* 1942 (Bibl. de la Pléiade).

Übersetzung: Der Raum und die Flöte, Variationen zu zwölf Zeichnungen von Picasso, übers. von M. und P. Pörtner, Zürich 1959 (Original in: *L'Espace et la flûte,* 1958).

Literatur: E. Noulet, *Jean Tardieu,* 1964 (Poètes d'aujourd'hui). – E. Kinds, *Jean Tardieu ou l'énigme d'exister,* Brüssel 1973. – *Frénaud – Tardieu,* ed. D. Leuwers (Colloques Poésie-Cerisy, 2, Sud), Marseille 1984. – J. Onimus, *Jean Tardieu, un rire inquiet,* Seyssel 1985. – J.-P. Vallotton, *Causeries devant la fenêtre,* entretiens avec J. Tardieu, Lausanne 1988. – J.-Y. Debreuille, *Lire Tardieu,* Lyon 1988.

306 CHANSON DU CRIME (Aus: *Jours pétrifiés,* 1948; Text: *Le fleuve caché,* S. 84; Ü: M. Fahrenbach) «Der verborgene Fluß» war der Titel von Tardieus erstem Gedichtbändchen von 1933 und bezieht sich auf die Rhone in seiner Heimatlandschaft, dem Jura; die neun Stücke dieser «Plaquette» wurden in *Accents* aufgenommen. «Toute ma vie est marquée par l'image de ces fleuves, cachés ou perdus au pied des montagnes. Comme eux, l'aspect des choses, pour moi, plonge et se joue entre la présence et l'absence. Tout ce que je touche a sa moitié de pierre et sa moitié d'écume» (*La part de l'ombre,* Proses 1937 – 1967, 1972, S. 211). – Das Titelgedicht des Bandes *Versteinerte Tage,* eines der düstersten Tardieus, spricht vom Gefühl der Eingeschlossenheit in sich selbst: «Toujours je me retrouve là/comme la pierre sous le ciel» (*Le fleuve caché,* S. 86). – Das «Lied vom Verbrechen», eines von drei «Chansons» betitelten Gedichten, ist das «Lied» eines, der im Dunkel summt, um sich die Angst zu vertreiben. Eigentlich eine Szene aus einem Gruselfilm, aber bei Tardieu in keiner Weise auf Effekt abgestellt. Entscheidend ist der Rhythmus, der in den gleichmäßigen Siebensilbern völlig ungleichmäßig ist, Unruhe beschwört. Max-Pol Fouchet sagte, Tardieu schaffe eine «affektive Phänomenologie».

306 Monsieur interroge monsieur (Aus: *Monsieur Monsieur,* 1951; Text: *Le fleuve caché,* S. 108–111; Ü: M. Fahrbenbach) Im Vorwort zu diesem Band, durch den Tardieu bekannt wurde und der zugleich die Brücke zu seinen Theaterstücken darstellt (vgl. etwa *Monsieur Moi,* in: *Théâtre de chambre,* I, 1955), ist die Rede von zwei grotesken Gimpeln, von denen der eine der Schatten des andern ist, die die ewigen Elemente auf lächerliche Dimensionen reduzieren und echte Gefühle durch ihre Parodie darstellen: «Dahinter hatte ich mich versteckt, um diese Gedichte zu schreiben». Wie so oft geht es um die Verblüffung beim Empfinden des sich entziehenden Raumes: «Notizen eines Erstaunten» ist ein typischer Titel Tardieus («Notes d'un homme étonné», S. 205). Die Sechssilber sind hier völlig unrhythmisch und glatt, mit einem einzigen obstinaten Akzent auf der Schlußsilbe, wodurch sich alles Sprechen angstvoll zu beschleunigen scheint.

312 La Môme Néant (Aus: *Monsieur Monsieur,* 1951; Text: *Le fleuve caché,* S. 124; Ü: M. Fahrenbach) Die unfaßbaren Stimmen als letzte Hanswurstiade. Ein Engel – oder Dämon – des Irrealen, von dem man nicht weiß, ob er jung oder alt («Göre», aber «zahnlos»), männlich oder weiblich ist («Quoi qu'a dit» könnte heißen: «que dit-il?» oder «Que dit-elle?»).

312 Le Tombeau de Hölderlin (Aus: *Une voix sans personne,* 1954; Text: *Le fleuve caché,* S. 198; Ü: K. Epting, *Insel Almanach,* 1960, S. 73–75) Es gehörte zur Tradition der Gattung «Tombeaux», der aus der Renaissance stammenden und im 19. Jahrhundert besonders gepflegten Grabgedichte, dem gedenkenden Werk einige Züge des Dichters beizugeben, dessen gedacht werden sollte. Tardieu gelingt dies im Rhythmischen so vollkommen, daß man meint, Hölderlin zu lesen, indessen die Thematik durchaus seine eigene bleibt. In die Unzahl bedrohlicher Stimmen, die den Tombeau-Dichter bei Tag und Nacht umgeben, wird diejenige des Geehrten gleichsam mit hereingezogen, um dann für einen Augenblick als einzige «aus diesem Tumult» hervorzutreten. Das könnte auch ein Programm für eine zeitgenössische Komposition sein. Der Übersetzer Karl Epting, der sich der heiklen Aufgabe einer «Re-Hölderlinisierung» mit respektablen Ergebnissen unterzogen hat, kannte vielleicht die besonderen Gegebenheiten Tardieus nicht genug, sonst hätte er V. 19: *et parlent sans se faire entendre* nicht wiedergegeben: «und sprechen – doch keiner hört sie». Nach unserer Auffassung müßte es (sinngemäß) heißen: «Und sie dringen nicht bis an unser (mein) Ohr». – Im Register von *Monsieur Monsieur* hat Tardieu seiner Doppelschattenfigur ebenfalls ein *Tombeau* gewidmet, in dem er sie statt im «Indikativ Präsens» im «Indikativ Nichts» dialogisieren läßt.

Tardieu ist auch (mit Jouve) einer der ersten Übersetzer Hölderlins, der bis in die 30er Jahre in Frankreich fast unbekannt war und dann durch die Vermittlung Heideggers zu einer ungeahnten, einmaligen Wirkung gelangte. In *Accents* (1939) veröffentlichte er den Anfang und den Schluß von Hölderlins Hexameterdichtung *Der Archipelagus,* die er ausdrücklich als «Transposition en rythmes français» bezeichnete. Hier die ersten vier Verse:

Ton rivage a-t-il vu le retour des oiseaux voyageurs? Et la voile
De nouveau cherche-t-elle à s'enfuir sur tes bords? Les souffles souhaités
Font-ils frémir ton flot longtemps calme? Et vois-tu se chauffer au soleil
Le dos des dauphins attirés hors des fonds par la neuve lumière?

Kehren die Kraniche wieder zu dir, und suchen zu deinen
Ufern wieder die Schiffe den Lauf? umatmen erwünschte
Lüfte dir die beruhigte Flut, und sonnet der Delphin,
Aus der Tiefe gelockt, am neuen Lichte den Rücken?

(Vollständiger Text in: Hölderlin, *Œuvres,* ed. Ph. Jaccottet, 1967 (Bibliothèque de la Pléiade), S. 823. Der Leser kann zum Vergleich die Übersetzung von Armel Guerne heranziehen, in: Hölderlin, *Hymnes, Elégies et autres poèmes,* 1983, S. 56.) Wie man sieht, behält Tardieu die sechs Hebungen des Originals in einer dem französischen Vers ganz ungewohnten Weise bei, lediglich den daktylischen in einen anapästischen Rhythmus verwandelnd. Welch große Bedeutung er dabei einer gleichmäßig starken Rhythmisierung für sein Dichten überhaupt beimaß, erhellt aus dem Vorwort zu *Accents,* in dem von der Angst die Rede ist, die das Komponieren eines Gedichts zu beschwichtigen vermag: «Die Wörter – Dinge, ähnlich den Dingen – vergehen, kaum daß die Vorstellung, die sie freisetzen, sich gebildet hat; der Rhythmus, der diese Wörter trägt, bringt seinerseits die Vorstellungen und die Schlacken jeglicher logischen Bedeutung zum Verschwinden, wo er mit seinen starken Zeittakten das Verlangen nach Festigkeit befriedigt und mit seinem Fließen den Ruf zu einer allgemeinen Auflösung». Also eine rhythmische Variante der «reinen» Dichtung (vgl. auch «Étude de rythme à six temps forts», in: *Le fleuve caché,* S. 166. – Zur Wirkung Hölderlins in Frankreich siehe: B. Böschenstein, *Leuchttürme,* Frankfurt 1977 (1982), S. 79f. – *Hölderlin vu de France,* ed. B. Böschenstein/J. Le Rider, Tübingen 1987. – B. Böschenstein, «Hölderlin in Frankreich», *Hölderlin-Jahrbuch,* 1988–1989, S. 304–320. – Cahiers de l'Herne, Sondernummer *Hölderlin,* 1989).

316 MÉDIUM ANONYME (Aus: *Une voix sans personne,* 1954; Text: *Le fleuve caché,* S. 200; Ü: M. Fahrenbach) Zehnsilber mit – traditionsgemäß – starken Akzenten auf der vierten oder sechsten Silbe (rhythmisch, aber auch thematisch, in entfernter Ähnlichkeit mit Paul Valérys «Le Cimetière Marin», s. Band 3, S. 442ff.).

318 PASSANT QUI RENTRE RAVI (Aus: *Une voix sans personne,* 1954; Text: *Le fleuve caché,* S. 210; Ü: M. Fahrenbach) Ein *fast* fröhliches Frühlingslied. Die Siebensilber mit drei gleichmäßigen Akzenten (nur drei Verse haben acht Silben, was aber nicht ins Gewicht fällt) verleihen dem immer gleichen Thema etwas Beschwingtes. – 2 *Mars inégal:* In Frankreich gilt März als der unstete Monat, der «April». – 17 *Je suis la rencontre obscure:* Titel dieses Gedichts in dem Zyklus «Autoportraits» von Tardieu (*Choix de poèmes,* S. 39). – 28 *je parle à des lèvres scellées:* E. Kinds, der eine gute Deutung des Gedichts vorschlägt, klärt den wahrscheinlichen Sinn des abgehobenen Schlußverses

durch Verweis auf eine Variante (S. 60): «Je parle un doigt sur les lèvres». Die verschlossenen Lippen wären also die eigenen des Sprechers, der sich Vorsicht zuruft: Nicht zu laut!

320 Procès-verbal (Aus: *Histoires obscures,* 1961; Text: *Le fleuve caché,* S. 220; Ü: M. Fahrenbach)

Jean Follain

Canisy (Manche) 29. 8. 1903 – Paris 10. 3. 1971

Follains Lyrik ist leise, verhalten, gewaltlos. Das Fehlen markanter Formen der Invention macht ihre Beschreibung zur gewinnverheißenden Herausforderung. Keine Strukturen, kaum Figuren, und doch deutliche Konturen. Kein Engagement, kaum Ich-Aussprache, und doch nicht nur kleinmeisterliche Idylle. Keine Poesie des Mächtigen, aber die mächtige Poesie des Einfachen, Nahen. Das Sichtbare in träumerischer Transparenz. Aus den kurzen Tableaus spricht unbestimmbarer Schmerz. Hinter der Sanftheit, Gedämpftheit des Ausdrucks nistet vielfach Unheil. Eine Sicherheit des Vordergrunds hat, wie im Stilleben Chardins, eine Tiefenausdehnung ins Unbekannte, Verletzliche des Lebendigen. In der Sprache ist so gut wie keinerlei Verfahren erkennbar, keine Wortspiele, keine Anspielungen, keine Metaphern. Alles spielt sich im schwer zu fassenden, aber doch wohl entscheidenden Bereich des poetischen Bildes ab. Eine subtile, sich numerischer oder metrischer Regelmäßigkeit meist entziehende, auf Reim und Assonanz, sogar auf Wiederholung oder Parallelismus verzichtende Versbehandlung kennt das Geheimnis der unverrückbaren Form. Beständig entsteht im Leser die Gewißheit: nur so ist es möglich. Fast erübrigt es sich hinzuzufügen, daß diese Praxis keiner der Zeitmoden etwas schuldet.

Der Sohn eines Naturkundelehrers aus der normannischen Provinz ist, was das Körperliche betrifft, von außergewöhnlich fragilem Knochenbau und leidet an Sehschwäche. Zwar läßt er sich nach einem Studium der Rechte in Caen als Advokat in Paris nieder, behält dort auch, als er 1951 zum Friedensrichter in Charleville ernannt wird, Wohnsitz, um seine zahlreichen Freundschaften mit Pariser Autoren nicht zu verlieren, doch bleibt er ein Leben lang den bedächtigeren Anschauungsformen des Landes verbunden (1942 erscheint ein Band mit Prosatexten über seinen Heimatort *Canisy*) und den spektakulären Aktionen, insbesondere der Surrealisten, in der Hauptstadt abhold. Daher seine Affinität zu Guillevic (dessen Aussage, er stelle ihn poetisch über Saint-John Perse, freilich als freundschaftliche Überhöhung erscheint). Sein bewunderter Initiator ins Poetische ist jedoch Max Jacob.

Seit 1934 mit der Malerin Madeleine Dinès verheiratet, lebt er zugleich und offensichtlich problemlos in der Welt der Juristen wie im Künstlermilieu, wo man ihm einen ausgeprägten Hang zu zeremoniösem Protokoll gerne nachsieht. Vor wie nach dem Krieg ist ihm die Sphäre des Politischen zuwider. In der Besatzungszeit findet er sich seiner Natur gemäß in jener Gruppe von Autoren wieder, die als «Schule von Rochefort» bekannt wurde. Nach seiner vorzeitigen Pensionierung vom Richteramt reist er als Mitglied im Vorstand des Pen-Clubs in zahlreiche Länder. Beim Verlassen eines der vielen Freundschaftsessen, an denen er teilzunehmen pflegte, geriet er am Quai des Tuileries unter die Räder eines Fahrzeugs und wurde getötet.

Ausgaben: La main chaude, 1933. – *Chants terrestres,* 1937. – *Usage du temps,* 1943; 1983. – *Exister,* 1947; 1969. – *Territoires,* 1953; 1969. – *Tout instant,* 1957. – *Des heures,* 1960. – *Appareil de la terre,* 1964. – *D'après tout,* 1967. – *Espaces d'instants,* 1971.

Übersetzung: Gedichte, übers. von W. H. Fritz, Ebenhausen 1962.

Literatur: A. Dhotel, *Jean Follain,* 1956 (Poètes d'aujourd'hui). – W. H. Fritz, «Le silence», in: Hinterhäuser, 1975, S. 337–340. – *Jean Follain, Sud,* Sondernummer 1979. – *Lire Follain,* ed. S. Gaubert, Lyon 1981 [mit Bibliographie]. – Zur «Schule von Rochefort»: J. Bouhier, *Les poètes de l'École de Rochefort,* 1983. – J.-Y. Debreuille, *L'École de Rochefort,* Lyon 1987.

322 METS (Aus: *La main chaude,* 1933; Text: *Usage du temps,* 1983, S. 10; Ü: H. Köhler [ebenso sämtliche folgenden]) Ein «Stilleben mit Hintergrund» von der beschriebenen Art. – 1 *pour longues dents:* «avoir les dents longues» bedeutet «mit Heißhunger essen», doch ist es nicht eindeutig, daß dieser idiomatische Ausdruck hier vollständig realisiert werden soll. – 11 *des repas de fin d'amour:* Der Ausdruck findet sich ähnlich bei Apollinaire: «un poème de fin d'amour».

322 ODE À L'ÉCOLE DU SOIR (Aus: *La main chaude,* 1933; Text: *Usage du temps,* S. 74) Man mag sich zunächst an Léon-Paul Fargues «sombre école du soir» aus dem Gedicht «La Gare» erinnern (V. 21; s. o., S. 54ff.). Hier ist diese «Abendschule» eigentümlich durchgestuft, von der konkreten Einzahl in V. 2 über die noch immer eher konkrete Mehrzahl in V. 9 bis zur Abstraktion in V. 20, wo aus der «Abendschule» eine «Schule des Abends» zu werden scheint, der alle lerneifrigen Menschenwesen zustreben, ein «glückliches Gemeinwesen» – in nächtlichem Jenseits? Unübersehbar sind die starken malerischen Elemente in diesem «Augenblicksraum», wie Follain sagt (*Espaces d'instant*). – 15 *ô serpents emmêlés dans la pourpre vaine:* erinnert gewiß an die reiche Sonnenuntergangsmetaphorik seit Victor Hugo und den Symbolisten; ebenso die etwas schwere Erotik, die sich in den nächsten Versen noch dazugesellt. Und doch ist der Ton ein anderer, weniger metaphysisch, weni-

ger «literarisch». – 18 *qu'Ève:* Das «que», offenkundig ohne eindeutige syntaktische Funktion, erscheint (als einziges) etwas manieriert.

324 REPAS DE FAMILLE (Aus: *Chants terrestres,* 1937; Text: *Usage du temps,* S. 111)

324 CROISÉES DES ROUTES (Aus: *Exister,* 1947 [ebenso die folgenden]; Text: *Exister,* 1969, S. 16)

326 LES ACCIDENTS (Text: *Exister,* S. 18)

326 LE SECRET (Text: *Exister,* S. 90)

ANDRÉ FRÉNAUD

Montceau-les-Mines (Saône-et-Loire) 26. 7. 1907

Der Apothekerssohn aus einem burgundischen Kohlengrubenstädtchen nimmt mit einunddreißig Jahren zum ersten Mal die Feder auf, um ein Gedicht zu schreiben. Er betitelt es «Epitaph». Es hat nahezu alle wesentlichen Züge seines späteren Werkes, das von da ab Band auf Band (ausschließlich Lyrik, nicht chronologisch, sondern thematisch komponiert) folgen läßt, nämlich eine freie Sicherheit im Rhythmus, eine Festigkeit des Ganges, eine unsentimentale, bisweilen rauhe Direktheit des Sprechens, energische, klar umrissene Formen, Weltzugewandtheit auf vielen Seiten, hohe Individualität und ein ausgeprägt existentielles Bewußtsein für die Anfälligkeiten und Stärken der *conditio poetica.* «Rechtisch in seinem feindseligen Gang, / linkisch die Augen rollend und die r *(im Burgundischen wird das r stark gerollt!)* / in der Kohle der Kindheit und in allen andern, / sich langsam verneinend, erhebt sich / ein Mensch, ein Lichtträger» – heißt es in einem Selbstportrait aus den *Poèmes de dessous le plancher.* In späterer Zeit tritt eine vielfältige Reflexion über das eigene Dichten hinzu, zunächst noch tastend in *Le château et la quête du poème* (1957), dann, angeregt durch den Romancier Bernard Pingaud, in dem ausführlichen Rundfunkgespräch *Notre inhabileté fatale* («Unser unausweichliches Ungeschick»), das zu den aufschlußreichsten Selbstkommentaren unserer Zeit gehört. Das Gedicht «Haeres» (lat. «der Erbe»), in dem es um das existentielle Verständnis von Erbschaft geht, erfährt eine Fortsetzung durch drei in sich gestufte Ausdeutungen in poetischer Prosa, die in die Erkenntnis münden, daß das eigentliche Erbe das Gedicht selbst sei. Dies geschieht unter wörtlicher Berufung auf Goethes *Faust:* «Was du ererbt von deinen Vätern hast, / Erwirb es, um es zu besitzen».

Überhaupt steht ein beträchtlicher Teil von Frénauds Werk in Beziehung zu Deutschland (wo das Echo darauf noch ungenügend ist). Die großen literarischen Entdeckungen des in Paris eingetroffenen Jurastudenten gelten den deutschen Romantikern von Schelling bis Arnim. Das Studium Hegels, zu dem er in Kierkegaard eine Antithese sucht, führt ihn später zur Existenzphilosophie. Mit Goethes *Faust* im Tornister gerät er in deutsche Kriegsgefangenschaft. Im Lager bei Luckenwalde entstehen zwischen 1940 und 1942 die *Poèmes de Brandebourg* («Der Markgraf von Brandenburg hat mich Sand sieben lassen / in den Kiefern / für das Herz des Betonmischers . . .»), bevor es gelingt, mit falschen Papieren nach Frankreich zurückzukehren. Bei Kriegsende resümiert ein längeres Gedicht, «A l'Allemagne», diese Jahre und gerät dabei zu einer eigentümlichen Form der Selbstbefragung. Unter Anspielung auf Nervals Wort: «L'Allemagne, notre mère à tous» beginnt es mit dem Vers: «Es-tu ma mère aussi ou seulement de l'Autre . . .?». Als ein sehr eigentümliches «Rollenspiel» erscheint auch «La nourriture du bourreau» («Die Nahrung des Henkers», 1945), eine Auseinandersetzung mit Auschwitz. Beide Texte wurden indessen erst 1985 in der zweiten Fassung von *La sainte face* veröffentlicht. Durch Vermittlung von René Char kommt Frénaud mit den Schriften Heideggers in Berührung, die ihn nachhaltig und bis in seine Titelformulierungen beeinflussen. So für «L'étape de la clairière» («Die Etappe der Lichtung») oder *Depuis toujours déjà* («Seit immer schon»). «Das Sein bewegt sich durch alles hindurch / Es erweckt es kennt sich nicht es hat sich verborgen» heißt es in *Il n'y a pas de paradis*. Roger Munier, einer der französischen Übersetzer Heideggers, und andere haben eine Deutung des poetischen Werkes von Frénaud aus der Sicht der Existentialontologie unternommen.

Ein Grund für die verhältnismäßig geringe Bekanntheit Frénauds auch in Frankreich dürfte in seiner Zurückhaltung von allem Literaturbetrieb liegen. Dafür war und ist die Zahl seiner persönlichen Beziehungen um so größer: zu Éluard und Char (während Aragon ihn nach der Résistance wegen mangelnder Linientreue zu ächten versuchte), zu Vittorini, zu Tardieu, Follain und Queneau (der, wie später auch andere, in *La sorcière de Rome*, einer Art Grabgedicht auf die Mutter, Frénauds bedeutendstes Werk erblickte; Frénaud hat dieses übrigens zum Gegenstand von *Gloses* gemacht, die noch nicht abgeschlossen sind). Als einer der ersten erkannte er auch die Bedeutung einiger Autoren der nächsten Generation: Bonnefoy, du Bouchet, Dupin oder Réda.

Ausgaben: Les rois mages (Poèmes 1938 – 1943), 1943. – *Poèmes de dessous le plancher*, 1949. – *Il n'y a pas de paradis*, 1962. – *L'étape dans la clairière*, 1966. – *La sainte face*, 1968. – *Depuis toujours déjà*, 1970. – *La sorcière de Rome*, 1973. – *Haeres*, 1982. – *Nul ne s'égare*, 1986. – In der Collection Poésie sind erschienen: *Il n'y a pas de paradis*. – *Les rois mages*, suivi de *L'étape dans la clairière* et de *Pour une plus haute flamme*. – *La sainte face*. – *La sorcière de Rome, Depuis toujours déjà*.

Übersetzung: Quelle der Quellen, übers. von P. und M. Pörtner, Neuwied 1962.

Literatur: G.-E. Clancier, *André Frénaud,* 1962 (Poètes d'aujourd'hui). – M. Wiedmer, *André Frénaud,* Diss. Zürich 1969. – *Sud,* Sondernummer *André Frénaud,* Marseille 1981. – R. Munier, «L'Être et son poème», *Revue de métaphysique et de morale,* 87, 1982, S. 436–449. – *Frénaud – Tardieu, Sud,* série «Colloques Poésie-Cerisy», Nr. 2, ed. D. Leuwers, Marseille 1984. – *Lire Frénaud,* ed. J.-Y. Debreuille, Lyon 1985 [mit Bibliographie]. – A. Suied, *André Frénaud poète ontologique,* 1986. – P. Broome, *André Frénaud,* Amsterdam 1986. – G.-E. Clancier/J.-Y. Debreuille, *André Frénaud,* 1989 [mit Bibliographie, u. a. der zahlreichen illustrierten Ausgaben]. – R. Little, *André Frénaud, Entre l'interrogation et le vide,* Marseille 1989.

328 Endimanché (Aus: *Il n'y a pas de paradis,* 1962; Text: *Il n'y a pas de paradis,* 1967, S. 21; Ü: H. Köhler [ebenso alle folgenden]) Vom Autor auf den 15. Mai 1943 datiert und aufgenommen in die Gruppe «Soleil irréductible» («Unbeugsame Sonne»), die, wie der ganze Band *Es gibt kein Paradies* Gedichte aus den Jahren der Kriegserlebnisse und danach unter bestimmten Themen zusammenfaßt, hier etwa «bienveillance» («Wohlwollen»), womit ironisch eine Art Minimum der Selbstachtung des Lebenden und Überlebenden gemeint ist. – 1 *Endimanché:* «Im Sonntagsstaat». Die dritte Person von «son honneur» und «son bonheur» und die erste Person der Schlußzeilen dürften ein und dieselbe meinen.

328 Présence réelle (Aus: *Il n'y a pas de paradis,* 1962; Text: *Il n'y a pas de paradis,* 1967, S. 25) Datiert: 2. Februar 1944; aus der Gruppe «Malamour». Ebenso wie im vorigen Gedicht ist bei der hier gewählten Form der anaphorischen Aufzählung der Einfluß Éluards unzweifelhaft (vgl. auch das Éluard gewidmete Gedicht «Voici l'homme» in *Les rois mages,* S. 149). Was hier zum Ausdruck kommt, faßt Frénaud in dem etwa gleichzeitigen Gedicht «Séparé» (*Les rois mages,* S. 32) in die knappe Formel: «Je me suis inacceptable» (vgl dazu auch *Notre inhabileté fatale,* S. 36).

330 Éternellement (Aus: *Poèmes de dessous le plancher,* 1969; Text: *La sainte face,* 1985, S. 17) Frénaud hat viel Freud gelesen, doch der Ausdruck «von unter dem Fußboden» wurde ihm nach eigenem Bekunden (vgl. *Notre inhabileté fatale,* S. 30) von Dostojewskis *Aufzeichnungen aus einem Kellerloch* eingegeben. Der Band gruppiere die «am stärksten traumhaften und unterirdischen» Gedichte, die er geschrieben habe. Zu der Bemerkung «Eine Frau spricht», die das geheimnisvolle Gedicht, das schon von 1939 stammt, nur oberflächlich erhellt, vgl. auch *Les rois mages,* S. 63.

330 Air du colporteur (Aus: *Poèmes de dessous le plancher,* 1949; Text: *La sainte face,* 1985, S. 31) Die entsprechende Untergruppe des Bandes lautet: «Signes pour une fin du monde».

330 Le Miroir de l'homme par les bêtes (Aus: *La sainte face,* 1968; Text: *La sainte face,* 1985, S. 205–210) Frénauds enge Beziehung zur Malerei springt in die Augen. Sie wird darüber hinaus bekundet durch die große Zahl seiner Werke, die von der Hand befreundeter Maler illustriert wurden: Jean Fau-

trier, Jacques Villon, Raoul Ubac u.a. Das große Huldigungsgedicht an Hieronymus Bosch, entstanden von November 1963 bis Januar 1964 in Brüssel und Paris, ist aber nicht nur eine Art freier Bildbeschreibung oder eine Synthese mehrerer solcher (unter den möglichen «Modellen» sei nur das Wiener *Weltgerichtstriptychon* erwähnt). Immer schon habe es in seinen «Kellerräumen» von Getier gewimmelt, erinnert sich Frénaud (vgl. *Notre inhabileté fatale,* S. 30). – 1 *Tous les œufs* ...: «Neulich habe ich mich mit meinem Freund André du Bouchet amüsiert, in dem Gedicht nachzuzählen: 9 Schlangen, 6 Ratten, 1 Uhu, 1 Eselfohlen, 1 Fisch, zu schweigen von diversen Schnauzen und Mäulern, und ... dem Urei zum Abschluß und Wiederbeginn» (ebda.). – Das Ei ist in der allegorischen Welt Boschs Symbol für die Erde; ist es geplatzt, symbolisiert es Monstrengeburten (siehe etwa das Madrider *Triptychon der Lüste*). – *Le bon œuf nourricier du sein* (drittletzter Vers): Dazu Frénaud: «Widersprüche und Identifikation sind (in dem Gedicht) angesiedelt, ausgehend vom alten adamitischen Traum der Einheit vor aller Trennung und Zerspaltenheit, wie er versinnbildlicht ist im Urei, das seinerseits in eins gesetzt wird mit der Brust der Mater Immaculata» (ebda., S. 35).
338 JEUNE AMAZONE ET SON OMBRE (Aus: *Depuis toujours déjà,* 1970; Text: *La sorcière de Rome, Depuis toujours déjà,* 1984, S. 90f.) In ihrer Dichte und geballten Energie können die beiden (1963 geschriebenen) Amazonengedichte einen – und sei es noch so beschränkten – Eindruck von der Vitalität und Tiefe des Bandes «Seit immer schon» geben, in dem es um die mit allen Fasern gelebte Zeit des Menschen geht. Die Untergruppe, der sie angehören, ist überschrieben: «Parmi les saisons de l'amour».
340 ECCO ME (Aus: *Depuis toujours déjà,* 1970; Text: *La sorcière de Rome, Depuis toujours déjà,* 1984, S. 136) Von 1961; aus der Gruppe «Novembre». Der italienische Titel bedeutet «Hier bin ich» (eigentlich «eccomi»). Aus den zwölf Totengedichten dieser Gruppe ist dieses mit seiner trotzig-wuchtigen Gedrängtheit vielleicht das eindrucksvollste (mit Queneaus «Je crains pas ça tellment» zu vergleichen, siehe S. 298).

GEORGES SCHEHADÉ

Alexandria (Ägypten) 2. 11. 1907 – Paris 17. 1. 1989

Ein Gedanke dieses libanesischen Franzosen, den er 1977 verwirklichte, ist für die französische Lyrik nicht minder bezeichnend als für ihn selbst: Aus allen großen Dichtern von Villon bis heute wählte er zweihundertundneunzehn Einzelverse aus, die sich seinem Gedächtnis aufgrund ihrer besonders vollendeten dichterischen Form eingeprägt hatten, und stellte sie in einer *Anthologie du vers unique* zusammen. Beginnen läßt er dieses Preziosenkabinett mit Jules Supervielle, seinem engen Freund: «Mille oiseaux qui s'enfuient n'en font un qui se pose»; da findet sich von Tristan L'Hermite: «Les songes de l'eau qui sommeille», was von ihm selbst sein könnte, aber auch witzig Pointiertes oder Lockeres, wie es seinem eigenen Ton, einem träumerischen Lauschen auf nächtlich Wehendes, weniger entspricht. So erfreut er sich an der *boutade* von Saint-John Perse, einem anderen engen Freund: «Quand vous aurez fini de me coiffer, j'aurai fini de vous haïr»; oder am Stoßseufzer des bewunderten Apollinaire: «Dame de mes pensées au cul de perle fine» . . .

Auch er hat einen «einzigen Vers», der sein bekanntester wurde, schien er doch, 1948 geschrieben, alle Welt herauszufordern. Er lautet: «Für uns ist der Tod eine Blume des Gedankens» (*Les Poésies,* S. 71). Gegen die Spielregel sei er hier in seinen Zusammenhang zurückversetzt:

Si tu es belle comme les Mages de mon pays
O mon amour tu n'iras pas pleurer
Les soldats tués et leur ombre qui fuit la mort
– Pour nous la mort est une fleur de la pensée

Wir sind hier an einer Schwelle von Okzident und Orient. Vielleicht ist dies kein europäisches Empfinden mehr. Das Liebesgedicht endet mit einem Zehnsilber von so vollendeter Sanftheit, daß man in französischer Dichtung schwerlich seinesgleichen findet: «Et la parole est notre seule absence».

Schehadés Familie gehört dem christlichen Großbürgertum an, das im damals sehr kosmopolitischen Alexandria stark vertreten war. Die französische Sprache, in der Levante schon seit den Zeiten verbreitet, da Franz I. mit dem türkischen «Antichristen» paktierte, wurde im Verlauf des 19. Jahrhunderts zur Waffe im Befreiungskampf gegen die Ottomanen. Seit 1874 gibt es französischsprachige Literatur im Libanon. Wie alle ihre Autoren beherrscht auch Schehadé völlig das Arabische, bedient sich seiner jedoch nicht als Literatursprache (sein in der arabischen Welt verbreiteter Name ist eigentlich ein Vorname und bedeutet «Der von Gott Erflehte»). Traditionell arabische Literaturformen spielen in seiner Dichtung kaum eine Rolle, er steht völlig in der französischen Tradition. Doch alles Atmosphärische, insbesondere alles Duftende, zart Verschleierte, ist unverwechselbar libanesisch. Besser: seine friedvollen Paradiesesräume sind mit ihrer sinnlichen Oberfläche sehr orientalisch, doch ihre Substanz geht über das Lokale weit hinaus.

Nicht von ungefähr hat Schehadé, zum Jurastudium nach Paris gekommen, sehr bald Kontakt mit Breton, mit Éluard und mit Max Jacob. Seine ersten Gedichte erscheinen in der Zeitschrift *Commerce.* Bekannt wird er allerdings erst nach dem Krieg durch seine Theaterstücke, nicht zuletzt im deutschen Sprachraum, wo einige von ihnen ihre Uraufführung erleben, bevor sie die Pariser Bühnen erreichen. So die in Zürich 1956 herausgebrachte *Histoire de Vasco,* eine – in ihrer märchenhaften Atmosphäre García Lorca ähnelnde – Geschichte einer arglosen Seele inmitten der Greuel des Krieges (die pazifistische Tendenz stößt in Paris auf heftige Kritik); das 1965 am

Münchner Residenztheater kreierte, in Sizilien spielende Stück *L'Émigré de Brisbane* oder die 1973 erschienene «Pantomime» *L'habit fait le prince,* mit dem launigen Zusatz: «Inspirée (si l'on veut) d'une nouvelle de Gottfried Keller: ‹Kleider machen Leute›». Zu dieser Zeit lebt Schehadé jedoch längst wieder in Beirut, als Generalsekretär der École Supérieure des Lettres (deren Leiter zeitweilig Gaëtan Picon war, bedeutender Kritiker und Verfasser eines sehr schönen Vorworts zu *Les Poésies*). Der Ausbruch des Bürgerkrieges 1975 erschüttert ihn schwer. Er flieht erst, als die Zustände unerträglich werden. Erst nach längerem Schweigen erscheint noch ein letzter Band Poesie.

Ausgaben: Poésies. 1938. – *Poésies II,* 1948. – *Poésies III,* 1949. – *Poésies Zéro ou L'Écolier Sultan,* 1950 [frühe Gedichte]. – *Les Poésies,* 1969 (Collection Poésie) – *Anthologie du vers unique,* 1977. – *Le nageur d'un seul amour,* 1985.

Literatur: H. Krauß, in: Lange, 1971, S. 585–605. – J. Michel, *«Le Pays sans nom»,* 1989. – Zur frankophonen Literatur des Libanon vgl. den Artikel *Liban* von G. Labaki in: J.-P. de Beaumarchais/D. Couty/A. Rey, *Dictionnaire des Littératures de Langue française,* 1987.

342 UN VIOLON AVEUGLE (Aus: *Poésies II,* 1948; Text: *Les Poésies,* 1969; Ü: H. Köhler) Das zwölfte und das kürzeste von achtzehn knappen Stücken, aus denen der Band besteht. Es wäre eine Täuschung, anzunehmen, man habe es mit der Spontaneität des ersten Wurfs zu tun. Schehadé, im Mündlichen ein großes Erzähltemperament, legt sich als Lyriker große Zurückhaltung auf. Sparsamkeit der Mittel ist ihm ein Ideal, und er filtert mit der Skrupelhaftigkeit eines Klassikers aus allen seinen Versen die Essenz heraus.

342 CEUX-LÀ QUI VEILLENT (Text: *Le nageur d'un seul amour,* 1985, S. 12; Ü: H. Köhler) Eine dichterische Ursituation, dieses Wachen in einsamer Nacht, fröstelnd (wie ein Schauder, der Kurzvers «Dans l'air nu») und einer ungewissen Zukunft entgegenreisend; und noch im Spätwerk die märchenhafte Einkleidung.

ANNE HÉBERT

Sainte-Catherine-de-Fossambault (Québec) 1. 8. 1916

Anne Hébert ist wohl der einzige Name aus der frankokanadischen Lyrik, der auf dem alten Kontinent ein Echo gefunden hat. Émile Nelligan (1879–1941), ein jugendlicher Komet, der 1899, nach nur dreijährigem Schaffen, in geistige Umnachtung versank, in dem Edmund Wilson den bedeutendsten nordamerikanischen Lyriker der Jahrhundertwende sah, wird in seiner Heimat sehr geliebt, ist aber außerhalb davon unbemerkt geblieben: das Versäumnis dürfte allerdings heute nicht mehr leicht gutzumachen sein. Anne Hébert, Tochter eines Literaturkritikers, die in Québec studiert und eine Zeitlang für Radio Canada arbeitet, wird in den 50er Jahren von so bedeutenden Kritikern wie André Rousseaux, Albert Béguin und Pierre Emmanuel entdeckt. Ihr lyrisches Œuvre bleibt gleichwohl schmal, in erster Linie ist sie Romanautorin. *Les chambres de bois* (1958), *Kamouraska* (1970, ins Deutsche übersetzt und auch verfilmt) und *Les fous de Bassan* (1982, mit dem Prix Femina ausgezeichnet) sind ihre bekanntesten Erzählwerke. Seit 1967 ist sie in Paris ansässig, kehrt jedoch noch häufig nach Kanada zurück.

Ihrer Anschauung vom Wesen der Dichtung wohnt jene moralische Strenge inne, die als Voraussetzung für das künstlerische Gelingen gelten muß «Poesie ist nicht die Ruhe des siebten Tages», schreibt sie, «sie wirkt im Herzen der ersten sechs Tage der Welt, im Tumult von Erde und Wasser, die sich vermengen, in der Anstrengung des Lebens, das sich Nahrung und Namen sucht». Sie formuliert ein ungebrochenes, kraftvolles Bekenntnis zum eigenen Tun: «Ich glaube an die Kraft der Poesie, ich glaube an das Heil das von allem richtigen, gelebten und ausgedrückten Wort kommt. Ich glaube, daß die Poesie die Einsamkeit bricht wie Brot». Sätze wie diese, aus dem Vorwort *Poésie, solitude rompue* zu ihrem zweiten bedeutenden Band *Mystère de la parole,* sind in europäischer Nachkriegsdichtung selten.

Ausgaben: Les songes en équilibre, Québec 1942. – *Le tombeau des rois,* Québec 1953. – *Poèmes* 1960 [enthält: *Le tombeau des rois* und *Mystère de la parole*].

Literatur: R. Lacôte, *Anne Hébert,* 1969 (Poètes d'aujourd'hui). – J. L. Major, *Anne Hébert et le miracle de la parole,* Montréal 1976. – M. Emond, *La femme à la fenêtre,* Québec 1984 [zu den Romanen; mit ausführlicher Bibliographie zum Gesamtwerk]. – Zur frankokanadischen Literatur: L. Mailhot/G. Nepveu, *La poésie québécoise des origines à nos jours,* Sillery/Montréal 1980. – R. Dionne/G. Poulin, *L'âge de l'interrogation, Anthologie de la littérature québécoise,* Bd. 4, Montréal 1980. – *Französisch heute,* Sondernummer *Le Québec,* September 1980, – L. Mailhot, Artikel «Québec» in: J.-P. de Beaumarchais/D. Couty/A. Rey, *Dictionnaire des Littératures de Langue française,* 1987.

344 ROULER DANS DES RAVINS DE FATIGUE (Aus: *Le tombeau des rois,* 1953; Text: *Poèmes,* 1960, S. 55; Ü: H. Köhler) «Das Grab der Könige» ist eine in ihrer herben, knappen Sprache, ihrem versammelten Rhythmus und ihrer oft schmerzhaft körperlichen Bildwelt sehr eigenständige Reihung von Todesphantasien, eine Art Totenritual, in dem Individuelles und Kollektives sich durchdringen. «Ich habe mein Herz in der Faust / Wie einen blinden Falken», beginnt das Titelgedicht. – 4 *Prise dans ses cheveux:* In «prise» ebenso wie in «rompue» (V. 12) ist die – im Deutschen nicht wiederzugebende – Beziehung auf ein weibliches Ich zu vermerken.

344 TROP À L'ÉTROIT (Aus: *Mystère de la parole,* 1960; Text: *Poèmes,* 1960, S. 99; Ü: H. Köhler) Mit «Geheimnis des Wortes», dem das oben zitierte Bekenntnis zur Dichtung vorangestellt ist, hat sich inhaltlich und noch deutlicher rhythmisch ein völliger Wandel ereignet: Als ob ein innerer Sieg stattgefunden habe, spricht nun alles von Befreiung, von Erwachen und Aufbruch; die breit ausschwingenden Verse künden von einer gewiß noch verletzbaren, aber doch vertrauensstarken Zuwendung zur Welt, einer Eroberung des Lebens durch eine Frau.

JEAN TORTEL

Saint-Saturnin-lès-Avignon 4. 9. 1904

«La tâche est de voir» – «Die Aufgabe besteht im Sehen»: Tortel ist ein Dichter des Blickes, der die Aufgabe des Schreibens aus einem Ethos handwerklicher Genauigkeit angeht. Geschult wurden sein Blick durch die heimatliche Umgebung der Provence, sein Schreiben durch alle die Lyriker, für die Poesie vor allem Sprachkunst ist. «Die wohlgegliederten Landschaften des Vaucluse» – sagt der über Generationen von Bauern und Dorfschullehrern in dieser Gegend Verwurzelte (der von einer vierjährigen Beamtentätigkeit in Toul «krank aus der Verbannung» zurückkehrt!) – «üben das Sehen ein und tragen vielleicht zu einer begrenzten, bemessenen Vorstellung der Welt bei». Seine Meister in der Sprachkunst werden die vorklassischen Autoren des 17. Jahrhunderts: Racan, Malherbe, Théophile, aber auch Mallarmé. In der Orientierung an Malherbe und in der Hochschätzung kritischer Reflexion auf die Sprache, einschließlich ihrer etymologischen Dimension, wie es ihm für das Metier des Schriftstellers unerläßlich scheint, trifft er sich mit Francis Ponge, über den er fünf eindringliche Essays verfaßt hat, die ebenso als Selbstzeugnisse gelten können. Vom Vater übernimmt er die republikanisch-laizistische Einstellung und neigt seinem Wesen nach einem sinnenhaften Materialismus mediterraner Prägung zu, wie er ihn in Lukrez gestaltet findet. Während seiner Tätigkeit im Registraturamt widmet er sich zwanzig Jahre lang Funktionärsaufgaben in der Gewerkschaft C. G. T. («weil meine Kollegen ihr Vertrauen in mich setzten»), doch hält er von seinen Versen alles Proklamatorische fern. Auch, so scheint es, das eigene Ich, dem ein Verströmen kaum je verstattet ist.

Doch gilt es hier genauer hinzusehen. Ein erstes Besonderes ist die Gleichsetzung von «Art du langage» und «Mystique de l'amour»: alle sprachbewußt geschriebene Dichtung («poésie savante») sei eine Erotologie. Verbindet diese Überzeugung ihn bereits mit seinem großen «Nachbarn» aus dem Vaucluse von ehedem, Petrarca, so noch mehr die innige Durchdringung von liebendem, begehrendem Ich und Landschaft, welche beiden in seinem Werk beständig antinomisch und komplementär aufeinander bezogen sind. «In jedem Augenblick des ‹Ich› verfügbar» – sagt Tortel in dem sehr aufschlußreichen Gespräch mit Henri Deluy – «ist die reale Landschaft ein *Hier-vor-uns*. Das ‹Ich› löst sich davon und löst sich doch nicht; einerseits zeigt es sie, andrerseits schafft es sie. Ichraum und Landschaftsraum erproben sich wechselseitig ohne Unterlaß.» In der zentralen Metapher des Gartens – «Critique d'un jardin» lautet der Titel eines Abschnitts aus dem Band *Relations* – wird überdies der Überstieg zur Schriftseite und damit (wiederum sehr petrarkisch) zur Ebene des Schreibens bewerkstelligt. «Methodischer Spaten / Schneidet, prüft, zerstückelt, / Weitet beim Einstechen den Boden», heißt es in «Critique du jardin», «Ein Wort, doch ein anderes an seiner Stelle, / Umbrochener Garten, die Seite verformt / Und ich, Urheber dieser Verheerung».

Seit 1938 in enger Berührung mit den *Cahiers du Sud*, wird Tortel 1944 Mitglied des Redaktionskomitees dieser bedeutenden Marseiller Zeitschrift. Auch hier gilt seine Sorge der gründlichen Heranbildung jüngerer Schreibtalente. Seit 1964 lebt er zurückgezogen in der Nähe von Avignon. Sein Werk umfaßt außer zwei Romanen und mehreren Essays (über Maurice Scève, die Dichtung der französischen Vorklassik, Marbeuf und Guillevic) etwa zwanzig Bände Lyrik. Ein spätes Wagnis war für ihn die poetische Prosa in *Le discours des yeux* (1982).

Ausgaben: Cheveux bleus, 1931. – *Du jour et de la nuit*, 1944. – *Naissances de l'objet*, Marseille 1955. – *Élémentaires*, Lausanne 1961. – *Relations*, 1968 [13 Variationen über Valérys «La marquise sortit à cinq heures»]. – *Limites du regard*, 1971. – *Instants qualifiés*, 1973. – *Des corps attaqués*, 1979. – *Les solutions aléatoires*, 1983.

Literatur: Colloque Clancier – Guillevic – Tortel (Sept. 1979), Colloques Poésie-Cerisy, tome I, 1983. – *Action Poétique*, Nr. 96–97, 1984. – R. Jean, *Jean Tortel, suivi d'un entretien avec Henri Deluy*, 1984 (Poètes d'aujourd'hui) [mit Bibliographie].

348 Après (Text: *Elémentaires*, 1961, S. 70; Ü: H. Köhler [ebenso alle folgenden]) Diese Schilderung des Zustands *danach*, nämlich nach dem Feuer, dem (in der Provence so häufigen) Flur- oder Waldbrand, dem «elementaren» Ereignis, ist charakteristisch einmal für Tortels genaue Sehweise, zum anderen für seine Auffassung und Handhabung des Verses. Der Ausdruck «freier Vers» scheint ihm unbefriedigend. Gewiß könne der Vers nicht mehr als systematischer Verbund von zwingend normativen Regeln gelten, aber er sei doch stets eine verbale Einheit, etwas vielfältig Zusammengesetztes «nach Art des Körpers». Verse würden «gefurcht» und widersetzten sich im übrigen der Theorie, wie der Körper sich der Geometrie widersetzt. Um in die

gezogene Furche einzutreten, bedürfe es in jedem Fall des großen Anfangsbuchstabens.

348 BRUME SAUVAGE (Text: *Instants qualifiés,* 1973, S. 19) Die bei Tortel immer schon anzutreffende Tendenz zur raffenden Verknappung erreicht mit den späten Gedichtbänden ihren meisterlichen Höhepunkt. Alle Dichtung ist «qualifizierter Augenblick». Und da der Augenblick der Qualifizierung der Übergang vom Bild zur sprachlichen Figur sei, werde das Bild stets mißhandelt (so das programmatische Gedicht «L'instant de la qualification», S. 47). – 5 *J'appelle nuit . . .*: Man darf an die häufig gemachte Beobachtung erinnern, daß das Mittagslicht in diesem Landstrich schwarz wirkt: «Kein Azur» – sagt auch Tortel – «ist zu Mittag dunkler, fast schwarz, granatfarben, am Rand der Dächer, als das von Gordes, das nach Gewitter ruft» (im provenzalischen Gordes, wo Tortel von 1926 an, jung verheiratet, acht glückliche Jahre verbrachte, erlebte er auch den Beginn seiner Dichtung).

350 CAPTURER L'ORAGE (Text: *Instants qualifiés,* S. 55) Aus dem vereitelten Versuch, das Gewitter schreibend «einzufangen», entwickelt sich die Rätselfrage nach dem Schreiben schlechthin, durchstößt die Feder doch Papier wie Wolken im selben Akt (vgl. hierzu auch die «lecture» von Jacques Roubaud in: *Poésie-Cerisy,* vor allem S. 188f.).

350 SI C'EST HUMIDE (Text: *Les solutions aléatoires,* 1983, S. 127) Die «aleatorischen Lösungen» treiben die Verkürzung des Verses noch weiter voran. Der Titel ist indessen als Antiphrase zu verstehen: Die gefundenen Lösungen sind keineswegs zufallsabhängig, sondern Ergebnis sorgfältigster Überlegung. Das fortführende Nachdenken über Mallarmés Satz-Gedicht *Ein Würfelwurf beseitigt nie den Zufall* ist unverkennbar.

350 CE QUI EST (Text: *Les solutions aléatoires,* 1983, S. 138) Wie das vorige aus der Gruppe «La boîte noire».

LÉOPOLD SÉDAR SENGHOR

Joal-la-Portugaise (Senegal) 9. 10. 1906

Als Staatsmann wie als kultureller Deuter ist Senghor sicherlich die bedeutendste Gestalt im politischen und geistigen Raum Schwarzafrikas. Ist die Verbindung von Politik und Poesie in einer Person ohnehin etwas Seltenes, so erst recht, daß ein *homo politicus* als sein wichtigstes Werk seine Dichtung ansieht. Diese aber ist ausschließlich in französischer Sprache geschrieben. Was diese Frankophonie bedeutet, mag ein Gedankenexperiment verdeutlichen. Man stelle sich vor, der Präsidentschaftsanwärter einer vor der Unabhängigkeit stehenden, ehemals deutschen Kolonie – etwa Namibia – sei ein in Deutschland ausgebildeter Lehrer für klassische Sprachen. Deutschen Afrikanisten verdankt er entscheidende Impulse zur Konzeption seines «Schwarzentums» oder seiner «Negerheit». In deutschen Versen, die er handhabt wie Rilke oder George, bringt er die innerste Anschauung afrikanischen Lebensgefühls zum Ausdruck: Intuition und Sinnlichkeit. Die Schönheit der afrikanischen Frau preist er in einer teils am Minnesang, teils am *West-östlichen Divan* orientierten Sprache. Bei Kriegsende schreibt er in einem «Friedensgebet»: «Herr mein Gott, verzeih dem weißen Europa (...). Herr, von allen Nationen setze Deutschland zur Rechten des Vaters. (...) Verzeih Deutschland, das zwar den geraden Weg predigt, aber auf krummen Pfaden wandelt». Er ist eng mit einem deutschen Staatsoberhaupt befreundet, das ein Mitschüler von ihm war, und wird Mitglied der angesehensten deutschen Akademie ...

Die Undenkbarkeit dieser Konstruktion soll beleuchten, wie verschieden die französische Situation in dieser Hinsicht von der deutschen ist. Nicht alles daran ist indessen erfunden. Der Afrikaforscher Leo Frobenius hat mit seiner «kulturmorphologischen Völkerkunde» Senghors *Négritude*-Gedanken entscheidend beeinflußt; der Aufsatz *Négritude et Germanité* (1976), der mit einem Frobenius-Zitat beginnt, läßt völkische und rassische Enge weit hinter sich und stellt den Begriff des *métissage,* der Verschmelzung, ins Zentrum. Bei der Gralssuche nach der *négritude* hätten die jungen Schwarzen in Paris (außer Senghor vor allem Aimé Césaire aus Martinique), gegen den Rationalismus aufbegehrend, Verbündete bei den Deutschen gesucht – «malgré Hitler». So zu lesen in dem Essay «Die Botschaft Goethes an die Neuen Neger» zum Goethejahr 1949. Goethes Sprache hat Senghor 1941 im Gefangenenlager bei Poitiers gelernt; für die Festigung seiner Begriffe von Humanismus, Universalismus und auch «gebändigter Romantik» schreibt er Goethe bestimmenden Einfluß zu. Senghor wird 1961 Mitglied der Bayerischen Akademie der Schönen Künste, 1968 Träger des Friedenspreises des Deutschen Buchhandels, 1977 Ehrendoktor der Universitäten Frankfurt und München.

Er entstammt alten afrikanischen Adelssippen. Der Vater ist Grundbesitzer und Händler, Oberhaupt einer Großfamilie mit vier Frauen und 25 Kindern, in der es Christen und Moslems gibt. Der Senegal ist seit dem 17. Jahrhundert unter französischer Herrschaft: ein französischer und ein senegalesischer Vorname (die Familie gehört den beiden ethnischen Hauptgruppen Wolof und Serer an) ist so üblich wie für die Doppelkultur charakteristisch. Den ungebärdigen Siebenjährigen gibt der Vater der katholischen Mission zur Erziehung. Der Ritus hinterläßt in dem Kind einen tiefen Eindruck und eine leise Neigung zum Mystischen. Der Sechzehnjährige trägt sich mit dem Gedanken, Priester zu werden. Noch als Erwachsener bekennt er sich – nach einer Phase der Orientierung am Sozialismus – als praktizierender Katholik. Gerade den politischen Führer, so hat man gesagt, kennzeichnet eine Aura von «pius Aeneas». Jedenfalls weigert er sich, im Unterschied zu anderen führenden Köpfen der «Negro-Renaissance» wie Léon Damas, Aimé Césaire, Mongo Beti, Ferdinand Oyono oder Frantz Fanon, Christentum mit

Kolonialismus gleichzusetzen, was ihm heftige Kritik einträgt. Sein religiöses Gefühl freilich bleibt allezeit animistisch und christlich zugleich. Als Staatschef wiederum unterstützt er den Islam, denn 80% der Senegalesen sind Moslems.

Mit einem Stipendium geht er 1928 an das Pariser Lycée Louis-le-Grand. Dort hat er Georges Pompidou zum Mitschüler, mit dem ihn lebenslange Freundschaft verbinden wird: die Güte und zugleich Frische seines Blicks, schreibt Pompidou, hätten ihn sogleich gewonnen. 1933 wird er französischer Staatsbürger, besteht als erster Schwarzer die Agrégation und gründet einen Verband westafrikanischer Studenten. Am Pariser Ethnologischen Institut belegt er Kurse über afrikanische Sprache und Kultur bei Paul Rivet, Marcel Mauss und Marcel Cohen. In diese Zeit fällt auch die Frobenius-Lektüre. Aus intensiven Debatten erwächst das Konzept der *négritude* (er selbst hat als Verdeutschung „Negerheit" vorgeschlagen). Im Zeichen der Volksfront wird er militanter Sozialist. Er ist jetzt Lehrer für Griechisch, Latein und Französisch in Tours und engagiert sich in der Gewerkschaftsbewegung. Der faschistische Einmarsch in Äthiopien gibt den Anstoß zu den ersten Gedichten über die afrikanische Sache: *A l'appel de la race de Saba* (der stark mythische Zug ist nicht zu übersehen: Saba ist Äthiopien ist Afrika).

1940 mobilisiert, ein Jahr darauf in Gefangenschaft (ein österreichischer Wachsoldat, mit dem er sich anfreundet, übermittelt heimlich das Manuskript der *Hosties noires* an Pompidou): Die Niederlage Frankreichs befreit ihn von manchem afrikanischen Minderwertigkeitsgefühl, zugleich aber auch von mancher antirationalistischen Eingenommenheit. In dieser Zeit reift sein auf die Überwindung der Gegensätze gerichtetes politisches Konzept heran, doch ebenso sein dichterischer Aussagewille. 1945 erscheint sein erster Gedichtband *Chants d'ombre* (Schattengesänge). Von de Gaulle zum Mitglied einer Kommission für Kolonialfragen ernannt, gewinnt er in seiner politischen Tätigkeit ständig an Bedeutung: Mitglied der Gesetzgebenden Versammlung, Abgeordneter in der Nationalversammlung und im Europarat, Staatssekretär unter Edgar Faure, Parteigründer im Senegal, Wortführer der afrikanischen Welt, führende Rolle bei der Föderation Mali, nach deren Scheitern 1960 Präsident der unabhängigen Republik Senegal (aufgeklärte Autokratie: in seinen zwanzig Jahren als Staatschef, so wird bezeugt, habe weder Blut noch Silber an seinen Händen geklebt). 1983 in die Académie française gewählt. Seit 1946 in erster Ehe mit einer Schwarzafrikanerin verheiratet, seit 1957 mit einer, wie er sagt, «Albo-Europäerin» aus altem normannischem Adel. Zwei seiner Söhne kommen bei Unfällen ums Leben.

1948 gibt er die *Anthologie de la nouvelle poésie nègre et malgache de langue française* heraus, zu der Jean-Paul Sartre ein Vorwort unter dem Titel «Schwarzer Orpheus» schreibt, das weltberühmt wird («und unsere Weiße erscheint uns als ein seltsamer blasser Firnis, der unsere Haut am Atmen hindert»). Seine zahlreichen Aufsätze und Reden zu Politik und Kultur sind in den Bänden *Liberté* gesammelt. Sein dichterisches Werk umfaßt ausschließlich Lyrik. Es ist getragen von dem Gedanken, die «lebendige Stimme Afrikas» auszudrücken, und zugleich von der Vision einer Menschheit, in der Weiße und Schwarze «in den Passatwinden der Freude» gemeinsam die «Unschuld der Welt» besingen. Seine poetischen Vorbilder sind – außer der Troubadourlyrik – Victor Hugo («Meister des Tamtam» ...), Baudelaire (1932 hatte er eine Arbeit über den Exotismus bei Baudelaire geschrieben), Rimbaud, die Surrealisten (er spricht von deren «syntaxe nègre de la juxtaposition»), vor allem aber Péguy und Claudel.

Ausgaben: Poèmes, 1964; erweiterte Ausgabe 1984. – *Liberté I, Négritude et Humanisme,* 1964 [darin: «Le message de Goethe aux nègres-nouveaux»]; *II, Nation et voie africaine du socialisme,* 1971; *III, Négritude et civilisation de l'universel,* 1977 [darin: «Négritude et Germanité», «Lettre à Günter Grass», «Konrad Adenauer«, »Les leçons de Leo Frobenius»]; *IV, Socialisme et Planification,* 1983. – *La poésie en action, Conversations avec Mohamed Aziza,* 1980. – *Ce que je crois,* 1988.

Übersetzungen: Botschaft und Anruf, Sämtliche Gedichte, übers. von J. Jahn, München 1963 [enthält *Chants d'ombre,* 1945; *Hosties noires,* 1948; *Éthiopiques,* 1956; *Nocturnes,* 1961]. – *Négritude und Humanismus,* übers. von J. Jahn, Düsseldorf 1967 (= *Liberté* I). – Ansprachen anläßlich der Verleihung des Friedenspreises des deutschen Buchhandels, Frankfurt 1968. – *Wir werden schweigen, Freundin,* übers. von J. Jahn und R. Arnold, Berlin (Ost), 1984 [enthält Teile aus *Lettres d'hivernage,* 1972, und *Élégies majeures,* 1979]. – *Bis an die Tore der Nacht,* übers. von A. Koltz, Waldbrunn 1985.

Literatur: I. Hanf, *Senghor, ein afrikanischer Dichter französischer Prägung,* Diss. München 1972. – L. Kesteloot, *Comprendre les «Poèmes» de L. S. Senghor,* 1986 [sehr sachkundig]. – R. Jouanny, *Les voies du lyrisme dans les «Poèmes» de L. S. Senghor,* 1986. – *Colloques Poésie-Cerisy,* ed. D. Leuwers, Marseille 1987. – *Senghor,* Itinéraires et contacts de cultures, vol. 9, 1988 [mit Bibliographie]. – J. Nespoulous-Neuville, *Senghor, De la tradition à l'universalisme,* 1988. – *Revue d'Histoire Littéraire de la France,* 88, 1988, S. 179–238.

Zur frankophonen Literatur Schwarzafrikas: L. Kesteloot, *Les écrivains noirs de langue française,* Brüssel 1965. – J. Jahn, *Geschichte der neoafrikanischen Literatur,* Düsseldorf 1966. – J. Chevrier, *Littérature nègre,* 1984 [derzeit beste Darstellung].

Zur Polemik um die *Négritude* vgl. A.-B. Ischinger in: E. Breitinger, ed., *Black Literature,* München 1979, S. 193–213, und M. Steins, «Senghor und Deutschland», Zeitschrift für Kulturaustausch, 29, 1979, S. 225–242.

352 Élégie des circoncis (Aus: *Nocturnes,* 1961; Text: *Poèmes,* S. 200–202; Ü: J. Jahn, *Botschaft und Anruf,* S. 195–196) Eine der fünf Elegien, die den

Band *Nocturnes* beschließen. Senghors sehr homogener Langvers verdankt Claudel Entscheidendes (er steht auch Saint-John Perse sehr nahe, doch hat Senghor diesen nach eigener Aussage erst nach 1948 gelesen). Über seine Auffassungen von Poesie, die Bedeutung von rhythmisch-musikalischem Vortrag vor allem, gibt am vollständigsten das Nachwort zu *Éthiopiques* Auskunft (*Poèmes,* S. 155–168). Das Gedicht sei wie eine Jazz-Partitur, bei der die Ausführung ebenso wichtig sei wie der Text. Und: «Ein Gedicht ist erst dann vollendet, wenn es zum Gesang wird». Daraus spricht die Tradition der *griots,* der afrikanischen Barden. (Eine Aufnahme der «Élégie des circoncis», gesprochen von Bachir Touré, ist bei Disques festival, Paris, erschienen.) – *Elegie der Beschnittenen:* Anders als bei Juden und Moslems wird die Beschneidung bei den Stämmen des Senegal erst mit 15 bis 18 Jahren durchgeführt. Sie ist als Mannbarkeitsritus Teil einer überindividuellen Initiationszeremonie, die bis zu drei Monaten dauern kann und auch Kenntnisse über Nahrungs- und Heilmittel und andere Lebensbereiche vermittelt. – 4 *Or c'était nuit d'enfance extrême:* Die erste der vier Strophen spricht von der Erinnerung an die Kindheit und die unheimliche Faszination der Nächte (die Löwengefahr war konkret). – 9 *Voyez le crépuscule à la gorge de tourterelle:* «Seht die Abenddämmerung mit dem Taubenhals». Typisches Beispiel der intuitiven Bilderfindung: die Beklommenheit («ich führte die Hand zum Hals») geht einher mit dem Gurren der Tauben, beides zusammen führt zu einer Personifizierung der Dämmerung. – 12 *mais rutile le don de la promise:* Bei der nackt tanzenden Gruppe der Initianden ist alles auf das Geschlecht konzentriert (15 *la nuit du sexe*), der «Gabe» der Vorhaut entspricht in dieser Logik die Gabe der Jungfräulichkeit seitens der «Versprochenen». – 16 *que meure le poème:* «soll es sterben, das Gedicht ...». Plötzlicher, scheinbar unmotivierter Eintritt des Themas der Dichtung und der *cité de demain,* der sich erst vom Ende her erklärt. – 21 *Midi-le-Mâle est l'heure des Esprits:* Nach alter Anschauung birgt die Mittagsstunde Gefahren, man hält die Kinder im Haus; vgl. *Poèmes,* S. 148: «Et l'horreur était au zénith / Et c'était l'heure où l'on voit les Esprits, quand la lumière est transparente». In diesem Augenblick der Schattenlosigkeit ähneln die Dinge den entlaubten, «fleischlosen», «geometrischen» Bäumen der nördlichen Breiten zur Winterszeit, über die der Afrikaner beim ersten Anblick erschrocken war. – 26 *parmi les tanns:* Für die zahlreichen Wörter aus seinen Muttersprachen (Wolof und Serer), die Senghor verwendet, hat er der Ausgabe der *Poèmes* ein Lexikon beigefügt (ein noch umfangreicheres findet sich bei Kesteloot, 1986). *Tann* bedeutet «flacher Landstrich am Meer, der bei Flut unter Wasser steht». – 28 *lamentées au mitan de mon âge:* «lamenter» in der Bedeutung «beklagen» ist ein vornehmer Archaismus; das veraltete «au mitan» (= au milieu) findet sich auch bei Claudel. – 32 *fonctions de père et de lamarque:* «lamarque» ist ein von Senghor geschaffenes Wort, das sich zusammensetzt aus «lamane», was in der Wolofsprache den Stammesführer und zugleich -priester älterer Zeit meint, und dem Suffix -arque (-arch, zu griech. «archein» – «herrschen»). Von hier aus fällt ein ganz anderes Licht auf das Gedicht als Ganzes. Es geht letztlich nicht um die Beschwörung des Stammesritus als solchen, sei es in ethnographischer oder in biographischer Hinsicht (Senghor selbst hat als Angehöriger westlich beeinflußter Schichten nur mehr den kleinen chirurgischen Eingriff erlebt, und zwar schon als Fünfjähriger). Es geht – bei diesem Anfang der 60er Jahre entstandenen Text – um die «Initiation» des angehenden Staatsoberhauptes in seine Aufgabe. Die Evokation des Ritus, des *ndut,* ist dabei zum Symbol gewandelt. Das Bangen vor der Mannbarkeit wird zur Sorge vor der Übernahme von Verantwortung. Das Gedicht, in dem dieser Wandel sich vollzieht, wird ihn schließlich – «Phönix» (V. 36) – auch überdauern.

356 Le Salut du jeune soleil (Aus: *Lettres d'hivernage,* 1972; Text: *Poèmes,* S. 255; Ü: H. Köhler) Fast die Hälfte der Gedichte Senghors sind der Frau gewidmet, zu deren Lobpreis ihm eine schier unbegrenzte Skala von Tönen vom Zartesten bis zum Wildesten zur Verfügung steht. L. Kesteloot (1986, S. 103f.) hat darauf aufmerksam gemacht, daß Senghors Erotik bei aller Sinnlichkeit auch etwas scheu Idealisierendes, Troubadourhaftes hat, was sie aus afrikanischer Tradition zu erklären vermag (zur Rolle der Frau allgemein vgl. die Freiburger Dissertation von B. Marcinowski, *Die Frau in Afrika,* Frankfurt 1982). – «Hivernage», so erläutert Senghor, bedeute die Regenzeit, Juni bis Oktober, während der die Kolonialtruppen «überwinterten». Es gebe jedoch auch den «hivernage» der Frau. Hinter den «Überwinterungsbriefen» zeichnet sich die Gestalt seiner Frau Colette ab, der «Princesse de Belborg», der «Wikingerin», die die Liebesbotschaften allzu oft nur per Brief erreichten. – 4 *gonoleks:* afrikanische Variante des Sperlings (Würger; Lanius). – 7 *frisselants:* genaue Bedeutung nicht zu ermitteln. – 10 *princesses du Mali:* Mali war vom 14. bis zum 17. Jahrhundert ein musulmanisches Großreich.

356 Élégie pour la Reine de Saba (Aus: *Élégies majeures;* Text: *Poèmes,* S. 321; Ü: H. Köhler) Fünf Jahre, sagt Senghor, habe dieses Gedicht in ihm gelebt, bevor es zur Niederschrift kam (Aziza, S. 20), und wenn ihn die Regierungsgeschäfte zeitlich vom Dichten abhielten, so sei doch das Gemeinschaftsleben mit seinem Volk dessen wichtigste Nahrung. Diese letzte der sieben Großen Elegien (darunter eine auf Martin Luther King, eine andere auf Georges Pompidou) nimmt die Saba-Thematik des ersten Gedichts von 1936 wieder auf. Wie dieses schon eine Instrumentierungsbezeichnung trug: «Guimm (Gesang, Ode) für zwei Kôras» (harfenähnliche Instrumente), so auch die Elegie: «Für zwei Kôras und ein Balafong» (mit Kürbissen verstärktes Xylophon). Damit ist an eine virtuelle musikalisch-rhythmische Untermalung gedacht, eine Leitvorstellung, auf die hin die Sprache entworfen ist. – *Saba:* ein vorislamisches, von Priestern regiertes Reich im heutigen Jemen. Der Besuch seiner Königin bei Salomo ist nur durch 1 Kön. 10 überliefert. Ihr Bild überlagert sich in der Phantasie der Zeiten mit den Frauenschilderungen aus dem Hohenlied. Einem arabisch-afrikanischen Überlieferungsstrang zufolge stammte sie aus Abessinien, weshalb sie zur mythischen «Tochter

Äthiopiens» werden konnte. Als solche ist sie Göttin, Muse, Geliebte und Kulturstifterin in einem. – Von den insgesamt fünf Teilen der Elegie ist hier der zweite wiedergegeben (andere Übersetzungen bei Arnold und Koltz). – 4 *L'Arabie heureuse:* Die antike Arabia felix, die im Südwesten der arabischen Halbinsel gelegenen Berglandschaften des Asir und des Jemen. – 9 *Son nom est cousu dans les bouches:* Spiel mit der Redensart «bouche cousue!» («Kein Sterbenswörtchen»). – 11 *son talon clair ...:* ein besonders schönes Element des schwarzen Eros, vgl. «Pour une jeune fille noire au talon rose» (*Poèmes,* S. 85). – 12 *sloughi:* arabischer Windhund. – 13 *dyâli:* Ausdruck für den höfischen Sänger; zugleich eine Amselart. Senghor vergleicht sich gerne mit dem Dyâli, vgl. «Je dis bien: je suis le Dyâli» (*Poèmes,* S. 110). – 16 *récade:* prächtig geschmückte Streitaxt mit den Insignien des Häuptlings. – 17 *mais son impatience:* Konstruktion unklar (Textverderbnis?). – 18 *Tanit:* punischer Name der Fruchtbarkeitsgöttin Astarte. – 20 *striquant:* Senghor scheint dieses Wort im Sinne eines Stimmklangs zu verwenden, vgl. «Les colibris striquaient» (*Poèmes,* S. 192). – 22 *lycaon:* afrikanisches Tier zwischen Hund und Hyäne.

YVES BONNEFOY

Tours 24. 6. 1923

Als einer derer, die das Wort – ob gesprochen oder geschrieben – am eindrucksvollsten zur Deutung des Poetischen zu handhaben wissen, ist Bonnefoy eine der geachtetsten Persönlichkeiten der gegenwärtigen französischen Kultur. Als einer, der mit größter Deutlichkeit aus obskurantistisch gewordenem Surrealismus wie aus themenlos verbliebener Engagement-Lyrik einen neuen Weg zu weisen verstand, genießt er die Verehrung vieler Autoren der mittleren und jüngeren Generation. Als einer, der diesen Weg als eine erneuerte Bewegung des Menschen auf das Sein hin empfiehlt – ihn durchaus auch als Heilsweg weisend –, ist er in seiner dialektischen Suche nach platonischer Transzendenz und zugleich antiplatonischer Gegenstandswirklichkeit ein in diesem Jahrhundert unerwartetes Phänomen. Im Zentrum der Pariser Geisteswelt lebend und lehrend (1981 auf einen Lehrstuhl für «Vergleichende Studien der poetischen Funktion» am Collège de France gewählt), im Umgang mit den Menschen aufgeschlossen, «nahbar», hat er etwas von der Weltabgewandtheit eines Kirchenlehrers, der mit einer nur sich selbst verpflichteten Strenge und Beharrlichkeit seine geistige Position absteckt: wenn schon nicht mehr zwischen Gott, Welt und Mensch, so doch zwischen Sein, Wort und Mensch. Daß moderner Dichtung der Anspruch auf die Nachfolge des religiösen Denkens zustehe, ist seine – wie stets bei ihm unpathetisch, aber fest vorgetragene – Grundüberzeugung (zu der das Studium des russischen Religionsphilosophen Schestow beigetragen hat). Ein dreifaches, verhalten glühendes «Credo quia absurdum» scheint sein Schaffen zu bestimmen: Schönheit ist zur Entdeckung des Seins unentbehrlich, doch um das Sein zu erreichen, gilt es die Schönheit hinter sich zu lassen; das Wort ist der einzige Weg zur Erkenntnis des Wirklichen, doch nichts verstellt nachhaltiger, gefährlicher dies Wirkliche als das zum Begriff gewordene Wort; Aufgabe des Dichters ist es, im Absoluten zu wohnen, doch ist dies nur möglich durch beständiges Durchdringen und Annehmen einer *finitude,* einer zufälligen, vergänglichen Begrenztheit.

«Kann es Zweifel geben», schreibt er in *L'Arrière-pays* (Hinterland) nach der ihn aufrüttelnden Entdeckung der Kunst Italiens, «daß ontologischer Wertung und nicht der Wiedergabe äußeren Scheins das tiefere Streben der italienischen Kunst galt?» Der «Epiphanie des Seins», der geahnten substantiellen Einheit des Wirklichen steht zum einen ein Netz von falschen konzeptuellen «Essenzen» im Bewußtsein entgegen, zum andern die verzweifelt große Menge anonym verfertigter «Objekte» als deren technisch-mechanische Entsprechung.

Wenn manche Züge dieses Denkens der Existentialontologie Heideggers nahestehen, so kann man doch nicht von einer wirklichen Beeinflussung sprechen. In Heideggers «Sein zum Tode» sieht Bonnefoy noch immer zuviel «maskierende» Begrifflichkeit. Allerdings ist eine beiden gemeinsame Wurzel in der intensiven Beschäftigung mit Kierkegaard zu erblicken. Daß es nicht – wie bei René Char – zu einem tieferen Austausch kam, mag seinen Grund auch darin haben, daß Bonnefoy vorwiegend auf die angelsächsische Welt ausgerichtet ist (Frankreich verdankt ihm eine Reihe bedeutender Shakespeare-Übersetzungen).

Bonnefoy sucht in einer für das technische Zeitalter herausfordernder, doch unter den vielen Formen der Herausforderung ungewöhnlichen Weise nach den «einfachen Formen des Lebens». Gerade dem Surrealismus, dem er in seinen ersten Jahren huldigte (er begann mit 14 Jahren «ernsthaft» zu schreiben, erhielt von seinem Philosophielehrer eine Anthologie surrealistischer Texte, hatte nach seiner Übersiedlung nach Paris Verbindung zu den Malern Brauner, Ubac und Bellmer, kurze Zeit auch zu Breton), macht er zum Vorwurf, daß er zu diesen kein Vertrauen aufgebracht habe. Diese Form des Irrationalismus, die von Deutschland aus betrachtet etwas Beunruhigendes haben mag, ist indessen von keinerlei Aufruf zu irgendeiner Art praktischen Handelns begleitet: Schwäche und Privileg des Dichters. Erklärtes Ziel seines dichterischen Handelns ist das Aufsuchen eines «wahren Ortes», an dem es gilt, «eine Ordnung zu errichten, um in ihr das Absolute aufzunehmen, das das Wirkliche aufzehren wird». Dichtung ist nicht «Ausdruck besonderer Realitäten». Solche kommen gewiß vor, jedoch «indirekt», als «Chiffre» einer umfassenderen Erfahrung; es gibt in dieser Dichtung keine Themen, oder nur ein einziges: eine das Einzelwesen übersteigende Vergewisserung des Seins in einer «Gegenwart», verstanden als die «Möglichkeit des Heiligen», doch zugleich wohl auch stets als Möglichkeit einer – nicht durch Begriffe verschleierten – Begegnung mit dem Tod.

Der vielleicht weittragendste Entschluß bei Bonnefoy ist der – zumindest tendenzielle – Verzicht auf die Metapher und damit eigentlich der Verzicht auf das, was herkömmlicherweise als das Schöpferische verstanden wird.

Beim Aufschlagen seiner Versbände erscheint als eigentümlich das Nebeneinander von großer harmonischer Schönheit in einem durchaus traditionellen Sinn und ebenso großer, freilich nie bestürzender, sondern gleichsam selbstverständlicher Rätselhaftigkeit. Die fast noch klassischen Alexandriner aus dem berühmt gewordenen Gedicht auf die Stimme der Altsängerin Kathleen Ferrier (*Poèmes,* S. 159):

Je célèbre la voix mêlée de couleur grise
Qui hésite aux lointains du chant qui s'est perdu
Comme si au delà de toute forme pure
Tremblât un autre chant et le seul absolu.

oder die nur wenig freieren Versgruppen aus «L'Ordalie» (S. 137):

...et c'était toujours
La même odeur terrestre et fade de novembre
Quand je foulais le noir jardin des morts

stehen Baudelaire nahe. Doch etwa die Überschrift «L'Ordalie» (Das Gottesurteil) ist einer unmittelbaren Sinnklärung aus dem Gedichttext nicht zugänglich.

Aus den sehr zahlreichen Selbstkommentaren Bonnefoys (vor allem in *L'Improbable* und *Entretiens sur la poésie*) sei hier besonders der Brief an H. L. Nostrand hervorgehoben (1963 geschrieben, doch erst 1985 von R. Vernier veröffentlicht), weil sich darin wertvolle Hinweise auf die Rolle bestimmter Wörter, des Rhythmus und des Stimmklangs finden, die sein dichterisches Grundtemperament deutlicher hervortreten lassen. Die Enthüllung, daß es für den Dichter seit der Kindheit «bevorzugte» Wörter gibt: *fer (Eisen), rouille (Rost), table (Tisch), vent (Wind), feu (Feuer)* oder *lampe (Lampe),* vor allem aber *pierre (Stein)* und *idée (Idee),* daß diese Wörter in der Umgebung des großväterlichen Hauses im Quercy ihren wahren Ort haben, wo das Stadtkind die Ferienzeit verbrachte, vermag im Gesamtüberblick die sublime Willkür zahlreicher Passagen mildernd zu klären. Daß sein Vater Monteur in einer Lokomotivenfabrik war, ist demgegenüber kaum aufschlußreich; eher schon, daß er ihn mit dreizehn Jahren verlor. Die Mutter war Grundschullehrerin, beider Eltern waren noch Bauern gewesen: dieser Werdegang ist nicht untypisch.

Ausgaben: Poèmes, 1978 (Collection Poésie, 1982) [enthält: *Anti-Platon,* 1947; *Du mouvement et de l'immobilité de Douve,* 1953; *Hier régnant désert,* 1958; *Pierre écrite,* 1965; *Dans le leurre du seuil,* 1975]. – *Ce qui fut sans lumière,* 1987. – *Là où retombe la flèche,* 1988. – *La Verité de la Parole,* 1988.

Essays: *L'Improbable,* 1959. – *Un Rêve fait à Mantoue,* 1967 [beide zusammen in Neuausgabe 1980; 1983]. – *L'Arrière-pays,* Genf 1972. – *Le Nuage rouge,* 1977 [darin: «Paul Celan», S. 303–310]. – *Entretiens sur la poésie,* Neuchâtel 1981. – *La présence et l'image,* 1983 [Antrittsvorlesung am Collège de France]. – *Récits en rêve,* 1987 [enthält: *L'Arrière-pays,* 1972; *Rue Traversière,* 1977; *Remarques sur la couleur; L'origine de la parole].*

Übersetzungen: Herrschaft des Gestern, Wüste, Ü: F. Kemp, München 1969. – *Rue Traversière,* Ü: F. Kemp, Frankfurt 1983. – *Im Trug der Schwelle,* Ü: F. Kemp, Stuttgart 1984. – *Berichte im Traum,* Ü: F. Kemp, Stuttgart 1990.

Literatur: J.-P. Richard, in: Richard, 1964, S. 254–285. – J. E. Jackson, *Yves Bonnefoy,* 1976 (Poètes d'aujourd'hui). – *Arc,* 66, 1976, Sondernummer *Yves Bonnefoy.* – *World Literature Today,* 53, 3, 1979. – E. Wolfensberger-Meier, *Yves Bonnefoy, seine Poesie, sein Selbstverständnis und sein Verhältnis zur Poesie der letzten hundert Jahre,* Bern 1979. – G. Butters, *Yves Bonnefoy, Poesie und Mythos,* Rheinfelden 1981. – J. Thélot, *Poétique d'Yves Bonnefoy,* 1983. – J. T. Naughton, *The Poetics of Yves Bonnefoy,* Chicago 1984. – M. A. Caws, *Yves Bonnefoy,* Boston 1984. – M. Bishop, in: Bishop, 1985, S. 117–136. – R. G. Giguère, *Le concept de la réalité dans la poésie d'Yves Bonnefoy,* 1985. – Colloques Poésie-Cerisy, *Yves Bonnefoy,* ed. D. Leuwers, Marseille 1985 [mit Bibliographie, einschl. audio-visueller Aufnahmen]. – R. Vernier, *Yves Bonnefoy ou les mots comme le ciel,* Tübingen/Paris 1985 [darin: *Lettre à Howard L. Nostrand,* S. 109–118; mit Bibliographie]. – G. Gasarian, *Yves Bonnefoy, la poésie, la présence,* 1986. – M. Fink, *Yves Bonnefoy, le simple et le sens,* 1989.

362 Théâtre (I–VII) (Aus: *Du mouvement et de l'immobilité de Douve,* 1953 Text: *Poèmes* 1978, S. 23–29; Ü: F. Kemp) Douve, zarter, dunkler Namensklang für ein rätselvolles Wesen, Frau und Landschaft, Inkarnation des Selbst, Desinkarnation des Selbst, Traumgestalt, wirklicher als die Wirklichkeit, Herrin oder Beschließerin im Totenreich, Mänade oder Proserpina, Inbegriff des Nicht-Begrifflichen, des Aufbegehrens gegen das Gesetz, wonach ein Körper nicht zugleich bewegt und unbewegt sein kann – noch alle ihre Deuter hat diese ontologische Sphinx bisher zuschanden werden lassen ... Ihr Gefährlichstes sind die vollkommenen Verse, die in großer Vielgestaltigkeit – Prosa eingeschlossen – absichtsvoll den «désarroi» inszenieren, die willentliche Ratlosigkeit, Bestürzung vor dem nackten Sein, das zu bemänteln menschliche Begriffsanstrengung für gewöhnlich unternimmt. In diesen Versen klingt Baudelaire an, auch Mallarmé, Breton, vor allem aber Rimbaud, dem bei Bonnefoys versuchtem Gang durch die «Gegenbegriffswelt» die Rolle des Führers Vergil zufällt: er hatte mit seiner Praxis des «dérèglement de tous les sens» den Weg gewiesen, dem Bonnefoy folgt.

Der Band *Douve...,* der seit seinem Erscheinen die Leser in seinen Bann geschlagen hat (er ist noch nie vollständig ins Deutsche übersetzt worden), besteht aus fünf Teilen, *Théâtre* – der erste – aus 19 Gedichten. Im 13. Gedicht findet sich der inzwischen häufig zitierte schroffe «poetologische» Einbruch, den man als Verabschiedung des poetischen Bildes (auch und gerade des surrealistischen) glaubte verstehen zu können: «La mer intérieure éclairée d'aigles tournants, / Ceci est une image. Je te détiens froide à une profondeur où les images ne prennent plus.» – 1 *Je te voyais:* Auf dieses erzählende Präteritum folgt in IV ein «Je me réveille», was die ersten drei Stücke als Traumerzählung zu erweisen scheint. Doch ist der Zustand, zu dem das Ich erwacht, ein nicht minder unwirklicher. Nach und nach eröffnet sich dem Wandernden die Aussicht, Douve zu erfahren als «présence exacte» und seine Suche zu verstehen als eine «ouverture tentée dans l'épaisseur du monde». – VI, 1 *Quelle pâleur...*: Diese Verse erinnern an Valérys «La Jeune Parque» (vgl. Band 3, S. 434ff.) oder «Narcisse parle». – VII,9 *Un beau geste de houille*: John E. Jackson (einer der besten Interpreten Bonnefoys, der Jahrzehnte mit den Texten gelebt hat) sieht hier Douve in einem Zwischenstadium, auf halbem Weg zum Tod, in den sie mit einer Geste eintritt, die sie gänzlich in Mineralisches verwandelt (Poésie-Cerisy, S. 54).

366 CHAPELLE BRANCACCI (Aus: *Du mouvement et de l'immobilité de Douve,* 1953; Text: *Poèmes,* S. 86; Ü: B. Böschenstein) Aus dem letzten Teil des Bandes, überschrieben *Vrai lieu.* Eine moderne – sehr moderne – Form der Kunstbeschreibung (Ekphrasis), in der das beschriebene Kunstwerk selbst nicht sichtbar wird, sondern nur als Chiffre dient für eine dahinterliegende ontologische Wahrheit. – 7 *vers des fresques obscures:* Die berühmten Fresken Masolinos und Masaccios in der (nach ihrem Stifter benannten) Kapelle in Santa Maria del Carmine in Florenz (in «obscures» mag auch eine Anspielung auf den damaligen Zustand des Werkes stecken). Ein anderes Kunstwerk, das in Bonnefoy lange nachwirkte und ihn ein «ewiges Gesicht» ausmachen ließ, war das Mausoleum der Galla Placidia in Ravenna. Eine Inschrift dort: «Hic est locus patriae» bestimmte seine Meditation über den «vrai lieu», der immer auch Ort des Todes ist. «Sicherlich ist der Begriff, als das nahezu einzige Instrument unserer Philosophie, bei allen Gegenständen, die sie sich vornimmt, eine tiefe Verweigerung des Todes ... eine Flucht.» Um seinem Schicksal zu entgehen, habe der Mensch aus Begriffen jene «logische Bleibe» errichtet, in der als Prinzipien nur Permanenz und Identität gälten. Er bewundere an Heidegger «diesen entscheidenden, die Zeit belebenden, das Sein orientierenden Tod», doch sei dies nur eine ästhetische oder intellektuelle Bewunderung. Nur ein Denkgegenstand, nicht mehr der wirkliche Gegenstand, würde die ursprüngliche Beunruhigung durch zweifelhaftes Wissen besänftigen, eine dunkle Wortmelodie würde den Tod verschleiern (vgl. «Les Tombeaux de Ravenne», in *L'Improbable,* S. 12).

366 RIVE D'UNE AUTRE MORT (Aus: *Hier régnant désert,* 1958; Text: *Poèmes,* S. 103; Ü: F. Kemp, *Herrschaft des Gestern: Wüste,* S. 13) Der zweite Gedichtband setzt nach Bonnefoys eigener Aussage den ersten fort. Dieser habe zu verstehen gesucht, «daß man auf das Unabänderliche und den Tod bauen

kann». Doch wie sich diese Wahrheit zu eigen machen? Es gebe noch einen anderen Tod, voll unheilvoller Regungslosigkeit, und das sei das Vergessen des Todes. Dem könne nur eines steuern: das dichterische Wort. – Freilich verbleiben dergleichen Erklärungen im Weitläufigen, man möchte schier sagen im «Begrifflichen», und geben zu der rätselhaften Schönheit dieser Verse nur spärliche Fingerzeige. Insgesamt sind die Gedichte des Bandes Ausdruck einer erfolglosen Suche, einer Verschlossenheit, einer versteinerten Zeit. «Rive d'une autre mort» ist eine Gruppe von drei Gedichten, deren letztes hier wiedergegeben ist.

368 TERRE DU PETIT JOUR (Aus: *Hier régnant désert,* 1958; Text: *Poèmes,* S. 138; Ü: F. Kemp, *Herrschaft des Gestern: Wüste,* S. 47) 2 *la laure* und 4 *clues* sind äußerst seltene Wörter.

368 AUBE, FILLE DES LARMES (Aus: *Hier régnant désert,* 1958; Text: *Poèmes* S. 143; Ü: F. Kemp, *Herrschaft des Gestern: Wüste,* S. 53)

370 L'ÉTE DE NUIT (Aus: *Pierre écrite,* 1965; Text: *Poèmes,* S. 171; Ü B. Böschenstein [ebenso alle folgenden]) Die zweite Abteilung, die auch den Titel des ganzen Bandes *Pierre écrite* abgibt, stammt noch aus der Zeit vor *Hier régnant désert* und war mit Illustrationen von Raoul Ubac bereits 1959 erschienen. Dieser insgesamt «negative» Teil steht nun in Kontrast zu den Teilen eins, drei und vier, in denen das Sprechen sich auf ein «Du» hin öffnet. Es ist dies die Zeit der Begegnung mit der späteren zweiten Frau Bonnefoys, deren Präsenz in dem Band an vielen Stellen spürbar ist, freilich sehr indirekt. Die neue Verbindung zu einem Menschen drückt sich vielmehr in einer neuen Beziehung zur dichterischen Sprache aus, einem erneuerten Vertrauen in deren Fähigkeit, Sprache der «Präsenz» zu sein. Im ersten Teil, «L'Été de nuit», ist überdies die Erfahrung des Träumens viel stärker gegenwärtig als bisher. – Zur Versgestalt vgl. die Untersuchung von F. Deloffre in M. Parent, *Le vers français,* S. 43–64.

370 LE MYRTE (Aus: *Pierre écrite,* 1965; Text: *Poèmes,* S. 203) J. E. Jackson (1976, S. 48) hebt die erstaunliche Leichtigkeit hervor, mit der in diesem sehr schönen Liebesgedicht das Gesprochene zur Wirklichkeit wird. Auf das Nennen folgt glückhaft mühelos der Genuß des Genannten: «Ich nannte dich myrten, und schon ...»

372 LA LUMIÈRE, CHANGÉE (Aus: *Pierre écrite,* 1965; Text: *Poèmes,* S. 211) Aus dem dritten Teil, «Un feu va devant nous», in welchem dem Feuer ein ganz eigentümlich lebensfördernder Wert zuwächst. Der Brief an H. L. Nostrand erläutert, daß Bonnefoy das Feuer nach und nach sich «in sich selbst kehren» erlebt habe. Zunächst von zerstörerischem Antlitz, dann für längere Zeit schlummernd, habe es schließlich «aus der wiedererschlossenen Tiefe der Dinge» erneut zu scheinen begonnen, als sei das Wirkliche selbst entflammt. Erst Brunst, jetzt Flammenstern. «Das Feuer scheint nunmehr in sich selbst zu ruhen, bedarf keiner feindlichen Materie mehr, um sich zu erweisen. Es scheint zu bedeuten, daß es keine Materie gibt» (Vernier, 1985, S. 114).

372 UNE PIERRE (Aus: *Pierre écrite,* 1965; Text: *Poèmes,* S. 212) Insgesamt dreizehn Gedichte des Bandes tragen diesen einfachen Titel eines «einfachen Dinges»: ein Stein. Auch hierzu gibt der Brief an Nostrand Hinweise, die schier unerläßlich sind, nennt das ausgewählte Gedicht doch den Stein nur im Titel. Der Text selbst spricht lediglich vom Licht, vom Feuer, vom Wort und vom Wir. «Der Stein stand in seiner nicht mehr weiter rückführbaren Evidenz dem Begriff entgegen. Er war in dieser schlechten Welt der große Abwesende, der sich nicht kompromittiert hatte und worauf sich ein wirklicheres Leben gründen ließ» (Vernier, 1985, S. 114). In dieser Phase seiner Dichtung werden die elementaren Materien für Bonnefoy zu elementaren Hoffnungen. Es scheint nicht zufällig, daß er für mehrere Gedichte in diesem Umkreis eine Typographie «auf Mitte» wählt.
372 LE MIROIR COURBE (Text: *Ce qui fut sans lumière,* 1987, S. 25) Zwei Jahrzehnte später sind viele der Themen noch die gleichen: «Die Bäume», «Ein Stein», «Die Wolken», «Der Blitz», doch die Texte, vielfach länger, sind von größerer Ruhe und Ausgeglichenheit. Die Spannung zwischen «nominal» und «real», also zwischen Wort und Sache (hier V. 10), zwischen «aufzehren» und «retten», also zwischen Zerstörung und Bewahrung (hier V. 15) hat zu einem Gleichgewicht gefunden. Es herrscht *Vertrauen* (V. 4). An der «Schwelle» (dem zentralen Bild des voraufgegangenen Bandes *Dans le leurre du seuil – Im Trug der Schwelle*) wächst leicht das Gras ...

PHILIPPE JACCOTTET

Moudon (Waadt) 30. 6. 1925

In seiner Laudatio auf den Petrarca-Preisträger von 1988 stellt Peter Handke einige der wesentlichen Sätze, der in ihrer «wunderbaren Zagheit» unverwechselbaren Grund-Sätze Jaccottets zusammen: «Vielleicht ist Stille nur ein anderer Name für Raum», oder: «Ich müßte also entscheiden, ob ich wirklich ein Recht hätte ... von einer Mondnacht zu reden», oder schließlich: «Ich gehe, ich staune, und mehr zu sagen, ist mir verwehrt». Als Grundhaltung bei Jaccottet hebt er das «Sich-Nichteinmischen» hervor, das «entschlossene In-Ruhe-lassen», auch das «Sich-allem-Übermut-Versagen», wie es sich ähnlich bei den Schweizer Landsleuten Ludwig Hohl und Robert Walser finde. Als «Entzifferer» habe er begonnen, sei nun aber zum bescheidenen «Diener des Sichtbaren» geworden und verdanke dem die entscheidende Läuterung seiner Persönlichkeit: Das «dritte Ich», zu dem Jaccottet gefunden habe, sei eben der Künstler «als der gesetzmäßige, von Launen freigedachte allgemeine Mensch».

Hat Handke diesen Geduldigen, Gelassenen der Literatur erst spät für sich entdeckt, so ist Jaccottet von früh an mit deutschen Autoren so eng vertraut wie kein anderer in dieser Auswahl, zählt er doch zu den bedeutendsten französischsprachigen Übersetzern, und nicht nur aus dem Deutschen. Der 22jährige schon überträgt Th. Manns *Tod in Venedig;* seit den 50er Jahren geht er den *Mann ohne Eigenschaften* und fast das gesamte erzählerische Werk Musils an; zu der von ihm besorgten Ausgabe Hölderlins in der Bibliothèque de la Pléiade steuert er *Hyperion* und Teile der Lyrik bei; es folgen Novalis Rilke, Ingeborg Bachmann, Peter Härtling, Adolf Muschg, um nur die wichtigsten aus dem deutschsprachigen Raum zu nennen, darüber hinaus Homers *Odyssee,* Platons *Gastmahl,* Lyrik von Leopardi, Montale und Ungaretti (dessen Bekanntschaft er 1946 in Rom macht), Góngoras *Soledades* und Gedichte von Ossip Mandelstam.

Des weiteren ist Jaccottet als Literaturkritiker und Rezensent tätig, vor allem für die *Nouvelle Revue Française* und für Schweizer Zeitungen; rein dem Umfang nach entstehen so die Konturen einer beeindruckenden Arbeitsleistung (die Liste seiner Kritiken umfaßt über 650 Titel); von einer breiteren Leserschaft geschätzt sind in Frankreich seine beiden Essay-Sammlungen *L'Entretien des Muses* und *Une transaction secrète.*

Jaccottet wächst in Moudon auf, später in Lausanne, wo er durch seinen Griechischlehrer Zugang zur antiken Literatur findet und die Freundschaft mit Gustave Roud (s. o., S. 545 ff.) für ihn prägend wird. In Paris, wo er sich 1946 hinbegibt, kann der allem Literaturbetrieb Abholde nie recht Fuß fassen und verbringt er auch materiell eher mühselige Jahre. 1953 siedelt er mit seiner Frau, der Malerin Anne-Marie Haesler nach dem Städtchen Grignan in der Drôme über und wohnt seither dort unweit des Schlosses, in welchem Frau von Sévigné ihre letzten Lebensjahre verbrachte. Die freiwillige Zurückgezogenheit wird in den letzten Jahren zunehmend häufiger durch die Entgegennahme von Literatur- und Übersetzerpreisen unterbrochen, zugleich erweisen Kritikerkonvente, Sondernummern und eine wachsende Zahl von Übersetzungen in andere Sprachen dem Werk des eher scheuen Autors Ehre.

Als Lyriker gehört er zu der Klasse von Dichtern, die «in alles Lichte, Leichte, Luftige und Wehende verliebt sind» (F. Kemp) und dennoch damit vornehmlich Melancholie und Düsternis zu bannen suchen. Seine Vorliebe für unrhetorische, schlichte Gegenständlichkeit und leicht hingestrichene Landschaftsbilder fand Bestätigung und Bestärkung in den japanischen Haiku, die er in der Anthologie von E. H. Blyth entdeckte, nach einer mehrjährigen Schaffenskrise «wie ein Glas frisches Wasser» genoß (jeden Tag eines!), von denen er auch Übersetzungen schuf und die ihm zu noch größerer Sparsamkeit der Form verhalfen. Gegen den behutsamen, bisweilen fast ängstlichen Ton Jaccottets nimmt sich vieles aus der Dichtung des Jahrhunderts dröhnend aus. Eine schöne Einführung in seine Empfindungswelt sind die Prosaseiten *Der Spaziergang unter den Bäumen,* in denen er 1957 seine neue Heimat durchspürt. Dort heißt es: «Fest steht für mich, ich werde nicht von dem Schloß reden, das sich mit einer gewissen Großartigkeit, doch auch ein wenig anmaßend oberhalb unserer Dächer erstreckt; noch von der großen Dame, der wir unsere Reputation in der Ferne verdanken ... Ich liebe die Erde, die Mächtigkeit der Stunden in ihrem Wechsel, und durch mein Fenster sehe ich in eben diesem Augenblick, wie das Dunkel der Winternacht über die Bäume, die Gärten, die kleinen Weinberge, die Felsen herabsinkt und sie einhüllt ... während der Himmel darüber, für eine Weile wenigstens noch, ein Raum bleibt, eine beinahe leichte Tiefe, kaum noch von Wolken bedrängt. Wie sollte ich hoffen dürfen, soviel Kraft je nach Gebühr zu grüßen?» (S. 36).

Ausgaben: Poésie 1946–1969, 1985 (Collection Poésie) [enthält: *L'effraie,* 1953; *L'ignorant,* 1958; *Airs,* 1967; *Leçons,* 1969]. – *A la lumière d'hiver,* 1977. – *Pensées sous les nuages,* 1983.

Prosa: *La promenade sous les arbres,* 1957; 1961. – *Éléments d'un songe,* 1961. – *Paysages avec figures absentes,* 1970. – *A travers un verger,* 1975. – *La semaison, carnets 1954–1979,* 1984.

Kritik: *L'entretien des Muses,* 1968. – *Une transaction secrète,* 1987.

Übersetzungen: Elemente eines Traumes, Ü: F. Kemp, München 1968; Stuttgart 1988. – *Der Spaziergang unter den Bäumen,* Ü: F. Kemp, Zürich 1981; 1988. – *Gedichte,* französisch und deutsch, Ü: F. Kemp, Stuttgart 1985.

Literatur: J.-P. Richard, in: Richard, 1964, S. 315–339. – *La Revue de Belles Lettres,* 99, 3–4, Genf 1975 [Jaccottet gewidmete Sondernummer]. – A. Ughetto, ed., *Alentour de Philippe Jaccottet, Sud* 18, 1980/81; erweiterte Neuausgabe 1989. – Y.-A. Favre, ed., *Philippe Jaccottet poète et traducteur,* Pau 1985. – M. Bishop, in: Bishop, 1985, S. 54–67. – M. C. Dumas, ed., *La poésie de Philippe Jaccottet,* Genf 1986. – P. Handke, «Langsam im Schatten», *Akzente,* Dez. 1988, S. 512–522. – J. P. Vidal, *Philippe Jaccottet* (pages retrouvées, inédits, entretiens, dossier critique, bibliographie), Lausanne 1989.

376 ARBRES (Aus: *Airs,* 1964; Text: *Poésie,* S. 138; Ü: F. Kemp, *Gedichte,* S. 53) Die Sorge vor rhetorischem Überschwang mündet in den Wunsch, sich (ähnlich wie Francis Ponge) der poetischen Bilder zu entschlagen: «Man soll die Dinge nur sagen, nur sie an ihren Ort bringen, nur sie erscheinen lassen». Diese asketische Konzentration («L'effacement soit ma façon de resplendir») kommt in *Airs* sehr deutlich zum Ausdruck, das als Motto den Satz von Joubert trägt: «Unser Leben ist aus Wind gewebt». In den 56 durchweg kurzen Gedichten ist alles Leichtigkeit, Schlichtheit, Entäußerung, Zurücknahme der Stimme bis auf ein Murmeln.

376 VŒUX 3 (Aus: *Airs,* 1964; Text: *Poésie,* S. 155; Ü: F. Kemp, *Gedichte,* S. 73)

376 Fidèles yeux (Text: *A la lumière d'hiver,* 1977, S. 97; Ü: F. Kemp, *Gedichte,* S. 157) Das Hinbrechen der Augen und sodann des ganzen Raumes, wie es hier geträumt ist, findet seine prosodische Entsprechung in den beiden sehr ungewöhnlichen Zeilensprüngen «jusqu'à / ce que» und «plus /qu'un», die Zögern und Schwäche andeuten; die Weitung ins Kosmische wird unauffällig suggeriert durch einen Rhythmuswechsel im Schlußvers: alle Verse halten sich in der Nähe des Zwölfsilbers (nicht mehr des Alexandriners), doch nur der letzte ist rhythmisch dreigeteilt, was ihn gegenüber den vier ersten verlängert erscheinen läßt (weitere prosodische Studien: M. Sandras und A. Cady, in: Dumas, 1986, S. 113–136).

378 L'âme, si frileuse (Text: *Pensées sous les nuages,* 1983, S. 10; Ü: B. Böschenstein [ebenso alle folgenden])

378 Mais chaque jour (Text: *Pensées sous les nuages,* S. 32)

378 Prière des agonisants (ebda., S. 33)

378 Dans la montagne (ebda., S. 35)

378 Et dans le jour (ebda., S. 36)

380 La lyre de cuivre (ebda., S. 48)

Jean-Claude Renard

Toulon 22. 4. 1922

«Und es war da unverhofft ein Mysterium des Geistes im Fleisch» ... «Und es war da ein Wort, bereit, die Erde zu nennen». Mit diesen beiden Versen aus *Prose sur le mystère de la nuit* läßt sich die spirituelle Dimension Renards anzeigen, der einer der ganz wenigen Lyriker Frankreichs ist, die in diesem Jahrhundert Christlich-Sakrales und Poetisches zu verbinden suchen, dabei jedoch (stärker als seine Vorbilder Patrice de la Tour du Pin oder Pierre Emmanuel) kraft seiner Teilhabe an der modernen Sprachreflexion der Auffassung zur Geltung verhilft, wonach die Funktion dichterischen Sprechens *Poiesis* und nicht mehr nur *Mimesis* zu sein hat. «Das Gedicht bietet sich dar als eine jedesmal einzigartige Weise, die Wirklichkeit, die es ‹wiedergibt›, neu zu schaffen», heißt es in einer seiner poetologischen Schriften (*Une autre parole,* S. 20), und in seinem Bezug zum Wirklichen repräsentiere das Gedicht einen Punkt, «an dem zugleich eine Begegnung beginnt und sich ein Bruch ereignet». Sprache ist Referenz und Differenz zugleich, spricht zugleich von etwas und von sich, bringt im Aufweis des Bekannten und Sagbaren das Unbekannte und Unsagbare hervor, das zum Übersteigen des Eindeutigen auffordert. Poetische Erfahrung und religiöse Erfahrung konvergieren für Renard im Begriff der Verwandlung, der Erneuerung, der permanenten Neuschaffung. Wie das Schreiben dem Schreibenden nicht nur zeigt, was er ist, sondern was er sein kann, so gilt für das Verhältnis des Schreibens zum Sakralen, daß die Dichtung eine «réinvention du sacré à l'intérieur de sa propre parole» ist (*Notes sur la poésie*, S. 134). Von dieser – sicherlich häresieverdächtigen – Lizenz macht Renard denn auch stärksten Gebrauch, insbesondere wenn es ihm darum geht, «im Fleisch» selbst das Spirituelle zu entdecken. Darin ist er Schüler Pierre Jean Jouves (dessen Poesie ihm schon als fünfzehnjährigem Internatszögling bei den Oratorianern von Pontoise durch seinen Mathematiklehrer, eben Pierre Emmanuel, zugänglich gemacht wurde), doch auch Nachfahre manchen Mystikers (wie er später in zahlreichen Essays dartut, vor allem in *Le lieu du voyageur*). Schon in einem Duft kann Gott für ihn anwesend sein:

L'odeur de Dieu circule sous les arbres.
L'odeur musclée de l'esprit, – et luisante. (*Choix*, S. 107)

Doch der eigentliche Gegenstand, den Dichtung durch *incantatio* wandelt, ist der Körper der Frau, Ort einer kühn erneuerten Zelebrierung christlicher Mysterien:

Mère ressuscitée, ma mort qui devient vie
salue dans ton amour l'amour même du Père,
salue la terre en toi ouverte à la vraie terre
et la chair épousée et l'Église accomplie. (*Choix*, S. 108)

Der wichtigste Begriff in der Welt dieses so «heidnisch» sinnenhaften christlichen Dichters (Sohn eines Marineoffiziers, einzelgängerisches, phantasievolles, kränklich-nervöses Kind, lebenslang an den Folgen einer Pflanzenvergiftung leidend, Literaturstudent in Paris, nach längeren Afrikareisen seit 1947 im Verlagswesen tätig, für seine Lyrik mit zahlreichen Preisen ausgezeichnet, Mitglied der Académie Mallarmé) ist in der Tat *incantation*, Verzauberung durch Gesang. Mehrere Gedichte oder Sammlungen führen dieses Wort in der Überschrift, und nicht von ungefähr ist die damit verbundene mythische Vorstellung von Poesie durch Léopold Sédar Senghor als ihm geistesverwandt begrüßt worden.

Der Zwanzigjährige gestaltet den Konflikt zwischen Sexualität und Geist (vor dem Hintergrund der Kriegsängste) durch eine Selbstprojektion in die Don Juan-Figur: seine umfangreiche Versdichtung *Juan* (= Jean, wie er selbst in seiner autobiographischen Darstellung *Quand le poème devient prière* erklärt) bietet sich dabei in ihrer traditionellen Verswahl, aber auch in Ton und Duktus als eine Nachahmung der «Jeune Parque» von Paul Valéry (vgl. Band 3, S. 434ff.) dar, dessen «Charme»-Begriff, aber auch dessen konkreter Sinnenhaftigkeit im Abstrakten Renard viel verdankt. In den seither erschienenen etwa zwanzig Versbänden, in denen sich seine Handschrift verselbständigt, nutzt er vielfältigste Formen des freien Verses, vom aphoristischen oder elliptischen Kleinformat über Rätsel- oder Frageformeln bis zur Prosa, belebt aber auch das allegorisch-didaktische *Dit* des Mittelalters neu und versucht – nahezu im Stil der Oulipo-Gruppe (vgl. S. 563) – experimentelle Sonette mit sehr spielerischen Vertauschungen der Wortklassen (*Par vide nuit avide*).

Ausgaben: Choix de poèmes, 1987 (Collection Points) [enthält vom Autor besorgte Auswahl aus: *Juan,* 1945; *Cantiques pour des pays perdus,* 1947; *Connaissance des noces,* 1950; 1977; *Haute-Mer,* 1950; *Métamorphose du monde,* 1951; *Fables,* 1952; *Père, voici que l'homme,* 1955; *En une seule vigne,* 1959; *Incantation des eaux,* 1961; *Incantation du temps,* 1962; *La Terre du sacre,* 1966; *La Braise et la rivière,* 1969; *Le Dieu de nuit,* 1973; *Dits d'un livre des sorts,* 1978; *La Lumière du silence,* 1978; *12 Dits,* 1980; *Par vide nuit avide,* 1983; *Toutes les îles sont secrètes,* 1984]. – *Sous de grands vents obscurs,* 1990.

Essays: *Notes sur la poésie,* 1970. – *Notes sur la foi,* 1973. – *Le lieu du voyageur,* 1980. – *Une autre parole,* 1981. – *Quand le poème devient prière,* 1987.

Literatur: A. Alter, *Jean-Claude Renard,* 1966 (Poètes d'aujourd'hui). – *Jean-Claude Renard,* Études et témoignages, *Sud,* 18, 1988.

382 SILENCE PUR (Text: *Choix de poèmes,* S. 9; Ü: B. Böschenstein [ebenso alle folgenden]) Das früheste in die *Auswahl* aufgenommene unveröffentlichte Gedicht, datiert auf 1937. Bei aller Nähe zu Valéry zeigen diese Verse des Fünfzehnjährigen bereits den reifen Lyriker an.

382 QUI, PAR SAUVAGE NUIT (Text: *Choix de poèmes,* S. 13) War der Zehnsilber des vorigen Gedichts Valérys «Cimetière Marin» (vgl. Band 5, S. 442ff.) verpflichtet, so der Sechssilber hier dem «Cantique des Colonnes». Das Gedicht ist mit dem Datum 1942 versehen.

382 LA LANGUE DU SACRE (Aus: *En une seule vigne,* 1959; Text: *Choix de poèmes,* S. 99) Die zwei Langstrophen aus ungereimten Siebensilbern zeigen den Dichter im Vollbesitz seiner Bildersprache und seiner poetologischen wie ontologischen Konzeption. Zentral sind die Formeln «homme d'ailleurs» (V. 18) und «homme de noces» (V. 29) für die antagonistische Bestimmung des Dichters. In V. 47 ist mit «vigne» das Thema des gesamten Bandes angeschlagen: der Wein als Symbol der Verwandlung. In dem Gedicht *Incantation du corps* aus dem gleichen Band heißt es am Ende: «J'entrerais mûr au foulage. /Je danserais vers le vin» (Ich stiege reif ins Keltern. / Ich tanzte hin zum Wein).

386 LES SOMMEILS SONT VERTS (Aus: *Incantation du Temps,* 1962; Text: *Choix de poèmes,* S. 118) Rückkehr zum Zehnsilber, jedoch durchgehend in der durchaus unüblichen Form mit Mittelzäsur (5 + 5) gehandhabt.

ROGER KOWALSKI

Lyon 31. 8. 1934 – Lyon 6. 9. 1975

«Ich muß wohl zwölf gewesen sein ... Es war ein heißer Julitag ... Ein weißes Blatt kam mir in die Hand, eine neue Feder ... Und zum ersten Mal trat zutage, was niemandes Autorität von mir verlangt hatte ... Ich war also frei ... war geboren ... war eingetreten ins Unwahrscheinliche ... Meine einzige Gewißheit in der Angst ... nichts auf der Welt geht über das Glück zu schreiben». So beginnt eine echte, lebenslange, ausschließliche Berufung.

Roger Kowalski gehört nicht zum allgemein anerkannten Kanon der bedeutenden Lyriker, und daher bedarf seine Aufnahme in eine um Repräsentativität bemühte Anthologie der Begründung. Diese kann dreifach sein:

Zum einen soll darauf aufmerksam gemacht werden, daß nicht alle Literatur in Frankreich in Paris entsteht oder auf Paris bezogen ist. Kowalski ist Lyoner, ist in seiner Stadt hoch angesehen, sie hat ihn geehrt und einen Literaturpreis nach ihm genannt. Die alte Literaturmetropole des 16. Jahrhunderts, die so lange schlummerte, hat seit dem zweiten Weltkrieg mit Louis Pize, Raoul Bécousse, Charles Juliet (um nur einige Lyriker zu nennen) wieder literarisches Eigenleben bekommen (dies gilt gewiß ähnlich für Marseille oder Bordeaux).

Zum zweiten ist der Lyriker Kowalski ungewöhnlich tief von deutscher Lyrik geprägt, vor allem von Novalis, Trakl und Rilke. Sie mögen dem Sohn polnisch-deutscher Eltern früh zur geistigen Beglaubigung seiner Herkunft geworden sein. Auch sein bei französischen Schriftstellern so ungewöhnlicher Verzicht auf poetologisch-kritisches Kommentieren des eigenen Werkes mag damit zu tun haben. Kowalski, der sich das Goethesche «Bilde, Künstler, rede nicht“ zu eigen gemacht zu haben scheint und kaum eine Zeile über seine Werke oder die anderer geschrieben hat, kann durch seine Ausnahmestellung den Kontrast zwischen den in beiden Literaturen vorherrschenden Tendenzen erhellen.

Zum dritten schließlich – und bei weitem wichtigsten: sein Werk ist, wenngleich relativ schmal, von seltener Qualität, es hat mit der Reinheit und Geschlossenheit seiner Imagination, dem verhaltenen Adel seiner Sprache unabweislichen Anteil am wahrhaft Poetischen, das nun einmal nicht in «Ideen» besteht, nicht in «Aufrufen», nicht in «Aussagen» und auch nicht in «Verfahren», sondern in einer begrifflich nicht einholbaren Evidenz der Angemessenheit eines Sprechens an eine Bewußtseinserfahrung (zu der unzweifelhaft bei Kowalski auch die Erfahrung des Sprechens gehört). Ernst und Leichtigkeit in einer nur ihm eigenen Weise verbindend, Faktisches (wie die Erlebnisse der Militärzeit im Algerienkrieg) nicht überhöhend, sondern integrierend, gelingt Kowalski die Entwicklung von einem bisweilen noch rhetorikfreundlichen Stil der Frühzeit (wo die Bewunderung für Saint-John Perse spürbar ist) zur überpersönlichen Stimme der Hauptwerke. Deren bewegendstes Element ist der Dialog mit dem zunehmend deutlicher vorhergeahnten Tod (er starb an den Folgen einer Herzoperation).

Kowalski stand in enger Verbindung zu zahlreichen Malern. Der Komponist Pierre Israel-Meyer hat Texte von ihm vertont. Viele seiner Gedichte sind in mehrere Sprachen übersetzt. Eine deutsche Auswahl ist in Vorbereitung.

Ausgaben: Le Silenciaire, 1961. – *La Pierre milliaire,* 1961. – *Augurales,* 1962. – *Le Ban,* 1964, 1975. – *Les Hautes Erres,* 1966. – *Sommeils,* 1968. – *A l'Oiseau à la miséricorde,* postum 1976. – *Le Langage, l'oiseau de la grande pierre . . .,* 1977.

Literatur: S. Brindeau, in: Brindeau, 1973, S. 112f. – V. Jenni, *L'intouchable domaine, Portrait du poète Roger Kowalski,* 1980 [gute Gesamtwürdigung, mit Bibliographie]. – Vgl. ferner: *Roger Kowalski 1934–1975* (Begleitheft zur Ausstellung in der Bibliothèque Municipale de Lyon zum zehnten Todestag, 1985). – *Entailles,* 17, 1984, S. 87f. – *Laudes,* 97, April 1990, S. 21f.

Zur Literatur in Lyon: R. Bécousse, *Poésie à Lyon,* 1979. – *Magazine littéraire,* 176, 1981, S. 40–67 (Supplément Lyon). – *Grandes Largeurs,* 9–10, 1984.

388 Le Langage (Text: *Le Langage, l'oiseau de la grande pierre;* Ü: H. Köhler [ebenso die folgenden]) Die Entstehungszeit dieser Todesphantasie ist unbekannt. Sie wurde als Einzeldruck in einem zu Ehren des Verstorbenen besorgten *Porte-folio* veröffentlicht, begleitet von sechs Radierungen befreundeter Maler: Csech, Doaré, Hickin, Mockel, Moreh, Rubel.

388 Oiseau violet emplumé (Erstveröffentlichung: *Le Monde,* 1. 2. 1975; Text: *A l'Oiseau à la miséricorde,* S. 157) In seinen frühen Bänden verwendet Kowalski den *verset,* in den mittleren das Prosafragment und in geringerem Umfang auch versifizierte Formen. Im nachgelassenen Band *Dem Vogel dem Mitleid* finden sich die einen wie die anderen. Gemeinsam ist allen ein sehr harmonisches, unaufdringliches lyrisches Parlando, das aus einer reich bebilderten, märchenhaft belebten Einsamkeit hervorzukommen scheint. Doch ist dort auch Humor, lächelnder oder beunruhigender, nicht unbekannt. Und oft genug geht ein «Wind der Angst» über die Zeilen hin. Sammlung und Dichte der Form wie der Sprache erreichen im letzten Band eine scheinbar mühelose Vollkommenheit.

388 Avec moi (Erstveröffentlichung: *Le Monde,* 1. 2. 1975; Text: *A l'Oiseau à la miséricorde,* S. 159) Mit Recht schreibt V. Jenni: «Seine Gedichte verkünden, bereiten, verwirklichen im vorhinein seine Metamorphose zum Ding unter den Dingen» (S. 83).

ANDRÉ DU BOUCHET

Paris 7. 3. 1924

Die Auswahl aus der geschauten Wirklichkeit, die André du Bouchets Gedichte kennzeichnet, sagt schon viel über diese aus. Wir haben immer wieder den Tag, die Trockenheit, den Riß, die Straße, den Berg, die Mauer, den Gletscher, jedoch mitten darin das beschriebene Papier und den Atem. Diese letzten, dem Schreiben und Sprechen zugehörigen Elemente sind hier von den «äußeren» nicht abgesondert, sondern mit ihnen untrennbar eines. Bei diesem Dichter findet eine Verarbeitung der Realität im Gedicht nicht in der Weise einer Substitution oder einer Allegorie statt, sondern gleichsam «phänomenologisch»: Der Blick des Schreibenden und Sprechenden fällt zwar auf einzelne Aspekte der Wirklichkeit, zugleich aber auch auf den Akt des Schreibens, auf das Papier, die Lampe, das Zimmer, wo die Gedichtwerdung stattfindet. Der Innenraum als Ort des Schreibens hat dem Außenraum seine Autonomie entzogen. Eine Trennung des Schaubaren von mimetisch nachgestalteter Realität findet in jeder Aussage statt. Immer schon scheint dieser Riß vollbracht, ehe auch nur ein Satz zustande kommt. Die Neutralisierung der Welt durch die Eintönigkeit der Helle, des Weiß gehört zu den Kennzeichen der fundamentalen Distanz, die hier dem Blick auf das scheinbar Beschriebene eignet. Zugleich macht sich auch das etwa von Giacometti oder Tal Coat Gemalte, Gezeichnete, graphisch Gestaltete in du Bouchets Wirklichkeitsbezug geltend, als Weise der räumlichen und zeitlichen Disposition der dargestellten Welt, der Syntax und der von du Bouchet vorgeschriebenen Typographie aus Lücken und gestuften Pausen. Immer gibt es bei ihm ein Halten, eine Stauung, eine Verschließung, eine Zügelung. Doch nicht minder gegenwärtig sind der Brand, das Gewitter, der Wind, die aufgesprengte Fläche.

Erscheinung und Auslöschung des Festen und Weiten sowie Versteinerung des Bewegtesten gehen Hand in Hand. «Ich schreibe so fern als möglich von mir selbst.» Diese Ferne ist Schnee auf den Blättern des Gedichts. Die Luft, der Boden sind hier dauernd der Spaltung, Sprengung, Zerreißung ausgesetzt. «Ich füge mich neu zusammen...»: so geht der Dichter im Gedicht mit seiner Wirklichkeit um.

André du Bouchet, der heute in Truinas (Drôme) zu Hause ist, hat in den 40er Jahren in Nordamerika gelebt, 1948 in Harvard gelehrt und sich dabei mit der englischen Sprache vertraut gemacht, so daß er später aus dem Englischen Shakespeare (z. B. *The Tempest*) und Joyce (u. a. Fragmente aus *Finnegans Wake*) übersetzen konnte. Zugleich ist er, durch seine Mutter, mit der russischen Sprache in Berührung gekommen, wovon seine französische Fassung von Mandelstams *Reise nach Armenien* zeugt. Er ist aber auch der kühnste Übersetzer später Hymnen und hymnischer Fragmente Hölderlins und vieler Gedichte Celans, den er als Mitherausgeber der von ihm mitbegründeten Zeitschrift *L'Ephémère* gewann und von dem er selber übersetzt wurde. Hölderlin gelten auch zwei in Stuttgart und Tübingen gehaltene Reden, in denen permanent sein eigenes Dichten in dem des andern aufscheint als eine Sprache schroffen Bruchs und großer Fremdheit. Die gleiche zugleich weit ausholende und vielfach gestaute Syntax durchherrscht die eigenen Gedichttexte und die Betrachtungen zu anderen Dichtern wie Baudelaire und Reverdy oder Malern wie Hercules Seghers, Giacometti, Bram van Velde, Tal Coat. Du Bouchets Schreiben unterscheidet heute nicht mehr zwischen dichterischer und diskursiver Produktionsweise. Dieselbe höchste Konzentration auf die Setzung und Sprengung des Gesetzten, in einer von Reverdy, letztlich vom späten Mallarmé vorgezeichneten Kühnheit syntaktischen Verfahrens, die dem auf dem Blatt Weißgebliebenen ebensoviel zumutet wie dem Wort zwischen den Lücken, gilt sowohl dem eigenen Gedicht wie der von Werken anderer ausgelösten Reflexion. Eine schöpferische Kraft der Negation als Durchgang zu neuer Konfiguration ist in jedem Satz vernehmbar. Der Wirklichkeitsbezug, der Lebensbezug in diesen Texten ist soweit verfremdet, daß keine biographische Auslegung mehr zu den Vorstufen sich zurückwenden dürfte. Darum kann auch über dieses Leben hier mehr nicht mitgeteilt werden.

Ausgaben: Le Moteur blanc, 1956. – *Dans la chaleur vacante,* 1961. – *Ou le soleil,* 1968. – *Qui n'est pas tourné vers nous,* 1972. – *Hölderlin aujourd'hui,* 1976. – *Un jour de plus augmenté d'un jour,* 1977. – *L'Incohérence,* 1979. – *Laisses,* 1979. – *Rapides,* 1980. – *Ici en deux,* 1986 – *Air,* suivi de *Défets* (1950–1953), 1986. – *... désaccordée comme par de la neige et Tübingen, le 22 mai 1986,* 1989. – *Carnets 1952–1956,* 1989. – *Le Surcroît,* 1990.

Friedrich Hölderlin, *Poèmes,* 1986. – Paul Celan, *Poèmes,* 1986.

Übersetzungen: P. Celan, *Vakante Glut,* 1968; in: *Gesammelte Werke,* IV, S. 165–345.

Reden: «Hölderlin heute», *Hölderlin-Jahrbuch,* 16, 1969/70, S. 76–91. – «Tübingen, 22. Mai 1986», ebda. 26, 1988/89, S. 321–342, beide übers. von R. Böschenstein-Schäfer.

Literatur: J.-P. Richard, in: Richard 1964, S. 233–255. – P. Chappuis, *André du Bouchet,* 1979 (Poètes d'aujourd'hui). – *L'Ire des Vents,* 6–8, *Espaces offerts à André du Bouchet,* 1983 [mit Bibliographie]. – M. Collot, ed., *Autour d'André du Bouchet* (Colloque École Normale Supérieure 1983), 1986 [mit Bibliographie].

392 DU BORD DE LA FAUX III (Erstveröffentlichung: *Cahiers GLM,* nouvelle série, Herbst 1956, Nr. 4, S. 27–29; Text: *Dans la chaleur vacante,* 1961, S. 10–11; Ü: P. Celan, S. 173–175) Charakteristisch für du Bouchets Texte ist die Verbindung von landschaftlichen Elementen mit dem Blatt Papier, das das Gedicht aufnimmt, und mit dem Atem dessen, der spricht. Die Abstände zwischen den Gruppen von Zeilen sowie die treppenhaft gestufte Aufteilung von Zeilen ist bis zur Buchstaben-Einheit genau bedacht. Gegenüber den späteren Gedichten ist hier eine relative Kontinuität in der Syntax der Zeilen oder Zeilengruppen zu erkennen. – 5: *faille:* eine zentrale Kategorie dieser Dichtung, der den Atem unterbrechende Spalt, in dem sich staut, was ebenso zum Gedicht gehört wie die Wörter: das Schweigen als Berg und Gletscher. Dazu stimmt 10 *la déchirure,* der Riß, als Haus im Atem.

392 LA NUE (Text: *Dans la chaleur vacante,* S. 26–27; Ü: P. Celan, S. 205–207) Die Natur wird hier an keiner Stelle «kopiert». Aber die einzelnen Aussagen beruhen dennoch auf genauer Anschauung. Der Gegensatz zwischen dem Zustand nach und dem Zustand vor dem Tagen wird an den Steinen auf der Straße erkennbar: «jusqu'à l'extinction des pierres» – «toute pierre est lampe»: am Tag werden die Steine durch die Stärke des Tageslichts ausgelöscht – in der Nacht werden die Steine eins mit der Lampe. – 9 *l'empierrement du souffle:* die Steinschüttung des Atems ist vom Gestein der Wörter nicht zu trennen. In den Notizheften du Bouchets steht die Aufzeichnung: «. . . beim Umwenden der Seiten eines Hefts voller Steine» (*Carnets 1952–1956,* S. 32).

396 LE MOTEUR BLANC III/VII (Text: *Dans la chaleur vacante,* S. 60/64; Ü: P. Celan, S. 263/271) VII 4 *s'éclipse:* Das Bild der Sonnenfinsternis läßt das rotglühende Eisen als untergehende Sonne verstehen. – 6 *une pile d'assiettes:* Auch in «Le vin du jour» sind die Steine «das Geschirr der Erde» (*Dans la chaleur vacante,* S. 77).

398 SCINTILLATION (Text: *Dans la chaleur vacante,* S. 87; Ü: P. Celan, S. 313) 4 Riß, Sense, scheiden – lauter Grundvorstellungen dieser Dichtung, wo der dargestellte Raum und der Gang der Sätze gleichermaßen durchschnitten werden. – 11 Die Verbindung von Bett, Sense und Wind faßt die 2., 3. und 4. Strophe zusammen. Einerseits ist es hier nicht möglich, Geschautes und Vollzogenes mimetisch nachzuzeichnen, andererseits muß man dennoch den Zusammenhang mit Erfahrungen des Sprechenden in einer Landschaft im Sommer im Auge behalten.

398 AVANT LE MATIN (Text: *Ou le soleil,* 1968, o. S.; Ü: B. Böschenstein) Die Gedichtgruppe, aus der dieses Beispiel stammt, heißt «La lumière de la lame». Die Diktion ist spröder, diskontinuierlicher als im vorhergehenden Band; sie ist für du Bouchets späteres Werk charakteristisch. – 1 *la pièce:* Durch den Bezug zu V. 9 «la terre comme une pièce» ist die Scheidung zwischen Innenraum und Außenraum hier nicht eindeutig. – 2 *blanche paroi:* Auch hier ist die Außenwand eines Innenraums (vgl. V. 13) zugleich eine Wand aus Morgenlicht (V. 3, 4) und Morgenluft (V. 1, 5, 7, 8, 16). – 12 *les*

travaux du jour: Bewußt offengelassen ist die Bedeutung des Genitivs: Arbeiten, die der Tag selber vollbringt, oder Arbeiten, die am Tag geleistet werden.

400 Le Révolu (Text: *Laisses,* 1979, o. S.; Ü: B. Böschenstein) Die Einheit der Vorstellungen von den gekratzten Augen zum aufgerauhten Bereich, in den der Gletscher dringt, zum rauhen Blau im Mund, zur rauhen Atemdecke und zur rauhen Sonne ist mit der «Werkstatt» (V. 6) verbunden, die den Widerstand gegen die glatte Fältelung (V. 5) in Gang bringt: auch als Text, auch als Graphik. In diese Verweigerung der Glätte ist das Größte im Kosmos und das Enge innerhalb des Ich gleichermaßen einbezogen.

404 Pierre ou eau (Text: *Ici en deux,* 1986, o. S.; Ü: B. Böschenstein) Die Gruppe der Gedichte, der dieses angehört, heißt «Axiomes». Die Syntax ist fragmentierter noch als in den früheren Bänden. Jede «Strophe» arbeitet mit den gleichen Elementen, jedoch mit einer andern Zeitstufe. Das Wort «centre» erscheint in den V. 2, 7, 13. Es verwandelt sich zuletzt in «cœur».

Jacques Dupin

Privas (Ardèche) 4. 3. 1927

In Dantes Dichtung gibt es die sogenannten Petrosen, eine Lyrik der Rauheit und Sprödigkeit, des «Steinharten». Dupins Verse haben damit in Thematik und Tonlage einiges gemeinsam. «Dieser Fels, von Sternen berannt, aus dessen Schrunden die Lepra unmäßig hervorquoll...» Was bei Dante indes einem bestimmten Stilwillen entsprang, ist hier Ausdruck einer allgemeinen Daseinserfahrung, die zunächst konkret mit der landschaftlichen Beschaffenheit der Ardèche zu tun hat, von der Dupin in seiner Jugend geprägt wurde, bevor sie sich auf höherer Ebene in einer Spracherfahrung aufgehoben fand, nachdem einmal – es war bei Kriegsende – der Entschluß zu einer Schriftstellerexistenz in Paris gefaßt worden war. Eine so «zuschlagende» Formel wie die aus dem Band *Gravir:* «In diesem Land läßt der Blitz den Felsen keimen», schreibt man nicht «zu Hause», man schreibt sie erst, nachdem man gelernt hat, das Gedicht zu bewohnen als ein «offenes, unzugängliches Haus, das vom Feuer gebaut und gehalten wird», als «embrasure», wie ein späterer Gedichttitel lautet («Öffnung», aber mit dem lautlichen Anklang an «braise» – «Brand»), man schreibt sie aber auch nicht ohne ein solches Zuhause. Alles in diesen Versen ist rauh, karg und steil, muß erklommen werden («gravir»), man geht über Basalt und Quarz, «par le versant abrupt», durch den schroffen Steilhang, stößt auf «brisants», blinde Klippen, man trifft nur Sperber und Viper an, es ist ein «frugaler Weg». Wenn Dantes Petrosen allegorisch für die Sprödigkeit einer Frau stehen, so fehlt im übrigen auch dies hier nicht: Eine Frau «en amour» steht vor einem leeren Fenster, die Augen «riemenblau», den Körper «gekrümmt über der Verzweiflung seines Namens», draußen, bis zur Erschöpfung, Tumult der Sterne gegen den Himmel ...

Dupins künstlerischer Härtungsprozeß bliebe jedoch unvollständig beschrieben ohne die bildende Kunst, ohne Miró, Tàpies, Steinberg und insbesondere Giacometti, mit dem ihn eine Art Symbiose verbindet. 1962 widmet er ihm eine umfangreiche Monographie, die zum Standardwerk geworden ist und dabei zugleich in vielem als Selbstcharakterisierung gelten kann: «Das Wort, zum Umweg verdammt, sucht verzweifelt nach dem abrupten Zugang ... In seine Widersprüche verwickelt, voller Überdruß an seinen Lükken, seinen Wiederholungen, hinterläßt es nur verworrene Spuren einer Näherung, die verstreuten Trümmer, die bedeutungslosesten, vom Feuer verschmähten Brocken eines imaginären Gebäudes, das sich nicht errichten ließ.» Unschwer ist darin Giacomettis Ästhetik des Weggebrannten zu erkennen, doch ebenso viel Programmatisches für die Auseinandersetzung mit dem, was wahrscheinlich Dupins Hauptthema ist: der Gewalt. «Meine Toten gehn ohne Gefolge / Und leuchten vor Groll. / Diese schroffe Kehre heißt Krieg, /Nein, Schlaflosigkeit, vollkommene Dürre» *(Vindemiatrix).* Lothar Klünner, von dem diese Passage übertragen ist, hat Dupin als erster in Deutschland bekannt gemacht. Doch nicht von ungefähr fühlte sich gerade Paul Celan ihm besonders nahe.

Dupin, der seit seiner Übersiedlung nach Paris für die Galerie Maeght tätig ist, verdankt seine Entdeckung René Char, der 1950 bereits auf den Autor von *Cendrier du voyage* aufmerksam machte und von dem er auch übernahm, was man den Härtegrad nennen könnte. Mit dem Band *Dehors,* in dem so bezeichnende Zwischentitel wie «La ligne de rupture» oder «Pour cassure de fond» vorkommen, entfernt er sich zumindest formal aus Chars Einflußbereich, was sich auch in der wachsenden Bedeutung zeigt, die er – wie du Bouchet – den «blancs» einräumt, den sprechenden Räumen zwischen den Zeilen.

Ausgaben: Gravir, 1963. – *L'embrasure,* 1969 (beide zusammen 1971 in der Collection Poésie). – *Dehors,* 1975. – *Ballast,* 1976. – *De nul lieu et du Japon,* 1981. – *Une apparence de soupirail,* 1982. – *Contumace,* 1986. – *Chansons troglodytes,* 1989.

Übersetzungen: Le Corps clairvoyant /Sehender Leib (aus *L'embrasure*), Ü: L. Klünner, München 1963. – *La nuit grandissante* [aus *L'embrasure,* 1968 gesondert erschienen], Ü: P. Celan, in: *Gesammelte Werke,* IV, S. 717–747. – 9 Texte, von E. Helmlé übersetzt, in dessen Anthologie *Résonances,* S. 19–31.

Literatur: Vollständigste Bibliographie 1949–1985 in: *Le Bulletin du Bibliophile,* 1986. – J.-P. Richard, in: Richard 1964, S. 340–363. – Ph. Jaccottet, in:

Jaccottet, 1968, S. 275–282. – G. Raillard, *Jacques Dupin,* 1974 (Poètes d'aujourd'hui). – B. Gill, in: Bishop, 1980, S. 93–108. – D. Viart, *L'écriture seconde,* 1982. – *La Revue de Belles Lettres,* 109, 3–4, 1986 (Sondernummer *Dupin*).

401 FIDÉLITÉ (Aus: *Les brisants,* 1958; Text: *L'embrasure* 1971, S. 41; Ü: B. Böschenstein)
406 LIMBES (Aus: *Les brisants,* 1958; Text: *L'embrasure* 1971, S. 42; Ü: B. Böschenstein)
408 LE PRISONNIER (Aus: *L'épervier,* 1960; Text: *L'embrasure* 1971, S. 48; Ü: L. Klünner, *Sehender Leib,* S. 33)
408 SACCADES (Aus: *Saccades,* 1962; Text: *L'embrasure* 1971, S. 69–71; Ü: L. Klünner, *Sehender Leib,* S. 77–81) *Saccades* – der Titel erinnert besonders an René Char – besteht aus 14 titellosen Gedichten, von denen die ersten drei hier wiedergegeben sind. Der Schluß lautet: «Zerstückeltes Wort, // Um einen Schluck Wasser, / Den der Fels nicht hergibt, // Zerstückeltes Wort, / Auswurf des ewigen Feuers, /Splitter der steinernen Tafeln.»
410 LA NUIT GRANDISSANTE (Aus: *La nuit grandissante,* 1968; Text: *L'embrasure* 1971, S. 115–118; Ü: P. Celan, *Gesammelte Werke,* IV, S. 717–723) Die fünfzehn Stücke der Sammlung sind erstmals bei Erker-Presse in St. Gallen erschienen, zusammen mit Lithographien von Antoni Tàpies. Die Übersetzungen gehören zu Celans letzten Arbeiten; sie erschienen erstmals in einem Ausstellungskatalog zu Werken von Dupin am 13. April 1970 in Bonn, wenige Tage vor Celans Tod (vgl. dazu B. Böschenstein, *Leuchttürme,* Frankfurt 1977, S. 328).
414 DANS CET OUBLI (Text: *Une apparence de soupirail,* 1982, S. 53; Ü: B. Böschenstein) Der Band mit dem Titel «Ein Anschein von Kellerfenster» (oder «Lichtschacht») enthält knapp einhundert Prosatexte von jeweils nur ganz wenigen Zeilen, in denen Dupins Themen in hoher Verknappung und änigmatischer Verdichtung wiedererscheinen.

MICHEL DEGUY

Draveil (Essonne) 25. 5. 1930

Dichtung ist ein *sein wie* . . ., ein Vergleichen, ein «com-paraître», also ein gemeinsames Erscheinen von Wort-an-sich und Ding-an-sich, das Poetische am Ding, etwa am Erdbeben, existiert objektiv nur, ist wahrnehmbar nur insofern, als es sich (so in *Sismographie*) «dem Wunsch-nach-Poesie zeigt als eines seiner Bilder, eine seiner Masken», und Dichtung ist selbst Erd-beben . . .

Deguy hat die Poesie der Poetik entdeckt. Er ist eine neue Erscheinungsform des *poeta doctus,* der, geschult an der Phänomenologie wie an den Vorsokratikern, fasziniert von der Barockrhetorik wie vom Spiel der Vorsilben in Heideggers Daseinsanalyse, unablässig das Poetische im Pulverdampf eines virtuosen poetologischen Feuerwerks aufscheinen und alsogleich wieder zerstieben läßt. Geistige Alertheit, Einfalls- und Anspielungsreichtum, eine agile, sehr pariserisch «nervöse» Assoziationsfreudigkeit zeichnen den Schriftsteller-Professor aus, der aus Liebe zum subtilen Paradox, so nimmt es sich aus, ganz besonders häufig das Heideggersche Wort «Gelassenheit» gebraucht – im Original. Sein Facettenreichtum nährt seine Dichtung, und gewiß gefährdet er sie damit auch. Deren Stärke liegt sicher nicht im «lyrisme». Dazu fehlt ihr ein Quäntchen Naivität, das ursprünglich vorhanden gewesen sein mag, sich jedoch verängstigt zurückgezogen hat. Deguy führt das fort, was Apollinaire in «Zone» (s. o., S. 2) begonnen hatte, und schafft – etwa in «Die Sprachrose von Paris» (aus *Jumelages*) – sprachlich-formale Äquivalente zum atomisierten, wirbelnden Panoptikum der Groß- oder Hyperstadt: Dichtung im Wetteifer mit dem «Pari-scope» (in «Made in USA» findet sich ähnliches für New York, doch die Stimme Cendrars' oder García Lorcas ist nicht zu vernehmen). Als moderner Manierist erweist er sich in *Tombeau de Du Bellay,* wenn er etwa in der Manier des Pléiade-Dichters ein Sonett auf Rom schreibt, doch an die Stelle der Sehnsuchtsklage Elemente der Kino-Erotik setzt.

Deguy ist *agrégé* in Philosophie und lehrt seit 1969 französische Literatur an der Universität Paris VIII (Vincennes). Eine seiner frühesten Veröffentlichungen ist *Le Monde de Thomas Mann* (1962). Von 1964 bis 1971 gibt er die Zeitschrift *Revue de poésie* heraus, ab 1979 *Po&sie.* Er hat mehrere Gastprofessuren in USA und Australien versehen und ist Mitglied zahlreicher Lektürekomittees bei Pariser Verlagen und Zeitschriften.

Ausgaben: Poèmes 1960–1970, 1973 (Collection Poésie) [Enthält Auszüge aus: *Fragment du cadastre,* 1960; *Poèmes de la presqu'île,* 1962; *Biefs,* 1964; *Ouï dire,* 1966; *Actes,* 1966; *Figurations,* 1969]. – *Poèmes II 1970–1980,* 1981 (Collection Poésie). [Enthält Auszüge aus: *Tombeau de Du Bellay,* 1973; *Jumelages,* 1978; *Donnant donnant,* 1981]. – *Gisants,* 1985. – Essay: *La poésie n'est pas seule,* 1987.

Übersetzungen: 15 Texte, übersetzt von E. Helmlé, in der von ihm besorgten Anthologie *Résonances,* S. 90–103.

Literatur: Ph. Jaccottet, in: Jaccottet 1968, S. 283–290. – P. Quignard, *Michel Deguy,* 1975 (Poètes d'aujourd'hui). – M. Loreau, *Michel Deguy, la poursuite de la poésie tout entière,* 1980 [mit Bibliographie].

416 LES YEUX (Aus: *Poèmes de la presqu'île,* 1962; Text: *Poèmes 1960–1970,* S. 21; Ü: G. Gerstberger) Sicher zu Recht beschreibt Max Loreau den Band

«Gedichte von der Halbinsel» (nach Deguy kann man dabei an Europa denken) als ein «Adieu à la nature» (Loreau, S. 28f.). Jedes Bild wird, kaum entstanden, von einem anderen verdrängt. Daher der unzusammenhängende, aleatorische Gesamteindruck. Entscheidend ist dabei die Geschwindigkeit: sie allein vermag es, dem Text eine Gesamtgestalt zu vermitteln.

416 TU SAIS (Aus: *Poèmes de la presqu'île,* 1962; Text: *Poèmes 1960–1970,* S. 22; Ü: G. Gerstberger) Eine Ausnahme in diesem Band, ein seltsam erstarrtes Innehalten inmitten des Treibens (wie auf Bildern von Balthus), in Alexandrinern, die an Léon-Paul Fargue erinnern.

JACQUES RÉDA

Lunéville 24. 1. 1929

Ein Dichter des Halblauten. Kein Schrei, kein Vorwurf, oder nur in dem, was die Worte aussparen. Jemand, der sich lieber dem Rhythmus überläßt als der Rhetorik. «Rezitativ», «Rückkehr zur Stille» sind sprechende Titel. Nicht Abbruch im Schweigen, sondern Weiterreichen an eine Stille, denn Poesie ist etwas, das von weither kommt, in den Alltag eintritt und ihn auch wieder verläßt. Eher «mit leichten Schritten» (Titel einer unprätentiösen Poetik, einer der überzeugendsten aus den letzten Jahren). Der Grundton der Dichtung ist anonym, unpersönlich, und durch die benamte Person, noch die persönlichste, geht er hindurch. Eine «Enteignung» nimmt er vor mit ihr, freilich eine, die glücklich sein kann. Der davon Betroffene hat das Empfinden, sein Kunstding könne ebenso natürlich sein wie ein Kristall oder ein Wirbelwind. Und augenblicksweise sei es, als wählte sich die Energie der Welt einen von uns zum Transformator aus, der die Stille ihres Rätsels in Sprache übertrüge. Das ergibt eine «Trunkenboldkosmologie», aber doch eine nüchtern-strenge: «Denn unsereins trinkt wenig, wirklich».

Wenn Rausch, dann rhythmischer. Réda beklagt den Verlust des Rhythmischen in der modernen Poesie, ja er polemisiert hier sogar gegen einen «stumpfen Mallarméismus», der glaubt, durch kilometerlange, schwindelerregende *blancs* zwischen zwei Verbindungswörtern sei Poesie zu retten, und er plädiert unter Berufung auf Claudel, Toulet, Reverdy, Follain und (den von ihm über alles geschätzten) Cingria für ein «zugleich unnachahmliches und objektives Maß, den Rhythmus oder besser noch den *Swing*».

Die Auffassung von Rhythmus als Swing rührt daher, daß Réda ein gründlicher Kenner des Jazz ist und über Jahre hinweg fast ausschließlich für Jazz-Zeitschriften geschrieben hat. *L'Improviste, une lecture du jazz* (1980) und *Anthologie des musiciens de jazz* (1981) zeugen davon.

Seine zweite Leidenschaft gilt Paris. Er hat die «Poésie de Paris» (Titel einer großen Untersuchung für das 19. Jahrhundert von P. Citron) um ein schönes Kapitel bereichert, nicht nur in seinen an Fargue erinnernden Prosabänden *Les Ruines de Paris* (1977) und *Châteaux des courants d'air* (1987), sondern auch in der Lyrik, etwa in «Beauté suburbaine», wo er sich einen «schlichten Herumstreicher» nennt:

Je ne suis qu'un humble rôdeur
Du monde connaissable.

Überraschend und hintergründig ist Deutsches bei ihm präsent. Im Eröffnungsgedicht von *Amen,* «Tod eines Dichters», ist in dem charakteristisch lockeren, die Prosa oder besser die Improvisation streifenden Ton von einem Werk über Poesie die Rede, in dem zu lesen stehe, daß Dichter, die heutzutage vom Tode verfolgt würden, sich an germanischer Tradition inspirierten; das Gedicht «Le détour» (aus *Récitatif)* trägt als Untertitel oder Motto in deutscher Sprache: «Gesang des Deutschen», und mitten in einem Essay über die Muttersprache steht unversehens der Vers: «o immer mehr entweichendes Begreifen».

Tod des Dichters: Zeitflucht und graue Herbstklage bestimmen weitgehend den Ton von *Amen;* später gibt es Aufhellung, doch die immanentistische, resigniert-gefaßte Grundeinstellung bleibt: «Wo ich niederkniee, gibt es weder Glaube noch Stolz, noch auch Hoffnung», was stattfindet ist:

Retour au paysage impalpable des origines,
Cendre embrassant la cendre et vent calme qui la bénit.

Réda gehört keiner Schule und keiner Richtung an, erst recht keiner Mode: ideale Voraussetzung für die Leitung der noch immer führenden Literaturzeitschrift Frankreichs, der *Nouvelle Revue Française,* deren Chefredakteur er seit 1988 ist (als vierter seit dem Wiedererscheinen 1953; ihm gingen voran Jean Paulhan und Marcel Arland 1953–1968, Marcel Arland 1968–1977, Georges Lambrichs 1977–1987).

Ausgaben: Amen, 1968. – *Récitatif,* 1970. – *La tourne,* 1975 [vereint in der Collection Poésie, 1988]. – *Hors les murs,* 1982. – *Premier livre des reconnaissances,* 1985. – *Beauté suburbaine,* Périgueux 1985. – *Retour au calme,* 1989.

Essay zur Poetik: *Celle qui vient à pas légers,* Montpellier 1985.

Übersetzungen: 8 Texte, übersetzt von E. Helmlé, in der von ihm besorgten Anthologie *Résonances,* S. 52–63.

Literatur: R. Munier, *Le parcours oblique,* 1979. – J.-M. Maulpoix, *Jacques Réda,* 1986 (Poètes d'aujourd'hui) [mit Bibliographie].

420 NAISSANCE DE VIRGILE R. (Aus: *Amen,* 1968; Text: *Amen, Récitatif, La tourne,* 1988, S. 15; Ü: G. Gerstberger) Seine frühen lyrischen Versuche (darunter *All stars,* Gedichte auf Jazzmusiker, 1953) läßt Réda vor seinem eigenen Urteil nicht mehr bestehen, betrachtet vielmehr *Amen* als sein eigentlich

erstes Buch. Dessen erste Abteilung, *Langue étrangère,* ist eine noch vielfach zögernde Selbstbefragung über Ziele und Mittel des Dichtens. Gar nicht mehr zögernd ist die rhythmische Auffassung, über die Réda 1977 in einigen Aufsätzen Rechenschaft ablegt (gesammelt in *Celle qui vient à pas légers*). Bei dem Bemühen, seiner Prosa eine «cadence du parlé», eine sprechsprachliche Rhythmisierung zu verleihen, sei er bei einem Vers von 14 Silben angelangt, dem er von da an den Vorzug gab. In der Tat ist «Naissance de Virgile R.» überwiegend aus Vierzehnsilbern aufgebaut, die längeren Verse weisen 18 bzw. 22 Silben auf, also zusätzlich einen Vier- oder Achtsilber, wie er Bestandteil des Grundverses ist. Neu jedoch ist vor allem die Einführung des Begriffes «Swing» in die französische Prosodie, und zwar angewendet auf den traditionell sensiblen Punkt allen Skandierens, das sogenannte «stumme e». Hierzu prägt er (S. 71) die überraschende Formel: «L'E muet porte le swing de la langue française». Im drittletzten Vers des Gedichts, «De friables consonnes cédant sous le poids de la nuit», kommt dies offensichtlich zur Geltung, denn nach herkömmlicher Zählweise enthält dieser Vers 15 Silben. Bei der siebten Silbe – «consonnes» – müßte also der Swing einsetzen.

420 UN JOUR (Aus: *La tourne,* 1975; Text: *Amen, Récitatif, La tourne,* 1988, S. 187; Ü: G. Gerstberger) «Tourne» bedeutet im Druckereigewerbe «Fortsetzung eines Artikels auf einer späteren Seite» und meint hier wohl eine unter Mühen erreichte Fortsetzung des Daseins nach einer Lebenskrise. Die Gedichte, die sämtlich titellos sind und in denen nach wie vor der Vierzehnsilber vorherrscht, sprechen wie das ausgewählte von einem geradezu körperlich empfundenen Abschütteln von etwas Bedrängendem.

422 EX PONTO, V (Text: *Premier livre des reconnaissances,* 1985, S. 37–41; Ü: H. Köhler) Im «Buch der Dankbarkeiten» finden sich Texte, die – zum Teil in Form von Imitationen oder *pastiches* – dem Gefühl des Verpflichtetseins gegenüber Autoren Ausdruck geben, die für Réda besonders wichtig wurden, darunter neben Zeitgenossen wie Butor, Perros, Follain und Ponge auch zwei aus der Antike: Theokrit und Ovid. Schon einige Zeit bevor der Österreicher Christoph Ransmayr mit seinem Roman *Die letzte Welt* Ovids *Briefe vom Schwarzen Meer* für ein breiteres Publikum aktualisierte, widmete Réda ihnen als *hommage* seine Nach- oder Weiterdichtung. – *Ex Ponto, V:* Die *Epistulae ex Ponto* bestehen aus vier Büchern. Mit der fortgesetzten Zählung ist also (wie etwa bei Valérys «Psalm 151») die Absicht der Fortsetzung im gleichen Sinne angedeutet. – ... *te tamen intueor* ...: Das Zitat aus dem 10. Brief des II. Buches lautet vervollständigt in der Übersetzung von Wilhelm Willige:

Ich zumindest, verweil' ich unter der Achse der Welt gleich,
welche sich immer erhebt über die wogende Flut,
blick' ich dennoch nach dir, soweit ich nur kann, in Gedanken,
rede mit dir gar oft unter dem frostigen Pol;
hier bist du, ohn' es zu wissen, bist fern und doch häufig zugegen,
kommst, aus dem Herzen der Stadt bis zu den Geten entsandt.

Tu mir ein Gleiches, und da deine Gegend beglückter als meine,
halte mich dort bei dir in der Erinnerung fest!

(*Briefe aus der Verbannung,* Zürich 1963, S. 411)

1 *Très loin...*: Ovids Klagebriefe nach seiner Verbannung aus Rom durch Augustus (deren Grund nie völlig geklärt werden konnte) entstanden in den Jahren 11 und 12 n. Chr. in Tomi, dem heutigen Constanza. Ihre Grundfrage, die der moderne Autor in verallgemeinertem Sinn aufnimmt, lautet: Warum schreibe ich eigentlich (noch)? Ovids Werk ist in elegischen Distichen geschrieben, das heißt, ein Hexameter wechselt mit einem Pentameter ab. Réda ahmt diese Form nach, indem er jeweils dem Hexameter den ihm ohnehin vertrauten Vierzehnsilber entsprechen läßt, dem Pentameter den Zwölfsilber (überwiegend in der klassischen Form des Alexandriners, ohne «Swingeffekt»). Im Unterschied zur antiken Gewohnheit verklammert er seine Distichen überdies mit dem Reim. Bei der Übersetzung ins Deutsche standen wir vor der Entscheidung, entweder der Tradition der deutschen Distichenübertragung zu folgen (wie es Willige tut), was zunächst Verzicht auf den Reim und im Ergebnis sehr große Entfernung vom Original bedeutet hätte, oder aber dieses Original wiederum mit einer gereimten Distichonform nachzuahmen, die, weil ohne Vorbild, leicht künstlich ausgefallen wäre. Angesichts dieses Dilemmas haben wir es vorgezogen, für Rédas interessantes Experiment lediglich eine Interlinearversion zu liefern und hoffen dafür beim Leser auf Verständnis. – 5 *Sarmates:* Sarmaten, ukrainisches Reitervolk, von dem Teile bis zur Donau vordrangen. – 9 *lares:* Hausgötter. – 15 *Pont-Euxin:* Pontus Euxinus, antiker Name für das Schwarze Meer. – 30 *Gète:* Geten, Volk am Unterlauf der Donau. – 31 *Triphouios et Callatis:* von Réda erfundene Namen (Anspielungen auf Zeitgenossen?). – 35 *Icare:* Die Sage von Dädalus und Icarus ist am besten aus Ovids *Metamorphosen* (8; 313) bekannt. – 80 *Properce:* Properz, römischer Elegiker, wenige Jahre älter als Ovid und von diesem bewundert. – 83 *Piérides:* die Musen, nach ihrem Wohnort Pierien, einer Landschaft nahe des Olymp.

JACQUES ROUBAUD

Caluire (Rhône) 5. 12. 1930

Gibt es eine Poesie der Mathematik? Für den Mathematiker Roubaud gibt es dies in dem Maße, wie es ein Gefühl der Zahl gibt. Jemand, dem das Zählen eine physische und psychische Notwendigkeit ist, wird durch die Natur der Dinge in den Bereich geführt, in dem Poesie und Zahl sich seit den Ursprüngen begegnen, wofern sie nicht überhaupt gleichursprünglich aus ihm hervorwachsen: dem Rhythmus. Maß und Zahl, Form und Formel sind Dinge, die Roubaud als Parameter des Poetischen wiederentdeckt für eine Epoche, der diese Zusammenhänge wohl gerade wegen der umfassenden Quantifizierung der Daseinsbedingungen aus dem Bewußtsein geschwunden scheinen. Hier kündigt sich durchaus Neues an, dem auch ganz junge Autoren sich zuwenden.

Daß Dichtung, gerade zahlenmäßig geordnete Dichtung, gesprochene Dichtung sein muß, daß umgekehrt numerisches Sprechen Dichtung ist, diese korrelierten Grundannahmen münden ein in die kühne Behauptung: «Poésie est définition volontaire.» Der Satz «Dire la poésie» ist insofern ein bewußter Pleonasmus. Es ist der Titel oder Titelsatz eines dem Gedichtband *Dors* vorangestellten Textes, der als eine Poetik gelten kann. In offenkundiger Anlehnung an die Tradition Boileaus oder Verlaines ist er selbst ein dichterischer Text, und das heißt hier: ein rhythmisierter. «S'établir par la voix dans le silence le presque silence est une expérience quasi pour ainsi dire opaque opaque à soi-même». Die Selbstgenügsamkeit tieferer Art, wie sie das Sprechen von Dichtung ausmacht, artikuliert sich so: «Pourtant si j'aborde chaque occasion de dire sans angoisse si je m'en souviens sans regret si je ne regrette aucun de ces remuements monotones de l'air même s'ils n'aboutissent jamais qu'à leur pure et propre fin avec l'arrêt physique de la voix sans exaltation sans effet sans écho sans conviction C'est que jamais réellement privée jamais entièrement publique la voix disant la poésie manifeste un mode original particulier autonome d'existence de la poésie». Das «monotone Hin- und Herbewegen der Luft» bis zu ihrem «reinen und sauberen Ende mit dem körperlichen Innehalten der Stimme» erinnert als – scheinbar antimetaphysische – Definition des Dichtens sehr stark an Mallarmés Formel vom «vibratorischen Fast-Verschwinden» des sich in Lufthauch umsetzenden dichterischen Wortes. Scheinbar antimetaphysische Haltung: für den Mathematiker bergen die Zahlen genug Geheimnisse, und der Ausdruck «spielerisch» erscheint für den Umgang Roubauds mit Dichtung stets sehr schnell als zu kurz gegriffen. Ein *homo ludens* von hohen Graden ist gewiß am Werk, mit einer bisweilen schier spitzbübischen Freude an Rätselkonstruktionen, auch an überraschenden Gestaltungen des Buch-Raumes und der Seiten-Flächen, etwa in *Trente et un au cube* («Einunddreißig hoch drei», 1973), einem «Raum-Buch» aus 31 ausfaltbaren Doppelblättern, mit 31 Gedichten aus 31 Versen zu 31 Versfüßen.

Dieser Umgang ist im übrigen außerordentlich vielfältig, von anthropologischem ebenso wie von kosmopolitisch-kulturellem Interesse getragen. Als Form der Formen galt Roubaud von jeher das Sonett. Als er 1967 mit dem Band $\in$ an die Öffentlichkeit trat, war dies eine Art potenzierter Sonettenzyklus, jedoch angeordnet nach dem Modell des japanischen Go-Spiels. Der japanischen Lyrik älterer Zeit nähert er sich auf analytischem Wege und als Nachbildner der Rhythmen. Aus seiner sehr aktiven Teilnahme an der «Werkstatt potentieller Literatur» Oulipo (*Ou*vroir de *li*ttérature *po*tentielle, zusammen mit Raymond Queneau, Georges Perec und anderen Mathematiker-Schriftstellern, vgl. S. 563), erwachsen Studien etwa über ein Problem der Kombinatorik in der Troubadourlyrik. Den Strophenformen der altprovenzalischen Dichtung gelten zahlreiche Untersuchungen. Gleichzeitig ist er maßgeblich beteiligt an den avantgardistischen Zeitschriften *Change* und später *Action poétique*. 1971 erscheint *Renga,* Frucht eines poetischen Gruppenexperiments mit Octavio Paz, Edoardo Sanguineti und Charles Tomlinson (die vier waren in einem Pariser Hotelzimmer eine Woche lang in Konklave gegangen). Die grundlegenden Zusammenhänge von Biologie und Prosodie beschäftigen ihn ebenso wie die Geschichte des Alexandriners, der er in *La vieillesse d'Alexandre* (1978; 1988) eine zugleich profunde, witzige und keineswegs als Abgesang gemeinte Essaysammlung widmet. In Gemeinschaft mit seiner Frau, der Photographin Alix Roubaud, entstehen Arbeiten zu und Übersetzungen aus angloamerikanischen Dichtern. Zu einer Leidenschaft wird ihm die Lektüre englischer Romanschriftstellerinnen. Der Tod seiner jungen Frau prägt spürbar den 1989 erschienenen «Récit» *Le grand incendie de Londres*. Zusammen mit Florence Delay (Tochter des bekannten Psychologen Jean Delay) veröffentlicht er teils wissenschaftliche, teils literarische Arbeiten zum Gralsmythos wie zu den Gesängen nordamerikanischer Indianer (*Partition rouge,* 1988). Doch gibt es auch durchaus reizende Sammlungen von Tierfabeln (*Les Animaux de tout le monde,* 1983). Seit 1970 Professor für Mathematik an der Universität Nanterre, scheut er sich nicht, 1990 eine Thèse für das Doctorat d'État ès Lettres über das Sonett zwischen Marot und Malherbe einzureichen. Reichlich vierzigtausend Sonette sind geprüft worden. Die Erlebnisse bei der Beschaffung derselben in der ebenso ehrwürdigen wie desorganisierten Pariser Nationalbibliothek bilden den Stoff einiger Kapitel des Romans *La belle Hortense* (dt. Übersetzung 1989), durch den der sonst so esoterische Autor mit einem Schlag breiteren Leserkreisen bekannt wurde. Fünf Fortsetzungsbände sind erschienen bzw. geplant. Mit seiner Literatur der fröhlich eingegangenen Regelzwänge hat Roubaud, wie Queneau, dessen Adept er auch in dieser Hinsicht ist, in Ludwig Harig und Eugen Helmlé zwei hervorragende deutsche Übersetzer gefunden.

Ausgaben: ∈, 1967; 1988 (Collection Poésie). – *Mono no aware,* 1970 [143 dem Japanischen entlehnte Gedichte]. – *Mezura,* 1975. – *Autobiographie, chapitre dix,* 1977. – *Dors,* précédé de *Dire la poésie,* 1981. – *Quelque chose noir,* 1986.

Übersetzungen: Naturgemäß sind von Roubauds Lyrik nur wenige exemplarische Stücke übertragen worden. Sie finden sich in L. Harig, *Hundert Gedichte,* München 1988, und von demselben und E. Helmlé in: E. Helmlé, *Résonances,* S. 112–127.

Literatur: R. Davreu, *Jacques Roubaud,* 1985 (Poètes d'aujourd'hui) [mit Bibliographie].

430 SOLITUDE (Text: ∈, 1967, S. 117/8; Ü: L. Harig, *Hundert Gedichte*, S. 106) Das Zeichen ∈ (Epsilon), das den Titel des Bandes bildet, ist der symbolischen Logik entnommen und bedeutet «Zugehörigkeit», «Element von . . .». Der Band ist in fünf Paragraphen unterteilt und enthält in § 0 die «Gebrauchsanleitung». Darin erfährt der Leser, daß das Werk aus 361 Texten aufgebaut ist, entsprechend den 180 weißen und 181 schwarzen Steinen des Go-Spiels. Die Texte sind in ihrer großen Mehrzahl Sonette in vielfachen Variationen: kürzere und längere Verse, verschiedene Reimanordnungen, Vers und Prosa usf. Die einzelnen «Steine» stehen untereinander in Beziehung hinsichtlich ihrer Bedeutung, Abfolge oder Position. Dem Leser werden vier Wege der Lektüre vorgeschlagen. Jeder Paragraph enthält zu Beginn eine Dispositionsangabe. Im ersten etwa bilden 29 Prosasonette zwei «Sonette von Sonetten» (der Autor vermeidet den Ausdruck «Supersonette»), denen ein isolierter Stein folgt. Jeder Text-Stein wird am Rand mit seiner Nummer markiert – hier GO 17 – und mit einem weißen oder schwarzen Kreis. Eine detaillierte Übersicht am Ende erlaubt die Orientierung, eine Tabelle die Zuordnung von Seite und Spielzug. Eine «Bibliographie» vervollständigt den Band, in der sich neben Anleitungen zum Go-Spiel Bourbakis *Mengenlehre,* Rilkes *Sonette an Orpheus,* Andersens *Mädchen mit den Zündhölzern* und Góngoras oder Cavalcantis Werke aufgeführt finden.

Einer «Interpretation» der Texte oder einzelner Passagen im Sinne einer Rückführung auf Bedeutungen, die nicht im Text enthalten wären, widersetzt sich der Autor ausdrücklich, woraus nicht der Schluß gezogen werden darf, sie hätten «keinen Sinn». Im Unterschied zu mancher zeitgenössischen Dichtung von ähnlichem Äußeren geht es Roubaud nicht darum, den Leser zu verwirren oder zu befremden, sondern ihm ein Höchstmaß an Freiheit zu belassen.

Zum Vers ist festzustellen, daß es sich – unter Berücksichtigung der traditionellen Regeln des «e caduc» – um strenge Zwölfsilber handelt (lediglich beim Schlußvers besteht ein – sicher beabsichtigter – Zweifel, ob es 13 Silben sein könnten), die jedoch keines der rhythmischen Muster des traditionellen Alexandriners aufweisen. Es entsteht die Frage, ob der Autor – ähnlich wie der späte Mallarmé – die Gruppe der zwölf Silben so sicher als ein Ganzes empfindet, daß es für ihn keiner rhythmischen Zäsuren bedarf. Dem Leser ist eine «Kontrolle» nur über das Ohr jedenfalls kaum mehr möglich.

430 AVEC PAPIERS (Text: ∈, S. 133; Ü: L. Harig, *Hundert Gedichte,* S. 106) Sonett auf den (mit Roubaud befreundeten) Mathematiker Philippe Courrège und vielleicht Sonett auf die Mathematik oder die Sprache der Zeichen überhaupt, die «die Magie entschärft». Es handelt sich wieder um einen weißen Stein, und die Stellung im Spiel wird mit «GO 3» angegeben. – 13 *l'outil forgé:* Zwischen «sûr» und «l'outil» ist ein Spatium, das wohl statt eines anderen Interpunktionszeichens anzeigen soll, daß der Satz: «l'outil forgé par tous est digne» eine Parenthese ist.

432 NUIT (Text: *Dors,* S. 29; Ü: L. Harig [ebenso alle folgenden]) Auch in

dem Band *Dors* entspricht die Anordnung der Gedichte wieder einem sorgfältig ausgearbeiteten Lektüreprogramm, das in «Indication», dem eigentlichen Gedichtteil vorangestellt, erläutert wird. Das Gedicht «nuit», bei dem der Autor, wie im ganzen Band, seine Virtuosität im (japanisch inspirierten) Kurzvers beweist, steht als Abschluß der Poetik *Dire la poésie,* kann gleichzeitig auch als Auftakt für das vierteilige Gedichtkorpus gelten. Spätestens hier dürfte deutlich werden, daß Roubauds Texte ihren Reiz keineswegs ausschließlich aus einer ingeniösen mathematischen Anordnung beziehen.

432 POURQUOI (Text: *Dors,* S. 60) Aus der ersten von drei Sequenzen, in die der erste der vier Gedichtteile unterteilt ist, wobei jede Sequenz wiederum 31 Gedichte in fünf Untersequenzen enthält. Alles sind kurze Variationen um einige wenige Wörter wie «schlafen», «Nacht», «Stille» oder «Fenster».

434 FENÊTRE (Text: *Dors,* S. 67)

434 NOUVELLES J'APPORTE (Text: *Dors,* S. 127) Aus dem dritten Teil des Bandes, überschrieben «Neuf éclats de l'âge des saints», der seine Inspiration aus altirischen Gedichten bezieht (der zweite versammelt in neun Stelen zu neun Versen «Grabgedichte für Petrarca», der vierte und letzte indianische Gedichte aus mündlicher Tradition: er ist betitelt «La piste du vent», und seine Ankündigung endet mit dem schönen Vers: «Le bout de nos doigts porte la trace du vent» – «Unsre Fingerspitze trägt die Spur des Windes»).

Register
Gedichttitel und -anfänge

Übersetzerregister

Quellennachweis

Herausgeber und Verlag haben sich bemüht, die Rechteinhaber der einzelnen Texte ausfindig zu machen. Dies ist nicht in allen Fällen gelungen. Der Verlag ist selbstverständlich bereit, eventuell bestehende Ansprüche angemessen zu entgelten. Soweit im folgenden nicht anders angegeben, liegen für die urheberrechtlich noch geschützten Texte die Rechte bei den im Kommentar genannten Übersetzern; dies gilt insbesondere für die eigens für diese Ausgabe angefertigten Übersetzungen von Bernhard Böschenstein, Günter Gerstberger, Monika Fahrenbach, Ludwig Harig und Hartmut Köhler. Im übrigen danken wir den folgenden Rechteinhabern für die freundliche Genehmigung zum Abdruck der jeweiligen Texte: a) der Originale: G. Apollinaire, Pléiade, 1971, © Éd. Gallimard, Paris; B. Cendrars, *Du monde entier*, 1967, © Éd. Gallimard, Paris; M. Jacob, *Le cornet à dés,* 1945, *Poèmes de Morven le Gaélique,* 1953, *Derniers Poèmes,* 1961, *Ballades,* 1970, © Éd. Gallimard, Paris; L.-P. Fargue, *Poésies,* 1963, © Éd. Gallimard, Paris; P. Reverdy, *Plupart du temps,* 1967, © Flammarion, Paris («Bêtes», «Vendredi treize», «Le coté bleu du ciel»), *Main d'œuvre,* 1964, Mercure de France, Paris («Les Rêves monnayés», «Chemin tournant», «Mille Murmures dans le rang», «Jour éclatant», «Lumière rousse», «Bascule», «Coup d'aile», «Naufrage», «Rien»); Saint-John Perse, Pléiade, 1972, © Éd. Gallimard, Paris; R. M. Rilke, *Sämtliche Werke,* Bd. 2, Frankfurt am Main 1956, © Insel Verlag; J. Supervielle, *Gravitations,* 1925, *Le forçat innocent,* 1930, *Les amis inconnus,* 1934, *La Fable du monde,* 1938, *1939–1945. Poèmes,* 1946, © Éd. Gallimard, Paris; A. Breton, *Poèmes,* 1948, © Éd. Gallimard, Paris; R. Desnos, *Corps et biens,* 1953, *Fortunes,* 1975, *Contrée,* 1944, *Domaine public,* 1953, © Éd. Gallimard, Paris («L'Ode à Coco», «Le Bœuf et la Rose», «L'Épitaphe», «De la Rose de marbre à la rose de fer»), *Chantefables et Chantefleurs,* 1977, © Gründ («Le Brochet»); A. Artaud, *Œuvres complètes,* Bd. 1, 1956, © Éd. Gallimard, Paris; P. Éluard, Pléiade, Bd. 1, 1968, © Éd. Gallimard, Paris; L. Aragon, *Le crève-cœur,* 1940, © Éd. Gallimard, Paris («Richard II quarante»), *Brocéliande,* 1942, © Éd. Seghers, Paris («De la fausse pluie...»); B. Péret, *Œuvres complètes,* 1969–1987, © Librairie José Corti, Paris; T. Tzara, *Œuvres complètes,* Bd. 2, 1977, © Flammarion, Paris; H. Michaux, *L'Espace du dedans,* 1966, *Passages,* 1963, © Éd. Gallimard, Paris; P. J. Jouve, *Œuvre poétique,* Bd. 1, 1964, © Mercure de France, Paris, *Porche à la Nuit des Saints,* 1941, © Éd. Ides et Calendes, Neuchâtel («Mort seule dignité»); G. Roud, *Écrits,* 1978, © Bibliothèque des Arts, Lausanne; R. Char, Pléiade, 1983, © Éd. Gallimard, Paris; F. Ponge, *Tome Premier,* 1965, *Le Grand Recueil: Lyres,* 1961, *Le Grand Receuil: Pièces,* 1965, © Éd. Gallimard, Paris; E. Guillevic, *Terraqué,* suivi de *Exécutoire,* 1968, *Sphère,* 1963, © Éd. Gallimard, Paris; R. Queneau, *L'Instant total,* 1966, *Fendre les flots,* 1969, © Éd. Gallimard, Paris; J. Tardieu, *Le Fleuve caché,* 1968, © Éd. Gallimard, Paris; J. Follain, *Usage du temps,* 1983, *Exister,* 1969, © Éd. Gallimard, Paris; A. Frénaud, *Il n' y a pas de paradis,* 1962, *La sainte face,* 1968, *Depuis toujours déjà,* 1970, © Éd. Gallimard, Paris; G. Schehadé, *Poésies,* Bd. 2, 1948, *Le nageur d'un seul amour,* 1985, © Éd. Gallimard, Paris; A. Hébert, *Poèmes,* 1960, © Éd. du Seuil, Paris; J. Tortel, *Instants qualifiés,* © Éd. Gallimard, Paris; L. S. Senghor, *Poèmes,* 1984, © Éd. du Seuil, Paris; Y. Bonnefoy, *Poèmes,* 1978, *Ce qui fut sans lumière,* 1987, © Mercure de France, Paris; Ph. Jaccottet, *Poésies 1946–1967,* 1971, *A la lumière d'hiver,* 1977, *Pensées sous les nuages,* 1983, © Éd. Gallimard, Paris; J.-C. Renard, *Choix de poèmes,* 1987, © Éd. du Seuil, Paris; R. Kowalski, *A l'oiseau à la miséricorde,* 1976, © Librairie La Coïncidence, Paris; A. du Bouchet, *Dans la chaleur vacante,* 1961, *Ou le soleil,* 1961, *Ici en deux,* 1986, © Mercure de France, Paris, *Laisses,* 1979, © Hachette, Paris («Le Révolu»); J. Dupin, *L'embrasure,* 1971, *Une apparence de soupirail,* 1982, © Éd. Gallimard, Paris; J. Réda, *Amen,* 1968, *Le tourne,* 1975, © Éd. Gallimard, Paris; J. Roubaud, *Dors,* 1981, *Poèmes,* 1967, © Éd. Gallimard, Paris; b) der Übersetzungen: G. Apollinaire, *Poetische Werke,* ausgew. und hg. von G. Henniger, Neuwied 1969, © Luchterhand Literaturverlag, Frankfurt am Main (Apollinaire, «Zone», «Der Pont Mirabeau», «Das Lied des Ungeliebten», «Rheinische Nacht», «Die Dame», «In der Santé», «O meine Jugend ward zuschanden»); P. Celan, *Gesammelte Werke,* IV, Frankfurt am Main 1983, © Suhrkamp Verlag (Apollinaire, «Die Herbstzeitlosen», «Der Abschied»; Supervielle, «Leben», «Flammenspitze», «Wunsch», «Ihr Berge und ihr Felsen», «Whisper in Agony», «Die Pferde der Zeit», «Figuren», «Die Welt ist voller Stimmen», «Für einen toten Dichter», «Er allein», «Die Welt in uns», «Nachtungetüm, du schönes», «Das heimliche Meer», «Paris», «An einen Baum»; Desnos, «Epitaph»; Artaud, «Gebet»; Péret, «Weißt du», «Wo bist du»; du Bouchet, «Mit dem Sensenrand», «Die Wolke», «Der weiße Motor»; Dupin, «Die Nacht, größer und größer»); B. Cendrars, *Gedichte,* Zürich 1977, © Arche-Verlag, («Turm»); M. Jacob, *Höllenvision,* Frankfurt am Main 1985, © Suhrkamp Verlag («Das Tuch der Penelope...»); *Poèmes français – Französische Gedichte,* Ebenhausen bei München 1960, © Langewiesche-Brandt, (Jacob, «Wiegenlied der kleinen Magd»); Saint-John Perse, *Das dichterische Werk,* hg. von F. Kemp, München 1978, © Carl Hanser Verlag; A. Breton, *Der weißhaarige Revolver,* Berlin 1982, © Edition Sirene, («Lieber das Leben», «Sonnenblume», «Die freie Vereinigung», «Wachsamkeit», «Der Teleskopfisch»); *Robert Desnos,* eingel. von P. Berger, ausgewählte Texte übers. von A. Hager, Neuwied 1968, © Luchterhand Literaturverlag («Ode an Coco», «Der Hecht»); P. Éluard, *Choix de poèmes – Ausgewählte Gedichte,* hg. von J. Hübner, Neuwied 1963, © Luchterhand Literaturverlag, Frankfurt am Main («Die Liebende», «Dein Orangenhaar», «Ich sagte es dir», «Enden»); H. Michaux, *Dichtungen, Schriften,* hg. von P. Celan, Bd. 1, Frankfurt am Main 1966, © S. Fischer Verlag («Der große Kampf», «Nausea oder kommt der Tod?», «Tragt mich fort», «Gong bin ich», «Kontra!», «Eisberge»); H. Michaux, *Der Ver-*

langsamte, dt. von P. Celan, Frankfurt am Main 1966, © S. Fischer Verlag, («Die Verlangsamte»); R. Char, *Poésies – Dichtungen,* Frankfurt am Main 1959, © S. Fischer Verlag («Der Pirol», «Evadne», «Skizze des Gefangenen», «Ehrlich dem Leben gegenüber», «Gleicher Reichtum», «Der Hai und die Möwe», «An***»); F. Ponge, *Lyres. Ausgewählte Werke, Frankfurt am Main 1965, © S. Fischer Verlag, («Drei Dichtungen», «Die Kerze», »Der Schmetterling», «Das Grabmal»); Insel-Almanach, 1960,* © Insel Verlag, Frankfurt am Main (Tardieu, «Hölderlins Grab»); L. Harig, *Hundert Gedichte,* München 1988, © Carl Hanser Verlag (Queneau, «Unwahrscheinliche Flausen bekehrter Sodomiten», «Das heiße Fleisch der Wörter»); L. S. Senghor, *Botschaft und Anruf,* München 1963, © Carl Hanser Verlag; Ph. Jaccottet, *Gedichte,* Stuttgart 1985, © Klett-Cotta («Bäume», «Wünschen», «Getreue Augen»); J. Dupin, *Le Corps clairvoyant – Sehender Leib,* München 1969, © Kösel-Verlag.

Werke zur Geschichte Frankreichs